"十三五"国家重点图书出版规划项目

国家出版基金项目
NATIONAL PUBLICATION FOUNDATION

《中国经济地理》丛书

孙久文　总主编

东部经济地理

石敏俊　等◎著

DONGBU

经济管理出版社

ECONOMY & MANAGEMENT PUBLISHING HOUSE

图书在版编目（CIP）数据

东部经济地理/石敏俊等著 . —北京：经济管理出版社，2018.8
ISBN 978 - 7 - 5096 - 5858 - 1

I. ①东… Ⅱ. ①石… Ⅲ. ①经济地理—华东地区 Ⅳ. ①F129. 95

中国版本图书馆 CIP 数据核字（2018）第 141041 号

组稿编辑：申桂萍
责任编辑：赵亚荣
责任印制：司东翔
责任校对：赵天宇

出版发行：经济管理出版社
　　　　　（北京市海淀区北蜂窝 8 号中雅大厦 A 座 11 层　　100038）
网　　　址：www. E - mp. com. cn
电　　　话：（010）51915602
印　　　刷：三河市延风印装有限公司
经　　　销：新华书店
开　　　本：720mm × 1000mm/16
印　　　张：33. 5
字　　　数：551 千字
版　　　次：2020 年 6 月第 1 版　　2020 年 6 月第 1 次印刷
书　　　号：ISBN 978 - 7 - 5096 - 5858 - 1
定　　　价：88. 00 元

《中国经济地理》丛书

总　序

　　今天，我们正处在一个继往开来的伟大时代。受现代科技飞速发展的影响，人们的时空观念已经发生了巨大的变化：从深邃的远古到缥缈的未来，从极地的冰寒到赤道的骄阳，从地心游记到外太空的探索，人类正疾步从必然王国向自由王国迈进。

　　世界在变，人类在变，但我们脚下的土地没有变，土地是留在心里不变的根。我们是这块土地的子孙，我们祖祖辈辈生活在这里。我们的国土有960万平方千米之大，有种类繁多的地貌类型，地上和地下蕴藏了丰富多样的自然资源，14亿中国人民有五千年延绵不绝的文明历史，经过近40年的改革开放，中国经济实现了腾飞，中国社会发展日新月异。

　　早在抗日战争时期，毛泽东主席就明确指出："中国革命斗争的胜利，要靠中国同志了解中国的国情。"又说："认清中国的国情，乃是认清一切革命问题的基本根据。"习近平总书记在给地理测绘队员的信中指出："测绘队员不畏困苦、不怕牺牲，用汗水乃至生命默默丈量着祖国的壮美山河，为祖国发展、人民幸福作出了突出贡献。"李克强总理更具体地提出："地理国情是重要的基本国情，要围绕服务国计民生，推出更好的地理信息产品和服务。"

　　我们认识中国基本国情，离不开认识中国的经济地理。中国经济地理的基本条件，为国家发展开辟了广阔的前景，是经济腾飞的本底要素。当前，中国经济地理大势的变化呈现出区别于以往的新特点。第一，中国东部地区面向太平洋和西部地区深入欧亚大陆内陆深处的陆海分布的自然地理空间格局，迎合东亚区域发展和国际产业大尺度空间转移的趋势，使我们面向沿海、融入国际的改革开放战略得以顺利实施。第二,我国各区域自然资源丰裕程度和区域经济发达程度的相向分布,使经济地理主要标识的区内同一性和区际差异性异常突出,为发挥区域优势、实施开发战略、促进协调发展奠定了客观基础。第三,以经济地理格局为依据调整生产力布局,以改革开放促进区域经济发展,以经济发达程度和市场发育程度为导向制定区域经济政策和区域规划,使区域经济发展战略上升为国家重大战略。

因此,中国经济地理在我国人民的生产和生活中具有坚实的存在感,日益发挥出重要的基石性作用。正因为这样,编撰一套真实反映当前中国经济地理现实情况的丛书,就比以往任何时候都更加迫切。

在西方,自从亚历山大·洪堡和李特尔之后,编撰经济地理书籍的努力就一直没有停止过。在中国,《淮南子》可能是最早的经济地理书籍。近代以来,西方思潮激荡下的地理学,成为中国人"睁开眼睛看世界"所看到的最初的东西。然而对中国经济地理的研究却鲜有鸿篇巨制。中华人民共和国成立特别是改革开放之后,中国经济地理的书籍进入大爆发时期,各种力作如雨后春笋。1982 年,在中国现代经济地理学的奠基人孙敬之教授和著名区域经济学家刘再兴教授的带领和推动下,全国经济地理研究会启动编撰《中国经济地理》丛书。然而,人事有代谢,往来成古今。自两位教授谢世之后,编撰工作也就停了下来。

《中国经济地理》丛书再次启动编撰工作是在 2013 年。全国经济地理研究会经过常务理事会的讨论,决定成立《中国经济地理》丛书编委会,重新开始编撰新时期的《中国经济地理》丛书。在全体同人的努力和经济管理出版社的大力协助下,一套全新的《中国经济地理》丛书计划在 2018 年全部完成。

《中国经济地理》丛书是一套大型系列丛书。该丛书共计 39 册:概论 1 册,"四大板块"共 4 册,34 个省市自治区及特别行政区共 34 册。我们编撰这套丛书的目的,是为读者全面呈现中国分省区的经济地理和产业布局的状况。当前,中国经济发展伴随着人口资源环境的一系列重大问题,复杂而严峻。资源开发问题、国土整治问题、城镇化问题、产业转移问题等，无一不是与中国经济地理密切相连的；京津冀协同发展、长江经济带战略和"一带一路"倡议，都是以中国经济地理为基础依据而展开的。我们相信，《中国经济地理》丛书可以为一般读者了解中国各地区的情况提供手札，为从事经济工作和规划工作的读者提供参考资料。

我们深感丛书的编撰困难巨大，任重道远。正如宋朝张载所言"为往圣继绝学，为万世开太平"，我想这代表了全体编撰者的心声。

我们组织编撰这套丛书，提出一句口号：让读者认识中国，了解中国，从中国经济地理开始。

让我们共同努力奋斗。

孙久文

全国经济地理研究会会长

中国人民大学教授

2016 年 12 月 1 日于北京

前　言

东部地区是我国人口最稠密、经济最发达、城市化水平最高的区域。东部地区的国土面积不到全国的10%，拥有全国38%的人口，产出了全国50%以上的地区生产总值。GDP总量居前四位的省份均位于东部地区，GDP总量居全国前16位的城市有12个位于东部地区。东部地区部分城市和区域已进入发达国家的行列，跨入后工业化时代。但经济发达也带来了突出的人地关系矛盾，空气环境和水环境质量明显恶化，环境生态已成为公众最关心的社会问题之一。

东部地区经济地理，必须充分考虑并体现东部地区的特点。东部地区是我国经济发展的先驱者，东部地区在发展过程中遇到的问题有可能在其他地区再次出现，东部地区在应对这些问题中取得的经验可以为其他地区提供借鉴。因此，本书在撰写过程中，着重突出了以下几点：一是突出发展和演化的视角，把经济地理演化看作经济发展过程的侧面之一，在区域经济发展过程中考察和解释经济地理演化，通过产业结构演变、城乡关系演化、城市化进程中基础设施和公共服务的作用、城市群的发展演化、人与自然的相互作用等分析，认识经济发达地区经济地理演化规律。二是突出先天性因素和后天性因素的作用，从先天性因素和后天性因素相互作用的视角，探讨和解释经济地理格局的形成和演化。三是突出人地关系的视角，重视经济活动与资源环境的相互作用。四是重视特殊区域的经济地理分析，把东部地区特有的经济特区、港口城市、自由贸易园区、海岛经济等特殊类型区域单独列出分析。

基于上述考虑，本书的结构安排如下。全书共分15章，第二章和第三章从地理和历史的视角分析东部地区经济发展的条件和过程，第四章和第五章侧重从产业层面分析东部地区产业发展格局，第六章、第七章、第八章、第九章从空间维度分析了东部地区的城市化进程和经济地理格局演化，第十章和第十一章是关于东部地区特殊类型区域的分析，第十二章和第十三章分析了东部地区经济地理演化过程中基础设施和公共服务的作用，第十四章从生态文明建设的视角分析了东部地区人地关系相互作用和可持续发展调控对策，第十五章分析了东部地区经济发展新动向与经济地理演化趋势。

共有 15 位作者参与了本书的撰写。他们（按撰写章节先后顺序）是石敏俊（浙江大学公共管理学院教授）、汪健（上海大学悉尼工商学院副教授）、杨平宇（温州商学院副教授）、熊礼慧（中南财经政法大学金融学院博士生）、陈建军（浙江大学公共管理学院教授）、徐倩（浙江大学经济学院博士生）、杨书林（浙江大学经济学院博士生）、张卓颖（中国科学院数学与系统科学研究院副研究员）、刘玉（中国人民大学应用经济学院副教授）、周丁扬（北京师范大学地理科学学部副教授）、许继琴（宁波大学商学院教授）、马仁锋（宁波大学地理与空间信息技术系副教授）、蒋海兵（盐城师范学院城市与规划学院副教授）、吴亚男（中国人民大学应用经济学院硕士生）、王敢（中国人民大学应用经济学院博士生）。本书撰写之时，石敏俊为中国人民大学经济学院教授，熊礼慧为温州商学院讲师，书稿完成后两人的工作单位发生了变动。

本书由石敏俊、陈建军负责策划和主编，石敏俊负责统稿。各章的具体执笔分工如下：第一章，导论（石敏俊）；第二章，经济发展条件（汪健）；第三章，经济发展过程（杨平宇、熊礼慧）；第四章，产业发展与空间布局（陈建军、徐倩）；第五章，产业结构演变（陈建军、杨书林）；第六章，区域发展格局（张卓颖）；第七章，城市化（刘玉）；第八章，农业发展与城乡关系（周丁扬）；第九章，城镇空间结构与城市群发展（刘玉）；第十章，特区经济发展（许继琴）；第十一章，临港经济与海岛经济［许继琴（临港经济）、马仁锋（海岛经济）］；第十二章，交通基础设施与区域经济发展（蒋海兵）；第十三章，公共服务与区域经济发展（马仁锋）；第十四章，生态文明建设与人地关系可持续发展［石敏俊、吴亚男（第一节）、王敢（第二节）］；第十五章，经济发展新动向与经济地理演化趋势（石敏俊）。

石敏俊

目　录

第一章　导论

一、东部地区的地理位置与区域范围

东部地区位于中国东部沿海地区，包括河北省、北京市、天津市、山东省、江苏省、上海市、浙江省、福建省、广东省和海南省共 10 个省市。辽宁省和广西壮族自治区虽然地处沿海地区，但分别被划入东北和西部地区，本书讨论的东部地区不含这两个省份。香港、澳门和台湾地区虽然地处东部沿海地区，因经济统计数据的制约，本书讨论的东部地区也不含香港、澳门和台湾地区。东部地区的最北端为河北省，最南端为海南省。

东部地区 10 个省市的陆地面积约 93 万平方千米，占全国的 9.6%；2015 年末总人口为 5.25 亿人，占全国的 38.2%；地区生产总值为 37.3 万亿元，占全国的 54.4%。

二、东部地区的经济地理特征

在中国的经济地理版图中，东部地区具有一些独特的区域特征。

（1）地势平坦，自然地理条件优越。

东部地区在地貌上属于第三级阶梯，以丘陵和平原为主，拥有华北平原、长江中下游平原、珠江三角洲平原，以及山东丘陵和东南丘陵，地势平缓。东部地区的华北平原、长江中下游平原和珠江三角洲平原约占全国平原总面积的1/2，土地肥沃，雨热同期，物产丰富，长江中下游平原更是被称为"鱼米之乡"。优越的自然地理条件，适宜农业发展，也适宜人口和产业聚集，进而发展演化成城市群，并推动区域经济发展。

（2）海岸线绵长，港口众多，具备拥抱海洋文明的经济地理优势。

东部地区拥有绵长的海岸线，是中国港口和海滨城市的集中分布地。除了北京，其余9个省市均直接临海，拥有的海岸线长度超过1万千米。海岸线上分布着诸多深水港口，自北至南有秦皇岛港、天津港、烟台港、青岛港、日照港、连云港港、上海港、南通港、宁波港、舟山港、温州港、福州港、厦门港、汕头港、深圳港、广州港、珠海港、湛江港、海口港、洋浦港、八所港等主要港口，有许多依托港口发展而来的滨海城市，如天津、烟台、青岛、上海、宁波、厦门、广州、深圳、珠海等。这些港口和滨海城市是我国改革开放的最前沿，使得东部地区具备拥抱海洋文明的先天性地理优势，成为我国对外开放度最高、与全球经济融合度最高的区域。

（3）人口稠密，经济密度和交通路网密度高，城市分布密集。

东部地区国土面积不到全国的10%，拥有全国38%的人口，产出了全国50%以上的地区生产总值。因此，东部地区拥有比其他地区更高的人口密度和经济密度。2015年，东部地区每平方千米产出的地区生产总值为3996万元，远高于中部、东北和西部地区；东部地区的人口密度为563人/平方千米，也高于中部、东北和西部地区。东部地区的路网密度也高于其他地区，铁路和等级公路合计的密度为1.183千米/平方千米，高于中部地区，更高于东北和西部地区。东部地区的城市化水平高，城市分布密度大。按照地级市、市辖区、县级市个数统计，东部地区每万平方千米拥有5.8个城市，远高于中部、东北和西部地区（见表1-1）。

表1-1　2015年东部地区的人口密度和经济密度及区域比较

区域	经济密度 （万元/平方千米）	人口密度 （人/平方千米）	铁路密度 （千米/平方千米）	等级公路密度 （千米/平方千米）	城市密度 （个/万平方千米）
东部地区	3996	563	0.031	1.152	5.8
中部地区	1431	355	0.026	1.077	3.7
西部地区	215	55	0.007	0.227	0.6
东北地区	730	138	0.022	0.420	2.9
全国	721	145	0.013	0.426	1.7

（4）经济总量规模大，经济发展水平高，拥有全国政治中心、经济中心、科教中心、文化中心、国际交往中心。

东部地区经济总量规模大，不仅体现在省市尺度上，也体现在城市尺度上。在省市尺度上，2015 年 GDP 总量居前四位的省份分别是广东、江苏、山东、浙江，均位于东部地区，河北居全国第七位。在城市尺度上，GDP 总量居全国前 16 位的城市里，有 12 个位于东部地区。这些城市里，包括北京、上海、广州、深圳等全国政治、经济、文化、科教创新中心，同时也是国际交往中心（见表 1 - 2）。

表 1 - 2　2015 年城市 GDP 排名

位次	城市	GDP（亿元）
1	上海	25300
2	北京	23000
3	广州	18100
4	深圳	17500
5	天津	17200
6	重庆	16100
7	苏州	14400
8	武汉	11000
9	成都	10800
10	杭州	10100
11	南京	9600
12	青岛	9400
13	长沙	8600
14	无锡	8500
15	佛山	8200
16	宁波	8000

东部地区是我国经济发展水平最高的区域。2015 年，东部地区的人均 GDP 为 71019 元，遥遥领先于东北的 52812 元、中部的 40274 元、西部的 39056 元。除了河北和海南，其余东部地区省市的人均 GDP 均已超过 6 万元，其中北京、天津、上海的人均 GDP 超过 10 万元，如果折算成美元，接近或超过 1 万美元，

已进入发达国家的行列，并跨入后工业化时代。

（5）资源对外依赖重，环境负荷大，人地关系矛盾突出。

东部地区经济发达，但自然资源并不丰裕，尤其是能源和矿产资源主要依赖外部的输入，包括来自国内中西部地区的调入和来自海外的进口。就能源而言，一次能源大部分依赖外部的输入，许多省份二次能源的电力供需也存在较大缺口。东部地区地处大江大河的下游，地势平缓，土地肥沃，水热同步，农业发展水平高，但由于人口稠密，农产品的供需平衡也已经转向依赖外部输入。

东部地区产业规模大，经济发展带来的资源环境负荷也大，人地关系矛盾尖锐。一些地区环境污染物排放负荷已接近甚至超过环境承载力，导致空气环境和水环境明显恶化。近年来，雾霾污染、太湖蓝藻、水体富营养化等环境污染事件频发，环境质量已成为公众最为关心的社会问题之一。

（6）经济地理动态演化以南北差异变化为主线。

东部地区的经济地理演化以南北的区域差异变化为主线。中国的近代工业化是从江南、天津等东部沿海地区起步的，长江三角洲地区（以下简称长三角地区）和天津等地是当时民族工业的主要分布区域。中华人民共和国成立后，京津唐区域工业化推进速度较快，南方沿海地区经济发展相对滞后。改革开放以来，珠江三角洲地区（以下简称珠三角）凭借邻近港澳的有利区位，迅速推进外向型经济发展，在改革开放的初期阶段独领风骚近十年。浦东开发促使长三角地区迎头赶上，又一次成为中国经济的"领跑者"。近年来，珠三角地区加快了创新驱动的转型发展，出现了深圳模式；在长三角地区，以阿里巴巴为代表的新经济横空出世，席卷全国。东部地区的经济地理演化进入了群雄逐鹿、百舸争流的新时期。

三、撰写思路和结构框架

本书在撰写过程中，注重突出了以下几个特点：

第一，强调以经济为中心，考察经济活动的空间组织及其与资源环境的相互作用。地理学是研究地球表层的科学；自然地理学主要关注地球表层各圈层之间的相互关系；经济地理学应该以经济活动为中心，考察经济活动的空间规律，以及经济活动与资源环境之间的相互作用。突出经济活动的中心地位，是本书的写作特色之一。

第二，突出发展的视角，把经济地理演化与区域经济发展结合起来进行考察。本书作者认为，经济地理演化是经济发展过程的一个侧面，经济地理演化与区域经济发展是一个硬币的两面，因此，本书从认识区域经济发展条件、区域经济发展过程、区域经济发展动向入手，考察和解释经济地理演化。突出发展的视角，是本书的写作特色之二。

第三，从先天性因素（First Nature）和经济地理因素（Second Nature）的视角，探讨和解释经济地理格局的形成和演化。经济地理格局的形成和演化，既受到自然地理、自然资源等先天性因素（第一自然）的影响，也受到经济区位、经济增长、社会发展等后天的经济地理因素（第二自然）的作用。由于先天性因素是稳定不变的，对于经济地理演化而言，后天的经济地理因素会起到更加积极的作用。因此，需要综合考虑 First Nature 和 Second Nature 的作用，探讨和解释经济地理格局的形成和演化。综合考虑 First Nature 和 Second Nature 的作用，是本书的写作特色之三。

第四，贯穿两条主线，即经济活动的空间组织、经济活动与资源环境的相互作用。本书作者认为，经济活动的空间组织、经济活动与资源环境的相互作用，是经济地理研究的两条主线。本书从整体的结构框架到各章的分析思路，均贯穿了这两条主线。

第五，考虑东部地区的特殊性。本书在研究内容选取上考虑了东部地区的一些特殊性。一是重视对经济发达地区经济地理演化规律的探讨，在产业结构演变、城乡关系演化和城市化、城市群的发展演化、人与自然的关系等问题的分析中，突出东部地区的特点；二是重视特殊区域的经济地理分析，东部地区拥有国内其他地区所没有的经济特区、港口城市、自由贸易园区、海岛经济等特殊类型的区域，因此，本书将这些特殊类型区域单独列出进行研究。

基于以上考虑，本书共分十五章，具体各章的安排如下：第一章，导论；第二章，经济发展条件；第三章，经济发展过程；第四章，产业发展与空间布局；第五章，产业结构演变；第六章，区域发展格局；第七章，城市化；第八章，农业发展与城乡关系；第九章，城市空间结构与城市群发展；第十章，特区经济发展；第十一章，临港经济与海岛经济；第十二章，交通基础设施与区域经济发展；第十三章，公共服务与区域经济发展；第十四章，生态文明建设与人地关系可持续发展；第十五章，经济发展新动向与经济地理演化趋势。

第二章　经济发展条件

区域经济发展是在系统把握区域经济发展条件的基础上，制定不同区域经济发展的战略目标，并最终取得综合收益的过程。对区域经济发展条件的认识和评估是区域经济发展和政策制定的起点。区域经济发展条件是指影响区域经济发展和演化的因素。影响区域经济发展的条件和因素错综复杂，但概括起来主要是指一个区域的自然资源和自然条件、区位优势以及社会经济条件，三者在不同程度上影响着区域经济发展速度、结构乃至质量。认识这三个基本的经济发展条件，合理评价其对区域经济发展和空间结构可能产生的影响与作用，让经济活动的空间区位选择在条件最适宜的地区，充分发挥和利用一切有利因素，以谋求经济发展的最佳经济和社会收益。

第一节　自然环境和自然资源

一个区域的自然条件由自然环境和自然资源构成，两者在一定程度上制约并影响着区域经济发展，是决定产业发展、生产方式、地域分工以及产业结构的重要外生力量。一个区域的自然地理环境是经济分异的物质基础和发展平台。自然地理环境决定了一个区域的资源禀赋，影响着区域经济发展的内在潜力，从而改变资本积累速度。自然环境和自然资源虽然属性类似，但对于不同的产业部门，其定义和作用机制均存在差异。本书将自然环境定义为地理位置、地形地貌和气候条件；将自然资源定义为土地、水（海洋）、矿产、能源和其他资源。一个区域所在的特定地理位置，包括它的经纬度、海陆分布和板块构造，决定了该区域的地形地貌与气候条件，这两者的综合作用，直接影响了水、土地、生物矿产等自然资源的形成与积累，该向心力逐步吸引相关产业集聚，从而推动了区域社会经济系统的构建与发展。中国东部地区具备相对优越的自然环境和自然资源，为其经济发展提供了有利条件。

一、自然环境

（一）地理位置

中国东部地区由北至南包括河北省、北京市、天津市、山东省、江苏省、上海市、浙江省、福建省、广东省和海南省 10 个省份。东部地区位于东亚大陆东缘、太平洋西岸，优越的地理位置、优良的港口条件，均有利于发展现代工业与进出口外贸业务。其中，前七个省份位于中纬度，而后三个省份位于低纬度，与同纬度的中西部地区相比，东部地区水热条件良好，少有严寒、干旱等极端天气，增加了农业生产的多样性，为人口增长奠定了基础条件。

东部地区拥有高质量的海岸线，是中国港口和海滨城市的集中分布地区。改革开放以来，东部地区的沿海城市凭借地理位置的天然优势，先后被确立为经济特区、沿海开放城市和沿海经济开放区，不断加快经济发展步伐。随着贸易自由化发展及国际贸易投资力度的加大，沿海地区的地理位置优势形成了一定的路径依赖效应，使该地区拥有最密集的人口和众多较大的城市群——京津冀城市群、长江三角洲城市群、珠江三角洲城市群，又具有天津、大连、烟台、唐山、连云港、青岛、上海、宁波、厦门、深圳、汕头、广州等优良港口。与中西部内陆地区相比，人力资本丰富、水陆交通发达的东部滨海城市更容易发展海洋养殖，并开展进出口国际贸易。

（二）地形地貌

中国的地形整体上地势西高东低，呈阶梯状分布。东部地区处于第三级阶梯，以丘陵和平原为主，为经济发展提供了有利的条件。中国具有五种典型地貌：高原、山地、盆地、平原和丘陵。第一级阶梯横亘于青藏高原，平均海拔约 4500 米；第二级阶梯分布着内蒙古高原、黄土高原和云贵高原，以及塔里木盆地、四川盆地和准噶尔盆地，平均海拔在 1000～2000 米；第三级阶梯主要是丘陵、低山和平原交错分布的地区，拥有三大平原与三大丘陵，平均海拔在 500米以下。高原、盆地以及山地居多的中西部地区有着丰富的矿产和油田资源，地广人稀的环境适宜发展畜牧业，山区则适合发展林业、旅游业和采矿业等；

以东北平原和辽东丘陵为代表的东北地区有着丰富的土地资源和石油资源，是我国重要的商品粮基地和老工业基地；东部地区拥有华北平原、长江中下游平原和珠江三角洲平原，以及山东丘陵和东南丘陵，地势平缓，农耕地丰富，推动了交通运输业和工农业的快速发展。由于中西部地区多有冰川、雪山、沙漠、戈壁和沼泽等不利环境，加上地势起伏较大，地形崎岖，致使交通不便，工农业基础薄弱；纬度较高的东北地区热季较短，不利于农作物生长。因此，东部地区地势平缓的平原和丘陵，尤其是沿海平原，更适宜人口和产业聚集，进而演化为城市群，推动区域经济发展。

中国的平原面积少，仅占国土总面积的12%。然而，东部地区的华北平原（30万平方千米）、长江中下游平原（20万平方千米）和珠江三角洲平原（1.1万平方千米）三者合计约占全国平原总面积的1/2。东部平原地区土地肥沃，水源丰富，是主要的农业区，与此同时，凭借港口和发达的海运体系，人口和城镇大量集聚，带动了经济发展。丘陵占全国国土面积的10%，也是中国重要的农业区。东部地区的山东丘陵区和东南丘陵区地理位置优越，物产丰富，雨热同期，土地肥沃，土层深厚，十分适合发展农业和林业，进而推动了工业化的发展。因此，以平原和丘陵为主的东部地区与中西部相比，具有农业发展的绝对优势。

从东部地区内部来看，虽然地形地貌类似，但气候和自然资源的地域差异，仍然会影响不同区域的经济发展。京津冀地区属于华北平原，粮食和经济作物主要有小麦、玉米、高粱、棉花、大豆和烟草等，但华北平原水资源匮乏，旱灾频繁。山东半岛约70%的面积为丘陵，粮食和经济作物与华北平原类似，但它可以生产多种农林产品，如烟台苹果和莱阳梨等。长江三角洲地区属于长江中下游平原，土地垦殖指数高，是重要的粮棉油生产基地；湖泊面积高达2万平方千米，占平原面积的1/10，天然水面有利于发展鱼虾水产；地理位置居中，使之成为重要的工业基地和交通枢纽，因此发展成为经济最为富庶的平原。然而，长三角地区也容易发生暴雨和洪涝灾害。以福建省为代表的东南丘陵区适合栽培亚热带经济林木和作物，如柑橘、甘蔗、茶叶等，但近年来森林植被的过度破坏，使得东南丘陵水土流失加剧。珠江三角洲平原位于广东省中南部，虽然面积不大，但河网纵横，植被生长茂盛，动物繁生，工农业发展迅速。海南省作为东部地区的岛屿，盛产热带水果，并拥有丰富的海洋资源。因此，东部地区需要根据地形地貌的多样性来发展优势产业，可采用植树造林、南水北调等措施防患旱涝灾害、开垦过度等危害，尽量消除阻碍经济发展的不利因素。

（三）气候条件

东部地区处于东南季风带，冬季寒冷干燥，夏季炎热潮湿，水热同步，为农业发展提供了有利条件，进而影响人口分布和其他产业发展。

中国的降水量由东南至西北依次递减，按照降水量，全国可划分为湿润区（>800 毫米）、半湿润区（400～800 毫米）、半干旱区（200～400 毫米）和干旱区（<200 毫米）。华南沿海和长江流域属于湿润区，华北、东北属于半湿润区，西北内陆和三大盆地属于干旱区（见表 2-1）。气候条件使得湿润多雨的东部地区以农耕为主，干旱少雨的中西部地区以畜牧业为主。

表 2-1 2014 年中国各地区降水量比较

	降水量（毫米）
华南沿海	1600～2000
长江流域	1000～1500
华北、东北	400～800
西北内陆	100～200
三大盆地	≤25

资料来源：《中国环境统计年鉴 2015》。

中国的南北纬度跨度较大，除了青藏高原属于特殊的高寒气候区，其他地区根据热量差异，由北至南可分为寒温带、中温带、暖温带、亚热带和热带五个不同的温度带，其中 72.1% 的地区属于中温带、暖温带、亚热带和热带。东部地区的气候条件主要属于暖温带、亚热带和热带，热量充足，耕地复种指数由北到南依次提高，有利于农作物的高产与多样性（见表 2-2）。

表 2-2 中国东部各地区温度带分布及特征

温度带	地区	作物熟制	主要农作物
暖温带	京津冀、山东省	两年三熟为主	冬小麦、棉花、油菜
亚热带	长江三角洲地区、福建省、珠江三角洲地区	一年两熟为主	水稻
热带	珠江三角洲地区、海南省	一年两熟或三熟	热带经济作物

资料来源：中国国家地理网。

得益于暖性洋流的作用，东部地区夏季主要呈现高温多雨气候，"黑潮"在流经东海时，夏季表层水温可比东部同纬度内陆高出2℃，高达30℃，夏季风的盛行同时为沿海地区带来大量的水汽，因此增温增湿后的东部沿海地区更适合农业生产。除此之外，暖性洋流也使东部沿海的高纬度港口成为终年不冻港，如秦皇岛和烟台，促进国际无间断的贸易往来。

东部地区内部由于纬度、地形地貌等地域差异，降水和热量也有明显的差异，总体来说，全年降水量自北向南依次递增，年平均气温逐渐上升（见图2－1）。根据降水量来划分，京津冀和山东省属于半湿润区，长江三角洲、珠江三角洲、福建省和海南省均属于湿润区。

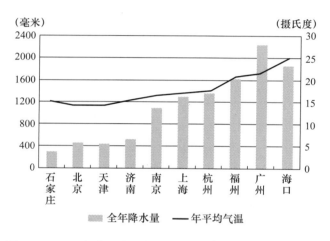

图2－1 2014年中国东部主要城市全年降水量及年平均气温
资料来源：《中国环境统计年鉴2015》。

季风气候也给雨热同期的东部地区带来了不利影响。京津冀地区春旱频繁，长江三角洲地区夏季多发洪涝灾害，福建省和珠江三角洲地区常受台风侵袭，春秋两季的寒潮也对东部地区影响较大。因此，在发展农业经济的同时，东部地区也需培养灾害意识，做好防范工作，将自然灾害带来的损失降至最低。

二、自然资源

（一）土地资源

土地是人类赖以生存的物质基础和活动场所，土地资源更是农业生产的基础。中国作为一个农业大国，土地资源开发，尤其是农耕地的利用，对经济发展起着至关重要的作用。中国国土总面积为 9.6 亿公顷，其中农用地面积为 6.5 亿公顷，而主要用于农业生产的耕地面积和林地面积分别约为 1.3 亿公顷和 2.5 亿公顷。虽然中国土地资源的绝对数值大，土地类型丰富多样，但是不宜开发利用的山地居多，可开发利用的农耕地偏少；在可利用土地中，接近一半的农用地是产出水平低的草地，而农耕地仅占土地总面积的约 14%，主要集中在东部季风区的平原、丘陵和盆地地区。

中国耕地资源不仅数量有限，而且分布极不平衡。占国土总面积 70% 的西部地区仅拥有不到 40% 的耕地面积，又受到地形地貌和水热气候的制约，或干旱少雨无灌溉，或海拔高气候严寒，所以耕地生产能力较低。中部地区、东北地区与东部地区均拥有约 20% 的耕地面积，由于受到季风气候的影响，特别是东部地区，耕地自然生产能力较强。就人均耕地面积而言，中国人均耕地面积为 1.48 亩，人均占有量很少，对于人口密集的东部地区而言，虽然人力资源为农业生产和经济发展等带来了不可否认的优势，但是也同时增加了土地压力。东部地区人均耕地面积仅为 0.75 亩，是四大板块中人均耕地面积最少的，土地资源严重不足，决定了东部地区必须在发展农业的道路上节约用地，通过高效生产来追求经济效益（见表 2-3）。

表 2-3　2014 年中国各地区耕地面积与人均耕地面积分布

地区	耕地面积（万公顷）	人均耕地面积（亩）
东部地区	2624	0.75
东北地区	2784	3.81
中部地区	3054	1.26
西部地区	5043	2.02

资料来源：《中国环境统计年鉴 2015》。

东部地区土地总面积 93.11 万平方千米，其中农用地面积 70.82 万平方千米，主要用于耕地、林地和草地；建筑用地 12.64 万平方千米，主要用于城村镇及工矿用地、交通运输用地和水域及水利设施用地。东部地区土地总面积占全国约 10%，其中农用地面积占全国农用地面积的 11%，但全国近 1/3 的建筑用地都集中在东部地区（见图2-2和图2-3）。由此可见，东部地区的非农用地的比重较大，包括工业、交通运输业和渔业等，人均耕地面积低于平均水平。东部地区不仅农用地面积偏少，且后备资源不足。除去已开发利用的农用地和建筑用地，东部各个省份未加利用的土地资源均不足10%，天津市、上海市和浙江省等几乎为零，而其中宜农、宜林的土地则更稀缺。因此，东部地区几乎没有可利用扩大的土地后备资源，只能依靠土地整改等方法改良地产耕地以创造更大的经济效益。

图2-2 2014年中国东部地区农用地及建筑用地面积百分比

资料来源：《中国环境统计年鉴2015》。

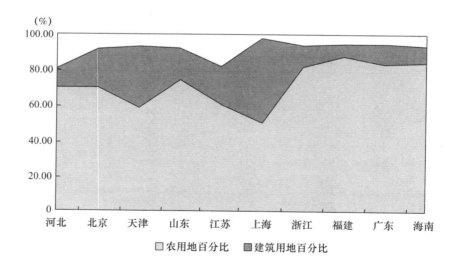

图2-3 2014年中国东部地区农用地、建筑用地占总面积百分比

资料来源：《中国环境统计年鉴2015》。

综上所述，东部地区土地资源，尤其是耕地资源有限，人均耕地面积远低于平均水平，并且有大量土地资源被开发用作建筑用地。虽然耕地质量等级相较于其他地区较高，但仍面临着后备土地资源不足、耕地面积减少等严峻挑战。因此，东部地区需要改善土地生态环境来提升土地生产力，使土地资源成为经济发展的有利条件。

（二）水（海洋）资源

淡水资源包括地表水和地下水，作为人类赖以生存的必要条件，是农业、工业等生产活动的重要资源。中国全国水资源总量约为 28000 亿立方米，以河川径流为主，绝对量较大，但由于人口众多、耕地面积大，人均水资源量和耕地单位面积平均水量都远不及世界平均量，水资源短缺的现象在东部地区尤为明显。因此，中国需要根据水资源自身的特征，科学合理开发并保护水资源，为经济布局和人民生活提供有利条件。

中国水资源在空间分布上很不平衡，由东南向西北逐渐减少，且分布与耕地、人口的分布不相适应。全国河川径流最为丰富的地区集中在长江流域、西南诸河、珠江流域和浙闽台诸河，占全国水资源 80% 的南方地区，其耕地面积却只占全国的 36%；相反，黄、淮、海三大流域，水资源只占全国的 8%，耕地面积却高达 40%（见图 2-4）。按照地域划分，中国西部地区水资源最为丰富，超过 50% 的水资源集中在西部地区；东北地区水资源最为匮乏；而人口密集的东部地区用水总量最多，主要包括生活用水和工业用水。对于中国东部地区，京津

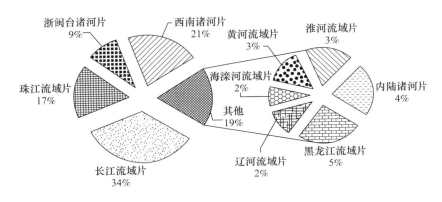

图 2-4　中国水资源分布

资料来源：国家统计局。

冀地区和山东省集中在黄、淮、海流域，用水总量（468.9 亿立方米）远超过水资源总量（286.3 亿立方米），水荒严重；长江三角洲地区处于长江流域；福建省和珠江三角洲地区处于珠江流域。中国东部地区的长江三角洲及以南地区看似水资源总量远超用水总量，但由于东部大城市群的人口压力，人均水资源量并不富足。中国人均水资源量为 1998.6 立方米，水资源短缺的京津冀地区与山东省的人均水资源量均不足平均值的 1/10；而人口密集的江苏省、上海市和广东省也同样出现水资源短缺的问题（见图 2-5）。

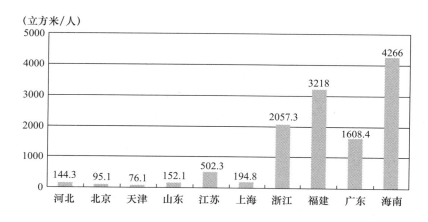

图 2-5 2014 年中国东部地区人均水资源量

资料来源：《中国环境统计年鉴 2015》。

中国水资源的时间分布也不平衡，年内各季节有较大变化。全国大部分地区冬春少雨，夏秋多雨，夏季大部分地区河川径流量占全年的 50%~60%，因此作为长江和珠江的中下游平原的东部沿海地区是水涝灾害的高发地；而黄淮海流域则在春夏两季高发干旱，频率可达三年两遇。北旱南涝的地区差异使得水资源的开发利用率也有显著的差异。长江三角洲地区的河川径流和地下水开发利用率为 16% 和 5.6%，珠江三角洲地区更低；黄淮海流域的河川径流和地下水开发利用率高达 64.5% 和 90%，过度开发使得地下水位下降。同时，黄淮海地区水污染问题严重，水污染不仅导致饮用水短缺，更导致农产绝收、工厂停工，在很大程度上阻碍了经济发展。

由此可见，东部地区由于人口压力，水资源短缺。长江流域以北地区频发水荒与旱灾，水利设施不足，供水能力不高，且水污染严重，以南地区常受洪涝之苦，这些问题都制约着东部各项经济事业的发展。针对中国东部地区水资源的特点，防洪抗旱、修建水利、治理污染、南水北调、节约用水都是东部地区所需要采取的对策。

中国近海海域的海洋资源十分富饶，有着丰富的海洋生物资源、海洋矿产资源、石油资源、天然气资源和海洋盐业资源。中国东部沿海地区作为产业经济活动和人口相对密集的中心，陆地上严重缺少能源资源，因为石油、煤炭资源多分布于西北部，而水资源多分布于西南部，海洋能源正好弥补了东部地区陆地资源的弱势，因此，大力开发利用海洋资源，对东部沿海地区的经济发展有着极为有利的影响。

中国的海洋资源种类繁多，在海洋生物和渔业方面，拥有超过2万种的海洋生物资源，包括海洋鱼类、虾类、海藻类、珍贵水产品和宝贵药材，沿海的大陆架渔场每年捕捞和养殖超过1000万吨的海洋生物；在山东半岛和广东省沿岸有丰富的海滨砂矿；前海大陆架上分布着含油气的沉积盆地，其中蕴藏着4541.1万吨海洋石油和1176455万立方米海洋天然气；东部海岸线地势平坦，有利于提取海盐，并综合利用海水中的碘、钠、锂等多种化学元素，东部地区可利用2681.1万吨海洋盐业资源。除此之外，东部沿海地区可以开发利用海洋动力资源，如潮汐能、海浪能和海水温差能等，或者通过海水淡化的方式提升东部地区水资源可持续利用比率。

我国海底油田主要位于渤海、南黄海、东海和珠江口，因此海洋原油和天然气资源主要集中在河北省、天津市、山东省和广东省（见图2-6）。超过3/4的海洋盐业集中在山东省，是中国四大海盐产地之一，丰富的地下卤水资源为盐化工业提供了有利条件，天津、河北和江苏也是著名的海盐产区（见图2-7）。浙江省和福建省由于蜿蜒的海岸线，潮差最大，全国约80%的潮汐能聚集在此。综上所述，中国东部所拥有的海洋资源种类繁多，储量巨大，不同的地区拥有不同的海洋能源资源，各地区应大力开发利用具有优势的海洋资源，使东部沿海的经济发展持续稳定。

（三）矿产资源

矿产资源是具有开发利用价值的矿物或元素的总称，主要包括金属矿产和非

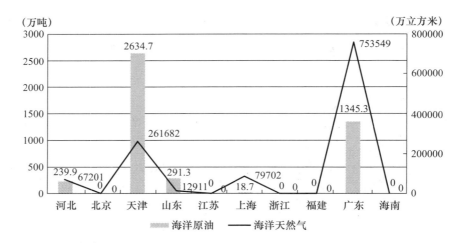

图2-6 2013年中国东部地区海洋原油和天然气分布

资料来源:《中国环境统计年鉴2015》。

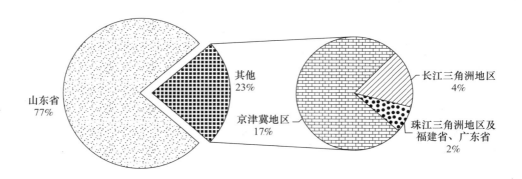

图2-7 2013年中国东部地区海洋盐业分布

资料来源:《中国环境统计年鉴2015》。

金属矿产。矿产资源的数量、种类、地区分布和埋藏条件均会对工业布局、工业生产和经济发展产生深远的影响。中国矿产资源储量可观,但人均占有量低,且较为缺乏富矿和单一矿床。其分布范围广,地域分布不均衡,并且大矿集中、小矿分散。黑色金属主要分布在辽宁、河北、山西和四川;铜矿主要集中在长江中下游、赣东北和西南地区;铁矿主要集中在辽宁和冀东地区;铝土矿主要分布在中部地区,如山西、河南和广西等地;铅锌矿分布在华南和西部地区;

锡矿分布在云南和广西；钨矿分布在江西、湖南与广东的三省交界处；非金属矿产分布于全国各地。

中国东部各地区的矿产资源数量和种类均差异较大，京津冀地区主要形成了以冶金建材和石化为主的矿业经济体系；山东省的矿产资源储量在全国占有重要的地位；长江三角洲地区的矿产资源以非金属矿产为主，多用于建筑材料的生产；福建省为环太平洋成矿区中重要的区域；珠江三角洲地区被称为"有色金属之乡"，有着丰富的金属资源。不同的矿产资源形成了不同的工业布局，东部地区应在开发利用优势矿藏的同时，大力研发采矿、选矿和冶矿的科学技术，并加强交通运输，从而提高矿产质量，弥补矿产资源分布不均的不足，以创造更高的经济效益（见表2-4）。

表2-4　中国东部地区矿产种类及优势

省份	矿产种类	优势
河北省	151	冶金、建材、化工原料
北京市	67	冶金、建材、化工原料
天津市	20	水泥石灰岩
山东省	150	铁、铝、金、钾盐、盐矿、石灰岩等；矿产资源丰富
江苏省	133	铌钽矿、方解石、石灰石
上海市	—	稀缺
浙江省	113	明矾石
福建省	116	矿产资源丰富
广东省	116	稀有金属、有色金属
海南省	148	石碌铁矿、钛矿、锆英石

资料来源：《2015中国矿产资源报告》。

（四）能源资源

能源资源包括由煤、石油、天然气组成的耗竭性化石能源和风能、太阳能和潮汐能等可再生能源。能源资源是人类生产生活的必要基础，也是发展现代工业和国民经济的重要前提。与其他自然资源相类似，中国的能源资源总量丰富，但人均资源拥有量较低，地区分布不均衡。2014 年煤炭储量 2399.9 亿吨，居世界第一；石油和天然气储量分别为 343335 亿吨和 49451.8 亿立方米，总量也居世界前列。煤炭资源主要集中在华北和西北地区，石油与天然气主要集中在东北、华北和西北，然而稀缺油气的东南沿海地区却是能源消费的主体，从而产生了中国大规模、长距离的能源流向现状。

东部地区的能源储量十分稀缺，煤炭、石油和天然气储量分别仅占全国的 6%、23% 和 2%（见图 2－8），因此东部地区的能源供应主要依靠外部输入，经济发展对北煤南运、北油南运和西气东输的依赖性较大。为了确保能源供应，东部地区必须大力发展交通运输业来加强东西运输。东部地区内部的能源储量分布北多南少。珠江三角洲地区几乎没有煤炭、石油和天然气储量；长江三角洲地区只有江苏省有少量能源储量；山东省的煤炭和石油储量都位列东部地区之首，有着著名的胜利油田、济兖煤矿；在京津冀地区，河北是国家的 13 个煤炭基地之一，有华北、冀东和大港三个油田，天津有渤海和大港两大油田，是国家重点开发的油气田（见图 2－9）。南北的能源差距决定了东部地区的工业布局，京津唐工业基地偏向于以钢铁和石油化工为主的重工业，沪宁杭和珠江三角洲工业基地则以加工制造业等为主。

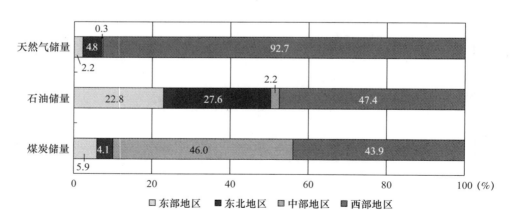

图 2－8　2014 年中国各地区煤炭、石油、天然气储量比例

资料来源：《中国环境统计年鉴 2015》。

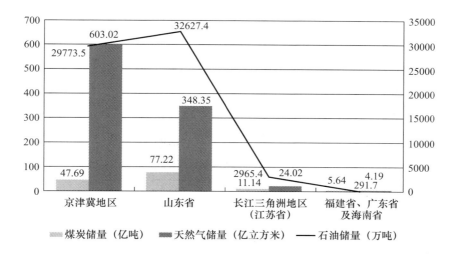

图例：
■ 煤炭储量（亿吨）　■ 天然气储量（亿立方米）　—— 石油储量（万吨）

图 2－9　2014 年中国东部地区煤炭、石油及天然气储量

资料来源：《中国环境统计年鉴 2015》。

第二节　区位条件

　　由于不同区域在自然环境、自然资源以及地区发展历史背景上会表现出不同的资源禀赋和结构，致使区域间产业布局以及经济发展水平处于非均衡状态。在解释现实中存在的不同规模、不同形式的生产活动空间集聚机制时，克鲁格曼（1993）提出了决定经济生产活动空间属性的两种力量，分别称为"第一自然"（First Nature）和"第二自然"（Second Nature）。通常意义上，区域经济发展的早期阶段更多依赖于当地的自然条件，比如港口城市对地理位置的依赖，以及资源和气候条件对一个城市发展的决定作用。东部地区的地形地貌以丘陵和平原为主，加上季风气候，虽然耕地面积十分有限，但土地肥沃，湿润的气候、充足的光照、较高的耕地质量，都为农业经济发展提供了相当的便利与保障。与此同时，东部地区的海洋资源极为丰富，尤其是在当前陆地资源有限、着眼于开发新能源及海洋资源的发展阶段，东部地区将迎来新一轮的"第一自然"的发展优势。

　　然而，现代经济活动在产业组织形态上更多表现为垄断竞争和规模报酬递增的特征。随着区域间贸易成本的下降，经济活动的空间形态会内生地出现空间集聚的变化，某种程度上，工业区与农业区的差异乃至城市化过程都可以用来解释区域经济增长的动因。值得注意的是，贸易作为人类活动的基础行为，商品的运输成本和贸易自由度决定了贸易量和贸易模式。对于现代区域发展来说，贸易成为一个地区参与全球分工、实现资源交换和享受全球化进程的一种重要途径。不论是国际贸易还是引进外资，更是学习先进企业管理经验和实现产业升级的核心渠道。需要强调的是，贸易和资本流动的发生前提是一个地区能够提供好的基础设施等便利的公共服务资源，其中交通运输条件往往是经济发展的先决条件。此外，我们必须明确，随着贸易成本和运输成本的下降，地区专业化分工水平逐步提高，这种优势的形成通过经济集聚的空间外部性产生正向的集聚经济效益。城市经济学强调，一个地区的经济区位会通过本身的集聚水平在正向的循环因果机制下形成进一步的发展优势。本节将通过交通区位和经济区位两个维度进一步解读区域经济发展的区位条件。

一、交通区位

由自然条件和地理位置等先天条件所描述的"第一自然"只能部分程度地解释区域经济的发展，比如早期的港口城市和资源型城市的形成。很多城市的发展并不依赖于最初的自然条件，如芝加哥的发展与"第一自然"的联系并不明显，但是凭借"第二自然"的作用，通过交通枢纽的传导，人口和生产活动不断向芝加哥集聚，带来了地区经济的发展。本节将通过东部地区典型的内河运输和公路网络，来解释东部的交通区位条件。

（一）内河运输

内河运输在农业及前工业时代等缺乏先进陆上交通运输能力的时期有着非常重要的作用。从改革开放的早期1980年到2015年，中国内河航道里程总数从10.18万千米增加到12.68万千米。在中国各地区之间，内河航道大部分则集中在东南部地区。图2-10中展示了中国从1980年到2015年各地区内河航道里程占总数的百分比。显然，内河航道主要集中在江苏、浙江、广东、湖南和湖北等东南部省份，其中仅江苏、浙江和广东三个沿海省份的内河航道里程数之和便已占了全国内河航道总量的近一半。内河航道以自然航道为主，不同于铁路、公路可以由人类大面积开发建设。东南部地区地势较低，地形较为平坦，河流众多，且支流丰富、宽阔，适宜船舶航行停靠；同时，丰富的雨水资源保证了航道的活力，与入海口相连也赋予了这些内河航道更高的使用价值和经济意义。

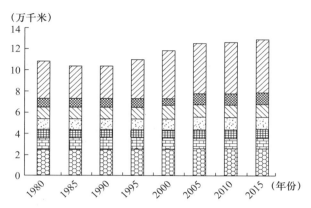

图2-10 中国内河航道里程的时空分布

资料来源：相关年份《中国统计年鉴》。

（二）公路运输

公路运输是最广泛、运输量最大的运输方式。一个地区畅通的公路运输网络，对提高运输能力，降低运输成本，吸引经济的聚集进而促进区域经济增长也具有重要作用。2015年，中国的公路总里程数为457.75万千米。不同于内河航道运输，中国的公路在近35年内的发展始终处于一个较快的速度。根据过去35年的中国公路里程数据可以发现，在1980年时，中国境内公路总量还未超过100万千米，之后逐年递增，并在2005年开始迎来一个增长的高峰。另一点与内河航道不同的是，没有一个或几个地区在里程总数上占有绝对大的比重。图2-11显示的分别是1980年、2000年和2015年中国各地区公路里程的占比情况：在内河航道上占有绝对比重的东部地区在公路里程中没有占到很大比重，相比东部，西部地区的公路里程总量更为庞大。但同时可以发现，各地区公路里程所占的比重在35年内并未发生太大的变化，这说明我国各地区的公路建设发展较为均衡。

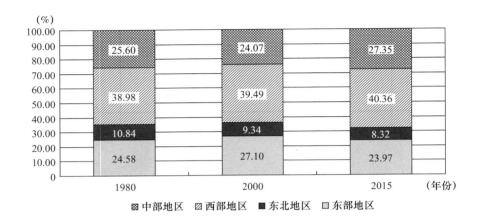

图 2-11　中国公路里程的时空分布

资料来源：相关年份《中国统计年鉴》。

公路作为最为重要的交通运输方式，很好地反映了地区的经济发展活跃程度。地区间的贸易不得不借助于交通运输，公路网络作为交通区位的一部分，极大程度上衡量了一个地区的经济地位和潜力，也很好地诠释了"第二自然"对城市发展的影响和推动作用。空间经济学的系列模型均表明，区域间的交通运输成本的降低促进了贸易自由化程度的提升，从而使得产业活动更多地向核心区域布局，加速了区域差异的形成和扩大。东部地区作为中国发展的核心区域，其中高速公路网络遍布主要城市和地区，同时将东部地区与中西部其他地区有效进行了对接。根据 Faber (2014)[①] 的最新研究，中国从 1992 年开始实施修建高速公路网计划，试图将人口超过 50 万的城市都纳入高速公路网络当中。但是研究分析发现，通过高速公路的修建来降低城市间的运输成本，进而促进边缘小城市的发展的意图并没有得到预期正面的结果，相反在 1997~2006 年，相比于其他边缘城市，那些被纳入高速公路网络的边缘城市其经济增长率平均要低 18 个百分点，工业总产值的增长率平均要低 26 个百分点。东部区域的城市规模较大，在区域一体化的过程中，随着高速公路开通会带来运输成本的下降，从而导致中西部的边缘城市的工业经济不断向东部中心城市聚集。其发生的机

---

① Faber B. Trade Integration, Market Size, and Industrialization: Evidence from China's National Trunk Highway System [J]. Review of Economic Studies, 2014, 81 (3): 1046-1070.

制便是"第二自然"作用下的交通区位带来的循环累积"本地市场效应"。

（三）高速铁路

高速铁路作为现代交通运输方式的重要组成部分，其建设与发展对生产要素的流动以及城市区域空间的扩张和重塑产生了重要的影响。现代高速铁路的诞生起始于1964年日本新干线的开通，标志着世界交通运输方式进入到了一个以高速铁路为主导的时代。我国高速铁路的发展起步相对较晚，但是发展速度惊人。截至2012年底，我国高速铁路的里程达到了1.3万千米，成为世界上高速铁路里程最长的国家。高速铁路的发展，对区域经济发展和空间经济结构演化以及企业的区位选择带来了深远的影响。

从高铁的空间分布来看，中国的高速铁路主要集中在东部和中部地区。东部和中部地区的高铁总里程占全国总里程的93.07%，比重均高于相对的人口和GDP的全国占比。西部地区尽管拥有广袤的面积，但高铁里程仅占全国里程的6.93%，远低于人口和GDP的对应比重。但是从单位人口的高铁里程来看，中部地区的0.23千米/万人要高于东部地区的0.17千米/万人。另外，从单位GDP的高铁里程来分析，西部地区也反而高于东部地区①。对于东部地区来说，核心的竞争优势在于高速铁路的覆盖面，高速铁路基本覆盖了主要的城市群，并将其与国内的其他主要城市群连接为一个网络，其中，京广高铁几乎连接起京津冀都市圈、中原经济区、武汉城市群、长株潭城市群以及终点的珠三角城市群。京沪高铁将长三角、山东半岛和京津冀都市圈串联在一起。东部地区内部的核心城市之间的城际线，如京津、沪宁、沪杭、杭甬、广珠以及广深线将城市群内部的城市紧密地联系在一起，缩短了城市之间的通勤距离，加速了区域一体化和同城化进程。

二、经济区位

经济活动在空间上的展开和分布，主要体现在两个方面：一是大部分经济活动趋向于聚集在一个狭小的地理空间范围内，也就是经济活动的空间集聚，典型的例子如城市的形成；二是一些特定类型的产业往往聚集在某一特定地理

---

① 王姣娥，焦敬娟. 中国高速铁路网络的发展过程、格局及空间效应评价［J］. 热带地理，2014，34（3）：275 - 282.

空间内，并与其他地理空间之间进行产品贸易，进而形成地理空间之间的分工，也就是人们经常提到的专业化和区际分工。传统经济学试图从马歇尔（1890）提出的三种企业间外部性的角度来解释空间集聚和收益规模递增的关系。概括来说，这三种外部性分别为企业间的知识外溢、拥有特定技能工人形成的熟练劳动力市场（前向联系）和由于人口集聚形成的本地大市场（后向联系）。但是如何将这三个外部性进行量化从而得到严格的数学推导和结论始终没有得到很好的解决。直到1991年，克鲁格曼建立了中心外围模型并创立新经济地理学之后，经济区位在经济发展中的作用才得到了系统性的解释和研究。

克鲁格曼（1980）证明了即使两地区有相同的偏好、技术和禀赋，规模收益递增会导致两地区通过贸易，对某种产品拥有更多消费者的地区将是该产业的贸易剩余者，这一理论后来被称为本地市场效应（Home Market Effect）。本地市场效应主要包括三点：市场份额更大的区域拥有的产值份额更大、市场份额更大的区域工资率更高、市场份额更大的区域是净出口地。这三点也是新经济地理学理论对城市的经济区位分布的主要解释工具，也是克鲁格曼提出的"第二自然"在经济区位形成上的主要推动力。

以本地市场效应为基础，克鲁格曼发现当两个地区之间的经济指标有所差异时，相关产业会有规律地在一个地区集聚或分散于两地。最初，克鲁格曼通过模型推导提出影响这种经济区位分布的因素主要有三点：地区工业份额比重、消费者替代弹性和运输成本。当一个地区的工业份额占比越大、消费者替代弹性越小、运输成本越低时，产业和相关从业人员越倾向于集聚在该地区。

经济区位带来的经济发展动力对于城市在空间上的形成往往建立在自然区位和交通区位带来的优势的基础上。中国东部地区在自然区位和交通区位上的优越性，使得这些城市在发展前期积累了足够的人口、资本及交通运输上的优势。京津冀地区、长三角地区和珠三角地区，都是产业集聚的最好样本。除此之外，东部地区众多的工业集聚区、科技研发集聚都是经济区位促使城市发展带来的结果，产业集聚带来的规模报酬递增效应极快地推动了地区经济的建设和发展。经济区位对于城市发展的影响更类似于滚雪球，在不断的循环中吸引越来越多的资本、人力资源和相关产业向优势地区流动。衡量经济区位的测度变量类型多样，这里我们选择最为直观的地区工业企业数量作为基本指标，从微观层面来揭示一个区域的经济集聚程度，因为行业分布包括整个工业行业门类，较为全面地刻画了一个地区产业的多样性。

从中国工业企业数据库的微观企业区位分布来看，1998 年我国工业企业的空间分布，在经历改革开放的 20 年发展后，已经明显表现出空间不均衡的发展态势。工业企业主要集中在东部沿海地区，除中部的重庆市的特殊比重之外，基本上中西部在工业企业份额上处于弱势地位。随着贸易自由化和区域一体化的深入，中国工业企业的空间布局态势出现了进一步集聚发展的格局。工业企业更加集中地向沿海布局，尽管重庆凭借自身的优势保持中西部的领先地位，但是整个中国空间经济的格局仍为以东部沿海为核心、中西部为外围的空间形态。东部沿海凭借天然的地理位置的独特优势，在经济贸易自由化过程中，依赖于大量出口企业尤其是出口加工企业的集群式布局，形成了自身的经济区位优势。

第三节　社会经济条件

一、人口

人口增长与经济发展的关系向来是经济学界争论不休的一个话题，但是不同学者侧重点有所不同，有的强调人口增长对经济发展的消极影响，有的则侧重积极影响。实际上，人口与经济发展的关系是相互影响的互动关系，两者表现为非线性的、互为因果的复杂关系。当我们探究人口对经济增长的作用时，更多地要从多维度的角度去分析人口这一影响经济增长的关键要素。其数量、质量、结构、分布等地理要素的变化，受到了自然条件和其他社会经济条件的联合制约，同时，它也是经济发展和产业布局必不可少的社会条件。

（一）人口数量及增长率

中国人口数量规模庞大，是中国国情最显著的特点。自 1978 年改革开放以来，中国人口虽然增长率持续下降，但由于人口基数过大仍然保持着高增长量。根据改革开放以后的人口普查数据，从 1982 年第三次全国人口普查到 2010 年第六次全国人口普查，大陆 31 个省、自治区、直辖市人口和现役军人的人口从100818 万人增加到 133972 万人，但是人口出生率持续保持下降趋势，年平均增长率从 2.09% 下降到 0.57%。根据第六次全国人口普查数据显示,2010 年中国人口总数(不包括港澳台地区)为 1339724852 人,同 2000 年第五次人口普查相比,十年间增长 5.84%,年平均增长率为 0.57%,人口处于低出生、低死亡、低增长态势。改革开放以来,由于政府大力推行计划生育,我国人口平均增长速率持续放缓,人口出生率持续下降,低于发展中国家平均水平,接近发达国家的平均出生率;同时,由于中国生产力水平显著提升,医疗卫生事业得到改善,我国人口死亡率稳定在 7‰ 的水平;然而由于人口基数过于庞大,低生育率并没有有效控制中国人口的高增长量,根据目前的出生率预估,2020 年人口总量将达到 14.3 亿。改革开放以来的中国人口增长的具体变化情况如表 2-5 所示。

表 2-5 中国人口变化情况

	出生率(‰)	死亡率(‰)	自然增长率(‰)
第三次全国人口普查	22.28	6.6	15.68
第四次全国人口普查	21.06	6.67	14.39
第五次全国人口普查	14.03	6.45	7.58
第六次全国人口普查	11.9	7.11	4.79

资料来源:国家统计局。

从人口的空间分布特征来看,对比 2000 年第五次全国人口普查数据,2010 年,东部地区人口总数为 506191179 人,与 2000 年相比,十年间增长了 63853095 人,人口年平均增长率为 1.36%,为全国年平均增长率(0.57%)的两倍之多,同期东北、中部以及西部三个地区的人口年平均增长率均低于 0.57%,分别为 0.43%、0.31% 和 0.31%。这说明,近年来东部地区为全国主要的人口流入地,人口总数和增长率持续上升。东部地区优越的自然条件与高速提升的经济水平吸引了众多外地人口流入,这虽然为东部地区带来了丰富的人力资源,但也导致了巨大的城市生活成本,在东部地区一线城市尤为明显。从东部地区内部区域来看,2000~2010 年十年间人口增长速度最快的省市分别为北京市(3.75%)、上海市(3.44%)、天津市(2.77%)和广东省(2.04%)(见图 2-12),均为中国的一线城市:京津冀地区的北京市和天津市、长江三角洲地区的上海市以及珠江三角洲地区的广州市和深圳市。由此可见,东部地区的人口密集分布于开放程度较高及经济发展较迅速的一线城市。

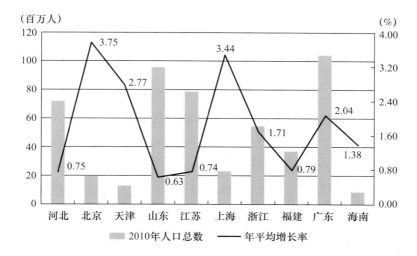

图 2 – 12　2010 年中国东部各地区人口总数及年平均增长率

资料来源：中国 2000 年和 2010 年人口普查资料。

综上所述，东部地区人口的密集分布和快速增长为经济发展带来了丰富的劳动力资源和消费市场，促进了经济体系的完善和发展。然而，过重的人口负担也会加剧资源消耗，使本来人均资源指标较低的东部地区资源更加紧张，加大就业压力并制约经济发展。因此，东部地区人口与经济的关系十分复杂，今后只有在发展经济的同时严格控制人口增长数量和速率才能逐步平衡两者间关系。

（二）人口分布及移动

我国的人口密度平均为 138 人/平方千米，超出世界平均水平两倍之多，其中，东部地区的人口尤为密集。第六次全国人口普查资料显示，东部地区人口占全国总人口的 37.98%，该比重较 2000 年上升了 2.38%，其他三个地区的人口比重分别下降了 0.22%、1.07% 和 1.09%。这说明，人口分布向东部地区聚集的趋势仍在继续。占全国总人口约 40% 的东部地区的土地总面积仅占全国的 9.65%，相反，占全国土地面积 70% 以上的西部地区仅拥有全国 27.04% 的人口，这种显著的差距导致了东部地区人口密度高达 544 人/平方千米，是全国平均水平的四倍，是西部地区的十倍之多。可见，气温温和、雨水充沛、地势低平、交通便利及经济发达的东部地区比西部地区更适宜人类的生活发展，造成中国人口分布极度不平衡。中国人口的分布总体特点表现为：人口从东部沿海地区向西部内陆地区依次减少；且平原、盆地人口密集，山区、高原人口稀疏。掌握人口分布的规律有利于充分分配人力资源并合理安排经济布局。

从东部区域内部的人口分布来看，2010 年人口比重排名前三的省份分别为广东省、山东省和江苏省，占比分别为 21%、19% 和 15%。就人口密度而言，上海市、北京市和天津市人口密度分别为 3631 人/平方千米、1195 人/平方千米和 1083 人/平方千米（见图 2 – 13）。人口密度超过东部地区平均水平的省份还有江苏省、山东省和广东省。人口密度的巨大差异是由于受到自然、经济、社会等多方面因素的共同影响，与此同时，这样的人口分布格局形成了以北京、上海和广州为中心的京津冀城市群、长江三角洲城市群和珠江三角洲城市群。东部地区人口分布密集，除了由于本身人口基数过大而增长迅速之外，还源自于大规模的人口流动。改革开放以来，区域经济水平受限的内陆地区居民开始自发向工业化、城镇化水平高的东部沿海地区迁移，涌现"民工潮"，进一步促进了东部地区的经济发展和投资建设。

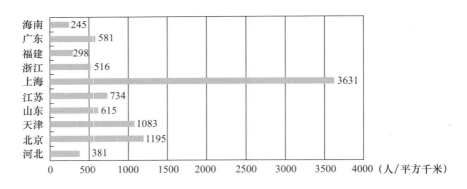

图 2 – 13　2010 年中国东部各地区人口密度

资料来源：中国 2010 年人口普查资料。

就人口移动情况来看，近年来人口迁移频率越来越高，而且，迁入人口的分布比较集中，主要为东部地区，而迁出人口的地区则相对分散。中国各地区中，只有东部地区的净迁移量为正数，即迁入人口远大于迁出人口，因此东部地区承受的人口压力问题将更加严重。根据第五次全国人口普查和第六次全国人口普查的长表（全国按现住地、五年前常住地分的人口）抽样 10% 的数据，

2005～2010年中国人口迁移规模为54993910人，十年间人口流动增长了超过2000万人，增幅高达70.35%。其中，东部地区的迁出人口涨幅为50.26%，迁入人口涨幅为43.61%，均高于其他地区。各地区人口净迁移量变化如图2-14所示。

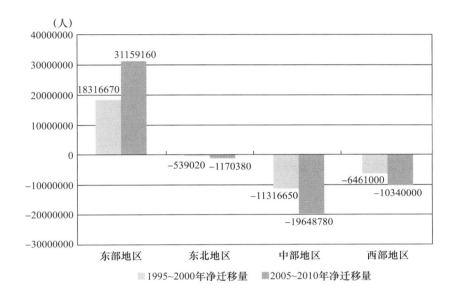

图2-14　中国各地区人口净迁移量变化情况

资料来源：中国2000年和2010年人口普查资料。

东部地区作为人口迁入的主要区域，从其内部区域分布来看，其中的京津冀城市群、长江三角洲城市群和珠江三角洲城市群为集中迁入地。广东省的人口净迁移量占比持续稳定在东部地区净迁移量的50%左右；而北京市、天津市、江苏省、上海市和浙江省的人口净迁移量增幅非常明显。河南省和山东省则是东部地区仅有的两个人口净迁移为负数的地区，人口迁出趋势明显。可见在东部地区，经济发展水平是吸引人口迁移的最主要因素。从各省市十年间迁入迁出人口增幅来看，珠江三角洲城市群已不再是主要的人口迁入地区，人口迁入的中心正在不断北移，尤其是长江三角洲城市群。虽然广东省的人口净迁移量非常大，但是近年来，迁出人口增幅高达72.84%，而迁入人口增幅只有17.11%，上海市与北京市的迁出人口增幅也十分明显，可见一线城市对人口的吸引力正在逐渐弱化，过重的人口负担使得其资源承载力和人口容纳力都在减退。相反，近年来人口迁入增幅较大的省市有天津市、江苏省、浙江省和福建省，说明兴起的滨海新区、江浙准一线城市和闽台两岸经济区正在逐渐吸纳人力资源（见图2-15）。

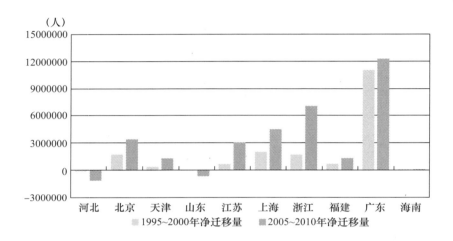

图2-15　中国东部各地区人口净迁移量变化情况

资料来源：中国2000年和2010年人口普查资料。

从两次全国人口普查数据的趋势来看，东部地区仍然是主要的人口迁入地区，但是一线城市对人口的吸引力已经开始逐渐弱化，各大新兴的城市群开始分担北京、上海、广州等一线城市的人口压力，使迁移人群有更多的就业选择，也使整个东部地区的经济发展水平进一步提升。

（三）人口结构

人口结构是指将人口以不同的标准划分而得到的一种结果，其反映一定地区、一定时点人口总体内部各种不同质的规定性的数量比例关系，主要有性别结构、年龄结构以及城乡结构。人口结构可以通过直接和间接效应影响一个国家和地区的潜在增长率。

首先，从人口性别构成来看，出生人口性别比是衡量性别结构的重要指标。性别的构成对一个地区的人口有着深远的影响，涉及人口的迁移、婚姻家庭状况、社会稳定和就业资源等，从而关系到经济的发展。正常情况下，出生人口性别比是由生物学规律决定的，维持在 102～107 的范围内，而中国出生人口性别比长时间偏离正常范围。近年来的四次全国人口普查数据显示，中国只有1982 年的出生人口性别比在正常范围内，1990 年提高到 111.39，2000 年和2010 年更是上升至 117 左右，严重偏离正常的指标（见图 2 - 16）。

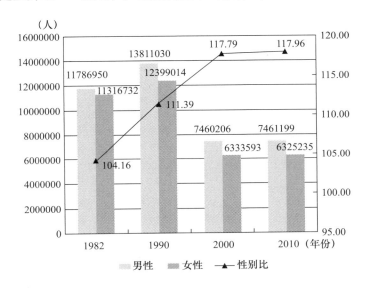

图 2 - 16　1982～2010 年中国出生人口性别比

资料来源：国家统计局。

　　第六次全国人口普查数据显示，东部地区出生人口性别比为 118.3，略高于中国平均水平（116.57），东北地区和西部地区低于中国平均水平，而中部地区的出生人口性别比最高，为 121.7。地区间出生人口性别比的差异与中国推行的计划生育政策有很大的关系。对人口密度较大的地区严格控制生育率，导致了东部地区和中部地区的出生人口性别比偏高。在中国东部各地区中，2010 年第六次全国人口普查数据显示，出生人口性别比较高的省份有福建省（125.6）、海南省（125.5）、广东省（120.4）（见图 2 - 17），集中在珠江三角洲地区附近，这些省份也均属于第二类生育政策的范围。由此可见，传统重男轻女的生育观念依旧存在，加上计划生育政策的干预，东部各地区对出生子女性别更加看重，更偏重男孩。东部地区性别比的持续偏高虽然为其带来了充足的男性劳动力资源，但对于婚姻和社会安定是极为不利的。因此在中国人口增长放缓的情况下，应该逐步缩小生育政策的差距，使之恢复正常的出生人口性别比。

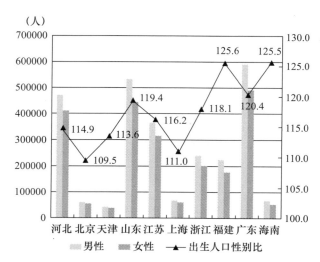

图 2 - 17   2010 年中国东部各地区出生人口性别比

资料来源：中国 2010 年人口普查资料。

其次，从人口的年龄结构来考察人口对区域经济发展的影响。年龄的构成是指一个地区不同年龄的人口数量的比例，不同的年龄结构对社会经济的不同领域均会产生深远的影响。人口年龄可分为三类：0～14 岁年轻型、15～64 岁成年型和 65 岁及以上老年型。教育适龄人口会影响各类文化教育状况，劳动适龄人口制约着社会就业情况和消费水平，而退休老人关系到社会福利情况，因此社会经济的布局与发展必须充分考虑一个地区的年龄结构和未来趋势。如图 2 - 18 的人口年龄结构金字塔所示，近年来我国人口主要集中的年龄段正在逐步上升，2010 年年轻型人口占比 16.6%，成年型人口占比 74.5%，老年型人口占比 8.9%，相较于 2000 年，0～14 岁人口下降了 5.6%，15～64 岁人口上升了 4.5%，而 65 岁及以上的老年人口上升了 1.8%，可见中国正逐步进入老龄化社会。

从人口年龄结构的地区分布来看，中国东部地区 2010 年成年型人口占比 76.42%，高于全国平均水平，而老年型人口比重最小，为 8.86%；相反，中西部成年型人口占比均低于全国平均水平。由此可见，东部地区是主要的成年型人口密集区域，这与人口的迁移也有着密切的关系，从而为东部城市的经济发展提供了足够的劳动力。再看中国东部地区内部的地区人口年龄结构，三个直辖市的成年型人口占比均高于 80%，是最主要的劳动适龄人口聚集区。而长江三角洲城市群的江浙两省和海峡西岸的福建省、广东省成年型人口占比也均高于

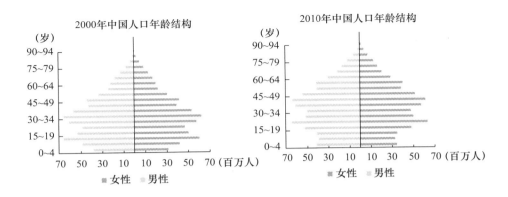

图 2 - 18 2000 年和 2010 年中国人口年龄结构

中国 2000 年和 2010 年人口普查资料。

76%。上海市和江苏省的老年型人口比重在 2010 年已经超过 10%，趋向重度老龄化阶段，尤其是上海市的老龄化趋势特别明显，年轻型人口只有 8.61%，而老年型人口却达到 10.13%，这与上海的经济发展水平、生育水平和医疗保健水平有着密切的关系（见表 2 - 6）。中国的年龄结构已经开始向老龄化趋势发展，各地区没有明显的年龄结构差异。东部地区既有着充沛的劳动力资源的优势，又有巨大的老年型人口压力，因此在加速经济建设的同时，也需要妥善解决老年人的社会保障和医疗健康问题。

表 2 - 6 2010 年中国东部各地区人口年龄结构 单位:%

	0 ~ 14 岁	15 ~ 64 岁	65 岁及以上
河北	16.83	74.93	8.24
北京	8.60	82.68	8.71
天津	9.80	81.68	8.52
山东	15.74	74.42	9.84
江苏	13.01	76.11	10.88
上海	8.61	81.26	10.13
浙江	13.21	77.45	9.34
福建	15.47	76.64	7.89
广东	16.87	76.33	6.79
海南	19.78	72.15	8.07

资料来源：中国 2010 年人口普查资料。

最后，从人口的城乡结构来看，人口的城乡构成反映了一个地区的城市化水平和经济发展水平的高低。我国改革开放以来，城市化进程不断加速，新兴城镇的建设以及农村劳动力的迁移均促进了城镇化率的上升。城镇化率 1982 年和 1990 年分别为 21.13% 和 26.41%，到了 2000 年和 2010 年，已经上升至 36.22% 和 49.55%，28 年间增幅超过 57%[①]。

2010 年中国东部地区居住在城镇的人口为 302210146 人，城镇化率高达 59.7%，排名第一，十年间增幅达 23.5%；中部和西部地区城镇人口比重较低，分别为 43.55% 和 41.43%。东部与中西部地区城市化水平差距较大，但是落后地区的增幅明显，说明中国也开始加强对于中西部地区的城市化发展。2010 年，中国东部各省市中，城镇化率排名前四的分别是上海市（89.30%）、北京市（85.96%）、天津市（79.44%）和广东省（66.17%），均为一线城市并且是经济发展迅速的城市群的中心。十年间增幅明显的省份有河北省、江苏省、福建省、山东省和浙江省，增幅超过 20%，说明城镇化水平较高的区域也带动着周围地区的城市化进程，在逐步缩小东部各地区之间的差距（见图 2 - 19）。目前，中国东部地区城市化水平已处于较高水平，短期内不会有显著的上升幅度，因此东部地区的城乡改革重心应该放在其他区域，以实现全方位的脱贫与现代化，并为一线城市分担多余的劳动力资源。

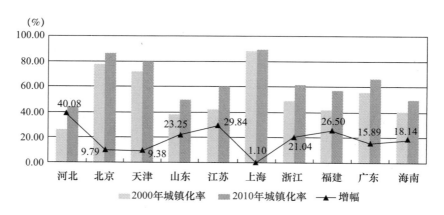

图 2 - 19　2000 年和 2010 年中国东部各地区城镇化率及增幅

资料来源：中国 2000 年和 2010 年人口普查数据。

---

① 中国 2000 年和 2010 年人口普查资料。

二、人力资本

人力资本作为关键的生产要素，其对区域经济增长和社会发展的作用已被广大学者论证。人力资本对于缩小区域经济发展差异以及促进区域经济均衡发展发挥着重要作用。关于人力资本的综合度量十分复杂和困难，目前仍未有一个统一的分析框架和计算准则，尤其是规范化的跨国和跨地区的统一的人力资本度量指标。其中，人口质量和高校资源是最为常见的两个指示人力资本的指标。人口质量代表人口的劳动技能和科学文化素质，其中文化程度将成为衡量人口质量的重要指标。而高校资源是衡量一个地区教育水平的重要指标。通过素质教育和教育投资来提高人口的劳动技能和科学文化素质，可以提供大量高质量的就业人员，尤其是科研和工程技术等知识密集型产业稀缺的人员，从而促进生产力水平提升，使产业结构适应经济的发展趋势。下面将从基本的人口质量和高校资源两个维度，对我国人力资本的空间分布以及东部地区的内部差异进行简单叙述。

第六次全国人口普查资料显示，全国 6 岁及以上的人口中，每 10 万人中，小学文化水平的人数为 28748 人，比 2000 年少了 9430 人；而初中、高中及大学文化水平的人数分别为 4170343 人、15021 人、9527 人，十年间分别增长了 5186 人、3066 人、5721 人，其中大学文化水平的人数涨幅高达 60%，说明中国的文化教育水平正在不断提升。东部地区在 2010 年，每 10 万人中有 11236 人接受了大学文化教育，远高于全国平均水平；而中西部地区的人口中接受大学文化教育的人数只有约 8000 人/10 万人。小学、初中和高中文化水平的地域差距并不显著（见表 2-7）。由此可见，东部地区的文化素质更高，高等教育的普及性更广，与其就业、产业和经济的发展形势相适应。

表 2-7 2010 年中国各地区人口教育水平情况　　单位：人/10 万人

	小学	初中	高中	大学
东部地区	25376	42573	16627	11236
东北地区	24067	46473	16111	10935
中部地区	27682	43901	15079	8097
西部地区	36044	36814	12346	8069

资料来源：中国 2010 年人口普查资料。

在东部各地区中，每10万人中大学文化程度的人口数量差距十分显著。北京市高达32837人，上海市和天津市以22818人和18256人紧随其后，而河北省、海南省与福建省每10万人中，只有不到9000人接受过大学教育。就业与经济形势的差距使东部各省市之间的大学教育程度相差2～3倍之多（见图2－20）。

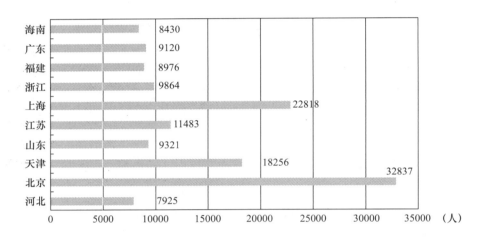

图2－20　2010年中国东部各地区大学文化程度人口数量

资料来源：中国2010年人口普查数据。

文盲率指文盲人口占15岁及以上人口的比重，是衡量人口质量的另一重要指标。降低文盲率有利于促进人口就业和社会稳定。由第五次和第六次全国人口普查数据可知，中国人口的文盲率正在逐渐降低，由9.08%降低至4.88%，但是文盲在女性中所占比重一直明显高于男性，说明中国传统的重男轻女的思想依旧存在，女性接受教育的机会仍处于相对较低水平。2010年，东部地区的文盲率为4%，低于中部地区的5.25%和西部地区的6.64%，但高于东北地区的2.23%，可见东北地区更为重视基础教育。而东部地区文盲率与教育接受水平程度不相匹配，可能由以下两个原因造成：一是东部地区大量的流入人口文化水平低下；二是老龄化趋势明显，大量的老年人口导致文盲率偏高。

从东部地区的内部差异来看，中国东部各个地区的文盲率差距十分明显，

如图2－21所示，京津冀地区、上海市、福建省和广东省的文盲率较低，而山东省和浙江省的文盲率却高至5.89%和6.47%，与中西部地区接近，除了外来人口和老年人口的影响，还与产业结构等相关，山东省和浙江省中小型产业公司偏多，缺少有竞争力的大型企业，因此多有文盲流入就业，不能为高素质人才提供就业机会，而浙江省又有传统的重商主义思想，弱化了基础教育。由此可见，中国东部地区虽然高等教育发展迅速，但不少地区对于基础教育事业重视程度较低，因此，东部地区应该在培养高尖端技术型人才的同时进一步普及九年制义务教育，降低文盲率。

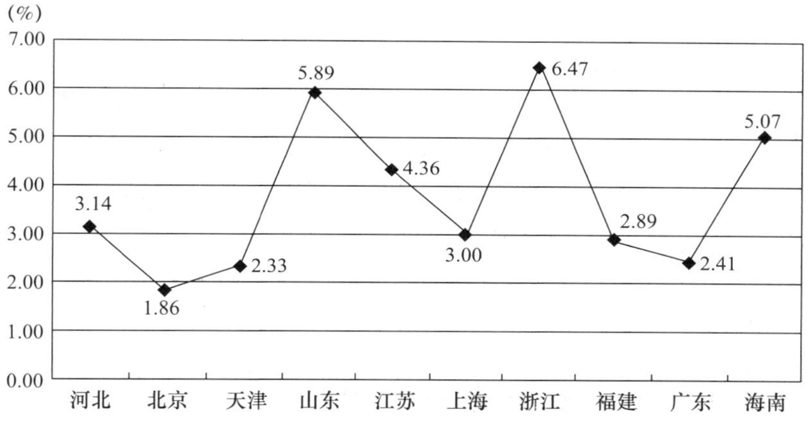

图2－21　2010年中国东部各地区文盲率

资料来源：中国2010年人口普查资料。

另一个衡量人力资本的重要指标便是地区的高校资源。高校包括大学、专门学院、高等职业技术学院和高等专科学院，高校资源为社会培养专业型的技术人员，提高了人口质量并适应了产业结构和经济布局的新形势。因此，一个地区的高校资源是经济发展的重要前提。我国的高校分布存在不均衡性，主要集中在东部沿海地区。其中，“211工程”是国家面向21世纪、重点建设的一批高等学校，以提高教学质量、科学研究、管理水平和办学效益，其中39所一流大学被列入“985工程”，目标是使中国的教育事业具有世界级的先进水平和国际竞争力。

表 2-8　中国各地区"211 工程"和"985 工程"高校数量

	"211 工程"高校数量	"985 工程"高校数量
东部地区	62	20
东北地区	11	4
中部地区	19	8
西部地区	25	7

中国东部地区是主要的"211 工程"大学聚集地，62 所高校入选"211 工程"名单，其中 20 所被列入"985 工程"，占据全国一流高校资源的 50% 左右；东北地区虽然只有三个省份，但仍然有 11 所大学入围（见表 2-8）。由此可见，高校资源的分布情况与不同地区的文化程度和文盲率有着十分密切的关系。

在东部地区中，北京市的高校资源极为丰富，拥有 26 所"211 工程"大学，其中 8 所为"985 工程"大学，有着最佳的地理优势，而上海市也拥有 9 所"211 工程"高校，其中 4 所为"985 工程"高校，因此两地接受大学教育的人口比例远超其他地区；相反，浙江省、河北省和海南省都只有 1 所"211 工程"高校，福建省为 2 所，缺乏高校资源，当地人口进入当地重点高校的压力远大于北京市和上海市，从而使当地的文化程度偏低。综上所述，东部地区有着最多的高校资源，但在内部的分布却极其不均衡，很多省份与中西部地区一样缺少一流的高校，导致了人口外流求学并留下就业的普遍现象。北京市、上海市等大城市则成为了主要的外来人才聚集地，大力发展知识密集型产业，然而东部较为落后的地区仍然延续着工农业生产和服务业等基础性产业，出现了"强者更强，弱者更弱"的效应。因此，高校资源的分布并没有较好地为整个东部地区做贡献，河北、山东、江苏等省份还有很大的发展潜力。应该进一步调整空间布局，缩小各地差距，促进东部地区经济的全面发展。

三、地域商业文化

中国是有着悠久工商文明的国家，经历了几千年的历史演变，形成了各具特色的地域商业文化基因。随着历史进程的风云激荡，两千余年来，尽管国家机器对商业的控制、干扰及盘剥，阻碍着现代工商文明的发展，但各个地区的商业文化传承又影响着地方的市场和商业的进步和演化。直至近代，地域商业文化基因仍然影响着一个地区的商业发展乃至创新氛围，也一定程度上关联着地区的经济发展潜力和企业家精神。因此，区域文化作为一个重要的社会经济条件，了解并充分发挥其优势文化，可以对经济的发展和布局产生极为正面的影响。

中国的历史文化有着多元一体的特征，在时间和空间上都有着明显的多样性和差异性。古代中国以发展农业为基础，手工业也有相应发展，两者同时促进商业的进步；而近现代的中国在以农业为基础的产业布局的前提下，开始注重工商业的同步发展，并加快发展交通运输业。这是中国历史文化发展道路上的统一性，而这个统一性中也存在着区域的多元性，在东部地区，环渤海经济圈、长江三角洲地区和珠江三角洲地区都在历史的演变中形成了具有地域特色的文化基础，影响着产业结构的布局和经济的发展。

1840年鸦片战争以前，中国的地理环境就开始限制着社会产业的布局发展，人地关系出现了较大的地域性差异，中国历史上就出现了以河流划分经济区域的特点，影响了经济发展的时空轨迹。黄河流域作为最早的农耕文化起源中心，经济文化得到了迅速的发展，黄河中下游地区为经济文明的重心。随后，经济活动地域开始向温暖湿润的平原地区扩展。由于东汉末年及魏晋南北朝时期的北方战乱，人口大量南迁，为南方带来了先进的生产技术和丰富的劳动力，而唐宋时期的南北大运河和元明清时期的京杭大运河，连接沟通了各个地区，其沿岸成为了经济中心地区，尤其是江南运河沿岸发展尤为迅速。中国古都向东南方向的转移，从西安、开封、洛阳到杭州、南京，也代表了经济重心的变化，这是中国产业布局变化的重要标志。古代中国虽然长期处于封闭的状态，但丝绸之路的出现，使东部沿海城市成为了中国的重要商道，作为海上门户的港口城市与海外国家进行交流，也都成为了农业和手工业发达的人口聚集区。这些历史的发展奠定了东部沿海地区经济发展的基础。

就封建社会时期的区域历史文化而言，传统的农业经济格局对各个地区产生了深远影响，直到今日也没有较大的改变；而区域性的产业结构分布与发展水平却存在着较大的差别，在很大程度上影响着日后的经济布局和发展。作为经济重心的东部地区自北向南分别形成了环渤海经济圈、长三角经济圈和珠三角经济圈（见表2-9）。

表 2 – 9　古代中国东部历史文化区域

	地域分布	文化标志
环渤海经济圈	河北省、北京市、天津市、山东省	燕赵文化、齐鲁文化
长三角经济圈	江苏省、上海市、浙江省	吴越文化
珠三角经济圈	广东省、海南省	岭南文化

资料来源：李萍．燕赵文化与其他地域文化的比较［J］．中国社会科学研究论丛，2015（4）：62 – 66.

环渤海经济圈主要由京津冀地区和山东省构成，有着悠久的燕赵文化和齐鲁文化。燕赵文化是平原农耕经济文化和草原畜牧经济文化的结合点，农业历史悠久，是主要的粮棉商品生产区；而齐鲁文化是儒家思想的起源地，数千年来以树艺水果、饲养六畜为内容的庭院经济成为了山东人民的民俗文化。环渤海经济圈也是古代海上丝绸之路的起点之一，华北平原是重要的丝织品和瓷器生产与出口基地，加速了对外的交流和贸易往来。所处的华北平原有着独特的地理位置，太行—燕山山脉不仅抵御了寒流，还形成了若干险要的重要交通要道，使得辽、金、元、明、清等朝代均以北京为都城，开发历史久远，形成了帝都文化，是人类聚集和活动的中心。另外，环渤海经济圈有着北方少有的水乡文化，黄河、海河形成的水系伴随着京杭大运河的商贸运输，水运发展极大地促进了两岸城市的繁荣，更使得黄河流域和江南地区的物资可以顺利运往京师，孕育了京城庞大的人口消费。京杭大运河与海河流域的交汇，使天津具有了连通南北的重要门户地位，加之清朝时期天津的漕运发展，带动了整个天津市商业的繁荣，历史上曾用"米船盐艘往来聚焉""商旅辐辏，屋瓦鳞次"来形容天津河道的商贸盛况，天津市内也形成了不少专业化的商业区。可见，在古代中国的历史上，环渤海经济圈一直是农耕和手工业发达、人口密集、交通便利、商业繁荣的经济中心。

长三角经济圈由江苏省、上海市和浙江省构成，吴越文化是典型的江南地域文化，历史上以水稻种植为主业，河姆渡文化就是长三角地区稻作文化的标志；而又地处水乡泽国，得天独厚的淡水资源促进了长三角地区的渔业和淡水养殖业的发展；良渚文化和丝绸文化则是长三角地区制造手工业发展的标志，盛产玉器、陶器、青瓷器、丝绸、棉纺织品，使得江浙地区的杭州、福建的泉州成为了唐宋海上丝绸之路的重要起点。吴越文化还具有重文重教的文化理念，自东汉以后，全民就开始对高层次文化和艺术产生追求意识，藏书读书的风气盛行，优秀文人作品的涌现，都使长三角地区形成了浓厚的文化教育氛围。在传统商业习俗上，吴越文化的商品经济起步较早，形成了务实的重商传统和以人为本的人文精神，尤其是浙江地区，早在南宋时期，就有学者倡导符合儒家学说的"义利关系"，在生产实践中重视人自身的创造力，使浙江人自古以来就有乐于经商、善于经商的特点，追求求真务实、讲信修睦。因此，自古以来，长三角的吴越文化一直孕育着这一方水土上水稻业、渔业和手工业的发展，除此之外，领先的教育理念和重商文化也对长三角地区日后的发展布局产生了有利的影响。

珠三角经济圈由广东省和海南省组成，岭南文化对珠三角地区的发展起到了巨大的推动作用。岭南的农业文化具有其地域特色，以种植生产热带、亚热带作物为主，为农业经济做出了积极贡献。而其特殊的地理位置和历史条件，有着渊远的海洋文化，影响着岭南地区的文化思想、中外交流传统和实利重商倾向。自古以来，珠三角地区不断融合中原地区的文化和西方思想，积极沟通外来文化，有创新精神，加之海上丝绸之路的发展，广东成为了最重要的带外贸易区，茶叶与瓷器的需求极大地刺激了珠三角的商品经济发展，铸造了岭南文化中互利互惠、偏重商业的倾向。所以，古代中国的珠三角历史文化基础，已体现出了经济发展中开放、兼容并包的特点。

1840年鸦片战争以后，中国在帝国主义、封建主义和官僚资本主义的三方压迫下，开始出现现代工业和交通运输业。"洋务运动"是现代工业的起源，在沿海东部的大城市逐渐开办了一批"官办""商办"或"官商合办"的轻、重工业企业，主要集中在长江三角洲加工工业区、北宁铁路沿线和胶济铁路沿线的重工业地带以及以广州为中心的制造中心，内陆只有个别城市依靠其本身拥有的自然资源，成为了煤矿工业中心。近现代铁路的修建，也主要集中在东部地区。表2-10的数据显示，由于帝国主义侵略中国开始在东部地区修建铁路，因此东北和华北地区的铁路网和铁路干线最为发达，在1949年占据中国当时铁路总长度的65%，而东部沿海城市中只有福建省没有铁路。再加上东部沿海水运的发展、殖民地港口城市的通航，现代化的交通运输业极大地促进了东部沿海城市的商品经济发展。东部沿海城市的农业布局并没有太大的改变，但随着铁路和内河航道等交通运输系统的完善，各个区域开始出现农业的专业化生产以发展商品农业经济,农业市场也因此成为重要的商品市场,不再是各地区自给自足。由此可见,近现代中国的历史虽然时间远远短于古代中国的历史,而且近代中国成为了帝国主义列强瓜分的目标,但不可否认,这段历史为东部地区现代化工业、交通运输业和商品化农业的发展奠定了基础,也打开了中国对外贸易的大门。

表 2 - 10 1949 年中国铁路分布   单位:%

	铁路长度百分比	土地面积百分比
东北地区、华北地区	65	22
西南地区、西北地区	6	60
华中地区、华东地区、华南地区	29	18

资料来源:中国铁路发展概况(中华铁道网)。

在环渤海经济圈,近现代以来,随着铁路的扩展,以天津为中心,涵盖北京等城市的北宁铁路沿线和以青岛为中心,包括济南等城市的胶济铁路沿线,开辟了煤炭煤矿等重工业企业,同时也是纺织和食品的制造中心;京津冀地区也形成了四通八达的商贸文化脉络,天津成为漕运、海运的商业中心和港口城市,保定也成为了水路交会的商业中心,而北京则在近现代的发展中逐渐成为了铁路的交会中心,是各路商客进出的必经之地;张家口成为陆运商业中心,张库大道和京张铁路的建立奠定了张家口的陆路商贸基础。在农业商品市场上,京津冀地区是主要的棉花产区,而山东地区的烟草和苹果的商品化程度也较高。

长三角经济圈在 1843 年上海开埠以来,成为了以上海为中心的轻工业集中地区,包括无锡、镇江、南京等城市都开始专业化加工生产纺织品、面粉、卷烟、火柴等工业产品,江南地区也开始专业化生产茶叶;而长三角地区又以吴越文化为基础,逐渐孕育了海派文化,外国商品和外资纷纷涌进长江门户,设立码头、划定租界、开办银行,加速了上海港口的吞吐量和贸易量发展,上海成为了一座具备开放性、创造性、扬弃性和多元性的城市,涌现了不少中西文化渗透的公众娱乐设施、建筑和工艺商品。因此,上海开埠的历史为长三角经济圈成为国际化都市群打下了基础。

珠三角经济圈是丝织品和手工业工艺品的制造中心,也是桑蚕、甘蔗、亚热带水果的农产品专业化生产地区，更是近现代中国中西文化交流的重要桥梁，多种文化思潮孕育了以康有为和孙中山为代表的思想家，岭南地区最先开始文学改革，出现了第一个出国留学生、第一个办西式医院和学校、第一个办新闻报刊等，因此它有着深厚的侨乡文化，既引进了西方的新潮思想，又传承了传统文化，所创建的各类企业和培养的人才都推动了中国的现代化进程。

综上所述，中国东部地区，在古代就有农耕和手工业的历史基础，加之运河的沟通和丝绸之路的开发，加快了自古以来就有重商主义的传统习俗的东部地区内陆和对外的商业化进程；近现代的东部地区大城市是主要的在华租界，这段历史使现代化工业和铁路交通开始发展，并带动了通商口岸的经济发展和农业制造业的商业化进程。

四、制度与政策

自 1978 年改革开放以来，中国实施了一系列改革开放政策，加快沿海城市的经济发展，尤其是"六五""七五"和"八五"时期，建立的经济特区、开放的港口城市、兴办的经济开发区等对外开放举措都带有向东部倾斜的特征。尤其是在贸易自由化的过程中，以东部沿海城市为试点的加工贸易区、保税区和自由贸易区，进一步促进了东部地区的进出口贸易和经济发展。

（1）经济特区：1979 年，广东省和福建省批准可以在对外经济活动中实施灵活、特殊的政策，深圳、珠海、厦门、汕头成为第一批经济特区，1988 年建立海南经济特区。中国的五大经济特区都集中在东部沿海城市，以减免关税等优惠措施为手段来鼓励外商投资，从而引进先进技术，提高产品质量和竞争力，增加进出口量和外汇收入，成为对外开放的重要窗口，推进了我国改革开放和现代化建设的进程。

（2）沿海开放城市：沿海开放城市作为经济特区的延伸，是中国对外开放的另一项重要策略。1984 年，大连、秦皇岛、天津、烟台、青岛、连云港、南通、上海、宁波、温州、福州、广州、湛江、北海 14 个城市被定为沿海开放城市，随后又将长江三角洲、珠江三角洲、闽南厦漳泉三角地区以及辽东半岛、胶东半岛开辟为沿海经济开放区。这些地区都集中在中国的东北地区和东部地区，有着良好的农业和工业基础，交通便利，科教发达，因此对外开放可以更好地利用这些优势，加之其他国家资金、技术、知识和市场的帮助，推动老企业改造创新，提高生产力，增加国际竞争力。

（3）自由经济区：在经济特区和沿海开放城市的成功建立下，中国开始推行一系列自由经济区，绕过关税壁垒，推动国际贸易的发展，包括出口加工区、保税区和国家级新区、自由贸易区，数量不断增加，功能趋向综合。如表 2－11、表 2－12 所示，不论是出口加工区还是保税区，从改革发展的初期如 20 世纪 90 年代，到 21 世纪的头十年，国家在政策的倾斜上明显偏向于具有良好外贸港口条件的东部沿海地区。

表 2－11　中国出口加工区

获批时间	东部地区	中西部及东北地区
1990 年	上海金桥出口加工区	
1997 年	厦门出口加工区	
2000 年	昆山出口加工区、松江出口加工区 A 区、天津出口加工区	郑州出口加工区
2001 年	深圳出口加工区	重庆出口加工区、成都出口加工区
2002 年	无锡出口加工区	
2003 年	北海出口加工区、青岛出口加工区、松江出口加工区 B 区	乌鲁木齐出口加工区
2005 年	吴中出口加工区	九江出口加工区
2013 年		井冈山出口加工区、赣州出口加工区

表 2－12　中国保税区一览

获批时间	东部地区	中西部及东北地区
1990 年	上海外高桥保税区	—
1991 年	天津保税区、广东深圳福田保税区、广东深圳沙头角保税区	—
1992 年	广州保税区、海口保税区、山东青岛保税区、山东烟台保税区、南海口保税区	辽宁大连保税区
1993 年	广东汕头保税区	—
1996 年	广东深圳盐田港保税区、珠海保税区	—
2000 年	—	四川成都保税区
2002 年	浙江宁波保税区	—
2003 年	潍坊综合保税区	—
2006 年	江苏苏州工业园综合保税港区	

续表

获批时间	东部地区	中西部及东北地区
2008年	天津滨海新区综合保税区、广西凭祥保税区、广西保税港区	—
2009年	上海浦东机场综合保税区、北京天竺保税区、江苏昆山综合保税区	黑龙江绥芬河保税区
2010年	苏州高新区综合保税区、广州白云机场综合保税区	重庆西永保税区、河南郑州新郑综合保税区、成都高新综合保税区
2011年	潍坊综合保税区	广西凭祥综合保税区、陕西西安保税区、新疆保税区、湖北武汉保税区、沈阳综合保税区、长春兴隆综合保税区
2012年	浙江舟山保税区、无锡高新区综合保税区、盐城综合保税区、南京综合保税区、济南综合保税区	山西太原武宿综合保税区、淮安综合保税区、曹妃甸综合保税区、银川综合保税区、西安高新综合保税区、衡阳综合保税区
2013年	江苏南通保税区、苏州太仓港综合保税区	贵州贵阳综合保税区、河南焦作孟州德众保税区、内蒙古赤峰保税区、湘潭综合保税区、红河综合保税区
2014年	深圳盐田综合保税区、石家庄综合保税区	河南南阳卧龙综合保税区、江西赣州综合保税区、合肥综合保税区、兰州新区综合保税区、岳阳城陵矶综合保税区、临沂综合保税区、喀什综合保税区

通过表2-11、表2-12可以看出，在20世纪90年代和21世纪初期，中国依旧把开放城市的重心放在东部沿海的大城市上，例如第一个出口加工区和保税区都设立在上海，最早的两个国家级新区为上海浦东新区和天津滨海新区。随着开放程度的提升，自由经济区逐渐向内陆省会城市和东部沿海地区的二线城市发展，四川省、河南省、陕西省和重庆市是内陆发展的重点省市，而山东省和江浙两省的主要城市则是作为沿海地区继一线城市后的重点发展城市，山东青岛近年来先后成立了出口加工区和保税区，同时，浙江、江苏的多个城市也加入了自由经济区的建设。

由此可见，改革开放以来的东部倾斜政策使得东部沿海的各大城市逐渐成为国际化大都市，开放程度较高。近年来，已经成熟化的经济特区和沿海港口城市的发展历程为其他地区的城镇化、现代化进程提供了丰富的经验，中国已逐步将发展重心转移到内陆地区和东部沿海二线城市，进一步缩小东部地区的内部差距和东部沿海与内陆的差距，缓解东部大城市的就业压力，促进经济的全面发展。

第三章　经济发展过程

第一节　东部地区工业化的萌芽与发展

一、近代工业化萌芽

中国近代工业化起步于 19 世纪 60 年代兴起的洋务运动时期。洋务运动开启了中国近代化的进程，而洋务运动主要发生在东部地区。

洋务运动前期，东部地区创办了江南机器制造总局、金陵制造局、福州船政局、天津机器局等一批大型近代化军事工业，开办了天津北洋水师学堂、广州鱼雷学堂、威海水师学堂、南洋水师学堂、旅顺鱼雷学堂、江南陆军学堂、上海操炮学堂等一批军事学校，主要是出于增强国防的考虑。洋务运动后期，陆续建立了上海轮船招商局，近代纺织业、自来水厂、发电厂、机器缫丝、轧花、造纸、印刷、制药、玻璃制造等民用工业，奠定了东部地区近代工业化的基础。

东部地区近代工业化萌芽的动因，是一系列因素共同作用的结果：

（1）资源约束。长期以来，中国封建社会以小农经济为主，农民占有少量土地和生产资料。小农经济经营规模狭小，生产条件简单，缺乏积累和储备的能力，经不起风吹浪打，在遭受严重自然灾害与封建地主阶级、商人和高利贷者三重压迫下又经常出现两极分化，陷于贫困和破产。因而，小农经济极不稳定。此时，西方世界已进入工业化时代，资本主义得到发展，中国的小农经济已成为阻碍近代化的因素，中国亟待改变这种落后的、自给自足的经济现状。

（2）技术进步。自乾嘉以来，资本主义已经萌芽。但由于技术水平和劳动生产率低下，大作坊所生产的商品还远不能战胜个体小生产，整个社会的商品生产还必须服从封建主义的经济规律，商业积累常常向封建经济倒流，如吞购田地从事封建地租剥削、放高利贷等，所谓"以末固本"，起着维护封建主义的作用。此时的西方世界，大环境已发生变化。资本主义开始萌芽，农民和手工业者经过长期劳动，积累了经验，改进了生产工具，农业得到发展。纺织、冶金等开始出现机器的应用，大大提高了生产率。

（3）西方思想影响。当时的西方世界，马克思主义思想盛行，马克思主义认为，"商品生产与发展了的商品流通——商业——是资本依以成立之历史的前提"。商业资本的发展，"在封建生产方式到资本主义生产方式过渡的推进上，是一个主要的要素"。可见，马克思主张商品经济的发展，即商品生产与流通，这是商业资本发展的必然规律，也是封建生产方式过渡到资本主义生产方式的途径。在此西方思潮的影响下，先后出现了魏源"师夷长技以制夷"和后来洋务派提出的"自强""求富"等口号，以顺应时代发展。

（4）历史的自然演化。在新航路的开辟、文艺复兴、宗教改革运动、资产阶级革命、产业革命的推动下，至洋务运动发生时，资本主义世界体系已初步完成，人类社会进入了一个新时期。这个新时期的主要特点就是整体化和近代化，讲究统一的世界市场，分散、落后的国家不可避免地被纳入整体之中。近代化就是资本主义代替封建专制，封建的中国需要发展，世界的发展也需要中国。

二、近代工业化的认知历史

1840 年鸦片战争之后，资本主义经济从东南沿海地区涌入中国，使得东南沿海地区成为我国现代经济的发源地和当时的重心所在。然而，神州大地战乱频繁，民族资本主义在外国资本和官僚资本的夹缝中艰难发展，现代经济成分虽然有了一定发展，但地区分布不平衡的状况仍然没有改观。直至 1949 年中华人民共和国成立，全国的工业 70% 以上集中在占国土面积不到 12% 的东部沿海的狭长地带，占国土面积 45% 的西北和内蒙古广大地区的工业产值仅占全国的3%，占国土面积 23% 的四川、云南、贵州和西藏的工业产值仅占全国的 6%。

（1）农业立国与工业立国之争。在 20 世纪二三十年代，我国产生了一次围绕以农立国还是以工立国的旷日持久的争论。可惜的是，它并没有在现今的社会史、工业史、科学史研究中赢得学者们的足够关注。此次争论是西方文化及近代科学技术大规模传入中国后，工业文明对农业文明带来的冲击下的产物，其主要观点分为三派，即以农立国、以工立国和农工并重。

（2）重工业与轻工业之争。社会生产分为生产资料生产和生活资料生产两大部类，两大部类必须保持一定的比例关系，社会再生产才能顺利进行。重工业主要是生产资料的生产；轻工业则主要是消费品的生产。轻、重的关系基本上体现了社会生产两大部类之间的关系，历史上出现过两种截然相反的观点，即优先发展轻工业，还是优先发展重工业。

（3）农业国工业化的思想。发展经济学的奠基人张培刚先生认为，工业化不是以牺牲农业为前提的，也不是一个独立的发展过程，而是一个广泛的概念，是发展中国家实现经济起飞的必经过程，是牵动整个国民经济体系的核心动力，是促进社会经济形态发生革命性转变的关键环节。首先，发展中国家实现经济发展的起点或现实基础就是农业国，即以农业或农民或农村为主体的国家。其次，发展中国家实现经济发展的目标或方向是工业文明。最后，发展中国家实现经济发展（即从农业国走向工业国）的必然途径就是实现工业化。工业化是一个复杂的过程，它必然引起经济社会结构的相应变化，在这一过程中必须处理和协调好方方面面的关系，遵循经济发展的规律，处理好农业、轻工业、重工业，农村工业与城市工业，工业化与城市化的关系。

三、近代工业化的制度供给

熊彼特早就指出："历史的叙述不可能是纯经济的，它必然要反映那些不属于纯经济的制度方面的内容。"这提醒我们，在研究历史时要注意经济制度因素对经济发展的影响。

由于中国是在传统社会中较早地建立起中央集权的国家，包括经济制度在内的各种国家的正式制度安排远较中世纪西方的发达和详备。但这些制度主要是为维护官僚地主阶级的利益而制定，对私营工商业则采取种种限制和压制的政策。

中国传统社会后期，对近代经济制度供给不足的情况在1840年鸦片战争之后开始发生变化。由于被迫对外开放，近代经济制度的供给迅速增加。这一方面是因西风之东渐，欧美各国在资产阶级革命过程中积累起来的新思想、新文化、新制度较以前更迅速和更广泛地传入，使国人，首先是知识阶层的眼界渐开；另一方面，列强在中国开设了各种贸易公司和非法设立的工业企业也起了示范作用。

鸦片战争后，各国列强为了进行经济侵略，迫使清政府签订了一系列不平等条约，反映了外国资本主义在中国发展的需求。与此同时，中国的自然经济开始真正解体，国内市场迅速扩大，表现为进口工业品不能满足市场需求；大量农民小生产者破产，并与生产资料分离，创造了劳动力市场；与国际市场的关系建立和扩大，使中国的商品出口迅速增加，并使得生产出口商品的劳动者的报酬和购买力空前增长。上述三方面市场的出现和扩大，为将工厂制度引入中国创造了条件。引入这种经济制度将可获得丰厚利润的潜在可能性变为现实，因此之后很长一段时间，各国列强通过种种手段，纷纷在中国开办工厂。

引进工厂制度可以获得市场机会、谋取利润的事实，也被一部分先知先觉的中国人看到，他们通过购买外国股票，附股于外资企业。在外国与中国的通商中充当桥梁的买办以及与外国人交往较多的开明派官吏，并不甘心把钱交给外国人经营，自己处于从属地位。这两种社会力量结合起来，使工厂制度引入中国成为事实，洋务派所办的工厂成为中国人创办的第一批近代企业，其中包括了中国最早的一批股份制企业。

与此同时，看到这种获利机会的还有那些较早接受西方文化、开眼看世界的知识分子和一批有经营头脑的中国商人。他们自然不满于洋务派官僚对这种市场机会的垄断。二者结合起来，他们在19世纪晚期不断地呼吁允许民间设厂制造，发展民族工商业，要求国家以立法的形式对这种新制度予以规范和保护。这种呼声日渐强烈，并有人付诸行动，创办近代机器工厂。在20世纪初，清政府不得不以立法的形式，将西方的工厂制度、公司制度和一系列与之配套的经济制度正式引入中国。

20世纪初以来，清政府、北洋政府和南京国民政府引进了一系列近代经济制度，使制度的供给显著增加，在一些方面满足了民间为获利而产生的自下而上的对新制度的需求。在全面引进西方经济制度的过程中，有些立法甚至具有超前的性质，运用政府的权力自上而下地强制性地加以推行，如商会的建立就是在政府的全力推动下实现的，从而促进了工业化进程的加速。

四、近代工业化的特征

中国的近代工业化主要集中于东部地区，尤其是长江流域的城市，如上海、南京、福建、广州等地。譬如，上海的江南制造总局（当时国内最大的兵工厂）、轮船招商局、上海机器织布局等；福建的福州船政局（当时国内最大的造船厂）、福建机器局；广州的广州机器局、广州火药局、广东机器局等。东部地区的工业化进程，在不同时期呈现出鲜明的时代特点。

（1）产生阶段：洋务运动（1861～1895 年）。第一，近代工业的产生源自政府倡导，从官办到官督商办。洋务运动是在清政府的支持下，由洋务派主持开始实施的，通过官办、官督商办、商办来创办企业，其中军工企业都是官办，而民用企业绝大多数是官督商办。无论官办还是官督商办，都离不开政府的管理介入。第二，从产生行业看，除军工企业外，洋务派创办的民用企业主要集中在采矿业、冶炼业、交通运输业、纺织行业等。

（2）发展阶段：甲午战争后至辛亥革命前（1895～1911 年）。第一，民族资本主义工业日益成为中国近代工业化的主体。甲午战争前，洋务派创办的企业中是以军事工业为主的；甲午战争后，商办企业的投资远远超过了官方投资，并逐渐成为此阶段中国近代工业投资的主体，表明民族资本主义工业已成为中国近代工业化的主导力量。第二，从设厂数量和投资总额看，甲午战争后是甲午战争前的数倍，且以民族资本主义工业为主。第三，从分布行业看，工业发展较快的主要是轻工业，重工业初露端倪，如创建于 1889 年的汉阳铁厂，几经改组，于 1904 年与大冶铁矿、萍乡煤矿合组为汉冶萍煤铁厂矿有限公司。

（3）高潮阶段：辛亥革命至五四运动（1911～1919 年）。这一时期，工业化开始由东部向内地城市扩展。此前，资本主义工业主要分布在沿海、沿江地区，西部地区工业企业为数很少，这种局限于通商口岸和少数经济发达地区的工业分布格局随着资本主义工商业的迅速发展而有所变化。设厂数目和投资额继续扩大；行业上，由采矿、冶炼等行业逐步向棉纺织、面粉加工等行业发展。

（4）曲折前进与新发展阶段（1919～1949 年）。在阶级斗争和民族斗争极为尖锐复杂的历史环境下，工业化（近代化）艰难地进行。抗日战争、解放战争及中华人民共和国成立初期，东北地区工业尤其是重工业曾经占据重要地位，使东部地区工业地位有所下降，形成了东北的重工业和沿海的轻工业协同发展的格局。

第二节 社会主义计划经济体制下的东部地区工业化

一、计划经济体制下工业化的历史背景

中华人民共和国成立后，经过七年的过渡，我国于 1956 年基本建立了社会主义经济制度，实现了从新民主主义向社会主义的转变。与此同时，也逐渐形成和完善了一种以高度集中为特征、以行政管理为主要机制的计划经济体制，这种经济体制一直持续到开始改革。

实现工业化，不仅是中华人民共和国实现富民强国的伟大目标，也是中国由近代半殖民地半封建的农业国家在实现社会制度变革后走向现代化的经济发展的必由之路。国外的发展经验也告诉我们，对于中国这样的发展中国家来说，要实现现代化的目标，除了进行工业化，别无他途。

二、计划经济体制下的工业化历程

1. 国民经济恢复时期

中华人民共和国成立之初到 1952 年，是我国国民经济恢复时期，国家面临的主要经济任务是医治战争创伤，克服经济困难，为全面进行经济建设创造条件。由于我国原有的现代工业大多分布在东部沿海地区，因而经济恢复的重点依次是东北、华东和华北地区。

西部地区主要是进行一些交通建设。同时，为了改变工业生产过分集中于沿海地区的不合理现象，国家采取一定措施逐步将沿海地区一部分电力、钢铁、机械制造和轻工企业内迁，使其更接近原料产地。1949～1952 年，东部沿海地区的工业产值由 100.2 亿元增加到 243.2 亿元，内地工业产值则由 40 亿元增加到 100.1 亿元，两者分别增长了 1.43 倍和 1.5 倍。

2. "一五" 计划时期

1953 年起，我国开始执行第一个五年计划，大规模搞经济建设。为了改变东强西弱的局面，同时出于战备的需要，国家加大了对中西部地区的投资。据统计，1952 年国家对沿海和内地的投资占全国投资额的比重分别为 43.3% 和

39.3%，到了 1957 年，这一比例变为 41.6% 和 49.7%，内地投资比例有了大幅度的上升，内地工业获得加速发展。1952～1957 年，沿海地区工业年平均增长率为 17%，内地工业的平均增速则为 20.2%，沿海工业产值占全国工业总产值的比重也由 1952 年的 73.1% 下降为 1957 年的 67%。"一五"计划取得了很大的成就，1956 年，中国第一个生产载重汽车的工厂——长春第一汽车制造厂生产出第一辆汽车；中国第一个飞机制造厂试制成功第一架喷气式飞机；中国第一个制造机床的工厂——沈阳第一机床厂建成投产。这一时期，重工业成果主要分布在东部地区，这得益于东部地区便利的交通条件（如日本于抗日战争时期在东北地区建设的铁路等基础设施）和作为中国民族工业发祥地较好的工业基础。

3. "大跃进"时期

1957～1965 年，国家开始全面建设社会主义。针对苏联过分长期强调工业，尤其是重工业，而忽视轻工业和农业的弊病，以及中国几年来的实践，国家提出要根据国情探索自己的工业化道路。在此期间，一方面，国家总的投资依然偏重于内地，特别是内地的钢铁工业；另一方面，由于片面追求各地区工业自成体系，加之地方又具有投资的自主权，所以工业建设投资像大炼钢铁中的"小土群"一样遍地开花，处于失控状态。据不完全统计，"二五"计划期间全国开工的大中小型项目达 21.6 万个之多，新建的工业点数以万计，各地区乃至全国经济陷入一片混乱，国民经济发展面临严重困难。

为了摆脱"大跃进"所造成的经济困境，1961 年 1 月，中共八届九中全会提出"调整、巩固、充实、提高"的八字方针，对国民经济进行全面调整。同时，国家也加大了对内地建设的投资，以内地建设的投资额占全国总投资额的比重为例，继"二五"时期提高到 53.7% 之后，1963～l965 年又上升到 58%，在我国广袤的中西部地区建成了许多重工业基地和工业中心。中西部地区在全国经济发展中的地位日益重要。

4. "三线建设"时期

20 世纪 60 年代初，中苏关系逐步恶化，台湾海峡局势紧张，国际形势十分严峻。中共中央文献研究室（2013）资料显示，毛泽东在考量国际形势后认为，东部沿海地区离敌对前线太近，工业企业多，从国防安全角度看存在较大风险，要尽快搬家，各省份都要建立自己的战略后方。依据这一指示精神，"三五"计划规定要进一步加强内地建设，投资重点要向既不靠沿海也不靠北方的大三线地区转移。"四五"计划则提出要建立不同水平、各有特点、各自为战、大力协同的经济协作区，要将内地建设成为一个部门比较齐全、工农业协调发展的强大战略后方。从60年代后期起，国家即采取了对中西部地区极度倾斜的经济政策，将建设的重点放在大三线地区，而对于东部沿海地区则采取坚决控制投资的方针，新的投资要求基本否定，现有投资项目能搬迁的搬迁，一两年不能见效的续建项目一律缩小投资规模。据统计，"三五"期间，在全国基本建设投资总额中沿海地区仅占30.9%，内地占53.5%，其中三线地区占41.1%；全国新建的大中型项目中，西南、西北和中南地区的项目数"三五"期间占60.2%，"四五"期间占52.2%；从1965年以后，国家在三线地区的投资总额达2000亿元，占同期全国投资总额的43.4%，施工建设的大中型项目占该时期国家总项目数的48%。

三、计划经济体制下工业化的制度供给

1. 1949～1957年：传统计划经济体制的建立

1949年中华人民共和国成立时，党和政府就着手对中国半殖民地半封建社会时期的经济制度进行根本性的改造和变革，以创建一个社会主义时期的经济体制。经过三年恢复时期和第一个五年计划，到1957年，新的以计划体制为中心的、集中统一的社会主义经济体制初步建立和形成。

2. 1957～1966年：初步探索经济体制的改革

"大跃进"时期，"左"的思想占了上风，经济决策出现了一系列的重大错误，服从于实现"大跃进"的目标，经济体制也有许多变化：一是在所有制上，急于追求"一大二公"，搞"升级""过渡"，企图尽快实现单一的全民所有制；二是在中央和地方的关系上，不加分析地下放管理权，实际上是"大撒手"；三是在国家和企业的关系上，盲目扩大企业权限，企业失去正常管理，经济效益大大下降；四是在分配制度上，无论农村还是城市，都搞"一平二调"，使平均主义进一步发展，极大地挫伤了农民、职工的积极性，在轰轰烈烈表面的掩盖下，劳动生产率不断下降。

3. 1966～1978年：盲目放权的经济体制变动

1966年，正当国民经济的调整基本完成，国家开始执行第三个五年计划的

时候，意识形态领域的批判运动逐渐发展成矛头指向党的领导层的政治运动。1966 年 5 月中央政治局扩大会议和同年 8 月中共八届十一中全会的召开，标志着一场长达 10 年、给党和人民造成严重灾难的"文化大革命"全面爆发。

第三节　市场化和全球化进程中的东部经济：改革开放以来的经济发展

一、改革开放以来东部地区经济发展战略

改革开放以来，在邓小平同志"两个大局"的战略思想指导下，中央做出了一系列支持东部地区经济率先发展的战略部署和决策，现梳理如下。

1. 改革开放至 20 世纪 90 年代以前的经济发展战略

《中华人民共和国国民经济和社会发展第七个五年计划》指出，我国经济分布客观上存在着东、中、西部三大经济地带，这为更科学地安排全国生产力总体布局、分别探讨各地带区域性经济发展战略指明了方向。

东部地区是我国工业基础最雄厚，科学技术、文化教育水平较高，商品经济比较发达，历史上就与国外有广泛联系的地区。在改革开放的新形势下，东部地区不失时机地加快经济建设，各方面取得了迅速发展，特别是四个经济特区，14 个开放的港口城市和海南岛，珠江三角洲、长江三角洲、闽南"金三角"三个经济开放区和辽东半岛、胶东半岛的发展，逐步形成了东部沿海产业带，充分发挥经济技术和对外经济技术合作的优势，并以此为阵地，带动中西部地区的发展。

东部沿海地区的经济发展，按照"外引内联"的方针，走引进、改造、振兴的新路子，通过引进、采用先进技术，改造传统工业，开拓新兴产业，使老工业基地重新焕发青春。为了适应封闭的内向型经济朝内向和外向相结合的经济转变，东部沿海地区的产业结构、产品结构和原材料来源结构均经历了调整。

2. 20 世纪 90 年代至 21 世纪以前的经济发展战略

20 世纪 90 年代，以邓小平同志南方谈话和中共十四大确立社会主义市场经济体制改革目标为标志，我国的改革开放进入全面加速推进时期。中央关于东

部地区的经济发展战略更加丰富，层次更加立体化、多元化。1994 年，中共中央、国务院同意上海市加快浦东新区的开发，在浦东地区实行经济技术开发和某些经济特区的政策。1991 年，邓小平在视察上海时指出，开发浦东不只是浦东的问题，而是关系上海发展的问题，是利用上海这个基地发展长江三角洲和长江流域的问题。1992 年，邓小平视察南方并发表重要讲话。

3. 21 世纪以来的经济发展战略

2001 年，随着我国加入世界贸易组织（WTO），我国对外开放转变为全方位的对外开放，中央关于东部地区经济发展的各种战略更是密集出台。从综合配套改革试验区的设立来看，2005 年以来，国家综合配套改革试验区已发展到 12 个，位于东部的有 7 个，其中全面系统型试验区有 4 个，专项型试验区有 3 个。2008 年 9 月至 2009 年 7 月，在不到一年的时间内，中央就陆续出台了 5 个与东部省（市）相关的区域振兴规划，明确了长江三角洲地区、珠江三角洲地区、海峡西岸经济区、横琴新区、江苏沿海地区未来一段时期内的战略定位、发展目标及具体发展方略，可见中央政府对东部地区经济发展及其作为综合改革和各种专项改革试验区地位的重视。

2011 年，国家"十二五"规划纲要提出，"推进京津冀、长江三角洲、珠江三角洲地区区域经济一体化发展，打造首都经济圈，重点推进河北沿海地区、江苏沿海地区、浙江舟山群岛新区、海峡西岸经济区、山东半岛蓝色经济区等区域发展，建设海南国际旅游岛"。东部地区承担了全国改革"试验田"的历史使命，担负着先行先试、为全国经济社会发展探索新路的重大使命，东部地区的发展程度也直接决定着我国的现代化进程。

二、三大都市圈的经济发展

（一）珠三角都市圈

珠三角都市圈，即珠三角经济圈、珠三角经济区，是指位于珠江三角洲区域的九个地级市组成的经济圈，这九个地级市是指广州市、深圳市、珠海市、佛山市、惠州市、肇庆市、江门市、中山市和东莞市。另外，广义的珠三角都市圈包括香港和澳门两个城市。

珠江三角洲地区是有全球影响力的先进制造业基地和现代服务业基地，南方地区对外开放的门户，我国参与经济全球化的主体区域，全国科技创新与技术研发基地，全国经济发展的重要引擎，辐射带动华南、华中和西南地区发展的龙头，是我国人口集聚最多、创新能力最强、综合实力最强的三大区域之一，有"南海明珠"之称，具有资金、人才、管理、技术等优势，经济发展水平较高，是我国经济发展的重要增长极之一。在 2015 年中国城市综合竞争力排行榜中，深圳、广州分别位列第三和第五。

（二）长三角都市圈

长江三角洲是长江入海之前的冲积平原，中国第一大经济区，中央政府定位的中国综合实力最强的经济中心、亚太地区重要国际门户、全球重要的先进制造业基地、中国率先跻身世界级城市群的地区。根据国务院 2010 年批准的《长江三角洲地区区域规划》，长江三角洲包括上海市、江苏省和浙江省，区域面积 21.07 万平方千米，占国土面积的 2.19%。其中陆地面积 186802.8 平方千米、水面面积 23937.2 平方千米。

长三角都市圈城市化水平较高，城市密集程度居全国之首，圈内有大中小城市 44 个，平均每平方千米有 4.8 个城市，相当于全国平均水平的 7 倍多，国际上称之为世界第六大都市带。城市规模等级结构和都市区发育比较完善，已呈现出大都市圈的网络整体发展优势。目前，长三角都市圈人口在 100 万人以上的城市有 3 个、50 万~100 万人口的城市 5 个、20 万~50 万人口的城市 11 个、20 万人口以下的城市 25 个，形成了以超大城市上海为中心，南京、杭州、宁波为次中心的规模等级结构合理的大都市圈城市体系及上海、苏锡常通、宁镇扬、杭嘉湖、甬绍舟 5 个都市区。各都市区首尾连接为一体，形成了"多心多核"的大都市圈空间网络形态。长三角都市圈内各城市职能及产业分工合理，发展定位明确。上海是全国的经济、金融、商贸、航运中心及最大的城市，高层次服务业、高新技术产业和现代基础工业发达；南京是次中心城市，石化、电子工业发达；杭州是次中心城市，轻纺、旅游业发达；宁波石化及港口工业发达；苏州是新兴的制造业名城，IT 产业和旅游业发达；无锡集成产业、常州精密机械工业等较具特色。

（三）环渤海都市圈

广义的京津冀都市圈又称为环渤海地区，包括北京、天津、河北和辽中南及胶东半岛。环渤海都市圈是我国重要的工业基地，也是我国北方最大的工业密集区。圈内的产业主要以能源、化工、冶金、建材、机械、纺织、食品七大产业为主，产业部门比较齐全，经济对外依存度相对较低。同时，随着北京中关村及其他科技园的建立，电子、信息、通信、生物、医药等新型产业正在崛起。而且第一、第二产业也有较好的发展基础。该都市圈是我国重要的农业生产基地，粮食、棉花、水果、油料、牛肉等产品产量较大，以旅游业、金融业和服务业为主的第三产业发展势头也较好。

（四）三大都市圈的比较

中华人民共和国成立以来，东部三大都市圈在全国获得了巨大发展机遇。尤其是20世纪90年代末期开始，长三角、珠三角和环渤海都市圈经济发展出现整体部署、联动发展态势，取得显著成效。三大都市圈经济总量增长快速，占全国比重高，人口密度大。总体看来，三大都市圈区域经济发展总体水平高，在国民经济中发挥着越来越重要的作用。这三大都市圈已成为中国经济发展的重要增长极，在带动中国经济发展和应对全球化国际竞争方面正发挥着愈加重要的作用。

1. 三大都市圈经济发展的共同因素分析

市场化改革在中国并不是按照统一的方式贯彻执行，地理区位和城市各自不同的历史造就了每个城市不同的地方政策和制度环境，优越的地理环境和优惠的政策导向是东部三大都市圈经济发展的共同之处。中国经济一直呈现出明显的东、中、西的地域差异。东部三大都市圈城市在地理区位上靠近海洋，囊括了中国最重要的多个港口城市，在对外贸易和经济发展中具有先天的地理优势。1978年中国实行改革开放政策，设立的经济特区主要位于东部三大都市圈，东部三大都市圈的多个城市率先建立起经济开发区。优越的地理环境和优惠的政策引导是东部三大都市圈经济发展的共同因素。

第一，优越的地理环境。改革开放以来，对外开放的出口导向型战略和东部沿海地区本身较大的市场潜能使得制造业向东部沿海集聚，而这种空间集聚又进一步提高了该地区的市场潜能，通过循环累积因果机制，东部沿海地区逐渐成为中国制造业的中心地带，市场潜能对东部地区城市和区域经济发展具有重要作用。

第二，优惠的经济政策。中共十一届三中全会提出的改革开放政策拉开了中国经济改革的序幕，1979年试办深圳、珠海、汕头三个出口特区，1984年进一步开放14个沿海港口城市和10个经济技术开发区。沿海地区尤其是经济特区凭借优越的政策条件、自然区位优势和经济社会基础，吸引了大量生产要素流入，成为了中国改革开放的试验田和经济发展的重点区域。1992 年 10 月中共十四大做出了"以浦东开发开放为龙头，进一步开放长江沿岸城市，尽快把上海建成国际经济、金融、贸易中心城市之一，带动长江三角洲和整个长江流域地区经济的飞跃"的战略决策。1992 年邓小平南方谈话为经济特区发展指明了方向，使区域经济发展的沿海、沿江、沿边的经济格局逐步形成。根据《国务院2007 年工作要点》，在鼓励东部地区率先发展的工作中，组织落实天津滨海新区开发开放的相关政策措施，编制并推动实施《长江三角洲地区区域规划》和《京津冀都市圈区域规划》。

2. 三大都市圈经济发展的差异性分析

长三角都市圈、珠三角都市圈和环渤海都市圈不仅是中国最大的三个都市圈，而且代表了中国城市经济发展的三个具有明显差异的状态。虽然市场力量和政府力量在东部三大都市圈均具有非常重要的作用，但东部三大都市圈各自的主导力量有所不同。

第一，市场力量。根据中华全国工商业联合经济部发布的《2015 中国民营企业 500 强分析报告》，2015 年民营企业 500 强涵盖了我国内地 26 个省份，但在分布上极不平衡，浙江、江苏由于市场化程度较高，民营经济最为发达。长三角地区企业在 500 家民营企业中的规模和水平均位居第一，珠三角和环渤海都市圈企业相比长三角地区企业而言，500 家民营企业中所占比重和规模要小很多。另外，从三大都市圈的城镇私营和个体从业人员占单位从业人员比重及增长速度来看，增长最快速的是珠三角都市圈，其次是长三角都市圈，环渤海都市圈的增长速度较慢。总的来说，京津冀都市圈的市场经济发展比较弱，珠三角和长三角地区的市场力量成为其区域快速发展的一个主导力量。

第二，政府干预。从 2008 年北京奥运会、2010 年上海世博会的成功举办可以看到中国政府集中力量办大事的好处。在三大都市圈的经济发展过程中，政府干预是一个重要的发展力量，这从财政预算内支出占地区生产总值的比重可以看出。相关研究显示，2002 年以前，珠三角都市圈的政府干预水平最高，2002 年以后京津冀都市圈的政府干预水平最高，长三角都市圈的政府干预力量一直为最低。

第三，外向型经济。三大都市圈的沿海地理优势，使其外向型经济特征非常明显。珠三角都市圈的经济发展主要表现为外向型经济的拉动，长三角的外向型经济比较而言稍弱一些，环渤海都市圈的外向型经济最弱。珠三角都市圈边界区位条件独特，面临南海，与东南亚隔海相望，越过海洋能与整个世界连接在一起。珠三角都市圈毗邻香港、澳门，它的发展主要来自香港地区、澳门地区的资本推动。比较而言，珠三角都市圈呈现出明显的外向型经济特征，长三角都市圈和京津冀都市圈的外向型依赖较弱。

三、东部地区经济发展的增长极

深圳特区、浦东新区、滨海新区三个增长极的发展是我国探索市场经济和改革开放道路上的三个里程碑。深圳特区是 20 世纪 80 年代中国区域经济改革开放的拓荒者，它的历史意义已经远远大于经济意义，是中国在探索社会主义市场经济体制和中国特色社会主义道路上进行的一个伟大创举。浦东新区是 20 世纪 90 年代中国区域经济改革开放的攻坚者，是中国第一个综合配套改革试验区，其经济意义、社会意义和示范效应都非常重要。进入 21 世纪，滨海新区成为新时期综合配套改革的推进者，国务院要求，用 5 ~ 10 年时间，在滨海新区率先基本建成完善的社会主义市场经济体制。

1. 深圳特区

深圳经济特区，1980 年 8 月正式成立。深圳特区位于广东省的南部沿海，东起大鹏湾边的梅沙，西至深圳湾畔的蛇口工业区，总面积 327.5 平方千米，2010 年延伸到全市，2011 年延伸至深汕特别合作区。深圳毗邻香港，交通便利，气候温和，风景优美，在利用外资发展经济方面具有得天独厚的条件。根据中央的指示，深圳特区将建成以发展工业为重点的工、商、农、住宅、旅游等多种行业的综合性特区。

深圳是中国经济中心城市，经济总量长期位列中国大陆城市第四，是中国大陆经济效益最好的城市之一，地处珠江三角洲前沿，是连接香港地区和中国内地的纽带和桥梁，是华南沿海重要的交通枢纽，在中国高新技术产业、金融服务、外贸出口、海洋运输、创意文化等多方面占有重要地位。深圳在中国的制度创新、扩大开放等方面承担着试验和示范的重要使命。

深圳产业发展呈现出"二、三、一"产业发展格局。二、三产业共同推动了深圳经济发展，现代服务业发展趋势明显，产业发展的外向型特征突出。近年来，深圳一直致力于产业结构调整，在结构调整上积极利用国际产业转移的契机，尤其是 IT 业转移的契机，大力发展高新技术产业，积极培育具有自主知识产权的高新技术企业，逐渐形成了计算机及外设设备、通信设备制造、充电电池、平板显示、数字电视、生物医药与医疗器械等高新技术产业群，并培育了以华为、中兴为代表的国际知名民营高科技企业。

2. 浦东新区

浦东新区是上海市的一个市辖区，全区面积 1210.41 平方千米，常住人口500 多万人，是上海市第二大行政区。

第三产业在新区国内生产总值中的比重逐渐与第二产业齐平，均接近 50%。产业结构升级明显加快，服务业已经逐渐成为浦东新区经济发展的最重要推动因素。这充分体现了浦东新区"三、二、一"产业发展的方向。

在经济全球化和信息化浪潮的背景下，产业融合是大势所趋。在产业融合的背景下，现代服务业与其他产业，特别是和先进制造业之间的界限将越来越模糊。浦东新区正是顺应了世界产业发展的趋势，其产业融合特征明显。新区在大力发展第三产业的同时，依托上海的制造业优势，适应二、三产业的融合发展趋势和产业结构调整的阶段性特点，大力发展生产性服务业，现已形成既有贸易、服务、结算等第三产业管理中心的职能，又具备独特的研发中心、公司核心技术产品的生产中心和现代物流运行服务的生产性服务业。二、三产业之间的融合有效促进了总部研发经济、服务外包、创意设计等现代服务行业的产生。

3. 滨海新区

滨海新区位于天津东部沿海地区、环渤海经济圈的中心地带，总面积 2270平方千米，常住人口 297 万人，是中国北方对外开放的门户、高水平的现代制造业和研发转化基地、北方国际航运中心和国际物流中心、宜居生态型新城区，被誉为"中国经济的第三增长极"。

2015 年，滨海新区完成生产总值 8760.15 亿元，同比增长 15.5%。其中，第一产业增加值完成 10.95 亿元，增长 3.2%；第二产业增加值完成 5828.43 亿元，增长 16.4%，其中工业增加值 5524.16 亿元，增长 16.9%，建筑业增加值304.27 亿元，增长 4.5%；第三产业增加值完成 2920.77 亿元，增长 13.6%，其中交通仓储邮电业增加值 356.24 亿元，增长 9.5%，批发和零售业增加值

813.14 亿元，增长 10.4%，住宿和餐饮业增加值 25.09 亿元，增长 2.8%，金融业增加值 382.47 亿元，增长 12.7%，房地产业增加值 104.33 亿元，增长 4.4%。

滨海新区产业结构呈现出"二、三、一"发展格局，第二产业发展势头强劲，成为推动新区经济增长的绝对主导力量。工业一直是滨海新区的强势产业和优势产业，在工业结构中，电子、石油开采与加工、汽车制造、现代冶金及大乙烯、大炼油等成为滨海新区的支柱产业。第三产业的发展明显滞后，且在第三产业中传统服务业发展具有比较优势，如交通运输、仓储、邮政业、批发和零售业。

4. 三大增长极的比较

综合上述深圳、浦东及滨海新区发展现状及特征比较，我们可以得出如下结论：

（1）从三次产业结构比看，浦东新区产业结构演替跨度大，且更合理化和高度化。浦东新区三次产业结构比由 1994 年的 1.1:67.7:31.2 到 2015 年调整为 0.1:47.5:52.4，第三产业在 21 年中较 1994 年增加了 21.2 个百分点。其次是深圳特区由 1994 年的 2.43:55.62:41.95 到 2015 年调整为 0.09:50.92:48.99。较之深圳、浦东新区产业结构演替，滨海新区产业结构演替变化不大，三次产业结构比由 1994 年的 1.99:67.92:30.09 到 2015 年调整为 0.3:71.7:28。

（2）从第三产业内部结构看，浦东新区金融、保险业和物流、软件服务及房地产业等现代服务业发展对第三产业贡献度最大。其次是深圳特区，高端服务业对外资吸引最大，特别是研发及技术服务和软件服务不仅促进了深圳第三产业的发展，也有力地推进了自主创新和产业升级的步伐。可以说，浦东和深圳都很好地利用了国际产业转移向服务业延伸的新趋向，适时地进行了产业结构的调整与优化。相比之下，滨海新区第三产业发展明显滞后，第三产业多集中于批发零售和仓储邮政业等传统服务业，高端服务业发展明显不足。

（3）从工业结构看，滨海新区工业发展与深圳、浦东相比具有明显的优势，其增速远远高于浦东和深圳，且重化工业发展特征明显。而浦东新区现代制造业的发展趋势明显，深圳特区则高新技术产业发展趋势明显，且民营高科技撑起了深圳工业发展的半壁江山。

（4）从经济外向度看，深圳特区、浦东新区和滨海新区具有典型的外向型经济发展特征。三区引资规模都呈现出向第三产业聚集的趋向，这与国际产业转移新的发展趋势相吻合。所不同的是，受世界经济增长放缓、人民币升值和国内政策影响，三区外贸盈余与逆差波动幅度不同。

四、改革开放以来东部经济发展的经验

1. 国家政策支持

"政府调节在资源配置中的作用在某种意义上类似于市场这个大型搅拌机的管理者"，英国资本主义萌芽、罗斯福新政以及凯恩斯的国家干预主义提供了个案佐证。发展中国家由于封建势力顽固不化、市场机制极不健全、国内工业普遍幼稚、经济发展不平衡等诸多掣肘牵制因素，政府的干预和扶持显得尤为重要，理论界称之为"政策含金量"。往往是政策倾斜到哪里，哪里的经济就有长足的增长。虽然随着改革的深化，这种"倾斜性政策"已逐步被"功能性政策"所替代，政策优惠已向制度创新转化，但在营造原动力的起始阶段，这种"政策含金量"却是弥足珍贵的。

2. 加速城镇化建设

东部地区发展并非仅仅受益于进出口总额的增长，更为重要的是城市建设中基础设施投入、要素聚集和相关产业的扩张。工业化基本上是在城市和工业的区位矩阵中发生的，一个地区离城市越远，其发展前景就越暗淡。城市经济是协调经济发展、可持续发展以及农业结构调整的最佳切入点，能够提高资源聚集与优化配置程度、积累工业化条件，城镇可将区域间的人流、物流、资金流、信息流融为一体，形成带动经济增长的要素聚集点。

3. 促进私营企业发展

后进地区的现代化，是在资本原始积累不足、劳动力素质低下、科学技术落后、创新精神缺乏的基础上进行的，社会结构呈现出多元化的趋势。私营企业作为市场经济中最为活跃的因素，能够增加税收来源、拓宽就业渠道、壮大国民经济力量，从而刺激经济发展。东部地区在经济腾飞过程中，探索出了民营经济发展的两种成功模式：

一是温州模式。温州在无法依赖国家投资，也缺少大城市辐射，更难乞求外资大规模投入的情况下，完全凭借敢闯敢试、敢为天下先的创业精神，依靠千千万万私营中小企业分工协作形成的块状经济保持了行业优势，打响了一张

张地方名牌：中国低压电器城、中国鞋都、中国服装名城、世界打火机王国等。

二是顺德模式。顺德的转制是通过股份制的外壳（美的、科龙、中策）由计划性的集体经济体制向市场性的私营经济成分转变，先对企业总资产进行估值，再根据企业员工的职位高低、工龄长短等因素确定各员工所能分配到的股份数，最后由员工选择出资购买。

4. 扶持高新技术产业

在资源经济向智力经济转变的过程中，高科技能够改变人们的观念、人类生活和社会结构，高新技术产业化已成为时代的浪潮。东部地区在改革伊始，就秉承"有所为、有所不为"的原则，给予高科技格外的关注。其一，邓小平前瞻性地提出"发展高科技，实现产业化"的"863 计划"；其二，兴办科技工业园区，构架科技与经济相结合的通道，使人类的发现或发明能够通畅地转移到产业领域；其三，根据两个效益相统一的原则确定 R&D 优先投资领域，对传统产业进行重大战略性调整；其四，高度重视信息科学技术、生命科学技术、新能源与可再生能源科学技术、新材料科学技术、空间科学技术、海洋科学技术、软科学技术等前沿"高技术"对经济的"裂变"作用。

5. 强调转变经济发展方式和加快转型升级

如北京、福建提出"加快转变经济发展方式"，天津提出"努力实现科学发展和谐发展率先发展"，上海提出"坚持创新驱动、转型发展的总方针"，江苏、浙江均提出"把握和突出加快转变经济发展方式主线"，广东明确提出"加快转型升级"，海南提出"坚持以科学发展为主题，以转变发展方式、实现绿色崛起为主线"。

第四节 东部地区经济新常态：国际金融危机以来的经济发展

一、国际金融危机以来东部经济发展的新态势

1. 外向型经济发展模式仍在沿袭

东部地区长期采用外向型发展模式，经济对外依存度较高，容易受到外部经济的影响。金融危机以来，东部地区对外贸易量仍占到全国总量的大部分，

对外依存度也较高。

2. 私营企业地位不断提升

东部地区民营经济活跃，私营企业数量和工业销售量产值都占全国总量的一半以上。金融危机最严重时期，东部地区私营企业依然保持了强劲的增长势头，同比工业销售产值实现增长，表现远好于外商及港澳台投资企业的增长速度。

3. 产业转移趋势加强

产业转移的变动方向，通常是沿着地区经济发展水平由高到低的顺序进行。我国东部地区与西部地区存在着明显的经济发展梯度，因而东部产业会向中西部地区转移。产业转移可以分为绝对转移和相对转移两种。绝对转移是指转出地区产业规模逐步缩小，而转入地区产业规模逐渐扩大；相对转移是指转出地区和转入地区产业规模同步增长，但转入地区产业增速更快。通常情况，产业转移是由相对转移向绝对转移逐渐过渡的。大量数据表明，金融危机以来，东部地区工业增加值增速明显低于中西部地区，产业出现相对转移现象。

二、经济新常态下区域经济一体化发展

经济新常态特指我国进入新的发展阶段将要面对的增速放缓、结构转型等一系列新趋势、新状态。经济新常态下，经济发展呈现出如下特征：

第一，经济增长速度"换挡"，但不同区域有别。总的来看，各地区增长率都比过去有所下降，但增长率在不同地区间差别较大。从 2007 年以来，我国经济增长率一直呈现"东慢西快"格局，这种局面仍将保持一个较长时期，其原因主要在于我国区域发展的不平衡，各地区所处的工业化阶段不同，东部沿海地区已进入工业化中后期，而中西部地区正处于工业化、城镇化加速发展时期。

第二，经济增长模式"转型"，但比较优势有别。长期以来，我国经济采取的是粗放发展模式，高增长是以低廉的劳动成本、资源的高消耗、环境的严重污染为代价的，如果扣除劳工安全、资源的浪费、环境的损害等方面的付出，经济的总产出要大打折扣。随着各种资源消耗的增加、生态环境的恶化，这种传统的发展模式已到了终结的时候。由粗放的资源驱动模式转变为集约的创新驱动模式，就成为新阶段的经济新常态。

第三，经济增长动力"改变"，但能量等级有别。由于国际金融危机之后欧

美经济复苏乏力、欧洲接着陷入债务危机、我国劳动力比较优势减弱，以往我国依靠外需拉动经济的模式已不再奏效，而内需的培育需要较长过程。我国经济进入换挡期后，全面深化改革将是最重要的动力源，通过改革激发民众的创业、创新活力，通过改革营造宽松自由的发展环境。

三、"一带一路"与产业布局调整

"一带一路"是"丝绸之路经济带"和"21世纪海上丝绸之路"的简称，该倡议为平衡国内区域发展提出了新思路。一方面，它强调提高面向西北的中亚、西亚乃至欧洲的对外开放水平，为中、西部地区开拓新的市场空间；另一方面，也有利于带动产业、资金等资源流向中、西部地区，应对当前东部地区成本上升和转型压力增大、制造业加快对外转移等问题，促进制造业向中、西部转移，加强东、中、西部之间的经济联动性。

从我国目前产业布局的现状与特征来看，大部分工业产业仍集中在东部沿海地区，而西南、西北地区资源密集型行业较为集中，中部内陆地区工业体系较为齐全，已经出现承接沿海地区产业的趋势，而东北地区以石油和黑色金属开采及加工冶炼等重化工业、设备制造业等为优势产业。

在此背景下，"一带一路"倡议的提出为平衡国内区域发展提出了新思路，对促进我国区域产业平衡发展意义重大。首先，它覆盖面广，强调区域间协同发展。与过去的区域发展战略相比，"一带一路"倡议更加注重区域与区域之间的互动，强调跨行政区域的协同发展。其次，"一带一路"倡议能够促进对西开放，为产业的发展提供市场基础。再次，它能打开陆上通道，为东、中、西部地区产业转移提供通道基础。最后，"一带一路"倡议能够加快产业向中、西部的转移，为东部地区产业转型升级创造空间。

第四章 产业发展与空间布局

第一节 制造业发展与空间格局演变

一、全国制造业空间格局演变

制造业是工业化阶段国家经济增长的主要动力。国际金融危机爆发后，全球主要经济体提出了制造业立国战略，制造业重新成为国家竞争力的战略制高点。中国当代制造业的大规模建设从"一五"时期起步，通过重工业导向的国家工业化，逐步建立起比较完整的制造业体系。

改革开放以前，中国的工业化主要是面向国内市场，产业布局的主线是如何处理好沿海和内陆的关系。中华人民共和国成立初期，东北和沿海地区的工业基础较好，制造业主要分布在东北和沿海地区，中西部地区的工业基础比较薄弱。20 世纪 60 年代，出于战备需要的考虑和产业发展的空间均衡，我国进行了三线建设，一度将大量工业企业向中西部地区搬迁，但三线建设并没有从根本上扭转沿海和东北地区工业占据优势的空间格局。

改革开放之后，中国的工业化开始与全球经济逐渐接轨，产业空间布局受国际市场的影响越来越大。全球制造业中心在工业革命以后发生过三次大的转移，20 世纪 70 年代末以来，传统制造业强国将劳动密集型产业，以及资本、技术密集型产业中的劳动密集型生产环节逐步转移至发展中国家。中国紧跟这一轮产业转移的浪潮，积极承接国际产业转移，使中国成为新的世界制造中心。2014 年，中国制造业产值占全球制造业产值的比重达到 25%。东部地区得益于有利的区位条件，率先承接国际产业转移，使东部地区制造业得到了迅速发展。东部地区制造业的快速发展，改变了全国范围的制造业空间格局。

从全国范围看，中国制造业的空间格局经历了从向沿海地区地理集中，到逐渐向中西部地区产业转移的演变过程。2001～2016 年，东部地区的制造业份额均占全国半数以上，但期间历经了先增后减的变化（见图 4-1）。21 世纪初期，我国制造业先是向东部地区集中，2004 年前后东部地区制造业份额达到最高点，2005 年后东部地区的部分制造业企业开始逐渐向中西部地区转移。2010～2013 年，东部地区的制造业份额从 69.49% 下降到 59.4%。2013 年后，东部地区的制造业份额有小幅回升。

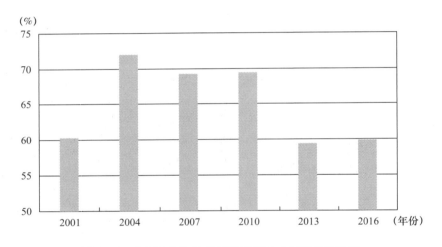

图 4-1　东部地区制造业销售产值占全国的份额变化

资料来源：历年"中国工业企业数据库"、历年《中国工业统计年鉴》（第一、第二节内容中所有数据除特别标注外均出于这两处，并由笔者进行相关的计算）。

具体来说，中国制造业空间格局的变化过程可以分为以下几个阶段：

第一阶段：20 世纪 80 年代初至 1990 年前后。全国制造业的重心向南移动为主。以深圳开放为先导，珠三角地区制造业迅速发展。广东省的制造业增加值由 1980 年的 61.3 亿元增长到 1997 年的 2392.72 亿元，占全国的比重由 1980 年的 4.4% 上升到 1997 年的 13.6%。上海、辽宁等传统制造业大省的比重明显下降。

第二阶段：1990 年前后至 2004 年。全国制造业的重心向长三角地区移动为主。以浦东为契机，长三角地区制造业迅速发展，成为中国制造业发展的新引擎。上海、江苏和浙江三省（市）的制造业增加值总和从 1997 年的 3644.89 亿元增长到 2003 年的 12324.1 亿元。三省（市）制造业增加值合计占全国的比重由 1997 年的 23.6% 上升到 2003 年的 28.7%。

第三阶段：2005 年后。尽管制造业的重心依然在东部地区，但部分制造业部门开始陆续向中西部地区转移，尤其是部分资源型产业与劳动力密集型产业的空间转移趋势较为显著。食品轻纺行业在北京、天津、上海、江苏、浙江、广东等省份的产业份额明显下降，安徽、江西、湖南、河南、四川等中西部省份的产业份额趋于增加。

在地市尺度上，制造业空间格局变化呈现出"西进北上"的特点，具体表现为，产业份额从沿海发达城市转向沿海省份内部发展相对滞后的地市，以及中西部省份内部产业基础较好且本地市场规模较大的地市①。重点开发区域已成为承接产业转移的重要载体。河南制造业增加值占全国的比重从 2003 年的 3.6% 上升到 2008 年的 4.7%。2004～2008 年，湖南与珠三角共同实施合作项目 126 万个，合同引资 7841 亿元。长三角地区部分制造业，特别是劳动密集型制造业向苏北、安徽、河南、山西、陕西等地进行转移的趋势明显。在 2008 年美国金融危机的冲击下，制造业产业结构与空间布局出现了调整，中央政府出台了相应政策刺激经济增长，中西部地区产业发展获得新的机会，东部地区制造业份额呈持续下降的趋势。

二、分部门制造业空间格局演变

在全国制造业空间格局变化的同时，制造业内部各部门的空间格局也呈现出不同的变化趋势。这里分析 2001～2013 年按照两位码分类的制造业部门的空间格局变化。

（一）各个制造业部门均集中分布于东部地区

2001～2013 年，各个制造业部门均高度集中分布于东部地区，除烟草制品业的份额不到 50%、有色金属冶炼及压延加工业的份额长期低于 50% 以外，其

---

① 石敏俊. 现代区域经济学［M］. 北京：科学出版社，2013：122.

他制造业部门在东部地区的份额鲜有未过半数的（见表4-1），尤其是纺织、服装鞋帽、皮革、毛皮行业，东部地区的份额超过70%，甚至部分行业在一些年份越过90%，文教体育用品制造业、电气机械及器材制造业也高度集中分布在东部地区。通信设备、计算机及其他电子设备制造业由于外商投资和出口比重大，与全球产业链的链接程度高，也高度集聚在东部地区。制造业企业集聚在东部地区，有助于有效地交流信息，便捷地利用产业上下游联系，共享专业化的劳动力市场，增强企业的竞争优势。

表4-1　2001~2013年东部地区分部门制造业的份额　　　　　单位:%

部门	2001 年	2004 年	2010 年	2013 年
农副食品加工业	50. 25	60. 54	51. 95	40. 68
食品制造业	60. 12	62. 01	56. 64	48. 68
饮料制造业	50. 49	56. 66	48. 59	33. 81
烟草制品业	25. 17	36. 51	29. 77	35. 35
纺织业	68. 10	84. 91	81. 88	73. 90
纺织服装、鞋、帽制造业	79. 11	91. 74	87. 63	73. 92
皮革、毛皮、羽毛（绒）及其制品业	81. 18	87. 94	83. 51	73. 90
木材加工及木、竹、藤、棕、草制品业	60. 91	69. 85	62. 54	49. 08
家具制造业	73. 04	85. 46	79. 16	64. 15
造纸及纸制品业	64. 68	77. 05	72. 67	64. 48
印刷业和记录媒介的复制	65. 37	75. 03	70. 67	61. 05
文教体育用品制造业	89. 51	96. 20	94. 51	82. 24
石油加工、炼焦及核燃料加工业	39. 15	48. 61	52. 74	50. 98
化学原料及化学制品制造业	54. 13	69. 71	67. 99	62. 63
医药制造业	50. 66	59. 63	55. 74	51. 85
化学纤维制造业	69. 09	83. 75	87. 74	89. 47
橡胶制品业	64. 43	79. 25	78. 21	67. 14
塑料制品业	73. 89	83. 57	81. 65	42. 89
非金属矿物制品业	53. 45	65. 27	58. 13	55. 51
黑色金属冶炼及压延加工业	39. 88	58. 79	58. 07	50. 21
有色金属冶炼及压延加工业	33. 15	46. 34	41. 73	70. 32
金属制品业	71. 27	85. 67	82. 46	63. 71
通用设备制造业	61. 80	76. 69	72. 64	55. 77

续表

部门	2001 年	2004 年	2010 年	2013 年
专用设备制造业	61.04	68.83	63.73	52.24
交通运输设备制造业	48.23	56.03	55.38	62.64
电气机械及器材制造业	74.83	84.73	82.47	80.42
通信设备、计算机及其他电子设备制造业	82.80	93.69	93.93	79.60
仪器仪表及文化、办公用机械制造业	81.25	88.02	86.81	67.88
工艺品及其他制造业	77.86	84.60	83.02	61.24

资料来源：中国工业企业统计数据库。

烟草制品业由于烟草种植条件和加工产能分布的原因，多集中在云南、贵州和湖南等地。有色金属冶炼及压延加工业需要有色金属矿藏为原料，这些矿产资源多分布在中西部省份。此外，部分行业因为利润率高和税收贡献大，会成为地方保护的对象，地方保护主义会使这些行业在省区层面趋向于分散分布。

随着劳动力成本上升、中西部地区基础设施建设和市场规模扩大，部分制造业部门东部地区的份额趋于减少，甚至跌至不足50%。2013年后东部地区农副食品加工业的份额低于50%；2010年后东部地区饮料制造业的份额也不足50%；东部地区塑料制品业、木材加工及木、竹、藤、棕、草制品业等部门的份额也已经下降到不足50%。

（二）大多数制造业部门的空间格局在2004年前后出现了转折性变化

不同的制造业部门的空间格局呈现出不同的变化特点，有的部门东部地区的份额先增后减，有的部门增减交替。从总体上看，各个制造业部门均以2004年前后为分水岭，呈现出先集聚后扩散的趋势。

2001～2004年，大部分制造业部门在东部地区的份额迅速增加（见图4-2），这一方面得益于承接国际产业转移，但主要还是由于本土企业的做大做强，使东部地区制造业抓住了历史机遇得以迅速发展，不仅在国内占领大量份额，也开始在国际舞台崭露头角。

2004年后，东部地区份额增加的制造业部门寥寥无几，大部分部门的份额下降，部分制造业部门出现大幅度下降（见图4-3）。其中，塑料制品业变动幅度最大，东部地区的份额从2004年的83.57%下降至2013年的42.89%。其次是饮料制造业、工艺品及其他制造业，东部地区的份额变动幅度超过20%。饮料制造业是市场指向型的行业，在本地市场选址有利于降低运输成本。有色金属冶炼及压延加工业却表现出不同的特点，东部地区的份额 2013 年迅速增大，但 2015 年又回落为 41.84%。

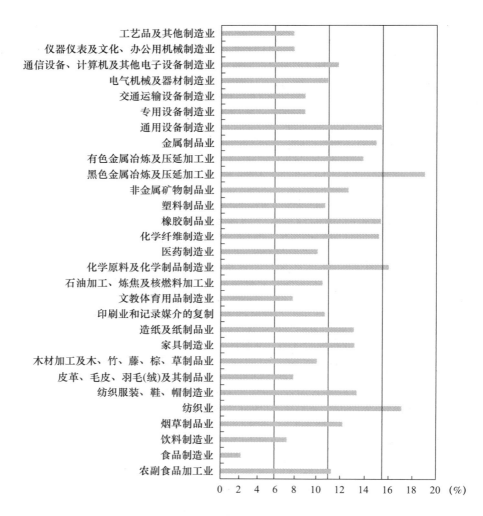

图 4-2　2001~2004 年东部地区制造业各行业份额变动

三、东部地区制造业空间格局变化

在东部地区内部，各省（市）制造业的发展历程各有特点。上海是国内最

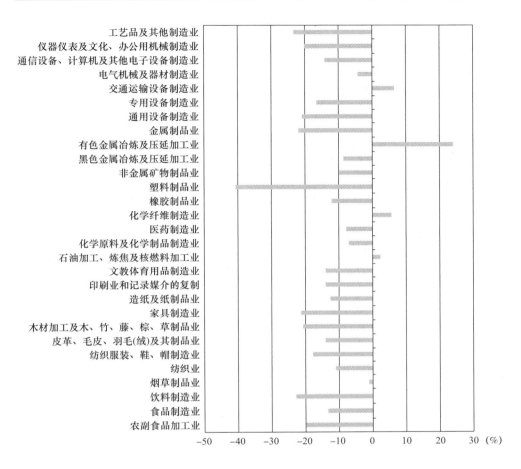

图 4 – 3　2004～2013 年东部地区分行业制造业份额变动

早的制造业重地，之后广东、江苏后来居上，成为全国制造业最为集中的省份。改革开放后，广东省利用政策优势和毗邻港澳的区位优势，迅速发展了纺织、服装、鞋帽、玩具等劳动密集型产业，加快了工业化进程，食品、饮料、纺织服装陆续成为支柱产业。20 世纪 90 年代后，广东省大力发展家电产业，电子信息、电气机械、石油化工陆续成为经济增长的龙头行业，其中以资本密集型产业居多。进入 21 世纪以来，广东大力发展汽车、石油、化学原料及化学制品、冶金、医药、电子通信设备制造业等新兴产业，特别是以计算机、电子工业等为代表的高新技术产业，成为支撑区域经济增长的重要支柱产业。2014 年，广东省电子信息制造业实现销售产值 2.97 万亿元，同比增长 8.1%，连续 24 年居全国第一。

东部地区制造业空间分布的最重要特征是制造业高度集中在珠三角、长三角以及京津冀地区。在省（市）尺度上，广东、江苏、浙江和山东是东部地区制造业最为集聚的省份。尤其是广东省与江苏省表现强劲，制造业份额占比高而且保持高位的时间长。

2001 年，制造业份额占比最高的前五位东部省（市）分别为广东、浙江、江苏、山东和上海，五省（市）的制造业总产值合计占全国的 48.01%。2004 年，制造业份额占比最高的前五位东部省（市）分别为广东、江苏、山东、浙江和上海，五省（市）的制造业工业总产值合计占全国的 58.39%。2010 年，制造业份额占比最高的前五个省（市）与 2004 年相同，但占全国的份额为 59.17%。尽管东部地区整体的制造业份额趋于降低，但前五位省（市）的份额却略有增加，主要是由于江苏和广东的制造业份额上升。这表明，东部地区内部制造业的空间格局有集中化的趋势。2013 年，制造业份额占比最高的前五位东部省（市）分别为江苏、山东、广东、浙江和河北，五省合计占全国的 49.19%，上海退出前五位，河北进入前五位，前五位省（市）的份额与 2010 年相比大幅度下降，广东和浙江的份额大幅下降，山东和河北明显增加。

表 4-2　2001~2016 年东部地区各省（市）制造业份额变动　　单位:%

年份	2001	2004	2005	2010	2013	2016
北京	3.26	2.89	2.83	1.73	1.38	1.26
天津	3.24	2.97	2.72	1.84	1.77	2.47
河北	2.36	4.10	4.17	2.97	4.50	3.98
上海	6.82	7.67	6.94	4.46	3.44	3.00
江苏	8.72	14.41	14.15	17.07	13.71	14.33
浙江	9.02	9.82	9.74	9.19	6.32	5.99
广东	15.58	15.35	15.00	17.67	10.95	11.36
山东	7.87	11.14	12.36	10.78	13.71	13.57
福建	3.21	3.53	3.39	3.64	3.57	3.75
海南	0.23	0.14	0.17	0.13	0.05	0.16

21 世纪以来东部地区内部的制造业空间格局变化经历了三个阶段:

第一阶段是2001~2004 年,东部地区的制造业向江苏和山东集中。除北京、天津、广东与海南的制造业份额小幅下降外,其他省份的制造业份额均增加,尤其是江苏省与山东省的制造业份额增加幅度较大(见图 4-4)。

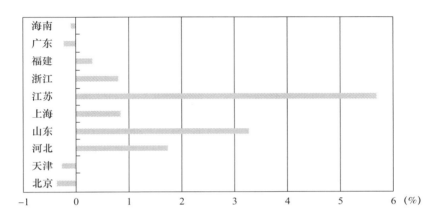

图 4-4 2001~2004 年我国东部地区各省(市)制造业份额变动

第二阶段是2004~2010 年,东部地区的制造业向广东和江苏集中,两省的制造业份额均超过15%,成为制造业发展的佼佼者(见图 4-5)。广东的制造业份额由 2004 年的 15.35% 增加到 17.67%,江苏的制造业份额从 2004 年的14.41% 增加到2010 年的 17.07%,两省制造业份额均达到历史峰值。

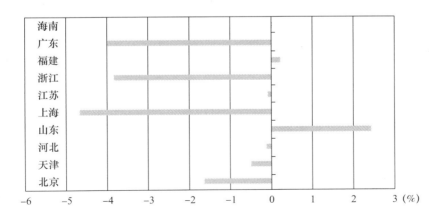

图 4-5 2004~2010 年我国东部地区各省(市)制造业份额变动

第三阶段是 2010～2016 年，东部地区的制造业向山东和河北集中，表现为北上的趋势。山东、福建、海南的制造业份额有所上升，其中，山东的份额升高较多，海南份额变动微弱；北京、天津、河北、上海、江苏、浙江、广东的制造业份额出现下降，其中，上海、浙江与广东的制造业份额占比变动明显。

四、制造业空间格局变化的驱动因素

关于产业空间分布的经济学机理，学界有众多讨论。新经济地理学理论认为，产业空间分布存在集聚力和分散力，市场邻近和供给邻近带来的循环累积效应会导致产业集聚，但过度集聚会导致要素成本上升和行业竞争激化，从而产生拥挤效应，导致产业分散（Fujita et al.，1999；安虎森，2006）。我国制造业空间格局变化经历了先集中后分散的过程，2004 年前制造业向东部地区集聚，2005 年后制造业向中西部地区转移。因此，这里区分两个阶段，探讨制造业空间变化的驱动因素。

（一）2004 年前制造业地理集中的驱动因素

改革开放以来，我国实施了东部沿海地区优先发展的战略，国内经济地理结构发生改变，呈现出不均衡增长态势，区域差距不断扩大。东部地区抓住历史机遇，利用我国的劳动力资源和政策优势，积极承接制造业的国际转移，生产要素和产业不断向东部省份集中，东部地区因此迎来了经济崛起和腾飞，制造业的空间分布逐渐形成了以东部地区为核心、其他地区为外围的中心—外围格局。

对于制造业向东部地区地理集中的驱动因素，一般认为，有以下几个方面的解释：

（1）区位优势。改革开放使中国有机会融入全球市场，并积极与世界经济贸易接轨。而东部地区由于地理区位的优势，1980～2000 年我国引进的外商直接投资中 87.8% 集中在东部沿海地区，其中长江三角洲、珠江三角洲和环渤海地区共占 66.8%。2004 年，外商对中国的投资中，东部沿海地区占

85.93%，中西部地区的 18 个省（区、市）只占到不足 15%①。资金与技术的流入促使制造业迅速崛起，并形成良性的发展局面，制造业实力的增强使世界各国著名的制造厂商纷纷把生产基地向中国转移，或者直接把生产业务外包给中国企业，产品销往世界各地，促使中国成为制造业强国，这一过程直接成为中国内部的制造业重心发生根本性区域转移的原动力。在此大背景下，中国制造业重心快速集中到作为改革开放门户的东部和南部沿海地区，并出现了明显的集聚现象，形成了以珠三角、长三角、胶东半岛为中心的工业集聚区，而中部和西部内陆地区的制造业发展逐步趋缓，甚至发生衰竭，因此在这一时期中国制造业发生明显的渐进式转移，截至 20 世纪末，已经在整体上从中华人民共和国成立初期的零散式布局转化为显著的沿海向内地阶梯式下滑的布局状态。

（2）要素禀赋、贸易成本与基础设施建设。自然资源、劳动、资本、技术等要素的分布对不同的产业空间布局有着一定影响关系，企业往往会选址在本企业最密集使用的要素集中的地区。如采矿业一般邻近矿产资源丰富的地区，不仅可以获得大量的要素，还能节约时间和运输成本。以要素禀赋中的人力资本为例，由于自然环境和其他因素的影响，我国东部沿海地区人口密度要高于中西部地区，这使在一开始东部地区发展劳动密集型产业就比较具有优势，如纺织服装业。尽管人力资本不能吸引全部制造业部门的集聚，但对于技术密集型行业的吸引作用却是毋庸置疑的。在现阶段，劳动力密集型行业如服装纺织行业，仍然集中分布在工资水平较高的沿海地区。这一结果并非否认劳动力成本的作用，而是揭示了产业空间分布格局中生产成本与贸易成本的平衡关系。

贸易成本是影响我国制造业企业区位选择及产业空间分布的重要因素。在影响贸易成本的几个因素中，靠近上下游产业生产比靠近最终消费市场与方便出口更加重要。也即，上下游产业的配套条件是企业选址优先考虑的要素。在现阶段的生产成本水平下，如果企业选择在沿海地区生产，虽然会付出相对较高的生产成本，但可以节省大量由于靠近上下游产业、靠近最终消费市场和出

---

① 朱群丽等．外商直接投资形成产业集聚的现象研究——来自通信设备、计算机及其他电子设备制造业的数据［J］．北方经济，2012（9）．

口市场而节省的贸易成本。市场邻近和供给邻近决定的贸易成本为我国现阶段制造业的高度集聚提供了更加合理的解释，同时深化了我们对产业空间集聚机制的认识。

交通基础建设是交通运输必不可少的条件，能够对全国区域空间格局产生重大影响。1995～2000 年东部地区道路总面积和路网密度指数①（以 1995 年为 100）高达 290.76，而同期中部地区为 239.9，西部地区为 165.22。1996 年东部地区路网密度为 2.2，中部为 0.61，西部为 0.01。2005 年东部地区路网密度为 18.1，中部地区为 10.19，西部地区为 1.54。可见东中西部道路基础建设的差异，当然这也与中西部地区土地更加广袤、地形更加复杂有密不可分的关系，但足以显示出东部地区的交通运输条件要明显好于中西部地区。

（二）2004 年后产业转移的驱动因素

我国的区域政策一直致力于缓解区域差异，引导产业西进是缓解区域差异的必要之举，地方政府通常会加强基础设施建设、加大招商引资优惠力度等来吸引企业迁入。另外，东部地区有些地方因为产业结构转型需要也会鼓励一些企业迁出。如上海、广东等地纷纷提出要"腾笼换鸟"，安徽、湖南等中西部省份提出要承接来自沿海地区的产业转移。沿海地区产业结构升级换代和中西部地区承接产业转移的举措给我国制造业空间分布带来新的变化，一些企业已经开始从广东、上海、浙江等沿海省份迁到江西、湖南、安徽、河南、四川等中西部省份。2008 年席卷全球的金融危机加剧了产业空间布局重组，我国应对金融危机的投资计划向中西部倾斜，也给中西部地区带来了更多的发展机会。于是，东部地区的制造业开始呈现出一种向其他地区转移的现象，制造业份额有所降低。

推动产业转移的因素是多方面的，不仅包括政策影响因素，还包括要素成本差异、交通体系改善等其他因素的影响。归纳起来，产业转移的驱动因素主要有三个方面，

（1）要素成本的区域差异，基础设施的完善，成本驱动效应明显。改革开放后，沿海地区凭借其区位优势率先发展起来，沿海和内陆之间的区域经济差异扩大。经济发展水平的区域差异扩大带来了劳动力和土地等要素成本的区域

---

① 李国平等. 产业转移与中国区域空间结构优化 ［M］. 北京：科学出版社，2016：366.

差异不断扩大。中西部地区无论是劳动力的工资水平还是土地等要素成本均显著低于东部发达地区。沿海地区与中西部地区职工平均工资水平差异2001年为6000元，2008年扩大到9000~11000元；每平方米商品房价格的区域差异2001年约为1000元，2008年扩大到约3000元。①沿海地区劳动力等要素成本上升导致要素成本的区域差异不断扩大，并且伴随着贸易成本差异的缩小，贸易成本和要素成本的均衡关系发生逆转性变化，这是驱动中国产业分布地理变迁的核心因素。东部地区劳动力成本的上升使部分劳动密集型产业和最终需求型产业开始从劳动力成本较高的沿海地区向中西部地区转移，而承接产业转移的区域多为市场邻近与供给邻近次优的地区，这说明企业会牺牲一部分贸易成本以换取生产成本的节约。如果要素成本上升导致贸易成本与生产成本的均衡关系出现逆转，产业分布将会发生变化，达到贸易成本与生产成本之间新的均衡。

交通体系显著改善，成为推动沿海和内陆地区之间新一轮产业转移的重要动因。2012年我国东部地区路网密度为33.21，中部地区为25.59，西部地区为4.13，中西部地区的道路建设已经大幅提升。未来产业转移等因素还将进一步重新塑造中国经济的空间格局，影响区域空间结构演化，由于要素禀赋和竞争能力存在区域差异，价值链活动在区域间存在分工，其体系的形成会改变区域的功能空间结构，区域间应根据各自要素禀赋，承担不同的价值链环节，实现区域分工格局优化和区域一体化发展。

（2）土地和环境的约束。东部地区面临用地指标和环境容量的约束，驱动部分产业向中西部地区转移。土地稀缺的地方如上海，土地要素成本迅速上升，一些企业不愿意继续承担高额的土地使用成本也会主动迁入到周边地区或更远的内陆地区。

（3）市场牵引作用。由于市场潜力的变化因素，企业出于市场战略的考虑，产能布局出现北上和西进。改革开放后东部地区率先崛起，吸引了大量的人口会集到京津冀、长三角、珠三角地区，推动这些地方现代化进程快速发展，城市建设、企业发展等方面走在全国前列；同时也由于城镇化的发展，收入水平、教育水平的提升等因素的影响，人们的生活水平普遍高于中西部地区，居民的

---

① 石敏俊. 现代区域经济学 [M]. 北京：科学出版社，2013：122.

消费水平和消费层次高于全国平均水平。而随着中部地区和西部地区的崛起，市场发展的潜力逐步显现出来，相较于东部地区而言，中西部地区发展空间更大，企业希望能获取先进入者优势，快速获得中西部的市场也需要提前规划布局。

第二节　制造业的地区专业化

本节以国民经济分类两位数代码分类的制造业部门为对象，分析东部地区内部制造业的地区专业化发展与空间格局。依照生产要素在不同制造业部门的密集程度所得到的惯例分类，将制造业部门大致分为劳动密集型制造业、资本密集型制造业和技术密集型制造业进行分析。本节所用数据来源于2013年中国工业企业数据库。

区位商可以分析一个区域的哪些产业在全国具有一定优势地位，可以反映产业的地区专业化发展水平。区位商的计算公式如下：

$$LQ_{ij} = \frac{x_{ij} / \sum_j x_{ij}}{\sum_i x_{ij} / \sum_j \sum_i x_{ij}}$$

其中，i表示第i个产业，j表示第j个地区。当LQ>1时，表明该地区该产业具有比较优势，一定程度上显示出该产业较强的竞争力。为节约篇幅，本书中将罗列部分区位商大于3的地市。

一、劳动密集型制造业

劳动密集型制造业包括农副食品加工业，食品制造业，饮料制造业，烟草制品业，纺织业，纺织服装、鞋、帽制造业，皮革、毛皮、羽毛（绒）及其制品业，木材加工及木、竹、藤、棕、草制品业，家具制造业，造纸及纸制品业，印刷业和记录媒介的复制，文教体育用品制造业。

其中，整体来看，烟草制造业在东部地区的份额较低，历年来均不足40%，但上海市杨浦区烟草制造业区位商高达77.72，且杨浦区的烟草制造业产值占全国烟草制造业产值的份额超过10%，可见上海市杨浦区的烟草制造业不仅份额大，专业化程度亦非常高。

纺织服装业是中国传统优势产业，进入门槛低，竞争充分，对政策和市场变化极为敏感，其布局调整早于其他行业。2013 年，纺织业，纺织服装、鞋、帽制造业，皮革、毛皮、羽毛（绒）及其制品业分别有 75.29%、78.45%、75.97% 的份额分布在东部地区。从省级层面看，浙江、山东、江苏是纺织服装业所占份额最多的地区。从地市尺度分析，纺织业区位商最高的依次是山东省滨州市，浙江省绍兴市、湖州市、嘉兴市。纺织服装、服饰业区位商最高的依次是北京延庆县，上海的静安区和长宁区。皮革、毛皮、羽毛（绒）及其制品和制鞋业区位商最高的依次是福建的莆田市、泉州市与浙江的温州市。总体来看，我国的纺织服装行业处于一种遍地开花的状态，分布地区范围不仅很广泛，而且份额差别亦不是十分明显，区位商也普遍较高。纺织服装业属于劳动密集型行业，早年在浙江省、江苏省民营经济比较发达，家庭作坊亦是非常常见，这些零散的生产者多数会从事一些纺织服装业的制作工作，如服装、鞋袜等均可由劳动力依赖小型生产设备完成加工生产或者完全不需要依赖设备。因此，这类行业的发展往往不需要特别集中到某一地区大规模专业化生产，也就形成了后来分布广泛、差异不大的空间分布格局。

表 4 -3 所示为劳动密集型制造业各行业地市分布及区位商。

表 4 -3 劳动密集型制造业

行业	地市（括号内数字为区位商）	行业	地市（括号内数字为区位商）
农副食品加工业	天津：红桥区（6.61） 广东：湛江市（4.79） 山东：日照市（3.69）、威海市（3.10）	饮料制造业	北京：密云区（7.09）、怀柔区（5.63） 天津：红桥区（6.36） 江苏：宿迁市（4.72） 河北：承德市（4.29） 福建：宁德市（4.01）
食品制造业	天津：和平区（45.39）、武清区（17.80） 上海：静安区（23.05）、长宁区（9.34）、黄浦区（4.41） 北京：怀柔区（4.76）、平谷区（3.11） 河北：张家口市（4.58） 海南：海口市（4.48） 广东：潮州市（3.91）、江门市（3.67） 福建：漳州市（3.86）	烟草制品业	上海：杨浦区（77.72） 福建：龙岩市（10.70） 河北：张家口市（9.24） 北京：通州区（7.30） 山东：济南市（6.90） 海南：海口市（6.06）

行业	地市（括号内数字为区位商）	行业	地市（括号内数字为区位商）
木材加工及木、竹、藤、棕、草制品业	福建：南平市（14.01）、三明市（9.43） 江苏：宿迁市（10.58）、徐州市（7.34） 山东：临沂市（7.37）、菏泽市（4.31） 浙江：湖州市（4.97） 广东：阳江市（3.26）	家具制造业	浙江：湖州市（7.04）、嘉兴市（3.21） 天津：宝坻区（5.93） 北京：东城区（5.69）、通州区（4.01） 广东：汕头市（5.48）、湛江市（4.84）、梅州市（4.94）、佛山市（3.77）、阳江市（3.27）、中山市（3.19）、东莞市（3.07） 河北：廊坊市（3.44） 福建：漳州市（3.38）
造纸及纸制品业	天津：蓟县（11.47）、宁河县（5.96） 山东：济宁市（7.85） 浙江：衢州市（6.60） 上海：普陀区（5.49）、青浦区（3.19） 广东：湛江市（5.05）、东莞市（3.35）、江门市（3.11） 福建：漳州市（4.60） 河北：保定市（3.25）	印刷业和记录媒介的复制	北京：西城区（46.97） 上海：普陀区（27.32）、闸北区（5.86） 广东：潮州市（6.79）、汕头市（6.67） 天津：河北区（4.62） 江苏：宿迁市（3.79） 河北：廊坊市（3.44） 浙江：温州市（3.37）
纺织业	山东：滨州市（8.49） 浙江：绍兴市（6.28）、湖州市（3.97）、嘉兴市（3.35）、金华市（3.21） 山东：济宁市（3.32） 福建：三明市（3.12） 江苏：盐城市（3.12）、南通市（3.08） 广东：汕尾市（3.03）	纺织服装、鞋、帽制造业	北京：延庆区（11.24）、朝阳区（3.54） 上海：静安区（11.17）、长宁区（8.63） 广东：汕头市（7.97）、揭阳市（6.67）、汕尾市（3.31） 天津：宝坻区（6.78）、蓟县（4.63）、武清区（4.32） 福建：泉州市（5.70） 浙江：温州市（3.87）
皮革、毛皮、羽毛（绒）及其制品业	福建：莆田市（17.00）、泉州市（12.88）、福州市（4.29） 浙江：温州市（12.93）、丽水市（4.34）、嘉兴市（3.79） 河北：石家庄市（7.12）、衡水市（3.40） 广东：揭阳市（5.20）、潮州市（4.48）、清远市（4.23）、肇庆市（3.03） 天津：河北区（4.78）	文教体育用品制造业	上海：徐汇区（22.88）、黄浦区（12.38） 北京：西城区（17.65）、东城区（17.45） 广东：汕尾市（13.18）、汕头市（10.56）、深圳市（4.95）、韶关市（4.76） 福建：莆田市（9.08）、南平市（4.48） 天津：宝坻区（7.12） 江苏：南通市（3.23） 山东：菏泽市（3.19） 浙江：金华市（3.17）

续表

行业	地市（括号内数字为区位商）	行业	地市（括号内数字为区位商）
橡胶制品业	上海：虹口区（11.40） 福建：宁德市（4.55） 天津：蓟县（4.24） 广东：汕头市（4.00）、汕尾市（3.33） 山东：东营市（3.98）、济宁市（3.10） 河北：衡水市（3.57） 浙江：台州市（3.46）	塑料制品业	海南：三亚市（11.95） 广东：潮州市（6.40）、云浮市（5.35）、清远市（3.37）、梅州市（3.29）

二、资本密集型制造业

资本密集型制造业包括石油加工、炼焦及核燃料加工业，非金属矿物制品业，黑色金属冶炼及压延加工业，有色金属冶炼及压延加工业，金属制品业，通用设备制造业，专用设备制造业，仪器仪表及文化、办公用机械制造业。

其中，金属冶炼、压延加工及制品业（此处包括黑色金属冶炼及压延加工业、有色金属冶炼及压延加工业和金属制品业）是非常重要的制造业，能为其他众多制造业提供金属原材料，人类很早就开始利用金属来生产制作各类工具。金属作为原材料可以有多种用途，主要是会被制作成各类金属制品。随着社会的进步和科技的发展，金属制品在工业、农业以及人们生活各个领域中的运用越来越广泛，也给社会创造了越来越大的价值。2013 年，我国东部地区的黑色金属冶炼及压延加工业、有色金属冶炼及压延加工业和金属制品业的产业份额分别为 52.7%、76.31%、73.99%。金属冶炼、压延加工及制品业为资本密集型行业，同时对资源分布有一定的依赖性，生产过程中往往需要耗费大量能源。黑色金属冶炼及压延加工业在山东分布较多，烟台市的份额达到 6.27%，区位商为 4.42，聊城市也有 4.77%，区位商为 5.61；两个城市产值所占份额已超过 10%，且专业化程度也非常高。有色金属冶炼及压延加工业多数分布在广东、山东、江苏。这三个省份中有大量的地市份额超过 1% 但不足 2%，分布较广泛，但没有形成很强的集聚效应和规模效应，广东的阳江市区位商达到 8.72，具有一定的比较优势。金属制品业在江苏、山东、浙江的较多地市也有分布，但份额超过 2% 的也寥寥无几，多个地市份额都较为接近，上海与北京的区县中区位商较高的比较多，尤其是上海闸北区的区位商高达7.70。

表4-4所示为资本密集型制造业各行业地市分布及区位商。

表4-4　资本密集型制造业

行业	地市（括号内数字为区位商）	行业	地市（括号内数字为区位商）
通用设备制造业	北京：昌平区（4.42）、石景山区（4.41）、门头沟区（3.81）	专用设备制造业	上海：嘉定区（9.17） 北京：顺义区（8.51）、平谷区（8.20）、怀柔区（7.48）、昌平区（5.93）、密云区（5.65）、大兴区（3.02） 河北：保定市（4.07） 海南：海口市（3.68） 广东：广州市（3.19） 天津：东丽区（3.16）
石油加工、炼焦及核燃料加工业	北京：房山区（14.47） 广东：茂名市（12.50）、惠州市（3.33）、湛江市（4.97） 上海：金山区（11.19） 河北：沧州市（4.50） 山东：东营市（4.01） 浙江：宁波市（3.26）	有色金属冶炼及压延加工业	广东：阳江市（8.72）、云浮市（3.85）、肇庆市（3.84）、江门市（3.47） 北京：延庆区（5.99） 天津：津南区（4.42）、静海区（3.15） 河北：沧州市（3.88）、衡水市（3.46） 浙江：丽水市（3.83）、金华市（3.29） 上海：崇明区（3.46）
黑色金属冶炼及压延加工业	山东：聊城市（5.61）、烟台市（4.42） 福建：龙岩市（5.50） 广东：清远市（4.93）、肇庆市（3.60） 天津：北辰区（4.70）	金属制品业	上海：闸北区（7.70）、黄浦区（6.56）、闵行区（3.86）、崇明区（3.59） 北京：门头沟区（7.25）、石景山区（6.26） 天津：河西区（6.93）
非金属矿物制品业	天津：河东区（10.63） 河北：承德市（7.43）、唐山市（7.19）、廊坊市（3.33）、秦皇岛市（3.58）、张家口市（4.60）、邯郸市（6.68） 山东：莱芜市（7.35） 上海：宝山区（7.15） 天津：静海区（7.02）、河西区（6.01）、津南区（4.61）、宁河区（4.95）、东丽区（3.92） 广东：韶关市（3.83）	仪器仪表及文化、办公用机械制造业	天津：宁河区（36.32） 江苏：扬州市（11.94） 浙江：台州市（8.80）、舟山市（7.43）、金华市（7.19）、温州市（3.27） 北京：丰台区（7.60）、海淀区（4.77） 福建：泉州市（7.25）、漳州市（3.28） 山东：枣庄市（5.28） 广东：中山市（3.89）、阳江市（3.34）

三、技术密集型制造业

技术密集型制造业包括化学原料及化学制品制造业，医药制造业，化学纤维制造业，交通运输设备制造业，电气机械及器材制造业，通信设备、计算机及其他电子设备制造业。

交通运输设备如汽车、铁路、船舶等的制造产业发展对国家经济发展总体及相关产业均具有很大的支撑和带动作用。交通运输设备制造业的发展水平通常也被视为衡量一国工业经济发展水平的标志。自加入世界贸易组织以来，中国的交通运输设备制造与全球接轨，一方面不断接收发达国家的产业转移，另一方面自主创新能力不断增强，目前已经实现了突破性发展，行业整体竞争力和技术管理水平都有了极大提高。交通运输设备制造业也成为许多地区争相发展的重要产业，在我国的东北、环渤海、长三角、珠三角、华中和西南地区都有分布。2013 年我国东部地区的交通运输设备制造业份额为 67.08%。2013 年我国的交通运输设备制造业在东部地区的分布主要集中在长三角地区及环渤海地区，尤其是江苏省不仅有份额最高的地市——泰州市的产值占全国产值份额高达 6.3%，扬州市、南通市的份额超过 3%，还有其他多个地市的交通运输设备制造业份额超过 1%。但区位商最高的是浙江省的舟山市（28.71），其产值份额为 4.24%。

同时，东部地区的通信设备、计算机及其他电子设备制造业也是历年来份额颇高的产业，在经过近十年的产业转移后仍然有 83.13% 的份额分布在东部地区。经过一系列外商及台商的投资和产业转移，我国东部的上海和江苏承接了大量的有关通信设备、计算机及其他电子设备制造业的生产制造。2013 年，江苏省有 10 个地市的产值占全国产值的份额超过 1%，其中最高的徐州市、扬州市、南通市的产值分别为 6.45%、6.44%、5.75%。而区位商最高的是北京的东城区，区位商高达 28.52。

表 4 - 5 所示为技术密集型制造业各行业地市分布及区位商。

表 4 – 5　技术密集型制造业

行业	地市（括号内数字为区位商）	行业	地市（括号内数字为区位商）
化学原料及化学制品制造业	上海：奉贤区（4.79）、虹口区（3.28） 山东：淄博市（3.19）、东营市（3.02）	化学纤维制造业	浙江：绍兴市（11.44）、嘉兴市（10.30）、杭州市（7.24）、湖州市（5.06） 福建：福州市（9.08） 江苏：宿迁市（7.69）、苏州市（5.36）、无锡市（4.79）、南通（4.00）
医药制造业	海南：海口市（10.42） 上海：长宁区（9.30）、黄浦区（3.37） 天津：南开区（8.76）、红桥区（4.61）、北辰区（3.57） 北京：东城（7.40）、朝阳区（6.08）、大兴区（4.07）、昌平区（3.50） 江苏：连云港市（3.57）、泰州市（3.31） 山东：菏泽市（3.50）、德州市（3.12） 浙江：台州市（3.38）	电气机械及器材制造业	广东：深圳市（6.73）、惠州市（5.32）、东莞市（4.56）、河源市（3.82）、珠海市（3.79） 上海：松江区（5.49）、浦东新区（3.17） 天津：西青区（5.43）、河北区（5.05） 北京：海淀区（5.41）、大兴区（3.42） 福建：厦门市（4.68） 江苏：苏州市（3.81）
交通运输设备制造业	浙江：舟山市（28.71）、台州市（4.08） 上海：崇明（26.09）、闸北区（9.21）、杨浦区（3.15） 北京：丰台区（10.49） 江苏：泰州市（7.46）、扬州市（4.13） 广东：江门市（5.96） 天津：河北区（5.89）、红桥区（3.88） 福建：宁德市（4.85） 河北：秦皇岛市（3.83） 山东：青岛市（3.18）	通信设备、计算机及其他电子设备制造业	北京：东城区（28.52）、丰台区（8.25）、海淀区（6.39）、朝阳区（6.22）、昌平区（4.54）、门头沟区（3.74） 江苏：扬州市（8.28）、镇江市（6.33）、徐州市（5.88）、南通市（5.00） 上海：闸北区（7.57）、徐汇区（4.99）、崇明区（4.80） 天津：河北区（4.90） 浙江：温州市（4.36）

第三节　高新技术产业与战略性新兴产业的空间布局

一、高新技术产业的空间布局

高新技术产业是以高新技术为基础，从事一种或多种高新技术及其产品的研究、开发、生产和技术服务的企业集合。高新技术产业是知识密集、技术密集的产业，主要包括信息技术、生物技术、新材料技术三大领域。这类产业所拥有的关键技术往往开发难度很大，但一旦开发成功，就具有高于一般的经济效益和社会效益。1999 年末，全国共有高新技术企业 17118 家，实现了 10558.8亿元的工业总产值。2007 年，全国高新技术企业数量超过 5.6 万家，完成的工业增加值达到 22109.9 亿元。2010 年，全国高新技术企业数量超过 60 万家。截至 2014 年 8 月 2 日，国家高新技术产业开发区总数已达 114 个，2013 年实现营业总收入 20.3 万亿元。

高新技术产业的空间载体主要是高新技术产业开发区，大多依附于大城市。高新技术产业园区的产业集聚是以高新技术产业为主体的，因此，高新技术产业园区的地理分布具有以下特征：一是分布在交通发达的地方；二是分布在高校和科研院所集中的地方；三是分布在银行、中介服务企业或者机构等集中的地方。

目前，北京、上海已成为我国高新技术产业的核心分布地区，国内已初步形成长江三角洲、珠江三角洲和环渤海等各具特色的高新技术产业密集带。各地区高新技术产业的发展侧重点有所不同。其中，东部沿海地区以智力资源和技术力量为依托，侧重科技园区型高新技术产业。2012 年，东部地区高新技术产业产值达到 78350 亿元，占全国的 76.6%，其中广东省达到 25047 亿元，占全国的 24.49%。

二、战略性新兴产业的空间布局

战略性新兴产业强调具有战略意义的新兴产业。2010 年 10 月《国务院关于加快培育和发展战略性新兴产业的决定》将节能环保产业、新一代信息技术产业、生物产业、高端装备制造产业、新能源产业、新材料产业、新能源汽车产业确定为重点发展的战略性新兴产业，要将这些产业培育发展成为先导性、支柱性的产业。近年来，各省份为了推进产业结构调整，实现经济增长方式的转变，纷纷出台了战略性新兴产业发展规划，辅以各种财政、金融、税收和人才等政策，以促进战略性新兴产业发展。2015 年末，全国 27 个战略性新兴产业重点监测行业的收入规模总计 18 万亿元左右，增加值占 GDP 的比重由 2010 年的约 4% 提高到 8% 左右。

从发展规模上看，不同区域之间战略性新兴产业的发展差距较大。2010 年，东部地区战略性新兴产业增加值约占全国的 68%。分省份来看，广东和江苏遥遥领先，战略性新兴产业增加值分别为 5102 亿元和 3798 亿元；其次为北京、山东、浙江、上海，战略性新兴产业增加值均在 1000 亿~1500 亿元。

2015 年末，东部地区拥有的战略性新兴产业上市公司数达 724 家，较 2010 年增加 279 家；同期战略性新兴产业上市公司的比重为 70.2%，较 2010 年提升 4.2 个百分点。"十二五"期间，战略性新兴产业的上市公司在东部地区集中分布于前四位省（市）（广东、北京、浙江和江苏），广东省的战略性新兴产业上市公司由 2010 年的 94 家壮大至 2015 年的 198 家，北京由 75 家成长至 137 家，浙江由 69 家增加到 83 家，江苏由 56 家增加至 81 家。2015 年，广东、北京、浙江和江苏四省（市）的战略性新兴产业上市公司数量合计占战略性新兴产业上市公司总数的 48.4%，高于 2010 年 43.6% 的水平，已成为引领战略性新兴产业发展的龙头区域。

从各产业国内发明专利授权增长率来看，新能源汽车产业 2010~2014 年年均增长率最高，达到了 23.69%，新材料产业、节能环保产业、生物产业、高端装备制造产业、新能源产业的年均增长率分别为 22.04%、21.94%、21.11%、20.24%、19.4%，新一代信息技术产业的年均增长率显著低于其他各产业，只有 15.5%。从国内申请授权区域分布上看，东部地区依然占绝对主导地位，东北地区发展相对滞后。东部地区 2013 年、2014 年分别占战略性新兴产业国内发明专利申请总量、授权总量的 2/3 以上。

综合高新技术产业与战略性新兴产业，接下来从新材料产业、新能源产业、先进装备制造产业及生物医药产业来分析其空间布局。

三、新材料产业空间布局

新材料主要包括特种金属功能材料、高端金属结构材料、先进高分子材料、新型无机非金属材料、高性能复合材料、前沿新材料六大领域，具有比传统材料更为优异的性能。2012 年，《国务院关于加快培育和发展战略性新兴产业的决定》将新材料列为重点培育和发展的七个战略性新兴产业之一，对于战略性新兴产业的全局发展具有重大保障作用和支撑作用。"十二五"期间，我国新材料产业快速发展，产值从 2010 年的 6500 亿元增加到 2015 年的 2 万亿元，年均增速超过24%,增速较快;产品品种不断增加,高性能钢铁、轻合金、工程塑料等品种结构不断优化,解决了材料有无的问题,支撑了装备制造、航空航天、新一代电子信息等领域的发展。

经过几十年发展,我国新材料产业规模不断扩大,技术水平日益提高,产业体系逐步完善,产业集群发展呈现出明显的区域特征。东、中、西部新材料产业各有侧重,比较优势逐步发展,协调互补的整体布局初具雏形。东部地区由于交通畅通,资金、人才相对密集,经济基础雄厚,产业配套齐全,技术创新一直走在中西部的前面,促使新材料产业集群实现快速发展。地域上的优势同时吸引了更多的企业入驻,初步形成了包括研发、设计、生产和应用,品种门类较为齐全、具备消化吸收再创新能力的新材料产业体系,在京津冀鲁、长三角、珠三角已经形成了综合性新材料产业集群。

(1)京津冀鲁地区:京津冀鲁地区拥有多家大型企业总部和重点科研院校,是我国科技创新资源最为集中的地区,技术创新优势为新材料产业的迅猛发展提供了强大的动力。北京拥有清华大学等60多家新材料研究开发科研机构,承担了全国近半的新材料基础研究和科研开发工作,是全国新材料产业的创新中心,是技术引领型产业集群发展的典范。依靠强大的科技力量,近年来北京在新材料领域形成了一批具有自主知识产权的技术成果,石化新材料、高端金属材料、磁性材料、生物医用材料等多个领域发展优势明显。2006年,北京在新材料领域拥有的国家级科研机构和基础设施占全国的30%~40%。2012年,北京市新材料产业规模以上骨干企业约100家,实现工业总产值250亿元,同比增长15%,占全市规模以上工业的1.5%。天津在金属材料、高分子材料等领域形成一批重点产品,着力发展先进复合材料、新型功能材料、电子信息新材料、金属新材料、化工新材料、生物医学新材料、纳米材料七大领域。河北在LED半导体照明、高性能纤维、电子材料和优势金属新材料等领域的产品具有竞争优势,形成了石家庄、秦皇岛、唐山、邯郸、保定、邢台等新材料研发和生产基地。

(2)长三角地区:长三角地区经济基础雄厚、交通物流便利、产业配套齐全,是我国新材料产业基地数量最多的地区,在高性能金属材料和先进高分子材料等领域具有比较优势,并形成了具有一定特色的新材料产业集群,如东阳、海宁、宁波磁性材料产业集群等。2012年长三角地区新材料产业总产值约为

16597 亿元，其中江苏省新材料产业总产值高达 11202 亿元，同比增长 15.1%；浙江省为 3688 亿元，同比增长 8%；上海市为 1707 亿元，同比下降 1.1% 左右。江苏在金属材料、纺织材料、化工材料等传统领域基础较好，电子信息材料、新能源材料、高性能纤维复合材料、纳米材料等新兴领域发展迅猛，主要分布在南京、苏州、江阴、南通、常州、扬州、徐州、无锡、连云港等市；浙江在磁性材料、高品质特种钢、高性能纤维、高性能氟材料和有机硅材料等领域优势突出，主要分布在宁波、嘉兴、衢州、海宁、桐乡等市；上海重点发展以高性能精品钢为主的新型金属材料和以高性能塑料、特种橡胶、差别化纤维为主的新型有机材料，建成了宝山精品钢材、金山石油化工及精细化工两个基地，以及青浦、嘉定、奉贤等产业延伸扩展区。

（3）珠三角地区：珠江三角洲地区经济以外向出口型为主，新材料产业集中度高，下游产业拉动明显，已形成了较为完整的产业链，在电子信息材料、改性工程塑料、陶瓷材料等领域具有较强的优势。环渤海地区技术创新推动作用明显，区域的科技支撑较强，新材料产业涉及领域和产品种类较多，在稀土功能材料、膜材料、硅材料、高技术陶瓷、磁性材料和特种纤维等新材料领域均具有较大优势。新材料产业主要分布在广州、深圳、佛山等地，以外向出口型为主，新材料产业集中度高，下游产业拉动明显，形成了较为完整的产业链。广州已形成先进金属材料、有机高分子材料、精细化工等优势产业集群，电子信息材料、生物医用材料及新能源材料也有较快发展；深圳创新基础良好，在能源与电池材料、有机高分子材料及制品、电子信息材料、生物材料、建筑节能材料、材料表面处理技术、模具设计与制造等领域具有较强优势；佛山先进陶瓷材料全国领先，在电子信息材料、生态环境材料、智能材料、纳米材料等领域发展较快。

四、新能源产业空间布局

新能源包括各种可再生能源和核能，"十二五"期间，我国以核电、风能以及光伏为代表的新能源产业营收年复合增长率为 22.4%，营收规模由 644 亿元上升到 1768 亿元。新能源是典型的政策导向型产业，除了国家产业政策之外，地方的配套产业政策将成为吸引企业的重要因素。自然资源、矿产资源、人力资源也是新能源产业发展不可或缺的要素，企业投建新能源项目需要根据细分新能源产业特征,选择资源丰富的区域。

新能源在不断发展中逐渐形成空间布局演进趋势:①产业整体持续朝政策和资源优势区域集聚;②大型新能源装备制造产业不断朝市场终端转移;③研发和销售环节朝资本和人才密集区集聚。在自然资源、人力资源、政策、资金、市场等条件影响下我国东部地区集聚了全国 1/3 以上的新能源产能,中部地区承担着核心材料研发制造功能,西部地区依托丰富的自然资源,是新能源发电项目承载地。整体上新能源产业形成了以京津冀鲁、长三角、西南、西北地区等为核心,东中西部协调发展的局面。

长三角地区集中了我国 60% 的光伏企业、20% 以上的风电装备制造企业、53.5% 的建成核电站装机和近 40% 的生物质发电装机。其中,上海是重要的新能源装备制造基地,江苏省光伏产业规模约占全国光伏产业规模的 60%,是国内最大的光伏产业基地,江苏沿海地区风电基地也是中国七大风电基地中唯一的海上风电基地。浙江近两年来新能源发展势头迅猛,未来将在光伏和海上风电等领域重点推进。

京津冀鲁地区有较强的技术研发实力和装备制造业基础,是我国新能源产业重要的研发和装备制造基地,集聚了我国 30% 左右的风电装备制造业。北京是全国新能源产业技术研发和示范应用中心之一,2011 年北京市可再生能源利用量达到 280 万吨标准煤,在能源消费总量中所占的比重约为 4%,新能源和可再生能源产业规模也达到 600 亿元以上。天津是国家风电装备产业基地,集中了全国风电设备约 1/3 的产能。河北既有丰富的风能等资源基础,又有较好的装备制造基础,光伏和风电是河北新能源产业发展的主要领域。辽宁拥有良好的装备制造业基础,是国内重要的风电设备制造聚集区之一。

不同类型新能源产业空间分布概况如表 4-6 所示。

表 4-6 不同类型新能源产业空间分布概况

能源类型	空间分布
太阳能光伏	形成了以长三角为制造基地,中西部为原材料供应基地的产业分布格局;长三角地区是国内最早的光伏产业基地,随着产业链的延伸,江西新余、河南洛阳和四川乐山等地成为国内硅片制造和原料多晶硅基地
风力发电	京津冀鲁区域是国内外知名风电装备制造企业的聚集地,长三角区域也培育了一批风电装备制造企业,而西北区域是风电场建设的集中区

能源类型	空间分布
核电	核电站主要分布在沿海，装备制造主要分布在西南和东北地区；中国已建成的四座核电站与在建的 13 座核电站均分布在沿海地区，而主要核电常规岛、核岛供应商及制造基地则主要分布在四川、黑龙江以及靠近核电站的沿海地区
生物质能	我国 2/3 以上的生物质资源集中在内蒙古、四川、河南、山东、安徽、河北、江苏等 12 个省（区）。约 70% 的生物质发电、生物质液体和气体燃料产业分布在这些省（区），其他省（区）相对较少

以江苏省为例：2006 年以来，江苏的新能源发电事业从无到有，从起步到蓬勃发展，取得了长足的进步，江苏新能源主要包括风电、太阳能光伏、核电、生物质能等。2008 年全省新能源产业实现产值近 900 亿元。光伏产业规模居全国首位，太阳能电池产量达 1580 兆瓦，占世界总产量的 23% 以上，电池转换效率位居世界前列，光伏发电应用也已起步。风能开发利用全面启动，沿海地区已建成投产装机 68 万千瓦，正在实施近 130 万千瓦，风电整机制造能力达 100 万千瓦。核能利用稳步推进，田湾核电站一期两台 100 万千瓦机组建成投产，二、三期工程正在抓紧筹备。2011 年，新能源产业完成产值 4176.5 亿元，较 2010 年提高 0.7 个百分点；增长 37.2%，高于新兴产业增幅 6.3 个百分点。受产能过剩、外需减弱、价格大跌、"双反"调查等影响，太阳能光伏、风能生产增幅快速回落。2012 年装机容量有 503 万千瓦。其中，备受关注的风电发展迅速，风电总装机容量达 187 万千瓦，从 2006 年以来年均增长率为 228%。江苏风电年利用小时数均在 2100 小时左右，与欧美大体相当，风电利用小时数保持了较高水平，做到了风电 100% 全额消纳。太阳能发电方面，并网容量近 50 万千瓦，位列全国第三。2015 年江苏省新能源发电装机容量达到 1100 万千瓦，占全省总装机的 11%，比 2011 年提高 2.2 个百分点。其中光伏发电装机达到 200 万千瓦，生物质发电项目达到 50 个，装机达到 100 万千瓦。

五、先进装备制造业空间布局

我国已成为世界装备制造的大国，但还不是装备制造业的强国，与发达国家相比还存在着不可忽视的差距，缺乏国际竞争力。先进装备制造业是衡量一个国家或地区工业化程度和国际竞争力的重要标志。加快培育发展先进装备制造业，是我国提高产业核心竞争力的必然要求，是抢占未来经济和科技发展制高点的必然选择，对我国加快产业转型升级、构建现代产业体系、实现由制造业大国发展为制造业强国具有重要战略意义。

由于先进装备制造业投资大、技术人才要求高，传统制造业在一段时期内还会占据制造业的主流地位，而且由于传统制造业布局已经成型，只有部分企业可以在原有基础上进行先进制造业的升级，新建的先进制造业企业需要利用所剩不多的建设用地资源进行布局。

中国先进装备制造业空间布局的形成需要一个过程，在此过程中，中国装备制造业不断发展与创新，凭借相关的有利政策以及良好的经济形势，逐步形成一批与装备制造业相关的工业基地，主要分布在环渤海与长三角地区，西部、华中、东北地区也有少量分布。中国先进装备制造的新兴区域将不断涌现，并带动周边地区的发展，形成区域性的产业集群。环渤海地区是国内重要的高端装备研发、设计和制造基地；长三角地区是国内重要的高端装备制造业开发和生产基地，在国内高端装备制造产业中占有重要地位；珠三角地区是智能机器人、海洋工程和航空服务业的研发和生产基地。

先进装备制造业空间分布概况如表4-7所示。

表4-7　先进装备制造业空间分布概况

地区	产业基础	空间分布
环渤海	高端装备研发、设计和制造基地	北京是全国航空、卫星、机床等行业的研发中心，山东和河北依托其海洋优势发展成为海洋工程装备、机床以及轨道交通装备的产业聚集区
长三角	高端装备制造业开发和生产基地	上海是国内民用航空装备科研和制造重点基地，江苏海洋装备工业发达，浙江以轨道交通装备零部件制造业和数控机床产业为特色
珠三角	机床、智能机器人、海洋工程和航空服务业的研发和生产基地	以广州为中心的深圳、佛山、珠海、东莞等市有良好的经济基础和丰富的人才资源，装备制造业将向智能化方向发展

以广东省为例，"十一五"时期广东工业对全省经济增长的年均贡献率达到54.3%，年均拉动经济增长6.8个百分点。2010年，广东工业增加值达2.16万

亿元，位列世界第七。其中，先进制造业增加值占全省工业的比重上升到47.2%。汽车、石化、船舶等先进制造业发展迅速，2010年汽车制造业增加值增长19.9%，钢铁冶炼及加工业增长16%，船舶制造业增加值增长14.5%，石油及化学行业增长9.9%。

2014年，广东省提出珠江西岸先进装备制造产业带发展目标，即到2017年，珠江西岸先进装备制造产业带规模以上产值超过1.3万亿元，初步形成智能制造装备、船舶与海洋工程装备、轨道交通装备、通用航空装备等重点产业链，形成4~5家销售收入超过100亿元的先进装备制造业骨干企业、10个产值超过100亿元的先进装备制造业集群；到2020年，装备制造产业链进一步完善，形成1家销售收入超过1000亿元和一大批具有核心竞争力的"专、特、精、新"中小装备制造业，打造2~3个产值超过1000亿元、在国内外具有一定影响力的先进装备制造产业集群，珠江西岸先进装备制造产业带规模以上产值超过1.8万亿元。智能制造装备、船舶与海洋工程装备、节能环保装备、轨道交通装备、通用航空装备、新能源装备、汽车制造、卫星及应用、基础原材料等成为该产业带的九类重点发展行业。

广东省中山市启动了海洋工程装备、五金锁具、智能制造等产业的专利导航，鼓励企业潜心研发、掌握核心技术，推动中山成为珠三角地区科技创新的重要节点。根据广东省《珠江西岸先进装备制造产业带布局和项目规划（2015－2020年）》和《中山市先进装备制造业产业带布局和项目规划》要求，到2020年，中山市在船舶与海洋工程装备、新能源装备、汽车制造、智能制造装备、节能环保装备、卫星及应用六大领域产值达到5000亿元，骨干企业研发经费投入占销售收入比重达到4%以上，新产品销售收入比重超过20%，形成东部临海、南部滨江、北部沿路、中部环城四大产业功能区，构筑27个特色基地，在珠江西岸先进装备制造产业带中争得领先地位。

六、生物医药产业空间布局

近年来，全球范围内生物技术和产业呈现加快发展的态势，主要发达国家和新兴经济体纷纷将发展生物产业作为获取未来科技经济竞争优势的一个重要领域。制药产业与生物医学工程产业是现代医药产业的两大支柱。生物医药产业由生物技术产业与医药产业共同组成。

我国推动生物技术研发和产业发展已有 30 多年的历史,"十一五"以来,国务院批准发布了《促进生物产业加快发展的若干政策》和《生物产业发展"十一五"规划》,大力推进生物技术研发和创新成果产业化。2011 年我国生物产业实现总产值约 2 万亿元,生物医药、生物农业、生物制造、生物能源等产业初具规模,出现一批年销售额超过 100 亿元的大型企业和年销售额超过 10 亿元的大品种,我国在生物技术研发、产业培育和市场应用等方面已初步具备一定基础。

由于生物医药产业自身有高投入、高风险、高回报以及研发周期长的特点,致使产业发展必须依托三大集聚的实现:向园区集聚、向经济发达地区集聚、向专业智力密集区集聚。通过分析各国生物医药产业空间分布可以看出,生物医药产业的核心区域大多数都在本国科研机构密集、经济高度发达的地区聚集。

从我国的科研资源和现有的生物医药产业分布现状来看,"十三五"期间,中国生物医药产业仍将进一步集聚于东部沿海地区科研院所和创新能力较强的北京、上海等城市,以及少数中西部的中心城市。

不同区域的生物医药产业发展各具侧重点,各自突出自身发展的优势,地域性分工更加明确。如北京市拥有众多高质量的科技研发中心以及丰富的生物医药人才资源,现已承载全国生物医药的技术研发、信息和技术服务等工作。但目前,在生物医药的市场化、产业化、投融资环境等方面都和上海存在较大的差距。此外,北京市生物医药研发成果呈现出明显外溢态势。

上海市的生物医药产业基础以及技术水平位居全国前几名,跨国生物医药企业与国际金融机构繁多,也是生物医药跨国公司在中国的研究开发、营销、制造和投资的汇集中心,未来较长时期内仍将是引领中国生物医药产业发展的中心。

目前,中国生物医药企业以中小企业为主,普遍存在产业配套能力较弱,产业链条未形成,支撑技术、生产装备较落后,基础设施差等一系列问题。江苏和山东以其雄厚的制药基础和大型龙头企业集聚的优势,在"十三五"期间,将成为中国生物医药制造的重要基地。

江苏省生物医药骨干企业实力较强,已有 17 家企业进入全国制药工业百强行列,将形成以泰州"中国医药城"为中心,南京、苏州、连云港等地差异化发展,特色鲜明的产业发展格局。

山东省依托鲁南制药、齐鲁制药、新华制药、东阿阿胶、福瑞达等一批全国知名的医药大型企业，以基因工程药物、发酵工程药物、生化药物、新型诊断试剂和海洋药物五大领域为重点，打造产业链完善的生物医药制造、流通链条。2013 年，山东省生物医药产值已经达到 2600 亿元，未来较长时期内仍将是中国生物医药制造的集聚区基地。

目前，深圳市生物医药研发水平虽然与上海、北京两大研发中心相比差距较大，尤其是高端人才比较缺乏，但是，随着中国国家基因库在深圳的建立、深圳市委市政府的大力推动，以及与云计算、物联网等新一代信息技术的融合，深圳市生命科学研究及生物信息安全领域研发水平快速提高，将成为中国在基因技术、生命信息学专项领域的研发中心。到"十三五"期末，深圳市有望成为世界领先的基因治疗药物研发与产业化基地、亚洲最大的疫苗生产中心、中国领先的创新药物研发与产业化和药品制剂出口基地。

福建省将在"十三五"期间加强重点生物医药产业基地和园区的建设，通过"筑巢引凤"，壮大生物医药产业，计划以厦门海沧生物医药集中区为核心，进一步发挥福州生物医药专业孵化器功能，充分利用三明、永春的生态环境和资源优势，以基因工程药物为重点，加快建设生物医药产业基地。

第四节　新经济的兴起及其空间格局

一、互联网的发展及应用概述

近年来，我国互联网产业迅速发展，成绩显著。中国互联网络信息中心的统计数据显示，截至 2016 年 12 月，我国网民规模达 7.31 亿人，普及率达到 53.2%，其中手机网民规模 6.95 亿人，增长率连续三年超过 10%。统计数据显示，我国东部地区互联网普及率要显著高于全国平均水平，东部地区互联网普及率最低的海南省也常年略高于全国平均水平。基础设施的建设和高的互联网普及率使我国东部地区在互联网的发展及应用上领先全国。部分地区及全国互联网普及率如图 4-6 所示。

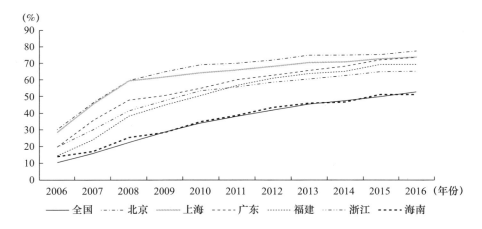

图4-6 部分地区及全国互联网普及率
资料来源："中国互联网络信息中心"历次报告。

在产业层面，我国涌现了一批初步具有国际影响力的互联网企业，部分企业在全球互联网企业市值排名前列。2016年，企业的计算机使用、互联网使用以及宽带接入已全面普及，分别达99%、95.6%和93.7%。此外，在信息沟通类互联网应用、财务与人力资源管理等内部支撑类应用方面，企业互联网活动的开展比例均保持上升态势。同时，企业在线销售、在线采购的开展比例实现超过10个百分点的增长，分别达45.3%和45.6%。在传统媒体与新媒体加快融合发展的趋势下，互联网在企业营销体系中扮演的角色越发重要，互联网营销推广比例达38.7%。报告显示，六成企业建有信息化系统，相比2015年提高13.4个百分点。在供应链升级改造过程中，企业日益重视并充分发挥互联网的作用。截至2016年12月底，我国境内外互联网上市企业数量达到91家，总体市值为5.4万亿元人民币。其中，在中国香港上市的腾讯公司和在美国上市的阿里巴巴公司的市值总合超过3万亿元人民币，两家公司作为中国互联网企业的代表，占中国上市互联网企业总市值的57%。互联网中的巨头企业BAT——百度、阿里巴巴、腾讯企业总部均位于东部地区。另外，京东、奇虎360、搜狐、网易等中国互联网行业实力强大的公司大多集中分布在东部地区的北京市、深圳市、上海市和杭州市。

二、"互联网 +"产业

2015 年 3 月 5 日，李克强总理在政府工作报告中八次提及"互联网"，同时首次提到"互联网 +"，并指出要制定"互联网 +"行动计划，引起社会各界强烈反响。这标志着中国政府朝着信息经济全面发展方向迈出了一大步。

"互联网 +"代表着一种新的经济形态，即充分发挥互联网在生产要素配置中的优化和集成作用，将互联网的创新成果深度融合于经济社会各领域中，提升实体经济的创新力和生产力，形成更广泛的以互联网为基础设施和实现工具的经济发展新形态。"互联网 +"计划的目的在于充分发挥互联网的优势，将互联网与传统产业深入融合，以产业升级提升经济生产力，最后实现社会财富的增加。简单说，"互联网 +"的本质，是传统产业经过互联网改造后的"在线化""数据化"，以至最后的"智能化"。随着"互联网 +"的深入，传统企业在组织架构、业务流程、管理体系上都需要不断改进升级，如随着移动互联网的普及，企业仍需保持与消费者的有效连接，并围绕消费者重塑关键商业元素，实现个性化、定制化的转型。

三、信息服务业空间格局

信息服务业是指以信息资源为基础，利用现代信息技术，对信息进行生产、收集、处理、输送、存储、传播、使用并提供信息产品和服务的产业。现代信息服务业作为横跨信息技术与服务内容所衍生出来的现代新兴服务业，正逐渐融入全球经济各个环节之中，它既是发达国家服务经济发展的重点产业，也是发展中国家形成新产业体系的切入点之一。随着软件技术创新不断深化，商业模式加速变革，产业格局深刻调整，为我国信息服务业的发展创造了重要战略机遇。

长三角、珠三角和京津冀三大经济区域是我国信息产业和服务经济发展最快的区域，这些区域信息服务业各环节所形成的集聚效应与服务联盟，逐步呈现产业互动与融合发展的态势，表现出极大的经济活力，为信息化与工业化融合创造了条件，成为推动区域经济发展的源泉与动力。目前，三大区域以当年价格计算的信息服务业总产值和就业人数占到全国信息服务业近半数的份额。

不同区域的信息产业发展又呈现出各自不同的特征：长三角信息服务业各

环节间形成的分工与合作的趋势，呈现出明显的产业链互动与融合特征。首先，上海市在信息服务业的发展中，以信息化为基础，以提供经济、金融、贸易、航运信息服务为重点，通过错位竞争，突出特色，优化城市产业布局，力争将上海市建设成全国、亚太乃至全球信息服务的汇集中心、加工中心和创意中心。其次，作为长三角农业大省的江苏省，通过健全农村信息服务体系，进一步优化农村信息服务渠道，结合乡镇为民服务厅和村公共服务中心建设等增加农民获取信息的途径，推动农村经济社会发展转型。最后，浙江省从温州模式到民营科技、从电子商务到电子服务，体现了浙江省服务经济的不断创新和发展趋势的科技创新能力强，浙江省应进一步引导民营资本积极向信息服务业企业风险投资，有效吸引社会资金投入信息服务业的重点行业和关键领域。大力培育和扶持企业信息研发中心和公共信息服务平台建设，推动电子商务与服务业、制造业等紧密结合，促进企业创新能力的提高，鼓励企业走出去，推动长三角民营信息服务业国际化。

珠三角是最早受益于外向经济发展模式的地区，信息服务业的发展更多是以空降方式接受国外产业转移，主要以代工的形式为跨国公司加工组装产品，设计定制软件及通信设施，与当地传统基础产业缺乏有效衔接。这种外源性极强的模式，在要素成本上升和外部需求锐减的背景下的抗风险能力是较弱的，与长三角不同的是，珠三角信息服务业的竞争实力呈现出快速上升的势头。截至2014年底，珠三角共有移动电话用户11318.9万户，其中城市电话用户1751.23万户，农村电话用户444.24万户，新增光纤接入用户357万户，累计达667.6万户，增长115%。全省新增3G、4G网络基站22.6万座，累计35.5万座，增长175%。新建Wi-Fi热点6800个，累计达19.3万个。2014年，广东全省信息消费规模增长超过20%，信息服务与不同行业的融合，将催生大量的新兴经济。这些产业具有附加值高、创新能力强、辐射和带动作用显著的特点。

相对于其他两大区域的发展模式，京津冀地区信息服务业更趋向于内向型，受外部需求变动的影响较小。京津冀地区在信息服务业的软件业、电子商务、电信业、大数据互联服务等重点领域中均业绩不俗。北京市的软件与信息服务业已居全国首位，是中国最大的软件企业集聚地，有良好的集聚效应。天津市电子商务快速发展，2012年首度跻身中国电子商务十强城市，18家国内外知名电商落户天津市，初步形成了滨海高新区等多个电子商务产业集聚区，滨海高新区电子商务产业园区被商务部批准为国家首批电子商务产业示范基地，三家电商企业被评为年度国家电子商务示范企业。河北省则根据自身情况，高度重视推动农村信息化应用，积极创新农村信息服务，重点开展电信广电业务双向进入，大力发展融合业务，提升公众通信网络与信息安全，提高应急通信保障能力，大力推进主机托管数据加工与处理、内容服务呼叫中心、容灾备份等外包服务，这标志着河北省电信行业在促进全省信息化建设方面又迈上了一个新的台阶。然而，在信息服务业领域中，京津冀地区还面临着移动通信产业一家独大、产业外向型特点比较明显、对外依存度比较高等问题，这些均会造成京津冀地区的信息产业受国际经济形势冲击较大、抵御国际风险能力相对较差。

四、电子商务空间格局

互联网大大削减了产销之间的信息不对称，加速了生产端与市场需求端的紧密连接。电子商务通常是指在全球各地广泛的商业贸易活动中，在因特网开放的网络环境下，基于浏览器/服务器应用方式，买卖双方不谋面地进行各种商贸活动，实现消费者的网上购物、商户之间的网上交易和在线电子支付以及各种商务活动、交易活动、金融活动和相关的综合服务活动的一种新型的商业运营模式。2015 年我国电子商务交易额达 18.2 万亿元，同比增长 35%。

从空间分布来看，我国电子商务的分布具有明显的地域差异，以长三角为核心，呈由东南向西北的阶梯分布，且主要受到物流业、互联网技术、居民文化程度等因素影响。电子商务在珠三角、长三角经济区形成了明显的高发展水平城市集聚区。省域之间电子商务发展水平差异较大，其中北京、天津、江苏、上海、浙江、福建和广东的电子商务发展规模与速度都是排名靠前的，广东的网商发展水平全国第一。从城市层面分析，深圳、广州、金华、杭州、中山、厦门、珠海、东莞、北京的电子商务发展水平较为突出。环渤海经济区的济南、青岛、邢台、天津、大连等城市呈现高发展水平，而其他城市发展水平则相对较低，广大的中西部地区及东北地区城市的电子商务发展处于低水平状态，部分高水平城市均为省会城市，如沈阳、长春、哈尔滨、西安、兰州、西宁、昆明、成都等城市。

2014 年与 2015 年我国 31 个省（区、市）（除港澳台地区）的电子商务发展指数排名中，排名靠前的基本位于东部地区，东部地区排名最靠后的是排在第 16 名的海南省。其中，排名前五的省份分别为广东、北京、浙江、上海、江苏（见表 4-8）。这五个省份电子商务发展指数值明显高于其他省份，是我国电子商务发展的先导省份。

表 4-8　2014～2015 年东部地区电子商务发展指数

	发展指数		规模指数		成长指数		渗透指数		支撑指数	
	2014 年	2015 年	2014 年	2015 年	2014 年	2015 年	2014 年	2015 年	2014 年	2015 年
广东	71.26	69.67	96.51	93.66	15.97	25.85	65.63	49.68	74.85	74.97
北京	60.87	58.94	52.20	44.21	26.71	47.21	100.00	95.35	58.65	56.01
浙江	56.44	63.55	64.51	79.69	7.60	42.74	79.36	63.00	54.02	56.20
上海	51.61	50.80	47.88	39.56	43.28	52.22	78.28	69.57	43.09	49.99
江苏	41.04	44.71	57.79	60.40	14.89	26.15	42.40	42.02	35.60	38.20
福建	27.50	26.23	23.51	25.61	25.25	24.61	48.11	39.35	19.74	19.68
山东	21.68	22.54	34.94	34.80	9.39	16.84	20.14	16.79	15.53	16.30
天津	19.34	15.12	11.63	11.39	30.58	10.98	40.68	31.92	9.30	10.33
河北	16.09	17.83	16.68	22.83	22.48	17.78	20.26	19.09	11.28	12.30
海南	13.15	17.88	1.59	2.69	44.45	36.95	24.64	48.00	4.94	7.46

注：规模指数反映电子商务发展的市场规模，由各省份有电子商务活动企业数占全国有电子商务活动企业数比重、各省份电子商务交易额占全国电子商务交易额比重、各省份网络零售额占全国网络零售额比重、各省份网购人数占全国网购人数比重四项指标构成。成长指数反映电子商务发展前景，由各省份有电子商务活动的企业数增长率、电子商务交易额增长率、网络零售额增长率、网购人数增长率四项指标构成。渗透指数反映电子商务对经济发展的影响，由各省份有电子商务活动企业数占该省总企业数比重、各省份网购人数占该省网民人数比重、各省份网络零售额占该省份社会消费品零售额比重三项指标构成。支撑指数反映各省份支持电子商务发展的环境因素，包括基础环境、物流环境、人力资本环境三项指标。

资料来源：阿里研究院。

五个先导省份呈现如下特征：第一，较高的支撑指数，说明五省份电商发展环境较好，具有可以支撑电子商务较快发展的技术、人员、流通条件；第二，规模指数和渗透指数优势明显，如广东、浙江的发展优势在于规模较大，北京、上海的发展优势在于对传统经济的渗透；第三，成长指数优势不明显，说明电子商务发展较为成熟的区域可能出现增长率下滑。

广东电子商务的规模优势来自于以下几个方面：首先，深圳、东莞等地建设了一批电子商务集聚区，在服装、3C、家装、钢铁、建材、汽车等产业领域涌现出一批具有一定影响力的垂直电子商务平台。其次，近年来广东重视跨境电商、农村电商等新领域的应用，为本地电子商务发展注入了新动力。

北京电子商务发展的特色在于电商与传统经济融合发展的深度和广度不断拓展，如渗透指数居全国第一，网络零售额占社会消费品零售额比重、网购人数占网民人数比重处于全国第一，说明电子商务在北京越来越融入人们的生活中。众多电商企业在不断提升用户消费体验的同时，也有很多传统企业应用电子商务实现创新发展，打造全渠道营销体系，进一步拓宽销售渠道，提升品牌影响力。

浙江发展电子商务重视模式创新，涌现出临安、义务、桐庐等在全国有一定影响力的农村电子商务发展模式，中国（杭州）跨境电商综合试验区稳步推进，对跨境 B2C、B2B2C 等模式进行了有效探索。此外，浙江电子商务的发展优势还在于电子商务应用不断普及深化，同时注重提升电子商务管理水平，率先建立了电子商务大数据研究基地，利用大数据开展电子商务统计检测和行业管理。

上海成长指数最高，电子商务已经成为上海经济发展的新亮点和转型升级的新动力。上海电子商务高速发展得益于自由贸易区推动及线上线下深度融合，目前上海自由贸易区已有六家大宗商品国际交易中心上线运营，成功获批国家跨境电子商务综合试验区；多家 O2O 平台通过整合线下实体商业资源，有效提升了生活服务领域的供给能力和水平。

江苏电子商务示范引领的成效显著，发展态势与浙江类似。浙江规模与渗透效应的优势来自于电子商务示范作用突出、聚集效应明显，江苏拥有国家电子商务示范城市 5 个、国家电子商务进农村综合示范县 7 个、示范基地 5 个、示范企业 12 家等。各示范点均加强物流快递、网络设施等基础设施建设，着力打造以物流配送、产品包装、金融支付、运营设计、宣传推广等为重点的支撑体系，推动电子商务资源集聚、创新要素集聚和服务功能集聚，构建产业链完整、多种模式并存、线上线下有序结合的全产业链电子商务发展格局。

五、创新创业：双创并行激发产业与区域活力

经济学中的创新是指以现有的知识和物质，在特定的环境中，改进或创造

新的事物（包括但不限于各种方法、元素、路径、环境等），并能获得一定有益效果的行为。市场发展到一定程度，资本越来越集中，竞争也必然越来越残酷，尤其在国内，消费增长比投资增长慢，必然会导致生产过剩的时代提前到来。资本集中导致产品技术竞争的差异化程度越来越小，因此创新就成了许多企业的救命稻草。

创业作为一个商业领域，是创业者对自己拥有的资源或通过努力对能够拥有的资源进行优化整合，从而创造出更大经济或社会价值的过程。创业是一种劳动方式，是一种需要创业者运营、组织、运用服务、技术、器物作业的思考、推理和判断的行为。

因此，创新创业是指基于技术创新、产品创新、品牌创新、服务创新、商业模式创新、管理创新、组织创新、市场创新、渠道创新等方面的某一点或几点创新而进行的创业活动。创新是创新创业的特质，创业是创新创业的目标。创新创业活动一般具有高风险、高回报的特点，对于产业发展一般能起到促进上升的作用。

2008年国际金融危机以来，全球经历着前所未有的重构和重组过程，创新已由摆脱国际金融危机的一种政策选项，升格为新一轮全球经济格局重塑的战略选项。全球已进入新的创新密集活跃时期，创新创业也正在改变国家竞争力量对比。近年来，随着全面深化改革、继续扩大开放和创新驱动发展战略的实施，我国迎来了世界科技创新格局调整时期。技术、人才、资本等创新要素聚集，创业服务基础设施和市场环境得到很大改善，双创浪潮迭起。

中共十八届五中全会首次提出把创新摆在国家发展全局的核心位置。创新正在成为关乎国家前途命运的一场全面而深刻的历史变革。因此，为在全球新一轮竞争中把握主导权和主动权，我国亟待学习国际有益经验，以"大众创业、万众创新"带动新经济增长，缩小"创新鸿沟"。这是我国从经济大国迈向经济强国的重大历史抉择。

为了响应中央政府的"大众创业、万众创新"，打造中国经济新的发动机和新引擎，考虑到创新创业的特点，提升创新创业者的能力和创业的成功率，北京中关村率先构建了创新创业的"三级四类"培训体系："三级"是针对创新创业过程的阶段而言，包含创新创业的初创期、成长期和成熟期；"四类"是针对创业的主体而言，主要分为四类人群，即创业者（包括企业员工、大学生、军转、返乡和下岗职工等）、创业服务者（包括政府有关部门的公务员、法务、税务、财务）、创业投资者（包括天使投资、风险投资、股权投资、政府投资和银行等）和创业教育者（包括高校教师、社会培训机构）。

诸如北京、上海、深圳、广州、杭州、苏州等地，人才集聚、高校等研发院所林立、投资机构云集，为创新与创业提供了良好的环境氛围与多方面的支持，创新甚至是一个创意都更容易得到转化、应用与发展，创业更具有资源。整个东部地区经济发达、人口密集、消费市场更加广阔，对于创新、创意与创业无疑是更加肥沃的土壤。创新与创意可以转化应用到生产中，也许会为企业带来更多的盈利机会，甚至成为企业的核心竞争力。创业活跃的地区，企业不停地在更换新鲜血液，行业也在寻找更具有价值的发展机会，因此会在创新、创意、创业与随后的企业成长过程中为整个地区经济的发展、产业的发展和转型升级提供更加优质的动力。

2009 年以来，北京、深圳、武汉、杭州、西安、成都、苏州等创新创业氛围较为活跃的地区涌现出创新工场、车库咖啡、创客空间、天使汇、亚杰商会、联想之星、创业家等近百家新型孵化器。这些新型孵化器各具特色，产生了新模式、新机制、新服务、新文化，集聚融合各种创新创业要素，营造了良好的创新创业氛围，成为科技服务业的一支重要新兴力量。

2014 年，我国科技企业孵化器数量超过 1600 家，在孵企业 8 万余家，就业人数 175 万人；国家高新区 115 家，园区注册企业超过 50 万家，仅中关村新增科技企业 1.3 万家；全国创业投资机构 1000 余家，资本总量超过 3500 亿元；全国近 30 万项技术成果通过技术市场转移转化，全年技术合同成交额 8577 亿元。

产业的发展主体归根结底还是企业，企业是有生命力的单元，也是创新创业的主动实践者。当企业为区域带来好的经济效益与社会效益后，区域也会进发出鲜活的生命力。我国东部地区产业基础好、经济实力雄厚、人才密集，这些条件为创新创业提供了极高的营养。而创新生态培育源于市场化的土壤。东部地区，尤其是类似深圳这样作为中国全面改革开放的先行者的城市，很好地锻造了地方政府的市场意识，培育了地方的市场化程度，政府权力与市场边界相对清晰，政府不会过多干预市场。正是在激烈的市场竞争下，没有政府兜底，企业不创新就会死亡，这就极大地激发了企业的创新活力。在市场的洗礼中，大批民营企业异军突起，成为东部地区城市中的产业发展最亮的底色。一大批代表了产业未来发展方向的企业，通过自主创新培育了企业独具优势的核心竞争力，一大批拥有自主创业精神的企业家通过拼搏奋斗书写了自己与企业以及一个产业和城市的传奇。

第五章　产业结构演变

第一节　产业结构演变与工业体系形成

一、东部地区的产业结构演变

（一）三次产业结构变化

改革开放以来，东部地区三次产业结构演变遵循全球产业演变规律，产业结构由过去的"二、三、一"逐渐过渡为"三、二、一"。第二产业比重稳步下降，由 1978 年的 71.1%下降到 2013 年的 23.1%；第三产业比重稳步上升，由 1978 年的 23.7%增长为 2013 年的 76.1%；第一产业比重呈折线变化，改革开放前十年呈上升趋势，由 1978 年的 5.2%升至 1988 年的 9%，此后逐年下降，2013 年降至 0.8%。1994 年是产业结构演变的分界点，第三产业比重首次超过第二产业，三次产业比重分别为 5.9%、45.2%、48.9%，产业结构过渡为"三、二、一"格局。1997～2002 年，产业结构变动幅度较大，第二产业比重由 37.6%下降到 29%，第三产业比重由 58.7%上升到 69.1%。

（二）三次产业内部结构变化

1. 第一产业内部

在农林牧渔业总产值中，农业和牧业占据主导地位，两者的产值合计占农林牧渔业总产值的 90%左右。其中，农业比重呈下降趋势，由 1997 年的 50.9%下降到 2002 年的 39.1%，下降了约 12 个百分点；牧业呈上升趋势，同期由 43.8%上升到 50.9%，增长约 7 个百分点。林业和渔业保持平稳上升趋势，其中林业上升 3.9 个百分点，渔业上升 0.8 个百分点。

2. 第二产业内部

在第二产业总产值中，工业和建筑业的占比基本保持在 80% 和 20% 左右。第一，工业结构变化。轻工业和重工业在规模以上工业企业增加值中所占比重的变化幅度不大，轻工业比重上升 1.4 个百分点，重工业下降 1.4 个百分点。规模以上工业企业增加值的占比增加的有通信设备电子计算机制造业、化学原料制品制造业、通用设备制造业、专业设备制造业、电气机械及器材制造业、仪器仪表文化办公机械制造业、医药制造业和非金融矿物制品业等，其中，通信设备、专业设备、化学制品、医药制造等行业上升幅度较大，均超过 2 个百分点；占比下降的有交通运输设备制造、电热力生产供应、黑色金属冶炼、石油加工等行业，其中，交通运输设备制造、黑色金属冶炼、石油加工等行业下降幅度明显，如黑色金属冶炼下降 3.7 个百分点，石油加工业下降 2 个百分点。第二，重点产业变化。高新技术产业占工业增加值比重呈上升趋势，由 1997 年的 20.8% 上升到 2012 年的 39.9%，上升近 20 个百分点。

3. 第三产业内部

第三产业比重增加的有社会服务业、房地产业、教育文艺广播影视业、科学研究综合技术服务业、金融保险业、卫生体育社会福利业，分别上升 3.2 个、2.8 个、2.3 个、1.6 个、1 个、0.1 个百分点；比重显著下降的是批发零售贸易餐饮业，下降 3.2 个百分点；下降幅度较小的有交通运输仓储邮电业和国家党政机关社会团体，均下降 0.1 个百分点；前后无变化的有农林牧渔服务业、地质勘探水利管理业和其他。

（三）东部地区产业结构演变特点

1. 三次产业结构向第二、第三产业并重转变

经过 20 多年的快速发展，东部地区已经成为对世界经济具有重要影响的制造业基地。从 20 世纪 80 年代后期开始，东部省份积极主动承接国际产业转移，推进大规模的结构重组和升级，产业结构发生了显著变化，三次产业结构从 1978 年的 22.9∶57.7∶19.5 变为 2004 年的 9.5∶49.3∶41.2。第一产业比重持续下降，农业结构向高效、优质、高产的现代农业转变。第二产业增长显著，其中电子电气、交通运输等科技含量高的产业产值增加较快，已成为东部地区的支柱产业。第三产业发展迅猛，部分大城市的第三产业从业人员已经超过第二产

业，通信服务业、金融保险业、文化传媒业、技术服务业等现代服务业已成为城市的主导产业。经过调整，东部地区产业结构明显优化，呈现出向制造业和服务业转型的趋势。

东部地区产业结构演变的总体趋势符合"配第—克拉克定理"，也符合发达国家现代经济增长的普遍规律，沿着"农业—轻工业—基础产业—重工业—高附加值加工业—现代服务业—知识经济"的路径不断演化。

2. 产业结构知识化

知识作为重要的生产要素，在东部地区经济增长中的作用越来越突出，逐渐成为竞争力的标志和主要源泉，引发了以新兴产业扩张与传统产业萎缩为特征的结构演变。东部地区在产业结构的调整升级中，一方面注重传统产业的技术进步和结构升级，提高中、高端技术产品的比重，同时压缩和放弃了部分在当地缺乏竞争力的传统产业，部分劳动密集型产业逐步向中西部地区转移，以高技术产业为代表的知识密集型产业迅速上升，资源密集型和劳动密集型产业逐渐被技术密集型和知识密集型产业所取代，表现出产业结构知识化的特征。

3. 产业间分工与产业内分工并举的多层次产业分工格局雏形初现

东部地区与中西部地区的分工不仅是产业之间的垂直分工，也出现了产业内部垂直分工。产业之间的垂直分工是指劳动密集型、资本密集型以及技术密集型产业之间的分工，随着东部地区的纺织、服装、家电等劳动密集型产业逐步转移到中西部地区，产业梯度转移的特征逐渐显现。与此同时，东部地区与中西部地区还在同一产业内进行产品的"差别化"分工和企业之间的工序分工，即产业内部分工。技术密集型产业也有劳动密集型环节（如高科技产品的加工装配环节），劳动密集型产业也有知识技术密集环节（如服装产业的服装设计环节）。由于劳动成本的区域差异，传统的劳动密集型产业以及高新技术产业中的劳动密集型环节向中西部地区转移是大势所趋，从而使东部地区生产结构呈现出"哑铃"型特征。近年来，浙江、广东的轻纺、日化、家电等行业的加工环节纷纷转移到相邻的江西、安徽等内陆省份，而营销、研发等知识密集型环节则留在本地。

4. 东部地区以产业协作和现代物流的新优势吸引国际产业转移

经过多年的改革开放，东部地区既具有相对低廉的成本优势，又形成了较强的产业配套能力和发达的现代物流等新优势，吸引了以电子、信息、汽车为主导的国外产业加速转移。从产业配套能力看，在珠三角和长三角崛起的众多开发区、工业小镇、加工贸易区和产业带，专业化分工越来越明晰，产业集聚特点越来越明显，由此形成了产品配套程度很高的企业集群和产业集聚平台。浙江省88个县（市）中，产值超亿元的各类特色产业园区有519个，涉及175个行业和近24万家企业。江苏省形成了从昆山到南京的将近200千米的信息产业带，成为全国IT产业最集中的地区之一，自我配套率达90%以上。广州由于本田、丰田、尼桑等跨国公司生产基地的集聚，形成了一个上千亿元产值的汽车基地。东部地区较为完善的产业配套能力，促进了国际产业在东部地区的进一步集聚，形成了新的"马太效应"。从现代物流优势看，近年来东部地区物流条件大为改善，现代物流与生产企业相互依存，形成了分工合作的现代生产模式，可以较好地适应加工贸易大进大出和跨国公司跨国经营的需求。上海外高桥物流园区的国际贸易公司已超过3000家，仓储物流企业600多家。浙江有10亿元以上的市场78个，超百亿元的市场就有6个。目前，我国第三方物流基本上集中在东部地区，其中75%以上的收入来自长三角和珠三角地区。现代物流业的发展降低了供应链成本，增强了对外资的吸引力，成为东部地区吸引外资的新优势。

二、东部地区工业体系的形成和发展

（一）东部地区的工业化与工业结构变化

改革开放以前，在中央集权控制的计划经济体制下，通过抑制消费和以农补工、以轻补重的强制性积累方式，推行重工业优先的发展战略，使我国从一个工业落后的农业国较快地步入了工业化国家行列，同时也导致了我国工业结构具有明显的赶超特征，国民经济中工业比重和工业结构中重工业比重远远超过相同经济发展水平的国家。

改革开放以来，随着国民经济高速增长，工业结构也发生了较大的变化。值得指出的是，改革开放初期至20世纪80年代中期，产业结构调整处于"拨乱反正"的时期。一是扭转过分强调积累、抑制消费所带来的弊端，补消费不足的课。1979～1981年，采取压缩基本建设、扶持轻工业发展的方针，国民收入中消费率由1978年的63.5%上升到1979年的68.5%和1982年的71.7%，固定资产净值中轻工业所占比重由1979年的18.1%上升到1985年的25.46%。二是侧重扭转重工业内部循环过强的弊端，调整和改造重工业，增强重工业为轻工业服务的功能，为轻工业提供装备的机械工业有较快发展。因此，在改革开放初期，工业结构演变出现了与工业发达国家工业化不一致的过程。进入20世纪80年代中后期以后，工业结构调整步入了正常演变的轨道，但受到结构惯性的影响，仍有少数部门的变动偏离"轨道"。

东部地区工业结构变动在20世纪80年代以轻工业增长为主导，90年代转向以重工业增长为主导。由于统计口径的差异，在数据上两次工业普查之间轻、重工业结构变动不大，但是细分来看，第二次工业普查以来东部地区工业结构变化具有明显的阶段性特征：一是80年代中后期的轻工业化阶段，二是80年代末、90年代初以来的再次重化工业化阶段。

1.80年代中后期的轻工业化阶段

在完成补消费的课、工业增长步入正常轨道后，1986~1990年，轻工业仍在工业中居主导地位，份额占50.13%，无论按不变价还是按当年价计算，轻工业在工业中所占比重均是上升的。按1990年不变价计算，乡及乡以上独立核算工业企业中，轻工业所占比重由1985年的45.93%上升到1990年的47.58%，增加了1.65个百分点。按当年价计算，轻工业所占比重由1985年的45.23%提高到1990年的46.96%，提高了1.73个百分点。

按1990年不变价计算，以非农产品为原料的轻工业所占比重由1985年的12.23%上升到1990年的14.5%，增加了2.27个百分点；以农产品为原料的轻工业所占比重由1985年的34.19%下降到1990年的33.08%，下降了1.11个百分点；采掘工业、原材料工业分别由1985年的8.1%和22.33%下降到1990年的6.58%和20.96%，分别减少1.52个和1.37个百分点；加工工业由1985年的24.42%上升到1990年的24.89%，增加0.47个百分点。按当年价计算，1990年与1985年相比，以农产品为原料的轻工业、以非农产品为原料的轻工业以及原材料工业所占比重分别提高了0.71个、1.03个和1.41个百分点；采掘工业和加工工业分别下降了0.47个和2.68个百分点。具体如表5-1所示。

表5-1 乡及乡以上独立核算工业企业轻、重工业结构变动

	工业总产值当年价比重			工业总产值1990年不变价比重		
	1985年	1990年	1995年	1985年	1990年	1995年
全部工业	100.00	100.00	100.00	100.00	100.00	100.00

续表

	工业总产值当年价比重			工业总产值1990年不变价比重		
	1985年	1990年	1995年	1985年	1990年	1995年
轻工业	45.23	46.96	43.39	45.93	47.58	46.68
以农产品为原料的轻工业	32.03	32.74	29.68	34.19	33.08	29.80
以非农产品为原料的轻工业	13.19	14.22	13.70	12.23	14.50	16.86
重工业	54.77	53.04	56.60	54.22	52.42	53.31
采掘工业	6.89	6.42	6.08	8.10	6.58	4.13
原材料工业	20.65	22.06	23.42	22.33	20.96	17.48
加工工业	27.24	24.56	27.10	24.42	24.89	31.70

资料来源:《中国工业统计年报》(1985年、1995年)。

2. 90年代以来的再次重化工业化阶段

20世纪80年代末、90年代初,工业结构出现了历史性的变化,轻工业商品基本上由卖方市场转为买方市场,需求增速放慢;受投资需求拉动,重工业呈现出快速增长势头。无论是按不变价还是按当年价计算,轻工业所占比重均趋于下降,重工业所占比重转向上升。如按1990年不变价计算,重工业所占比重由1990年的52.42%上升到1995年的53.31%,增加了0.89个百分点;按当年价计算,重工业所占比重由1990年的53.04%上升到1995年的56.6%,增加了3.56个百分点。由此可见,90年代呈现出再次重化工业化的特征。

工业内部结构调整也在加剧。按不变价计算,以农产品为原料的轻工业、采掘工业和原材料工业所占比重,分别由1990年的33.08%、6.58%和20.96%下降到1995年的29.8%、4.13%和17.48%,分别减少了3.28个、2.45个和3.48个百分点;以非农产品为原料的轻工业和加工工业所占比重分别由1990年的14.5%和24.89%上升到1995年的16.86%和31.7%,分别增加了2.36个和6.81个百分点。若按当年价计算,以农产品为原料的轻工业、以非农产品为原料的轻工业和采掘工业在全部工业中所占份额均下降,分别下降了3.06个、0.52个和0.34个百分点;而原材料工业、加工工业则分别上升1.36个和2.54个百分点。

两个阶段连起来看,按1990年不变价计算,以农产品为原料的轻工业、采掘工业和原材料工业所占比重持续下降,以非农产品为原料的轻工业和加工工业所占比重持续上升。按当年价计算,以农产品为原料的轻工业、以非农产品为原料的轻工业产值所占比重由上升转为下降,采掘工业所占比重持续下降,原材料工业所占比重持续上升,加工工业所占比重则由降转升。如前所述,按不变价计算反映的是东部地区工业结构的升级趋势,按当年价计算反映的是市场价格对工业结构所具有的调节作用在增强。值得指出的是,尽管采掘工业和原材料工业按不变价计算的结构比例没有提高,但由于90年代以来这两个部门增速加快,加上市场价格的作用,工业增长方式由粗放型向集约型转变,使基础工业与加工工业之间的矛盾已大为缓解。

(二) 东部地区内部工业结构的区域差异

工业增加值占 GDP 的比重在长三角和珠三角地区均超过 50%,这里主要对这两个地区的工业结构进行对比分析。

1. 支柱产业部门

2000 年,以部门产值占工业总产值比重 5%(平均比重为 2.5%)作为支柱工业部门的下限标准进行判定,长三角和珠三角地区的支柱工业部门如表 5 – 2 所示。长三角地区的支柱工业中,深加工、重化工业、轻纺工业基本并重。六大支柱工业中,属于深加工行业的有 3 个部门,分别居第 3、第 4、第 5 位;属于重化工业的有 2 个,分别居第 2、第 6 位;轻纺工业虽然只有 1 个部门,但高居六大支柱工业之首,产值相当于居第 2 位的化学原料及其制品业的近 2 倍。珠三角地区的支柱工业以深加工产业和轻纺工业位居主导,重化工业居次。五大支柱工业中,只有 1 个属于深加工产业,但位居五大支柱工业之首,产值相当于居第 2 位的服务业的 3 倍多;轻纺工业有 2 个部门,分别居第 2、第 3 位;有 2 个部门属于重化工业,但规模偏小,分别居第 4、第 5 位。

表 5 – 2 2000 年长江三角洲和珠江三角洲地区支柱工业部门

区域	支柱工业部门
长江三角洲地区	纺织业、化学原料及其制品业、交通设备制造业、电气机械制造业、普通机械制造业、黑色冶金业
珠江三角洲地区	电子工业、服装业、纺织业、非金属矿物制品业、化学原料及其制品业

资料来源:靖学青. 长江三角洲与珠江三角洲地区产业结构比较 [J]. 上海经济研究,2003(1): 46 – 51.

2. 专门化部门

当某工业部门在全国的区位商大于 1，且行业产值占工业总产值的 2.5% 以上时，即认为其为该区域的专门化工业。依据 2000 年长三角和珠三角地区工业部门区位商计算得出的专门化部门如表 5 – 3 所示。第一，长江三角洲工业专门化部门较多，多达 11 个，而珠江三角洲则仅有四个，前者几乎是后者的 3 倍；第二，长江三角洲有四个机械制造业是其工业专门化部门，而珠江三角洲仅有一个机械制造业是专门化部门，同时纺织业是长江三角洲名列第 1 的专门化部门。因此，相比之下，长江三角洲工业以机械加工业和纺织业地位最为突出，而珠江三角洲专门化部门则以电子、服装业见长。

表 5 – 3　2000 年长江三角洲和珠江三角洲地区工业专门化部门

区域	工业专门化部门
长江三角洲	纺织业、服装业、化学原料及其制品业、化纤制造业、塑料制品业、金属制品业、普通机械制造业、专用设备制造业、交通设备制造业、电气机械制造业、电子工业
珠江三角洲	服装业、金属制造业、电气机械制造业、电子工业

资料来源：靖学青. 长江三角洲与珠江三角洲地区产业结构比较［J］. 上海经济研究，2003（1）：46 – 51.

3. 主要工业产品

长三角和珠三角地区 2010 年主要工业产品产量占全国的比重如表 5 – 4 所示。因为长江三角洲工业增加值占全国比重是珠江三角洲的 2 倍（前者为 9.7%，后者为 4.8%），表 5 – 4 中某工业产品 PIZH 值（长江三角洲某工业产品占全国比重除以珠江三角洲相同产品占全国比重）约等于 2 时，表明这两个区域该工业产品相互之间地位相当；当某工业产品的 PIZH 值越是大于 2，则表明相比之下长江三角洲地区该工业产品越是地位突出，越是具有优势；相反，当某工业产品的 PIZH 值越是小于 2，则表明珠江三角洲地区该工业产品越是地位突出，越是具有优势。

表 5-4 2010 年长江三角洲和珠江三角洲地区主要工业产品产量占全国比重

产品	长江三角洲 (1)	珠江三角洲 (2)	PIZH = (1)/(2)	产品	长江三角洲 (1)	珠江三角洲 (2)	PIZH = (1)/(2)
化学纤维	56.5	6.5	8.7	成品钢	24.6	3.1	7.9
纱	25.5	2.5	10.2	平板玻璃	18.4	3.4	5.4
布	19.2	3.9	4.9	塑料	26.2	11.0	2.38
丝	63.8	0.7	91.1	硫酸	13.2	5.7	2.3
机制纸及纸板	21.5	10.5	2.0	纯碱	16.4	2.9	5.66
啤酒	12.3	7.1	1.7	烧碱	23.7	2.5	9.5
卷烟	9.6	6.8	1.4	农用化肥	8.0	1.1	7.3
家用冰箱	14.9	25.1	0.6	化学农药	44.3	1.4	31.6
房间空调	24.1	38.2	0.6	金属切削机床	48.7	4.4	11.1
家用洗衣机	34.9	16.9	2.1	汽车	16.8	1.85	9.1
彩电	11.4	37.4	0.3	轿车	41.4	5.3	7.8
原油	1.3	8.5	0.15	大中型拖拉机	42.4	0	∞
发电量	15.4	9.5	1.6	微型电子计算机	8.3	25.3	0.3
生铁	14.5	1.5	9.7	集成电路	67.0	20.0	3.35
钢	19.8	2.2	9				

资料来源：《中国统计年鉴 2011》。

在轻纺工业产品中，化学纤维、纱、布、丝的 PIZH 值远大于 2，机制纸及纸板、啤酒和卷烟的 PIZH 值在 2 左右，说明长江三角洲地区的纺织产品生产地位突出，纺织业具有优势。在家用电器中，家用冰箱、房间空调、彩电的 PIZH 值远小于 2，均在 1 以下，仅家用洗衣机的 PIZH 值在 2 左右，说明珠江三角洲地区的家用电器地位突出，该行业具有优势。在重化工业产品中，生铁、钢、成品钢、平板玻璃、塑料、纯碱、烧碱、农用化肥、化学农药的 PIZH 值远大于 2，只有发电量、硫酸和塑料的 PIZH 值在 2 左右，说明长江三角洲地区的重化工业地位突出，该行业占有优势。在机械加工产品中，金属切削机床、汽车、轿车、大中型拖拉机的 PIZH 值远大于 2，说明长江三角洲地区的机械加工业产品地位突出，该行业具有优势。在电子产品中，微型电子计算机的 PIZH 值远小于 2，而集成电路的 PIZH 值远大于 2，说明在电子工业中长江三角洲与珠江三角洲的一些产品生产具有明确的专业化分工，其产品生产各具特色，长江三角洲以生产集成电路为主，而珠江三角洲地区以生产微型电子计算机为主。

从主要工业产品产量的地位变化来看，经过 2007～2010 年三年的发展，长江三角洲和珠江三角洲地区在支柱工业和专门化工业部门方面没有明显的变化，纺织业、机械制造业和重化工业仍然在长江三角洲地区均占有重要地位，而家用电器和电子工业是珠江三角洲地区的强项。不过，长江三角洲地区集成电路生产发展很快，是其电子工业中的一个亮点。

第二节　外向型经济发展与产业结构演变

一、东部地区外向型经济的发展

外向型经济是指某一国家或者地区为了促进经济发展，以国际市场需求为导向，以比较优势为原则的充分参与国际竞争和市场分工的经济发展战略。"外向型经济"是与"内向型经济"相对的一个概念，如果一个国家或者地区是外向型经济，那么政策和经济体系对于发展对外贸易必定是有利的。一个国家是否属于外向型经济，是由该国的体制和政策对出口贸易所采取的态度及其开放程度决定的。政策或者体制是否利于外贸经济的发展，是判断该国家或地区是否是外向型经济的重要标志之一。

1. 利用外资

东部地区 1995 年的实际利用外资是 1990 年的近 33 倍，2000 年以后趋于正常水平。江苏省利用外资的增速基本在 12% 的水平左右，体现了江苏省吸引外资的力度。浙江省和上海市保持在 10%～15% 的水平。江苏省 2015 年外商实际投资总额较前年有所下降，下降数额为 25 亿美元，但是制造业的外商投资下降了 49 亿美元，金融业、房地产业及租赁和商务服务业的投资有所增加，第三产业外商投资额增长 25 亿美元。2015 年外商投资的减少主要是由制造业外资下降而导致。受实体经济形势不明朗、全球制造业疲软等因素影响，制造业已不占据江苏省吸引外资的绝对优势地位。

浙江的外商投资增长了 11 亿多美元，第三产业的外资增长达到 14 亿美元，房地产业外商投资增长 8 亿美元之多，对浙江的房地产业容易形成资产泡沫。

总体上，相比于 2014 年，2015 年实际利用外资数额没有发生较大的变化。剔除 2008 年金融危机的影响，外资利用仍然处于增长趋势。

2015 年，上海的外商投资较 2014 年增长了 16 亿美元，其中房地产业外商投资增长了 11 亿美元，房地产外商投资占 68.75%。2011 年后，受劳动力成本和地租成本的影响，制造业的外商投资主要倾向于长三角的江苏和浙江，上海的外商投资倾向于服务业和房地产业。

如果按外资来源划分，长三角利用外资基本上来源于中国香港。2015 年，香港地区在江苏的实际投资达到 185.3 亿美元，北美洲的美国和加拿大以及大洋洲的澳大利亚也是江苏的主要外资来源。上海的外资来源主要是中国香港、日本、新加坡以及美国。浙江的外资利用来源于中国香港、日本、新加坡以及美国和法国。虽然涉及的国家和地区来源多，但是大部分的外资还是集中于几个国家和地区，这对促进长三角地区经济发展的外资利用有一定的限制。长三角地区实际外商直接投资金额如表 5－5 所示。

表 5－5　长三角地区实际外商直接投资金额　　单位：亿美元,%

年份	2000	2005	2008	2010	2013	2014	2015
投资额	111.9	277.5	452.7	506.2	642.0	710.05	750.52
增加率	—	148.0	63.1	53.5	26.8	10.6	5.7

资料来源：江浙沪相关年份统计年鉴。

2. 对外贸易

长三角一直是我国对外贸易重地，其对外贸易量排在全国的前列，在早期对外开放之初，长三角地区的地理区位优势成为经济发展的有利资源。从表 5－6 中的数据发现，除 2008 年全球金融危机导致 2009 年长三角进出口贸易总额下降，其他年份进出口贸易总额一直处于上升的趋势。全国的进出口贸易总额也呈现上升的态势，就长三角地区的外贸量占全国的进出口数据而言，总体上一直保持在 30% 以上的比例，在全国的贸易总额增长中有 30% 以上是由长三角贡献的，对外贸易的强势地位在全国是显而易见的。从 2011 年开始，其所占比例开始出现回落的迹象。除上海在进出口方面进口上升而出口下降的微小变化外，进出口的下降是因为进口的下降而不是因为出口的原因，长三角外贸出口一直处于上升的状态。上海的服务贸易地位在逐渐上升，服务业将会取代制造业的优势。上海率先在产业结构上的调整，促进进口发展一般贸易，由贸易制造到贸易创造的转型。浙江和江苏与上海错位发展，避免恶性竞争。

表5-6　长三角地区与全国的进出口总额　　　单位：亿美元，%

年份	2005	2008	2009	2010	2011	2012	2013
全国	14219.1	25632.6	22075.4	29740.0	36418.6	38671.2	41589.9
长三角	5217.0	9255.2	8043.0	10882.0	12865.7	12972.5	13280.3
占比	36.7	36.1	36.4	36.6	35.3	33.6	31.9

资料来源：国家统计局及江浙沪相关年份统计年鉴。

长三角外向型经济主要在于境外企业的跨国投资和内资的 OEM 制造业的发展，表5-7中整理了两省一市的进出口加工贸易数据和增值情况并与全国总体水平进行比较，发现长三角的整体经济规模较大，并且从外贸加工增值率来看，外贸加工的增值率比较高，除江苏省外，浙、沪的增值率大大高于整个全国水平。在 2010 年后，江浙沪的加工贸易的增值率都超过全国平均水平。江浙沪三省（市）的外贸加工增值率，尤其是浙江和上海，从 2000 年后一直保持在100% 水平以上的增值，高附加值更加体现出向微笑曲线两端的迈进，更加注重技术创新和高附加值生产对经济发展的影响，同时这也说明了长三角的加工制造业已经超出了作为世界工厂的范围，更加提倡技术创新和管理经验上的积累来促进整个经济水平的提升。国家加大在自主创新上的政策扶持力度，为以后的经济增长带来新的活力。

表5-7　长三角地区进出口加工贸易　　　单位：亿美元，%

年份	长三角			全国		
	进口	出口	增值率	进口	出口	增值率
1995	—	—	—	583.7	737.0	26.3
2000	285.9	445.5	61.3	925.6	1376.5	48.7
2005	1272.6	1082.6	70.8	2740.1	4167.7	52.0
2010	1808.6	3746.4	111.1	4174.3	7403.3	77.3
2013	1639.7	3295.6	123.8	4970.0	8605.0	73.1

资料来源：中国海关统计局，《中国统计年鉴》及江浙沪三省市相关年份统计年鉴。

3. 对外投资

从 2008 年开始，长三角各地市政府大力推动鼓励企业向外发展，提高资金的使用效率。表 5 - 8 显示，上海市对外投资增长较其他两省的幅度要大，从 2011 年的 10% 到 2013 年的 32.8%，尤其在 2014 年增长率飙升到 185%。上海市以服务业为主拉动经济增长，在对外投资上服务业的对外投资增长凸显上海市服务业的强势地位。而浙江和江苏两省的对外投资虽有所增长，但是增长速度缓慢，上下波动幅度较大。浙江和江苏两省在鼓励企业"走出去"的同时要加快制定和完善政策，为企业"走出去"减少不必要的障碍。

表 5 - 8　2010~2014 年长三角地区对外投资情况　　　单位：亿美元

年份 省市	2010	2011	2012	2013	2014
江苏	21.76	36.02	50.45	61.43	72.20
浙江	33.60	34.50	38.90	55.20	58.20
上海	24.20	26.58	32.43	43.06	122.90

资料来源：江浙沪相关年份统计年鉴及统计公报。

表 5 - 9 显示了江苏省的对外投资情况，三次产业依次增加，第三产业的对外投资占到 50% 以上。其他两省（市）的情况与江苏省相似，三个省（市）在强化第三产业对外投资的同时，也要加快第二产业对外投资的步伐，在电力供应和建筑业的对外投资上要进一步完善政策上的支持，鼓励企业"走出去"。

表 5 - 9　江苏省三次产业对外投资情况　　　单位：亿美元

年份 产业分布	2010	2011	2012	2013
第一产业	0.35	0.48	2.33	2.63
第二产业	10.43	15.11	15.06	22.90
第三产业	10.99	20.42	33.07	35.90

资料来源：江苏省统计局。

二、外向型经济对东部地区产业结构演变的影响

外向型经济对东部地区产业结构演变的影响，主要体现在国际贸易和国际

投资对产业结构高度化的影响。

1. 国际贸易对产业结构高度化的影响

国际贸易对产业结构高度化既有正面影响，也有负面影响。国际贸易对产业结构高度化的正面影响主要体现在技术转移和溢出效应。国际贸易是东部地区参与国际产业分工的重要途径，对于吸引国外先进技术以及管理经验发挥了重要作用。伴随着国际贸易，技术转移和溢出效应明显，在一定程度上提高了产业技术水平，促进了产业结构高度化。

国际贸易的技术转移和溢出效应主要通过外商投资企业体现出来。与国内同类企业相比，外商投资企业掌握更新的技术，生产更新的产品，更注重技术的研究开发。在国际贸易起步阶段，由于技术水平较低，产业基础较差，与国际贸易相关的通常是简单的组装加工活动，国外转移过来的技术水平不高。随着技术、资金和其他要素的积累，配套产业逐步发展，国际贸易转移的技术含量不断提升。

技术溢出是技术转移的后续过程。国际贸易通过技术溢出效应促进产业升级的主要方式有四种：①技术示范。跨国公司母公司向国内子公司转移的技术对当地竞争者产生示范作用，当地企业纷纷模仿它们的技术，对产品进行逆向工程的研究和开发，间接获取生产技术，提高自身的生产技术水平。②市场竞争。国际贸易加剧了国内的市场竞争，能更直观地给内资企业以竞争压力，迫使其更新观念，加强技术消化、吸收能力，改善资源配置，从而推动当地产业技术进步。③配套要求。落户东部地区的大型跨国公司企业在零部件、原材料以及半成品的实际采购过程中，按照自己的技术规范对生产上游产品的国内企业提出产品规格和质量要求，提供设计图纸，甚至派出技术人员，对上游企业进行指导。④人力资源。由于国内人力资源水平较低，发达国家的跨国公司需要对当地雇员进行培训。培训范围比较广泛，既有对中高级管理人员的培训，也有对技术人员的培训，还有对普通生产工人的基本操作技能培训。当这些雇员由跨国公司的子公司流向当地企业时，他们在跨国公司工作时所学的专业技术和经营管理技术也随之外流，从而产生技术溢出效应。国际贸易的技术溢出效应促进了东部地区人力资源整体素质的提高，增加了技术密集型产业的人力资源储备，间接地促进了产业升级。外资企业技术与管理人员当地化比例越高、人力培训状况越好、流动性越强、向内资企业流动越多，国际贸易的技术溢出效果越强,对东部地区产业升级的促进作用越大。

国际贸易对产业结构高度化的负面影响,主要体现在国际贸易难以更进一步提高技术转移和溢出效应。国际贸易的技术溢出效应基本上都是跨国公司经由外资企业转移而来的。跨国公司转移技术的目的,主要是在保持技术垄断的前提下,获得技术创新的利润最大化。以技术垄断为前提,跨国公司进行的技术转移都是成熟技术而非核心技术。对于东部地区来说,很大一部分国际贸易是承接发达国家或者新兴工业化国家的劳动密集型产业或处于资本、技术密集型产业的劳动密集环节,技术含量不高,而且很多是通过分包、许可等外部化的转移方式获取的,导致国际贸易的产品技术含量不高,与发达国家相同产业存在相当大的差距。由于国内国际贸易子公司倾向于依赖跨国公司母公司的技术转移,对新技术的消化、吸收和再创新并不太热心,短期内外资企业的国际贸易生产和出口效益显著,但从长远看,产业的技术创新能力难有提高,难以起到对产业升级的促进作用。

2. 跨国投资对产业结构高度化的影响

国际投资对产业结构高度化的正面影响也主要体现在技术转移和溢出效应两方面。外资流入→技术溢出→吸收创新→产业升级,是国际投资对产业结构高度化的作用机制。国际投资通过技术溢出效应促进国内产业升级的主要方式有五种:①合资合作。一些国内从未有过的新兴产业,如网络、计算机和一些通信设备制造企业,是在国际投资进入中国后,通过与外资合资或合作,逐步积累经验并成长起来的。②示范模仿。使用先进技术的外商投资企业落户东道国时,可以展示先进的产品、工艺、管理方式,对当地企业起到一种示范作用,使当地企业了解国外的先进技术和管理水平,增强危机感和竞争意识,并通过模仿当地跨国公司使用的某些技术,来提高本企业的技术水平。③人力资源。为雇员提供培训是跨国公司为国内人力资源开发做出的重要的贡献。许多大规模的跨国公司在华投资企业,对员工都会进行多层次有针对性的培训,这种雇员培训不仅提高了本企业员工的素质,还为国内企业培训员工提供了可供借鉴的现成方式及教材。④技术标准。国际投资企业指定的产品质量和性能标准往往超过国内供应商采用的国家标准,同时国际投资企业还向供应商提供信息、技术辅导、金融资助以及辅助管理。⑤合作研究。一些国际投资企业视中国尤其是东部地区为重要战略性市场,出于利用中国丰富的科技人才资源等方面的战略目的，采取与中国的大学和科研机构合作建立研究中心、实验室的方法，进行科学研究以及技术开发。

国际投资对产业结构高度化的负面影响，主要体现在技术保护措施和发展目标不一致。国际投资对产业结构高度化的现实阻碍，首先体现在国际投资采取一系列技术保护措施，遏制中国产业技术在现有的基础之上，更进一步实现技术超越，主要包括：①内部转让。跨国公司为保持竞争力，往往将技术通过内部市场转让给其子公司，对转让的技术尤其是核心技术采取严格的保密措施，被转让技术的先进性与跨国公司占子公司股权的比例呈正相关。例如，国际电子行业巨头索尼、惠普、三星都在中国东部诸多地区成立了子公司，对子公司转让了大量内部技术从而防止技术外泄。②母国研发。技术开发基本上在跨国公司的母公司或其部分重要的区域中心进行。例如，世界软件行业巨头微软和谷歌都在中国成立了子公司，但是微软中国、谷歌中国在华设立的研究部门是出于中国汉字市场的特殊需要，并不涉及全面核心技术。③严守技术。在华跨国公司严格控制核心技术，能与中方共享的大多是一般操作技术和组织技术。例如，在中国汽车行业内，上海大众、北京切诺基、东风标致都是中外合资控股，中方希望学习外方先进技术，但是外方严格控制核心技术，外方技术主管拒绝配备中方副手，合资中的中方主要从事劳动密集型的最后装配工作，既掌握不了核心技术，更涉及不到技术开发。具体如表 5 - 10 所示。

表 5 - 10　国际投资的技术保护措施阻碍

技术保护措施阻碍	2003 年至今的现实案例
内部转让	索尼、惠普、三星
母国研发	微软中国、谷歌中国
严守技术	上海大众、北京切诺基、东风标致

跨国公司为保持技术领先地位，一般不转让最先进技术，除非在东道国取得绝对控股权，并且市场需求和竞争迫切要求子公司立即采用最先进技术，以取得先行优势。其严密的保护措施，很好地防止了技术扩散效应，使东道国无力实施技术赶超，不断保持对外方的技术依赖。另外，跨国公司生产实行纵向垂直的全球化分工协作，在世界范围内统一调配产品价值链的地区分布，形成

相应的一整套生产质量体系。这样，在华子公司与国内产业的前后关联度低。

国际投资对产业结构高度化的现实阻碍，还体现在国际投资所追求的利益与中国未来的发展目标不一致，两者存在着重大的差异。

国际投资对经济发展及产业结构未来进一步调整带来的不利影响主要有五个方面：

（1）固化结构。国际投资使得中国固化在现有的产业结构。中国的比较优势多集中在处于国际垂直分工下部的劳动密集型产业。当发达国家向中国转让劳动密集型产业技术及其设备时，往往会加强中国的这种比较优势，形成发达国家作为资本密集型产品和技术密集型产品生产国与中国作为劳动密集型产品生产国的国际分工格局。而这种国际分工暗含着中国产业结构偏离比较劣势和竞争劣势产业，向比较优势和竞争优势产业倾斜的内在要求。如果按照发达国家产业转移的模式，按部就班地调整产业结构，意味着中国的产业结构将永远固化在较低的层次。例如，国际手机行业巨头苹果、摩托罗拉、诺基亚都在中国建立了生产基地，但是手机的核心部件——集成电路板由母公司从海外直接研发制造，中国只负责最后劳动密集型的产品组装工作。

（2）技术级差。国际投资转移的技术存在级差，使中国技术依赖性增强，同时导致中国技术创新不足。发达国家国际投资向中国转移的有些是相对过时的技术。例如，国际电器行业巨头通用电气、西门子、飞利浦都在中国设立子公司和生产基地向中国转移技术，但是这些巨头转移技术的动因在于母国国内产业结构调整需要母国技术升级换代，因而通过对中国的国际投资实现所开发技术的最后价值增值。

（3）只重加工。中国只是跨国公司全球制造网中的一个加工点。跨国公司将研究和开发的主要机构设在母国和其他发达国家，核心零部件和产品的核心生产过程放在母国进行，而将技术含量低的零部件、产品的最终成品组装生产放在中国进行。例如，国际医药行业巨头德国拜耳、美国辉瑞公司都在中国成立单一的成品加工型基地，生产单一的产品，这样通过产业的前后关联而提高中国的技术进步作用就非常小。

（4）研发依赖。国际投资以购并形式进入中国后，中国原企业的技术开发机构被撤销的现象较为普遍，中国企业不再进行技术开发，改由投资方的母公司提供技术。有些企业虽然建立技术开发机构，但是新产品的设计只能按照外资的意愿进行，或者只是将外资的产品进行适应性改造。例如，上海赛科石化、山东韩泰石化都是石油化工行业的中外合资企业，合资企业弱化中方原有的技术开发部门，将其职能从"研究开发"（R&D）削弱为"技术支持"，仅解决初潜的现场技术问题。外资的这种做法，削弱了中国企业自主进行技术开发的能力，造成中国在核心制造技术和关键性中间投入产品方面对外资依赖性极强。而且跨国公司对核心制造技术的保密越来越重视，中国学会的多是生产线的操作技术，无法掌握全面的生产技术，一旦跨国公司撤走，技术又会回到以前水平。

（5）抑制弱小。国际投资对中国高新技术产业成长造成抑制。中国的高新技术产业竞争实力较弱，技术水平与跨国公司存在很大的差距，需要一个从无到有、从弱到强的发展过程。国际投资进驻中国高新技术产业，能凭借其资金、技术实力迅速占领市场份额，这就给中国刚刚起步的高新技术产业形成了很高的市场进入壁垒，使这些企业一开始就面对远比自己强大的竞争对手。例如，国际信息科技行业巨头 IBM、英特尔、AMD 都已经深入中国市场，凭借其雄厚的实力降低价格与中国高新技术企业竞争，这对资金实力较弱、急需利润的中国信息科技行业高新技术企业是一个致命的打击。具体如表 5 – 11 所示。

表 5 – 11　国际投资的发展目标不一致阻碍

发展目标不一致阻碍	2003 年至今的现实案例
固化结构	苹果、摩托罗拉、诺基亚
技术级差	通用电气、西门子、飞利浦
只重加工	德国拜耳、美国辉瑞
研发依赖	上海赛科石化、山东韩泰石化
抑制弱小	IBM、英特尔、AMD

第三节　从重化工业化到高新技术产业发展

一、东部地区的重化工业化

重化工业多为资源—资本密集型产业，规模效应显著，往往形成集中分布的重化工业区或工业带，极化作用十分显著。一个地区或行业的重化工业化特征往往表现为该行业或地区的资本密集度，一个地区的产业如果以资本密集型为主，一般可以认为具有重化工业化的特征。

（一）东部地区的重化工业发展

东部地区工业结构变化经历了两个阶段：一是 1978～1997 年，轻、重工业协调发展阶段；二是 1998 年以来，重化工业化发展阶段。

1. 1978～1997 年轻、重工业协调发展阶段

1978～1981 年，以当年价格计算，重工业在工业总产值中的比重从 56.9% 迅速下降到 48.5%，三年间下降了 8.4 个百分点，轻工业比重相应地从 43.1% 上升到 51.5%；1982～1997 年，轻、重工业的比重虽有波动，但变化不大。如果按不变价格计算，以 1978 年为 100，1997 年轻工业总产值指数为 1801.3，重工业总产值指数为 1132.4。这表明，在改革开放初期，轻工业的增长明显快于重工业。20 世纪 80 年代中期以后，轻、重工业发展基本上步入正常的轨道，轻工业增长略快于重工业增长，但两者大致同步发展（见表 5-12）。

表 5-12　1978～1997 年东部地区轻、重工业总产值构成的变化　　单位：%

年份	1978	1980	1981	1982	1985	1990	1995	1997
轻工业比重	43.1	47.2	51.5	50.2	47.4	49.4	47.3	49.0
重工业比重	56.9	52.8	48.5	49.8	52.6	50.6	52.7	51.0

资料来源：东部各省市相关年份工业统计年鉴。

2. 1998 年以来的重化工业化发展阶段

1998 年，国民经济运行发生了重要的阶段性变化。从经济体制改革进展看，20 世纪 90 年代末，中国经济的市场化程度已超过 50%，社会主义市场经济体制的框架已经初步建立，比较顺利地实现了经济体制转轨。从经济发展成就看，全国经济总量 1998 年底实现了比 1978 年翻两番，温饱问题基本解决。中国经济终于告别了长期存在的市场短缺常态，经济增长已经由以供给约束为主，转变为以需求约束为主。另外，1997 年的亚洲金融危机对于外贸依存度已经很高的中国经济也造成了冲击，加剧了国内市场疲软和需求不足的态势。

中央政府出台了一系列政策措施，以应对国内外经济形势的急剧变化，其

中包括促进产业结构的调整和升级。我国在买方市场下出现的生产能力和产品的过剩主要是结构性的，即在技术含量低的一般加工工业产品市场已经饱和并出现过度竞争的同时，许多对技术创新和加工深度要求较高的高技术产业和装备制造业的产品的发展空间仍然很大。因此，1998 年以来，我国采取了多种政策措施，包括对轻纺、冶金等行业过剩生产能力的压缩，对五小企业生产的限制，支持高技术产业和装备制造业的发展等，推进产业结构的调整和升级进程。此外，对国民经济布局进行战略性调整，并加大了国有企业的改革力度。由此产生了两个后果：一是国有工业结构进一步向重化工业倾斜；二是国有企业改革分流出来众多下岗、失业人员，政府和社会在短时间内难以全部承受，导致消费需求受到较大抑制。

随着经济发展环境的变化，工业结构调整的主要任务从以合理化调整为主转向以推进结构升级为主，东部地区工业结构开始出现重化工业化的趋势。特别是 2002 年下半年以来，重化工业发展对经济增长的带动作用更加突出。1998～2015 年，按当年价格计算，东部地区重工业占工业总产值的比重由 50.7% 提高到 78.1%，提高了 27.4 个百分点，平均每年提高 1.6 个百分点。如果扣除价格因素的影响，1998～2015 年，工业结构的重化工业化趋势仍然十分明显，其中又以 2003～2004 年尤为突出。具体如表 5－13 所示。

表 5－13 1998 年以来东部地区轻、重工业总产值构成变化 单位：%

年份	1998	2000	2002	2003	2004	2005	2010	2015
轻工业比重	49.3	39.8	39.1	35.5	31.6	31.1	23.6	17.3
重工业比重	50.7	60.2	60.9	64.5	68.4	68.9	72.3	78.1

资料来源：东部各省市相关年份工业统计年鉴。

1998 年以来，工业结构的变化趋势表明，东部地区的工业化进程已经进入重化工业化阶段。这与 1978 年前重工业的发展主要由政府按照经济发展战略的要求并作为唯一的推动力量的情形完全不同。1998 年以来的重化工业化是以消费结构升级为时代背景的。也就是说，这个阶段的重化工业化是由以居民消费结构升级为主，包括城市化进程加快、以信息化为代表的技术进步以及经济全球化导致的国际产业转移等因素共同促成的，具有历史的必然性。

（二）东部地区内部不同区域的重化工业化

1. 发达地区的重化工业化趋势明显

以广东省为例。改革开放以来，广东省经济发展取得了巨大的成就。2004年，全国城镇居民人均可支配收入9422元，广东省城镇居民人均可支配收入13627.65元，高于全国水平44.6%，广东人均消费性支出10694.79元。随着城镇居民收入持续增长，消费领域进一步拓宽，新的消费热点逐步形成，普通居民家庭对十万元级、几十万元级消费品如汽车、房产等需求大幅增加。汽车是直接的重化工业产品，住房是用钢铁、建材和石化等重化工业产品建成的，广东即将进入的大额耐用消费品阶段对重化工业产品产生了很大的需求，为广东发展重化工业提供了经济条件。

1991年后，广东的重工业发展速度首次出现超过轻工业。2002年，广东规模以上工业企业中，轻重工业产值比例为49.83∶50.17，重工业比重首次超过了轻工业。2003年，轻工业占工业总产值46%，重工业占54%，长期以来轻工业为主导的局面已经逆转。占比较大的工业部门为通信设备、计算机及其他电子设备制造业（27.6%），电气机械与器材制造（10%）、化学原料与制品（5.3%），交通运输设备制造，不少重工业行业已成为支柱产业；而纺织（3.6%）、服装鞋帽（3.6%）、食品（1.4%）和农产品加工（2.3%）等传统轻工业，比重均不断降低。1991~2005年，广东省的重化工业比重由36.1%增加到59.6%，增加了23.5个百分点，其中电气机械及专用设备由7.5%上升到12.6%。

重化工业对广东省工业利润增长的贡献显著增大。2004年，全省工业实现利润总额1274.29亿元，同比增长25.6%。重工业全年实现利润总额863.37亿元，增长32.1%，占全省利润总额的67.8%，对全省利润增长贡献率为81.5%，拉动全省利润增长20.7个百分点。重工业企业在减亏方面也颇有成效。2004年，重工业亏损企业亏损额为89.82亿元，同比下降8.9%，与上年相比（2003年重工业亏损企业亏损额增幅为31.7%），达到了扭亏增盈的效果。在重工业中，企业盈利相对向少数行业集聚。全省10169个重工业企业，生产分布涉及33个工业大类行业，其中石油和天然气开采业、石油加工炼焦及核燃料加工业、金属制品业、交通运输设备制造业、通信设备计算机及其他电子设备制造业、电力热水生产和供应业六大行业利润总额达680.81亿元，占重工业利润总额的 78.9% 。

用轻、重工业的总产值来近似估算霍夫曼系数，可以看出，广东省霍夫曼系数变化趋势基本上与霍夫曼定理所描述的趋势一致，即消费资料工业规模与资本资料工业规模相比在逐渐减少，而资本资料工业规模在扩大（见表 5－14）。

表 5－14　广东省工业结构的霍夫曼系数

年份	1978	1985	1992	1995	1998	2000	2005	2010	2015
系数	1.30	1.59	1.65	1.36	1.45	1.12	0.68	0.53	0.45

资料来源：根据历年《广东统计年鉴》相关数据整理。

2. 环境污染压力下的重化工业化

以河北省为例。对经济结构明显偏重的河北省来说，重化工业在国民经济中所占地位尤其重要，并已成为河北省经济发展的支柱产业。2003 年，河北省黑色金属冶炼及压延加工业得到空前发展，对经济增长的贡献率越来越大。2004 年，重化工业更成为引人瞩目的经济亮点。2004 年 1～4 月，河北省重工业完成工业增加值 567.5 亿元，占全省工业增加值总额的 80.2%，其中，黑色金属冶炼及压延加工业实现工业增加值 205 亿元，占全省重工业增加值的 36.1%；从全社会固定资产投资来看，黑色金属冶炼及压延加工业完成 68.7 亿元，增长 147.8%，成为增长最快的行业，并占全省固定资产投资的 31% 以上；从利用外资成果来看，第一季度河北省实际利用外资 4 亿美元，黑色金属冶炼及压延加工业占比近 1/4；从效益指标来看，黑色金属冶炼及压延加工业 1～4 月实现效益 45.1 亿元，增长 65.3%，成为增长最多、最快的行业；从区域经济总量增长来看，黑色金属冶炼及压延加工业比重较大的唐山、石家庄、邯郸，其工业增加值、工业利润及地方一般预算收入等主要经济指标远远高出其他各市，所创造的工业增加值和工业利润之和分别占到全省总额的 54.15% 和 50.07%。另外，2003～2015 年河北省规模以上重化工业实现增加值明显高于轻工业；同期河北省规模以上重工业企业实现利润总额更是数倍于轻工业。具体如表 5－15 和表 5－16 所示。

表 5 - 15　2003～2015 年河北省规模以上轻、重工业
实现增加值和比重　　　　　　　单位：亿元，%

	2003 年		2004 年		2005 年		2008 年		2010 年		2015 年	
	增加值	比重	增加值	比重	增加值	比重	增加值	比重	增加值	比重	增加值	比重
轻工业	452	25.1	528	21.4	683	21.2	1263	20.7	1631	19.4	2340	21.7
重工业	1350	74.9	1932	78.6	2536	78.8	4848	79.3	6792	80.6	8448	78.3

资料来源：根据历年河北省主要经济指标计算所得。

表 5 - 16　2003～2015 年河北省规模以上轻、重工业
实现利润总额和比重　　　　　　　单位：亿元，%

	2003 年		2004 年		2005 年		2008 年		2010 年		2015 年	
	利润	比重	利润	比重	利润	比重	利润	比重	利润	比重	利润	比重
轻工业	90	23.3	103	19.6	129	18.8	269	20.8	323	18.2	469	18.8
重工业	297	76.7	425	80.4	561	81.2	1022	79.2	1447	81.8	2022	81.2

资料来源：根据历年河北省主要经济指标计算所得。

不可否认的是，作为钢铁、水泥、电力等高能耗、高污染行业的生产大省，河北省重化工业在经济高速增长的同时，由于长期实行粗放经营，致使能源消耗和环境污染程度相应提高。2008 年，河北省国民生产总值占全国比重为 5.38%，能源消耗却占 8.44%；工业增加值占全国比重为 6.17%，能源消耗却占 9.35%。单位生产总值能耗比全国平均水平高 56.7%，单位工业增加值能耗比全国平均水平高 51.4%。河北省工业增加值占全国 6.17%，工业固体废弃物产生量却占 10.4%。工业增加值居全国第 6 位，二氧化硫排放居全国第 4 位，工业固体废弃物产生量居全国第 1 位。据 2008 年河北省环境状况公报，河北省七大水系中，四大水系重度污染；二氧化硫、烟尘和工业粉尘等主要污染物的排放量逐年增加，大气环境面临着环境容量小、污染物排放量大的巨大压力。

综上所述，河北省经济社会发展在很大程度上得益于重化工业的增长，重化工业发展是现实市场引导和拉动的结果，也是现代市场经济和工业化发展不可逾越的重要阶段。

3. 临港产业的重化工业化

以连云港市为例。随着经济加速发展，工业在连云港市经济中的主体地位进一步提升。工业增加值占 GDP 的比重由 1995 年的 25.6%、2000 年的 29.7%，

上升到 2005 年的 32.8%、2015 年的 35.4%。对 GDP 增长的贡献率也由 1995 年的 17.4% 上升到 2015 年的 43.5%，平均拉动 GDP 增长 3.9 个百分点，其促进地区经济发展的主导作用进一步加强。

　　工业结构有向"重型化"转变的趋势。过去连云港是较为典型的轻型结构城市，20 年中，全市重工业以年均 10.5% 的速度快速扩张，增幅超出轻工业 0.1 个百分点。轻重工业比例已由最高的 2002 年 69.6∶30.4，转变为 2015 年的 43.6∶56.4。近年来，随着一批重化工业在连云港落地生根，全市工业发展呈现出重工业发展迅猛的势头，重工业的迅猛发展对全市偏轻的工业结构开始产生积极的影响，工业重型化趋势进一步显现。具体如表 5-17 所示。

表 5-17　连云港市轻重工业结构演变

年份	规模以上工业总产值（亿元）	轻工业（万元）	比重（%）	重工业（万元）	比重（%）
1996	—	918286	54.4	770358	45.6
1997	197.38	1065368	54.0	908455	46.0
1998	313.04	2128172	68.0	1002273	32.0
1999	383.21	2625122	68.5	1207021	31.5
2000	395.54	2751405	69.6	1203962	30.4
2003	405.31	2709514	66.9	1343592	33.1
2005	342.86	1838557	53.6	1590115	46.4
2006	469.26	2318200	49.4	2374400	50.6
2007	695.58	2197600	46.0	3758200	54.0
2010	835.46	3751215	44.9	4603385	55.1
2013	1034.12	4787976	46.3	5553224	53.6
2015	1294.51	5644064	43.6	7301036	56.4

资料来源：历年《连云港市工业统计年鉴》。

　　在工业化过程中，一般都是先有轻纺工业的兴起，轻工业比重较大，继而出现冶金、化工、机械等重工业领先增长的趋向，重工业比重不断上升，进而到资本集约型、技术集约型和知识集约型这三点连成的轻重工业协调发展阶段。2007 年开始，连云港轻重工业比例系数值为 0.58，已经进入工业化进程第四阶段，全市规模以上重工业同比增长 57.6%，快于轻工业 19.5 个百分点，同时，重工业利润增速也快于轻工业 57.3 个百分点，利税快于轻工业 50 个百分点。工业结构重化程度加快。但是连云港市工业结构还存在如下问题：

一是工业结构中重化工业比重偏低，未能充分享受到全国进入工业化中期以后的重工业高速增长的结构效应。产业经济的理论研究表明，在工业化过程中，工业内部结构一般将经历以食品、纺织、皮革等为主要支柱行业的轻纺工业主导阶段→以冶金、石化、造船、煤炭加工等为主要支柱行业的重化工业主导阶段→以机械、汽车、电子等为主要支柱行业的高加工度化产业主导阶段→以微电子技术和信息产业、新材料、新能源工业等为主要支柱行业的技术知识密集产业主导阶段的阶段性变化。伴随着这种阶段性变化，霍夫曼比例系数（轻工业产值与重工业产值之比）呈下降趋势；在阶段性变化的转换期，工业发展速度加快，总量迅速扩大。从全国来看，我国已经进入工业化中期的后半阶段，这是一个以重工业增长为主导的阶段。进入21世纪以来，全国重工业的增长速度远远快于轻工业。

从连云港市的情况来看，连云港市轻工业所占比重远远高于全国平均水平，2004年连云港市规模以上工业中轻工业增加值占工业比重53.93%，比全国高21.52个百分点。2006年以前，由于自然条件和社会历史条件的影响，连云港市工业经济结构偏于轻型化，即轻工业比重偏大，重工业比重偏小。工业结构的轻型化、缺乏大的重（化）工业项目的支撑，在一定程度上正是连云港市工业发展速度落后于全省及周边地区、工业总量难以迅速扩大的原因。2006年，连云港的重工业发展速度明显加快，总量首次超过轻工业。当年规模以上重工业总产值237.44亿元，增长44.9%；轻工业总产值227.30亿元，增长24.1%。2007年重工业总产值375.82亿元，但霍夫曼比例系数依然很高，为85.1，远远大于全省平均数。2006年全省、徐州、连云港、淮安、盐城、宿迁轻工业产值分别为12531.67亿元、512.77亿元、227.3亿元、310.4亿元、611.69亿元、125.96亿元，重工业产值分别为28878.73亿元、1119.78亿元、237.44亿元、483.67亿元、766.46亿元、163.01亿元，霍夫曼比例系数分别为43.39、45.79、95.73、64.18、79.81、77.27。

二是大型企业少，缺乏具有带动作用的龙头企业。连云港市工业经济发展仍然缺乏大项目、大企业的支撑，尤其是缺乏产业链较长的大企业的支撑，仅有江苏核电有限公司、江苏省新海发电有限公司、连云港碱厂、德邦化工公司四家企业为大型企业。2009年工业总产值超亿元的企业仅有12家，其中超2亿元的仅有 3 家，超 10 亿元的没有，这 12 家企业的总产值合计不过 290.2 亿元。而在苏北，徐州有工程机械，2009 年徐工集团的销售收入超过 410 亿元；淮安的淮铁集团销售收入达 132.56 亿元，石化行业销售收入超过 177.5 亿元；盐城的汽车整车及相关配套产品的销售突破 500 亿元。

三是人才短缺，对科技创新的支撑不够，企业创新能力不足，高新技术产品和新产品增长相对较慢。当今市场的竞争归根结底是技术的竞争和人才的竞争，拥有大量高层次的科技管理人才是一个地区竞争力高的具体表现。从连云港市总体情况看，人才缺乏是制约其经济发展，尤其是制约企业技术创新和发展高新技术产业的主要因素。其一，高素质人才等科技资源总量不足。每万人口中科技人员数在全省排第 9 位，科技人员中 R&D 人员比重在全省排第 12 位。人才的不足，导致科技创新缺乏支撑，连云港市专利批准数在全省排第 12 位，由此可见连云港市技术创新与江苏省的平均水平相差悬殊。其二，职工文化素质水平较低。国民平均受教育年限在全省排第 12 位，每万人口中中专及以上在校学生数在全省排第 10 位。

连云港市规模以上工业企业有 1000 多家，而国家、省、市认定企业技术中心总共只有 66 家，其中，国家认定企业技术中心 2 家（恒瑞、康缘），占全省总数（29 家）的 7%；省认定企业技术中心 16 家，占全省总数（324 家）的 4.9%；市认定企业技术中心 48 家。自主创新能力较强的企业又主要集中在 18 家国家、省认定技术中心企业，这 18 家企业又以医药企业为主。18 家企业在科技人员、科研投入、科研项目、专利、产品销售收入和利润等方面占到 66 家企业相应总量的 2/3 以上。总体看来，我市产业层次不高，主要以引进和模仿为主，缺少核心技术和重要专利，产品以低技术、低附加值为主，缺少知名品牌，反映了我市企业核心创新能力亟待提高。48 家市认定企业技术中心，科技活动经费总投入为 1.33 亿元，平均每家只有 277 万元，不到国家、省认定企业技术中心的 1/10。不少企业因资金缺乏没有能力进行核心技术或前瞻性技术的研究，只能停留在一些低端技术的研发和试生产阶段，一些科技成果因得不到及时投资而难以形成产业化，一些高新技术的产品由于资金问题而无法升级换代，资金成为制约企业技术创新的主要问题之一。

四是产业配套能力较弱，吸引大项目的能力欠缺。对于相对落后的连云港市，扩大开放，有效地吸引外来资金、技术和人才，是加快发展工业、追赶发达地区甚至实现跨越式发展的有效方式和必然选择。吸引外部要素进入的条件是多方面的，包括地区经济发展的区位优势、增长潜力、开放程度、市场环境、产业配套条件和政府服务等诸多因素。连云港市加工制造业整体仍较落后，吸引投资的产业配套能力弱，缺少对大型制造业的接纳和协作配套能力；大部分市（县）政府由于经济实力不强，财政收入匮乏，难以落实和实行宽松的税收优惠政策，缺少招商引资的竞争优势。如何在对外开放条件的改善和环境的优化方面取得突破性的进展，需要创新性的思路和战略性的举措。

五是能够吸引大项目的基础设施尚不完善，成为阻碍重大项目落户连云港的瓶颈问题。其一，港口基础设施建设仍然滞后。目前连云港港的实际吞吐量远远超过了设计生产能力，必须进一步加快改造升级。港口综合运输体系尚缺少海河联运，集疏运能力一直不能满足要求。其二，铁路运力受限制。连云港港口的集疏运近70%依靠铁路，铁路车皮紧张将会影响港口装卸车和全区物流业发展。公路集装箱运输主要依靠大港路、中山路，运输通道贯穿城区，港口运输和城市交通互相干扰，目前疏港通道正在加快建设，但公路集疏运通道不畅的矛盾仍较突出。其三，深水港建设欠缺。现今世界港口竞争的主要目标是争取成为枢纽港，而枢纽港的发展特点之一是航道深水化。在当前船舶大型化的趋势下，港口水深已成为船公司选择枢纽港的一个十分重要因素。而连云港港水深目前只有11.5米，只能满足10万吨级船舶乘潮进出港，而20万吨级的原油船舶则无法进出港。青岛港由于航道水深达21米，因而原油运输船舶能够轻易进出港，2010年全国原油进口8178万吨，从青岛港进口的原油达2800万吨。连云港市要想建设国际集装箱枢纽港口，就必须加快深水港建设，加快大型码头建设。

二、东部地区高新技术产业发展

高新技术产业是指那些以研究开发和生产高新技术与高新技术产品为主的知识和技术密集的新兴产业，具有对知识和技术创新高度依赖、边际效率递增、产品周期短等特点。高新技术产业发展对经济增长的带动作用日益增强，代表着一个国家和地区发展的科技实力，历来受到政府与地区重视。尤其是2008年全球经济危机后，包括东部长三角、珠三角、环渤海地区内的大部分城市和地区，在制定的发展目标中，均把加快高新技术产业发展作为重要的发展战略之一，以实现经济结构调整和产业升级。我国高新技术产业发展迅速，其产值占工业总产值比重已由10年前的1%左右提高到目前的15%，对经济增长的带动作用日益增强，大力发展高新技术产业是实现我国经济持续、稳定、健康发展的重要战略。

（一）东部地区高新技术产业发展

1. 高新技术产业在国民经济中的地位不断上升

经过十几年的发展，我国高新技术产业总产值已由1993年的2511.6亿元增加到1998年的6234.5亿元，年均增长速度为26.2%；高新技术产业增加值自1993年以来保持了18.6%的增长速度；高新技术产业在制造业中的比重1998年为10.4%，比1997年上升1.8个百分点；高新技术产品的出口从1991年的28.8亿美元增加2000年的370.4亿美元，占出口总额的14.9%。电子信息产业已成为国民经济中发展最为迅速的产业之一，总体规模逐年扩大，产品结构不断优化，附加值较低的消费类电子产品比重下降，附加值较高的投资类、元器件类电子产品比重上升，1998年投资类、消费类和元器件产品对全行业生产增长的拉动作用分别为152%、9.4%和4.7%，逐步显现出支柱产业的影响和作用。

2. 高新技术产业总量发展迅速

积极引导全社会资源的投入，有效促进了高新技术产业的快速发展。即使在世界高新技术产业发展减速和不确定因素增加的背景下，我国高新技术产业发展势头依然良好。2012年全年高新技术产业工业总产值接近4万亿元，同比增长约23.26%；高新技术产品出口额达677亿美元，同比增长46.1%，占全国外贸出口的比重达20.8%。根据2002年的《洛桑报告》，2010年高新技术出口总额最高的是美国，达197033百万美元，高新技术出口在制造业出口中所占比重最高的是新加坡，为62.39%。中国的高新技术出口总额是40837百万美元，排名第9，占制造业出口的比重为18.57%，排名第22。总的来说，我国高新技术产业已具备了一定规模，并显示出高速增长的特点，在国家工业化转型阶段对制造业结构调整的作用越来越大，成为支撑我国制造业发展的新兴力量。

3. 初步形成了具有一定竞争优势的高新技术产业

根据本国的情况确定了信息产业、新材料产业、生物技术及新医药产业、新能源产业、海洋产业、航空航天产业六个高新技术产业群，还有先进制造技术产业、环保产业、核应用技术产业等几个较小的高新技术产业。经过多年来的大力发展，突破了一批重大关键技术，缩小了我国在高新技术领域与发达国家的差距。例如，在生物技术及新医药产业方面，我国的转基因动植物技术已跨入国际先进行列，杂交水稻分子技术具有世界领先水平，参与并承担了国际人类基因计划工作，是继美国、法国、德国、日本、英国后正式参加国际人类基因组合作项目的第六个国家。1997年我国现代生物技术产品的销售额已经达到了130亿元人民币，大约是10年前的50倍。基因工程药物产业初具规模，1997年的医药工业总产值突破了1000亿元人民币。在信息技术领域，我国科学家不仅掌握了具有20世纪90年代国际先进水平的大规模并行处理技术，而且研制成功了具有自主知识产权、能够参与国际竞争的"曙光"系列计算机，促进了我国品牌的高性能计算机产业的形成。随着大型数字程控交换机的开发成功、第三代移动通信技术的重大突破，中国在世界上竞争最激烈的移动通信领域已占有一席之地。

4. **国家高新技术开发区已成为区域经济新的增长点**

1985年7月，我国第一个高新技术产业开发区——深圳科技工业园创办，多年来，大量高新技术成果在高新区实现了产业化，为所在城市的新兴支柱产业和区域经济发展做出了重要贡献。这些高新技术产业开发区成为我国改革开放的重要窗口和发展高新技术产业、推动体制创新的重要基地，推动了我国整体科技水平的进步，促进了我国产业结构的优化，带动了传统产业的改造，扩大了出口产品的升级换代和持续增长，加速了科技成果的转化，成为地方经济增长的有力武器。53个国家高新区的主要经济指标，在过去十年的年平均增长率超过60%，创造了近300万个就业岗位。2002年，在全球高新技术出现大幅度下滑的背景下，国家高新区的各项主要经济指标依然保持28%以上的增长率。国家高新区已经成为我国高新技术产业化发展的主要基地，成为拉动经济增长和创造就业机会的重要力量。正如江泽民同志所说："本世纪在科技产业化方面最重要的创举是兴办科技工业园区。这种产业发展与科技活动的结合，解决了科技与经济脱离的难题，使人类的发现或发明能够畅通地转移到产业领域，实现其经济和社会效益。"

据统计，高新区内集中的国内自主研究开发的技术产品，占到产品总数的76%，近5300项国家"863"计划、国家和省级攻关项目、火炬项目、成果推广项目和基础研究项目由高新区内产业承担；在工业增加值中，东部的高新区在其所在的城市工业中都占到较大比例，如苏州占 47%、中山市占 22%、北京占到 16%；还培育了联想、方正、四通、华为等一批著名的高新技术企业，为探索在社会主义市场经济体制下如何发展我们自己的民族高科技产业做出了重要贡献。同时，高新区还吸引和培养了一大批优秀科技人员和留学回国人员进入经济建设的主战场，为我国的社会和经济发展起到了不可估量的作用。

（二）东部地区不同区域的高新技术产业发展

1. 长三角高新技术产业发展

近年来，长三角地区紧紧围绕全面建成小康社会和提前基本实现现代化的宏伟目标，抓住新一轮以信息产业为代表的国际产业转移机会，加大吸引跨国公司投资力度，加快地区高新技术产业的发展。2015 年，长三角高新技术产业总产值达到 11934.25 亿元，比 2014 年增长了 13.66%；出口交货值达 7356.11亿元，同比增长 46.53%；实现产品销售收入 11971.2 亿元，增长 14.97%。同年还实现新产品产值 1571.02 亿元，利润总额 430.55 亿元，全部从业人员平均人数达 182.32 万人。同时，从长三角高新技术产业总产值占规模以上制造业总产值比重这一指标来看，2004 年达到 19.68%，比 2003 年上升了 0.96 个百分点。

由表 5 - 18 可知，那些年长三角地区高新技术产业发展较为迅速，其中江苏的多项经济指标均为第一，尤其是高新技术产业总产值甚至占到了长三角总数的 56.19%，这和那几年江苏大力推进外向型经济、众多高新技术开发区的贡献以及信息技术产业的迅猛发展密切相关。

表 5 - 18　2013~2014 年长三角地区高新技术产业主要经济指标

单位：亿元，%

		规模以上总产值	产业总产值	比重	出口交货值	产品销售收入	利润总额
2014年	上海	12538.10	3187	25.42	2100	3154	136.2
	浙江	17244.6	1413	8.19	487	1446	94.1
	江苏	23538.09	5899.8	25.02	2433.21	5812.3	194.3
	长三角	53365.79	10499.8	19.68	5020.21	10412.3	424.6
2013年	上海	10037.88	2258.7	22.50	1306	2226	65.0
	浙江	12335.9	1133.1	9.19	308	1119	74.5
	江苏	17301.16	4041.5	23.36	1878.49	4008.5	129.8
	长三角	39674.94	7433.3	18.74	3492.49	7353.5	269.3

资料来源：江浙沪 2014 年高新技术产业发展情况报告、国家发展与改革委员会高新技术产业司网站。

国际上通常用高新技术产业占制造业的份额来衡量高新技术产业发展水平。由于高新技术产业的发展可以推进产业结构调整，所以这一比重越高，说明高新技术产业在带动制造业从劳动密集型向资金密集型甚至向技术密集型过渡的成效越显著。从这一指标看，上海位居第一，略高于江苏，而浙江则远低于平均值。上海的高新技术产业起步早、投入大，又有众多跨国公司研发中心加盟，因此高新技术产业发展水平最高。但由于其重点发展行业正在向以金融、房地产为代表的现代服务业过渡，这一比重有被江苏超越的趋势。而浙江省尽管近年来开始重视高新技术产业的发展，电子及通信设备制造业也增长迅速，但由于跨国公司投资引力不足，产业结构还不尽完善，历史惯性造成的低技术含量、劳动密集型的产业仍占有相当的比重，因此高新技术产业在促进产业结构调整方面的作用还有待提高。同时，长三角高新技术产业开始呈现出较强的外向性，从"出口交货值/高新技术产品销售收入"这一指标看，2014年长三角地区的高新技术产品有50%用于出口，上海这一比重最高，为66.6%，而浙江为33.7%。

从表5－19的数据来看，2015年长三角的高新技术主导产业是电子及通信设备制造业，产值达5331.13亿元，占当年高新技术产业总产值的44.67%，是长三角地区高新技术产业的支柱行业，同时也是江浙沪三地的高新技术产业的领军行业。电子计算机及办公设备制造业在长三角高新技术产业中也占重要的地位，但分布不均衡，江苏产值最高，浙江虽然产值和比重都较低，但增速迅猛，从2013年的48亿元、2014年的119亿元，到2015年的193亿元，年均增长100%，占比排名已经跃居全国第六。同时浙江的医药制造业则一直保持较好的发展势头，巩固了全省第二大高新技术行业的地位，这主要得益于华东医药、康裕药业等一批重点医药企业的出色业绩表现。另有相关资料显示，长三角16个城市排在前四位的支柱产业是电子信息、汽车、新材料、生物医药工程，除汽车外均属于高新技术产业，这表明长三角的城市产业结构正在向进一步高度化演进。

表5－19　2015年长三角地区分行业高新技术产业　　单位：亿元，%

	上海		江苏		浙江		长三角	
	产值	比重	产值	比重	产值	比重	产值	比重
电子及通信设备制造业	1700.96	42.85	2802.36	44.78	828.08	48.54	5331.13	44.67

续表

	上海		江苏		浙江		长三角	
	产值	比重	产值	比重	产值	比重	产值	比重
电子计算机及办公设备制造业	1829.96	46.10	2620.94	41.88	193.42	11.34	4644.32	38.92
医药制造业	216.86	5.46	463.13	7.40	409.10	23.98	1089.09	9.13
医疗设备及仪器仪表制造业	179.23	4.52	279.43	4.46	254.67	14.93	713.33	5.98
航空航天器制造业	17.35	0.44	35.68	0.57	0.00	0.00	53.03	0.44
信息化学品制造业	25.09	0.63	57.13	0.91	20.67	1.21	102.8	0.86

资料来源：根据 2015 年中国高新技术产业汇总表有关数据整理得到。

从出口情况看，高新技术产业成为长三角地区拉动出口增长的重要力量。2015 年长三角高新技术产品累计出口 948 亿元，比 2014 年增长 38.1%，在出口总值中占到了 12.4% 的份额，占全国高新技术产品出口额的 43.5%。高新技术产品出口的快速增长，有力地促进了长三角地区外贸出口结构调整和优化。

此外，为推动长三角地区高新技术产业全面均衡发展，两省一市越发重视相互之间的技术合作，召开了科技中介、科技创新体系建设等会议。2014 年，上海和江苏、浙江着力推进"三无"项目，即科技资源共享无阻碍、科技信息传输无"慢车"、人才流动无障碍。两省一市还决定联合开展长三角重大科技项目攻关，并启动首批联合项目 9 项。这些都有利地提升了长三角地区的整体科技实力，为高新技术产业化和区域产业结构调整奠定了良好的技术基础。

2. 山东省高新技术产业速度与规模

2012 年山东全省拥有国家级高新技术产业开发区 9 家、省级以上高新区达到 20 家、国家火炬计划特色产业基地 33 家，省级以上高新区批准入区项目 2190 个，全社会规模以上固定资产投资 2115.73 亿元，技工贸总收入 12552.18 亿元。

山东省高新技术产业产值连年增加，由 2007 年的 2372 亿元增长到 2011 年的 5176 亿元，年均增长近 700 亿元，占规模以上工业的比重提高到 27.3%，表明该省高新技术产业发展势头良好，高技术产业的总产值规模不断扩大，实力不断增强，在"十二五"期间实现了飞速的增长。在东部所有省（市）中，高新技术产业的总产值广东省排名第一位，其后依次是江苏省和上海市，山东省位居第四，但与广东省和江苏省的差距比较大。另外，在高新技术产业新产品的产值中，广东省依旧位居首位，第二到第四分别是江苏省、上海市、北京市，山东省位居第五。因此，山东省在新产品研发生产方面有待进一步拓展。

高新技术产业的显著特征就是高效益。虽然山东省高新技术产业的主营业务收入在五年间稳步增长，利润和利税在经过一年的缓慢增长过后，从 2007 年开始加速增长，这与政府出台相关促进高新技术产业发展的政策有关，但是山东省高新技术产业的高收益优势并不明显。例如，2011 年山东省高新技术产业利润合计为 383.6 亿元，只占制造业利润总额的 15%，利税为 554.7 亿元，占制造业总利税的 6%。具体如表 5 - 20 所示。

表 5 - 20　2007 ~ 2011 年山东省高新技术产业主要经济指标　单位：亿元

年份	2007	2008	2009	2010	2011
主营业务收入	2286.3	3095	3861.8	4548.8	5148.8
利润	114.7	173.2	226.6	279.1	383.6
利税	180.9	260.3	336.3	407.7	554.7

资料来源：历年《山东省统计年鉴》。

资金利税率反映了企业对国家财政所做的贡献，而产值利润率越高，则表明单位产值获得的利润就越大，从而反映企业的综合效率就越高。对比分析山东省高新技术企业在全国的发展情况后发现，在资金利税率方面，山东在全国处于中上游水平，表明山东的高新技术企业对国家财政所做贡献较大，但与北京、江苏等省（市）差距明显。在产值利润率方面，山东处于中下游水平，表明其综合效率一般，在今后发展中需提高效率。

R&D 经费内部支出是衡量自主创新投入规模的重要指标，是科技创新的原动力，是科技知识的来源，也是高新技术产业发展的重要保障，代表着高新技术产业的持续发展能力。高新技术研发投入进一步加大，多元化的研发投入体系初步建成。全社会研发投入稳步增加，2011 年山东全社会研发经费占经济的比重提高到 1.8%，相比于 2006 年的 1.07%，每年山东仅新增研发投入就超过 100 亿元。山东省在 R&D 经费投入总量方面在全国居于上游水平，仅次于广东省和江苏省。目前，全省 65% 以上的大中型企业建立了技术研发机构，山东省高新技术产业 R&D 经费内部支出连年递增，其年均增长率约为 28.7%，远远高于同期全国平均水平，反映出高新技术企业和各级政府对科技创新的重视程度不断增强。

第四节 互联网时代背景下的产业转型升级

一、互联网时代产业转型升级的机遇

（一）互联网背景下产业转型升级的现状

《中国互联网状况》白皮书指出，我国把发展互联网作为推进改革开放和现代化建设事业的重大机遇。以东部地区互联网产业代表性省份浙江为例，浙江在经济社会转型过程中，各级政府对互联网产业寄予了厚望，而互联网产业的发展状况也给浙江经济社会带来了一抹亮色，互联网正在成为浙江经济社会转型升级的巨大推动力量。

1. 发达的互联网经济是产业转型升级的成果和体现

互联网经济属于高新技术产业，代表了产业转型升级的方向，体现了浙江经济社会的活力。互联网产业的快速发展，表明浙江经济社会转型升级取得了阶段性成果。产业规模发展壮大，在国民经济中占有重要地位。2012 年，浙江互联网产业共有法人单位 23085 家，实现增加值约 1505.6 亿元。作为新兴产业，2012 年互联网产业在浙江国民经济中已经占据了重要地位，法人单位数和增加值分别占当年全部的 2.7% 和 4.3%，增加值已经接近整个一产的水平；到 2013 年，其中规模以上企业资产总计达 6242.3 亿元，拥有固定资产 2640.3 亿元。

互联网经济发展速度快，企业经济效益较好。2013 年，浙江互联网产业规模以上企业完成主营业务收入 4341.1 亿元，同比增长 18%，其中互联网产品制造业增速为 13.2%、互联网服务业增速为 24.8%，分别较同期的规模以上工业和限额以上服务业增速高出 6.9 个和 9.9 个百分点；实现利润总额 774.4 亿元，同比增长 34.7%，占同期规模以上工业与限额以上服务业利润总额的 16.1%，企业资产利润率达到 12.4%，较同期规模以上工业与服务业合计高出 6.9 个百分点。

浙江互联网服务业专业化水平较高。借助区位熵这一指标可以观察比较沿海经济发达省份互联网产业的专业化发展水平。表 5 - 21 显示，2012 年在东部经济较发达的八个省（市）中，北京、上海的互联网服务业非常发达，企业实力雄厚，其次是广东和浙江，也处于发达水平，其他四个省（市）互联网服务业发展水平不高。

表5-21 东部地区互联网服务业区位熵

地区	地区增加值（亿元）	互联网服务业增加值（亿元）	区位熵
北京	17879.4	1621.8	4.32
上海	20181.7	918.83	2.17
广东	57067.9	1618.09	1.35
浙江	34665.3	918.63	1.26
福建	19701.8	404.4	0.98
江苏	54058.2	1103.84	0.97
天津	12893.9	176.61	0.65
山东	50013.2	556.13	0.53

资料来源：尚国强．互联网产业与浙江经济社会的转型升级［J］．浙江经济，2014（23）：31-33.

电子商务发展迅猛、独具特色。一是市场规模大。2013年，全省电子商务总交易额突破1.6万亿元，同比增长约30%，占全国1/6；全省实现网络零售额3821.3亿元，同比增长88.5%，相当于全省社会消费品零售总额的25%，总量占全国1/5；全省现有各类网店130多万个，网络零售额超亿元企业100多家。二是龙头地位突出。据浙江省统计局的数据，2014年上半年，阿里巴巴旗下的浙江天猫技术有限公司、淘宝（中国）软件有限公司、阿里巴巴（中国）网络技术有限公司、阿里巴巴（中国）有限公司和支付宝（中国）网络技术有限公司五家企业共实现营业收入253.8亿元，利润136.6亿元，分别增长45.3%和36%，占规模以上高技术服务业企业的22.4%和47.1%；营业利润率达25.6%，比2013年同期提升0.4个百分点，高出规模以上服务业企业10个百分点；人均创造利润8.5万元，是规模以上服务业企业的2.8倍。三是形成了完整的电商生态圈。阿里巴巴、网盛等综合性电子商务平台优势地位突出；与浙江块状经济紧密结合的行业性电子商务网站特色鲜明；支付宝等第三方支付平台功能完备，在全国的电子商务支付市场占有最大份额。此外、网络拍卖、网络团购等业务迅速兴起，呈现出勃勃生机。

2. 互联网经济促进浙江传统产业转型升级

网络技术的快速发展和互联网的普及，给传统产业带来了新的发展机遇，新业务模式、新型业态不断涌现，新技术与传统行业不断融合，有力推动了传统产业的转型升级。

（1）通过互联网开拓市场。在买方市场，竞争的关键不再是拥有产品，而是拥有顾客。互联网技术把企业的消费群体进行了扩大，由局部区域扩大到无国界的大市场。比如义乌正走出一条由传统批发市场向电子商务、网络经济转型的新路。截至2014年上半年，注册地在义乌的淘宝卖家（含天猫）账户达到12万个，全市在各大电子商务平台网商账户总数超过21万个，位居全国电子商务发展百佳县首位、支付宝百强县（市）榜首。在外贸出口严峻形势下，破除对传统市场的路径依赖，大力发展电子商务，向网络经济转型成为一个有效的办法。

（2）互联网销售直接带动物流行业的发展。2014年上半年，全省规模以上快递企业完成业务量9.82亿件，同比增长78.9%，日均543万件，居全国第2位。按专业分，同城业务量2.21亿件，增长76.7%；异地业务量7.46亿件，增长80.5%；国际及港澳台业务量0.15亿件，增长40.5%。

（3）通过互联网实现工业品的个性化定制，提升传统行业个性化生产服务水平。随着互联网技术、互联网思维与制造业的结合，工业品定制时代正在到来。通过互联网收集用户体验和用户需求，制造个性化的产品，在浙江已经屡见不鲜。杭叉集团等一批传统制造企业已经在这方面迈出了脚步。

（4）互联网技术与工业品相结合。由于互联网技术的独特优势，嵌入式系统正越来越多地与互联网络技术相结合。在现场仪表、工业设备层、家用电器等领域，应用嵌入式技术正在成为工业监控系统的发展趋势。嵌入式技术和互联网技术的结合，将整个工控网络链接到互联网上，统一了通信协议，节约了布设专线的成本。目前，自动化仪表、低压电器、家电等浙江制造业的传统强项也越来越多地与互联网相融合。

3. 发达的互联网经济促进了社会资源的整合

有一句广告语，叫"网聚人的力量"，说的就是互联网对人力资源的整合。互联网对资源的整合表现为：一是通过将碎片化的资源整合成规模化的资源，提高资源的可利用度。比如平民百姓手头闲散的零花钱，可以通过互联网汇聚成"资本大鳄";芸芸众生的衣食住行,甚至他们的某个行为之类碎片化的信息,通过互联网能够形成大数据。二是通过将区域性的小资源与全社会的大市场相连,提高资源的市场价值。在浙江经济发展的实践中,服务外包、互联网金融、山区优质农产品的网上销售等业务都很好地体现了互联网对人力资源、金融资源和农产品资源的整合。

4. 发达的互联网经济提升了全社会的信息化水平和开放度

互联网是信息的载体和传输、处理渠道,没有互联网,信息化难以实现,没有发达的互联网产业,信息化就缺乏动力。据国家统计局测算,近年来浙江的信息化水平处于全国先进行列。2011 年中国信息化发展总指数为 0.732,比 2010 年提高 0.025 点。在全国 31 个省(区、市)(除港澳台地区)中,北京和上海占据前两位,信息化发展指数分别达到 1.077 和 0.982;天津、浙江、广东和江苏分别位居全国第三至第六,信息化发展指数分别为 0.857、0.828、0.823和 0.815,与 2010 年相比,浙江上升 0.022 点。而浙江作为沿海省份,拥有众多的良港,素有对外开放交流的传统,随着互联网时代的到来,开放的触角更是延伸到山区、农村,推动浙江经济社会的开放程度稳步提高。

5. 发达的互联网经济提升了全社会治理能力,为创建扁平化社会经济结构提供保障

随着社会流动性和多元化水平的提高,社会治理难度较传统社会成倍增加,而传统层级复杂的管理体制由于其信息传输不畅,难以有效监管复杂局面。互联网凭借其开放、快捷、互动的优势,在社会治理方面受到了关注和应用。网络监督、网络评判等新型监督方式扩大了监督力量;电子政务、电子商务等新型业务模式提高了全社会的运行效率,是国家、社会治理能力现代化的重要体现。

6. 不足之处

浙江的互联网经济也存在薄弱之处。一是浙江互联网产品制造业发展情况不理想。据测算,2013 年浙江互联网产品制造业区位熵的值为 0.58,处于欠发达水平,在八省(市)(广东、上海、天津、江苏、福建、浙江、北京、山东)中排名第六。互联网产品制造业规模以上企业的主营业务收入在八省(市)中排名最后。二是浙江互联网产业在自主创新意识和能力上总体偏弱。当前浙江的互联网企业主要是技术应用型企业,在更为核心、基础的技术层面上投入不

大，成果不多。

（二）互联网背景下产业转型升级的机遇

1. 互联网经济下需求结构的变化带来生产方式的改变

互联网经济条件下，定制化生产方式为产业结构转型升级提供了强大的技术支持。相比于传统工业经济，互联网经济中，需求由规模化、同质化向个性化、多样化转变，指导生产由规模化、标准化向定制化、多元化转变。从某种意义上讲，这种生产方式是将各种标准化零部件按照消费者需求进行"定制化"组装。这种基于需求而进行的定制化生产是化解产能过剩的一条可能途径。以小米公司为例，小米手机根据用户提出的需求通过供应链进行零部件采购，然后进行"定制化"组装，从而实现零库存销售。

互联网经济条件下，全球生产网络在空间上呈现扩散性和集聚性的双重特征，即"集中式分散"或"分散式集中"。新产品开发和原创新技术、定制化小批量专业化生产、关键技术和关键零部件集中在发达国家和地区；模仿新产品和技术、标准化大规模生产、非关键技术和非关键零部件则分散在发展中国家和地区。这种全球生产为我国利用互联网经济实现价值链升级、自主创新提供了条件。这是因为，我国互联网技术和互联网基础设施建设在全球范围内具有一定的领先水平，互联网相关行业起步较早，发展较为成熟，且随着"互联网＋"战略的提出，互联网经济正在成为我国经济发展的战略方向。

2. 互联网经济降低交易成本、促成长尾市场，进一步拓宽市场范围

互联网经济从市场广度和深度两方面进一步拓宽市场范围，为产业结构转型升级提供坚实的市场基础。一方面，互联网技术的发展和互联网基础设施的完善，降低了通信成本，使公司内部远程交流更为方便，也使垂直专业化分工的企业和供应商交流更为方便，进一步扩张了市场广度，全球经济一体化速度加快。另一方面，运用大数据、云计算等技术，更便捷地获得海量数据，并挖掘出潜在价值，大大缓解了传统工业经济条件下因信息不易获得而产生的信息不对称问题，促成长尾市场的出现，拓展了市场深度。

3. 互联网经济促成新兴行业出现，提升三产比重，促进产业结构合理化

互联网、移动互联网等信息技术的发展促进形成了许多新兴服务业，如软件开发、电子商务、互联网金融等，提高了第三产业尤其是生产性服务业在三次产业结构中的比重，使三次产业发展更为协调，促进了产业结构合理化发展。

以电子商务发展为例。由表5－22可知，2009年电子商务交易金额3.7万亿元，2013年激增至10.2万亿元，增长近3倍，均增量率为28.85%；占GDP比例由2009年的10.85%增加至2013年的17.93%；占第三产业的比例由24.99%增加至38.9%，增长明显。

表5－22 2009～2013年我国东部地区电子商务
发展情况 单位：万亿元，%

年份	交易金额	同比增长率	占GDP比重	占第三产业比重
2009	3.7	—	10.85	24.99
2010	4.5	21.62	11.21	25.92
2011	6	33.33	12.68	29.27
2012	7.85	30.83	15.11	33.89
2013	10.2	29.94	17.93	38.90

资料来源：《2013年度中国电子商务市场数据监测报告》。

4. 互联网经济深化和改造传统产业，促进产业结构高级化

互联网经济通过技术创新、商业模式创新深化和改造传统产业，提高生产效率，提升产业结构素质，促进我国工业由高耗能、高污染、低附加值向低耗能、低污染、高附加值转变，实现产业高级化发展。这种高级化发展也成为改善轻重工业比例不合理、提升价值链环节、缓解产能过剩的一条途径。

3D打印制造作为一种基础性技术创新，补充和发展传统制造业技术，实现制造业由加工制造向高精尖制造发展。3D打印制造技术是依据计算机的三维设计和三维计算，通过软件和数控系统将特制功能材料逐层堆积固化的成形制造技术。与传统制造业技术不同，3D打印制造是一种堆积制造、增材制造和增量制造，作为一种全新的生产模式，引领传统制造业向智能制造、绿色制造转变。2012年4月21日《经济学人》杂志是这样评价3D打印制造技术的："与其他数字化生产模式一起，推动实现第三次工业革命。"3D打印制造技术不断成熟和产业化应用，能够提升我国制造业技术水平，促进我国产业结构高级化发展。

互联网金融是互联网经济通过商业模式创新改造传统行业的另一个典型代表。互联网金融通过大数据的收集和应用，提供低成本、便捷和覆盖范围广的普惠式金融服务，惠及被传统金融所忽略的客户，尤其是面临融资难问题的中

小企业。

二、互联网时代制造业转型升级的挑战

目前，互联网背景下产业的转型升级是企业发展研究中的一个重要问题。但大多数学者仅从互联网对企业内部发展的推动力大小着手研究，这很容易导致行业利润发展空间的趋向狭窄，进而导致竞争力不足。当下，受冲击最大的是中国传统制造行业，由于资源的日益枯竭和环境约束的强化，制造业的发展受到了前所未有的冲击和挑战。具体来说，主要表现在以下几个方面：

1. 内部技术创新能力有限

无论是什么行业，技术都是推动企业保持成长的原动力。但我国制造业大多都受制于外部技术，对外依赖程度较高，可以看成是没有自主技术、品牌支撑的"加工工厂"。从微观方面来看，我国制造型企业只是一个拥有较大市场潜力的"代加工企业"。一旦技术要素缺失，我国制造业发展将面临巨大困境。尤其是在互联网背景下，其内部技术创新能力有限的问题格外突出，自主向数字化生产和经营模式转型的能力十分有限。

2. 互联网背景下的产业生态圈不完善

我国在互联网的大背景下，一大批高新技术的制造企业应运而生，如华为、格力等公司。以广东省的发展为例，2015 年《广东工业统计年鉴》显示，2015年，广东省制造业分行业增长值排名最高的是计算机、通信和其他电子设备制造业，高达 5743 亿元，相较于 2014 年的增长速率为 9.5%。显然，广东省的制造业企业已另辟蹊径，向高科技发展模式转型。但由于广东省制造业的产业发展模式相当稳固，即使面对着以互联网为大背景的数字转型发展浪潮的冲击，广东省高科技企业发展仍比较困难，其本质原因是各企业的转型发展会受到地区产业生态圈的影响，缺乏从固定的产业生态圈闯出来的信念和勇气，难以形成以互联网为核心的商业经营模式，从而导致企业数字化转型更加困难。

三、互联网时代制造业转型升级的策略

传统制造业需要将企业本身的发展轨迹与时代背景相统一，但互联网背景下的企业需要厘清互联网的发展与传统行业经营模式之间的关系，以互联网为媒介，来实现传统制造业的转型升级。

1. 企业品牌向高端多元化发展

占领更大的市场份额一直以来都是企业综合发展的重要手段之一，这不但是中国传统制造业产业升级的现实需要，而且是互联网背景下经济发展的趋势使然。其未来的发展趋势应该是在一个全球化的网络互动平台，以互联网和信息技术为基础，实现商品生产、加工、销售等各个要素的尽快整合，在一个高端、立体的终端平台上搭建市场，最终形成一个智能生态系统。因此，要加大力度实现传统品牌产业的转型和升级，在国家战略政策的支持下和财政资金的帮助下，提高公司的核心竞争力。

2. 产业链向智能系统化发展

在互联网背景下，传统制造业企业的营销手段实现了网络化的转变，企业商品的搜索也更加快捷和智能。面对庞大的网络营销环境，中国制造业企业需要实现经营技术上的自主，从而实现从机器智能向系统智能的转变。传统制造业企业的发展主要依靠扩大消费市场，但转型和升级之后的制造业应该有以下两种能力的提升：一是在关注大数据的基础上实现产业链末端的转化率；二是发挥互联网的整合资源能力，拓展品牌接触点。

3. 地区人才的优势互补

"优势互补"战略是指企业与高等科研机构之间的联合创新行为，是指科研机构的科技成果通过企业的生产活动转化为生产力。在互联网背景下，中国制造业企业转型需要将劳动密集型发展模式进行转变，以实现更多的高技术人才聚集，促进人才引进和培养系统的完善：一是需要企业与本地高校实现有机结合，共同培养具有高等素质的专业型人才，建立全面稳定的人才培育和发展基地；二是出台高素质人才引进的优惠政策，根据企业经营发展的不同需要设定不同的人才选拔标准，主要还是要招收更多对互联网技术得心应手、运用自如的复合型高素质人才。

4. 将制造业产业链中心向消费者倾斜

在互联网背景下，消费者拓宽了购买途径，线下经营的实体经济基本无法满足消费者的消费欲望和消费需求。所以，制造业企业的发展重心需要向以消费者为重心转变，促使新型的生产经营方式形成，这也是互联网内在发展的需要。互联网经济提倡商品的消费应以消费者为重，尽量满足消费者的消费预期，这需要制造业企业做到以下几点：一是对消费者的消费预期做充分的调研，站在消费者的立场上，挖掘潜在利润；二是完善线上与线下的服务，实现资源的合理调配。

制造业在我国工业结构中占有举足轻重的地位，制造业的转型和升级会对国民经济的健康可持续发展产生巨大的推动力。在互联网经济的大背景下，整个产业的优化升级也是不可逆的发展态势。我们必须要明白任何企业的转型和升级都不是一蹴而就的，而是一个长期的、反复的、艰难的发展过程，与此同时，也一定会面临着时代背景下来自其他各方面的挑战。这就要求制造业在处理好内部发展的同时，也一定要和外部的时代环境相适应，从而实现技术创新和品牌化，以更好的质量和更高的效率促进制造业的转型和升级。

第六章 区域发展格局

第一节 区域经济的空间格局

一、东部地区经济发展的空间差异

2016年，东部10省（市）GDP总量为40.4万亿元，占全国GDP总量的54.3%。广东是东部地区内部GDP最高的省份，GDP为8万亿元，其次为江苏和山东，GDP分别为7.6万亿元和6.7万亿元。从GDP的构成来看，2016年，东部地区第一产业增加值、第二产业增加值和第三产业增加值所占比例分别为5%、42%和53%。东部地区多数省份已经渐次迈入"服务主导型经济"阶段，第三产业增加值在三次产业中占有的份额最高。其中，第三产业增加值所占份额最高的省份是北京和上海，分别为80%和70%（见图6-1）。

2010年以来，东部地区经济增长进入了沉闷的低迷时期（见图6-2）。从GDP增长率的变化看，2015年上海、北京等地GDP增长率已降至7%以下（见表6-1）。由于京沪的人均GDP已达较高水平，2016年GDP增长率维持在6%~7%的水平，应该属于正常区间。江苏、浙江、广东、山东等地经济总量规模大，GDP增长率维持在7%~8%的水平，其转型发展的成效还是值得肯定的。河北的GDP增长率自2014年起就一直停留在7%以下，考虑到河北的经济发展水平不高，经济增速如此持续走低，河北如何在京津冀一体化的背景下走出经济低迷，是值得关注的问题。

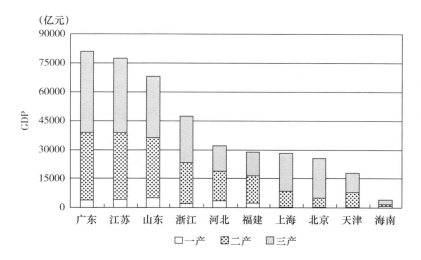

图 6 - 1　2016 年东部地区 GDP 及 GDP 构成

资料来源：《中国统计年鉴 2017》。

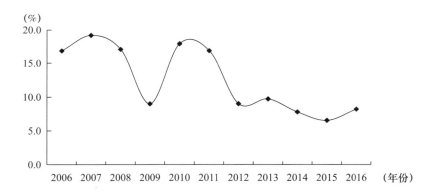

图 6 - 2　2006～2016 年东部地区 GDP 增长率变化

资料来源：中国人民大学. 拓展区域发展新空间［R］. 中国宏观经济论坛报告，2017.

表 6 - 1　2010～2016 年东部各省份 GDP 增长率的变化

东部省份＼年份	2010	2011	2012	2013	2014	2015	2016
北京市	10.2	8.1	7.7	7.7	7.3	6.9	6.7
天津市	17.4	16.4	13.8	12.5	10.0	9.3	9.0
河北省	12.2	11.3	9.6	8.2	6.5	6.8	6.8

续表

东部省份＼年份	2010	2011	2012	2013	2014	2015	2016
上海市	9.9	8.2	7.5	7.7	7.0	6.9	6.8
江苏省	13.5	11.0	10.1	9.6	8.7	8.5	7.8
浙江省	11.8	9.0	8.0	8.2	7.6	8.0	7.5
福建省	13.8	12.2	11.4	11.0	9.9	9.0	8.4
山东省	12.5	10.9	9.8	9.6	8.7	8.0	7.6
广东省	12.2	10.0	7.9	8.5	7.8	8.0	7.5
海南省	15.8	12.0	8.7	9.9	8.5	7.8	7.5

2017 年第一季度开始，东部地区经济增长率先走出下行通道，大部分省份的 GDP 增长率环比由下降转为上升（见表 6 - 2）。由于东部地区经济总量大，东部省份的经济复苏对于全国经济增长复苏具有重要意义。

表 6 - 2　2013 ～ 2017 年第一季度东部各省份 GDP 增长率的推移　　单位：%

东部省份＼年份	2013	2014	2015	2016	2017Q1	2013 ～ 2016	2016 ～ 2017Q1
北京市	7.7	7.3	6.9	6.7	6.9	- 1	0.2
天津市	12.5	10	9.3	9	8	- 3.5	- 1
河北省	8.2	6.5	6.8	6.8	6.5	- 1.4	- 0.3
上海市	7.7	7	6.9	6.8	6.8	- 0.9	0
江苏省	9.6	8.7	8.5	7.8	7.1	- 1.8	- 0.7
浙江省	8.2	7.6	8	7.5	8	- 0.7	0.5
福建省	11	9.9	9	8.4	8.6	- 2.6	0.2
山东省	9.6	8.7	8	7.6	7.7	- 2	0.1
广东省	8.5	7.8	8	7.5	7.8	- 1	0.3
海南省	9.9	8.5	7.8	7.5	8.9	- 2.4	1.4
东部平均	9.29	8.2	7.92	7.56	7.63	- 1.73	0.07

资料来源：中国人民大学．拓展区域发展新空间［R］．中国宏观经济论坛报告，2017.

二、区域发展的极化效应和扁平化趋势

极化效应最早是由美国经济学家 A. 赫希曼 1958 年在《经济发展战略》中提出来的。极化效应是一个地区通过迅速增长的推动性产业吸引和拉动周边地区的要素和经济活动不断趋向增长极，从而加快自身成长的过程。纲纳·缪达尔（Karl Gunnar Myrdal）指出，一个地区只要它的经济发展达到一定水平，超过了起飞阶段，就会具有一种自我发展的能力，可以不断地积累有利因素，为自己的进一步发展创造有利条件。在市场机制的自发作用下，发达地区越富，则落后地区越穷，从而产生了两极分化。

区域经济不均衡与极化是影响我国社会经济发展的重要问题。自 20 世纪 90 年代开始，中国社会开始进入加速城市化和经济转型的时期。东部沿海地区较早地受益于国家向沿海倾斜的区域发展战略和对外开放政策，市场经济制度相对成熟，对引进外资、外国技术和先进管理经验的本地化能力较强，较早地取得了规模经济，并在乘数效应的驱动下，地区经济集聚性得以进一步强化。而中西部地区城市发展投资长期依赖财力本来就很薄弱的地方政府，地区经济发展的动力显得单一且力度不足，使在这一时期东部沿海地区与中西部地区经济发展的空间差异逐渐增大。TW 极化指数①的计算结果显示，从 1998 年开始，我国的极化趋势虽有小幅波动，但整体呈稳步加强的趋势，直至 2005 年达到峰

---

① 关于 TW 指数：国外最常用的区域极化度量公式，即沃尔夫森指数（Wolfson index）和崔—王指数（Tusi – Wang index）。沃尔夫森指数是沃尔夫森利用基尼系数推导出的一个极化指数，计算公式为：

$$W = \frac{2(2T - Gini)}{\left(\dfrac{m}{\mu}\right)}$$

其中，$T = 0.5 - L(0.5)$，$L(0.5)$ 为底层向上一半人口所在区域的人均 GDP 与全部地理区域人均 GDP 的比值，Gini 为基尼系数，m 为全部地理区域人均 GDP 的中间值，μ 为全部地理区域的人均 GDP。

崔启源和王有庆（Tsui Kaiyuen and Wang Youqing）则在沃尔夫森指数的基础上，利用增加的两极化与增加的扩散（Increased Bipolarity and Increased Spread）两个部分排序公理推导出一组新的极化测度指数，称为崔—王指数（简称 TW 指数），公式如下：

$$TW = \frac{\theta}{N} \sum_{i=1}^{k} \pi_i \left| \frac{y_i - m}{m} \right|^r$$

其中，N 为全部地理区域的总人口数；π_i 为地理区域 i 的人口；k 是地理区域个数；y_i 是地理区域 i 的人均 GDP；m 为所有地理区域人均 GDP 的中间值；θ 为正的常数标量，$r \in (0, 1)$，本章中取 $\theta = 1$，$r = 0.5$。以上两种极化指数的值域范围处于 0（无极化）和 1（完全两极分化）之间，越趋近于 1，区域极化现象越突出。

值。从 2006 年开始，极化现象呈现减弱的趋势（见图 6 - 3）。2006 年之后，GDP 增长率从"东高西低"转为"西高东低"，中西部地区 GDP 增长率高于东部地区。2008～2014 年，东部地区的经济份额持续下降，中部和西部地区的份额稳定增加（见图 6 - 4）。2014 年后，中部和西部地区的 GDP 份额趋于增加，但随着东北地区的 GDP 份额明显下降，东部地区的 GDP 份额转向上升。

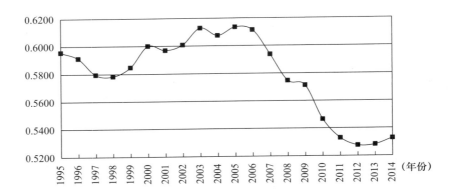

图 6 - 3　1995～2014 年我国区域经济极化趋势

资料来源：作者基于 1996～2015 年《中国统计年鉴》数据计算而得。

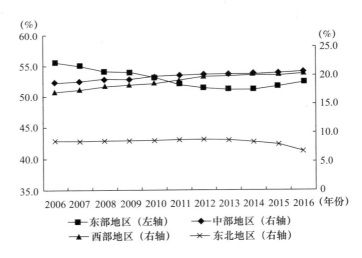

图 6 - 4　2006～2016 年中国四大板块 GDP 份额的变化

东部地区内部的经济发展将呈现扁平化的趋势。东部地区内部的欠发达区域有可能成为新的增长点。在沿海地区内部，欠发达区域的 GDP 增速更快。例如，粤西、苏北、鲁西分别是广东、江苏、山东省内的欠发达区域。粤西、苏北、鲁西 2013～2015 年 GDP 平均增速分别高出全省平均水平 2.5 个、1.86 个、0.4 个百分点（见表 6-3），有望成为省内新的增长极。

表 6-3　2013～2015 年沿海发达省份与省内欠发达地区 GDP 平均增长率比较

单位：%

省份	欠发达地区	欠发达地区 GDP 增长率	全省平均增长率	欠发达地区与全省平均之差
广东省	粤西	10.6	8.1	2.5
江苏省	苏北	10.79	8.93	1.86
山东省	鲁西	9.17	8.77	0.4

注：粤西地区包括湛江、茂名、阳江三市；苏北地区包括徐州、连云港、淮安、盐城和宿迁五市；鲁西地区包括菏泽、济宁、枣庄、聊城、德州、滨州六市。

资料来源：Wind、国家统计局、各地统计公报。

第二节　空间经济联系和产业分工

一、东部地区内部的空间经济联系

（一）地区间需求诱发分析的概念与计算方法

需求诱发分析是投入产出分析的方法之一。投入产出理论认为，生产是为了满足最终需求。满足最终需求所需的生产额为列昂惕夫逆矩阵与最终需求的乘积，也称为最终需求的生产诱发额。各个地区的生产诱发额除以全部的生产诱发额，可以得到各地区生产的最终需求依存度。各地区的最终需求依存度可以用来反映某一区域的生产对于不同区域的最终需求的依赖程度，也可以表征区域经济增长驱动力。如果一个区域的生产主要依赖当地的最终需求，该区域的经济增长就体现了内需拉动型的增长模式。如果一个区域的生产比较多地依赖于区外的最终需求，该区域的经济增长就呈现出区际贸易导向的增长模式。如果一个区域的生产对于出口贸易的依赖较深，那么该区域的经济增长就是一种出口导向的增长模式。本节运用投入产出需求诱发分析对东部地区的经济增长驱动力进行了分析。

省区间投入产出模型综合反映了产业之间、省区之间的投入产出关系。根据投入产出模型原理和省区间投入产出表结构，可以得出省区间投入产出模型表达式如下：

$$X^R = A^{RS}X^R + F^{RS} + E^R - M^R \qquad (6-1)$$

其中，A^{RS} 为省区间投入产出模型的投入系数矩阵，F^{RS} 为区域间投入产出模型的最终需求矩阵，E^R 为区域间投入产出模型的出口列阵，M^R 为区域间投入产出模型的进口列阵，X^R 为区域间投入产出模型的产出列阵。

由于进口竞争型投入产出模型中的矩阵 A^{RS} 和 F^{RS} 中均包含进口，引入进口系数矩阵 $\hat{M}$，将 A^{RS} 和 F^{RS} 中所包含的进口部分剔除出去：

$$\hat{M} = \begin{bmatrix} \hat{M}^{R1} & 0 & \cdots & 0 \\ 0 & \hat{M}^{R2} & \cdots & 0 \\ \vdots & \vdots & \ddots & \vdots \\ 0 & 0 & \cdots & \hat{M}^{R30} \end{bmatrix} \qquad (6-2)$$

$$M^{RS} = \hat{M}(A^{RS}X^R + F^{RS}) = \hat{M}A^{RS}X^R + \hat{M}F^{RS} \qquad (6-3)$$

式（6-3）将进口的使用分成了两部分：一部分是满足各区域中间投入需要（$\hat{M}A^{RS}X^R$），另一部分是满足各区域最终消费需求（$\hat{M}F^{RS}$）。进口系数 $\hat{M}$ 是按进口量占国内总需求（包括中间需求和最终需求）的比例确定的。剔除进口后，式（6-3）可改写为：

$$X^R = [I - (I - \hat{M})A^{RS}]^{-1}[(I - \hat{M})F^{RS}] \qquad (6-4)$$

其中，$[I - (I - \hat{M})A^{RS}]^{-1}$ 是区域间投入产出模型剔除进口后的列昂惕夫逆矩阵，表示的是满足单位最终产品需求所需提供的国内生产；$(I - \hat{M})F^{RS}$ 表示的是由国内生产提供的最终消费。

在省区间投入产出表中，最终需求拆分为 30 省区（省内和 29 个省外）城乡居民消费、政府消费、固定资本形成、库存和出口。为了区分，可以用 G_{ik}^R 表示 R 地区最终需求项目 k 诱发的 i 产业部门的生产额。对于各省区最终需求项目 k 的生产诱发依存度为：

$$D_{ik}^{RS} = G_{ik}^{RS} \bigg/ \sum_{k=1}^{6} G_{ik}^{RS}, k = 1, 2, \cdots, 6 \qquad (6-5)$$

（二）从需求诱发依存度看东部地区的空间经济联系

2002 年，东部三大板块（京津冀鲁、江浙沪、华南）均有着较高的区内市场依存度。除华南的区内市场依存度略低于 50% 以外，京津冀鲁和江浙沪的区内市场依存度高达 65% 和 56%。2012 年，东部三大板块的区内市场依存度虽略有下降，但明显高于区外市场依存度和出口依存度，表明东部三大板块的区域经济一体化格局已比较明显，板块经济已经成型。相比 2002 年，2012 年东部三大板块的区外市场依存度均有不同程度的上升，江浙沪地区的区外市场依存度增长尤为明显，从 16% 上升到 34%，表明江浙沪地区与区外的交流日益加强，越来越多的地区开始融入到江浙沪板块经济之中（见表 6 - 4）。

表 6 - 4　2002 年与 2012 年东部地区需求诱发依存度的变化　　　单位：%

区域		2002 年最终需求诱发依存度				2012 年最终需求诱发依存度			
		区内	区外	出口	合计	区内	区外	出口	合计
东部	京津冀鲁	65	19	17	100	64	27	8	100
	江浙沪	56	16	28	100	40	34	26	100
	华南	48	20	33	100	46	22	32	100

东部各省的需求诱发依存度计算结果如表 6 - 5 所示。除上海以外，其他所有省份的省内市场依存度均超过 30%，可见省内市场对于各省经济增长的贡献之大，这也从另一个侧面反映出省级行政单元在组织经济活动中的作用变得越来越重要。海南省的省内市场依存度最高，这是由其较为偏远的地理位置导致的，由于运输成本较高，与其他省份间的经济联系受到制约，从而使最终需求主要依赖本地市场。另外，人口规模和经济总量大的省份（如山东）的省内市场依存度也较高。总体来看，相比中西部省份，东部各省份省内市场依存度并不算高。主要原因是，对于东部地区经济发达省份，如上海、北京、广东、江苏、浙江而言，相对偏低的省内市场依存度是由出口贸易的比例大导致的，如果除去出口贸易，省内市场占国内需求的比例也在 60% 以上。

表 6 - 5　东部地区各省份省内市场和省外市场的需求诱发依存度　　　单位：%

东部省份	2012 年最终需求诱发依存度			
	省内	省外	出口	合计
北京	38	42	21	100

续表

东部省份	2012 年最终需求诱发依存度			
	省内	省外	出口	合计
天津	49	36	15	100
河北	42	47	11	100
上海	29	39	32	100
江苏	38	39	22	100
浙江	45	30	25	100
福建	56	23	20	100
山东	54	32	15	100
广东	41	23	35	100
海南	61	28	10	100

比较区内市场依存度和省内市场依存度可以发现，京津冀鲁板块的区内市场依存度比板块内各省份的省内市场依存度高出较多，表明该板块内部各省份之间有着较为活跃的经济联系。华南地区的情况则相反，其区内市场依存度主要是由省内市场依存度决定的。主要原因是，广东的经济总量一枝独秀，尽管珠三角地区已经形成了以广州、深圳为中心的城市群，但广东与福建、海南之间的经济联系尚有待进一步加强。

东部地区三大板块间需求诱发依存度的计算结果表明，东部三大板块之间的相互联系非常密切，如京津冀鲁对江浙沪市场的依存度为 6%，江浙沪对京津冀鲁市场的依存度为 5%（见表 6-6）。东部各省份间的需求诱发依存度的计算结果如表 6-7 所示，综合来看，东部各省份间的需求诱发依存度主要受到三个方面因素的影响：①空间相邻因素。如河北对京津和山东市场的诱发依存度、山西对河北市场的诱发依存度、浙江对江西市场的诱发依存度、安徽对江苏市场的诱发依存度、广西对广东市场的诱发依存度等较高。东部也有少数省份对空间不相邻的省份的需求诱发依存度较高，这些省份大多是资源型省份或辐射能力较强的省份，产业发展服务于全国一盘棋，如北京、天津、上海。②交通运输因素。一方面，远离经济中心的偏远省份的省外市场依存度较低，如海南的省内市场依存度为 61%。这主要是由于交通运输的制约，对外联系受到限制，省外市场依存度较低。另一方面，交通运输便利的省份之间，即使空间不相邻，需求诱发依存度也可能较高，如河南对江苏市场的诱发依存度、湖南对广东市场的诱发依存度相对较高。③资源条件和产业结构互补性。还有一些省份之间，尽管不存在空间相邻关系，但经济联系较密切，如吉林对山东市场和河北市场的依赖较深。

表6-6　东部地区三大板块之间的需求诱发依存度　　　　　　　单位:%

区域		东部地区			其他地区	出口	总计
		京津冀鲁	江浙沪	华南			
东部地区	京津冀鲁	56	6	2	21	15	100
	江浙沪	5	40	3	25	26	100
	华南	1	2	46	19	32	100
其他地区		7	6	5	72	10	100

表6-7　东部省份之间的市场诱发依存度　　　　　　　单位:%

东部省份	东部地区										其他地区	出口	总计
	北京	天津	河北	上海	江苏	浙江	福建	山东	广东	海南			
北京	38	2	5	2	2	1	1	3	2	0	24	21	100
天津	2	49	7	1	1	1	0	2	1	0	21	15	100
河北	5	5	42	2	3	1	1	6	1	0	22	11	100
上海	2	1	1	29	2	2	2	2	2	0	26	32	100
江苏	1	0	3	1	38	1	1	2	1	0	29	22	100
浙江	2	0	1	2	1	45	2	1	2	0	19	25	100
福建	1	0	0	1	1	2	56		4	0	14	20	100
山东	1	1	2	1	3	2		54	1	0	20	15	100
广东	0	0	0	0	0	0	1	0	41	0	20	35	100
海南	0	0	0	0	1	1	0		9	61	16	10	100
其他地区	1	1	2		3	2		3	3	0	72	10	100

二、价值链的空间分布与东部地区的产业分工

（一）地区价值链的概念与计算方法

相对于本节涉及的区域价值链，全球价值链（Global Value Chains，GVCs）

是近年来为人所熟知的概念。全球价值链的概念最早出现于 21 世纪初，是由全球商品链、全球产业链、全球供应链等概念演变而来。全球价值链主要是指一个产品或一种服务从最初一个概念的出现到最后被最终消费者消费掉整个过程中形成的一条覆盖全球多个国家的价值创造链条，包括设计、研发、制造、营销等诸多环节。全球价值链的形成与 20 世纪 90 年代日益兴起的产品内国际分工密切相关。现代交通通信技术的进步从时空上大大缩短了世界各国间的经济距离，降低了人们彼此交往的交通、信息费用，使跨区域之间的联系更加紧密。国际交易成本的降低，为国际贸易的快速增长、分工的进一步深化，乃至经济全球化的推进提供了物质保证，从根本上决定了全球价值链的形成。类似地，在一个国家内部层面上，伴随着区域经济一体化的深入，一个国家内部的不同地区在产品的生产和价值创造链条上扮演着不同的角色。本节基于 2007 年中国 30 个省区间投入产出模型，计算了工业部门增加值在不同地区间的分配情况，重点关注东部地区在产业链条上获得增加值的特点，对于了解东部地区产业升级的相关政策具有重要的现实意义。

本节的数据基础为 2007 年中国 30 个省区间投入产出模型（香港、澳门、台湾和西藏因数据不可获得未包含在模型中）。该模型标准格式如表 6 – 8 所示。

表 6 – 8　2007 年中国 30 个省区间投入产出模型的标准形式

投入 \ 产出			中间消费						最终消费	出口	进口	总产出
			省$_1$			...	省$_{30}$		省$_1$...省$_{30}$			
			部门$_1$	...	部门$_{29}$	...	部门$_1$	...	部门$_{29}$				
中间投入	省$_1$	部门$_1$											
		...										
		部门$_{29}$										
	...	...	x_{ij}^{RS}						f_{it}^{RS}	E_i^R	M_i^R	X_i^R
	省$_{30}$	部门$_1$										
		...										
		部门$_{29}$										
增加值			v_{hj}^S									
总投入			X_j^S									

地区价值链的表达式为：

$$K = V[I - (I - \hat{M})A]^{-1}[(1 - \hat{M})F] \qquad\qquad (6-6)$$

其中，K 为生产最终产品产生的增加值矩阵，其中的单个元素表征了某地区某产业最终产品产生的增加值；V 为增加值系数矩阵；$[I - (I - \hat{M})A]^{-1}$ 是区域间投入产出模型剔除进口后的列昂惕夫逆矩阵，表示的是满足单位最终产品需求所需提供的国内生产；$[(1 - \hat{M})F]$ 表示的是由国内生产提供的最终产品。

（二）产业增加值的地区分布

对于整个工业部门而言，东部地区获得的增加值量最多，为 11.2 万亿元，占工业增加值总量的 53%，远远高于位于第二的中部地区（见图 6-5）。不论是原材料部门还是加工制造业和高技术产业，东部地区都占有最高的增加值份额（原材料部门 53%，加工制造业 49%，高技术产业 71%）。三类产业中，高技术产业增加值分布的地区差异性最为明显，东部地区高技术产业的增加值总量超过另外三个地区的总和。

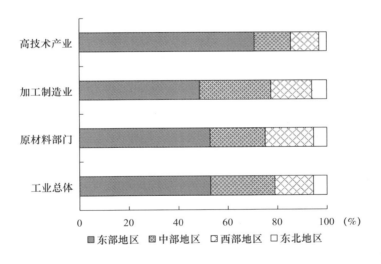

图 6-5　工业增加值在四大区域的分布

工业增加值在东部各省份的分布情况如图 6-6 所示。工业增加值最高的前五个省份大多位于东部，分别为河南、江苏、山东、广东和浙江。该五省的工业增加值总和占全国工业增加值总量的一半左右。对于大多数省份，加工制造业的增加值是最高的，一般占当地工业增加值的 60% 以上，而原材料部门的增加值最低，占比大多不超过 10%。东部省份如北京、天津、上海、江苏和广东等地的高技术产业增加值占当地工业增加值的 30% 左右，远高于其他地区。

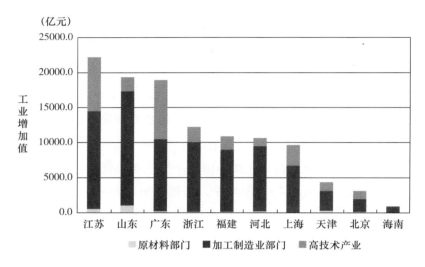

图 6 - 6　工业增加值在东部的分布情况

资料来源：基于 2012 年中国区域间投入产出表计算。

（三）增加值获取能力的地区差异

上述结果表明，增加值分布存在显著的地区差异。东部地区作为中国经济最发达的地区，在工业生产过程中获得相对较高份额的增加值，而西部和东北部地区则获得较少的增加值。除此之外，增加值与产量的分布也存在分异。东部地区的原材料部门产出占比为 28%，但相应的增加值占比达 53%。与此形成对比的是西部地区和东北地区，它们的产出占比分别为 33% 和 12%，而相应的增加值占比只有 20% 和 5%。换言之，东部地区具有相对较高的从工业生产中获得增加值的能力。该能力可以用增加值率，即单位产出的增加值来衡量。从表 6 - 9 可以看出，东部地区增加值率普遍较高，除河北以外的所有省份增加值率都在 0.6 以上。加工制造业与高技术产业的增加值与产量的分异不如原材料部门明显，这表明对于这两类产业，增加值率的地区差异并不足以影响增加值的地区分布。换句话说，是生产规模而不是增加值率决定了增加值地区分布格局的形成。

表6-9 东部地区各省份的增加值率　　　　　单位：十亿元

| 省份 | 增加值 | 产量 | 增加值率 | 增加值 | 产量 | 增加值率 |
	A	B	A/B	C	D	C/D
北京	309.3	457.6	0.68			
天津	434.5	624.0	0.70			
河北	1065.6	2401.8	0.44			
上海	966.1	1382.5	0.70			
江苏	2219.8	2992.7	0.74	11230.8	16602.0	0.676
浙江	1221.8	1657.4	0.74			
福建	1093.6	1639.2	0.67			
山东	1938.0	2693.4	0.72			
广东	1889.7	2610.8	0.72			
海南	92.4	142.6	0.65			

　　一个地区获得增加值的能力与这个地区在产业链中发挥的作用有关。在当前中国的工业生产链条中，不同工业化水平的地区扮演着不同的角色。东部省份的增加值构成结构与西部以及其他地区有着显著的不同。东部省份由原材料行业获得的增加值量很低（一般不超过5%），而由高技术产业获得的增加值远高于其他省份。相比其他地区，东部省份更具备高技术产业发展需要的多方面的条件支撑，包括先进的技术储备、发达的信息网络、良好的创新氛围、有利的政策支撑等。增加值获得能力较强地区的生产优势将会不断累积和加强，同时增加值获得能力较差的地区将在价值链条上处于弱势地位从而不利于经济增长。自2000年以来，政府已陆续开展了"西部大开发"和"东北振兴"等战略以加强西部和东北省份的工业重组和经济增长。本节的研究结果表明，相比东部地区，这些地区从工业生产中获得增加值的能力仍有较大提升空间。

　　在中国经济改革以来的40年中，东部省份实现了迅速的经济腾飞，为国家经济增长做出了积极贡献。本节的计算结果也显示，目前东部地区在生产价值链上依然占有优势地位。然而，值得注意的是，近年来，随着竞争的不断加剧，东部地区生产要素价格急剧上升，如随着土地数量不断减少而导致的土地价格攀升、人口流入的减少导致劳动力成本的不断上涨等，致使东部地区传统的资源密集型和劳动密集型产业获得利润的空间逐渐缩小，竞争能力减弱，部门行业甚至走向衰亡。东部只有加快产业结构升级，逐步调整区域产业布局，逐步将资源和劳动密集型产业转移扩散出去，集中力量发展高新技术产业和高端制造业，才能使获得增加值的能力得以持续增长。

第三节　城市群发展和区域经济一体化

一、东部地区城市群发展态势

城市群是在城镇化过程中，在特定的城镇化水平较高的地域空间里，以区域网络化组织为纽带，由若干个密集分布的不同等级的城市及其腹地通过空间相互作用而形成的城市—区域系统。城市群的出现是生产力发展、生产要素逐步优化组合的产物，每个城市群一般以一个或两个（有少数的城市群是多核心的例外）经济比较发达、具有较强辐射带动功能的中心城市为核心，由若干个空间距离较近、经济联系密切、功能互补、等级有序的周边城市共同组成。

在"十三五"规划中，国务院提出了将在"十三五"期间建设19个城市群，"建设京津冀、长三角、珠三角世界级城市群，提升山东半岛、海峡西岸城市群开放竞争水平。培育中西部地区城市群，发展壮大东北地区、中原地区、长江中游、成渝地区、关中平原城市群，规划引导北部湾、晋中、呼包鄂榆、黔中、滇中、兰州—西宁、宁夏沿黄、天山北坡城市群发展，形成更多支撑区域发展的增长极"。东部地区是我国城市群数量较多、发育程度最高的地区。位于东部的五个城市群（京津冀、长三角、珠三角、山东半岛、海峡西岸）的经济社会发展水平居于全国前列，在全国的地位与作用非常重要，尤其长三角城市群、珠三角城市群和京津冀城市群的发展更是具有全国意义。

位于东部地区的五大城市群及其范围如表6-10所示。其中，京津冀、长三角、珠三角是中国东部最重要的三大城市群，尤其珠三角和长三角是中国对外开放的前沿地区，它们集聚了最多的经济能量，是中国经济发展的引擎，在国家的经济发展中发挥着重要的引领作用。2014年，京津冀城市群、长三角城市群和珠三角城市群以占全国3.6%的土地，吸纳了全国17.9%的人口并创造了

34.7%的地区生产总值。这些城市群产生了巨大的聚集经济效益，不仅提升了东部区域经济竞争力，也是推动全国经济增长的重要力量。

表6-10 东部五大城市群及其范围

东部五大城市群	包括城市
京津冀城市群	北京、天津、保定、廊坊、唐山、秦皇岛、石家庄、张家口、承德、沧州
长三角城市群	上海、南京、无锡、常州、苏州、南通、扬州、镇江、泰州、杭州、宁波、嘉兴、湖州、绍兴、舟山、台州、盐城、金华、合肥、芜湖、马鞍山、铜陵、安庆、滁州、池州、宣城
珠三角城市群	广州、深圳、珠海、佛山、东莞、中山、江门、肇庆、惠州、汕尾、清远、云浮、河源、韶关、香港、澳门
山东半岛城市群	济南、青岛、淄博、潍坊、东营、烟台、威海、日照
海峡西岸城市群	福州、厦门、泉州、莆田、漳州、三明、南平、宁德、龙岩、温州、丽水、衢州、上饶、鹰潭、抚州、赣州、汕头、潮州、揭阳、梅州

伴随着沿海大都市转型发展步伐的加快，传统制造业产业进一步向内地以及沿海地区欠发达区域转移。传统制造业的产业转移是推动地区多极化发展、促进空间均衡化的重要力量。沿海地区内部的欠发达区域通过承接来自长三角、珠三角、京津冀核心区的产业转移，已经形成了良好的产业基础。这些区域具有良好的区位条件，离沿海大都市的交通通达性好，有利于接受沿海大都市的经济辐射，实现经济增长。十年来，京津冀、长三角和珠三角三大城市群的经济份额已经呈现降低的趋势，而次级城市群如海峡西岸城市群的经济份额则呈稳步提升之势（见表6-11）。从过去十年的GDP增长率可以看出，尽管随着经济发展到一定水平五大城市群的GDP增长率均有所减缓，但京津冀、长三角和珠三角三大城市群的GDP增长率的降低速度明显快于山东半岛城市群和海峡西岸城市群。2011年之后，海峡西岸城市群的GDP增长率已经超过京津冀、长三角和珠三角三大城市群，一跃成为五大城市群之首，而山东半岛城市群的GDP增长率也在绝大多数时期高于三大城市群（见图6-7）。可以预期，在未来一定时期内，尽管京津冀、长三角和珠三角三大城市群依然是东部地区最重要的三大增长极，依旧会发挥其对区域经济的引领和带动作用，但次级城市群的地位会

东部经济地理

进一步提升，成为东部区域发展的新亮点，东部经济会呈现更加多极化的发展态势。

表 6-11 东部五大城市群 2006~2015 年 GDP 及其占比

	GDP（亿元）									
	2006年	2007年	2008年	2009年	2010年	2011年	2012年	2013年	2014年	2015年
京津冀城市群	21294	25072	29835	33533	33533	47024	52018	56474	60689	63864
长三角城市群	45532	53947	62446	69711	69711	97456	107342	116750	126801	134968
珠三角城市群	23208	27562	32102	34727	34727	47522	51477	57118	62111	66981
山东半岛城市群	14488	17108	20302	21764	21764	28752	31648	34373	37113	33428
海峡西岸城市群	13529	16152	18887	21120	21120	30253	33662	37159	40776	43494
全国	219439	270232	319516	349081	413030	489301	540367	595244	643974	689052
	GDP 占比（%）									
	2006年	2007年	2008年	2009年	2010年	2011年	2012年	2013年	2014年	2015年
京津冀城市群	9.7	9.3	9.3	9.6	8.1	9.6	9.6	9.5	9.4	9.3
长三角城市群	20.7	20.0	19.5	20.0	16.9	19.9	19.9	19.6	19.7	19.6
珠三角城市群	10.6	10.2	10.0	9.9	8.4	9.7	9.5	9.6	9.6	9.7
山东半岛城市群	6.6	6.3	6.4	6.2	5.3	5.9	5.9	5.8	5.8	4.9
海峡西岸城市群	6.2	6.0	5.9	6.1	5.1	6.2	6.2	6.2	6.3	6.3
合计	53.8	51.8	51.1	51.8	43.8	51.3	51.1	50.7	50.8	49.8

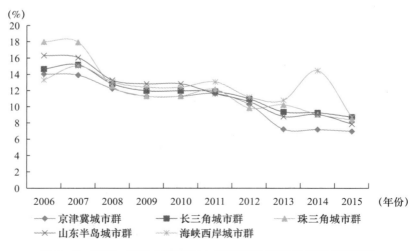

图 6-7 2006~2015 年东部五大城市群的 GDP 增长率变化情况

· 164 ·

二、城市群发展与区域经济一体化

城市群是减少空间隔阂、提升效率、增强竞争力的重要布局。城市群内部经济一体化可以减轻由行政区划导致的区域分割，减小制度性贸易壁垒的影响，加深区域融合程度。区域经济一体化还可以带来市场规模的扩大，推进要素自由流动，降低生产成本和贸易成本，有利于企业生产规模的扩大，从而促进区域经济增长。然而，目前东部城市群的区域经济一体化还存在诸多问题。

1. 长三角城市群：与成渝城市群和长江中游城市群之间的区际经济联系仍较薄弱

当前，长江经济带内部的长三角城市群、成渝城市群和长江中游城市群之间的区际经济联系仍较薄弱。对于长三角城市群内的大多数省份来说，长江经济带内部省际贸易的占比低于流域外省际贸易的占比，上中下游之间跨区域贸易流量占比更低（见表6-12和表6-13），反映出长江经济带内部经济联系仍较薄弱的现状。

表6-12 2002年与2012年长江经济带贸易流入量占各省份贸易流入总量的比例

单位:%

区域	2002年					2012年				
	贸易流量比例			上中下游区域内部省际流入量占比	长江经济带内跨区域省际流入量占比	贸易流量比例			上中下游区域内部省际流入量占比	长江经济带内跨区域省际流入量占比
	省内贸易占比	长江经济带省际流入量占比	流域外省际流入量占比			省内贸易占比	长江经济带省际流入量占比	流域外省际流入量占比		
上海	79.1	10.7	10.2	6.5	4.2	72.4	11.3	16.3	2.7	8.5
江苏	86.0	7.1	6.9	4.4	2.7	77.5	5.6	17.0	1.5	4.0
浙江	85.3	8.0	6.7	4.8	3.2	83.2	10.4	6.4	2.2	8.2
安徽	79.8	10.3	9.9	1.6	8.6	65.7	23.3	11.1	5.1	18.1
江西	87.2	7.1	5.7	1.9	5.1	70.6	15.6	13.8	4.7	10.9
湖北	85.9	5.9	8.2	1.6	4.3	81.3	8.8	9.9	2.7	6.1
湖南	89.0	3.9	7.1	1.3	2.6	73.0	7.2	19.8	2.2	5.0
重庆	87.3	5.7	7.0	2.9	2.8	78.4	14.1	7.4	11.4	2.7
四川	88.2	5.1	6.7	2.6	2.5	79.4	11.9	8.7	7.3	4.6
贵州	88.8	5.8	5.5	3.7	2.1	68.1	13.6	18.3	8.2	5.4
云南	90.4	4.1	5.6	2.2	1.9	74.9	11.4	13.7	7.3	4.1

资料来源：基于2002年、2012年中国省区间投入产出模型计算。

表 6 – 13　2002 年与 2012 年长江经济带贸易流出量占各省份贸易流出总量的比例

单位:%

区域	2002 年					2012 年				
	贸易流量比例			上中下游区域内部省际流出量占比	长江经济带内跨区域省际流出量占比	贸易流量比例			上中下游区域内部省际流出量占比	长江经济带内跨区域省际流出量占比
	省内贸易占比	长江经济带省际流出量占比	流域外省际流出量占比			省内贸易占比	长江经济带省际流出量占比	流域外省际流出量占比		
上海	75.9	12.4	11.7	9.2	3.2	80.0	8.6	11.4	4.3	4.2
江苏	86.8	4.7	8.4	3.0	1.8	82.9	5.8	11.4	0.9	4.9
浙江	83.8	7.2	9.0	4.6	2.6	84.1	8.1	7.9	2.6	5.5
安徽	73.3	12.0	14.7	1.3	10.7	74.0	9.3	16.7	1.0	8.3
江西	78.2	12.9	9.0	4.0	8.9	57.9	23.9	18.2	5.7	18.2
湖北	89.9	3.1	7.0	0.7	2.5	72.3	9.1	18.7	3.5	5.7
湖南	87.4	3.8	8.8	1.4	2.5	65.8	9.6	24.7	4.1	5.5
重庆	89.8	5.0	5.2	2.2	2.8	71.1	14.8	14.0	6.4	8.4
四川	90.2	5.0	4.8	1.7	3.3	68.7	14.5	16.8	5.5	9.0
贵州	77.9	11.9	10.3	5.8	6.1	60.0	18.6	21.4	7.7	10.9
云南	83.9	7.5	8.7	3.3	4.1	61.1	20.0	19.0	11.5	8.5

资料来源:基于 2002 年、2012 年中国省区间投入产出模型计算。

导致长江经济带内部上下游之间经济联系薄弱的障碍因素主要在于物流条件的限制。目前,长江流域内部东西向的运输联系主要是依靠长江航运,缺乏陆上运输通道,而长江航运又受到航道通过能力、三峡大坝船闸通过能力等因素的制约,航运能力难以满足长江流域货物运输的需求,因此长江流域上游的四川、贵州、云南等省份绝大部分货物运输依赖公路运输,导致物流成本过高,制约着远距离运输和上下游之间的经济联系。

2. 京津冀城市群:产业关联松散,产业链整合程度低,相互依赖程度低,空间扩散效应弱

2007 年,京津冀地区制造业的中间使用里,省内使用比例远高于区内省外使用,也高于区外使用;与之相应,长三角地区的中间使用里,省内使用比例远低于区内省外使用,更远低于区外使用(见表 6 – 14)。这说明京津冀地区制造业的产业联系主要是依赖本地(省内),三省(市)之间的产业联系较为松

散，相比于长三角地区城市群，京津冀城市群内部产业链整合程度更低，融入全国经济的程度也更低。从京津冀城市群溢出效应的计算结果可以看出，京津冀城市群内部本省对省内的乘数效应远大于对其他省份的溢出效应（见表6-15），反映出京津冀地区省份经济的特点较为突出，经济增长主要是依靠省内需求的带动作用，三省（市）之间的相互依赖程度较低、空间扩散效应弱。

表6-14　京津冀与长三角的产业投入产出关联比较　　　　单位:%

京津冀	产业部门	省内中间使用比例	区内省外中间使用比例	区外中间使用比例	长三角	产业部门	省内中间使用比例	区内省外中间使用比例	区外中间使用比例
北京	农业	33.7	27.1	39.2	上海	农业	59.2	40.8	0.0
	矿业	42.7	37.2	20.1		矿业	98.6	1.2	0.2
	食品轻纺	80.6	7.4	12.0		食品轻纺	80.2	2.1	17.8
	原材料工业	69.8	10.9	19.2		原材料工业	64.5	3.3	32.2
	加工制造业	81.2	6.4	12.4		加工制造业	77.1	2.8	20.1
	基础设施与交通	84.9	7.4	7.7		基础设施与交通	69.7	7.2	23.1
	服务业	85.1	1.3	13.6		服务业	89.2	2.1	8.7
天津	农业	24.4	68.7	7.0	江苏	农业	1.2	7.4	91.5
	矿业	22.7	42.5	34.8		矿业	24.4	47.1	28.4
	食品轻纺	54.7	19.4	25.9		食品轻纺	2.2	7.8	90.0
	原材料工业	54.7	8.2	37.1		原材料工业	4.6	11.9	83.5
	加工制造业	58.8	19.0	22.1		加工制造业	3.8	9.0	87.2
	基础设施与交通	63.6	18.4	18.0		基础设施与交通	15.7	44.1	40.2
	服务业	86.6	2.0	11.4		服务业	6.9	15.7	77.4
河北	农业	25.2	0.8	74.0	浙江	农业	0.0	0.0	100.0
	矿业	79.3	7.2	13.5		矿业	31.3	34.6	34.1
	食品轻纺	63.2	11.7	25.1		食品轻纺	3.8	5.5	90.8
	原材料工业	46.6	15.4	38.0		原材料工业	7.2	16.1	76.7
	加工制造业	68.3	13.8	17.9		加工制造业	8.4	10.9	80.8
	基础设施与交通	64.5	18.4	16.7		基础设施与交通	18.2	53.0	28.0
	服务业	87.3	2.3	10.4		服务业	11.1	17.8	71.1

资料来源：京津冀协同发展报告［R］. 中国人民大学，2016.

表 6 – 15　2007 年与 2002 年京津冀三省（市）间的溢出效应强度　　单位:%

		北京	天津	河北	溢出效应合计
2007 年	北京	71.6	6.5	21.9	100.0
	天津	7.9	56.6	35.5	100.0
	河北	4.1	7.0	88.9	100.0
2002 年	北京	88.6	1.7	9.7	100.0
	天津	11.9	76.8	11.3	100.0
	河北	8.7	4.2	87.1	100.0

资料来源：京津冀协同发展报告［R］. 中国人民大学，2016.

3. 珠三角城市群：一体化仍需破壁垒，粤港澳大湾区建设将促进珠三角区域的融合发展

自 2008 年 12 月《珠三角改革发展规划纲要》上升为国家战略后，珠三角城市群的一体化加速推动并取得了一定成效。主要体现在以下几个方面：①基础设施一体化快速推进。开通广佛地铁；开通广佛公交线路 41 条；佛山与肇庆开通 2 条跨市公交线路；珠中江三市共开通跨市公交线路 21 条；建成珠三角地区天然气内、外环网，各类能源基本实现区域内同类型同网同价，天然气管道达到 1800 千米，覆盖珠三角主要城市的天然气主干管网基本建成；珠三角大运量城市轨道、城际轨道公交走廊初步成型。②基本公共服务一体化有突破。珠三角三甲医院实现医学检验检疫、影响检查结果互认；推行病历一本通；养老保险关系省内无障碍转移等。③环境保护一体化强力推进。在全国率先制定珠三角大气污染防治办法，制定实施珠三角清洁空气行动计划，建立珠江综合整治联席会议制度等。

尽管随着珠三角城市群一体化的推进，目前珠三角城市群在经济、社会、文化、生态建设等方面均取得了一些进步，但珠三角城市群一体化仍存在一些问题，主要包括：①产业布局一体化效果不明显。据测算，珠三角内部城市的产业同构系数由 2007 年的 0.636 上升到 2013 年的 0.67 左右，升幅不大。②政府间的规划缺乏有效对接。不同城市政府间的政策规划不协调，经济社会发展规划、土地利用规划等方面的整合和对接难度大。③缺乏利益协调分配机制。由于行政壁垒、财税制度、政绩考核等条件的制约，珠三角尚未建立起完善的利益分配机制，这样在不同的利益诉求下，利益受损者可能会失去合作的动力。

粤港澳大湾区建设是珠三角城市群的转型升级行动，其内涵是粤港澳的区域融合发展。粤港澳大湾区拥有发达的全球金融中心、全球航运中心、密集的制造业产业集群，也拥有我国创新能力最强、市场环境最好的城市群，各个城市之间的交通通达条件优良，也具有相似的文化传统，十分有利于粤港澳的区域融合发展。在处理好一国两制等制度因素的前提下，推进粤港澳的区域经济融合发展，必将大大促进粤港澳大湾区综合经济实力的增强和全球竞争力的提升。

本章小结

本节综合分析了东部地区的区域发展基本状况。自 2010 年以来东部区域经济增长速度逐年下滑。直至 2017 年第一季度开始，东部地区率先走出下行通道，大部分省份的 GDP 增长率环比由下降转为上升。由于东部地区经济总量大，东部省份的经济复苏对于全国经济增长复苏具有重要意义。

东部地区区域发展经历了从分散到极化再到扁平化的过程。自 20 世纪 90 年代开始，东部地区较早地受益于国家向东部沿海倾斜的区域发展战略和对外开放政策，市场经济制度相对成熟，较早地取得了规模经济，地区经济集聚性得以强化。自 2006 年起，极化现象呈现减弱的趋势。2006 年之后，GDP 增长率从"东高西低"转为"西高东低"，东部部分欠发达地区经济蓬勃发展，有望成为东部经济新的增长引擎。

东部地区是中国区域经济联系的重要板块，在产业分工中扮演着重要角色。东部地区内部经济增长模式不尽相同。华东和华南沿海地区具有对外开放的区位优势，有利于抓住国际产业转移的契机，利用国内的低要素成本优势，发展加工贸易等面向出口的外向型经济。近年来，京津冀板块经济一体化已初见端倪，板块经济的雏形初步形成。

东部地区目前在跨地区产业链上仍处于优势地位，具有较强的获得增加值的能力。然而从长远来看，随着东部地区生产要素价格上升引发的传统的资源密集型和劳动密集型产业获利空间的逐渐缩小，东部须加快产业结构升级，逐步调整区域产业布局，集中力量发展高新技术产业和高端制造业，才能使获得增加值的能力得以不断增长。

　　京津冀城市群、长三角城市群和珠三角城市群是东部地区最重要的三大城市群。它们产生的巨大的聚集经济效益，不仅提升了东部区域经济竞争力，也是推动全国经济增长的重要力量。但是目前东部城市群内部不同地区之间的经济联系仍较为薄弱，距离真正实现区域经济一体化尚有差距。伴随着沿海大都市转型发展步伐的加快，传统制造业产业进一步向内地以及沿海地区欠发达区域转移。沿海地区内部的欠发达区域通过承接来自长三角、珠三角、京津冀核心区的产业转移，已经形成了良好的产业基础。未来次级城市群的地位会进一步提升，成为东部区域发展的新亮点，东部经济会呈现更加多极化的发展态势。

第七章　城市化

改革开放以来，中国进入了快速城市化阶段，东部地区则是我国城市化的前沿地区。几十年来，东部地区经济快速发展，城市空间快速扩张，大批乡村剩余劳动力进入城市，推动了土地城市化和人口城市化的快速发展，但在此过程中也产生并积累了诸多矛盾与冲突。

第一节　人口城市化

人口城市化是城镇人口比重不断上升的过程，包括人口从乡村向城镇集中引起的城镇人口增加，也包括乡村地区转变为城镇地区导致的城镇人口增加。东部地区城市化与工业化互相促进，在区域经济迅速发展的同时，人口乡城分布与空间分布也发生着显著的变化。近些年来，城镇人口数量增长迅速，新增城镇人口的就业、居住、社保等状况不断得到改善，但仍存在新二元结构现象，新增城镇人口市民化进程需大力推进。

一、人口城市化的水平与变化

（一）城市化率与变化趋势

从大的区域层面而言，2015 年，东部地区城镇人口占总人口的比重为64.8%，居四大区域之首。东部地区城市化水平比东北地区高 3.4 个百分点，比中部地区高 13.6 个百分点，比西部地区高 16.1 个百分点。东部地区城市化水平是在 2005 年之后才逐渐超过东北地区的，一方面缘于东部地区城市化水平的快速提高，另一方面也与东北地区近年城市化发展趋势显著变缓有很大关系（见

图 7 - 1)。

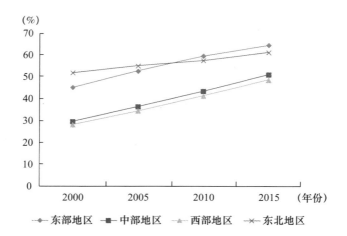

图 7 - 1　东部地区城市化水平变化趋势及与其他地区比较

资料来源：第五次、第六次全国人口普查数据；《中国统计年鉴 2016》。

（二）城镇人口增长指数的变化趋势

城镇人口占总人口的比重反映的是一个地区静态的城市化水平。为了更充分地揭示东部地区城市化发展的动态变化与速度，本章计算了 1982 ~ 2015 年东部地区城镇人口增长指数，即该区域城镇人口年均增长率与总人口年均增长率的比值，如表 7 - 1 所示。

表 7 - 1　东部地区城镇人口增长指数阶段性变化及与其他地区比较

地区 \ 年份	1982 ~ 2000	2000 ~ 2015	地区 \ 年份	1982 ~ 2000	2000 ~ 2015
东部地区	3. 86	3. 07	上海	2. 13	0. 98
中部地区	4. 04	15. 81	江苏	5. 82	7. 88
西部地区	5. 92	10. 77	浙江	4. 60	2. 81
东北地区	2. 52	7. 06	福建	3. 33	5. 13
北京	1. 44	1. 25	山东	4. 57	6. 08
天津	1. 18	1. 32	广东	4. 06	1. 99
河北	3. 77	8. 22	海南	—	—

资料来源：EPS 数据平台—中国宏观经济数据库。

1982～2000年，东部地区城镇人口增长指数为3.86，2000～2015年此数值为3.07，表明该区域城镇人口年均增长速度为总人口的3倍左右，而且近年来呈现下降态势。而同样这两个时段，其他三个区域的城镇人口增长指数却在大幅增长，中部地区上升了11.77，西部地区上升了4.85，东北地区上升了4.54。

东部地区城镇人口增长指数相对于其他区域偏低则受人口流动区域格局的影响非常大，东部地区由于吸纳大量跨区域流动人口，总人口规模增长特别迅速，而其他区域，尤其是中西部地区人口大量向外流动，导致本区域的总人口增长非常缓慢，甚至有些省份近年总人口呈现了负增长，城镇人口相对于总人口的增长速度由此受到影响。

（三）城市化发展水平的区域差异

东部地区各省份之间城市化水平存在一定差异。目前，北京、天津和上海三个直辖市城市化水平已达80%以上，属于较典型的城市区域，而且城市化水平已进入平稳增长时期，上海甚至已出现城市化水平有所下降的趋势。广东、江苏、浙江和福建城市化水平在60%～70%，近年也出现增长速度放缓的态势。山东、河北和海南城市化水平低于60%，但增长速度相对较快。如图7－2所示。

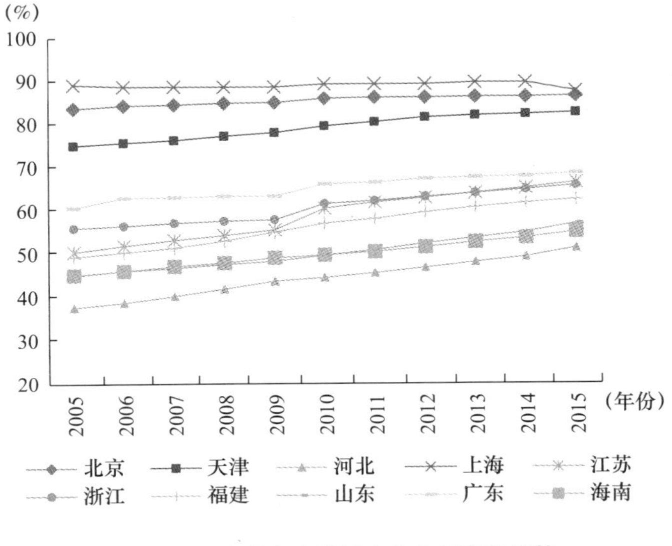

图7－2　东部各省份城市化水平变化趋势

资料来源：EPS数据平台—中国宏观经济数据库。

从城镇人口增长指数来看，城镇人口增长势头较为迅猛的为河北、江苏、福建和山东，表现为 2000～2015 年城镇人口增长指数比 1982～2000 年有了显著上升，其中上升幅度最大的为河北；城镇人口增长势头相对于总人口开始下降的为北京、上海、浙江和广东（见表 7-1）。

东部地区城市化水平和城镇人口增长指数的变化趋势，印证了城市化水平"S"形增长曲线的规律，即城市化水平处于中等阶段（30%～70%）的地区城镇人口比重增长迅速，而处于较高水平（>70%）时则增长趋势放缓。

二、人口流动的格局、变化与影响

20 世纪 80 年代开始，我国出现了大规模的人口流动，由于城乡发展差距显著，从乡村到城市的人口流动成为主流。现阶段，人口从乡村向城镇的集中引起的城镇人口比重增加是人口城市化的主要来源。

（一）流动人口的规模、空间分布与变化

作为我国经济发展水平最高的地区，东部地区吸引了大量人口涌入。

1. 东部地区是全国最主要的人口流入地

1985～1990 年，东部地区流动人口占全国流动人口总量的 39.1%；1996～2000 年，这一比重上升为 50.9%。2000 年，中部、西部和东北地区流向东部地区的人口共计 2748 万人，占全国跨省流动人口的 75%。2010 年，全国其他区域流向东部地区的人口上升到 5693 万人，占全国跨省流动人口的 66.3%（见表 7-2），东部地区无疑成为了全国最主要的人口流入地。

表 7-2　东部地区吸引人口流入规模及变化　　　　单位：万人，%

人口流向	2000 年	2010 年
中部到东部	1615	3318.3
西部到东部	1026.2	2068.8
东北到东部	106.8	305.9
合计	2748	5693
占全国跨省人口流动的比重	75.0	66.3

资料来源：第五次、第六次全国人口普查数据。

另据第五次全国人口普查和第六次全国人口普查数据计算，在东部各省份

中，除河北和山东外，其他省（市）均为人口净迁入省，而且绝大多数为人口净迁入量比较大的省份。

2010 年第六次全国人口普查表明，东部地区除了河北和海南两省之外的其他八省（市）全部位居流动人口数量的前八名，其中广东省流动人口规模最大，为 2149.8 万人，接下来依次为浙江、上海、江苏、北京、福建、天津和山东。另外，省外流入人口规模居全国前五位的也全部分布在东部地区，依次为广东、浙江、江苏、山东和上海；省内流动人口规模居全国前五位的省份中前三位在东部地区，为广东、山东和江苏（见表 7-3）。另据《中国流动人口发展报告 2016》，2015 年东部地区跨省流动人口占全国跨省流动人口比例虽然比 2013 年略有下降，但仍高达 87.7%。由此可见，东部地区是全国人口流动最为活跃的地区，该区域不仅吸引了大量省外人口流入，一些省份内部人口流动也非常活跃。

表 7-3　2010 年流动人口规模前五位省份分布

排名	1	2	3	4	5
全部流动人口	广东	浙江	上海	江苏	北京
省外流入人口	广东	浙江	江苏	山东	上海
省内流动人口	广东	山东	江苏	四川	河南

资料来源：第六次全国人口普查数据。

2. 流动人口继续向城市密集地区和中心城市聚集，局部出现下降

宏观尺度上，我国常住人口继续保持向城市群、城市密集区和城市市区聚集的态势，2015 年，长三角 26 个城市总人口 1.5 亿人、京津冀 1.11 亿人、珠三角 5715.19 万人，流动人口也表现出同样的聚集态势。根据第六次全国人口普查数据，2010 年东部地区省外流入人口现住地为城市街道的比重为 69.9%，较十年前上升了 15.3 个百分点，而现住地为镇和乡的比重分别下降了 6.6 个和 8.8 个百分点。省级层面上，除上海外，其他省（市）省外流入人口均更加向城市地区聚集，增长幅度较大的为广东、天津、山东、福建等。上海市域范围内，省外流入人口已出现从城市市区向外围镇区乃至乡村地区转移，而其他东部省份仍表现为向城市市区的集中，这反映了省外流入人口的地域选择倾向仍然偏向于城市市区，同时也受到一些地区行政建制调整、产业结构调整和经济

活动空间布局调整的影响。具体如表 7-4 所示。

表 7-4　2010 年东部地区省外流入人口现住地结构及变化　　单位:%

	城市	较 10 年前增长	镇	较 10 年前增长	乡	较 10 年前增长
北京	83.3	2.8	6.7	0.9	10.0	-3.7
天津	82.4	21.2	10.6	-16.7	7.0	-4.6
河北	46.7	1.3	32.6	17.1	20.8	-18.4
上海	71.1	-9.1	16.4	6.8	12.5	2.4
江苏	57.1	7.3	15.4	-1.4	27.6	-6.0
浙江	48.6	4.0	25.7	1.0	25.7	-5.0
福建	62.8	12.8	17.7	-0.5	19.6	-12.2
山东	73.0	15.3	13.4	-0.1	13.6	-15.2
广东	82.0	33.1	9.0	-18.1	9.0	-15.0
海南	65.0	5.4	19.1	3.3	15.9	-8.7
东部地区	69.9	15.3	14.6	-6.6	15.5	-8.8

资料来源: 第五次、第六次全国人口普查数据。

不过, 流动人口流向中心城市的比例有所下降。据《中国流动人口发展报告 2016》, 中心城市吸收跨省流动人口的比例仍然高达 50% 以上, 但是较之前出现下降。2015 年与 2013 年相比, 这一比例下降了 1.9 个百分点。而与此同时, 中心城市以外的其他城市和地区吸纳省内农村户籍流动人口的比例增加了 4.9 个百分点, 逐渐成为吸收省内农村户籍流动人口的主要地区。总体而言, 流向人口规模压力较大中心城市的比例下降趋势明显, 而压力较小的中心城市, 仍然具有显著的吸引力。2015 年末, 上海外来常住人口数同比减少了 14.77 万人, 15 年来首次出现外来常住人口负增长的情况, 2016 年该市外来常住人口再次出现下降。2016 年, 北京的常住外来人口减少了 15.1 万人, 为 18 年来首次减少。2016 年天津外来人口为 507.54 万人, 比上年增加 7.19 万人, 相对于 2015 年新增 24.17 万人、2014 年新增 35.27 万人、2013 年新增 47.95 万人而言也出现了明显下降。其他城市, 如广州和深圳, 外来常住人口呈现不降反增的态势。统计数据显示, 2016 年深圳外来常住人口为 786.04 万人, 比上年增加 3.14 万人。广州 2016 年的外来常住人口为 533.86 万人, 比上年增加 37.94 万人。

3. 城市内部外来人口开始由中心城区向外扩散

在东部地区城市内部，流动人口开始由中心城区向外围地区扩散。一方面，东部地区城市，尤其是大型城市中心城区人口规模压力普遍较大，调控政策更加严格。而且中心城区产业结构优化升级后对外来人口，尤其是低层次外来人口的吸纳能力显著下降。另一方面，城市外围地区，尤其是发展新区基础设施与公共服务水平大幅提高，入驻企业等创造的就业机会也显著增加，吸引外来人口的到来。

例如，北京近十年来，外来人口在空间上的分布发生了显著的变化（见表7-5）。首都功能核心区外来人口规模自2010年起波动减少，远郊生态涵养发展区几乎不变。而处于城市近郊的功能拓展区和城市发展新区，外来人口增长势头强劲。2005年以来，这一区域外来人口占全市外来人口的比重一直维持在80%以上，2015年已高达86.6%。另外，十年来，此区域外来人口占本区域常住人口总量的比重上升了近16个百分点，目前的数据为43.04%，即这一区域近一半的人口为外来人口（见图7-3）。

表7-5　北京近十年外来人口空间分布变化　　　　　　　　　　　单位：万人

年份	2005	2010	2011	2012	2013	2014	2015
首都功能核心区	36.4	54.7	53.4	54.5	55.4	54.0	51.7
城市功能拓展区	209.2	379.1	400.0	413.0	426.0	436.4	437.4
城市发展新区	94.4	240.0	257.7	275.1	289.6	296.9	302.2
生态涵养发展区	17.3	30.7	31.1	31.2	31.7	31.4	31.3

资料来源：《北京区域统计年鉴2016》。

（二）人口流动的影响因素

人口流动的主要动因是预期收入的地区差异，东部地区较多的就业机会与较高的就业收入吸引了大量跨区域人口流动。同时，由于东部地区内部也存在显著的发展差异，区内人口流动规模也很大。尽管整体上流动人口依然呈现出继续向东部集中的态势，但有些潜在因素已经发生变化，引领着人口流动的区域格局发生改变。近年来，外来人口增速放缓已成为东部地区的共同现象，上海、北京等已出现外来常住人口总量减少的趋势。

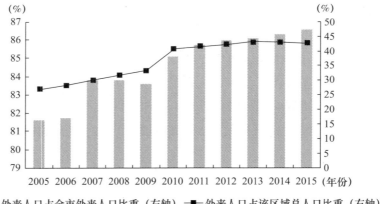

图 7 – 3　北京近郊区外来人口占比及变化趋势
资料来源：2006～2016 年《北京统计年鉴》。

1. 区域多元化发展格局促进中西部外出人口回流

近年，国家提出构建"四大板块"和"三大轴带"相结合的区域发展格局，其中"四大板块"战略包括东部地区优先开发、中部崛起、西部大开发和东北振兴战略，"三大轴带"指"一带一路"、京津冀协同发展和长江经济带三个支撑带。此"4＋3"格局有利于促进我国区域经济均衡发展，也会一定程度上改变我国人口迁移与流动过度向东部地区集中的态势。中西部等其他地区经济的快速发展吸引了部分外出人口的回流。2012 年浙江全省人口增速比 2000～2010年的十年间平均增速低 1.27 个百分点，已经进入人口平稳发展阶段。引起全省常住人口增速趋缓的主要原因是外来人口的逐步回流。

据《中国流动人口发展报告 2016》，流动人口的区域分布较之前发生了一定变化。2013 年，东部地区流动人口占全国流动人口的比例为 75.7%，西部地区为 14.9%；2015 年的相应比例分别为 74.7% 和 16.6%（见图 7 – 4）。另据《国家新型城市化报告 2015》，我国东部地区的农民工数量为 16489 万人，占全国农民工总量的 59.6%，与 2010 年相比，这两项数据分别减少了 277 万人和 7.3 个百分点。由此可见，东部地区依然是流动人口和农民工最集中的地方，但聚集程度有所下降。

图 7 - 4 2013 年与 2015 年流动人口区域分布及变化

资料来源：国家人口和计划生育委员会流动人口服务管理司. 中国流动人口发展报告 2016 ［M］. 北京：中国人口出版社，2016.

2. 东部地区经济转型与管理升级对低层次流动人口产生挤出效应

总体上，我国目前流动人口的素质结构还偏低，文化程度、专业技能等形势不容乐观。即便是东部发达地区的大型城市，外来劳动力中初中及以下文化程度的普遍占主流，约占 70% 左右，普通打工者是主要群体。而东部地区整体发展水平较高，尤其有些区域已经进入经济发展的相对高级阶段，产业结构调整力度加大，生态环境治理加强，城市规划与管理不断完善。在这种背景下，城市劳动密集型产业、低端产业、非正规经济活动等逐渐被疏解或清除，非法出租屋、非法劳务市场等被清理整顿，许多低层次外来人口失去了就业机会与生存空间，只能选择离开。

以北京为例，2016 年各区普遍设定人口 "天花板"，并采取了一系列调控、疏解措施（见表 7 - 6）。2017 年 1 ~ 2 月，全市共拆除违法建设 590 万平方米，为去年同期的 68 倍。同期，查处占道经营违法行为 1.67 万件，整治无证无照经营 1602 户，整治 "开墙打洞" 1110 处。全市还对纳入 "开墙打洞" 台账的有照主体实施工商登记限制，对业主及经营者进行信用联合惩戒；在 100 个城乡接合部市级挂账重点地区责令停产停业存在安全生产隐患的企业 303 家，关闭取缔违法违规企业 132 家，整改食品药品安全隐患 200 处，停租存在安全隐患的出租大院 26 个；疏解退出一般制造业企业 71 家，清理整治 "散乱污" 企业 735 家。

表7-6 北京各区人口控制目标及主要疏解措施

	现有（2015年）常住人口（万人）	目标控制人口（万人）	主要疏解措施
东城和西城	220.3	187（2020年）	生产制造业企业全部退出
朝阳	395.5	374.1（2017年）	疏解区域性市场；疏解腾退一般性制造业；实施拆迁腾退项目
海淀	369.4	312.6（2020年）	疏解部分教育功能、培训机构；拆除违法建设
丰台	232.4	195.5（2020年）	长途客运站疏解；清退区域性市场；清理整治一般制造业
石景山	65.2	61.6（2017年）	关停非法幼儿园；拆除违法建设；调整升级商品交易市场
昌平	196.3	206（2017年）	向京外疏解批发市场
大兴	156.2	170（2020年）	专项治理与挂账地区清理整治；清除流动人口违法聚集场所；新机场区域房业限控
通州	137.8	160（2020年）	清退落后产能企业、污染企业、未上账小企业
顺义	102.0	130（2020年）	以业控人

资料来源：《北京统计年鉴2016》；李泽伟. 北京市9区划定人口天花板［N］. 北京青年报, 2016 - 12 - 22.

3. 集聚—扩散格局的变化

过去很长一段时间，从空间角度上看，我国经济发展都以集聚为主，具体体现在向发达地区集聚，向城市群、城市密集地区集聚，向中心城市集聚，向城市中心城区集聚等，但近年来在多种因素的作用下，经济活动、经济要素在向上述区域集聚的同时开始出现扩散。宏观层面上，发展中地区尤其是发展速度加快的地区，城市群中的中小城市、中心城市外围辐射地区，吸引力显著增强；微观层面上，城市郊区、城市新兴开发地区，吸引力显著增强。

（三）人口流动对东部地区人口城市化的影响

作为全国现阶段最主要的人口迁入区，东部地区外来人口规模巨大，在本地常住人口中的占比程度高，流动人口的数量、结构与流向变化等对该区域人口城市化均产生了重要的影响。

1. 带动常住人口城市化水平快速提高

过去30多年，外来人口在对东部地区经济发展做出突出贡献的同时，也促进了该区域人口城市化，尤其是常住人口城市化水平的快速提高。一方面，外来人口中多数进入了东部的城镇地区，直接促进了该地区城镇人口数量的上升；另一方面，外来人口的大量涌入，推动了东部地区制造业、服务业等的快速发展，工业化、现代化、城市化互相促进，共同发展。

2. 加大户籍人口城市化率压力

已有数据分析显示，外来人口规模越大的地区和城市，其户籍制度改革的进程相对越慢。《社会体制蓝皮书：中国社会体制改革报告》显示，2016 年我国户籍人口城市化率最高的 10 个城市依次为珠海、南京、西安、太原、大连、青岛、兰州、银川、沈阳和成都。东部地区，尤其是外来人口规模特别大的大型城市并不在其列。发达的地区拥有较多的就业机会与发展机遇、拥有较先进的基础设施与公共服务水平，这些都对外来人口产生了强大的吸引力。由于外来人口规模很大，这些地区的吸纳能力与外来人口的需求之间还有显著的差距，而且这些地区人口市民化成本也相对更高，因此户籍改革难度更大，推进速度更慢。东部地区提高户籍人口城市化率的压力也更大。

3. 一定程度上会改变人口城市化空间格局

如前所述，今后全国人口流动格局将迎来一些新的变化，在这个变化过程中，东部地区流动人口的总体规模会有所下降，流动人口的结构将进一步得到调整与优化，这将会促进该地区城市化水平增速放缓和城市化质量的有效提升。

而且，东部地区内部流动人口的分布格局也会在城市群内中心城市与外围地区之间、大城市与中小城市和小城镇之间，乃至城乡之间发生一定变化，这也将会改变东部地区人口城市化的空间分布格局。今后，东部地区人口城市化的重点将更多地转向城市群中心城市之外的地区、中小城市和小城镇，同时乡村城市化进程也将进一步加快。

三、农业转移人口的市民化

东部地区作为我国乡城迁移人口的重要迁入区和城市扩张速度较快的区域，新增城镇人口规模巨大，安置难度也更大。1982 年以来，东部地区新增城镇人口达 2.63 亿人。现阶段，我国新增城镇人口构成中，包括城镇自然增长人口、行政区划调整导致的统计上新增城镇人口、城郊失地转居人口，以及进城的农业转移人口。相比较而言，进城农业转移人口的市民化问题最为突出并迫切需要解决。这一群体的就业领域、居住场所、生活环境等都从原来的乡村模式转变为城镇模式，而受经济、制度与文化等多重因素的影响，他们中的许多人虽然身在城镇，但并没有完全实现市民化，即他们与城镇居民之间仍然存在一些显著的差异，并未完成市民化进程。

（一）农业转移人口的市民化需求

农业转移人口，有时也被称为农民工，是指户籍在农村，原来从事农业生产，现转向农业之外的部门与行业的人口。因此，在城市化过程中，这一群体成为新增城镇人口的重要来源之一。东部地区一直是全国农民工的主要输入地，尽管 2016 年在东部地区务工的农民工无论是数量还是占全国的比重均较上年有所下降，但总量规模依然很大，市民化的需求也较大。据国家统计局发布的《2016 年农民工监测调查报告》，2016 年，在东部地区务工的农民工为 15960 万人，占全国农民工总量的 56.7%。而在这个数量较大的群体中，在城镇拥有自购住房和稳定就业的农民工并不多，更不用说享受完善的社会保障和公共服务等权利，因此东部地区农业转移人口市民化的需求和压力还是比较大的。

（二）农业转移人口市民化的难点

东部地区是近期我国农业转移人口市民化的主要阵地，尽管这一地区整体上经济较发达、就业机会多、基础设施和公共服务水平高，但也面临着一些推进市民化进程的困难，主要表现为资源环境承载力有限、供需关系紧张、市民化经济成本高、对市民化人口就业结构与技能结构等要求较高、农业转移人口市民化意愿出现下降等。

1. 市民化的经济成本高

新增城镇人口市民化涉及基础设施建设、社会保障水平提高、公共服务与社会福利的推广等，需要政府、企业与新增城镇人口的共同努力并付出相应的成本。

东部地区由于经济发展程度高，基础设施、公共服务水平以及生产生活成本均较高，因此相对而言，人均市民化成本比其他地区更高。有学者测算，我国市民化人均公共成本平均约 13 万元，其中东部 17.6 万元、中部为 10.4 万元、西部为 10.6 万元。

针对不同规模与类型城市而言，一般情况下，规模越大、行政级别越高的城市，市民化成本越高。东部地区拥有 3 个直辖市（全国共 4 个）、6 个市辖区常住人口超 1000 万的超大城市（全国共 10 个）、8 个副省级城市（全国共 15

个），市民化成本显著高于其他地区。例如，据《国家新型城市化报告2015》，2015年，广东省东莞市从城市基础设施建设费用、城镇公共管理成本、随迁子女教育成本、社会保障与就业成本、公共卫生与计生服务成本、文化体育与传媒成本和住房保障七个方面对本市市民化成本进行测算，市民化成本（政府投入部分）支出为7.46万～16.53万元/人。

除了公共成本外，还有企业成本和个人成本。其中，个人成本也是市民化成本中不容忽视的部分。个人需承担的成本与市民化城市的物价水平密切相关，生活消费品价格，尤其住房价格差异（东部地区不同规模和级别城市住房价格）将影响新增城镇人口落脚城镇之后的成本支出。据统计，在东部地区和西部地区务工的农民工生活消费支出增长快于中部地区，尤其是东部地区务工的农民工居住支出增长最快。

与外来农民工市民化相比，东部地区一些经济发达的大规模城市，失地农民转居市民化的成本有时更高。以北京为例，有学者调查测算了农民整建镇转居的成本，在集中城市化地区，人均51.2万元，其中拆迁建设费用27.1万元、人员安置（社保）费用23.9万元；在非集中城市化地区，人均成本约20万元。

2. 农业转移人口的竞争力偏低

农业转移人口市民化是一种必然趋势，但这个过程中需要多方面的努力，当然最离不开的就是农业转移人口自身的状况。而我国目前农业转移人口各方面竞争力都还偏低，《2016年农民工监测调查报告》显示，全国初中及以下文化程度的农民工占全部农民工的比例高达73.6%，仅有32.9%的农民工接受过农业或农业以外的技能培训。东部地区农业转移人口的竞争力也不容乐观，情况大致与全国相同。由于受教育程度和就业技能等因素的影响，2016年在东部地区务工的农民工月收入为3454元，远低于同期该地区就业人员的平均月工资5240元。

除此之外，大部分农业转移人口进城时的资金储备状况不佳。他们的资金储备主要来自于之前的资本积累和农村资源的转化。从事农业部门生产的积累受大环境的影响有一定局限，而农村资源转化主要来自于土地与房屋，按我国现有形势，土地承包权的收益以及农村房屋收益等都还有待于进一步实现与提升。因此，农业转移人口普遍存在知识技能、文化素养、资本积累等多方面的竞争劣势，为他们进城之后的立足与进一步发展带来了一些不利影响。

3. 市民化意愿出现下降

近年，多个部门与研究者的调查显示，我国农民市民化意愿出现下降。概括而言，导致农民市民化意愿下降的因素有两个方面：一是认为城镇户口已没那么重要，国家对农村地区和农业人口的政策向好增强了人们拥有农村户籍身份的认同感和未来发展期望；二是认为只要一个城镇户口也没多大实际作用，在城里买不起房、找不到好工作、享受不了一样的社会福利与保障，进城没什么用。农业转移人口市民化意愿出现下降，从不同的侧面反映了我国现有城市化政策所取得的进展和存在的问题。

（三）农业转移人口市民化战略

我国包括东部地区城市化发展还处于中期阶段，今后相当长的一段时期内，农业转移人口总体规模还会扩大，农业转移人口的市民化问题还需要大力解决。在总结现有市民化进展与特征的基础上，应制定更有针对性、更高效的市民化战略。

1. 积极推进都市圈和城市群内中心城市外围城镇的人口市民化进程

近年，我国针对不同规模城镇给出了差异化的落户条件限制，中小城市和小城镇作为未来吸纳新增城镇人口的主要阵地，落户条件越来越宽松。东部地区都市圈和城市群发育水平较高，分布密度大。中心城市外围地区区位条件较好，在中心城市的辐射与带动下产业发展前景看好，近期表现出较强劲的经济增长势头，就业机会增多，具有吸引人口进入的有利条件。今后应充分发挥中心城市外围中小城市和小城镇对市民化人口的吸纳作用与潜力，既可以减轻中心城市过大的压力，又可以切实带动外围地区的快速发展，另外，也较符合目前我国新增城镇人口个人市民化成本承担能力。据《2015 年农民工监测调查报告》，2015 年我国外出农民工在直辖市和省会城市务工的月均生活消费支出人均为 1106 元，比上年增长 8.4%；在地级市务工的月均生活消费支出人均为 1043 元，增长 7.7%；在小城镇务工的月均生活消费支出人均为 892 元，增长 4.5%。

推进都市圈和城市群内中心城市外围城镇的人口市民化进程，应在中心城市的辐射与带动下，加强外围中小城市和小城镇的基础设施与公共服务建设，让新增城镇人口在能实现就业的同时，也拥有生活上的便利与保障。

2. 提高新增城镇人口的自身竞争力

国家政策鼓励、引导和迁入城市的接纳能力提升，可以为人口市民化提供外部保障，但真正让新增城镇人口过上市民化生活还得靠其自身竞争力。无法承担和适应市民化之后的成本与生活，是阻碍与困扰我国人口市民化的重要因素。有研究表明，拥有不同文化程度的人口市民化程度有显著差异，两者呈现显著正相关关系，而且职业教育比普通教育更能提高农业转移人口的市民化水平（见表7-7）。提高新增城镇人口的竞争力，既要加强对其知识技能与文化素养的培训，尤其是职业技能培训，也要促进其拥有资源的价值化进程。农村土地与房屋权利的认定与收益资产化等，可以为进城人口提供资金上的支持。

表7-7　不同教育层次农业转移人口市民化程度综合评价　　　单位:%

类型	小学及以下	普通初中	普通高中	中职教育	高职教育	本科及以上
综合市民化程度	17.03	27.22	37.68	54.00	70.15	76.49
文化融合	23.58	38.44	57.41	54.65	61.22	72.73
经济地位	26.42	40.56	49.85	60.03	74.75	82.73
社会适应	16.20	27.29	42.23	51.19	67.67	73.87
心理认同	15.78	21.37	29.42	53.73	71.21	76.56

资料来源：辛宝英. 农业转移人口市民化程度测评指标体系研究［J］. 经济社会体制比较，2016（4）：156-165.

3. 拓展市民化内涵与形式，提升市民化人口生活品质

农业转移人口市民化绝不只是户籍身份的变更，也不只是就业领域与经济收入水平的变化，而是生产、生活、社保、社交、文化、心理、认识等各个方面有机融入城镇。目前，东部地区农业转移人口市民化进程中，既有硬性的约束，如农业转移人口在城市购房压力大，实现稳定就业、高端就业难；也有软性的限制，如短期内有机融入城市文化和社交网络等存在一定困难。

东部地区作为我国城市化的先行区、示范区和新增城镇人口的重要分布地之一，应在农业转移人口市民化方面积极探索、勇于创新，拓展市民化的内涵与形式，真正让市民化人口过上有保障、有品质的生活。不仅要有效解决农业转移人口的户籍身份问题，更要通过农村土地、房屋资产收益制度创新和城镇住房保障措施改革、管理水平提升，以及完善基础设施与公共服务配套等，尽快切实解决农业转移人口长期的就业与生活保障问题。

第二节　土地城市化

城市化是乡村社会向城镇社会全面转型的过程，人口、产业和土地都将发生显著的变化。作为城镇经济社会活动的空间载体，土地的城市化过程必不可少。

一、城镇空间扩张与土地流转态势

城市化必然带来城镇建设用地的扩张和农业用地的流转。我国过去 30 多年的快速城市化进程中城乡用地结构发生了巨大变化。

（一）城镇空间快速扩张

改革开放以来，中国进入了人类历史上前所未有的快速城市化进程，1981～2003 年，仅用 22 年时间就将城市化率从 20% 提高到 40%，而英国完成这一过程用了 120 年，法国用了 100 年，德国用了 80 年，美国用了 40 年。如此快速的城市化主要是建立在城镇空间扩张基础之上。东部地区作为我国工业化和城市化的先行发展区，城市空间扩张势头迅猛。东部 10 个省（市）占全国国土面积的 9.7%，但 2015 年城市建设用地面积占全国的比重却高达 48.1%。2013 年，东部地区建成区面积共计 22027.4 平方千米，较 2002 年增长了一倍。1978～2011 年，上海、北京、广州、天津、南京、杭州等特大城市的建成区面积分别扩大了 8 倍、6.5 倍、14.5 倍、7.8 倍、8.1 倍和 15.3 倍。与 2004 年相比，2015 年东部地区城市建设用地共增加了约 10000 平方千米（见图 7-5），其中江苏、山东、广东等省的城市建设用地增长量都接近 2000 平方千米。

（二）新城新区建设势头迅猛

城市化是现代化的必由之路，是经济发展的引擎，也是当代中国最重要的社会结构变化之一。新城新区是城市化的主要载体。伴随着城市化进程，城市发展往往会出现空间拥挤的问题，需要建设新城新区，承接产业和人口转移，疏解城市功能，拓展城市发展空间。20 世纪 90 年代以来，我国开始大力推进新城新区建设，对于疏解城市功能、推动产业结构转型升级、改善城市人居环境、提升城市发展质量发挥了重要的作用。我国城市化率从 1978 年的 17.9% 提高到

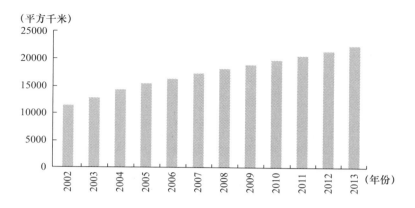

图 7 - 5 2002 ~ 2013 年东部地区建成区面积增长情况

资料来源:《中国城乡建设统计年鉴2014》。

2016 年的 57.4% , 也离不开新城新区这一载体的贡献。东部地区新城新区建设更是在全国处于领先地位。

据国家发改委中国城市和小城镇改革发展中心发布的《中国新城新区发展报告 2016》, 截至 2016 年上半年, 全国县及县以上的新城新区数量已超过 3500 个。其中, 国家级新区 17 个, 各类国家级经济技术开发、高新区、综合保税区、边境经济合作区、出口加工区等约 500 个, 各类省级产业园区 1600 多个, 较大规模的市产业园 1000 个。此外, 还有上万计的县以下的各类产业园。表 7 - 8 显示, 东部地区国家级新区共 7 个, 占全部国家级新区的 41.2% ; 各类国家级开发区共 217 个, 占全部国家级开发区的 43.4% ; 省级和较大规模的市级产业园共 1173 个, 占全部此类产业园的 36.9% 。

表 7 - 8 东部地区新城新区数量与分布

	国家级特区	国家级新区	国家级开发区	省级、较大规模市级新城新区
北京	—	—	4	30
天津	—	1	9	41
河北	—	1	14	152
山东	—	1	35	190
江苏	—	1	67	168
上海	—	1	16	48
浙江	—	1	25	153

	国家级特区	国家级新区	国家级开发区	省级、较大规模市级新城新区
福建	1	—	22	155
广东	3	1	22	215
海南	1	—	3	21
东部合计	5	7	217	1173

注：国家级开发区包括经济技术开发区、高新技术产业开发区、综合保税区、边境经济合作区、出口加工区等。

国家级层面上，东部地区的江苏和山东新城新区数量最多，尤其是江苏省拥有67个国家级开发区，远远超过其他省份，其次为山东，有35个。省级层面上，东部地区的广东和山东新城新区数量最多，广东平均每县（县级市、市辖区）1.78个，山东平均每县（县级市、市辖区）1.37个①。

东部地区有些新城新区，特别是国家级新城新区在本市经济地位与贡献上具有突出的表现。其中，天津滨海新区、上海浦东新区、浙江舟山群岛新区和青岛西海岸新区四个国家级新区GDP占本市GDP的比重基本都在30%以上，而且总体保持稳定增长态势（见表7－9），显著高于中西部国家级新区对本市经济的贡献。但是同时也有很多新城新区存在开发过度、盲目上马、效率低下、人口产业吸引力不足和过分依赖房地产拉动等不良现象。

表7－9　2013年与2015年东部部分国家级新区对本市的经济贡献　单位:%

	2013年GDP占全市GDP比重	2015年GDP占全市GDP比重
天津滨海新区	56	56.2
上海浦东新区	30	28.7
浙江舟山群岛新区	100	100
青岛西海岸新区	28.3	30.1

资料来源：《国家新型城镇化报告2015》《中国城市统计年鉴2016》。

（三）农用地流失严重，城市边缘区大量优质农田被破坏

城市化的发展需要充足的空间，这种空间大多来自于农村土地，尤其是城市周边农村土地的流转。城市边缘区被认为是目前全球范围内LUCC（土地覆

---

① 数据来源于《国家新型城镇化报告2015》。

被/土地利用）最剧烈、人地系统矛盾最尖锐的地区。城市化使该区域大量优质农田被破坏，农业发展受到严重冲击。20世纪中后期，美国每年因城市化而失去的优质农田在39万~76万英亩（约15.8万~30.8万公顷），近年中国在快速城市化背景下这一形势更为严峻，大量农用地发生流转，变为建设用地。1988年，东部地区耕地面积占全国耕地面积的比重为26%，到2014年，这一比重下降为19%；粮食产量也由2003年占全国比重的30.7%下降至2015年的24.1%。

二、土地城市化与土地财政

城市化是一个综合的过程，尤其在人口城市化的同时，土地城市化也是一个重要的方面。

（一）东部地区土地城市化水平与发展趋势

土地城市化是从城镇建设用地扩张角度来反映城市化态势的，一般用城镇用地占区域土地总面积的比重来表示土地城市化率。关于城镇用地的衡量，目前较常用的有统计上的城市建设用地面积、卫星遥感数据，还有卫星搭载传感器上获取的夜间灯光提取数据。此处用城市建成区面积占区域总面积比重计算了东部地区的土地城市化水平，观察了其近年变化趋势，并与全国水平进行了比较（见图7-6）。

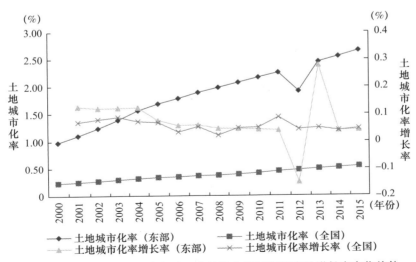

图7-6　2000~2015年东部地区土地及全国城市化率及增长率变化趋势

资料来源：EPS数据平台—中国城市数据库。

由于东部地区是我国城镇分布密集的地区，因此城市化水平也在国内处于领先地位。从图7-6可以看出，东部地区21世纪以来土地城市化率呈显著增长态势，而且高于全国平均水平。其他学者利用遥感等数据测度了1992~2010年东部地区土地城市化水平，得出：沿海经济区土地城市化水平均远高于内陆经济区，北京、上海和天津土地城市化水平高于其他内陆省份，江苏、广东、山东和浙江等土地城市化水平也相对较高。因此，近二三十年来，东部地区土地城市化水平一直维持在全国前列。不过，东部地区土地城市化率增长率总体上呈波动下降趋势，且最近两年已经开始低于全国土地城市化增长率的平均水平。

（二）土地财政的形成与终结

1. 土地财政的含义

土地财政，总体而言指政府依靠出让土地使用权的收入来满足本地财政支出需求的做法。具体而言，土地财政又包括两部分：一是与土地有关的税收，如耕地占用税、房地产和建筑业等的营业税、土地增值税等；二是与土地有关的政府非税收入，如土地租金、土地出让金、新增建设用地有偿使用费、耕地开垦费、新菜地建设基金等。

我国土地财政是伴随着快速城市化过程中城市建设的迅猛发展而产生的，地方政府通过出让土地使用权获得了大量资金来源。2001年全国土地出让收入占地方财政收入的比重为16.6%，2009年已上升为48.8%，期间有几年甚至超过50%。这种土地财政某种程度上解决了一些地方政府财政资金困难问题，并带动了城市建设、房地产开发和其他一些行业的快速发展，但是也引发了产能过剩、土地浪费、开发过度等一系列严重后果。

2. 东部地区土地财政现状

东部地区在快速城市化过程中也存在突出的"土地财政"现象，用土地出让转让收入占地方财政一般预算内收入的比重来表示，2006~2012年东部地区城市土地财政状况如表7-10所示。可以看出，东部各省份情况存在一定差异，天津和上海土地出让转让收入占地方财政一般预算内收入的比重一直很低，多数年份甚至不足1%；江苏、浙江、广东、河北等省份土地财政规模呈波动变化，但整体比重多维持在10%左右；福建、山东和海南等省土地财政占比也呈波动变化趋势，整体水平较高。这反映的是东部各省份城市层面的总体情况，具体到发展非常迅速的热点城市，土地财政的规模还是非常大的，如中原地产研究中心发布的数据显示,截至 2016 年 9 月,50 大城市卖地 1.77 万亿元,其中九成城市卖地收入超过百亿元,苏州、南京、上海、杭州卖地金额更是突破千亿元。

表 7 – 10 东部地区近年土地出让转让收入占地方财政一般
预算内收入比重(城市) 单位:%

年份	2006	2007	2008	2009	2010	2011	2012
北京	—	—	—	—	—	41.04	30.21
天津	0.11	1.52	1.20	1.31	0.42	0.23	0.45
河北	7.18	13.02	10.74	10.19	14.25	19.87	11.63
上海	0.75	0.48	1.40	0.87	1.16	0.36	0.64
江苏	11.23	12.25	14.91	17.56	9.62	9.61	8.08
浙江	14.17	15.63	14.75	13.31	15.12	12.48	7.28
福建	5.06	5.44	11.93	11.60	31.50	33.38	26.00
山东	4.89	17.45	17.49	19.87	27.64	24.17	14.29
广东	3.36	10.25	9.34	6.39	16.40	9.98	10.67
海南	1.31	11.47	23.22	35.36	4.96	27.57	24.59

资料来源:EPS 数据平台—中国城乡建设数据库。

3. "土地财政"难以为继

我国土地财政的形成与发展有其特定的时代与宏观背景,如中央与地方财政关系的变化、城市化的极速推进,以及地方经济发展的需求等。新型城市化背景下,"土地财政"难以为继。一方面,土地财政对地方经济发展的负面作用日益显著;另一方面,土地财政对民生的不利影响日益显著。在土地财政驱动下,一些地区的房地产开发进入失衡状态,不仅造成大量土地资源被占用,还造成高昂的房价、普遍较高的住房空置率等。土地流转给城郊农民带来生活上新的困境;城镇居民购房压力过大,城市无序蔓延使生活环境不断恶化;城市地区的土地出让收益大,导致城市政府资金积累丰富,在一定程度上提升了基础设施与公共服务能力,进一步拉大了城市与广大农村地区的差距。

对东部地区而言,城市化水平普遍较高,大型城市未来人口增长已出现一种新的格局,城市扩张难以为继;优质农用地已相当稀缺,土地流转后续资源储备不足,土地财政无法持续。因此,转变地区经济增长动力已成为新的选择。

依赖土地财政和投资拉动的时代已经过去，更多地要靠创新驱动和结构转型来带动实现经济增长。

三、土地城市化与人口城市化的关系

改革开放以来，土地城市化进程显著快于人口城市化进程，已成为我国城市化的一个重要特征。1992～2010 年，我国人口城市化水平年均增长率不及土地城市化水平年均增长率的 1/2。近年来，东部地区土地城市化与人口城市化速度的关系已经发生了一定改变，总体表现为两者之间的差距逐渐缩小。此处用土地城市化与人口城市化协调度，即建成区面积年均增长率/城镇人口年均增长率，来反映两者之间的关系。协调度为 1 时，表示土地城市化与人口城市化速度较为协调；大于 1 时，土地城市化快于人口城市化；反之人口城市化快于土地城市化。

2005～2015 年，东部地区建成区面积年均增长率为 4.75%，同期城镇人口年均增长率为 3.19%，土地城市化与人口城市化的协调度为 1.49。在四大区域中，东部地区该时期土地城市化与人口城市化协调度略逊于中部地区，而好于西部与东北地区。进一步分析发现，东部地区这一时期城镇人口年均增长率和建成区面积年均增长率均低于中西部地区，尤其是城镇人口年均增长率显著低于中西部地区，东北地区土地城市化与人口城市化协调度最差主要缘于其城镇人口年均增长率非常低，尽管建成区面积增长速度明显慢于其他地区，但仍然显著快于城镇人口增长速度（见表 7－11）。

表 7－11　2005～2015 年东部地区土地城市化与人口城市化协调度及与其他地区比较

	城镇人口年均增长率（%）	建成区面积年均增长率（%）	土地城市化与人口城市化协调度
东部地区	3.19	4.75	1.49
中部地区	3.81	4.78	1.26
西部地区	3.85	6.09	1.58
东北地区	1.25	2.93	2.35

资料来源：国家统计局网站；EPS 数据平台—环境数据库。

东部地区就内部而言，存在较显著的土地城市化与人口城市化协调度差异。2005～2015 年，协调度最差的是福建省，为 2.42，接下来依次为海南、山东、江苏、浙江、广东，协调度均大于1.5，且均高于东部地区整体水平，说明上述地区城镇建设用地土地扩张速度显著快于城镇人口增长速度。天津与河北土地城市化与人口城市化协调度在1左右，表明两地建成区扩张与城镇人口增加速度大致趋同。北京与上海则出现土地城市化与人口城市化协调度小于1的情况，尤其是北京仅为0.4，两者在近十年建成区面积年均增长率远低于其他省份（见图7-7）。这主要是这两大超级城市发展起步早，空间范围有限，城市开发进入了一个优化调整的时期，土地扩张速度较过去有了显著下降所造成的。

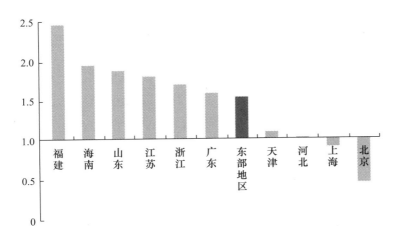

图7-7 2005~2015年东部各省（市）土地城市化与人口城市化协调度
资料来源：国家统计局网站；EPS数据平台—环境数据库。

以城市空间扩张为主的传统城市化模式使我国土地城市化推进速度非常快，甚至出现了与人口城市化和产业就业发展相脱节的情况。东部地区作为我国城市化起步较早、发展较快的地区，也存在同样的问题。不过，近年来，随着经济发展阶段的推进以及发展理念与发展方式的转变，东部地区土地城市化超前发展的态势得到一定程度的遏制。尤其是发展程度较高的大都市地区，如北京和上海，土地扩张基本处于微速发展甚至是停滞状态。同时，东部地区整体上人口城市化也进入了一个新的阶段，城镇人口增长率较之前也有所下降，因此，土地城市化与人口城市化的关系发生了一定变化。当然，有些地区某些年份建成区面积的增长情况某种程度上受撤县设市（区）等行政区划调整的影响。

第三节 城市化的冲突与矛盾

　　城市化的最终目标是让城市经济的集聚效应得到最佳程度的发挥，让城市文明得到最大限度的推广，并且使城市化与工业化、现代化相互作用，共同促进经济社会的良性发展。我国过去一段时间快速城市化进程取得了非常显著的成效，但也积累了一些冲突与矛盾，东部地区作为我国经济发展与城市化的先行区域，城市化过程中暴露出的冲突与矛盾在全国具有典型的代表性。

一、城乡与区域发展格局失衡

　　城市化是现代化、高效率城市生产生活方式向外推广的过程，因此城市化过程应是在城镇经济社会发展水平不断提高的同时，对乡村地区起到良好的带动与辐射作用；在中心城市优化提升的同时，使外围地区获得更快、更好的发展机会。但是在传统城市化背景下，我国城市化水平快速提高的过程中却出现了城乡关系与区域发展格局的失调。东部地区城市化进程中也存在城乡间与区域间发展的失衡问题。

（一）城市经济繁荣与乡村经济萧条并存

　　长期以来，我国经济社会发展一直具有显著的城乡二元结构特征，在经济空间方面即表现为城市经济空间与乡村经济空间的割裂共存（见图7－8）。这种二元割裂状态不仅对农业现代化发展和非农产业升级改造造成障碍，也对城市经济空间的持续健康拓展和乡村经济空间的升级改造形成制约。

　　二元结构状态下，城市与乡村的经济分工较为明确，即城市是第二、第三产业的集中分布地，是区域最主要的生产中心、消费中心和就业中心；而乡村主要承担第一产业的发展，是区域经济要素的输出基地，其中乡村剩余劳动力为城市经济发展提供劳动力保障，农业资源为城市非农产业发展提供原料支撑，乡村资金为城市经济发展实现积累与转化，乡村土地为城市经济活动拓展提供地域空间。

　　一直以来，城市都占据着我国区域经济增长核心（极）的地位。小城镇发展存在数量多、规模小、经济活力差等诸多问题，对乡村地区的带动作用甚微。

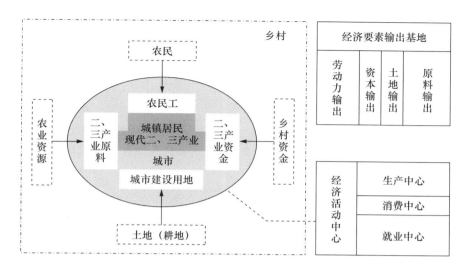

图 7 - 8 传统城市化背景下城乡空间互动机制

资料来源：刘玉．基于三产互动与城乡统筹的区域经济空间分析［J］．城市发展研究，2011，18（4）：48 - 53.

经济落后、产业单一、基础设施短缺、人民生活水平低下等特征代表了我国乡村地区的主要面貌，乡村经济空间相对孤立于城市经济空间存在却又被不断膨胀的城市经济空间所打乱。我国乡村经济形态普遍表现为松散、落后、粗放。孤立于现代二、三产业发展之外的传统农业作为乡村地区主导与支柱产业，由于生产规模偏小、生产组织方式落后而处于相对较低的发展水平。另外，由于农业产业链条发育不完善，城乡经济交流很少，乡村非农经济比重很低，经济活动密度偏小。

这种背景下，导致城乡之间存在着非常显著的发展差距，表 7 - 12 反映了2015 年我国各区域城乡居民可支配收入差距情况，2015 年东部地区城乡居民人均可支配收入比为 2.57，高于中部地区和东北地区，仅次于西部地区的 2.91。另外，2015 年东部地区城乡居民收入差异系数为 0.61，同样高于中部地区和东北地区，说明东部地区城乡居民收入水平的差异程度在全国属于较高的。

表 7 - 12 2015 年东部地区居民人均可支配收入差距及与其他地区比较

	城镇居民可支配收入（元）	农村居民可支配收入（元）	城乡居民收入比	城乡居民收入差异系数
东部	36691	14297	2.57	0.61

续表

	城镇居民可支配收入（元）	农村居民可支配收入（元）	城乡居民收入比	城乡居民收入差异系数
中部	26810	10919	2.46	0.59
西部	26473	9093	2.91	0.66
东北	27400	11490	2.38	0.58

注：城乡居民收入差异系数 = 1 −（农村人均可支配收入/城镇居民可支配收入）。

资料来源：据《中国发展报告2016》中相关数据计算而得。

省级层面上，除天津外，其余省（市）城乡居民收入水平比都大于2，差距较大的为北京和广东，均超过了2.5（见图7−9），其中北京在全国城乡居民收入比持续下降的大背景下却出现不断上升的趋势。城乡居民消费水平的差距整体上小于收入水平的差距，城乡居民消费水平比较大的省（市）为海南、广东和河北等。

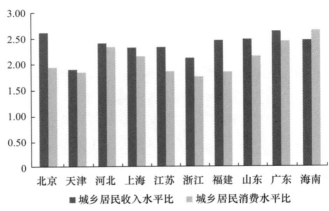

图7−9 2015年东部各省（市）城乡居民收入与消费水平比

资料来源：EPS数据平台—中国三农数据库。

城市数量的增加与地域面积的扩张是一个国家城市化进程中必然会出现的现象，但是单纯依靠地域空间扩张，即通过城市空间侵蚀乡村空间来支撑与实现城市化进程则是不合理且不可持续的。东部地区乡村城市化总体进展缓慢，只在少数乡镇经济、非公有经济发达的地区推进较快。城乡发展的巨大差距对推进乡村城市化造成一定障碍。

（二）中心城市过度发展与外围地区发育不足并存

二元结构状态下，区域经济活动表现为强大的向城市尤其是大城市、特大城市及城市群和城市密集地区集聚的取向。这种背景下，经济要素在区域间不是循环交流而是中心城市巨大的虹吸效应，中心城市经济繁荣与扩张的同时带来的是外围地区发育不足。

　　以京津冀地区为例，该区域内北京、天津两大中心城市发展水平远远高于外围的河北各市。比较 2005 年、2010 年和 2015 年三个时期各地区人均 GDP，发现河北除唐山和廊坊外，其余各市人均 GDP 不足北京和天津的 1/2，而且近年有些城市，如石家庄、保定、沧州、廊坊和承德等人均 GDP 与京津的差距在持续拉大（见图 7 - 10）。京津冀内部各地区经济份额变化也呈现出向京津地区集聚的态势。2000 年以来，北京、天津和河北在三地 GDP 总量中所占份额发生了显著的变化，总体上北京和天津两市 GDP 份额占比 15 年间增长了 12.3 个百分点，而河北则呈现相应的下降（见表 7 - 13）。具体而言，北京呈现波动上升趋势，天津一直呈上升趋势，河北呈持续下降态势。

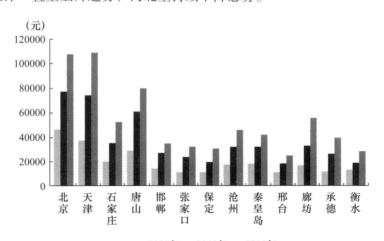

图 7 - 10　京津冀各地区人均 GDP 差距及变化趋势

资料来源：各年《中国城市统计年鉴》。

表 7 - 13　2000～2015 年京津冀经济份额占比及变化　　　　　　单位：%

	GDP 份额				2000～2015 年份额占比增长
	2000 年	2005 年	2010 年	2015 年	
北京	26.9	33.3	32.3	33.2	6.3
天津	17.8	17.9	21.1	23.8	6.0
河北	55.3	48.8	46.6	43.0	- 12.3

资料来源：各年《中国统计年鉴》。

要素流动也呈现出向京津中心城市极化的格局。一方面，人口分布持续向北京、天津集聚。2000~2015 年，北京和天津常住人口占京津冀常住人口的比重上升了 7.2%，河北则呈相应的下降趋势（见表 7 - 14）。具体而言，京津冀地区北京与天津为人口净流入区，河北的张家口、承德、保定和沧州等为人口净流出区。另一方面，资金流动也向北京和天津高度集中。2000~2014 年，北京的人均本外币存款余额增加了 5.5 倍，2014 年北京人均本外币存款余额是天津的 2.8 倍，是河北的 21 倍；2014 年，北京百元 GDP 贷款余额高出天津 100元，高出河北 150 元，区域差异十分显著。资金极化流动的态势显而易见。

表 7 - 14　　2000~2015 年京津冀人口份额占比及变化　　　　　单位:%

	常住人口占京津冀份额				2000~2015 年份额占比增长
	2000 年	2005 年	2010 年	2015 年	
北京	15.1	16.3	18.8	19.5	2.8
天津	11.1	11.1	12.4	13.9	4.4
河北	73.8	72.6	68.8	66.6	-7.2

资料来源：各年《中国统计年鉴》。

中心—外围地区的过度非均衡发展直接导致中心城市的压力过大和外围地区的发展滞后，同时也严重阻碍了城乡间、地区间的经济要素合理流动与密切经济联系的建立发展，使城市化的空间格局受到极大约束与限制。

（三）城市中心区与边缘区的发展差距显著

过去，传统城市化模式下，在重城市轻乡村、重中心城区轻外围地区发展的同时，在城市内部还存在重城市中心区轻边缘区的问题。这不仅导致城市边缘区（又称城乡接合部）普遍呈现"脏、乱、差"的特征，与城市中心区的"高、大、上"形成鲜明对比，也影响了城市整体发展质量与城乡协调发展进程。

由于功能定位、产业类型等的不同，城市各区域间不一定在人口密度与经济产出等方面达到绝对的均衡，但基础设施和公共服务，以及城市管理水平等应该处于大致相同的水平。而我国城市中心区与边缘区之间在交通、环境、卫生等基础设施建设水平与城市管理方面存在显著差异。东部地区城市化起步早、推进快，城市边缘地区在快速城市化过程中积累了更多的矛盾与问题，包括低就业技能、低收入水平、低消费能力、低社会保障人口聚集，非正规经济活动集中，基础设施建设滞后，空间景观杂乱无章，环境治安问题突出，以及土地开发混乱无序等。

二、生态代价与人文困境突出

整体上，东部地区人口与经济活动的分布密度较高，尤其城市群等城镇密集地区过度集聚造成了城市生态环境急剧恶化、城市周边大量优质农田被破坏、区域自然生态网络被打破等后果，生态代价高昂。另外，城市化在带给人们更大发展空间和更好生活条件的同时，也让大量城乡人口陷入严重的人文困境，幸福指数反而下降。

（一）城市病快速蔓延

现阶段，不仅超大城市、大城市存在地价上涨、交通拥堵、环境恶化等典型城市病症状，大多数中等城市甚至规模更小的城市也饱受这些问题的困扰，城市病蔓延趋势已较显著。

房价上涨过快已经成为大中城市的通病，2006～2015年，东部地区主要直辖市、省会城市和副省级城市等商品房平均销售价格年均增长率都在8%以上，最高的石家庄达到17.2%，深圳为15.4%，上海、海口、福州、南京、北京、厦门等年均增长率也都在10%以上（见图7-11）。上海易居房地产研究院发布

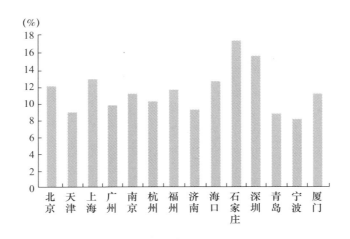

图7-11　东部地区主要城市10年间商品房平均售价年均增长率
资料来源：国家统计局网站主要城市统计数据。

的 2015 年度《全国 35 个大中城市房价收入比排行榜》显示，2015 年，房价收入比排名前十位是：深圳 27.7、上海 20.8、北京 18.1、厦门 16.6、福州 14.7、太原 12.2、天津 11.7、杭州 11.3、南京 11.3、广州 11.1。除了太原外，其他九个城市均位于我国东部地区。由于房价和收入的计算方法等有所不同，目前我国与国际上其他国家和地区的房价收入比难以准确地进行比较，不过东部地区现在普遍 10~30 的数值显然远超过了 3~6 的合理区间标准。房价的过快增长，尤其与收入增长的不匹配使城镇居民购房压力加大，生活幸福指数下降，另外，不合理的房地产价格及增长趋势会对投资与消费等产生不良影响，继而影响到其他产业的健康发展。

交通拥堵是困扰我国绝大多数城市的又一问题，东部地区城市尤甚。根据高德地图基于交通大数据基础上发布的我国主要城市交通情况分析报告，2014 年全国拥堵最严重的十个城市中有八个位于东部地区，2015 年东部地区仍有八个城市上榜，2016 年减少为六个。济南、北京、深圳、杭州、大连、广州几个城市交通拥堵情况一直非常严重。从总体趋势上看，东部城市拥堵情况在全国的排名有所好转，但拥堵最严重的三个城市中东部地区城市一直占据两个席位，交通拥堵情况仍然堪忧（见表 7-15）。需要注意的是，在大型城市交通拥堵情况在强有力和智能化的设施建设与管理提升的背景下有所缓解的同时，东部中小城市等的拥堵情况却在不断恶化。2016 年和 2015 年城市高峰拥堵延时指数排行榜前 60 位城市中，唐山、淄博、临沂、保定、镇江等均为新进榜的东部城市。

表 7-15　近年我国城市交通拥堵程度前十位分布及其变化

排名	2014 年第四季度	2015 年	2016 年
1	哈尔滨	北京	济南
2	北京	济南	哈尔滨
3	上海	哈尔滨	北京
4	杭州	杭州	重庆
5	济南	大连	贵阳
6	广州	广州	深圳
7	大连	上海	昆明

续表

排名	2014 年第四季度	2015 年	2016 年
8	福州	深圳	杭州
9	郑州	青岛	大连
10	深圳	重庆	广州

资料来源：高德地图发布的 2014 年第四季度、2015 年和 2016 年《全国主要城市交通情况分析报告》。

　　生态环境问题是目前东部地区面临的最严峻的问题之一，随着人们对环保、健康等问题的认识水平日益提高，这一问题的受关注程度越来越高。据环保部发布的全国 74 个城市①空气质量排名情况，京津冀城市群为空气质量的重灾区，2014～2016 年连续三年，该区域内城市位居最差空气质量 10 席中的 7 席以上（见表 7－16）。此外，水质恶化、地下水位下降、垃圾污染等生态环境问题在东部地区也普遍存在。

表 7－16　近年我国东部 74 个城市空气质量最差十位城市分布

排名	2014 年	2015 年	2016 年
1	保定	保定	衡水
2	邢台	邢台	石家庄
3	石家庄	衡水	保定
4	唐山	唐山	邢台
5	邯郸	郑州	邯郸
6	衡水	济南	唐山
7	济南	邯郸	郑州
8	廊坊	石家庄	西安
9	郑州	廊坊	济南
10	天津	沈阳	太原

资料来源：中华人民共和国环境保护部。

　　城市化不仅给城镇地区带来城市病，也给城市周边地区、外围乡村带来一系列负面效应，如人口持续减少造成的土地撂荒、房屋闲置，城镇建设用地快

---

　　①　74 个城市包括京津冀、珠三角、长三角区域及直辖市、省会城市和计划单列市。

速扩张造成的大量优质农田被破坏，特色村镇和传统文化的逐渐消失，以及工业排放造成的大气、水和固体废弃物污染等。

（二）农业用地急剧减少增加全国生态、粮食安全等风险

东部地区大多位于我国地形的第三级阶梯，尤其长江中下游平原、华北平原等地势平坦、土壤肥沃、水热组合条件较好、耕作历史悠久等，是我国历史上重要的农业产区，"苏湖熟，天下足"的说法久有留传。但是现在这些地区正是我国城市化的主要阵地，快速城市化过程中城市周边大量优质农田被破坏，城镇建设用地急增，农业用地空间遭受严重挤压。而这些宜耕土地农业功能的丧失及其造成的农作物产量损失，是需要其他地区加强耕作强度，甚至是有些不适宜耕作的生态缓冲区域被开发为农田来弥补的，实际上增加了全国的生态风险与危机。

表 7 - 17 显示，我国东部地区近 30 年粮食播种面积呈现持续下降态势，30年间东部地区合计粮食播种面积减少了 6664.3 千公顷，而同期全国粮食播种面积增加了 4479.1 千公顷。快速城市化背景下耕地面积减少、城镇建设用地增加是东部地区粮食播种面积下降的主要因素之一，当然也与该地区农业生产结构调整有一定关系。2015 年，东部地区粮食产量占全国的比重为 24.06%，较2000 年下降了 6.17 个百分点，而同期东北三省粮食生产占全国的比重却上升了7.75 个百分点，达到 19.3%。

表 7 - 17　东部地区粮食播种面积变化趋势及与全国比较　单位：千公顷

	1985 年	1995 年	2005 年	2015 年	2015 年较 1985 年增加
北京	511.4	434.1	192.2	104.5	-406.9
天津	445.9	443.3	287.7	350.0	-95.9
河北	6492.7	6829.5	6240.2	6392.5	-100.2
上海	450.3	343.9	166.1	161.9	-288.4
江苏	6432.5	5755.2	4909.5	5424.6	-1007.9
浙江	3271.2	2814.4	1510.8	1277.8	-1993.4
福建	1888.5	2017.3	1441.3	1193.2	-695.3
山东	7984.3	8131.6	6711.7	7492.1	-492.2
广东+海南	4465.5	4047.2	3210.6	2881.4	-1584.1
东部合计	31942.3	30816.5	24669.8	25278.0	-6664.3

续表

	1985 年	1995 年	2005 年	2015 年	2015 年较 1985 年增加
全国	108863.8	110060.4	104278.4	113342.9	4479.1

注：因广东与海南之间存在行政区划调整，故一起计算。

资料来源：EPS 数据平台—中国三农数据库。

东部地区粮食生产能力的下降极大地改变了我国粮食生产的空间格局。近年来，我国粮食生产地或重心逐渐由南向北、由东向中转移的态势已非常明显，这与总体上人口、非经济活动和就业呈现由中西向东、由北向南大量流动的空间格局正好相反。东部地区粮食消费规模和消费等级都明显上升，消费结构也呈现多元化趋势。生产水平下降而消费需求增加，对全国粮食生产与运输等产生重大影响。一方面，东部尤其是东部的南方地区水稻种植大幅减少，北方原先一些种植小麦、大豆的旱作耕地改种了水稻这种高耗水的作物，进一步加剧了我国北方水资源供应紧张的局面，将来会对中国的粮食安全构成威胁。而且北方地区过度开垦，也会造成土壤表层肥力流失、水土流失等不良后果。另一方面，东部地区粮食生产水平下降，加大了北方和中部地区粮食生产的集中性和强度，造成这些地区抗击自然灾害的压力上升。如果不加大力度缓解干旱和虫灾的威胁，未来中国粮食主产区可能遭受重大损失，严重威胁我国粮食安全。

（三）城乡人口幸福感和城乡人文环境和谐性有待提升

毫无疑问，过去几十年快速城市化、工业化进程使我国东部地区经济发展水平得到了极大的提高，城乡居民收入水平与生活条件等也得到了显著的改善。不过，与此同时，在社会、文化层面和精神领域方面还存在诸多问题，影响了城乡人口的幸福感和城乡人文环境的和谐性。

首先，城市居民的生活幸福感因城市规模快速扩张及其不断加剧的资源紧张、环境恶化、交通拥挤、房价上涨、就业压力等而日益下降。

其次，东部地区城市化率大幅提升的背景下，产生了以乡城迁移人口和失地农民为主体的大量新增城镇人口。近年来，这些人口融入城市的步伐不断加快，与城镇居民之间的差距也有所缩小，但两者之间仍然处于完全不同的水平。一方面，由于城市地域扩张引发失地农民和农转居人员数量激增，而他们普遍遭受着拆迁补偿、就业安置、社会保障等问题的困扰。另一方面，以进城务工为主要目的的流动人口长期处于"漂泊"状态，他们中的绝大多数人缺少稳定的就业、固定的居所、公平的社会保障、家庭的温暖以及社会的尊重，终日游走在城市的边缘，幸福感自然也无从谈起。

最后，由于城市经济的极化效应，各种有利的经济要素向城市集聚，乡村地区发展机会很少，发展的速度非常缓慢，农村居民生产生活水平提高的步伐受到影响。而且，大量农村剩余劳动力外出务工，受流入地接纳能力及各种制度约束，目前全国产生了约6000万名留守儿童（父母双方外出务工或一方外出务工另一方无监护能力、不满16周岁的未成年人）、约4000万名农村留守老人。他们的生计、健康、心理乃至安全都存在着严重的问题与隐患，幸福感也会受到很大影响。快速城市化背景下一些具有深厚历史文化的村落消失，还形成了大量的空心村，乡村文化与景观遭受严重冲击与破坏。

本章小结

近十年来，东部地区超越东北地区，成为全国城市化水平最高的地区。目前，整体上东部地区的城市化率达到近65%，除山东、河北和海南少数省份城市化率低于60%，继续保持较快速增长势头外，其他大部分省份城市化增长速度有所放缓。东部地区城镇人口相对于总人口的增长速度已有所下降，而且远低于中部、西部和东北地区。

东部地区较高的经济发展水平、较多的就业机会等吸引了大量外来人口涌入，使其成为全国最主要的人口流入地。省级层面上，除河北和山东以外的地区均为人口净迁入省，且净迁入量都较大。广东、山东和江苏等内部经济发展存在较大差异的省份，省内人口流动也非常活跃。总体而言，尽管近期全国人口流动格局略有变化，如中西部人口主要迁出区出现了部分回流趋势，但东部地区仍然保持着非常强大的人口吸引力。流动人口继续向城市群、城市密集区的城市市区聚集，不过流向中心城市之外地区的比例已有所增长。另外，在北京、上海等超大规模城市，受当地区域发展空间布局、产业结构优化升级和人口调控等因素的影响，流动人口出现了由中心城区向外围地区扩散的态势。外来人口的大量涌入，为东部地区城市化水平的提高、城镇经济建设等做出了重要贡献，同时也为城市基础设施和公共服务提出了巨大挑战，乡城迁移人口和城镇外围失地农民等新增城镇人口市民化进程中还存在许多亟待解决的问题。

东部地区快速城市化过程伴随着城市空间的快速扩张。近十年，东部地区建成区面积总体增长了一倍。如果追溯至20世纪后20年，有些特大城市建成区面积的扩张甚至高达十几倍。现在，东部地区占全国国土面积的9.7%，而城市建设用地却占到了全国同类用地面积的近一半。在全国新城新区建设迅猛增长的背景下，东部地区新城新区建设也非常火爆，据统计，截至2016年，东部地区国家级新区、各类国家级开发区、省级和较大规模市级产业园共计1397个，占全国同类新城新区的比例超过1/3。整体上，东部地区新城新区，尤其是国家级新城新区在本地经济中的地位与贡献较为突出，远高于其他区域，但是仍然普遍存在扩张太快、建设无序和效率不高等问题。东部地区土地城市化与人口城市化的关系近年已出现一定的变化，尤其是土地城市化超前发展的局面得到了一定控制，但仍有待于进一步优化，有些地区依然存在城市化进程中土地、人口与产业脱节发展的问题。

东部地区是我国经济发展的先行区与示范区，城市化进程取得了显著的成效，而积累的问题与矛盾在全国具有典型代表性，对其他地区也具有警示作用，主要表现为：①城市化速度与质量之间存在一定偏差。城镇人口占比增长较快，但新增城市化人口的市民化程度不高；城市空间扩张较快，但土地利用效率不高。②城乡与区域发展格局不协调。传统城市化的重点在于城市、中心城市和城市中心区，导致乡村地区、中心城市外围地区和城市边缘区发展失去机会，前后两者之间的发展出现非常明显的反差。③城市化造成的生态代价和人文困境突出。城市化带来经济繁荣和就业收入增加的同时，也导致了日趋严重的城市病，严重困扰着城镇居民的生活。城市化带来的非农经济迅速发展，严重挤压了东部地区农业生产与发展的空间，反过来给全国粮食生产、农产品供需和粮食安全等带来一定风险。另外，快速城市化进程极大地冲击了城乡居民原有的生活空间、文化氛围与人文情怀，人文困境越来越突出。

第八章　农业发展与城乡关系

　　城乡关系是影响中国经济发展与政治稳定的基础性问题。城市和农村的经济社会发展是否协调，不仅直接关系到我国"三农"问题是否能够得到稳妥性解决，还会对我国当前城市化的发展进程和现代化建设的顺利进行产生重要影响。

　　根据我国城乡关系在不同发展阶段的特征，大致可将其划分为四个阶段：初步城乡分离阶段、城乡对立阶段、城乡关系调整阶段以及统筹城乡发展阶段。中华人民共和国成立初期，我国选择了"工业先导、城市偏向"的发展战略和"挖乡补城、以农促工"的资金积累模式，城市发展速度较快，但工农业产品之间形成了巨大的"剪刀差"，同期农村的公共产品供给几乎为零，全社会的资源配置向城市倾斜，呈现出农村支援城市的城乡非良性互动局面。该时期的城乡关系以城市为中心，农村处于相对从属的地位，城乡关系在曲折发展中逐步分离。人民公社时期，国家的户籍管理、统购统销等一系列制度的确立使城乡联系完全割裂，阻止了城乡之间要素的自由流动，呈现出城乡对立的局面，形成了城乡分治的管理体制。改革开放后进入了城乡关系调整时期，农村家庭联产承包责任制的实施，极大地改善了农业发展环境，使农民的生产积极性得到了极大的提高，促进了农村生产力的解放；同时，资源配置开始由计划向市场转变，为城乡生产要素的流动创造了条件；而且，乡镇企业特别是沿海地区的乡镇企业得到了较快的发展，使农村、农民都有了较大的变化，城乡差距曾一度大大缩小。虽然城乡关系经历了改革开放之初的短暂协调，但是伴随着市场经济体制的建立，要素向更能带来高收益的城市流动和集聚，使城乡差距日益扩大。21 世纪以来，我国总体上已进入了以工促农、以城带乡的新阶段，党和政府先后出台了一系列惠农政策，统筹城乡经济社会发展，促进农民增收，城乡的经济政治地位逐步实现平衡，初步形成了城乡之间的良性互动。当前，户籍和金融方面正在通过探索进行改革，一些城乡统筹、城乡一体化试点地区已经取得了较好成效，城乡经济社会融合的新格局正在形成。城乡融合是一种城市与乡村之间关系密切协调、相互渗透、互为一体的新型关系。从本质上来讲，它是一种城市与乡村互为资源、互为市场、互为服务的过程。

改革开放之后，中国东部地区经济持续高速增长，综合实力显著增强，成为中国经济增长最具活力的地区。本章拟对东部地区的农业生产、城乡居民收入分配、土地利用结构及土地市场四个方面进行分析。

第一节　农业生产能力与农产品供给格局

（一）东部地区农产品生产变化

改革开放以来，东部地区的主要农产品（粮食、肉类、禽蛋、奶）产量在波动中不断增长，至今累计增产约 7600 万吨。由于耕地利用投入增加以及品种改良技术的推广，东部地区的单位面积粮食产量显著增加，使粮食作物的增量占到主要农产品增量的一半以上。但是，粮食产量在主要农产品总产量中的占比却从 1978 年的 98.2% 下降到了 75.7%。与 1983 年相比，2015 年东部地区的肉类、禽蛋以及奶制品产量均有较大幅度的提升，分别为 2062 万吨、999 万吨和 963 万吨。这表明，东部地区的农业生产结构越来越趋向于多元化。1983～1998 年，东部地区的粮食生产水平不断提高，但 2003 年左右，在全国粮食产量出现四连降的背景下，东部地区的粮食产量也出现了较大幅度的下滑，这主要是沿海地区城市化和工业化加速发展导致农业劳动力大量转移，农业生产比重大幅度下降，严重的"三农"问题使农民种粮收益得不到保障而丧失种粮积极性所导致的。中央政府采取了积极的政策措施，调动农民生产积极性，粮食产量逐渐回升。截至 2015 年，东部地区的粮食总产量为 14949.6 万吨，比 2003 年增加了 3237 万吨。肉类产量保持稳定增长，成为继粮食之后的第二大主要农产品，产量达到 2600 万吨。奶产品和禽蛋的产量也有了很大幅度的提高，但是近十年来增长较为缓慢。如图 8-1 所示。

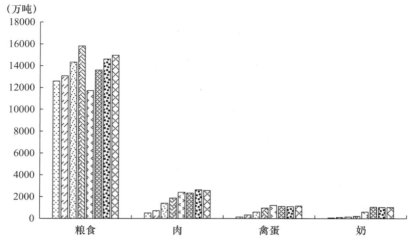

图 8 − 1　东部地区各类农产品产量变化

资料来源：相关年份《中国农村统计年鉴》。

1980 ～ 1998 年，稻谷、玉米、小麦以及大豆的产量均有不同程度的增加；1998 ～ 2003 年，四种主要粮食类型的产量都呈下降趋势，分别减产 2165.2 万吨、1044 万吨、445.3 万吨以及 105.2 万吨，稻谷、大豆以及小麦的产量下降幅度较大，分别下降 34.6%、30.1% 和 24.1%。2003 年以后，粮食产量稳步回升，到 2015 年稻谷产量增加了 405.7 万吨；小麦产量从 2003 年的 3279.4 万吨增加到 2015 年的 5082.4 万吨，增加量超过 1800 万吨；玉米的产量增加最多，2003 ～ 2015 年共增产 1388.4 万吨；同期的大豆产量则减少了 77.5 万吨，主要是进口大豆的冲击所致（见图 8 − 2）。由上可见，东部地区的粮食作物生产结构从稻谷、小麦、玉米、大豆变成了小麦、稻谷、玉米、大豆。

1980 ～ 2015 年，我国农作物的播种总面积从 146380 千公顷增加至 166374 千公顷，共计增加 13.7%（19994 千公顷），其中，粮食播种面积减少约 3%（3891 千公顷）。同期，东部地区的农作物播种面积从 44236 千公顷减少至 38746 千公顷，共减少了 12.4%（5490 千公顷），粮食播种面积减少量最多，共减少 27.8%（9743 千公顷）。东部地区粮食播种面积大量减少，一方面是由于粮食作物的经济效益相对较低，经济作物播种面积大量增加；另一方面是由于

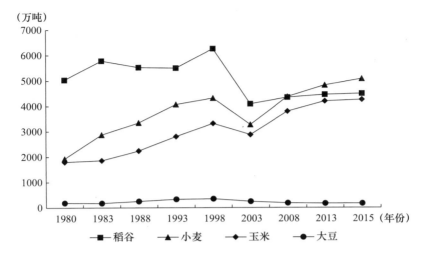

图 8 - 2　东部地区主要粮食作物产量变化

资料来源：相关年份《中国农村统计年鉴》。

东部地区快速城市化占用了大量农用地，导致农作物播种面积和粮食播种面积的一致性下降。粮食播种面积占农作物播种面积的比重在 2003 年降至最低的 60.08%，之后逐年回升，2015 年上升至 65.24%，这与国家实施的粮食补贴等惠农政策密不可分。如表 8 - 1 所示。

表 8 - 1　1980 ~ 2015 年东部地区粮食播种面积占农作物播种面积比例

年份	粮食（千公顷）	农作物（千公顷）	粮食/农作物（%）
1980	35020.60	44236.30	79.17
1983	33248.40	43012.20	77.30
1988	32025.20	42945.30	74.57
1993	31302.00	41831.10	74.83
1998	31534.60	43280.00	72.86
2003	23779.20	39578.20	60.08
2008	24478.20	38062.20	64.31
2013	25016.70	38652.90	64.72
2015	25278.00	38746.00	65.24

资料来源：相关年份《中国农村统计年鉴》。

（二）东部地区粮食生产格局变化

随着城乡经济社会的发展，东部地区的粮食生产格局发生了巨大的变化

（见图8－3）。1980～2015年，东部地区的粮食播种面积总体上呈下降趋势，尤其在2003年以前。2003年以后，虽然江苏、山东、河北地区的粮食播种面积逐渐回升，但仍然低于改革开放初期的种植水平；浙江、福建以及广东各地的粮食种植面积持续下降，尤其是浙江省，2015年粮食播种面积约为1993年的一半。究其原因，主要是由于京津冀、长三角和珠三角地区处于城市化加速发展阶段，不断扩张的建设用地占用了大量成本较低的耕地，造成农作物种植面积的下降，加之油料、糖类以及纤维等经济作物价格较高，能给农民带来更多的

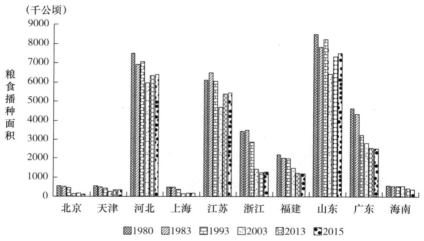

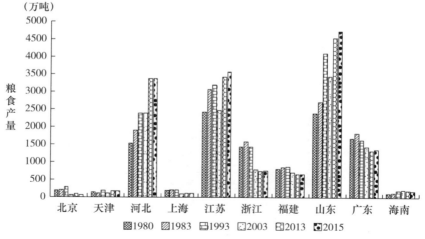

图8－3　东部地区粮食生产格局变化

注：上图为粮食播种面积（单位：千公顷）；下图为粮食产量（单位：万吨）。

资料来源：相关年份《中国农村统计年鉴》。

经济收入,因而导致粮食播种面积的不断下降。虽然在城市化和工业化的冲击之下,东部地区粮食种植面积减少,但是粮食生产区域仍主要集中在河北、山东以及江浙一带,这与该地区的耕地保护政策是密不可分的。

东部地区内部的粮食生产呈现出明显的区域差异。省与省之间种植面积的差异较大。其中,北京、天津、上海以及海南等地的粮食播种面积很少,尤其是北京和上海两地,粮食种植面积不足 200 千公顷。1980～2015 年,东部地区十个省份的粮食产量共增加了约 4000 万吨,年际变化与粮食播种面积的变化是一致的。2003 年前,东部地区各个省份的粮食产量均呈下降趋势;2003 年后,京津、上海、浙江、福建等地粮食产量持续减少,但河北、山东和江苏三省的粮食产量有不同程度的增加,使东部地区整体的粮食生产保持在稳定水平。

东部地区的主要粮食作物生产的地理变化可归纳如下:

(1)东部地区十个省份中,水稻生产在 1980 年初期主要集中在广东(32.25%)、江苏(24.41%)和浙江(23.37%),2015 年主要集中在江苏(43.37%)和广东(24.17%),江苏的水稻生产比重逐渐提高,广东、浙江的比重逐年下降,如表 8 - 2 所示。

表 8 - 2　东部地区稻谷产量占比变化　　　　　单位:%

年份	北京	天津	河北	山东	江苏	上海	浙江	福建	广东	海南
1980	0.59	0.62	1.65	1.47	24.41	2.31	23.37	13.34	32.25	0.00
1983	0.47	0.17	1.43	1.03	27.75	2.55	22.56	13.07	30.98	0.00
1988	0.43	0.47	1.47	0.27	29.68	3.13	23.46	12.45	26.80	1.83
1993	0.34	0.58	1.57	1.37	30.55	2.80	22.13	12.63	25.30	2.73
1998	0.21	0.72	1.58	2.22	33.36	2.60	19.29	11.64	25.78	2.59
2003	0.02	0.14	1.00	1.90	34.29	2.01	15.79	12.78	28.57	3.50
2008	0.01	0.24	1.28	2.54	40.69	2.05	15.17	11.69	23.04	3.30
2013	0.00	0.29	1.32	2.32	43.09	1.95	13.00	11.25	23.42	3.36
2015	0.00	0.25	1.21	2.11	43.37	1.87	12.84	10.77	24.17	3.40

资料来源:相关年份《中国农村统计年鉴》。

(2)1980 年,东部地区的小麦主产地是山东和江苏两地,分别占东部地区小麦总产量的 39.72% 和 29.25%;在过去的 35 年中,只有山东和河北这两个小麦生产大省的占比逐渐增加,其余省份的小麦产量占比都有不同程度的下降。
究其原因,一方面是受到城市化和工业化的影响,另一方面也与各省份的水土
资源禀赋及发展定位紧密相关。目前,小麦生产主要集中在山东(46.17%)、
河北(28.23%)和江苏(23.1%)三地。如表8-3所示。

表8-3 东部地区小麦产量占比变化
单位:%

年份	北京	天津	河北	山东	江苏	上海	浙江	福建	广东	海南
1980	2.10	1.43	19.91	39.72	29.25	1.06	4.12	1.17	1.24	0.00
1983	2.30	1.15	24.22	41.84	26.53	0.38	3.02	0.33	0.23	0.00
1988	2.51	1.48	23.67	41.56	26.73	0.81	2.28	0.68	0.26	0.00
1993	2.57	1.45	22.15	47.54	23.13	0.70	1.70	0.52	0.24	0.00
1998	2.24	1.76	29.00	46.83	17.57	0.72	1.42	0.36	0.12	0.00
2003	0.56	1.09	31.07	47.72	18.56	0.23	0.63	0.09	0.05	0.00
2008	0.75	1.20	27.89	46.44	22.79	0.42	0.48	0.03	0.00	0.00
2013	0.39	1.19	28.72	45.94	22.80	0.36	0.58	0.01	0.01	0.00
2015	0.22	1.18	28.23	46.17	23.10	0.39	0.69	0.01	0.01	0.00

资料来源:相关年份《中国农村统计年鉴》。

(3)1980~2015年,东部地区各省份的玉米产量变化不大。河北和山东两
个省份的玉米产量达到东部地区玉米总产量的80%以上,是我国东部地区的玉
米主产地。经过35年的发展,这两个省份的玉米产量占比较1980年上升了约5
个百分点,占整个东部地区的87.3%。北京、天津和江苏等地的玉米产量占比
逐年下降。如表8-4所示。

表8-4 东部地区玉米产量占比变化
单位:%

年份	北京	天津	河北	山东	江苏	上海	浙江	福建	广东	海南
1980	4.94	3.19	36.83	45.86	7.72	0.22	0.86	0.00	0.36	0.00
1983	4.50	2.53	37.20	44.29	10.26	0.13	0.73	0.00	0.35	0.00
1988	5.09	2.52	32.82	47.65	10.73	0.23	0.50	0.10	0.29	0.06
1993	5.41	2.88	34.45	46.49	9.28	0.20	0.45	0.21	0.56	0.05
1998	3.69	2.27	35.76	46.80	8.62	0.15	0.45	0.30	1.80	0.16
2003	1.12	2.25	37.35	49.09	6.86	0.11	0.75	0.40	1.85	0.21

续表

年份	北京	天津	河北	山东	江苏	上海	浙江	福建	广东	海南
2008	2.31	2.22	37.93	49.64	5.34	0.06	0.29	0.36	1.67	0.18
2013	1.79	2.43	40.50	46.76	5.14	0.06	0.64	0.46	1.94	0.29
2015	1.16	2.52	39.19	48.11	5.92	0.05	0.73	0.50	1.83	0.00

资料来源：相关年份《中国农村统计年鉴》。

（4）在改革开放初期，山东是东部地区主要的大豆生产区，大豆产量约占东部地区总产量的一半，江苏、河北分别位居第二、第三，这三个省份的大豆产量占到东部地区总产量的80%左右。2015年，山东省的大豆产量在东部地区的占比出现了较大程度的下滑，比1980年下降了25%。1980～2015年，虽然东部地区各省份的大豆产量普遍经历了先增加后减少的过程，但从各省份大豆产量的占比来看，整个东部地区的大豆生产格局是相对稳定的。如表8-5所示。

表8-5 东部地区大豆产量占比变化 单位:%

年份	北京	天津	河北	山东	江苏	上海	浙江	福建	广东	海南
1980	0.82	1.63	16.03	45.65	19.02	0.27	6.52	3.80	6.25	0.00
1983	0.85	1.42	14.16	36.54	29.46	0.57	6.23	4.53	6.23	0.00
1988	1.13	2.49	18.83	37.21	25.78	0.60	4.95	3.82	4.99	0.20
1993	0.85	3.75	27.70	38.42	14.71	0.48	4.78	4.54	4.63	0.12
1998	0.72	1.52	21.74	39.13	18.51	0.63	6.46	5.89	4.98	0.43
2003	1.15	2.50	18.99	28.31	23.24	0.70	10.80	7.36	6.30	0.65
2008	1.04	0.65	20.77	21.86	32.82	0.55	7.14	7.14	7.58	0.44
2013	0.48	0.54	14.75	21.64	28.42	0.48	13.66	9.98	9.61	0.42
2015	0.42	0.72	13.54	20.85	28.94	0.36	14.02	10.72	10.01	0.42

资料来源：相关年份《中国农村统计年鉴》。

第二节 农村劳动力转移与城乡收入差距

改革开放以来，随着经济发展水平的提高，城市化迅速发展，城乡居民收入有了大幅度提高，但是在城乡二元结构下，城乡经济分割与户籍制度的制约阻碍了城乡差距的缩小，城乡差距在经济快速增长的背景下呈不断扩大的趋势。相关学者的研究发现，城乡收入差距对全国居民总收入差异（城乡之间、城镇内部、农村内部以及地区之间居民收入差距）的贡献率最大。据国家统计局公布的数据，2015 年我国居民收入的基尼系数为 0.462，为近 15 年来的最低点，但仍旧高于国际警戒线 0.4。过大的城乡收入差距不仅导致城乡居民收入两极分化，更会造成资源配置失衡，直接影响社会的和谐稳定，制约城乡一体化的进程。

东部地区作为我国城市化和工业化高度发达的地区，城乡收入差距的存在使大量农村劳动力涌入城市，虽然体制方面的障碍还未完全消除，但农民作为理性经济人的趋利行为所导致的迁移浪潮已势不可当。本节以城市化驱动的农村劳动力转移与城乡收入差距之间的相互关系为重点，探求城市化驱动的农村劳动力转移与城乡收入差距变化的作用机制。

（一）城乡收入差距状况

根据库兹涅茨关于收入分配的倒"U"形假说，收入差距与经济社会发展水平阶段有关。而不同阶段城乡居民收入水平增长幅度的不同则会导致城乡收入差距的阶段性波动。在我国，由于城镇居民和农村居民的收入来源、消费、生产等各个环节存在差别，《中国统计年鉴》针对城镇和农村分别定义了城镇居民人均可支配收入和农村居民人均纯收入。城镇居民人均可支配收入包括城镇人口可用于最终消费的支出、其他非义务性支出和储蓄，即人均可用于自由支配的收入。农村居民人均纯收入为农村居民从多个来源获得的总收入扣除所发生费用后的人均获得。城镇居民人均可支配收入与农村居民人均纯收入之比构成的城乡收入比，是衡量城乡收入差距的重要指标，常用来表征城乡收入的相对差距。

改革开放以来，我国城乡居民收入水平不断提高，在 20 世纪 90 年代和 21 世纪初分别突破了千元和万元大关。从东部地区整体看，城镇与农村居民收入水平均高于全国平均水平。1993 ~ 2015 年，东部地区城镇居民人均可支配收入由 3230.6 元增加到 37289.7 元，增加了约 10.5 倍；农村居民人均纯收入由 1473.9 元增加到 16162.9 元，增加了 10 倍左右（见图 8 - 4）。虽然东部地区城乡居民收入水平呈同步增长的态势，但是城乡收入差距逐渐加大，从 1993 年的 2.19 增加到 2015 年的 2.3。

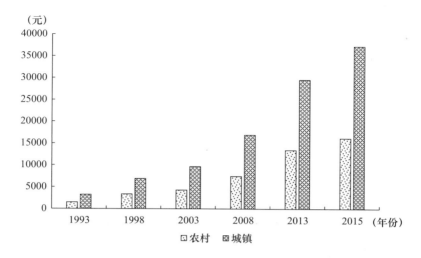

图 8 - 4　东部地区农村居民人均纯收入与城镇居民人均可支配收入
资料来源：相关年份《中国农村统计年鉴》。

从东部地区各省（市）的城乡居民人均收入水平差异来看，河北和海南两省的城乡居民收入水平均相对较低，远落后于东部地区其他省份；上海市的城乡居民收入水平在整个东部地区最高，是河北省及海南省居民收入水平的两倍以上。相同地区同一年份的城镇居民人均可支配收入远高于农村居民人均纯收入，两者相差 2.5 倍左右；从年际变化来看，20 世纪 90 年代初期，上海的城乡居民收入水平最高，远远高出全国平均水平，并呈现逐年增长的态势。上海市作为我国首批沿海开放城市之一以及全球著名的金融中心，在发展经济方面具有很多的政策优势等，该地区经济水平的高速增长促进了居民收入水平的大幅度提高；1993～2015 年，北京市的经济发展拉动了城乡居民收入水平的提高，截至 2015 年，北京市居民的收入与上海市居民的收入基本达到相同水平；浙江和天津两地区的居民收入水平有了很大程度的提高，城镇和农村居民的收入水平均位居东部地区前列；同期，河北和海南两省的经济发展则相对滞后，城乡居民收入水平均位于东部地区末位。如图 8 - 5 所示。

统计发现，我国东部地区绝大多数省份的城乡收入比均低于全国平均水平，表明我国东部地区农村居民的经济水平优于中西部地区的农村居民经济水平，城乡收入差距小于中西部地区。1993～2015 年，我国东部地区各省（市）的城乡收入比整体上呈增大趋势。20 世纪末至 21 世纪初，东部各省（市）的城乡收

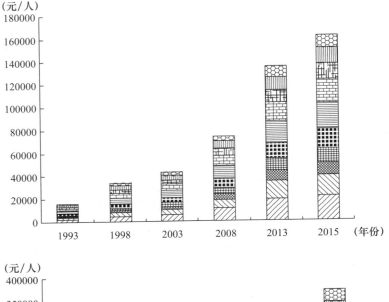

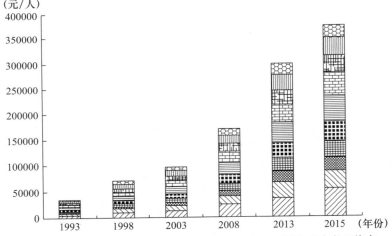

☑北京 ◹天津 ▨河北 ▦山东 ▤江苏 ▤上海 ▥浙江 ▦福建 ▥广东 ▨海南

图 8 - 5　东部地区城乡居民收入

注：上图为东部各省农村居民人均纯收入；下图为东部各省城镇居民人均可支配收入。

资料来源：相关年份《中国农村统计年鉴》。

入比相对较小，主要是因为改革初期，农副产品的价格大幅度提高，在一定时期内起到了缩小城乡居民收入差距的作用。但是，后期随着价格体系改革的不断深入，工农产品的比价不断扩大，加上农产品市场的逐步对外开放，使农产品价格逐渐呈现为走低态势，农民收入进一步减少，又导致了城乡居民收入差距的扩大。2013 年左右，城乡收入比又出现小幅度的减小，主要是因为我国各省（市）城乡收入比不同程度的增大引起了政府的高度重视，国家相应地颁布了税费改革、种粮补贴等促进农民增收的政策，使农民负担大大减轻，对增加农民收入和提高农民生活水平产生了积极影响，使各省（市）的城乡收入差距呈现出不断缩小的趋势。按照国际经验，城乡居民收入差距 1.7 倍为安全，2 倍为基本安全，2.5 倍有风险，3 倍有重大风险，3.5 倍及以上会出现社会稳定危机。截至 2015 年，根据统计数据可知，除天津市在安全值以内之外，其余各地均存在不同程度的风险，广东、北京、山东、海南等地较为突出，这与当地的产业结构不平衡是有很大关系的。如表 8 – 6 所示。

表 8 – 6　1993 ~ 2015 年东部地区各省份城乡收入比（农村居民 = 1）

年份	北京	天津	河北	山东	江苏	上海	浙江	福建	广东	海南	东部地区
1993	1.88	1.88	2.88	2.64	2.19	1.58	2.02	2.35	2.77	3.10	2.19
1998	2.14	2.09	2.11	2.19	1.78	1.62	2.05	2.20	2.51	2.40	2.07
2003	2.23	2.05	2.34	2.42	1.93	1.99	2.17	2.46	2.75	2.64	2.25
2008	2.06	2.07	2.44	2.53	2.23	2.06	2.22	2.50	2.77	2.50	2.28
2013	1.99	1.87	2.26	2.43	2.18	2.05	2.15	2.51	2.59	2.51	2.20
2015	2.57	1.85	2.37	2.44	2.29	2.28	2.07	2.41	2.60	2.43	2.31

资料来源：相关年份《中国农村统计年鉴》。

我国城乡收入差距主要来源于发展政策的导向和经济体制的制约。城镇和农村始终处于两个不同的发展体系，没有一体化的市场以及相同的社会资源来实现发展，甚至有些阶段是以牺牲农村的利益来支持城镇的先行发展。

（二）农村劳动力转移与农民收入

城乡统筹与农村劳动力转移有着非常密切的联系，两者都立足于"城乡二元结构"的现实基础。城乡差距拉大，城乡发展不协调，是当前中国社会发展过程中的主要矛盾，也是社会不和谐的重要影响因素之一。城乡居民收入差距较大是城乡差距较大的一个突出方面，其主要原因在于城乡之间的经济发展不平衡，城乡体制二元分割现象严重。要想缩小城乡差距，实现我国全面建成小康社会，构建社会主义和谐社会的目标，农村劳动力的合理转移无疑是重要的解决途径。

1. 农村劳动力转移状况

改革开放以来，东部地区社会经济高速发展，在工业化和城市化快速推进的进程中，各省份的产业结构出现了显著变化。1978~2015年，第一产业比重不断下降，第二、第三产业比重逐渐上升，大量农业劳动力向第二、第三产业转移，导致第一产业从业人数不断下降，第二、第三产业从业人数大幅度上升。非农产业从业人员占全社会从业人员的比重可以反映农村劳动力的转移情况，其变化可以反映一个地区农村劳动力从农业（第一产业）向非农产业（第二、第三产业）转移的规模与水平。当前，东部地区的劳动力转移规模逐渐增大，主要原因是我国的城市化和非农产业发展以及户籍制度改革等，加快了农村劳动力向城镇的转移流动，提高了劳动力的非农化程度。

北京、天津以及上海的非农业从业人员占全社会从业人员的比重非常高。2014年，三地的非农业从业人员所占比重均超过了90%，主要是由于三地的城市化和工业化程度高，经济发达，产业发展以第二、第三产业为主，农业生产所占比重很小。从三地劳动力转移的速率看，农村劳动力转移的规模已基本保持稳定。江苏、浙江、福建和广东等地的非农业从业人员占全社会从业人员的比重均超过了70%；根据劳动力转移速率预测，未来几年的农村劳动力转移规模会进一步扩大。海南省的非农业从业人员占全社会从业人员的比重远低于其他省（市），农业劳动人口所占比重减小幅度超过14%，农村转移劳动力规模较大。

从我国转移劳动力的流向看，江苏、福建、浙江和广东等地流入的农村劳动力较多，主要是由于华东及东南沿海省份以第三产业以及第二产业中的轻工业等为主，如服装制造业、纺织业、皮革制造业等，对普通劳动力的需求量极大，农村人口受教育程度和务工技能有限，大量流入了以劳动密集型产业为主的东南沿海城市。从农村劳动力流入的单位性质看，城镇单位以及其他单位吸纳的农村劳动力人口最多，国有单位次之，城镇集体单位最少，主要原因在于城镇集体单位正在逐渐减少，吸纳农村劳动力转移人口的能力相应减弱。流入国有单位的劳动力主要是通过接受高等教育获得进入国有单位的机会，对绝大多数的农村劳动力来说，这是一个相对较高的门槛，因此国有单位吸纳的农村劳动力转移人口占比较小。东部地区的城市化和工业化迅速发展，发展形成了众多的中小城镇，继而形成了大量的城镇单位，为农村劳动力转移创造了条件。

2. 农村居民收入状况

非农收入是衡量农业劳动力转移的重要指标，它包括农民的工资性收入和家庭经营性收入中的第二、第三产业收入。农村居民家庭纯收入即在农村常住居民家庭总收入中，扣除进行生产和非生产经营费用支出、缴纳税款以及上交承包集体任务金额以后剩余的部分，是可直接用于生产性、非生产性建设投资、生活消费和积蓄的那一部分收入。因此，本节选用农民人均纯收入指标来反映农民收入的状况，并采用此指标来衡量其总体水平。

1980～2015年，东部地区农村居民的人均纯收入呈现出逐年增长的态势。改革开放初期，东部地区农村居民人均纯收入平均为221.9元，随着社会经济发展，农村居民人均纯收入出现了不同幅度的增长。2015年，东部地区农村居民人均纯收入达到16162.9元，较20世纪80年代初期增长了70多倍。上海、浙江、北京以及天津的经济发展水平高，农村居民收入增加幅度很大，尤其是21世纪以来增速更快，现已达到20000元/人的水平。河北省和海南省的农村居民收入增加相对较少，增速也明显落后于东部地区其他省份，主要是当地产业基础薄弱、生产结构单一，产业发展的限制因素比较多，经济发展水平相对滞后，加之城市化水平低所导致的。如图8-6所示。

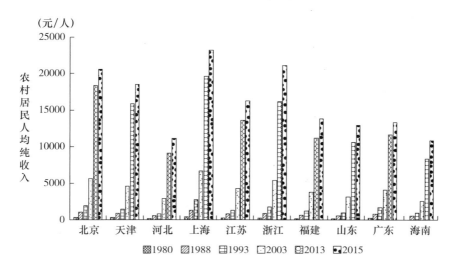

图8-6 1980～2015年东部地区农村居民人均纯收入

资料来源：相关年份《中国农村统计年鉴》。

我国农村居民人均纯收入按照其来源可以划分为四种类型：工资性收入、家庭经营性纯收入、财产性收入以及转移性收入。其中，工资性收入占比越大，表明经济状况越好，居民生活越富裕。研究表明，1980～2015年，家庭经营性纯收入在全国农村居民收入来源结构中的占比最大，是农民最主要的经济来源，但所占比重逐年减小，工资性收入和转移性收入所占比重上涨较快，表明农民生活水平正在日益改善。

从2015年东部地区农村居民收入来源看，工资性收入和家庭经营性纯收入是东部地区农民收入的主要构成部分，但不同地区也存在明显差异。其中，北京、上海两地居民的工资性收入占到家庭收入的75%以上，家庭经营性纯收入很少，主要是由于两地的第二、第三产业比较发达，就业岗位充足，对劳动力的需求旺盛，适合农民就业的机会更多。山东及海南两地的农村居民收入主要由工资性收入和家庭经营性纯收入构成，且工资性收入水平明显低于家庭经营性纯收入水平，主要是由于两地的农村区域较为广大，产业基础薄弱、结构单一，经济发展相对落后，城市化率较低，劳动力转移速率慢等。其余省份农村居民的工资性收入均高于家庭经营性纯收入，这主要是因为随着工业化和城市化的进程，东部地区的乡镇企业得到了快速发展，农民进城打工现象越来越普遍，农村青壮年劳动力开始转移出农村和农业，加上农业生产条件恶化，农民的家庭经营性纯收入开始逐渐减少，相应的工资性收入占比逐渐增大。这些表明，农村居民的收入来源构成与其所处地区的经济发展水平相关，也反映了东部地区的经济状况处于全国前列。与此同时，随着国家一系列扶持农业、农村、农民的相关性政策的出台，转移性收入的占比得到了缓慢提升，财产性收入占比变化不大。如表8-7所示。

表8-7　2015年东部地区农村居民收入来源结构　　　　单位:%

	工资性收入	家庭经营性收入	财产性收入	转移性收入
北京	75.30	9.50	5.90	9.30
天津	59.70	26.80	4.20	9.30
河北	52.60	33.30	2.10	11.90
山东	39.70	45.30	2.50	12.40

续表

	工资性收入	家庭经营性收入	财产性收入	转移性收入
江苏	49.30	31.00	3.40	16.30
上海	75.30	6.30	3.30	15.00
浙江	62.00	25.40	2.90	9.80
福建	44.90	39.60	1.70	13.90
广东	50.30	26.90	2.50	20.30
海南	39.20	46.20	1.80	12.90

资料来源：相关年份《中国农村统计年鉴》。

以上分析表明，收入来源构成与地区的经济发展水平密切相关。经济发达地区的工资性收入较高，在农民人均纯收入中所占比重也较大，说明农村劳动力外出就业所得收入已成为农民人均纯收入的重要组成部分，在提高农民收入方面有着非常重要的影响作用。

（三）农村劳动力转移对城乡收入差距的影响

伴随着城市化与工业化进程的不断加快，我国东部地区的耕地面积日益减少，农业劳动生产率不断提高，同时，人口数量不断增长，直接导致农村劳动力出现了过剩状况，农民需要转移到第二、第三产业就业，非农就业变成了农民增加收入来源的最主要途径。

农村劳动力转移对农民收入增长具有显著影响：一方面是直接影响，农村劳动力转移可以增加农民的非农收入，推动农民收入增长；另一方面是间接影响，农村劳动力转移对农业生产本身产生深刻影响，间接推动农民收入增长。从农村劳动力转移对农民收入增长的直接影响来看，增加收入是农民的首要动力，也是农民从事商业化生产行为的主要目的，非农业收入在农民收入来源中所占的比重越来越大，表明农村劳动力转移对农民收入的增长有促进作用。同时，农民收入增长来源日趋呈现多样化的态势，外出务工使农民的工资性收入逐年增长，因此，农村劳动力向非农产业转移成为农民人均纯收入增长的主要推动力。从农村劳动力转移对农民收入增长的间接影响来看，农村劳动力转移使农业生产的土地经营规模不断扩大，实现了规模经济效益。随着农业技术的进步，农业机械化水平不断提高，需要降低农村劳动力的密度以及扩大土地规模，才能大幅度降低生产成本，提高农业生产效率，而农村剩余劳动力转移恰恰实现了这一目标。此外，依靠农民自筹资金在集体建设用地上开办企业，在农村发展第二、第三产业，可以吸纳更多的农村剩余劳动力，降低农村劳动力总量的增长速度，间接推动农民收入的增长。随着农村剩余劳动力的不断转移，农业的商品化程度和产品竞争能力不断提高，也将使农民获得更多收入。

总之，农村劳动力向城镇和非农产业有序转移，对加快农业和农村经济发展、促进农民增收、统筹城乡发展具有重要的推动作用。促进农村劳动力转移，解决好农村劳动力的就业问题不仅是一个经济问题，也是一个政治问题，这不仅有利于增加农民收入、提高农民生活水平，也有利于经济的健康发展和社会的和谐稳定。

第三节　城市化与土地利用变化

城市化过程中非常显著的变化特征之一就是土地利用变化。改革开放以来，随着我国东部地区工业化和城市化进程的快速推进，出现了诸如土地资源浪费、污染、耕地数量减少等一系列问题。我国每年平均减少约 0.5% 的耕地面积，这主要是由城市化造成的城市扩展引起的。20 世纪 80 年代以来，随着沿海优先发展战略的推进，沿海开放城市所在的东部地区的土地利用和土地覆被发生了前所未有的快速变化，城市空间快速扩展导致大量农田流失，土壤污染等问题也相继出现，人地矛盾突出，对经济发展也产生了明显的抑制作用。

（一）城市化背景下的土地利用

城市化背景下的土地利用是指在城市化进程中，人类通过城市规划等行动，按照统筹城乡发展的需要以及土地的质量特性，协调耕地保护与城市化对土地需求之间的关系，将有限的土地及其功能配置到城市发展最需要之处，以满足城市经济、社会、环境发展对土地的合理需求以及产出效益的总和。

近几十年来，东部地区的城市化和经济快速增长对土地资源带来了巨大的需求，城市建设用地的无序扩张以及结构的不协调，使城市用地集约利用效率长期处于较低水平，在耕地保护和保障粮食安全的双重要求背景下，东部地区的土地资源供给难以满足该区域的用地需求，人地矛盾尖锐。

（二）东部地区各省份的土地利用状况

20 世纪 80 年代初期以来，东部沿海开放城市在土地利用和土地覆被方面发生了前所未有的变化。东部地区是我国经济发展最迅速的地区，人口稠密，土地利用变化剧烈，人地矛盾尖锐。随着城市化和工业化的快速推进，城市用地规模迅速扩大，造成农用地的大量流失，土地质量下降等问题也越来越突出，制约了区域经济的协调发展。

1. 东部地区的土地利用结构

通过对 2015 年东部地区的土地利用结构（以农用地、建设用地为主）的分析发现，东部地区的农用地面积约为建设用地面积的 5.5 倍，可见农业用地仍然是东部地区最主要的用地类型；与此同时，不同的用地类型在省与省之间存在较大差异（见表 8 - 8）。

表 8 - 8　2015 年东部地区土地利用结构　　　　单位：千公顷

	农用地	园地	牧草地	建设用地	居民点及工矿用地	交通运输用地	水利设施用地
北京	1147.8	134.9	0.2	357.0	304.4	32.1	20.6
天津	696.4	29.9	0.0	411.9	329.1	29.5	53.3
河北	13084.3	837.2	401.7	2187.4	1891.5	188.2	107.8
山东	11528.5	721.2	5.8	2820.1	2376.9	211.7	231.5
江苏	6497.0	301.1	0.1	2270.8	1886.3	219.3	165.2
上海	314.6	16.7	0.0	307.1	274.4	30.0	2.8
浙江	8613.3	585.1	0.3	1282.0	998.3	143.4	140.3
福建	10880.2	773.0	0.3	819.7	628.2	119.8	71.7
广东	14972.9	1271.3	3.1	2004.6	1631.3	179.4	193.9
海南	2973.9	921.5	18.0	340.7	258.3	24.8	57.6
东部地区	70708.9	5591.9	429.5	12801.3	10578.7	1178.2	1044.7

注：农用地仅统计了园地和牧草地，建设用地仅统计了居民点及工矿用地、交通运输用地和水利设施用地。

资料来源：《中国统计年鉴》。

2. 东部地区各省份的土地利用变化

1988~2015 年，我国耕地总面积呈增加态势，但增速逐年下降，截至2015年累计增加 39276.8 千公顷，一方面是 20 世纪后期开垦了大量耕地，另一方面是增减挂钩政策的实施使我国中西部地区大量耕地被开垦，在全国层面上出现了耕地面积增加的现象。东部地区的耕地面积虽然总体呈增加趋势，但在全国耕地面积中所占比重下降了 7 个百分点（见图 8 - 7）。

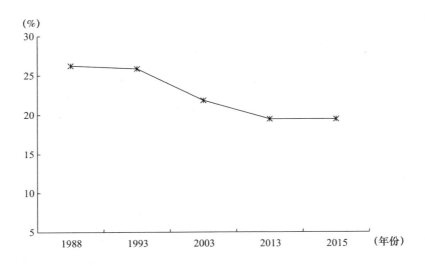

图 8 - 7　1988~2015 年东部地区耕地面积与全国耕地面积之比变化

东部地区作为我国率先推动改革开放的先行区和社会经济快速发展区，伴随着快速推进的工业化和城市化进程，高强度利用的土地资源和不断扩张的城市区域造成耕地的大量流失和被挤占，但是东部地区围海造田以及基本农田保护条例的出台，对耕地面积的减少起到了一定的弥补和抑制作用，因此耕地面积总量并未出现明显的减少。

2003~2015 年，东部地区的耕地面积不断减少，主要是由于 2003 年后以土地为中心的城市化使建设用地不断扩张，造成耕地面积的减少。从地区间差异看，耕地减少规模与各地区的经济发展水平及城市化速度高度相关。如表 8 - 9所示。

表 8 - 9　1988 ~ 2015 年东部地区耕地面积统计　　　　单位：千公顷

年份	北京	天津	河北	山东	江苏	上海	浙江	福建	广东	海南	东部地区
1988	415.9	433.3	6567.5	6896.3	4568.8	327.2	1736.5	1240.6	2510.1	431.6	25127.7
1993	405.8	428.8	6536.0	6758.8	4495.2	301.8	1661.2	1219.4	2356.5	431.5	24595.0
2003	343.9	485.6	6883.3	7689.3	5061.7	315.1	2125.3	1434.7	3272.2	762.1	28373.2
2013	221.0	438.0	6551.0	7634.0	4582.0	188.0	1979.0	1339.0	2622.0	727.0	26281.0
2015	219.3	436.9	6525.5	7611.0	4574.9	189.8	1978.6	1336.3	2615.9	725.9	26214.1

资料来源：相关年份《中国农村统计年鉴》。

东部地区的建设用地面积总量较大，占到全国建设用地总面积的一半左右，表明东部地区城市化成果显著。改革开放以来，东部地区的建设用地在数量上经历了巨大变化。研究表明，2003 ~ 2015 年，东部地区的城市建设用地面积净增加 1158.1 千公顷，增加了约 1 倍（见表 8 - 10）。这表明，东部地区在控制城市建设用地增长方面面临较大的压力。

表 8 - 10　东部地区建设用地面积　　　　单位：千公顷

年份	北京	天津	河北	山东	江苏	上海	浙江	福建	广东	海南	东部地区
2003	118.0	48.8	117.1	219.5	212.0	55.0	139.7	59.8	254.7	17.7	1242.2
2013	130.7	74.7	178.7	418.8	381.0	99.9	239.9	126.3	523.2	29.6	2202.7
2015	140.1	88.5	194.4	460.9	418.9	99.9	259.1	141.4	563.3	33.8	2400.3

资料来源：相关年份《中国统计年鉴》。

东部地区的耕地主要分布在山东、河北以及江苏等农业主产区，北京、天津、上海的耕地面积非常小，一方面是因为这三个直辖市的行政区划面积小；另一方面是由于三地经济发达，工业化水平高，工业仓储用地、商服用地的增加占用了大量耕地，导致耕地面积较少。1988 ~ 2015 年，东部地区的耕地总面积略有增加。1988 ~ 2003 年，除北京、上海两市外，其余东部地区省（市）的耕地面积均有不同程度的增加；2003 年以后，我国的城市化进程快速推进，导致东部各省（市）的耕地面积呈现为普遍减少态势，其中，山东省耕地面积基本保持在稳定水平，这主要得益于当地严格的基本农田保护制度以及土地用途管制制度的实施。

东部地区的粮食作物生产结构已经从稻谷、小麦、玉米、大豆变成小麦、稻谷、玉米、大豆，各省份的粮食生产格局也发生了巨大变化。其中，河北省是北方地区的粮仓，也是东部地区的小麦主产区，农业生产占比较大，用水量大。随着城市化进程的推进，特别是京津冀世界级城市群的建设，河北省不仅面临着产业结构重构的巨大压力，当地的水资源供需矛盾也变得更加尖锐。在此背景下，河北省是否可以继续承担小麦主产区的生产任务？长期以来，中央政府高度重视粮食增产问题。河北省作为我国 13 个粮食主产省份之一，在保障国家粮食安全方面始终占据重要地位。2011 年，河北省曾提出打造"环首都绿色经济圈"，利用冬季小麦覆盖地表抑制风沙和扬尘天气的功能，赋予当地的平原农业生产保护京津冀地区生态屏障的作用。然而，针对当前河北省产业重构和水资源供需压力日益严重的问题，2014 年河北省提出了压缩小麦种植面积，以缓解地下水超采问题，以期平衡区域水生态安全和粮食生产。此外，河北提出了在平原农业生产区大力发展小麦节水技术，推广节水抗旱品种，提高小麦生长水分利用效率，通过自主知识研发和技术创新，使河北省的农业生产摆脱低端发展阶段，进而形成高科技特色农业，以期同步实现保障粮食安全、生态安全以及社会经济发展安全的需要。如图 8 - 8 所示。

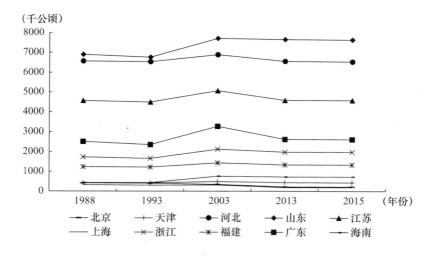

图 8 - 8　1988 ~ 2015 年各省份耕地面积变动

资料来源：相关年份《中国农村统计年鉴》。

建设用地面积增加是东部地区的整体发展趋势，但省与省之间建设用地面积增加的差异较大。江苏、山东、河北等粮食主产区近十年来建设用地面积增加量达到 2003 年的 1 倍左右，表明当地的建设用地扩张占用耕地问题严重，地方政府应加大管控力度，保证城乡土地资源的合理配置。北京、天津和上海的建设用地增加规模均大于耕地减小规模，加之三地的土地面积规模小，间接表明这些地区的建设密度和土地利用强度都在不断增大。如图 8－9 所示。

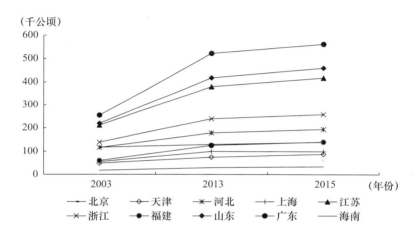

图 8－9　2003～2015 年各省份建设用地面积变动

资料来源：相关年份《中国统计年鉴》。

3. 东部地区土地利用效率变化

土地利用效率是人类干扰活动在土地景观上的历史积累，人类干扰活动的最终结果表现为土地利用效率的改变，它是描述土地开发、利用的特征之一。土地利用效率分为区域土地利用综合的效率和单一土地利用方式下的效率两种类型。这里以耕地和建设用地为重点，分别对两类单一土地利用方式下的利用效率进行分析，考察东部地区土地利用效率的变化以及土地利用过程中存在的问题。

区域内单一利用方式下的土地利用强度是一个不断加深的过程。随着社会经济的发展以及人类需求的增长，全国的耕地利用强度表现为明显的增加趋势。对土地利用强度的加大是为了从单位土地上得到更多产出，以单位产量剧增为主要特征的耕地高强度利用成为近年来我国土地利用变化中的重要形式之一。

东部地区作为我国经济最发达的地区，粮食作物单产近十几年来整体呈上升趋势。2015 年，粮食作物单位面积产量为 5796.9 千克/公顷，比 1988 年的 4149.93 千克/公顷净增加 1646.99 千克/公顷，呈逐年增长态势。

东部地区的耕地利用效率在不同地域之间也存在明显差异。2015 年，上海、江苏、山东的粮食单产均超过 6000 千克/公顷，表明当地土地利用效率较高。此外，东部各省份几十年来的粮食单产变化趋势不尽相同，山东、海南以及河北的粮食单产在整个东部地区提高幅度最大，超过 2000 千克/公顷，其中，海南省的单产较 1988 年翻了 1 倍左右，主要是因为农业仍然在产业结构中占比较大，农民对农业生产的依赖较深，粮食生产能力较强。如图 8－10 所示。

东部地区的单位建设用地 GDP 始终呈现上涨态势，与此同时，单位建设用地 GDP 的高低与区域经济发达程度也密切相关。通过省际对比发现，上海市的单位建设用地 GDP 在东部地区各省份中是最高的，远超其他地区。北京、天津和广东的单位建设用地 GDP 在十年内有很大的提高。以北京为例，北京十年来的建设用地 GDP 增长了 4 倍多。河北和海南与其他东部省（市）相比，建设用地的利用效率不高，土地节约集约利用程度不高，仍旧比较粗放。

（三）东部地区土地利用变化的驱动因素

东部地区城市化和工业化的快速推进带来了人口增长、产业集聚以及经济快速发展，与此同时，土地利用方式也发生了巨大变化。土地利用变化是在许多因素交互作用下产生的结果。国际全球环境变化人文因素（IHDP）计划指出，影响土地利用的驱动因素可以分为直接因素和间接因素。直接因素包括对土地产品的需求、对土地的投入、城市化程度、土地利用的集约化程度、土地权属、土地利用政策以及对土地资源保护的态度。间接因素包括六个方面：人口变化、技术发展、经济增长、政治与经济政策、富裕程度和价值取向。这些因素通过直接因素作用于土地利用变化。

麦克尼尔（McNeill）等将造成土地利用和土地覆盖变化的原因归结为四个方面：政治的、经济的、人口的和环境的。政治因素包括地方和国家政府的社会和经济发展规划、政策调节、土地利用管理、利益团体和公众影响；经济因素包括经济体制中对资源特别是土地资源的分配方式、市场结构和运行机制、技术构成、财富分配等；人口因素是推动土地利用和土地覆盖变化的根本原因，人口密度和人均耕地面积是衡量人口对土地的压力以及对土地利用变化影响的重

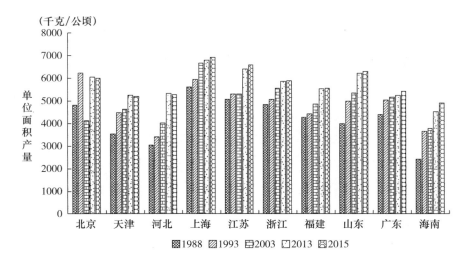

图 8 - 10 东部地区粮食单产变化

资料来源：相关年份《中国农村统计年鉴》。

要指标；环境因素既包括自然资源的质量，又包括人类生产和生活环境的状况。

综合来看，社会、经济与环境等因素对土地利用在空间和时间尺度上的影响具有较大的不确定性，既可以是单独的，又可以是相互的，其影响方式和程度极为复杂，难以通过简单的分类加以区别。因此，结合众多学者的相关研究成果，可以将中国东部沿海地区各省份土地利用变化的影响因素分为两个方面：一是人文因素，二是自然因素。本节以人文因素为主进行深入分析，主要包括了人口、社会、经济、技术和政策因素，这就可以涵盖城市化发展所带来的该地区土地利用变化影响因素的整体内容：

（1）人口增长使对耕地和农副产品用地的需求不断上升，人均耕地面积减少。与此同时，城市化的推进导致城市人口极大地聚集和增长，不但增加了城市住宅、商服用地，公共交通、医疗、文化等公共设施用地的需求，还增加了城市绿化、生态景观（包括水生态）用地的需求，使城市建设用地的供需矛盾日益突出。在城市化进程中不可避免的建设用地需求增加会促进农村地区的农业用地转化为非农业用地。随着农村土地价值的不断上升，加上新农村建设中居民点用地的整理、归并和建设，农村居民点用地规模不断减小，腾出的土地潜力巨大。

（2）产业结构随着社会经济的发展和城市化进程的加快逐渐发生转变，引起土地资源在产业部门间的重新分配，使土地利用结构发生变化。由于各产业部门的土地生产率和利用率不同，在一定的产业结构之下形成了相应的土地利用结构。在第一产业占比大的时期，土地利用结构以农用地为主，城镇和工矿交通用地占比很小。随着工业化和城市化的加速发展，农用地和农业劳动力不断向第二、第三产业转移，在没有新农用地资源投入的情况下，农用地规模逐渐减小，而城镇、公矿交通用地不断扩大。这一过程会一直持续到后工业化社会，工业用地的增长才会稳定下来，城镇建设用地、工矿交通用地、旅游用地的比重会继续增加。

（3）技术进步能够提高资源利用效率，节约稀缺资源的开发利用。首先，技术创新可以增强土地资源生产效率改进的潜力，提高土地资源生产效率，缓解耕地和其他农业用地资源不足的局面。其次，通过技术手段对土地进行整理和开发复垦，使土地的深度和广度开发利用成为可能和现实，既可以促进各类荒地的开发和中低产田的改造，又有利于农业基础设施建设以及耕地的规模化经营。最后，技术进步有利于集约利用土地，调节和增大土地的供给弹性，在一定程度上缓解紧张的人地关系。同时，采取先进技术可以治理水土流失、土地盐碱化以及荒漠化等一系列生态问题，缓解城市化发展所造成的土地质量下降问题，实现可持续发展。

（4）土地作为人类生存和发展的基础，是最基本的物质生产资料。不同的经济发展阶段，土地需求及利用结构不同。经济发展会带动对土地投入的增加，能够对土地利用结构进行调整，促使土地利用率和土地利用集约度不断提高。一方面，经济发展使城市化进程加快，改变了城市的空间分布格局，城市群在经济发达、城市化水平高的东部地区正在形成。另一方面，国民经济增长需要投入更多的土地资源，在假定技术水平和投入要素比率保持不变的前提条件之下，随着产量的变化，单位时间的土地投入量会发生相应的变化。

（四）东部地区土地利用存在的问题

中国人多地少的基本国情以及当前处于快速城市化、工业化时期的发展阶段特征，加上改革过程中原有的体制机制被打破，而新的体制机制又没有完全建立起来，政府职能转变也没有到位，一些地方政府片面追求经济高速增长和政绩，许多地方在城市建设上贪大求洋、以地生财，以各种名目大量圈占土地，使土地非农化的速度超过了人口城市化的速度；我国现行的土地产权制度也存在缺陷，特别是农村土地集体所有权产权主体不明确，存在虚位现象，产权约束没有硬化；土地市场发育不够；征地补偿标准偏低，地方政府和企业比较容易低价获取土地；有关规划协调衔接也不够；等等。虽然中央政府采取了一系列政策，不断建立和完善各项制度，深化改革，但由于多方面的原因，土地利用的突出问题依然存在。

1. 城乡建设用地扩展迅猛，占用了大量优质耕地

东部地区人多地少，在胡焕庸线的东南方，占全国 36% 的土地养活了全国 96% 的人口。东部地区工业化和城市化的快速推进需要以大量的土地投入为前提，许多地方在城市发展过程中非理性扩张建设用地，脱离了中国的国情，不切实际地建设大广场、大草坪、宽马路、主题公园以及豪华的新行政中心、大学城等，开发区设立过多、过滥。据统计，1996～2005 年，全国城乡建设用地（城镇村及工矿用地）从 21.87 万平方千米增加到 23.85 万平方千米，年均增加 2192 平方千米，其中占用耕地约 1300 平方千米，城镇工矿用地从 5.42 万平方千米增加到 7.27 万平方千米，年均增加 2062 平方千米。而根据住房和城乡建设部的统计资料，城镇村建设用地年均增加约 3950 平方千米。同期，耕地面积从 130.07 万平方千米减至 122.08 万平方千米，其中，建设占用耕地 2.28 万平方千米。东部地区城乡建设占用的耕地虽然只占耕地净减少的 14% 左右，但占用的大多是优质耕地且不可逆转，严重影响国家粮食安全。

2. 城乡土地利用缺乏统筹，土地利用过程中粗放浪费和过度利用现象并存

近年来，东部地区城市化进程不断加快，吸引了大量农业人口从农村向城镇地区流动。以京津冀、长三角、珠三角一带为例，该地区的土地过度开发利用，导致地价寸土寸金、人口密集、交通拥挤、空气污染、居住环境差等问题长期得不到解决，有的地方还有加剧之势。目前，中小城市用地粗放、集约化程度低的问题依然十分突出。建制镇土地资源集约利用程度更低，开发区同样存在布局分散、开发强度低和土地利用率低等问题。由于城乡土地利用缺乏统筹，在管理和利用上均呈分割状态，农村建设用地为集体所有，依法不能流转，导致了农村宅基地闲置、空心村现象大量存在，同时也使农村建设用地整理改造难度较大，农村建设用地低效粗放利用状况不易改变。

3. 城乡用地结构和布局不合理，生态环境问题突出

东部地区发达城市工业化和城市化的快速发展导致了对土地资源的高强度开发利用，带来了土地资源结构的一系列显著变化。农村地区耕地面积减少，城镇地区建设用地不断增多，土地浪费和质量下降问题并存，土地资源作为区域资源与环境的重要载体，不合理的土地利用方式使土地利用与覆被格局发生了巨大变化，导致了区域内水、土、气、生之间的不协调以及资源与环境质量的急剧恶化，引发了城市内部空气污染、绿化覆盖率低、热岛效应、垃圾围城等一些生态环境问题，成为东部地区的人为生态脆弱区，对社会经济的可持续协调发展和人类健康具有严峻影响。

第四节　土地市场与新农村建设

土地是人类社会生存发展的基础，在当前我国经济增长过程中扮演了非常重要的角色，它不仅是一种重要的资源，同时还是一种重要的资产。近年来，我国市场经济的不断发展和土地使用制度改革的不断深化，促进了土地市场建设的大发展。但由于我国实行的是城乡分治、政府垄断城市土地一级市场的土地制度，这种二元土地制度和相对应的权利体系的存在，使我国土地市场的发展被分割为完全隔离的两个市场：农地市场和非农地市场。这种独特的二元土地制度为20世纪90年代末以来我国城市化的快速推进做出了重大贡献，与此同时，该制度也进一步加深了城乡二元结构，拉大了城乡差距，阻碍了城乡统筹发展，侵害了农民权益，激化了社会矛盾，造成了城乡之间的巨大隔阂，对社会主义和谐社会的构建产生了不良影响。

2012年，中共十八大召开标志着我国进入了实质性推进城乡经济社会发展一体化的新阶段。中共十八大提出了推动城乡发展一体化的新战略：加大城乡统筹发展力度，增强农村发展活力，逐步缩小城乡差距，促进城乡共同繁荣。加强城乡资源要素之间的协作，促使城乡之间资源要素从固定走向流动并实现其在城乡之间的合理配置和优化组合是统筹城乡发展的关键环节，土地作为一种重要的资源要素，在城乡协作中将发挥主要作用。特别是在东部乡镇企业发达的农村地区，城乡统筹发展就更需要充分发挥市场机制在土地资源配置当中

的基础性作用，积极探索协调城乡土地资源配置关系的新模式。集体土地使用制度改革和构建城乡一体化土地市场的方式破解以上难题，一直是社会各界的重点关注话题，在此方面，我国东部沿海地区一直以来的探索显得尤为珍贵。本节重点介绍东部地区在城市化背景下，典型区域探索农村土地市场化改革的相关案例，旨在为东部地区实现城乡要素的有序流动、促进城乡关系融合提供借鉴。

1. 农民自主城市化案例——北京市城郊郑各庄村

土地资本化是城市化的重要依托，土地资本化的不同方式决定了城市化的模式。一种方式是政府主导的城市化，它依托于土地的国有化和政府攫取土地的级差收益。另一种是农民自主的城市化，它是在不改变土地集体所有制性质的前提下，在规划前提之下，农民集体一方面通过宅基地的商品化和资本化发展房地产，将土地级差收益留在村庄，用于企业发展、村庄改造；另一方面则通过土地的非农化发展第二、第三产业，推进农村的工业化和城市化。北京城郊的郑各庄村就是集体土地资本化推动村庄巨变的农民自主型城市化案例。

旧村改造是新农村建设的一个重要方面，郑各庄的旧村改造创造了农民以自主投资、自我管理的方式进行村庄改造的模式。在其旧村改造的过程当中，郑各庄村村民的拆迁补偿、住宅楼和基础设施建设以及物业管理等方面的投资完全由村里企业负担，没有给地方政府财政增添负担，而且在旧村改造的过程当中不依赖开发商，完全依靠自己投资，自己开发，自己管理，自我完善，避免了农民和村庄利益的流失，减少了目前征地拆迁中农民集体与开发商的利益纠纷，同时，也避免了政府为给开发商让利，造成政府与农民的冲突。郑各庄村的经验表明，通过在宅基地政策方面的大胆创新，允许宅基地的商品化和资本化，允许集体宅基地作为房地产市场的适当补充，就可以打通旧村改造的资金流，改变目前国有土地垄断供应下房价居高不下的局面，为城乡生产要素的对流和农民参与城市化进程打开通道。

与政府主导的城市化模式相比，走农民自主城市化道路的郑各庄不仅没有形成政府投资造成的巨额财政和金融负担，而且农民的土地利益也得到了保障。农民自主城市化作为解决旧村改造资金的一种手段，在解决本村居民住房的同时，还使大量土地用于非农建设，一定量的住房进入市场，不仅解决了村庄自主城市化的资金压力，也使买不起国有土地主导房地产市场房屋的人群有了安居之所。

郑各庄的案例表明，历史长期遗留下来的城乡二元结构的裂痕正在被农民自身所弥合，城乡二元结构所造成的城乡差距正在被农民自己消除。

2. 天津市东丽区华明镇宅基地换房模式

自 2005 年下半年开始，天津市在"十二镇五村"开展试点工作，推出了以"宅基地换房"来加快小城镇建设的土地制度改革模式。天津模式是当前农村土地流转各类实践模式中影响较大的一种典型探索。"宅基地换房"是指农民用自有的宅基地，按照规定的置换标准换取小城镇内部的住宅并迁入小城镇居住，然后对村庄宅基地旧址进行复耕，节约出的土地经过整合之后再通过"招""拍""挂"的方式出售，用土地收益弥补小城镇建设的资金缺口。新建成的小城镇内，除了农民的住宅区以外，单独划出一块区域作为商务区或经济功能区，用这部分土地未来的出让收入平衡小城镇的建设资金、增加就业岗位。

华明镇是天津市试点工作开展区域之一，位于天津市东丽区中部，紧邻滨海新区，距天津市中心区 13 千米，地理位置优越，交通便捷畅达，周边环境良好。自 2005 年开始探索"宅基地换房"的新模式，华明镇的农民可以将宅基地按照规定的置换标准，换取小城镇内的一套住宅，迁入小城镇居住。将原村庄布局分散、数量很大、使用效率很低的农民宅基地集中起来，统一整理复耕，实现了土地集约利用，而节约下来的土地则部分用于商业开发。规划建设农民安置住宅和配套公建 142.5 万平方米，涉及 12 个村，1.3 万户，4.5 万人。示范镇整个区域大体分四个部分：农民安置区、出让开发商业居住和商务区、产业功能区和设施农业区。通过宅基地换房，华明镇农民的家庭财产大幅增加：原来农民居住土坯房或者砖混房，估价在 2 万~5 万元，到新的小城镇置换一套 80 多平方米的住宅，价值超过了 40 万元，农民的住房资产增加了 10 倍左右。

通过"宅基地换房"破解土地资金制约，盘活农村建设用地，拓展城镇发展空间；利用集约出的土地，紧邻安置区规划建设示范工业园区和农业产业园区，实现就地就近转移就业；以"村镇银行"创新农村金融改革，盘活农村资源资产，激活"草根经济"，赋予农民更多金融话语权；还迁农民在生产生活方式上发生了重大变化，在就业、就学、保障等方面享受到与市民同等待遇。

3. 浙江省嘉兴市土地换社保的征地模式

在城市化发展进程当中，农村集体土地被征用导致农民失去了赖以生存的生产资料、重要收入来源以及土地所能够提供的保障权利。对失地农民而言，失去土地保障之后能否被纳入城市的社会保障体系当中，直接关系到他们在日后的社会生活中抵御风险的能力。

嘉兴市地处长三角以及杭嘉湖平原腹心地带，自 1993 年起就开始了"以养老保障为主要方式，与就业市场相适应"的征地制度改革的探索，它首创的"土地换社保"征地模式较好地解决了失地农民长期的生活出路问题。与通常实施的货币安置方式不同，社会保障安置是指在土地征用时，将土地补偿费和安置补助费用来为失地农民缴纳社会保险费，以此将失地农民纳入到社会保险体系中去，因此，相比于货币安置方式，"土地换社保"征地模式为失地农民提供了很好的制度性保障。嘉兴模式的重心在于失地农民的养老问题，现行制度对失地农民的养老保险进行设计时采取了不同年龄差别对待的原则，并向大龄人员适度倾斜。但是，由于受到缴费金额的限制，养老保险的保障力度还是较为有限的，仅限于失地农民最基本的生活保障问题。除养老保障以外，医疗保障也是关系到失地农民生活质量的一个重要方面。因此，嘉兴市建立了新型城乡居民合作医疗制度，按照"政府（集体）出一点，个人出一点"的保费缴纳方式，促进了低水平、广覆盖的新型城乡居民合作医疗制度的建立和推广。针对失地农民的就业问题，嘉兴市政府在促进就业方面也制定并实施了一系列政策措施：鼓励发展劳动密集型产业以增加就业岗位的提供；推行小额贷款担保、减免税费等优惠政策，鼓励失地失业农民等自主创业；开辟社区服务和家政等就业岗位，拓宽就业渠道；为就业困难人员提供特殊帮助；此外，还开展了一系列免费就业指导、就业培训和专业技能培训等相关服务。

嘉兴模式把土地流转中农民的安置补助费和土地补偿费用于农民的社会保障，开创性地解决了失地农民的社会保障问题，大大减少了征地纠纷，促进了社会稳定和地区经济的平稳发展，成为以后许多地方政府借鉴的模板。

4. 山东省德州市开发区农民宅基地入市案例

在城市化进程中，对农民宅基地权利的处置是集体建设用地市场发展中极为关键的一环。浙江、江苏、广东、上海等一些东部沿海发达城市都对此做了大量有益的探索，其中，山东德州开发区的农民宅基地进入建设用地市场的经验尤其值得重视。德州开发区设立于 1992 年，1998 年进入成长期，大量的企业开始入驻，开发面积也从启动时的 1 平方千米扩大到 23 平方千米，到 2006 年，共计征地 1.9 万亩。德州开发区采取的是货币补偿和留地补偿相结合的物业补偿方式，按照基本生活保障标准 5000 元/人·年、人口基数、预期租金水平和建筑容积率，反推出给集体留用的建设用地面积。村集体在取得留用土地之后，先不进行土地变性，仍旧保持农村集体建设用地性质，让村集体先建物业，然后再办转地手续。在实施货币补偿和留地补偿的同时，德州开发区又把征地补偿与旧村改造恰当结合起来。对旧村改造中征收的集体所有的宅基地，按一定比例返还经营性商品房进行补偿，即"每占一亩耕地补偿村集体 100 平方米经营性用房，每占用一亩村庄补偿村集体 25 平方米的经营性用房"。这些经营性用房由负责旧村改造的政策性开建公司建设，并由政府协调，把一些最具市场价值的所谓"金角银边"的经营性用房让给村集体。目前，区内各村集体已经投资 3.53 亿元，建成物业面积达 61.44 万平方米。这样，德州开发区就走出了一条"把土地补偿金变成不动产，依靠不动产收益安民富民"的集体经济发展之路。在旧村改造中，德州开发区采取了"动迁上楼"的方式，即先建新社区，安置农民上楼，再拆除村民原来的宅院式住房，对原村落实行整体改造，统一搬迁。其具体做法不仅符合国家政策规定，完成了土地变性、收储、招标出让等规定程序，而且把土地增值收益通过新房价格优惠让与了农民。

5. 广东省南海模式——土地股份制

广东省的集体建设用地流转具有明显的自上而下性。南海是这场制度创新的发源地。南海曾是地处珠江三角洲腹地的一个县级市，现在已经变为了佛山市的一个区。1992 年前后，大量的港资企业和民营企业要求在这里投资设厂，地方政府在企业供地方面面临抉择。若继续采取国家征用的工业化模式，必然会受到农民集体的抵制，因为随着非农产业的高速发展，这里已经出现了用地紧张的情况，土地价值极大提升。为满足农村工业化对建设用地的需求，南海市政府以行政村和村民小组为单位，对集体土地进行"三区"规划，分为农田保护区、经济发展区和商住区，由集体经济组织出面以土地招商引资。在不改变土地所有权性质的前提下，南海对集体土地进行统一规划，然后统一将土地或厂房出租给企业使用，避免了国家征地垄断农地非农化的格局，为农民利用自己的土地推进工业化留下了较大空间。对于集体经济组织内每个农民的财产权利，南海市政府做出了用集体土地股份制替代原来的农户分户承包制的制度安排，最大好处是将土地非农化的级差收益保留在集体内部，让农民集体分享土地非农化进程中土地级差收益上涨的好处。

但是这种以集体经济组织为主体经营集体建设用地的办法也面临着困境：一是传统集体经济运行和资金管理中的隐患所导致的农民土地财产权的残缺；二是集体建设用地入市面临法律障碍。

为了规范集体建设用地使用权流转市场秩序，管理好农村集体建设用地，广东省政府在 2003 年出台了《关于集体建设用地流转的通知》，并于 2005 年 6 月以省长令的形式颁布了《广东省集体建设用地使用权流转管理办法》地方规章，10 月 1 日在全省实施。《广东省集体建设用地使用权流转管理办法》的出台，在中国土地制度改革，尤其是土地市场的发展方面具有革命性意义：第一，有利于实现土地的"同地、同价、同权"，打破政府对土地一级市场的垄断；第二，有利于土地市场的规范化，合法保护土地交易双方的利益；第三，有利于农民以土地权利参与工业化和城市化进程，分享土地价值增值的成果；第四，有利于降低工业化的门槛，加速农村的工业化进程。

但是该创新只是一部地方法规，还不能突破国家法规，因此，在一些规定上还留有我国现行法律的缺陷，只有在国家土地法律法规经过修改以及土地制度经过深化改革之后，才能真正形成城乡统一的土地市场，切实发挥市场对土地资源的配置作用。

本章小结

东部地区自改革开放以来经济持续快速增长，综合实力不断提高，成为中国经济增长最具活力的地区。经过几十年的城乡建设，我国尤其是东部地区长期以来的城乡二元结构得到了一定程度的缓解，人民收入、经济结构、产业结构、基础设施和公共服务供给等方面都有了很大发展。尽管到目前为止，东部地区的城乡差距较中西部地区已大大缩小，城乡之间的要素交流也逐渐频繁，但是这种城乡差距相比发达国家仍然较大。从长远来看，这一时期的城乡关系具有重大意义，是我国城乡关系演变的历史转折期。如何加快构建"以工促农、以城带乡、工农互惠、城乡一体"的新型工农城乡关系，促进新型城市化带动农业农村的可持续发展，为城乡发展一体化国家战略提供理论基础和战略支撑，是目前亟待解决的重要问题。

第九章　城市空间结构与城市群发展

东部地区是我国工业化、城市化、现代化起步较早和发展水平较高的地区，不仅城市经济较发达，城市空间分布密度、城市空间结构体系等发育程度也较高。东部地区城市群在促进地区经济发展的同时，在全国乃至全球经济发展体系中也发挥着重要的作用。

第一节　城市空间结构特征与演变

（一）城市数量、规模与分布空间特征

城市体系（Urban System）是指在一个相对完整的区域中，由不同职能分工、不同等级规模的城市构成的联系密切、相互依存的群体。东部地区的城市体系具有如下特征：

1. 城市数量与密度分布特征

2015 年，全国共有各级城市 656 个，其中东部地区有 213 个，占全国城市总数的 32.5%，是我国城市分布最集中的地区之一。

在此，用相对于人口规模的城市数量和相对于土地面积的城市数量来考察城市的区域分布。在以常住人口规模衡量的城市分布上，东部地区最低，每千万人拥有城市数 4.59 个，为全国四个区域中最低；以户籍人口规模衡量的城市分布上，东部地区仅高于中部地区，在全国四个区域中位居第三；以土地面积衡量的城市分布上，东部地区每万平方千米拥有城市数为 2.37 个，居四大区域之首（见表 9 - 1）。由此可以看出，东部地区城市空间分布最为密集，由于人口密度也很大，因此以人口衡量的城市数量并不算多。

表 9 - 1　2015 年东部地区城市密度及与其他地区比较　　　单位：个

	千万人（常住人口）拥有城市数	千万人（户籍人口）拥有城市数	万平方千米城市数
东部地区	4.59	5.14	2.37
中部地区	4.60	4.66	1.72
西部地区	5.36	5.52	0.27
东北地区	8.04	8.25	1.09

　　注：由于北京、天津、上海和重庆四个直辖市情况特殊，故未计算在内。

　　资料来源：《中国城市统计年鉴 2016》《中国统计年鉴 2016》、中华人民共和国中央人民政府网站。

　　省际层面上，东部地区中，海南每千万人（常住人口）拥有城市数量最多，为 9.9 个；其次为福建和浙江，分别为 5.7 和 5.6 个；每千万人口拥有城市数最低的是广东，为 3.8 个。相对于人口的城市分布，东部各省份显著低于西北和东北省份。另从城市空间分布密度上看，东部地区最高的是江苏，为每万平方千米 3.17 个，最低的是河北，为每平方千米 1.65 个。与全国其他省份比较，东部地区城市空间分布密度也是最高的。

　　城市的形成与发展有其特定的自然、经济、社会以及政治条件，东部地区城市数量多、分布密度大，一方面缘于其较平坦的地势和河网密布、气候适宜等自然条件，另一方面也与其较发达的经济水平密不可分。

　　2. 城市等级结构与规模分布特征

　　城市等级结构是各种级别的城、镇根据职能和规模进行的等级排列。二、四、十一城市指数反映了一定区域内城市人口在最大城市的集中程度。表 9 - 2 表明，东部地区的首位城市特征不显著，且近十年来变化不大。人口规模最大的两个城市，人口总量差别不大，人口规模前十一位的城市之间人口总量差别也不大，并且在空间上分布相对均衡。人口规模前十位的城市分布在除福建和海南之外的八个省（市）。即使是剔除京津沪三个直辖市后，计算结果的变化也不显著，符合上述各个特征。

　　在东部地区的城市规模等级中，市辖区人口为 100 万 ~ 500 万的大城市和 50 万 ~ 100 万的中等城市是主体，两者分别占全部城市总量的 41.6% 和 41.2%，合计占比高达 82.8%。在大城市中，人口 100 万 ~ 300 万的 Ⅱ 型大城市占主体，有 91 座；人口 300 万 ~ 500 万的 Ⅰ 型大城市只有 8 座。此外，人口大于 1000 万的特大城市和人口 500 万 ~ 1000 万的超大城市分别有 9 座和 5 座，占全部城市数量的 3.8% 和 2.1%；人口小于 50 万的小城市 27 座，占全部城市数量的 11.3%，其中以 20 万 ~ 50 万的 I 型小城市为主，有 25 座（见图 9 – 1）。

表 9 – 2　东部地区二、四、十一城市指数值及变化

年份	二城市指数	四城市指数	十一城市指数
2006	1.15	0.57	0.57
2010	1.17	0.61	0.66
2015（含京津沪）	1.11	0.57	0.61
2015（不含京津沪）	1.33	0.55	0.48

注：据市辖区常住人口计算。
资料来源：历年《中国城市统计年鉴》。

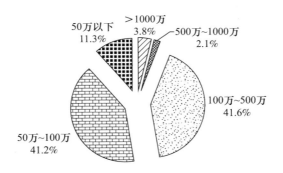

图 9 – 1　东部地区城市规模结构分布

注：据市辖区常住人口计算。
资料来源：EPS 数据平台—中国城市数据库。

近年来，小城镇的发展越来越受到重视。目前对小城镇的界定还存在不同的说法，主要分歧在于小城镇中是否包括小城市和集镇。不管怎样，建制镇都是我国现阶段小城镇的重要组成部分。2015 年，东部地区共有建制镇 5342 个，占同期全国总面积的 29.9%；建制镇建成区面积 173.75 万公顷，占同期全国总面积的 44.5%；建制镇建城区总人口为 8591 万人，占同期全国总人口的 48.9%。从东部地区内部看，建制镇较多的省份有山东、广东和河北等（见表 9 – 3）。

表 9 – 3 2015 年东部地区建制镇数量与人口密度分布情况

地区	建制镇数量（个）	建成区人口密度（人/平方千米）	建制镇分布密度（个/万平方千米）
北京	118	0.37	71.9
天津	111	0.45	93.1
河北	847	0.42	45.4
上海	103	0.50	162.4
江苏	737	0.58	69.6
浙江	604	0.50	57.8
福建	532	0.57	42.8
山东	1096	0.47	68.9
广东	1036	0.48	57.6
海南	158	0.37	207.0
东部地区	5342	0.49	59.2
全国	17848	0.49	18.6

注：计算过程中建制镇建成区人口取户籍人口和暂住人口之和。

资料来源：《中国城乡建设统计年鉴2015》。

2015 年，东部地区建制镇建成区的人口密度为 0.49 人/平方千米，与全国平均水平基本一样。东部地区内部建制镇建成区人口密度较高的为江苏和福建，较低的有北京、海南和河北等。建制镇空间分布密度差异较大，东部地区每万平方千米有建制镇 59.2 个，远高于全国平均水平的 18.6 个。而且东部各省份建制镇空间分布密度差别也较显著，较高的海南和上海，分别为每万平方千米有207 个和 162 个建制镇，而较低的福建和河北，只有 43 和 45 个（见表 9 – 3）。

总体而言，东部地区建制镇数量较多，空间分布密度在国内处于较高水平，但建制镇的人口聚集程度并不高。当然，以省份或地区为单元的整体分析，有时会掩盖一些内部差异特性。在江苏、浙江和广东等产业密布、经济发达的地区，有的小城镇人口规模和经济密度等已经达到了很高的水平。我国目前镇区人口 20 万以上的建制镇共有 36 个，其中 33 个分布在东部地区，而且 32 个集中在长三角和珠三角地区。如广东省东莞市的长安镇、虎门镇镇区人口分别为 66 万人和 63.9 万人，达到了中等城市的规模；江苏省苏州市盛泽镇常住人口接近50 万人；浙江省湖州市织里镇 30 万人；河北省廊坊市燕郊镇因其独特的地理区位，吸引了大量人口进入，镇域人口 75 万人，其中建成区人口 25 万人左右。

（二）城市空间结构演变

东部地区城市空间结构经历了一个漫长的发展演化阶段。在每个阶段，城市空间结构形成与发展的主要驱动力有所不同，城市空间结构形态也有所差异。

1. 半殖民背景下通商口岸为主的城市发展阶段

鸦片战争后，中国进入半殖民、半封建的社会，西方列强在中国，尤其在沿海地区建立了一些通商口岸，在列强势力进入的同时，也带动了一批沿海城市的发展。上海、宁波、福州、厦门、广州、苏州、杭州等作为通商口岸，进入了一个新的发展时期。尽管在当时的时代背景下，这些城市的发展有其局限之处，但却为东部地区城市空间格局奠定了一定的基础，也在之后漫长的东部地区工业化、城市化的过程中产生了特定的影响。

2. 改革开放后国家政策带动下快速城市化阶段

20 世纪 70 年代末，中国实行了改革开放政策，而改革的主要阵地在东部地区。1979 ~ 1980 年，国家先后设立了深圳、珠海、汕头、厦门四个经济特区，1984 年设立天津、秦皇岛、青岛等 14 个沿海开放城市（其中 12 个在东部地区），1985 年将长江三角洲、珠江三角洲和厦漳泉三角地带划为经济开放区，1988 年批准海南省为经济特区，1990 年建设浦东新区。另外，自 20 世纪 80 年代中期，东部地区又建设了包括经济技术开发区、高新技术产业开发区、保税区、出口加工区等在内的各类开发区，对这一地区工业发展与经济增长起到了非常显著的促进作用，原有的众多基础较好的城市加快了扩张与发展的步伐，一大批新的城市也因此得到了快速发展。

与此同时，在改革开放的宏观背景下，以苏南和浙江为代表的集体经济、民营经济得到快速发展，带动了这些区域中小城市和小城镇的兴起与发展。以东南沿海为代表的外向型经济较为发达的地区，一批以外资企业分布或外贸产业发展带动的小城镇迅速兴起与繁荣起来。至此，东部地区已经形成了较为完备的城市体系，不仅城市在空间上分布越来越密，而且各种等级、规模和类型的城市都得到了一定的发展。

3. 三大城市群引领城市组团式发展阶段

在东部个体城市普遍得到不同程度发展的基础上，以长三角城市群、珠三角城市群和京津冀城市群为代表的城市群发育程度不断提高。现阶段，长三角城市群是我国城镇人口最为密集的城市群，为世界第六大城市群；京津冀城市群是我国经济最具活力、开放程度最高、创新能力最强、吸纳人口最多的地区之一，未来发展被定位为世界级城市群；珠三角城市群是我国流动人口最多、城市化水平最高的城市群，是全国深化改革与创新的先行区。

尤其进入 21 世纪之后，上述三大城市群城市化水平、经济总量增长很快，并在产业结构调整、技术创新、区域协作等方面表现出显著的领先趋势。在这三大城市群的引领下，越来越多的周边城市和地区加入集群发展的行列之中，呈现组团式发展特征。这一高效、发达的城市地区形态对我国城市化的发展和城市现代化的发展均具有十分重要的意义。

4. 经济增长多极化背景下城市化提升阶段

东部地区基础好、起点高、发展快，一直在全国经济社会发展中处于领先地位。目前，东部地区又进入以创新驱动、结构调整、优质升级发展的新阶段，不仅城市和区域发展模式有所转变，城市和区域经济发展格局也发生了一定的变化。第一，三大国家级城市群进一步提升发展的同时，山东半岛城市群、海峡西岸城市群等区域性城市群也得到了一定的发展，并将成为东部地区重要的增长极。第二，现有城市群中，中心城市外围地区，如京津冀城市群中廊坊、唐山、保定，长三角城市群中苏中和浙北等在区域协同发展的背景下进入了快速发展通道。第三，东部地区中的欠发达地区，如苏北、鲁西和粤西等近年来也表现出超出本省平均水平的强劲经济增长势头。其中 2013 ~ 2015 年，粤西GDP 增长率超过本省平均水平 2.5 个百分点，苏北 GDP 增长率超过本省平均水平 1.9 个百分点，鲁西 GDP 增长率超过本省平均水平 0.4 个百分点。这些城市与区域发展格局的变化，将带动东部地区进入经济增长多极化带动下的城市全面快速发展阶段。

（三）城市发展的方针与道路

城市发展方针是指导城市持续健康发展、把握城市发展大局与方向的总体纲领。长期以来，对于是大城市优先还是中小城市优先的讨论在我国一直都在进行，实际上不同规模的城市有其各自形成与发展的环境，关键在于根据各地区的现实情况，充分发挥各城市的功能与优势，并在城市群和城市体系结构等高效组织形式下，加强联系、互相带动与提供支撑，实现更好的发展。东部地区城市规模体系和空间结构等有其独有的特征，未来应立足自身条件，制定适合本区域特点的城市发展方针与道路。

1. 全国城市发展方针与道路

中华人民共和国成立以来，我国城市发展方针与道路在不同历史背景和发展理念的影响下出现了阶段性变化（见表9-4）。

表9-4 中国城市总体方针演变历程与指导效果

发展时期	年份	城市化发展方针或政策的主要内容	对国家城市化进程的指导效果
"一五"时期	1953~1957	项目带动，自由迁徙，稳步前进	项目带动的自由城市化进程
"二五"时期	1958~1962	调整、巩固、充实、提高	盲进盲降的无序城市化进程
"三五""四五"时期	1966~1975	控制大城市规模，搞小城市	动荡萧条的停滞城市化进程
"五五"时期	1976~1980	严格控制大城市规模、合理发展中等城市和小城市	改革恢复的积极城市化进程
"六五"时期	1981~1985	严格控制大城市规模，积极发展小城镇	抓小控大的农村城市化进程
"七五"时期	1986~1990	严格控制大城市规模、合理发展中等城市和小城市	大中小并举的多元城市化进程
"八五"时期	1991~1995	开发区建设拉动大城市发展	大城市主导的多元城市化进程
"九五"时期	1996~2000	严格控制大城市规模，突出发展小城镇	大中小并举的健康城市化进程
"十五"时期	2001~2005	大中小城市和小城镇协调发展	大中小并进的协调城市化进程
"十一五"时期	2006~2010	以城市群为主体，大中小城市和小城镇协调发展	中国特色的健康和谐城市化进程
"十二五"时期	2011~2015	城市群与大中小城市和小城镇协调发展	符合国情的积极稳妥城市化进程

资料来源：方创琳. 中国城市发展方针的演变调整与城市规模新格局 [J]. 地理研究，2014，33 (4)：674-686.

可以看出，总体而言，国家层面的城市发展方针与道路经历了不断调整、修正和完善的过程，尤其是近年来开始着重强调不同规模城市间的协调发展。不过，控制大规模城市、鼓励小规模城市一直是较为重要的核心思想。

城市规模增长潜力与趋势和城市的自然条件、经济区位、战略地位、经济发展水平等都有着密切的关系。城市规模增长趋势应符合城市发展规律和城市体系发展规律，而不是要对城市规模有僵化的限制。只要尚未达到城市资源环境承载力的约束值，只要未出现城市规模不经济现象，其规模增长就是合理的，即便它已经是规模很大的城市。同样，即便是规模很小的城市，不具备持续增长的条件和动力，也不一定非要它长大。另外，我国地域广阔，地区差异显著，各地城市规模在空间上的分布与发展趋势也有所不同。而且，受内外因素的影响，各地区城市的资源环境和人口、经济承载力也不一样。有些地区，大型城市有其特定的效率，而在另外一些地区，小规模城市有其专有的功能。比如，在经济较发达、资源环境承载力较强的地区，城市规模效应显著，大型城市各方面的发展效率都较高；而在中西部人口主要流出地，中小城市和小城镇在解决农业人口就近转移方面具有独特的优势。因此，城市发展方针与道路应适当体现这种地区差异性。

2. 东部地区城市发展道路

一直以来，尽管我国城市发展方针中基本上都是严格控制大城市规模，积极鼓励小城市，特别近期强调鼓励小城镇大力发展。而事实上，东部地区发展最快的仍然是大中城市。究其原因，东部地区经济发达、产业密集，人口聚集效应显著，即便县级市也绝大部分都为中等城市，甚至是大城市。东部地区有些大型城市，特别是人口达千万级的超大城市，在发展中普遍出现了资源短缺、环境恶化、交通拥挤、地价上涨等问题，需要适当加以控制与优化。但也有许多大中型城市具备非常良好的发展潜力，只要在发展的过程中注重与资源环境承载力的匹配，并加之科学的规划与管理，仍有一定的发展空间。

东部地区的建制镇发展差异较大，长三角、珠三角地区普遍具有建制镇规模大、外来人口多的特点。过大的人口规模和旺盛的基础设施、公共服务等需求，与镇的行政权限和资源配置等严重不符，因此，近期特大镇"改市设区"的探索一直在积极进行。改变特大镇现行体制弊端势在必行，而采用什么样的模式、在哪些方面进行创新改革等，还需要慎重考量。

另外，未来我国人口流动空间格局会发生一定的变化，这将影响到东部一些城市，尤其是外来人口规模、比重较大城市的发展。产业升级、结构优化、经济转型、环境友好等高标准发展模式是今后东部地区的必然选择，结合东部地区的城市规模结构现状和经济社会发展态势，这一地区今后应在充分考虑城市资源环境承载力的基础上，积极调动各等级城市的发展积极性，并严格根据各自资源环境承载力、功能定位和职能分工等确定城市规模的增长空间。不同规模的城市和城镇之间，应建立起密切的经济社会生态联系，大型城市与中小城市、小城镇之间形成前者辐射、带动后者，后者支撑、配套前者，构筑起良性的合作竞争关系，着重做好城市间产业协调、人口与要素流动，以及生态环境治理与保护协作等方面的工作。

第二节　东部地区城市群的形成与发展

城市群是高度一体化和同城化的城市群体，是城市之间由竞争转为竞合的同城化过程和一体化过程。东部地区在全国率先进入了这个过程。不过城市群的形成与发展是一个漫长的过程，城市之间"竞争＋合作"的态势形成也需要具备多方面的条件。

（一）城市群分布与经济地位

东部地区是我国城市群数量较多、发育程度最高的地区，尤其长三角城市群、珠三角城市群和京津冀城市群的发展更是具有全国意义。

"十三五"期间，我国将建设 19 个城市群，具体包括建设京津冀、长三角、珠三角世界级城市群，提升山东半岛、海峡西岸城市群开放竞争水平；培育中西部地区城市群，发展壮大东北地区、中原地区、长江中游、成渝地区、关中平原城市群，规划引导北部湾、晋中、呼包鄂榆、黔中、滇中、兰州—西宁、宁夏沿黄、天山北坡城市群发展，形成更多支撑区域发展的增长极。其中，东部地区五个城市群经济社会发展水平居于前列，在全国的地位与作用也非常重要。

2014 年，东部地区五个城市群面积共计 50 多万平方千米，常住人口 3.6 亿人，地区生产总值超 30 万亿元，分别占全国的 5.7%、26.9% 和 46.7%。可见，东部地区聚集着全国大量的人口和更大的经济总量。尤其是京津冀城市群、长三角城市群和珠三角城市群更是以占全国 3.6% 的土地，吸纳了全国 17.9% 的人口并创造了 34.7% 的地区生产总值。实际上，城市群对区域和全国的意义绝不仅在于份额上的贡献。珠三角城市群在我国发展外向型经济、体制创新、培育先进制造业和深化改革方面具有无可替代的作用。长三角城市群在构建现代产业体系、参与全球经济分工、探索区域一体化方面具有卓越的贡献。京津冀城市群则在推进政治文化建设、科技创新和区域生态环境联防联控等方面具有重要意义。另外，城市群的聚集效应、引领与带动作用所形成的区域效应是巨大的。山东半岛城市群和海峡西岸城市群也在"一带一路"的背景下对区域发展格局具有积极的影响。

(二) 空间分布格局变化

城市群是城市和区域经济发展到一定阶段的产物。近年来，东部地区城市群在空间范围和空间形态等方面都发生了较大的变化：一方面，城市群空间扩展迅速；另一方面，城市群自身发育、壮大的同时带动了区域网络化发展。

1. 城市群空间扩展迅速

随着宏观环境的变化和城市群自身发展的推进，近年来东部地区各城市群都经历了快速的扩展（见表9-5）。

表9-5 东部地区三大城市群空间扩展情况

城市群	扩展模式	扩展后范围	扩展方向
京津冀城市群	2+8	北京、天津、保定、廊坊、唐山、秦皇岛、石家庄、张家口、承德、沧州	河北中部、东部等地
长三角城市群	16+1+1+8	上海、南京、无锡、常州、苏州、南通、扬州、镇江、泰州、杭州、宁波、嘉兴、湖州、绍兴、舟山、台州、盐城、金华、合肥、芜湖、马鞍山、铜陵、安庆、滁州、池州、宣城	江苏中北部、浙江中南部、安徽东部
珠三角城市群	9+5+2	广州、深圳、珠海、佛山、东莞、中山、江门、肇庆、惠州、汕尾、清远、云浮、河源、韶关、香港、澳门	港澳、广东北部等地区

（1）京津冀城市群"2+8"模式构筑超级城市群。

京津冀城市群的前身可以追溯到京津唐工业基地，长期以来，北京和天津一直是该区域发展的绝对核心和重点，河北的唐山、廊坊等地是较早与北京和天津发展产业融合的地区。近年，在京津冀协同发展战略实施的大背景下，京津冀地区建立起越来越密切的合作发展关系，京津冀城市群也在空间上不断扩展并逐渐步入良性发展轨道。

在未来发展构想中，京津冀城市群将采用"2+8"模式。其中，"2"指北京和天津两个核心城市；"8"指河北省保定、廊坊、唐山、秦皇岛、石家庄、张家口、承德、沧州八个地级市，也是京津冀城市群的次中心城市。显然，京津冀城市群在北京和天津两大中心城市的带动下，向东、向南扩展、辐射带动河北大部分地区实现全面快速发展。

（2）长三角城市群"16+1+1+8"模式构筑超级城市群。

长三角城市群发展较早，尤其是上海和江苏南部、浙江北部地区城市已经在长期发展过程中建立起了较为密切的关系。新时期，长三角城市群空间上又进一步向江苏中北部、浙江中南部，甚至安徽东部扩展，目标打造具有全球影响力的世界级城市群，加快形成国际竞争新优势，更好地服务于"一带一路"倡议和长江经济带战略，充分发挥对全国经济社会发展的重要支撑和引领作用。

（3）珠三角城市群"9+5+2"模式构筑超级城市群。

传统的珠三角城市群包括广东、深圳、珠海、佛山、东莞、中山、江门、肇庆、惠州九个城市，新规划扩容了汕尾、清远、云浮、河源和韶关五个城市，而且目前《粤港澳大湾区城市群发展规划》已启动，将香港、澳门和珠三角作为一个整体来规划、发展。珠三角城市群在外向型经济等带动下，经历了单中心—双中心—多中心网络化发展的演进过程，逐渐走向高级化发展阶段，并在全球经济活动中具有重要的地位与作用。

此外，山东半岛城市群和海峡西岸城市群也处于不断发育、壮大的过程中。其中，山东半岛城市群经历了山东半岛蓝色经济区（青岛、烟台、威海、日照、东营、潍坊、滨州）、黄河三角洲高效生态经济区（潍坊、德州、淄博、烟台部分区域）和省会城市群（济南、淄博、泰安、莱芜、德州、聊城、滨州）三个战略区域的整合与发展，在推动环渤海地区合作、引领黄河中下游地区加快发展、对接京津冀和长三角两大城市群建设、促进我国东部沿海地区城市化空间布局区域优化等方面具有战略支撑作用。海峡西岸城市群则涵盖了福建（福州、厦门、漳州、泉州、莆田、宁德）、广东（潮州、揭阳、汕头、汕尾）和浙江（温州）的部分城市，也经历了空间上的不断拓展，在全国区域经济发展布局中处于重要位置，是加强两岸交流合作、推动两岸关系和平发展的重要前沿平台和纽带。

2. 城市群带动区域全面发展

从空间上可以看出，现阶段东部五个城市群已经形成了从北到南连片式发展，覆盖了东部的绝大部分地区。城市群的高效发展模式不仅能够有效促进区域经济快速、高质量发展，而且在城市群的带动下，河北大部分地区、江苏中北部地区、浙江中南部、广东北部山区等原来经济发展相对薄弱的地区获得了巨大的发展机遇，发展速度明显加快，成为新的经济增长点，使东部地区从过去几个点、几个圈重点发展的空间格局变成了全面网络化发展格局。

（三）城市群国际竞争力

1. 国际竞争力不强

东部地区城市群，尤其是长三角、珠三角和京津冀三大城市群被定位为世界级城市群，未来在我国参与全球经济分工和国际竞争方面承担着重要的责任。不过，现阶段，这几大城市群与世界先进城市群之间还存在着非常显著的发展差距。长三角城市群是世界第六大城市群，通过与世界其他五大城市群比较发现，长三角城市群的面积仅次于北美五大湖城市群，位居第二，人口远超其他五大城市群，位居第一，而经济总体规模（GDP）却仅略高于英国中南部城市群，人均 GDP 和地均 GDP 则远远落后于其他世界级城市群。其中，人均 GDP 只有北美五大湖城市群的 1/5，地均 GDP 只有日本太平洋沿岸城市群的 1/10（见表 9 – 6）。

表 9 – 6　长三角城市群与世界其他五大城市群主要指标比较

城市群	面积 （万平方千米）	人口 （万人）	GDP （亿美元）	人均 GDP （美元/人）	地均 GDP （万美元/平方千米）
长三角城市群	21.2	15033	20652	13737	974
美国东北部大西洋沿岸城市群	13.8	6500	40320	62030	2920
北美五大湖城市群	24.5	5000	33600	67200	1370
日本太平洋沿岸城市群	3.5	7000	33820	48315	9662
欧洲西北部城市群	14.5	4600	21000	45652	1448
英国中南部城市群	4.5	3650	20186	55305	4485

注：长三角城市群数据为 2014 年统计数据。美国东北部大西洋沿岸城市群包括波士顿、纽约、费城、巴尔的摩、华盛顿等城市及周边城镇；北美五大湖城市群包括芝加哥、底特律、克利夫兰、匹兹堡、多伦多、蒙特利尔等城市及周边城镇；日本太平洋沿岸城市群包括东京、横滨、静冈、名古屋、大阪、神户、长崎等城市及周边城镇；欧洲西北部城市群包括巴黎、阿姆斯特丹、鹿特丹、海牙、安特卫普、布鲁塞尔、科隆等城市及周边城镇；英国中南部城市群包括伦敦、伯明翰、利物浦、曼彻斯特、利兹等城市及周边城镇。相关数据来自于中国科学院南京地理与湖泊研究所报告。

资料来源：《长江三角洲城市群发展规划（2016 – 2020）》。

东部地区城市群地理位置优越，经济区位条件好，外向型经济发达，并且拥有北京、天津、上海、广州、深圳等国际化程度较高的中心城市，是我国聚集高端人才、发展高端产业、实现高端发展的前沿阵地，也是提高国家竞争力的核心力量。现阶段，这些城市群的国际竞争力还有待进一步提高。

2. 城市群国际竞争力影响因素

城市群的国际竞争力不仅表现在总量规模上，更重要地体现在制度创新、技术创新、管理创新等方面的程度，以及在全球城市体系和经济体系中的引领作用方面。影响我国东部地区城市群国际竞争力的因素主要包括：

第一，中心城市发展高度不够，一般性加工制造和服务业还占有较大比重，而国际性功能，如经济、金融、贸易、航运等功能发育不足，对全球要素的吸引力不强。如据长三角城市群发展规划，落户上海的世界500强企业总部数量仅为纽约的10%，外国人口占常住人口的比重只有0.9%。中心城市普遍面临着较严重的人口、资源、环境压力，尚未形成高品质的城市创业环境、宜居环境和商务环境等。

第二，城市之间的协作配套仍需完善，同质竞争，甚至恶性竞争现象依然存在，良性分工协作机制尚未形成。城市之间在产业链合作、协同创新、公共资源与服务共建共享、要素流动等方面进展缓慢，尚未形成城市群参与国际竞争的合力。

第三，空间集约度低。东部地区城市群面积广阔，建设用地规模远超其他世界级城市群，但空间利用效率非常低。快速、无序的空间蔓延实际上不利于高端要素的集聚和高端业态的形成，许多开发项目盲目上马，结果只是聚集了一堆低端、杂乱的经济活动。而且，过度开发造成短期内大量空间资源被占用，良好的生态环境被破坏，为后续长期发展造成障碍。

第三节　东部地区重点城市群

根据《国民经济和社会发展第十三个五年规划纲要》，我国将优化提升东部地区城市群，包括建设京津冀、长三角、珠三角世界级城市群，提升山东半岛、海峡西岸城市群开放竞争水平。整体上，东部地区城市群发育水平高于其他地区城市群，但各个城市群特色不同，所处的发展阶段不同，面临的障碍与制约也不尽相同。

（一）长三角城市群

城市群是空间上邻近的城市在发展到一定阶段后形成的相互影响、相互促进的共同体，其发育过程是一个动态变化的过程。任何一个城市群都经历了从小到大、从初级到高级的深化过程，长三角城市群也不例外。

1. 空间范围与发展概况

不同的时期，不同的出处，对长三角城市群的空间范围界定有所差异。其中，包括上海市和江苏省的南京、无锡、常州、苏州、南通、扬州、镇江、泰州，以及浙江省的杭州、宁波、嘉兴、湖州、绍兴、舟山和台州16个城市在内的区域是近年较为公认与常用的长三角城市群空间范围。而在2016年6月国家发展与改革委员会公布的《长江三角洲城市群发展规划（2016—2020）》，将长三角城市群空间范围拓展为上海市、江苏省、浙江省、安徽省范围内，由以上海为核心、联系紧密的多个城市组成，主要分布于国家"两横三纵"城市化格局的优化开发和重点开发区域。具体包括：上海市，江苏省的南京、无锡、常州、苏州、南通、盐城、扬州、镇江、泰州，浙江省的杭州、宁波、嘉兴、湖州、绍兴、金华、舟山、台州，安徽省的合肥、芜湖、马鞍山、铜陵、安庆、滁州、池州、宣城26个城市。即增加了江苏省的盐城市、浙江省的金华市和安徽省的八个地级市。此次规划中对长三角城市群空间范围的拓展是基于未来更大空间和更高层次的发展，促进南京都市圈、杭州都市圈、合肥都市圈、苏锡常都市圈和宁波都市圈的同城化发展。

2015年，长三角城市群面积21.3万平方千米，常住人口超过1.5亿人，是我国覆盖人口最多与地域面积最广的城市群，同时也是我国经济最具活力、开放程度最高、创新能力最强、吸纳外来人口最多的区域之一。长三角城市群是我国现阶段重要区域经济发展格局中"一带一路"与长江经济带的重要交会地，在国家现代化建设大局和全方位开放格局中具有举足轻重的战略地位。其主要发展特征如下：

第一，长三角城市群是我国城市化水平最高、城市体系最发达的地区之一。

长三角城市群城市化起步较早，城市空间分布密集，城市化水平发展较高。2016年确定的上海、江苏、浙江、安徽26个城市范围内，长三角城市群共拥有

1 个超大城市、1 个特大城市、13 个大城市、9 个中等城市和 42 个小城市（见表 9 - 7）。除此之外，长三角城市群还是我国小城镇分布较为密集的地区，城镇分布密度达每万平方千米 80 多个，是全国平均水平的 4 倍（《长江三角洲城市群发展规划（2016 - 2020）》），常住人口城市化率达 70% 左右。

表 9 - 7　长三角城市群各城市规模等级

规模等级		划分标准（城区常住人口）	城市
超大城市		1000 万人以上	上海
特大城市		500 万 ~ 1000 万人	南京
大城市	Ⅰ型大城市	300 万 ~ 500 万人	杭州、合肥、苏州
	Ⅱ型大城市	100 万 ~ 300 万人	无锡、宁波、南通、常州、绍兴、芜湖、盐城、扬州、泰州、台州
中等城市		50 万 ~ 100 万人	镇江、湖州、嘉兴、马鞍山、安庆、金华、舟山、义乌、慈溪
小城市	Ⅰ型小城市	20 万 ~ 50 万人	铜陵、滁州、宣城、池州、宜兴、余姚、常熟、昆山、东阳、张家港、江阴、丹阳、诸暨、奉化、巢湖、如皋、东台、临海、海门、嵊州、温岭、临安、泰州、兰溪、桐乡、太仓、靖江、永康、高邮、海宁、启东、仪征、兴华、溧阳
	Ⅱ型小城市	20 万人以下	天长、宁国、桐城、平湖、扬中、句容、明光、建德

资料来源：《长江三角洲城市群发展规划（2016 - 2020）》。

第二，长三角城市群是我国经济发展程度最高的地区之一。

2015 年，长三角城市群以占全国 2.1% 的面积承载了全国 11% 的人口，创造了占全国 19% 的国民生产总值，经济地位极为重要，发展水平居全国前列，而且在近年结构调整、创新驱动等带动下，经济发展保持着良好的增长势头（见图 9 - 2）。

近年来，长三角城市群各项经济指标一直保持在全国前列（见表 9 - 8）。长三角城市群人均 GDP 为 77906 万元，为全国平均水平的 1.8 倍。2015 年长三角城市群实际利用外资额为 647.84 亿美元，占全国实际利用外资总额的 51.3%。

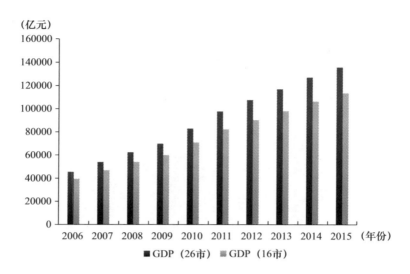

图 9 − 2　长三角城市群近年 GDP 增长趋势

资料来源：历年《中国城市统计年鉴》。

表 9 − 8　长三角城市群主要经济指标及与全国比较

	人均 GDP（万元）	实际利用外资（亿美元）	地方财政一般预算内收入（亿元）	城镇居民人均可支配收入（元）	农村居民人均纯收入（元）
长三角城市群（26 市）	77906	647.84	16910.6	33116	15413
长三角城市群（16 市）	89060	543.6	14533.9	37090	16575
长三角城市群新拓展区域（10 市）	47366	104.24	2376.6	26758	10923
全国	43852	1262.7	—	26955	8896

注：表中人均 GDP、城镇居民人均可支配收入和农村居民人均纯收入为 2013 年数据，其余为 2015 年数据。

资料来源：EPS 数据平台—中国城市数据库、中国城乡建设数据库。

长三角城市群城镇居民人均可支配收入和农村居民人均纯收入分别为 33116 元和 15413 元，显著高于全国平均水平的 26955 元和 8896 元。不过值得提出的是，长三角城市群内部经济发展也存在着较大的差异，尤其传统核心区的 16 市和新拓展的 10 市之间存在着显著的差距。如 2013 年，传统核心区 16 市人均 GDP 为 89060 万元，是新拓展 10 市的 1.9 倍；城镇居民人均可支配收入和农村居民人均纯收入前者也分别是后者的 1.4 倍和 1.5 倍；另外，传统核心区 16 市贡献了

2015 年长三角城市群约 85% 的实际利用外资额。地方财政一般预算内收入两者的差距更大，2015 年传统核心区 16 市高达 14533.9 亿元，而新拓展 10 市仅为 2376.6 亿元。

第三，长三角城市群是我国区域一体化程度较高的地区。

长三角城市群自 20 世纪 80 年代开始就启动了一体化进程，之后参与的城市逐渐增多，尤其进入 21 世纪后一体化的程度不断提高。尽管长三角城市群也存在城市之间产业结构趋同、分工协作仍待加强等问题，但仍属于我国区域一体化程度相对较高的地区之一。长三角城市群已形成了非常发达、便捷的快速交通网络，同城化进展迅速，并在金融、土地、产权交易、人才资源共享、行业资格互认、农产品标准互认等领域都推进了一体化建设，今后还将开展教育、医疗、社保等公共服务和社会事业的进一步合作。

2. 城市群协调发展路径

城市群内部城市之间良性的竞争与合作关系是城市群得以健康、持续发展的根本动力。而这种城市间的良性竞争与合作关系需要协调发展机制的保障。

一直以来，长三角城市群在建立、完善区域协调发展方面开展了大量工作。首先，加快跨区交通设施建设，在缩小城际间距离的同时，显著带动人才、信息和资金等的互联互通。上海作为长三角城市群核心城市，积极促进长三角区域交通一体化，实现上海与主要城市 90 分钟可达。上海地铁 11 号线是国内第一条跨省地铁路线，从江苏昆山出发，十几分钟就能进入上海地铁网络①。

其次，在交通一体化的基础上，推进产业分工和产业链合作。交通一体化为城市群一体化奠定了坚实的基础，长三角城市群近年致力于产业内的分工与错位竞争，如上海港与江苏太仓港之间开展资本合作，并将主营业务分工，上海港主营远洋业务，太仓港主营近洋业务，避免同质竞争等。另外，充分利用上海和其他城市间各自的优势，打造产业链合作，上海在总部经济、服务贸易、技术研发等方面具有突出的优势，在其龙头带动下，其他城市立足于本身优势与基础，主动与上海对接，提供生产等方面的配套。

最后，缩小城际间公共服务水平差距，促进要素合理流动。包括人和资金等在内的各种要素流动既受交通媒介等硬件基础设施的影响，更重要的是还受

---

① 王建帆. 世界级城市群长三角还有多远？［EB/OL］. 央广网，2016 – 07 – 22.

各地间公共服务资源均衡程度的影响。城市群内部要防止要素资源过度向中心城市集聚、外围发育不足的问题，应该做到公共服务等社会资源的合理配置。长三角城市群内部经济发展水平差异小，又较为注重城市之间在社会事业和公共资源分配方面的合作，因此要素流动较为顺畅，而且多向化格局显著，从而为城市群一体化提供了保障。

长三角城市群在发展过程中所经历和面临的一切问题与困难，在全国其他城市群均具有显著的代表性，因此长三角城市群一体化发展的经验也同样具有积极的示范效应。城市群内部竞争大于合作的事实，及其背后的行政壁垒等都不应成为一体化协作的障碍。因为追求更好的发展是每个城市与区域共同的目标，恶性竞争带来的只是短期利益、局部利益，长远来看对谁都没有好处，城市群一体化发展带来的一定是"1 + 1 > 2"的效应。

3. 城市群未来发展重点

长三角城市群是我国发展基础最好、创新能力最强、开放程度是高、最具活力的区域之一。与此同时，长三角城市群作为我国涉及人口最多、地域范围最大的城市群，在经历了多年的成长发展之后，也积累了大量的矛盾与问题，如城市群大而不强，中心城市与外围地区之间、大城市与中小城市之间、不同行政辖区之间协调发展程度不够，无序蔓延与空间利用效率不高，生态环境威胁加大，以及城市化进程不彻底等。这些问题不仅是长三角城市群的个性问题，也是全国城市群发展过程中面临的共性问题。因此，解决好上述问题意义重大。以下就如何解决该城市群面临的突出问题进行探讨。

（1）强化市场作用，促进资源在城市群内部更合理、均衡配置。长三角城市群已经具备良好的发展基础，尤其在区域交通一体化、产业链合作和协同治理方面取得了显著的进展，但是城市和地区间深层次的合作中，行政壁垒依然存在。今后应该充分发挥市场机制，让资源在城市群内部得到更合理、均衡的配置。通过产业、公共服务等配套建设，引导人口合理地从城市群资源环境压力较大的优化开发区向重点开发区分流。目前，长三角城市群内部存在明显的发展梯度，尤其新拓展10市与原有16市之间的发展差距还相当大，但是这些地区拥有较好的资源、区位条件，而且尚有较大的发展空间。因此，今后应在这些地区积极发展优势、特色产业，并合理承接城市群核心区转移出来的产业，有效提升公共产品与公共服务水平，吸引人口和经济活动等聚集，不仅可以大

力促进本地区经济社会快速发展，也有助于提升整个城市群的协作水平和发展效率。

（2）加强协同创新，构筑具有国际竞争力的区域创新体系。现阶段，包括长三角城市群在内的东部许多地区正处于转型提升、创新发展的关键时期。在这个阶段，技术创新、产品创新、制度创新等成为区域经济发展的核心动力。长三角区域一体化中，包括交通、信息等在内的硬件设施一体化进程已经达到了很高的水平，而且该区域拥有众多的优质教育资源和科研力量，拥有普通高等院校300多所，国家工程研究中心和工程实验室等创新平台近300家，年研发经费和有效发明专利数均约占全国的30%①。今后应充分利用这些优势，强化各城市与地区间的协同创新，为建设全球重要的现代服务业和先进制造业基地奠定坚实的基础。在协同创新方面，要注重把现有丰富的科技与人力资源有效整合起来，通过项目合作、专题研讨和技能赛事等形式，加强相互间的交流与合作，形成强大的区域创新环境与氛围。

（3）加强生态环境的改善与修复。近年来，在理念转变、技术进步、管理创新、投资加大的背景下，东部许多地区生态环境问题都得到了一定的改善与修复，长三角城市群也在区域环境规制加强、环境污染联防联治等方面取得了一些进展与突破。但是，由于长三角城市群经济总量规模大、人口与产业分布密集、传统低端产业尚占有较大比重等因素的影响，该区域仍然面临着非常严峻的生态环境安全威胁，尤其是水污染和土壤污染等问题较为突出。太湖、巢湖等主要湖泊富营养化问题突出，约半数河流监测断面水质低于Ⅲ类标准，近岸海域水质也下降明显，海域水体呈中度富营养化状态。土壤复合污染严重，部分农田土壤多环芳烃或重金属污染严重。

加强生态环境的改善与恢复，首先，应有效遏制快速城市化进程中对生态空间持续侵占、割裂的趋势。改变靠空间扩张为主的城市化，优化城市内部空间结构，提高城市土地利用效率，严格保护城市周边生态空间和优质农田，将田园风光和生态要素引入城市，将体现城市高度文明的生产与生活方式引入乡村，真正实现城乡和谐、共荣发展，并保障生态环境质量的逐步改善与提升。其次，推广区域环境规制的先进经验。东部有些地区近年来在区域环境规制方

---

① 数据来源于《长江三角洲城市群发展规划》。

面取得了一些很好的经验，不仅有助于保护与改善生态环境，还促进了产业转型升级。如绍兴市上虞区杭州湾精细化工产业园区在产业转型升级过程中，环境规制起到了重要的作用。主要做法包括：第一，严格环境执法，加大环境违法查处力度。严格能源消费总量和强度"双控"指标，引导和倒逼企业开展环保治污和绿色发展。第二，采用现代科技手段，切实落实科技监管。迄今已建成 82 家重点企业的污染源在线监测监控系统，实现省控以上企业全覆盖，24 小时全过程监测，重点污染隐患时时被关注。第三，采用渐进式加大环境规制强度，给企业适当的适应过程。由于较早开始对区内化工企业实施环境规制，现在化工企业已经能够适应国内最严格的环境规制水强度①。应将这类先进经验在城市群内部推广。最后，加强区域环境治理与恢复的合作。长三角城市群已在太湖流域治理等方面取得了一定成效，今后在内陆河湖水质和近海海域水质改善，以及湿地生态系统恢复与保护等方面还有非常艰巨的任务和很大的合作空间。

（二）珠三角城市群

珠三角城市群是我国东部地区另一大重要的城市群，是中国乃至亚太地区最具活力的经济区之一。

1. 空间范围与发展概况

广州、深圳、珠海、佛山、东莞、中山、江门、肇庆、惠州九个城市是珠三角城市群的传统空间构成。根据《广东省新型城市化规划（2014－2020）》，广东省将积极促进一年前珠三角地区外围城市融入珠三角，形成"广佛肇＋清远、云浮""珠中江＋阳江""深莞惠＋汕尾、河源"的组合型新型大都市圈。另外，据国家发改委《加快城市群规划编制工作的通知》，2017 年拟启动珠三角湾区城市群规划，将香港、澳门和珠三角九市作为一体规划，以加强香港、澳门和珠三角城市的合理协作与分工关系，打造具有更强国际竞争力的世界级城市群。

概括而言，珠三角城市群具有以下发展特征：

第一，珠三角城市群是我国经济发达的先进制造业和现代服务业基地。

一直以来，尤其是改革开放以来，广东省都是我国经济发展水平最高的地区之一，而广东省主要的经济要素聚集地和经济产值产出地都在珠三角城市群。

---

① 相关资料来自中国人民大学石敏俊教授带领的研究团队调研成果。

2016 年，珠三角城市群面积 5.5 万平方千米，占广东全省面积的 30.6%；人口 5900 万人，占全省的 53.6%；创造地区生产总值 6.8 万亿元，占全省的 85.5%；人均地区生产总值 107011 元，是同期全国平均水平的 2.14 倍。

珠三角城市群产业结构水平较高。据《珠江三角洲城市群年鉴 2016》，2015 年，该地区三次产业结构比为 1.8∶43.6∶54.6，现代服务业增加值比重达 63%，先进制造业、高技术制造业增加值比重分别达 53.9% 和 31.8%。研发投入与科技创新取得显著进展。2015 年，珠江三角洲地区研发经费支出比重达 2.7%，深圳研发经费支出比重更是高达 4.05%，居世界前列。珠三角城市群百万人口发明专利申请量 1728 件，万人发明专利拥有量 23.33 件，其中 PTC 国际专利申请量连续 12 年居全国首位，技术自给率超过 71%。珠三角城市群各城市在科技创新方面均取得了重大进展，并且形成了大型骨干企业、科技型小型企业等不同类型企业创新创业的鼓励与扶持制度，在自主创新和全面创新改革方面走在全国的前列。在创新驱动的同时，全面启动工业的转型升级。2015 年，完成工业技改投资 1765.5 亿元，比 2014 年增长 54.3%，开展技改的规模以上工业企业 4337 家。珠海、东莞等的机器人项目，珠江西岸的装备制造业、东岸的信息产业链等都取得了显著的成绩。70 个省级现代服务业集聚区建设加快推进，广州服务业对经济增长贡献率接近 70%。以"互联网＋"为代表的经济新业态蓬勃发展，全省电子商务交易额预计 3.2 万亿元，信息消费总额 10040 亿元，主要来自珠江三角洲地区。珠三角新增主营业务收入超百亿元企业 19 家，总数达 211 家；新增超千亿元企业 3 家，总数达 22 家。

第二，珠三角城市群是我国参与经济全球化的主体区域。

珠三角城市群是经济外向度非常高的区域，该地区国民生产总值的约一半是通过国际贸易实现的，2015 年进出口总额达 60601.7 亿元。而且该地区外贸结构不断优化，2015 年，高新技术产品占出口总额的 36.2%，服务贸易占对外贸易总额的比重提高到 11.1%，加工贸易"委托设计＋自主品牌"方式出口比重达 70%[①]。近年来，珠三角城市群逐步加强了与港澳地区的多元、深层合作，加之"一带一路"倡议的实施，将其国际贸易和开放型经济的发展推向了一个新的阶段。例如，2015 年第二届 21 世纪海上丝绸之路国际博览会，达成项目

---

① 引自《珠江三角洲城市群年鉴 2016》。

680 个，签约金额达 2018 亿元。

截至 2015 年底，珠江三角洲经国家批准对外开放的一类口岸 46 个，对外贸易口岸的数量、通过能力和各项效益指标自改革开放以来均居全国首位，在我国对外贸易、科技文化交流和国际旅游事业中发挥着举足轻重的作用。2015 年，珠三角城市群实际利用外资 256.245 亿美元，占全国总量的 23% 左右；进出口总额占全国总量的 25% 左右。珠三角城市群不仅是我国吸引外资、发展国际贸易和参与全球经济合作的主要阵地，还带动与支撑了我国外向型经济的全面快速发展。

第三，珠三角城市群是我国改革开放的先行区与示范区。

20 世纪 70 年代末，在以珠三角为代表的东南沿海地区拉开了我国改革开放的帷幕，自此，珠三角城市群作为全国改革开放的先行区，进行了一系列经济制度和服务管理方面的改革与探索，为全国全面开放奠定了坚实的基础。现阶段，珠三角城市群继续在自由贸易试验区、简政放权、法治政府示范区建设等方面引领全国的改革步伐。例如，珠三角城市群跨境电商监管新模式、政府智能化监管服务模式两项制度创新入国家最佳实践案例；南沙片区开展国际贸易"单一窗口建设"和"智检口岸"试点，通关时效提高了 50% 以上；广州 99.4% 的市级行政审批事项和 91.7% 的社会服务事项可网上办理等。

2. 东部地区城市群创新驱动与转型升级经验

珠三角城市群自 20 世纪 80 年代以来经历了数次产业结构调整，区域层面积累了丰富的发展经验、雄厚的资金基础和良好的市场潜力，企业层面培育了较强的创新能力，这些都非常有利于该区域经济增长动力的转化，现阶段已整体进入创新驱动和转型升级的新阶段。

珠三角城市群在创新驱动与转型升级方面有一些好的经验[①]：

（1）佛山："腾笼换鸟"推进产业转移和结构转型。近年，佛山市大力推进产业转型升级，具体做法包括：第一，推进产业转移，"腾笼换鸟"。实施"三个一批"战略，即扶持壮大一批——整合优势资源向优质民营企业倾斜，鼓励引导民营企业集团化、兼并重组、自主创新，使一大批民营企业迅速壮大；改造提升一批——引导企业采用先进技术，改造传统产业；淘汰转移一批——运

---

① 该部分是根据中国人民大学石敏俊教授带领的研究团队调研资料整理形成。

用节能减排倒逼机制、"双转移"引导机制，淘汰一批落后产能。第二，推进产业链招商，发展产业集群。通过"补链""建链""强链"，成功引进了北汽福田、中国南车、一汽大众、苏宁广场、国家半导体照明工程研发及产业联盟华南分中心等一批大项目，延伸和完善产业链，推动产业链演变为产业集群。目前，佛山已有国家级产业集群升级示范区4个、省级产业集群升级示范区12个。佛山市还领衔打造了珠江西岸先进装备制造产业带，努力实现从"生产产品"向"生产装备"转变。2012年，佛山市建筑陶瓷产量占全国的20%；建筑铝型材产量占全国一半以上，产业集群优势凸显。第三，强化创新驱动发展。加快创新载体和平台建设；制定评价标准体系，开展技术改造，发展智能制造；推进产业与科技融合、产业与金融融合，制造业与互联网融合，工业化与信息化融合，激发创新活力。第四，调整行政区划，统筹资源配置。政府充分发挥服务和支持作用，与市场一起促进产业转移与结构升级。

通过以上转型升级措施，佛山市经济综合实力不断提升。2016年，佛山经济总量居全国地级市第15位，规模以上工业总产值居广东省第2位，产业结构得到了显著优化与提升，逐步实现了从"佛山制造"向"佛山智造"的转变。

（2）深汕特别合作区的合作模式。深汕特别合作区的规划范围包括汕尾市海丰县鹅埠、小漠、鲘门、赤石四镇，总面积468.3平方千米，可建设用地145平方千米，海岸线长42.5千米，区内常住人口为7.1万人。

发展差距大，而各自又有制约瓶颈，是深圳和汕尾合作的背景。深圳经济发展迅速，但面临空间不足的制约，而汕尾则面临经济发展落后的困境，亟待寻求发展突破。2011年2月18日，广东省委、省政府批复《深汕（尾）特别合作区基本框架方案》，正式设立深汕特别合作区。2011年5月，深汕特别合作区正式开始运作。深汕特别合作区在创新区域合作模式上开展了有益的探索和尝试。深汕特别合作区的区域合作模式可以归纳为32个字：汕尾所有、深圳所用，汕尾管辖、深圳开发，汕尾发展、深圳拓展，汕尾空间、深圳形象。其核心内涵主要是"共建、共管、共享"，通过充分利用深圳的优质资源、发展优势和汕尾的空间条件，并在合理利益共享机制的保障下，推动合作区的健康、快速发展，并最终使两地均能受益。

3. 东部地区城市群未来发展重点

珠三角城市群起步早、发展快，现已达到较高的水平，但仍然面临自主创新能力和新型产业发展有待加强、外向型经济比重过大、经济腹地狭小、内需不足等问题，使其在新的国际国内竞争形势下面临严峻的挑战。今后，珠三角城市群应加强以下几方面的工作：

（1）在深化与港澳的合作基础上提升发展层次，增强全球竞争力。珠三角城市群拥有邻近香港、澳门两大发达经济体的独特优势，为其对外贸易等外向型经济的发展提供了得天独厚的条件。一直以来，珠三角城市群都与香港和澳门保持着密切的经济社会联系，为其快速发展起到了重要的促进作用。近年来，《粤港澳大湾区城市群发展规划》的出台，将更显著地推动珠三角与港澳的深化合作。珠三角城市群应该充分利用香港高度国际化的金融、贸易和专业服务，澳门丰富的旅游资源、葡语系国家资源、归侨与眷侨资源等优势，加快新型现代产业的培育，提升港口经济和工业经济发展层次，并逐渐实现向服务经济和创新经济发展的转变，有机融入全球经济体系，缩小与纽约湾区、旧金山湾区和东京湾区等国际一流湾区的发展差距。

（2）进一步拓展内陆辐射与合作空间，扩大腹地。城市群发展的目标不仅是自身规模的扩大和质量的提升，还应充分发挥其更大地域范围内的带动与辐射作用。一直以来，珠三角城市群就存在"一头朝外"、内陆经济腹地狭小的问题。珠三角城市群应在加强对外合作、国际融合的前提下，积极发展内向型经济，并加强与内陆地区的合作，扩大腹地，为自身发展赢得更大空间的同时，带动周边地区发展。尽管早在21世纪初就有了"9＋2"（广东、福建、江西、广西、海南、湖南、四川、云南、贵州九个省份，加上香港和澳门两个特别行政区）的泛珠三角概念，而且之后也陆续有一些泛珠三角层面的合作与交流，2016年3月国务院又发布了《关于深化泛珠三角区域合作的指导意见》，但泛珠三角区域真正意义上的合作与协同发展还不够。珠三角城市群在泛珠三角区域合作中应该发挥非常重要的内联外引的作用，但整体而言，在对内合作与辐射方面还有很长的路要走。今后，珠三角城市群应适当加强内向型经济的发展，通过与内陆地区，尤其是泛珠三角内陆地区的联系，拓展发展空间，以缓解自身资源不足、空间匮乏和过度依赖外向型经济等问题。

（3）加快从"模仿创新"到"源头创新"的转变。珠三角城市群是我国现阶段创新发展的重要示范区，在经历了数次产业结构调整与优化之后，高新技术产业和现代服务业等已得到了显著的发展，但该区域更多的也只是停留在

"模仿创新"阶段，基础性科技研发投入较少，技术与产品竞争力难以与国际上最顶尖的主体相抗衡，这也是制约其成为世界级城市群的重要因素之一。珠三角城市群拥有我国最好的创新环境、灵活的人才引进机制，今后应充分利用这一优势，增强自主创新能力的培育，加快"源头创新"步伐，逐步缩小并退出一般性制造业，以技术、创新优势克服当前国际市场动荡和国内要素成本上升等因素造成的不利影响。

（三）京津冀城市群

1. 空间范围与发展概况

京津冀城市群是我国第三大超级城市群，包括北京、天津两大直辖市和河北省石家庄、唐山、秦皇岛、保定、张家口、承德、沧州和廊坊八个地级市。

京津冀城市群是以首都为核心的城市群，具有独特的发展背景与功能定位，主要发展特征如下：

第一，京津冀城市群是我国科技、金融等资源最为密集的地区。

京津冀城市群的科技、金融、跨国公司总部等资源分布占全国比重均较高，而且主要分布在北京。北京城市定位为"全国政治中心、文化中心、国际交往中心、科技创新中心"，集聚了全国近一半的金融资源，吸引了众多跨国公司、高科技企业在此设立总部和研发机构。2017年，北京拥有世界500强企业总部的数量为58家，连续四年居世界城市之首，研发投入占全国的比例最高，使京津冀城市群成为全国创新性最高的城市群。

第二，京津冀城市群区内发展差距显著，城市体系发育有待完善。

从城市规模等级构成看，京津冀城市群拥有2个超大城市、5个大城市（其中Ⅰ型大城市2个、Ⅱ型大城市3个）、17个中等城市和1个小城市。与其他城市群相比，京津冀城市群的城市规模等级构成中缺少特大城市；大城市，尤其是Ⅰ型大城市数量偏少，唐山虽然属于这类城市，但人口仅刚刚超过300万人；中等城市主占体，小城市数量也很少（见表9-9）。因此，京津冀城市群形成了两个超大城市加一群中等城市为主的格局，北京和天津两个城市的人口占了京津冀城市群总人口的56%，河北省人口最多的城市石家庄人口只有北京人口的18.7%。

除了城市规模差异之外，京津冀城市群经济、社会发展差距也非常显著。2015年，各地人均GDP中天津市最高，为107960元，最低的保定市，人均

GDP 仅为 29067 元，两者相差 2.7 倍（见图 9－3）。不过，2005 年和 2010 年，京津冀城市群内人均 GDP 最高和最低城市之间分别相差 3.6 倍和 3.1 倍，由此可见，人均 GDP 的绝对差距近年呈缩小趋势。

表 9－9　京津冀城市群各城市规模等级

规模等级		划分标准	城市
超大城市		1000 万人以上	北京、天津
特大城市		500 万～1000 万人	—
大城市	Ⅰ型大城市	300 万～500 万人	石家庄、唐山
	Ⅱ型大城市	100 万～300 万人	保定、秦皇岛、定州
中等城市		50 万～100 万人	张家口、沧州、廊坊、承德、辛集、晋州、新乐、遵化、迁安、涿州、高碑店、泊头、任丘、黄骅、河间、霸州、三河
小城市	Ⅰ型小城市	20 万～50 万人	安国
	Ⅱ型小城市	20 万人以下	——

注：城市规模按各城市市区人口计算。

资料来源：EPS 数据平台—中国城乡建设数据库。

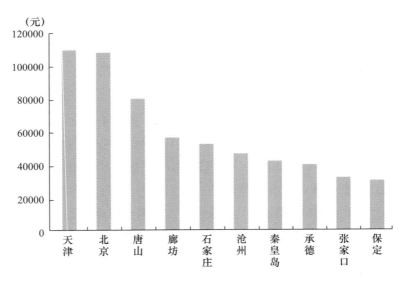

图 9－3　2015 年京津冀城市群各地人均 GDP

其他主要经济指标，如固定资产投资、实际利用外资和地方财政一般预算内收入等也都表现出同样巨大的差距，多数指标在总量上北京和天津都和河北其他八市相差一个数量级（见表9－10）。社会发展与公共服务方面的差距也十分显著，北京聚集了全国顶级的教育、医疗等公共资源，并因此产生了巨大的"虹吸效应"，吸引了京津冀乃至全国包括人才在内的各种优秀要素聚集，而周边其他地区则在此背景下产生了明显的"阴影效应"。

表 9 – 10　2015 年京津冀城市群各地主要经济指标对比

省份 主要指标	地区生产总值 （亿元）	固定资产投资总额 （亿元）	实际利用外资额 （万美元）	地方财政一般预算内 收入（亿元）
北京	23014.6	7941	130.0	4724
天津	16538.2	13048	211.3	2667
石家庄	5440.6	5690	11.4	375
唐山	6103.1	4544	12.4	335
秦皇岛	1250.4	874	8.6	114
廊坊	2473.9	2134	7.6	303
沧州	3320.6	3103	4.7	211
保定	3000.3	2425	4.2	213
张家口	1363.5	1554	3.3	133
承德	1358.7	1512	1.6	97

资料来源：《中国城市统计年鉴 2016》。

有研究从要素聚集能力、经济发展水平、福利改善能力、发展支撑条件四个维度构建了城市发展能力指数，对京津冀地区城市发展能力进行了考察（见表9－11）。结果表明，京津冀城市群各城市发展能力存在较大的梯度落差，可以大致分为三个梯度：第一梯队包括北京和天津，第二梯队包括石家庄、唐山、廊坊和秦皇岛，第三梯队包括承德、张家口、沧州和保定[①]。

---

① 京津冀协同发展研究报告［R］. 中国人民大学，2016.

表 9 – 11　2010 ~ 2013 年京津冀地区城市发展能力指数

城市	要素聚集能力		经济发展水平		福利改善能力		发展支撑条件		总得分		得分排序
	2010 年	2013 年	2010 年	2013 年	2010 年	2013 年	2010 年	2013 年	2010 年	2013 年	
北京	90.08	93.79	84.26	89.41	73.21	88.90	83.29	89.86	82.71	90.49	1
天津	87.46	81.43	83.67	88.35	66.61	80.61	76.76	83.34	78.62	83.43	2
石家庄	65.94	76.79	75.83	78.88	63.13	69.41	74.83	78.77	69.93	75.96	3
唐山	61.29	72.37	76.57	79.17	67.72	71.42	71.48	77.42	69.27	75.10	4
廊坊	69.34	74.82	77.39	80.95	58.57	66.62	73.72	76.58	69.76	74.74	5
秦皇岛	58.75	68.70	72.08	71.61	71.74	77.37	70.36	74.31	68.23	73.00	6
承德	56.79	60.23	71.47	74.03	64.21	75.42	66.49	68.62	64.74	69.57	7
张家口	56.00	58.84	69.90	72.57	60.76	78.96	63.88	66.27	62.63	69.16	8
沧州	56.20	60.73	73.44	75.76	60.57	65.57	71.21	69.78	65.36	67.96	9
保定	56.55	59.95	71.95	77.27	58.57	60.60	68.65	69.75	63.93	66.90	10

资料来源：京津冀协同发展研究报告［R］. 中国人民大学，2016.

第三，京津冀城市群面临严重的生态环境困境。

京津冀城市群在自然条件、传统城市化、工业化发展模式以及产业结构特点等影响下，现阶段出现了较严重的大气污染、水环境污染和水资源短缺等资源生态问题。其中，京津冀城市群大气污染程度较高，尽管在大力治理的努力下已出现一定程度的改善，但仍然是全国空气质量最差的集中区域。2015 年，全国空气质量相对较差的前 10 位城市中，有 8 个在京津冀城市群及其周边地区，2016 年增加为 9 个。据环境保护部发布的空气质量状况报告，2016 年京津冀城市群（含邯郸、邢台、衡水）地级及以上城市空气质量平均达标天数比例为 56.8%，PM2.5 年均浓度为 71 微克/立方米，PM10 年均浓度为 119 微克/立方米。而同期长三角城市群和珠三角城市群地级及以上城市空气质量平均达标天数比例分别为 76.1% 和 89.5%，PM2.5 年均浓度分别为 46 微克/立方米和 32 微克/立方米，PM10 年均浓度分别为 75 微克/立方米和 49 微克/立方米。同时，京津冀城市群还长期面临水资源短缺的困扰。京津冀人均水资源仅为 286 立方米，远低于国际公认的人均 500 立方米的"极度缺水标准"，北京人均水资源更是不足 100 立方米。因地下水过度开采，北京出现了数千平方千米的地面沉降区，河北形成七大漏斗区。

严峻的生态环境形势给京津冀城市群生产、生活造成了很大的负面影响，也一定程度上影响了该区域的投资环境、宜居水平和对高端人才的吸引力。生态环境治理与改善已成为京津冀城市群的核心任务之一。

2. 城市群发展定位与现实差距

在2015年国务院批复的《京津冀协同发展规划纲要》等相关文件中，京津冀城市群未来发展被定位为以首都为核心的世界级城市群、区域整体协同发展改革引领区、全国创新驱动经济增长新引擎和生态修复环境改善示范区等。

近年来，在京津冀协同发展的宏观背景下，京津冀城市群建设取得了显著的成效，但该城市群发展起步较晚，在许多方面还存在较大的提升空间。严格地讲，京津冀城市群从"一群城市"到"一个城市群"的发育过程尚未完成，要成为世界级、高端城市群则需要长期大量努力。

（1）城市群内部联系薄弱。通过分工、协作创造城市间的合力，以获取更大、更综合的发展效率是城市群作用机制的核心。而京津冀城市群内部各城市之间的联系还比较薄弱，发展的合力尚未根本形成，孤立、分散发展的格局严重影响了城市群向更高层次的发展。

据相关研究，京津冀城市群各城市之间的产业联系不够紧密，远低于长三角城市群。其中，北京和天津两个中心城市之间产业联系强度相对较高，其次是各城市与中心城市之间的联系，而其他城市两两之间的联系非常薄弱。另外，城际间高速公路交通流量数据分析显示，京津冀城市群之间，尤其是除中心城市之外的城市之间交通往来不够发达，交通联系更多地发生在城市内部以及与其地域相邻的城市之间。

（2）市场机制引导要素合理流动的作用不明显。要素流动是城市群分工与协作的基础与表现，但健康的城市群发展状态应是要素在各城市之间频繁地双向流动。而京津冀城市群目前要素流动仍然表现出非常显著的空间极化格局。例如，人口仍主要向京津集聚。2010～2013年，北京、天津和河北八市常住人口占整个城市群常住人口的份额持续表现出向京津集中的趋势。其中，北京常住人口占京津冀城市群总人口的比重从23.4%增加到24%，天津常住人口占比从15.5%增加到16.7%，河北八个地市常住人口则从61.1%下降至59.4%，而且所有八个地市在此时间段内全部出现本市常住人口占京津冀城市群总人口比重下降的态势。资金主要向京津集聚。人均存款余额反映了资金流动的结果。

2000～2014 年，北京的人均本外币存款余额从 8.45 万元增加到 46.52 万元，增加了 5.5 倍，2014 年北京的人均本外币存款余额是天津的 2.8 倍，是河北的 21 倍。百元 GDP 贷款余额反映出经济发展的资金需求。2000～2014 年，北京的百元 GDP 贷款余额基本上稳定在 250 元上下，天津从 113.68 元增加到 147.67 元，河北从 57.64 元增加到 95.35 元（见表 9－12）。资金极化流动的态势显而易见。

表 9－12　2000～2014 年京津冀地区人均本外币存款余额与百元 GDP 贷款余额

	人均存款余额（万元）		百元 GDP 贷款余额（元）	
	2000 年	2014 年	2000 年	2014 年
北京	8.45	46.52	258.51	251.52
天津	2.28	16.34	113.68	147.67
河北	0.15	2.17	57.64	95.35
京津冀平均	1.64	12.75	121.70	157.83

资料来源：京津冀协同发展研究报告［R］．中国人民大学，2016.

　　尽管京津冀城市群近年来在协同发展战略的带动下城际间和地区间的要素流动有所加强和加快，尤其是要素从北京、天津两大中心城市向周边地区的流动有所增加，但是这种要素流动更多的是依赖行政的力量，市场机制尚未发挥应有的作用。城市群发育发展过程中各主体间的协同、合作的确需要地方政府的尽力协调与努力，但最终的目标，包括实现的途径都更应该是通过市场的力量把城市群的要素空间布局、空间流动、空间组合等推向更合理、更高效的状态，而不是仅靠行政力量推动人口迁移与项目的搬迁或合作等。

　　（3）生态环境治理与改善是一个相当长的艰巨过程。高端城市群不仅产业高端、经济发达，生态环境好和社会和谐也是必备要素。京津冀城市群生态环境的治理与改善还需要相当长的一段时期，而且是一个非常艰巨的过程。

　　区域生态环境的治理与改善效果不仅取决于对生态系统本身修复与建设的投入力度（包括人力、物力、技术等各方面投入），还与区内产业结构、经济发展方式、经济发展阶段、人民生活习惯等都密切相关。就目前而言，北京在产业结构方面已经实现了第三产业占绝对主导的格局，污染型行业占比和总量规模已经很低；天津第二产业虽然仍有 45% 左右，但现代制造业比重较大；河北各地市虽有一定差异，但整体上还具有突出的产业结构偏重，能耗高、污染强产业集中，技术密集型制造业和现代服务业比重偏低，基础设施与公共服务滞后，人们的生态观、发展观有待转变等共性，这也正是京津冀城市群生态环境治理与改善的重点与难点。因此，京津冀城市群的生态环境治理与改善是与经济系统、社会系统、管理系统等密切相关的问题，需要长期、艰苦的努力。

3. 城市群未来培育方向

（1）以雄安新区、滨海新区、通州新城建设为契机，加速城市群一体化发展。就目前行政隶属而言，雄安新区在河北，滨海新区在天津，通州新城在北京，但这三者发展的意义绝对远不局限于其所在的城市和地区，而是京津冀城市群、京津冀地区，乃至全国层面。但不管这三个新城新区具有怎样的战略意义，对京津冀城市群的聚合与发展都将会产生极为重要的促进与推动作用。

三个新城新区的建设一方面改变了京津冀城市群空间发展格局，创造了更多、更强的点来丰富与完善该城市群的空间结构体系；另一方面显著改变了京津冀城市群内部交通、产业、人口、技术等的分布格局，并在多地之间建立起了多元化、深层次的分工与合作关系，加速城际间的要素流动、资源共享与利益分配。因此，三个新城新区的建设给京津冀城市群更高层次的发展提供了极好的契机，应充分抓住机会，加速城市群一体发展步伐，重点培育重要节点城市之间沿线中小城市和小城镇的发展，健全城市网络体系，使之真正成为在全国乃至全球都有竞争力和影响力的城市群。

（2）建立健全城市群利益分配与协调机制。京津冀城市群相比于其他的城市群存在首都的特性，两大直辖市的特性和较为显著的区内发展水平差距等，都对在城市群内部建立起公平、公正、高效的利益分配与协调机制带来难度。一直以来备受瞩目的环京津贫困带，以及京、津与河北之间生态补偿缺失等问题，都涉及城市群内部和地区之间利益分配与协调等根本问题。巨大的"虹吸效应"本就把各种要素吸至京、津两地，再缺少制度上的协调与保障，将难以彻底解决城市群内部协同竞争的问题。城市群内部的职能分工、责权关系、合作准则、激励与鞭策工具等都要形成制度化、规范化的框架，以保证公平的话语权、和谐的竞合关系等。

（3）带动整个城市群的经济转型与产业升级。近年来，北京和天津在经济转型和产业升级方面做了大量的工作，也取得了显著的成效，创新驱动已经成为这两个超大城市新的经济发展动力，而河北则仍然停留在传统的发展层面上。

京津冀城市群的发展是一个共赢的发展，事实已经证明，京津周边地区发展不力对京津发展的不利影响已日益凸显。京津冀城市群中心城市外围地区在促进京津人口疏解、产业疏解、生态环境质量改善，缓解各种"大城市病"方面具有重要的意义。长期以来，外围地区发展滞后直接导致中心城市各种要素过度集聚，从而带来各种困扰。

因此，促进京津冀整个城市群经济转型与产业升级才是根本出路。尤其是北京和天津在自身优化、提升的同时，更要给予更多的支持使周边河北地区也实现经济的转型与产业的升级。河北八地市资源丰富，具有一定的产业基础，但结构老化、效率不高，有待在创新要素的带动下实现跨越式发展。实际上，京津冀城市群内部具有较强的互补性，应充分利用与发挥这种互补性，京津加强对城市群外围地区的技术扩散和智力支持，不仅可以帮助其提升产业层次与产品创新能力，为自身的技术型产业找到更广阔的发展空间，也对从根本上解决区域污染排放与生态恶化等问题具有非常积极的贡献。

本章小结

东部地区城镇空间分布密度大，是我国城市分布最集中的地区之一，各等级城市分布合理，城市空间结构体系较为发达。数据分析表明，东部地区发展最快的是大中城市，大型城市的规模效应较为显著，但同时也出现了较为普遍的"城市病"困扰；有些大中型城市具有非常好的发展潜力；建制镇在外向型经济、集体经济、民营经济等的带动下发展较好，不过地区差异较显著，尤其是少数特大镇面临着巨大的人口、资源与管理压力，急需寻求新的发展出路。东部地区不同规模城市间的协调发展取得较大进展，局部地区存在要素过度向大型城市集中、周围小型城市和小城镇得不到充分发展的现象。

现阶段，五大国家级城市群中有三个分布在东部地区，城市群已成为引领东部地区城市与区域发展的重要主体之一，在全国城市与区域发展格局中也具有重要的地位与作用。京津冀城市群、长三角城市群和珠三角城市群均被定位为世界级城市群，在国内城市群发展中也都具备各自独特的优势与长处，但现实发展与目标定位间都还存在一定差距。

长三角城市群是地处我国东部沿海发展带与长江经济带交会处的重要区域，区位优势突出，发展基础较好，是我国城市化水平最高、城市体系最发达的地区之一，也是我国经济发展水平最高、区域一体化程度最高的地区之一。随着发育水平的不断提高，长三角城市群的空间范围逐步得到拓展，以谋求更大空间范围内的融合发展。但是长三角城市群新拓展区域与原有传统核心区之间还存在着非常显著的发展差距，如何尽快实现对新拓展区的带动与融合，切实增强城市群的凝聚力与竞争力还需要做出很大努力。长三角城市群在跨区交通网络建设、产业分工与产业链合作、要素市场一体化建设和公共服务社会事业合作等方面都取得了重要进展，为其他城市群一体化提供了宝贵的经验与示范效应。今后长三角城市群应在市场化协作、协同创新和区域生态环境治理与保护等方面进一步加强、提升。

珠三角城市群是我国改革开放最早、市场化程度最高、外向型经济特征最突出的地区，近年来在创新驱动与转型升级方面取得了较大进展，尤其是在产业转移、产业链完善和城际合作方面有一些值得借鉴之处。未来应抓住粤港澳大湾区城市群发展机遇，充分利用港澳独特优势资源，提升产业发展层次与国际竞争能力；同时，积极扩大与内陆腹地的合作，拓展资源与市场等，寻求更广阔的发展空间；充分利用其雄厚的经济实力、灵活的人才引进机制和现代化产业发展基础等，加快从"模仿创新"向"源头创新"的转变。

京津冀城市群因其拥有北京和天津两大超级直辖市，尤其是北京作为首都的独特条件，在发展中表现出强大的科技、金融等资源优势。但是该城市群整体上起步较晚，内部一体化进展较为缓慢，表现出区内发展差距大、经济联系不够密切、市场机制作用不明显等问题，同时该地区还深受严峻的生态环境形势的困扰，现实与发展定位之间存在较大的差距。未来应在京津冀协同发展战略实施背景下，以雄安新区、滨海新区和通州新城的建设为契机，加速推动城市群的一体化发展，充分利用京津科技、信息等优势，带动河北各城市的经济转型与产业升级，并建立健全城市群利益分配与协调机制，保障城市群更快、更好地发展。

第十章　特区经济发展

我国在改革开放的不同时期，设立了不同的特殊经济区域，如经济特区、计划单列市、自由贸易试验区等改革开放型区域。经济特区是改革开放初期为对外开放设立的特殊经济区域，计划单列市是改革开放初期为行政管理体制改革设立的特殊经济区域，自由贸易试验区是新一轮改革开放设立的特殊经济区域。这些经济区域基本上位于东部地区，对我国的改革开放和经济发展做出了重要贡献，也在一定程度上改变着东部地区的经济空间格局。

第一节　经济特区

一、经济特区的政策目标

中国的经济特区诞生于20世纪70年代末、80年代初，成长于90年代。1980年8月26日，第五届全国人大常委会第15次会议批准《广东省经济特区条例》，宣布在深圳、珠海、汕头、厦门设置经济特区。1988年4月13日，海南省和海南经济特区同时成立。但鉴于海南经济特区功能、特征与前四个特区有较大的差异，以下仅阐述深圳、珠海、汕头、厦门这四个经济特区。2010年，深圳、珠海、厦门经济特区的空间扩大到全市，2014年，汕头经济特区的空间范围也扩大到全市。

我国设立经济特区的政策目标，一是在体制改革中发挥"试验田"的作用，二是在对外开放中发挥重要的"窗口"作用。1984年，邓小平同志说："特区是个窗口，是技术的窗口、管理的窗口、知识的窗口，也是对外政策的窗口。

从特区可以引进技术、获得知识、学到管理。特区成为开放的基地,不仅在经济方面、培养人才方面使我们得到好处,而且会扩大我国的对外影响。"

二、经济发展速度、规模与水平

设立经济特区以来,凭借政策优势,四个特区的经济发展加速。1996 年之前,四个经济特区的地区生产总值增速明显高于全国平均水平,但起伏较大,尤其是在 1986 年,地区生产总值年增长率突然下降;1996 年之后,增速开始回归平稳,并趋近于全国平均水平;最近几年与全国经济形势同步,经济增速放缓。相对来说,珠海的经济增速较高,深圳次之。2014 年,珠海地区生产总值同比增长 10.3%(按可比价格计算),增速居珠三角地区首位;深圳地区生产总值同比增长 8.8%(按可比价格计算),相比前三年继续放缓,但增速仍居四座一线城市首位,高于全国与广东省的平均水平。如图 10 - 1 所示。

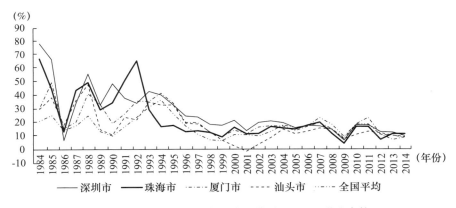

图 10 - 1 1984 ~ 2014 年四大经济特区 GDP 增速走势

资料来源:各城市相关年份统计年鉴。

经过 30 多年的增长,四个经济特区的地区生产总值均有大规模的增长。尤其是深圳市,2014 年地区生产总值达到 16002 亿元,仅低于上海、北京、广州三市,居全国所有城市的第四位,趋近于排名第三的广州(约 16707 亿元)以及一江之隔的香港特别行政区(约 17144 亿元)。厦门市地区生产总值也有大规模提升,2014 年的地区生产总值为 3274 亿元。珠海、汕头两市的地区生产总值增长相对平缓,2014 年两市的地区生产总值分别为 1867 亿元和 1717 亿元。如图 10 - 2 所示。

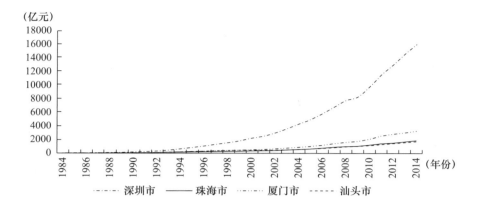

图 10 - 2　1984 ~ 2014 年四大经济特区地区生产总值走势

资料来源：各城市相关年份统计年鉴。

　　四个经济特区中，除汕头外，2003 年以后的人均地区生产总值均高于全国平均水平。1996 年以后，四个经济特区的人均地区生产总值排序稳定为厦门、深圳、珠海、汕头。2014 年，深圳全市人均地区生产总值达 14. 95 万元，约为 2. 4 万美元（按全年平均汇率折算），达到 2013 年韩国的人均 GDP 水平；珠海市人均地区生产总值达 11. 59 万元，按平均汇率折算为 1. 9 万美元；厦门全市人均地区生产总值按户籍人口计算是 16. 36 万元，但按常住人口计算为 8. 68 万元（折合 1. 4 万美元）；汕头人均地区生产总值为 3. 12 万元，按年末汇率测算为 5. 97 美元，首次突破 5000 美元，但仍低于全国平均水平。如图 10 - 3 所示。

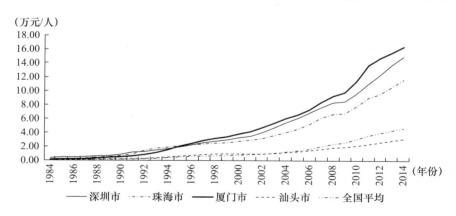

图 10 - 3　1984 ~ 2014 年四个经济特区人均地区生产总值走势

注：纵轴为按户籍人口计算的人均地区生产总值。

资料来源：各城市相关年份统计年鉴。

三、产业结构演变与特征

在经济快速发展的过程中，经济特区的产业结构也发生了质的变化。从第一产业增加值及其占地区生产总值的比重看，四个经济特区共同的特征是第一产业增加值占地区生产总值的比重快速下降，但受经济发展水平、城市化水平、辖区面积和自然条件等因素影响，四个经济特区的第一产业规模、比重差异较大。深圳市已经全域城市化，2014 年第一产业增加值仅 5.6 亿元，占比几乎为零。相反，汕头市的第一产业仍然占重要地位，2014 年第一产业增加值为 91.9 亿元，占地区生产总值的 5.4%。如图 10 - 4 所示。

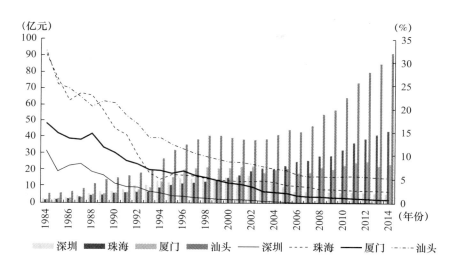

图 10 - 4　1984 ~ 2014 年四大经济特区第一产业增加值及其占比

资料来源：各城市相关年份统计年鉴。

从第二产业增加值看，深圳市的第二产业增加值总量规模遥遥领先，其余的三个经济特区中，厦门规模较大，珠海与汕头的规模相当。从第二产业增加值占地区生产总值的比重看，除汕头外的三个经济特区都经历了先升后降的过程。1993 ~ 2005 年是深圳市第二产业占比处于高位的时期，最高占比分别出现在 1993 年和 2005 年，均为 53.4%，2005 年后开始下降，2014 年为 42.6%。变化趋势与深圳市相似的厦门市，最高占比出现在 2004 年，为 55.76%，2005 年开始下降，2014 年为 44.6%。珠海总的趋势与深圳市、厦门市相似，但最高占比出现在 2006 年（55.4%），2011 年开始下降，2014 年为 50.3%。汕头市的趋势比较独特，最高占比出现在 2008 年（55.1%），此前是稳定地提高，目前仍处在高位，2014 年的占比仍高达 52.6%。如图 10 - 5 所示。

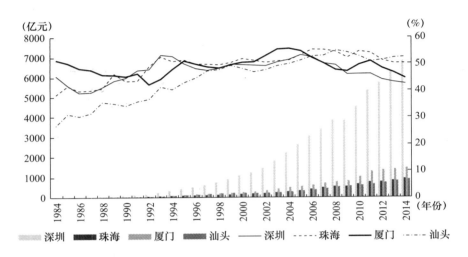

图 10 - 5 1984～2014 年四大经济特区第二产业增加值及其占比

资料来源：各城市相关年份统计年鉴。

从第三产业增加值规模看，与第二产业相似，深圳市遥遥领先，厦门领先于珠海、汕头，珠海略大于汕头。从第三产业增加值占地区生产总值的比重看，与前面阐述的第二产业占比趋势相对应，深圳、厦门在 2004 年前后出现稳定的上升态势，珠海的稳定上升出现在 2011 年以后，汕头则一直在 42% 上下波动，未出现稳定的上升趋势。如图 10 - 6 所示。

从以上的三次产业占比趋势和 2014 年的三次产业结构数据可以看出，深圳市、厦门市在 2005 年前后已经进入工业化后期或后工业化时期，第三产业占比均已经超过第二产业占比，经济服务化趋势显现；珠海市在 2011 年出现经济服务化势头，但第二产业占比仍然高于第三产业占比；汕头市则仍处在工业化过程中，下降势头不明显，第二产业占比仍处在高位。图 10 - 7 所示为 2014 年四大经济特区三次产业结构。

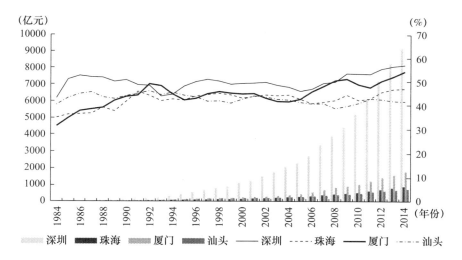

图 10 - 6　1984~2014 年四大经济特区第三产业增加值及其占比

资料来源：各城市相关年份统计年鉴。

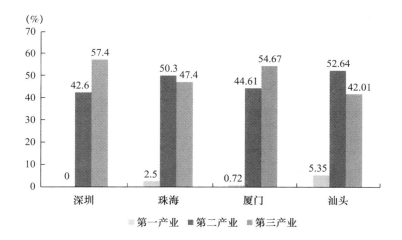

图 10 - 7　2014 年四大经济特区三次产业结构

资料来源：各城市 2015 年统计年鉴。

　　四个经济特区的制造业内部结构差异较大。相对而言，深圳与厦门的制造业结构比较相似，深圳、厦门、珠海经济特区的制造业内部结构差异相对较小，但汕头经济特区制造业内部结构与深圳、厦门、珠海经济特区的差异就很大。以占制造业产值超过 5% 的支柱产业看，2014 年，深圳、厦门、珠海经济特区

均以计算机、通信和其他电子设备制造业为最重要的产业，深圳这一行业的占
比甚至高达58.6%，但汕头经济特区这一行业的占比仅为2.4%；同样，深圳、
厦门、珠海经济特区均以电气机械和器材制造业为第二大制造业，珠海经济特
区这一行业占比高达29.1%，但汕头经济特区这一行业仅占4%；作为汕头经济
特区制造业第一、第四大行业的纺织服装业，合计占汕头经济特区制造业的
28.1%，但在深圳、厦门、珠海经济特区的合计占比分别为1.2%、4%、
1.9%，总体看，汕头经济特区的制造业仍以工业化前期的轻纺工业为主。如表
10－1所示。

表10－1　2014年四个经济特区制造业支柱行业占比　　　　单位：%

行业	深圳	厦门	珠海	汕头
计算机、通信和其他电子设备制造业	58.6	39.4	26.9	2.4
电气机械和器材制造业	9.0	7.2	29.1	4.0
文教、工美、体育和娱乐用品制造业	7.4	1.8	0.6	15.5
橡胶和塑料制品业	2.9	6.3	2.7	13.7
交通运输设备制造业	2.3	6.1	2.3	1.9
化学原料和化学制品制造业	1.0	4.6	6.8	6.5
纺织服装业	1.2	4.0	1.9	28.1

资料来源：各城市2015年统计年鉴。

　　除汕头外，深圳、厦门、珠海经济特区的制造业内部结构都经历了工业化
过程中的规律性变化，从劳动密集型产业为主到资本密集型产业为主再到技术
密集型产业占比的上升。从1991年、2001年、2014年的制造业内部结构数据
看，深圳、厦门制造业占比提高最多的是计算机、通信和其他电子设备制造业。
从1991年到2014年，深圳、厦门经济特区的计算机、通信和其他电子设备制造
业分别提高了20.9个、20.8个百分点，即分别从37.7%提高到58.6%、从
18.6%提高到39.4%。珠海经济特区提高最多的是电气机械和器材制造业，从
6.5%提高到29.1%，提高了22.6个百分点。同期，下降最快的是纺织服装业
等劳动密集型行业。从1991年到2014年，深圳、厦门、珠海经济特区的纺织服
装业占比分别下降了12个、3.2个、7.6个百分点。但汕头经济特区纺织服装业
的占比趋势不同，从1991年的22.6%下降到2001年的15.1%，然后又回升

到 28.1%。

　　四个经济特区的服务业内部结构各具特色。虽然批发和零售业，房地产业，金融业，交通运输、仓储和邮政业是四个经济特区的重要支柱行业，但各个经济特区的结构差异仍然比较显著。2014 年，深圳经济特区的金融业占服务业增加值的 23.9%，信息传输、计算机服务和软件业占服务业增加值的 10%，科学研究、技术服务和地质勘查业占服务业增加值的 4.5%，均高于其他的经济特区，显示了深圳作为我国重要金融中心、信息经济和科技创新中心的城市特性。厦门经济特区的交通运输、仓储和邮政业占服务业增加值的比重达 12.4%，高于其他经济特区，显示了作为港口城市的重要特性。汕头、珠海经济特区的批发和零售业占比较高，金融业则相对偏低，仍以传统服务业为主。如表 10 - 2 所示。

表 10 - 2　2014 年四个经济特区服务业行业结构　　　　单位：%

行业	深圳	厦门	珠海	汕头
批发和零售业	21.4	19.8	25.3	37.6
金融业	23.9	17.4	13.4	6.1
房地产业	14.4	16.3	16.3	10.0
交通运输、仓储和邮政业	5.5	12.4	4.2	5.6
信息传输、计算机服务和软件业	10.0	5.1	6.6	—
租赁和商务服务业	5.2	5.0	5.9	—
教育	2.8	4.9	5.7	—
居民服务和其他服务业	2.0	4.5	1.9	—
住宿和餐饮业	3.5	4.4	4.7	6.0
公共管理和社会组织	3.2	3.5	9.1	—
卫生、社会保障和社会福利业	2.0	2.1	2.6	—
科学研究、技术服务和地质勘查业	4.5	2.0	2.7	—
水利、环境和公共设施管理业	0.7	1.4	0.8	—
文化、体育和娱乐业	0.8	1.1	0.8	—

四、经济开放度演变与特征

　　作为对外开放的窗口，经济特区的外贸、外资理应走在全国的前列。从对外贸易规模看，四个经济特区差异较大，深圳遥遥领先，厦门在 2009 年后领先于珠海，汕头一直是缓缓增长。深圳经济特区的对外贸易在 2001 年后几乎呈现指数级的增长，仅在 2009 年、2014 年出现回落。2014 年，深圳经济特区外贸进出口总额为 4878 亿美元，同比下降 9.2%，虽然总体规模下降明显，但进出口总额与其中的出口总额仍居内地城市首位。2014 年，受宏观经济环境影响，外贸进出口额总体低迷，厦门、珠海、汕头经济特区的外贸进出口总额分别为 836 亿美元、550 亿美元、96 亿美元。如图 10 – 8 所示。

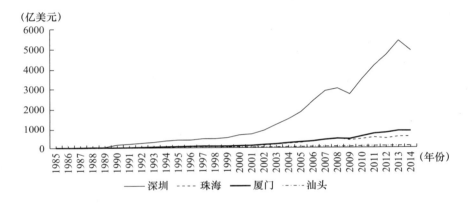

图 10 – 8　1985 ~ 2014 年四大经济特区进出口总额走势
资料来源：各城市相关年份统计年鉴。

从外贸依存度看，四个经济特区都经历了先升后降的过程。在经济特区发展初期，对外贸易在经济特区经济发展过程中起了十分重要的作用，外贸依存度逐步提高。深圳经济特区 1995 年的外贸依存度达到 384%。随着经济特区产业升级，加工贸易比重逐渐降低，国内市场重要性增强，外贸依存度出现下降。但作为对外开放的窗口，对外贸易仍然在经济特区的经济发展中起重要作用。2014 年，深圳、珠海、厦门经济特区的外贸依存度分别为 187%、181%、157%。汕头经济特区情况不同，与其对外贸易规模一直不大相对应，外贸依存度也不高，2014 年仅为 34%。如图 10 – 9 所示。

引进外资发展产业是经济特区作为对外开放窗口的重要方面。从实际利用外资额看，30 多年来，经济特区达到了政策目的，但四个经济特区之间的差异十分明显。深圳仍然是标杆城市，从 1993 年开始，实际利用外资呈现指数级增长，

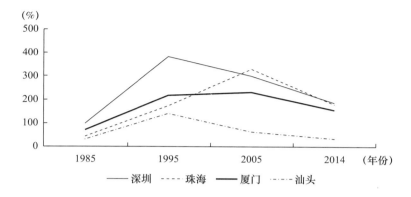

图 10 - 9　四大经济特区外贸依存度变化
资料来源：各城市相关年份统计年鉴。

2014 年实际利用外资达到 58 亿美元。珠海的趋势与深圳相似，但增长量远远落在深圳后面，2014 年实际利用外资为 19.3 亿美元。厦门与汕头在 20 世纪 90 年代引进外资规模较大，但在 21 世纪初都出现了明显的回落，所不同的是，厦门在 2004 年重新逐年增长，2014 年实际利用外资达到 18.7 亿美元，而汕头一直处在低位，2014 年实际利用外资仅 1.8 亿美元。如图 10 - 10 所示。

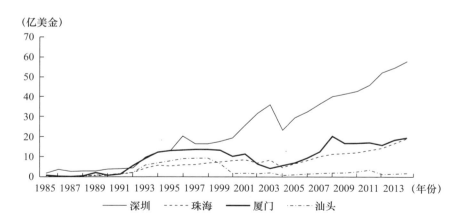

图 10 - 10　1985～2013 年四大经济特区实际利用外资情况
资料来源：各城市相关年份统计年鉴。

五、发展方向与趋势

从前面的数据分析可以看出，同样为经济特区，但经济发展差异很大。深圳经济特区以高度开放的经济实现了经济的高速增长与产业的转型升级，不仅是四大经济特区的标杆，也是全国城市的标杆。珠海、厦门经济特区发展也较显著。相比之下，汕头经济特区的发展就显平缓。根据各自经济发展现状与条件，四个经济特区在"十三五"规划中都明确了发展的方向、目标与重点。

（1）深圳经济特区提出，紧紧围绕加快建成现代化、国际化创新型城市的总目标，以创新驱动、质量引领、全面改革增强发展新动力，以信息经济、绿色低碳培育发展新优势，以协调均衡、开放共赢、共建共享构筑发展新格局，以文化强市、依法治市提升整体软实力，加快建设国际科技、产业创新中心，努力建成更具改革开放引领作用的经济特区、更高水平的国家自主创新示范区、更具辐射力和带动力的全国经济中心城市、更具竞争力和影响力的国际化城市、更高质量的民生幸福城市。

（2）珠海经济特区提出，大力实施创新驱动发展核心战略，基本建成国际化创新型城市，基本接近国际宜居城市。

（3）厦门经济特区提出，以加快产业、城市和社会转型为主线，以提高经济发展的质量和效益为中心，建成美丽中国典范城市。

（4）汕头经济特区提出，围绕"创新型经济特区、东南沿海现代化港口城市、粤东中心城市"定位，以改革开放为动力，以创新驱动为引领，打造区域性交通航运、科教创新、商贸物流和金融服务中心。

第二节　计划单列市

一、计划单列市的政策目标

计划单列市，全称为"国家社会与经济发展计划单列市"，它是中国经济体制改革过程中的特殊现象，指的是某些城市在行政建制不变的情况下，享受省一级经济管理权限，在国家计划中实行单列的现象。计划单列市出现于 20 世纪

80 年代，1983 年重庆市被国家评为首个经济计划单列市，随后武汉、沈阳、大连、哈尔滨、西安、广州、青岛、宁波、厦门、深圳、南京、成都、长春 13 个城市都相继实行了计划单列。后来国务院在 1994 年撤销了省会城市的计划单列，又在 1997 年将重庆升级成为直辖市，计划单列地位自动取消。因此，全国仅余大连、青岛、宁波、厦门和深圳五个计划单列市，并延续至今。

1985 年 12 月《国务院办公厅转发体改委、国家计委关于继续落实和完善七城市计划单列工作报告的通知》对计划单列市的权限进行了明确说明：计划单列市和省级计划单位一样，拥有省级经济管理权限，在国家计划中单列户头，其经济和社会发展各项计划全面单列，直接纳入全国计划综合平衡、统筹安排，并直接参加全国性的各种经济活动。因此，虽然计划单列市受中央政府的管理，但实际上它拥有的自主权要比单列前大得多，也可以说是省级权限下放给了城市。①

计划单列城市并没有从根本上改变同省的行政隶属关系，仍受省的"统筹、服务、协调、监督"，计划单列内容主要是工农业生产、交通运输、邮电、固定资产投资、主要商品购销和分配调拨、能源及主要物资分配调拨、外贸进出口、地方定额外汇、劳动工资、财政信贷、科学技术以及各项社会发展计划指标等。计划单列市的收支直接与中央挂钩，由中央财政与地方财政两分，而无须上缴省级财政。

城市计划单列的条件包括：历史上长期形成的中心城市地位，具有雄厚的工商业基础和科学技术力量，拥有 100 万以上的市区人口，150 亿元左右的社会总产值，具有"对外开放、对内搞活"的重要战略地位，在全国经济发展中具有某种特别作用的特大城市。国家实行计划单列的目的就是要在计划管理体制上改变条块分割、城市分割的状况，逐步走出一条以大中城市为依托的经济区来组织经济的道路，探索一条政治与经济系统适当分开的发展经济的新路子。②

二、经济发展速度、规模与水平

计划单列市凭借自身地域条件和资源禀赋，经济发展显示出极大的活力。从图 10 – 11 可以看出，五个计划单列市经济总量的大规模增长是在 1992 年邓小

①　史宇鹏，周黎安．地区放权与经济效率：以计划单列为例［J］．经济研究，2007（1）：17 – 28．
②　王保奋，孙学光．社会转型期的计划单列市：功能、困境与出路［J］．社会主义研究，1992（4）：47 – 51．

平南方谈话之后。五个经济计划单列市的经济总量可分为三个层次：深圳的经济总量遥遥领先，既是经济特区的标杆，也是计划单列市的标杆；大连、青岛、宁波的经济总量比较接近；厦门的经济总量在五个计划单列市中最小，但也保持了稳定增长的趋势。

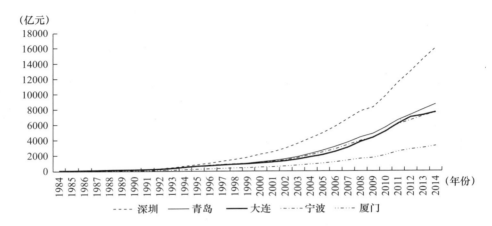

图 10 – 11　1984～2014 年五个计划单列市地区生产总值走势

资料来源：各城市相关年份统计年鉴。

从图 10 – 12 可以看出，按常住人口计算的人均地区生产总值从高到低依次是深圳、大连、青岛、宁波、厦门，且各计划单列市的人均地区生产总值均远高于全国平均水平。

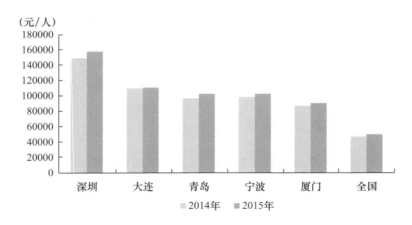

图 10 – 12　2014～2015 年五个计划单列市人均地区生产总值

资料来源：各城市相关年份统计年鉴。

三、产业结构演变与特征

改革开放以来，随着经济的发展，计划单列市三次产业结构随之升级，特别是第二、第三产业的结构变化直接促进了经济增长。

从第一产业增加值及其占地区生产总值的比重看，计划单列市共同的特征是第一产业增加值占地区生产总值的比重快速下降，但受经济发展水平、城市化水平辖区面积和自然条件等因素影响，计划单列市第一产业规模、比重差异较大。深圳市已经全域城市化，2014 年第一产业增加值仅为 5.6 亿元，占比几乎为零。厦门市的第一产业增加值和占比也都较低。宁波、青岛、大连的第一产业的规模和占比相对较高。占比最高的大连市，2014 年第一产业增加值为441.8 亿元，占地区生产总值的 5.77%。如图 10-13 所示。

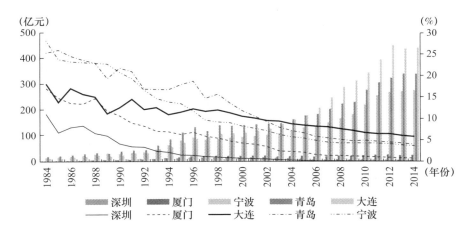

图 10-13 1984~2014 年计划单列市第一产业增加值及其占比

资料来源：各城市相关年份统计年鉴。

从第二产业增加值看，深圳市的第二产业增加值总量规模遥遥领先，宁波、青岛、大连比较接近，厦门较小。从第二产业增加值占地区生产总值的比重看，宁波市的情况比较独特，第二产业增加值占比稳定在 50% 以上，最近几年呈现出下降趋势。与宁波市情况比较接近的是大连市，但大连市在 1990~1998 年有较明显的下降过程。与宁波、大连趋势不同的是深圳、厦门、青岛，这三个城市的第二产业增加值占比在 2005 年前后开始出现明显的下降趋势，2014 年第二

产业增加值占比分别为42.57%、44.81%、44.76%，均低于45%。如图10－14
所示。

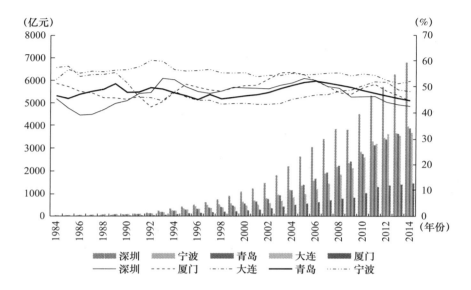

图10－14　1984～2014年计划单列市第二产业增加值及其占比

资料来源：各城市相关年份统计年鉴。

从第三产业增加值规模看，与第二产业相似，深圳市遥遥领先，青岛、大
连、宁波比较接近，青岛相对规模较大，厦门规模明显较小。从第三产业增加
值占地区生产总值的比重看，与前面阐述的第二产业占比趋势相对应，深圳、
厦门、青岛在2004年前后出现明显的加速上升态势，宁波的第三产业增加值占
比一直呈上升态势，但占比一直偏低。大连的上升态势在2004年后出现反转，
近几年的波动较大。如图10－15所示。

从以上的三次产业占比趋势和2014年的三次产业结构数据可以看出，深
圳、厦门、青岛在2005年前后已经进入工业化后期或后工业化时期，第三产业
占比均已经超过第二产业占比，经济服务化趋势显现；宁波、大连则在2011年
出现经济服务化势头，但第二产业占比仍然高于第三产业占比。如图10－16
所示。

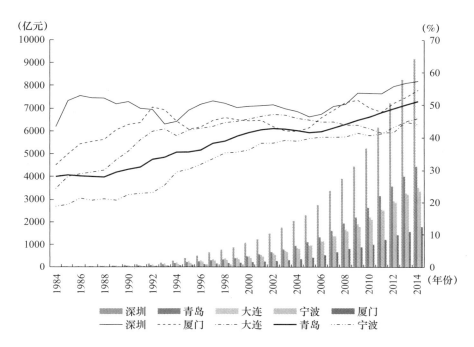

图 10-15　1984~2014 年计划单列市第三产业增加值及其占比

资料来源：各城市相关年份统计年鉴。

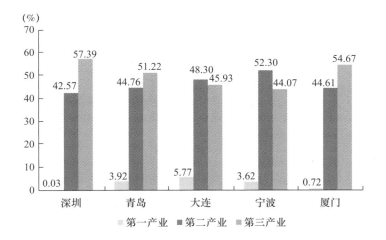

图 10-16　2014 年五个计划单列市三次产业结构

资料来源：各城市 2015 年统计年鉴。

五个计划单列市的制造业内部结构差异较大。相对而言，深圳与厦门的制造业结构比较相似，大连、青岛、宁波的制造业内部结构差异相对较小。以占制造业产值超过 5% 的支柱产业看，2014 年，深圳、厦门均以计算机、通信和其他电子设备制造业为最重要的产业，深圳这一行业的占比甚至高达 58.6%，厦门也达到 39.4%；宁波、大连均以石油加工、炼焦和核燃料加工业与化学原料和化学制品制造业为重要的支柱行业，这两个行业占制造业的比重均在 12% 左右；大连、青岛区别于另外三个计划单列市的是农副食品加工业占有较高的比重。五个计划单列市相对共同的一个特征是电气机械和器材制造业均占较高比重，只有大连相对较低。深圳的独特性除了计算机、通信和其他电子设备制造业占 58.6% 外，就是文教、工美、体育和娱乐用品制造业占 7.4%，表现出其信息制造与文化产品制造的强劲优势。大连、青岛、宁波的装备制造业总体占比均高于深圳、厦门，但大连强在通用设备制造业，青岛强在金属制品业，宁波强在汽车制造业，内部还是有些差异。另外，宁波的纺织服装业占比高于其他四个计划单列市。如表 10-3 所示。

表 10-3　2014 年计划单列市制造业支柱行业占比　　　　　　单位:%

行业	深圳	厦门	大连	青岛	宁波
计算机、通信和其他电子设备制造业	58.6	39.4	3.0	5.7	6.8
石油加工、炼焦和核燃料加工业	0.3	0.1	12.3	5.7	12.9
化学原料和化学制品制造业	1.0	4.6	12.5	4.9	11.1
橡胶和塑料制品业	2.9	6.3	2.0	5.6	3.1
电气机械和器材制造业	9.0	7.2	3.1	11.0	12.3
汽车制造业	1.7	5.1	5.6	4.7	8.6
铁路、船舶、航空航天和其他运输设备制造业	0.5	1.0	5.8	6.8	1.4
金属制品业	2.2	3.6	2.9	7.5	3.2
通用设备制造业	2.8	2.9	15.5	7.2	6.2
专用设备制造业	2.7	2.1	6.2	4.9	3.2
黑色金属冶炼和压延加工业	0.2	0.9	6.2	2.6	4.1
有色金属冶炼和压延加工业	1.4	2.8	0.3	0.9	5.0
纺织服装业	1.2	4.0	3.0	5.1	8.1
文教、工美、体育和娱乐用品制造业	7.4	1.8	0.3	3.9	2.5
农副食品加工业	0.7	4.1	10.4	8.0	1.3

资料来源：各城市 2015 年统计年鉴。

从 1991 年、2001 年、2014 年的制造业内部结构数据看，深圳、厦门制造业占比提高最多的是计算机、通信和其他电子设备制造业。从 1991 年到 2014 年，深圳、厦门经济特区的计算机、通信和其他电子设备制造业分别提高了 20.9 个、20.8 个百分点，即分别从 37.7% 提高到 58.6%、从 18.6% 提高到 39.4%。但大连和青岛的计算机、通信和其他电子设备制造业却呈现出了不同的趋势，在 2001 年这两个城市的这一产业占比分别达到 20%、13%，但在 2014 年却回落至 1991 年的份额。宁波、大连均以石油加工、炼焦和核燃料加工业与化学原料和化学制品制造业为重要支柱产业，但这两个城市两个产业的占比变化趋势却不同，大连的这两个产业占比需要中间有变化，但 2014 年的占比几乎与 1991 年的占比相同，宁波却是明显的石油加工、炼焦和核燃料加工业占比下降，化学原料和化学制品制造业占比上升，表现出加工程度的高度化。同期，下降最快的是纺织服装业等劳动密集型行业。从 1991 年到 2014 年，深圳、厦门、大连、青岛、宁波的纺织服装业占比分别下降了 12.1 个、3.2 个、6.8 个、12.4 个、9.3 个百分点。到 2014 年，纺织服装业占比只有宁波、青岛仍然超过 5%。

　　五个计划单列市的服务业内部结构各具特色。虽然批发和零售业，房地产业，金融业，交通运输、仓储和邮政业是五个计划单列市的重要支柱行业，但各个计划单列城市的结构差异仍然比较显著。2014 年，深圳的金融业占服务业增加值的 23.9%，信息传输、计算机服务和软件业占服务业增加值的 10%，科学研究、技术服务和地质勘查业占服务业增加值的 4.5%，均高于其他的计划单列城市，显示了深圳作为我国重要的金融中心、信息经济和科技创新中心的城市特性。除深圳外的另外四个计划单列市均以批发和零售业为第一大服务业行业，尤其是宁波的批发和零售业占比高达 26.6%，深圳的批发和零售业仅次于金融业，占比也达到 21.4%，反映出批发和零售业在服务业中的重要地位。此外，除深圳外，另外四个计划单列市的交通运输、仓储和邮政业占比均在 10% 以上，是重要的支柱行业。宁波的租赁和商务服务业占比达到 8%，明显高于其他四个计划单列市，是宁波拥有良好商务环境的反映。厦门的居民服务和其他服务业、住宿和餐饮业占比明显高于其他的计划单列市，也反映出厦门作为旅游业发达且宜居的城市特性。如表 10-4 所示。

表 10 - 4　2014 年五个计划单列市服务业行业结构　　　单位:%

行业	深圳	厦门	大连	青岛	宁波
批发和零售业	21.4	19.8	24.6	24.1	26.6
金融业	23.9	17.4	16.5	11.8	13.2
房地产业	14.4	16.3	11.4	10.0	11.4
交通运输、仓储和邮政业	5.5	12.4	13.6	14.0	10.3
信息传输、计算机服务和软件业	10.0	5.1	6.4	3.6	3.4
租赁和商务服务业	5.2	5.0	6.7	6.4	8.0
教育	2.8	4.9	5.0	5.9	5.2
居民服务和其他服务业	2.0	4.5	1.3	3.7	2.3
住宿和餐饮业	3.5	4.4	1.8	4.1	3.4
公共管理和社会组织	3.2	3.5	4.9	6.9	7.6
卫生、社会保障和社会福利业	2.0	2.1	3.5	3.4	3.5
科学研究、技术服务和地质勘查业	4.5	2.0	2.5	3.2	2.7
水利、环境和公共设施管理业	0.7	1.4	0.7	1.3	0.8
文化、体育和娱乐业	0.8	1.1	0.9	1.6	1.7

资料来源：各城市 2015 年统计年鉴。

四、经济开放度演变与特征

计划单列市均是我国沿海开放城市，高度开放的经济是这些城市经济快速发展的重要动力，但在 2008 年国际金融危机后，开放型经济在经济发展中的作用发生了变化。

从对外贸易规模看，五个计划单列市差异较大，深圳遥遥领先，其余四个计划单列市相差不大，宁波稍稍领先。深圳的进出口在 2001 年后几乎是呈指数级的增长，仅在 2009 年、2014 年出现回落。2014 年，深圳进出口总额为 4878 亿美元，同比下降 9.2%，虽然总体规模下降明显，但进出口总额与其中的出口总额仍居内地城市首位。宁波的进出口总额在 2001 ~ 2005 年加速增长，先后超过大连、青岛、厦门，2014 年达到 1047 亿美元。受宏观经济环境影响，2014 年外贸进出口额总体低迷，厦门、青岛、大连的外贸进出口总额分别为 836 亿美元、799 亿美元、646 亿美元，基本上与 2013 年持平。如图 10 - 17 所示。

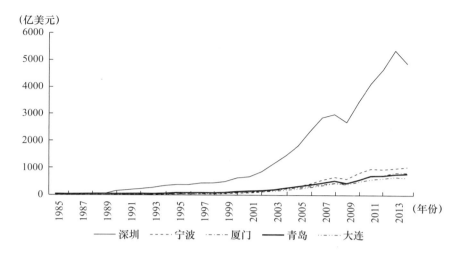

图 10 - 17　1984～2014 年五个计划单列市进出口总额走势

资料来源：各城市相关年份统计年鉴。

从图 10 - 18 可以看出，这几个港口城市的外贸依存度除青岛逐渐下降以外，其他城市的外贸依存度在 1985～1995 年呈上升的趋势，在 1995～2005 年保持平稳状态，近年来略有下降。总体来说，深圳的外贸依存度最高，其次是厦门，这与其特殊的地理位置有关。宁波和大连的外贸依存度始终保持着近乎相同的趋势，青岛自 2005 年以后，同宁波和大连保持了相同的趋势，且三市的外贸依存度也尤其接近。

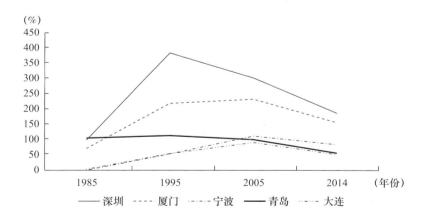

图 10 - 18　五个计划单列市外贸依存度变化

资料来源：各城市相关年份统计年鉴。

在改革开放初期,对外贸易在计划单列市经济发展过程中起了十分重要的作用,外贸依存度逐步提高。深圳和厦门的态势相近,在 1995 年前后外贸依存度最高,且一直高于其他三个计划单列市。宁波和大连的外贸依存度始终保持着近乎相同的趋势,在 2005 年前后最高。青岛的外贸依存度则是逐步降低,情况比较特殊。随着计划单列市产业升级,加工贸易比重逐渐降低,国内市场重要性增强,外贸依存度出现下降。但作为沿海开放城市,对外贸易仍然在计划单列市的经济发展中起重要作用。2014 年,深圳、厦门、宁波、青岛、大连的外贸依存度分别为 187%、157%、85%、56%、52%。

引进外资发展产业也是计划单列市经济发展的重要动力。深圳和宁波的外商直接投资呈现稳定增长态势。从 1993 年开始,深圳市外商直接投资呈现指数级增长,2015 年外商直接投资达到 65 亿美元。宁波市的外商直接投资快速增长开始于 21 世纪,2015 年外商直接投资为 42.3 亿美元。2013 年,青岛市外商直接投资超过深圳,呈现出后来居上的态势,2015 年的外商直接投资达到 66.9 亿美元。大连市的外商直接投资连年稳定增长,厦门市的外商直接投资在 20 世纪90 年代规模较大,但在 21 世纪初出现了明显的回落,近五年基本稳定。图 10 - 19 所示为 2014 ~ 2015 年五个计划单列市外商直接投资额。

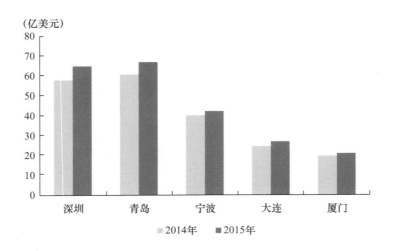

图 10 - 19 2014 ~ 2015 年五个计划单列市外商直接投资额

资料来源:各城市相关年份统计年鉴。

五、发展方向与趋势

从前面的数据分析可以看出，计划单列市在政策优势的基础上，依据各自的区位等发展条件优势，在经济快速发展成为我国沿海经济发达城市的同时，形成了各具特色的产业结构。根据各自经济发展现状与条件，五个计划单列市在"十三五"规划中都明确了发展的方向、目标与重点。

（1）深圳市提出，紧紧围绕加快建成现代化、国际化创新型城市的总目标，以创新驱动、质量引领、全面改革增强发展新动力，以信息经济、绿色低碳培育发展新优势，以协调均衡、开放共赢、共建共享构筑发展新格局，以文化强市、依法治市提升整体软实力，加快建设国际科技、产业创新中心，努力建成更具改革开放引领作用的经济特区、更高水平的国家自主创新示范区、更具辐射力与带动力的全国经济中心城市、更具竞争力与影响力的国际化城市、更高质量的民生幸福城市。

（2）厦门市提出，以加快产业、城市和社会转型为主线，以提高经济发展的质量和效益为中心，建成美丽中国典范城市。

（3）大连市提出，大力实施创新驱动战略，综合创新能力进入国家创新型城市前列，加快建设区域性创新创业中心，建成东北老工业基地产业结构优化先导区。积极融入"一带一路"倡议，初步建成东北亚国际航运中心、国际物流中心、国际贸易中心和区域性金融中心。

（4）青岛市提出，着力打造国家东部沿海重要的创新中心、国内重要的区域性服务中心和国际先进的海洋发展中心，基本建成具有国际影响力的区域性经济中心城市。

（5）宁波市提出，坚持创新驱动、特色发展，着力建设创新型城市、打造港口经济圈、推动国际化发展、构建宁波都市圈，初步形成更具全球影响力的港口经济圈和制造业创新中心、经贸合作交流中心、港航物流服务中心。

第三节　自由贸易试验区

一、自由贸易试验区的政策目标

设立自由贸易试验区是我国新一轮扩大开放的标志。2013 年 8 月，国务院正式批准设立中国（上海）自由贸易试验区（以下简称上海自贸试验区）。为了进一步深化上海自贸试验区改革开放的试点，同时为了与上海自贸试验区形成对比试验、互补试验，通过试验的多样性验证制度创新以及措施扶植推广的可行性，2015 年进一步扩展上海自贸试验区的范围，并新设中国（广东）自由贸易试验区（以下简称广东自贸试验区）、中国（天津）自由贸易试验区（以下简称天津自贸试验区）、中国（福建）自由贸易试验区（以下简称福建自贸试验区）。2016 年 8 月底，再次决定在辽宁省、浙江省、河南省、湖北省、重庆市、四川省、陕西省新设立七个自由贸易试验区。

自由贸易试验区是我国主动适应经济发展新趋势和国际经贸规则新变化，以开放促改革、促发展的试验田，以改革开放排头兵、创新发展先行者以及形成更多可复制、可推广的经验为目标，目的是要把自由贸易试验区试验被证明是可以复制、可以推广的制度创新经验，向全国推广，推进全面深化改革、扩大开放。自由贸易试验区除了强调开放、制度创新之外，特别强调事中事后监管，特别强调风险防控体系。在制度创新方面，重点在投资管理制度、贸易监管、金融制度和事中事后监管四个领域改革创新。自由贸易试验区设立以来，在投资、贸易、金融等多方面开展制度创新，在事中事后监管方面积极探索。到 2016 年底，国家层面已经总结了 114 项试点经验，并在全国复制推广，有效激发了市场活力。国务院办公厅发布了统一适用于四个自由贸易试验区的外商投资负面清单，原来上海有一个负面清单，现在有四区"统一"的负面清单，这个负面清单和上海市的那个负面清单相比，进一步缩小了限制的范围，可以说提升了自由贸易试验区的开放度和透明度。四个自由贸易试验区 2016 年实际吸收外资达 879.6 亿元人民币，同比增长 81.3%，以 5/100000 的国土面积吸引了全国 1/10 的外资。

二、上海自由贸易试验区

2013 年上海自由贸易试验区挂牌时，总面积为 28.78 平方千米，以上海外高桥保税区为核心，辅之以机场保税区和洋山港临港新城，由上海市外高桥保税物流园区、外高桥保税区、上海浦东机场综合保税区和洋山保税港区四个海关特殊监管区域组成。2014 年底，上海自由贸易试验区由原来的 28.78 平方千米扩大到 120.72 平方千米，增加了陆家嘴金融片区、金桥开发片区、张江高科技片区以及世博园区等。

上海自由贸易试验区挂牌之初设定的总体目标为：经过两至三年的改革试验，力争建设成为具有国际水平的功能创新领先、服务贸易发展充分、贸易投资便利、货币兑换自由、离岸业务发达、监管高效便捷、营运总部集聚、法制环境规范、行政效率和透明度良好的自由贸易试验区，为我国扩大开放和深化改革探索新思路和新途径，更好地为全国服务。

经过三年多的建设，上海自由贸易试验区取得了十分突出的成绩，初步形成了在政府职能、投资管理、贸易监管、金融创新以及法制保障等方面与国际投资贸易通行规则相衔接的制度创新体系，在推进投资贸易便利化、货币兑换自由、监管高效便捷以及法治环境规范等方面起着探索、示范作用，同时经济辐射带动作用也逐渐明显。

在贸易创新方面，主要包括在上海自由贸易试验区内建立亚太地区总部，鼓励在上海自由贸易试验区内发展离岸贸易，鼓励企业统筹开展国际国内贸易，实现内外贸一体化发展。

在投资创新方面，主要包括试行准入前国民待遇、探索建立负面清单管理模式、构筑对外投资服务促进体系等。在试行准入前国民待遇方面，按照准入前国民待遇"内外资一致"的原则，率先在试验区范围内对三个准入环节进行改革，包括项目准入环节、外商投资企业设立和变更环节、工商登记环节。在探索建立负面清单管理模式方面，积极探索并及时总结，2017 年已经上升为国务院颁布的适用于所有自由贸易试验区的负面清单。在构筑对外投资服务促进体系方面，从改革境外投资管理方式、加强境外投资事后管理、鼓励从事境外股权投资、支持以非货币性资产对外投资和支持企业按国际惯例的股权激励分配机制等这几个方面入手。

在金融创新方面，主要包括深化金融领域的开放创新和增强金融服务功能两个方面。在深化金融领域的开放创新方面，在风险可控的前提下，进行了资本项目开放、利率市场化、人民币跨境使用等试点。尝试开放外汇市场，建立与自由贸易区相适应的外汇管理体制，鼓励区内企业最大化利用境内外两种资源，提高跨境融资的便利等。在增强金融服务功能方面，允许建立面向国际的交易平台，从而推动境外的企业参与商品期货交易，支持在自由贸易区内建立外资银行和中外合资银行，支持建立综合性的金融服务平台，支持开展和培育人民币跨境再保险业务。

在辐射带动方面，不仅促进上海经济的快速发展，而且辐射到长三角乃至长江经济带，主要表现为对上海自由贸易试验区周边产业片区及上海经济腹地的资金、科技、政策和人才溢出效应等。挂牌三年多来，改革活力大幅推进了上海自由贸易试验区的经济发展，企业注册及投资资金迅速增长。上海自由贸易试验区初始28.78平方千米的发展态势已影响到整个上海市，并对上海市其他产业片区的发展起到了串联和刺激作用。上海自由贸易试验区的地区生产总值在2015年已占浦东新区的2/3以上。随着上海自由贸易试验区的发展，辐射带动作用已经突破了上海地域的限制，在长三角乃至长江经济带的集聚辐射效应也十分明显。

三、广东自由贸易试验区

广东自由贸易试验区2015年4月21日挂牌，包括广州南沙新区片区、深圳前海蛇口片区、珠海横琴新区片区等地，总面积116.2平方千米。

国家设立广东自由贸易试验区的意图是立足推动内地与港澳经济深度合作。其战略定位为：依托港澳、服务内地、面向世界，建设成为粤港澳深度合作示范区、"21世纪海上丝绸之路"重要枢纽和全国新一轮改革开放先行地。三大区域有着不同的功能和定位。广州南沙新区片区重点发展航运物流、特色金融、国际商贸、高端制造等产业，建设以生产性服务业为主导的现代产业新高地和具有世界先进水平的综合服务枢纽。深圳前海蛇口片区重点发展金融、现代物流、信息服务、科技服务等战略性新兴服务业，建设我国金融业对外开放试验示范窗口、世界服务贸易重要基地和国际性枢纽港。珠海横琴新区片区重点发展旅游休闲健康、商务金融服务、文化科教和高新技术等产业，建设文化教育开放先导区和国际商务服务休闲旅游基地，打造促进澳门经济适度多元发展新载体。

自 2015 年 4 月 21 日挂牌以来，除了常规的外商投资负面清单、国际贸易"单一窗口"等政策，广东自由贸易试验区率先在行政管理等方面开展了创新改革，使其成为广东开放程度最高、营商环境最优越的地区，在推动与港澳合作方面取得了较为突出的进展。

在贸易创新方面，依托《内地与香港关于建立更紧密经贸关系安排》（CE-PA）所提供的政策优势，广东自由贸易试验区着力加强内地及香港、澳门三地的经济联系，促进三地贸易服务自由化，着力推进贸易模式创新，发展跨境电商等。2016 年 1～11 月，广东自由贸易试验区内累计跨境电商进口 37.9 亿元。南沙片区的"跨境电子商务监管模式"被商务部评为中国四个自由贸易试验区八个最佳实践案例之一。广东自由贸易区的"税控发票领用网上申请""原产地签证管理改革创新"等多项试点经验被选入国务院决定在新一批自由贸易区进行推广复制的 19 项改革试点经验。

在投资创新方面，对外商投资实行准入前国民待遇加负面清单管理模式，且简化管理方式，自贸试验区内企业境外投资除国务院规定对境外投资项目保留核准之外的一般项目实行备案管理。2016 年 1～11 月，广东自由贸易区新设立外商投资企业 4070 家，合同外资 3661 亿元人民币，自贸区吸引合同外资占全省同期总额超 60%。

在金融创新方面，采取的主要措施有：推进自由贸易试验区在跨境人民币业务领域的合作和创新发展，推动以人民币作为自由贸易试验区与境外跨境大额贸易和投资计价、交易结算的主要货币；在自由贸易试验区建立与粤港澳商贸、科技、旅游、物流、信息等服务贸易自由化相适应的金融服务体系；探索通过设立自由贸易账户和其他风险可控的方式，开展跨境投融资创新业务；开展以资本项目可兑换为重点的外汇管理改革等试点，推动自由贸易试验区投融资汇兑便利化。三个片区在金融创新方面均取得了实质性进展。前海金融业的改革创新主要体现在跨境人民币业务创新、小额贷款资产证券化和要素交易平台化三个方面。南沙主要体现在金融机构数量、特色金融业和融资租赁业方面。横琴注重与广州南沙、深圳前海两大片区错位发展，利用离岸和跨境的优势，致力于建设香港金融中心的次中心，从而服务于澳门和珠江西岸的金融需求，力争成为香港金融西向拓展的桥头堡。前海的金融业占据绝对的优势地位，南沙的金融业大有超越航运物流业成为主导产业的势头，横琴亦出现休闲旅游业和金融业齐头并进的现象。2016 年 1～11 月，广东自贸区入驻金融企业 2.08 万家，其中持有牌照的金融机构 58 家。

在辐射带动方面，广东自由贸易试验区的设立对于广东省在金融、航运、信息等各行业都有不可忽视的带动作用。广东自由贸易试验区的设立使许多的企业、人才、技术等在该地聚集，产生了十分明显的聚集效应。广东自由贸易试验区的设立有力地促进了粤港澳合作，充分发挥了毗邻港澳的优势。广东自由贸易试验区将进一步深化与港澳的合作，着力把广东自由贸易试验区打造成为粤港澳大湾区的核心区和重要引擎，推进具有全球影响力和竞争力的粤港澳大湾区经济的发展。

四、天津自由贸易试验区

天津自由贸易试验区总面积为 119.9 平方千米，涵盖三个片区：天津港东疆片区 30 平方千米（含东疆保税港区 10 平方千米）、天津机场片区 43.1 平方千米（含天津港保税区空港部分 1 平方千米和滨海新区综合保税区 1.96 平方千米）、滨海新区中心商务片区 46.8 平方千米（含天津港保税区海港部分和保税物流园区 4 平方千米）。

天津自由贸易试验区立足于京津冀协同发展，战略定位是：京津冀协同发展高水平对外开放平台、中国改革开放先行区和制度创新试验田、面向世界的高水平自由贸易园区。总体目标是：经过三至五年的改革探索，将天津自由贸易试验区建设成为贸易自由、投资便利、高端产业集聚、金融服务完善、法制环境规范、监管高效便捷、辐射带动效应明显的国际一流自由贸易园区，在京津冀协同发展和中国经济转型发展中发挥示范引领作用。重点实施行政管理、投资、贸易、金融和引领推动京津冀协同发展五个方面的试点内容。三个片区功能与定位分别为：天津港东疆片区是北方国际航运中心和国际物流中心的核心功能区，重点发展航运物流、国际贸易、融资租赁等现代服务业。天津机场片区是天津先进制造业企业和科技研发转化机构的重要集聚区，重点发展航空航天、装备制造、新一代信息技术等高端制造业和研发设计、航空物流等生产性服务业，形成了民用航空、装备制造、电子信息、生物医药、快速消费品和现代服务业等优势产业集群。滨海新区中心商务片区是天津金融改革创新集聚区，也是滨海新区城市核心区，将重点发展以金融创新为主的现代服务业。

经过一年多的发展，天津自由贸易试验区在贸易、投资、金融以及辐射带动等方面取得了很大的进步。

在贸易创新方面，着力推动对外贸易转型升级。大力发展服务贸易，深化国际大宗商品交易、期货保税交割、跨境电子商务等改革试点。建设国家进口贸易促进创新示范区。促进航运要素集聚，探索形成具有国际竞争力的航运发展制度和运作模式。实行国际贸易"单一窗口"管理服务模式。跨境电商综合信息服务平台上线运行，与海关系统全国版成功对接。

在投资创新方面，着力扩大投资领域开放。在服务业和先进制造业等领域，减少对境外投资者资质要求、股权比例、数量配额等准入限制。改革外商投资管理模式，实行准入前国民待遇和负面清单管理模式。建立对外投资合作"一站式"服务平台。完善投资者权益保障机制。对外投资领域向高端化方向延伸，对信息服务、融资租赁、商务咨询等行业的投资位居前列。

在金融创新方面，着力深化金融领域开放创新。在利率市场化、人民币跨境使用、外汇管理等方面先行先试。建立具有自身特色的自由贸易账户，促进跨境投融资便利化和资本项目可兑换。推动金融服务业对符合条件的民营资本和外资金融机构全面开放。实施租赁业政策创新，设立中国天津租赁平台和中国金融租赁登记流转平台，形成与国际接轨的租赁业发展政策环境。建立健全金融风险防控体系。

在辐射带动方面，提升天津城市辐射力，服务京津冀协同发展。天津自由贸易试验区已经成为天津重要的新增长点。自2015年1月1日至2017年3月31日，天津自由贸易试验区新增市场主体31374户，是自由贸易试验区设立前历年登记市场主体户数的1.4倍；2016年进口汽车5.3万辆，进口额27.4亿美元，均占全国的80%以上；2016年自由贸易试验区所在功能区合计实现外贸进出口1961.8亿元人民币，同比增长5.8%，占全市29%。2016年1~10月，区内企业对外投资呈现持续倍增态势，对全市增长贡献率超过90%，对外投资额占全市比重超过80%。增强口岸服务辐射功能，促进区域产业转型升级，推动区域金融市场一体化，构筑服务区域发展的科技创新和人才高地。天津自由贸易试验区制定实施《天津自贸试验区服务京津冀协同发展工作方案》，推动自由贸易试验区改革试点经验在京津冀地区复制推广，实施京津冀海关区域通关一体化改革。发挥中蒙俄经济走廊重要节点作用和海上合作战略支点作用，推动"一带一路"倡议。

五、福建自由贸易试验区

福建自由贸易试验区[①]总面积 118.04 平方千米，包括平潭、厦门、福州三个片区，其中平潭片区 43 平方千米、厦门片区 43.78 平方千米、福州片区 31.26 平方千米。

福建自由贸易试验区立足于深化两岸经济合作，战略定位为：改革创新试验田、深化两岸经济合作的示范区、"21 世纪海上丝绸之路"核心区。福州片区重点是建设先进制造业基地、"21 世纪海上丝绸之路"沿线国家和地区交流合作的重要平台、两岸服务贸易与金融创新合作示范区。厦门片区重点是建设两岸新兴产业和现代服务业合作示范区、东南国际航运中心、两岸区域性金融服务中心和两岸贸易中心。平潭片区重点是建设两岸共同家园和国际旅游岛，在投资贸易和资金人员往来方面实施更加自由便利的措施。

在贸易创新方面，重点是提高贸易便利化程度，推动贸易发展方式的转变。标准的国际贸易"单一窗口"建成并投入使用，口岸货物和出入境船舶申报 100% 通过国际贸易"单一窗口"办理，使手续更方便、时间更快捷、费用更便宜。建立以信息化为支撑的贸易便利化模式，实施"互联网＋"、海关电子税单、货运电子运单、无人机、远程在线办理等作业模式。口岸监管实现信息互换、监管互认、执法互助，实施关检"一站式"查验，每批货物减少了申报项目 30%、通关时间 40%，每标准箱可节省移柜、掏箱费约 600 元。促进贸易方式加快转变，海关在全国率先实施货物状态分类监管制度，实现了保税和非保税货物同仓存储。

在投资创新方面，与其他自由贸易试验区相似，福建自由贸易试验区在实行过程和政策效果方面有些自己的特点。福建自由贸易试验区根据自身实际情况提出的一个十分独特的措施是要率先推进与台湾地区投资贸易自由化。福建自贸试验区首推的"一表申报、一口受理、一照一码"服务模式同样适用于外资项目，企业设立流程大为提速。这些措施的实行在一定程度上促进了区内的投资便利化，对于吸引区外资金从而共同利用区外区内的资金是十分有利的。

---

① 福建自贸试验区官网，http：//www.china‐fjftz.gov.cn/。

在金融创新方面，福建自由贸易试验区也取得了不错的成绩。金融机构加快集聚。截至 2017 年 4 月底，区内已设立金融机构 163 家，各类准金融机构 6956 家，十多家银行分别在区内设立总行级两岸人民币清算中心、离岸银行业务分中心、两岸金融服务中心或资产托管中心。金融业务持续创新。挂牌以来至 2017 年 4 月底，共办理人民币跨境业务 1890 亿元。累计开展跨境双向人民币资金池业务 15.4 亿元。实施外汇资本金意愿结汇和外债资金意愿结汇。推出周转贷、易速贷、创业贷、无还本续贷等特色金融产品。创新实施"银税互动"，实现小微企业、银行、税务三方共赢。对台金融合作取得突破。在全国首创设立两岸征信查询系统，挂牌以来至 2017 年 4 月底，已查询台企台胞的信用报告 92 笔，发放贷款 5013.5 万元。

福建自由贸易试验区自设立以来，三个片区的要素、企业集聚效果明显，在带动周边、全省开放经济发展的同时，在促进海峡两岸的经贸交流合作方面成效显著。通过创新产业合作机制，在金融、增值电信、医疗、旅游、人力资源、电子商务等 50 多个领域率先对台开放。挂牌以来至 2017 年 4 月底，自由贸易试验区新增台资企业 1601 家，占全省 64.7%。通过建立通关合作机制，开展申报信息互换，设立全国唯一的两岸检验检疫数据交换中心，实现与台湾"关贸网"的双向数据互通和实时传输，提升了两岸贸易便利化程度。

六、第三批自由贸易试验区比较

2016 年 8 月底，在前两批自由贸易试验区取得显著成效的基础上，国务院宣布在辽宁省、浙江省、河南省、湖北省、重庆市、四川省、陕西省新设立七个自由贸易试验区。这七个自由贸易区分别位于我国的东、中、西部，其中有三个位于西部地区（四川、重庆、陕西），有两个位于中部地区（湖北、河南），一个位于东部地区（浙江），一个位于东北地区（辽宁）。

这七个自由贸易试验区是在前两批自由贸易试验区建设经验的基础上，为了全国扩大开放的需要设立的。由于区位和资源禀赋等的不同，七个自由贸易试验区的战略定位和主要任务与举措也有所不同。

从空间范围上看，七个自由贸易试验区总面积相近，都是 119 平方千米略多些，也都分三个片区，只是有些片区地理上比较邻近，有些地理上相距较远，比较特殊的是浙江自由贸易试验区，设立在舟山群岛，包括了海洋锚地。

从战略定位上看，七个自由贸易试验区有较大的差异，承担了国家战略的不同使命，既与区位条件相关，也与社会经济发展水平相关。位于东北的辽宁自由贸易试验区担负着提升东北老工业基地发展整体竞争力的战略使命，位于东海上的浙江自贸试验区担负着建设海上开放门户、国际大宗商品贸易自由化先导区和具有国际影响力的资源配置基地的使命。位于丝绸之路经济带沿线的陕西自由贸易试验区和河南自由贸易试验区担负着建设"一带一路"经济合作和人文交流重要支点、服务于"一带一路"倡议的现代综合交通枢纽的使命。位于长江经济带的湖北自由贸易试验区、重庆自由贸易试验区和四川自贸试验区担负着建设"一带一路"和长江经济带互联互通重要枢纽、中部有序承接产业转移示范区、国际开放通道枢纽区、内陆开放型经济新高地等使命。

与战略定位相对应，七个自由贸易试验区的主要任务与举措有共性也有个性。切实转变政府职能、深化投资领域改革、推动贸易转型升级、深化金融领域开放创新四个方面是自由贸易试验区建设的共同任务与举措。此外，各个自由贸易试验区还有各自独特的任务与举措。辽宁自由贸易试验区是加快老工业基地结构调整和加强东北亚区域开放合作；浙江自由贸易试验区是推动油品全产业链投资便利化和贸易自由化；陕西自由贸易试验区是扩大与"一带一路"沿线国家经济合作、创建与"一带一路"沿线国家人文交流新模式、推动西部大开发战略深入实施；河南自由贸易试验区是增强服务"一带一路"倡议的交通物流枢纽功能；湖北自由贸易试验区是推动创新驱动发展、促进中部地区和长江经济带产业转型升级；重庆自由贸易试验区是推进"一带一路"和长江经济带联动发展、推动长江经济带和成渝城市群协同发展；四川自由贸易试验区是实施内陆与沿海沿边沿江协同开放战略、激活创新创业要素。

具体如表 10－5 所示。

表 10－5　第三批自由贸易试验区比较

名称	空间范围	战略定位	主要任务与举措
辽宁自由贸易试验区	自由贸易试验区的实施范围 119.89 平方千米，涵盖三个片区：大连片区 59.96 平方千米，沈阳片区 29.97 平方千米，营口片区 29.96 平方千米	提升东北老工业基地发展整体竞争力和对外开放水平的新引擎	切实转变政府职能、深化投资领域改革、推动贸易转型升级、深化金融领域开放创新、加快老工业基地结构调整、加强东北亚区域开放合作

续表

名称	空间范围	战略定位	主要任务与举措
浙江自由贸易试验区	自由贸易试验区的实施范围119.95平方千米，由陆域和相关海洋锚地组成，涵盖三个片区：舟山离岛片区78.98平方千米，舟山岛北部片区15.62平方千米，舟山岛南部片区25.35平方千米	东部地区重要海上开放门户示范区、国际大宗商品贸易自由化先导区和具有国际影响力的资源配置基地	切实转变政府职能、推动油品全产业链投资便利化和贸易自由化、拓展新型贸易投资方式、推动金融管理领域体制机制创新、推动通关监管领域体制机制创新
陕西自由贸易试验区	自由贸易试验区的实施范围119.95平方千米，涵盖三个片区：中心片区87.76平方千米，西安国际港务区片区26.43平方千米，杨凌示范区片区5.76平方千米	全面改革开放试验田、内陆型改革开放新高地、"一带一路"经济合作和人文交流重要支点	切实转变政府职能、深化投资领域改革、推动贸易转型升级、深化金融领域开放创新、扩大与"一带一路"沿线国家经济合作、创建与"一带一路"沿线国家人文交流新模式、推动西部大开发战略深入实施
河南自由贸易试验区	自由贸易试验区的实施范围119.77平方千米，涵盖三个片区：郑州片区73.17平方千米，开封片区19.94平方千米，洛阳片区26.66平方千米	服务于"一带一路"建设的现代综合交通枢纽、全面改革开放试验田和内陆开放型经济示范区	加快政府职能转变、扩大投资领域开放、推动贸易转型升级、深化金融领域开放创新、增强服务"一带一路"建设的交通物流枢纽功能
湖北自由贸易试验区	自由贸易试验区的实施范围119.96平方千米，涵盖三个片区：武汉片区70平方千米，襄阳片区21.99平方千米，宜昌片区27.97平方千米	中部有序承接产业转移示范区、战略性新兴产业和高技术产业集聚区、全面改革开放试验田和内陆对外开放新高地	加快政府职能转变、扩大投资领域开放、推动贸易转型升级、深化金融领域开放创新、推动创新驱动发展、促进中部地区和长江经济带产业转型升级
重庆自由贸易试验区	自由贸易试验区的实施范围119.98平方千米，涵盖三个片区：两江片区66.29平方千米，西永片区22.81平方千米，果园港片区30.88平方千米	"一带一路"和长江经济带互联互通重要枢纽、西部大开发战略重要支点	建设法治化、国际化、便利化营商环境，扩大投资领域开放，推动贸易转型升级，深化金融领域开放创新，推进"一带一路"和长江经济带联动发展，推动长江经济带和成渝城市群协同发展

名称	空间范围	战略定位	主要任务与举措
四川自由贸易试验区	自由贸易试验区的实施范围119.99平方千米，涵盖三个片区：成都天府新区片区90.32平方千米，成都青白江铁路港片区9.68平方千米，川南临港片区19.99平方千米	西部门户城市开发开放引领区、内陆开放战略支撑带先导区、国际开放通道枢纽区、内陆开放型经济新高地、内陆与沿海沿边沿江协同开放示范区	加快政府职能转变、统筹双向投资合作、推动贸易便利化、深化金融领域开放创新、实施内陆与沿海沿边沿江协同开放战略、激活创新创业要素

资料来源：各个自由贸易试验区的总体方案，http：//wzs. mofcom. gov. cn/article/zt_ zymysyq/column02/zhl/。

第十一章　临港经济与海岛经济

随着我国经济的快速发展，尤其是工业化的推进和对外贸易的快速发展，港口崛起并带动了临港工业、对外贸易的发展，成就了沿海港口城市的繁荣。海岛作为非常特殊的地理单元，经济发展途径独特，正在成为我国海洋经济发展的重要区域。

第一节　临港经济

港口经济是以港口为中心、港口所在区域为载体、综合运输体系为动脉、港口相关产业为支撑、海陆腹地为依托的一种开放型经济。我国沿海地区由于特殊的地理和区位优势，已成为世界上港口吞吐量和集装箱吞吐量规模最大、增长速度最快的国家，港口基础设施日渐完善，港口相关产业发展较快。沿海地区的港口城市也因港口经济的带动而迅速发展起来。根据 2014 年世界港口集装箱吞吐量排名，中国在前 20 强中就占据了八个席位。这些港口按照排名先后顺序分别为上海港、深圳港、宁波—舟山港、青岛港、广州港、天津港、大连港和厦门港。这八大港口所在的港口城市也是我国沿海地区经济相对发达的地区。2014 年上海、深圳、宁波、青岛、广州、天津、大连和厦门八大港口城市的地区生产总值占我国国内生产总值的 14.5%。

一、港口发展

（一）货物吞吐量和集装箱吞吐量

港口货物吞吐量是指报告期内经由水路进出港区范围并经过装卸的货物重

量，是衡量港口规模的重要指标。

从图 11 - 1 可以看到，宁波—舟山港的货物吞吐量快速增长，2012 年开始超过上海港，居大陆港口第一位，也是世界港口第一位。上海港的货物吞吐量增速自 2011 年起不断降低，2014 年出现了负增长，2016 年基本上与 2015 年持平。天津港的货物吞吐量增速较快，自 2011 年起稳定在广州港之上，居大陆港口第三位，广州港位居第四。青岛港和大连港货物吞吐量的变化趋势十分相似，两者之间的差距也变化不大。深圳港的货物吞吐量比较平稳，2007～2014 年几乎没有太大变化，导致其与上面六个港口的差距正在不断拉大。而厦门港虽然发展得较晚，但货物吞吐量的增速一直比较稳定，2016 年已经接近深圳港的规模。

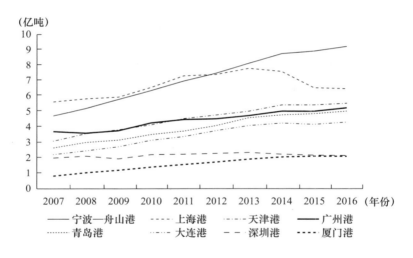

图 11 - 1　2007～2016 年八大港口货物吞吐量变化趋势

集装箱吞吐量是指某港口一段时间内进口和出口集装箱数量的总和，是衡量港口竞争力强弱的重要指标，其大小与进出口外贸总额成正比，容易受对外贸易形势的影响。

从图 11 - 2 可以看出，2008～2009 年，大多数港口集装箱吞吐量都出现了低点，即使集装箱吞吐量没有出现下降，增速也明显降低。这是由于集装箱吞吐量与外贸进出口额之间相关性较大，金融危机导致的进出口锐减是集装箱吞吐量出现大幅波动的一大原因。另外，上海港的集装箱吞吐量大幅领先，相对

于其他港口的优势还在不断扩大。深圳港的集装箱吞吐量在 2007～2014 年总体
变化并不大，其与除上海外其他六个港口相比优势不断缩小。宁波—舟山港从
2009 年之后集装箱吞吐量的增速大幅提升，2010 年起就超过了其他港口并且差
距不断扩大，2016 年已经接近深圳港。青岛港和天津港的集装箱吞吐量也保持
着相似的变化趋势。大连港和厦门港 2011 年以前集装箱吞吐量还胶着在一起，
之后大连港集装箱吞吐量增速明显高于厦门港，两者开始拉开差距，但 2015
年、2016 年又胶着在一起。

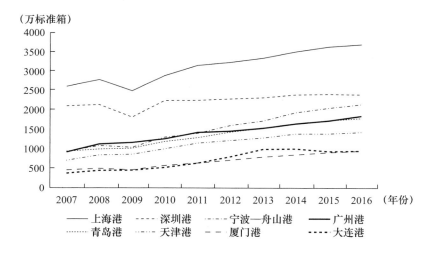

图 11 - 2　2007～2016 年八大港口集装箱吞吐量变化趋势

（二）港口基础设施

良好的港口基础设施是港口经济实现可持续发展的重要条件，其衡量标准
包括港口泊位（万吨级泊位）、年通过能力（集装箱年通过能力）、航道水深、
港口集疏运系统等。

由表 11 - 1 可知，上海港的泊位长度、泊位数和万吨级以上泊位数远远超
过其他港口，货物和集装箱的通过能力也较强，优良的泊位基础设施奠定了上
海港成为世界集装箱第一大港的基础。宁波—舟山港通过近 30 多年的建设，货
物的通过能力居首，泊位和集装箱通过能力也较强。除上海港和宁波—舟山港
外，其他六个港口的泊位条件相对较好的是广州港，其泊位数高达 709 个，泊
位长度达到 57586 米，泊位货物年通过能力为 3.99 亿吨。但通过前面分析也看

到，广州港无论是货物吞吐量还是集装箱吞吐量都排到第四、第五位左右，说明泊位条件只是基础设施的一个重要方面，还需要与其他条件相配合才能发挥整体作用，基础设施只是港口经济发展的必要条件而不是充分条件。这点通过深圳港也可以得到印证，深圳港泊位数只有144个，但泊位年通过能力尤其是集装箱年通过能力很强，其集装箱吞吐量仅次于上海港。最后关注一下泊位中万吨级以上泊位的重要性。比较天津港和厦门港可以发现，两者泊位数仅相差8个，但天津港万吨级泊位要比厦门港多38个，这是两者港口建设发展的差距所在。

表 11 - 1 2014 年八大港口泊位及其年通过能力相关数据

港口	泊位长度（米）	泊位数（个）	万吨级以上泊位数（个）	泊位年通过能力	
				货物（亿吨）	集装箱（万标准箱）
上海港	126044	1191	170	5.00	2004
深圳港	29104	144	67	2.36	2441
宁波—舟山港	83313	624	157	7.74	1297
广州港	57586	709	71	3.99	1340
天津港	35954	162	107	1.87	1131
厦门港	27216	154	69	1.62	1031
青岛港	25846	109	68	1.88	880
大连港	42607	217	100	2.85	420

注：宁波—舟山港为 2015 年数据，来自于宁波—舟山港官网（http://www.portnbzs.com.cn/）；其他数据来源于中国港口网（http://www.shippingdata.cn/index.html）和《中国港口年鉴 2015》，为 2014 年数据。

（三）港口运输的主要货种

我国港口中转的主要散杂货包括煤炭及制品、金属矿石、矿建材料、石油天然气及制品、钢铁和机械设备电器等。这里重点选取八大港口中普遍有统计的煤炭及制品、石油天然气及制品和金属矿石进行吞吐量的比较分析。

从表 11 - 2 可以看出，2014 年，煤炭及制品的吞吐量各港口差异不是很大，天津港、宁波—舟山港、上海港、广州港比较接近，厦门港、青岛港较少，深圳港、大连港数据缺失。石油天然气及制品的吞吐量各港口之间差距不大，但青岛港、天津港、大连港、上海港、广州港、宁波—舟山港、深圳港、厦门港依次下降。金属矿石吞吐量各港口之间的差距主要体现在：宁波—舟山港遥遥物吞吐量对应的地区生产总值规模水平相对较低，而深圳刚好相反，货物吞吐量对应的地区生产总值很高且呈现不断上升的趋势。

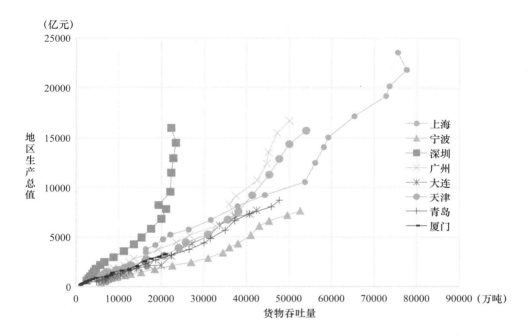

图 11 - 4　八大港口城市货物吞吐量与地区生产总值之间的关系

一般情况下，港口的集装箱吞吐量被作为评价港口经济实力的重要指标，集装箱吞吐量与该城市的综合经济实力成正比，因为集装箱吞吐量的大小一般与外贸进出口额成正比。例如上述研究的八个港口城市，它们的集装箱吞吐量位居世界前20，同时也都是综合经济实力较强的大城市。而港口的货物吞吐量并不能体现城市的综合经济实力，因为各港口不同货物构成带来的每吨货物平均价值的差异远大于每标准箱的平均货值。货物吞吐量中服务于城市的比重越大，城市的经济实力会越强，而某些港口的货物并不直接服务于本城市。从中也可以从另一角度看出不同经济结构的城市会有不同的港口影响曲线。

二、临港工业发展

（一）临港工业

从产业发展机制角度看，临港工业是依托港口发展产业部门，其共同的特点是运量大，且以海运为主要运输方式。邬珊华等（2014）① 认为，临港产业临港需求的产生主要受产业运输成本驱动，表现在利用海运方式降低原材料运输成本以及就近服务于产品需求地以降低内陆运输成本两方面。具体的部门在工业化的不同阶段有不同的选择，以工业化中期的重化工业，包括电力、钢铁、石化、造纸等为典型，到工业化后期，高加工度的精细化工、海工装备等也是临港工业的重要组成部分。另外，"两头在外"的出口加工业也是临港工业的重要组成部分。从空间的角度看，临港工业则是指布局在港口陆域的工业。考虑到统计数据的可得性，这里以产业角度的临港工业为分析的出发点。

从产业角度来分析临港工业，需要在行业统计标准的基础上明确统计口径。但目前尚无这样的统计口径，各地统计部门在分析各地的临港工业时都依据本地临港的具体情况选择统计口径，不同的文献在研究过程中也依据自己的理解选择统计口径。如宁波市的临港工业涉及石化、电力、造纸、船舶、钢铁等九个行业类别。李晶（2013）② 认为，临港产业应在港口城市内按照与港口关联度原则以历史和逻辑关系为基础进行具体界定，但并没有给出具体的产业目录。从理论上讲，区位商高的产业部门一般是建立在地区优势基础上的专业化部门。由此推论，不同港口城市区位商普遍较高的产业部门是与港口有着较紧密关系的临港工业，如表 11 – 3 所示。

表 11 – 3　2012 ~ 2014 年主要港口城市区位商大于 1 的制造业部门

城市	年份	石油加工	化学工业	橡塑制品	汽车制造	其他运输设备制造	通用设备制造	电气产品制造	专用设备制造	信息产品制造
上海	2012	1.12	1.06	0.99	2.85	1.28	1.80	1.09	1.05	2.75
	2013	1.30	1.08	—	2.98	1.23	1.80	1.08	1.07	2.12
	2014	1.09	1.06	—	3.06	1.33	1.83	1.08	1.00	2.09
广州	2012	1.14	1.32		3.22	1.89	—			1.46
	2013	1.15	1.44		3.44	1.97	—			1.42
	2014	1.15	1.37		3.49	2.08	—			1.41

　　① 邬珊华，杨忠振，董夏丹. 重要临港产业的空间分布特征及其临港偏好程度的差异性比较 ［J］. 热带地理，2014，34（2）：199 – 208.

　　② 李晶. 基于产业分类的临港产业范围探讨 ［J］. 中国水运，2013，13（2）：49 – 50.

续表

城市	年份	石油加工	化学工业	橡塑制品	汽车制造	其他运输设备制造	通用设备制造	电气产品制造	专用设备制造	信息产品制造
深圳	2012	—	—	1.10	—	—	—	1.42	—	7.30
	2013	—	—	1.16	—	—	—	1.50	—	7.15
	2014	—	1.41	1.04	—	—	—	—	—	6.96
厦门	2012	—	—	2.48	—	—	—	1.05	—	5.05
	2013	—	—	2.26	—	—	—	1.07	—	5.06
	2014	—	—	2.28	—	—	—	1.12	—	4.74
天津	2012	1.20	—	—	1.28	1.44	—	—	—	1.43
	2013	1.29	—	—	1.12	1.76	—	—	—	1.49
	2014	1.10	—	—	1.05	2.01	—	—	—	1.32
青岛	2012	1.49	—	2.32	—	3.29	1.43	1.89	1.43	—
	2013	1.56	—	2.12	—	2.62	1.52	1.99	1.69	—
	2014	1.51	—	2.01	—	3.94	1.61	2.04	1.43	—
大连	2012	3.52	—	—	—	4.48	3.74	—	1.91	—
	2013	3.04	1.32	—	—	3.35	3.85	—	1.74	—
	2014	3.43	1.35	—	—	3.69	3.59	—	1.85	—
宁波	2012	3.02	1.47	1.14	—	—	1.34	1.97	—	—
	2013	3.03	1.65	1.05	—	—	1.24	1.98	—	—
	2014	2.81	1.38	1.09	1.32	—	1.34	1.91	—	—

注：石油加工业包括石油加工、炼焦和核燃料加工业，化学工业包括化学原料和化学制品制造业，橡塑制品包括橡胶和塑料制品业，其他运输设备制造包括铁路、船舶、航空航天和其他运输设备制造业，电气产品制造包括电气机械和器材制造业，信息产品制造包括计算机、通信和其他电子设备制造业。

从八个港口城市 2012～2014 年的制造业区位商数据可以看出，八个港口城市的制造业内部结构并不相同，上海和广州均以汽车制造业为突出的专业化部门，深圳和厦门则以计算机、通信和其他电子设备制造业为突出的专业化部门，青岛、大连和天津的铁路、船舶、航空航天和其他运输设备制造业专业化程度明显高于其他几个港口城市，大连和宁波以石油加工、炼焦和核燃料加工业为突出的专业化部门。八个港口城市普遍拥有较高区位商的专业部门可以分为两大类：一是以石油加工、炼焦和核燃料加工业为主，包括化学原料和化学制品制造业、橡胶和塑料制品业的临港石化与化学工业；二是以船舶修造业（包含在铁路、船舶、航空航天和其他运输设备制造业中）和汽车制造业为主，包括电气机械和器材制造、通用设备制造、专用设备制造等的临港装备制造业。虽然多数港口城市的计算机、通信和其他电子设备制造业都拥有较高的区位商，但从产业特性看，这一产业并不具备明显的临港特征。虽然钢铁工业因其大运量的特征被普遍认为是临港工业，但八个港口城市的黑色金属冶炼和压延加工业区位商只有天津超过1，因此也不在分析之列。

（二）临港石化与化学工业

石化和化学工业是国民经济的重要支柱产业，石化是典型的临港工业，我国已经建成了22个千万吨级炼油、10个百万吨级乙烯基地，形成了长江三角洲、珠江三角洲、环渤海地区三大石化产业集聚区。2012~2014年，上述八个港口城市中，石油加工、炼焦和核燃料加工业区位商，大连、宁波高达3以上，青岛在1.5以上；橡胶和塑料制品业区位商，青岛、厦门都在2以上，这些港口城市是我国石化和化学工业的重要基地。八个港口城市的石油加工、炼焦和核燃料加工业，化学原料和化学制品制造业，橡胶和塑料制品业的主营业务收入合计分别占全国的18%、10%、18%左右。2014年，石油加工、炼焦和核燃料加工业的主营业务收入，上海与宁波均在1400亿元左右，大连、天津、青岛也拥有较大规模；化学原料和化学制品制造业的主营业务收入，上海遥遥领先，天津、宁波规模相当；橡胶和塑料制品业的主营业务收入，深圳领先，上海、青岛、天津拥有较大规模。

我国2015年颁布的《石化产业规划布局方案》明确重点建设的七大石化产业基地是：大连长兴岛（西中岛）、河北曹妃甸、江苏连云港、上海漕泾、浙江宁波、广东惠州、福建古雷。七大基地全部投射沿海重点开发地区，瞄准现有三大石化集聚区，同时立足于海上能源资源进口的重要通道。上海漕泾、浙江宁波、江苏连云港三大基地位于长三角地区，该区域经济活力强劲、发展潜力巨大，是石化下游产品消费中心，也是当前国家实施"一带一路"倡议与长江经济带战略的关键交会区域。广东惠州、福建古雷两大基地位于泛珠三角地区，面向港澳台，区位独特，是国家实施"一带一路"倡议的核心承载腹地。大连长兴岛、河北曹妃甸两大基地位于环渤海地区，是国家实施京津冀协同发展战略的集中辐射区域。随着《石化产业规划布局方案》的顺利实施，预计2020年我国炼油综合加工能力为7.9亿吨/年，乙烯、芳烃生产能力分别为3350万吨/年、

3065万吨/年；2025年炼油、乙烯、芳烃生产加工能力分别为8.5亿吨/年、5000万吨/年和4000万吨/年。届时，七大基地炼油、乙烯、芳烃产能将分别占全国总产能的40%、50%和60%。

（三）临港装备制造业

在装备制造业中，船舶修造业是典型的港口工业，汽车制造、通用设备制造、专用设备制造等也是临港装备制造业的重要组成部分。21世纪以来，我国船舶工业快速发展，已经成为世界最主要的造船大国。

2012～2014年，八个港口城市的汽车制造业以及铁路、船舶、航空航天和其他运输设备制造业主营业务收入占全国的比重都在22%左右，是我国交通运输设备制造业的重要基地；通用设备制造业主营业务收入占全国的比重接近20%，电气机械和器材制造业与专用设备制造业主营业务收入占全国的比重在15%左右，均在全国占有非常重要的地位。

2014年，汽车制造业的主营业务收入，上海、广州、天津分别为6646亿元、3649亿元、1825亿元，上海是广州的近两倍，广州是天津的近两倍，宁波2014年主营业务收入是2013年的两倍，是新起的汽车制造基地；其他运输设备制造业，青岛与天津相当，上海位居第三，大连与广州相当；电气机械和器材制造业的主营业务收入，上海领先，深圳与青岛相当，宁波也具较大规模；通用设备制造业的主营业务收入，上海领先，大连次之，天津与青岛相当；专用设备制造业的主营业务收入，上海领先，天津次之，青岛、深圳、大连差距不大。

三、保税贸易发展

（一）港口城市对外贸易

港口城市较内陆城市来说，在对外贸易发展中占有区位优势，因而许多港口城市的经济发展比内陆城市更依赖于外贸。

表11-4为1985～2014年若干年份八个港口城市的外贸依存度，可以看出这八个港口城市的外贸依存度呈先升后降的趋势，多数港口城市的外贸依存度在1985～2005年呈上升趋势，近年来略有下降，其原因主要在于目前国内政策"扩大内需"的引导。另外，在这几个港口城市中，深圳的外贸依存度最高，可见深圳市的经济发展对外贸的依赖程度高于其他几个港口城市。

表 11 -4 1985 ~ 2014 年若干年份各港口城市外贸依存度   单位:%

年份 城市	1985	1995	2005	2014
深圳	98	384	302	187
厦门	71	219	233	157
上海	33	64	165	122
宁波	0	53	112	84
青岛	105	114	101	56
天津	25	59	112	52
大连	3	54	91	52
广州	51	111	85	48

资料来源: 各城市历年统计年鉴。

　　港口城市对外贸的依赖程度受对外贸易规模的影响。八个港口城市 2014 年的对外贸易额如图 11 -5 所示。其中，深圳的对外贸易进出口总额为 4878 亿美元，排在首位，且为贸易顺差；对外贸易总额达 4666 亿美元的上海排在第二位，虽与深圳相差不多，但为贸易逆差；而宁波、大连、天津、青岛、厦门、广州的对外贸易规模虽已超过 500 亿美元，但同深圳、上海相比规模仍较小。

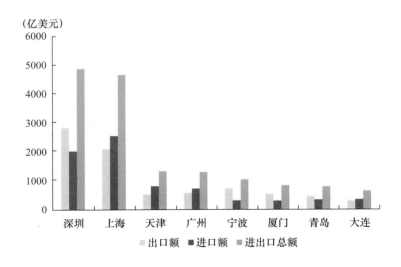

图 11 -5 2014 年各港口城市对外贸易额

资料来源: 2015 年各港口城市统计年鉴。

图 11 -6 所示为 1985～2014 年上海和深圳进出口总额变化情况，可以发现上海和深圳两个港口城市进出口总额较为接近，深圳略高于上海。此外，1985～2014年上海和深圳的对外贸易变动情况较为相似，总体上可以划分为两个阶段：一是 1985～2001 年的缓慢上升阶段；二是 2002～2014 年的快速上升阶段。其中，2009 年的下降主要是由于受外来冲击 2008 年金融危机的影响。但分开来看，2011 年后上海和深圳的对外贸易发展出现较大的差异，其中上海转变为缓慢上升的趋势，而深圳则是快速上升后的快速下降趋势，波动较大。

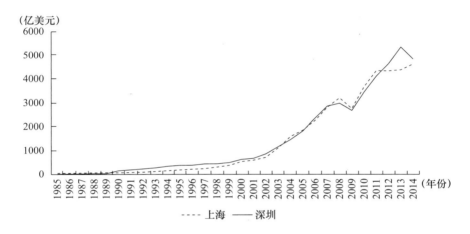

图 11 -6　1985～2014 年上海、深圳进出口总额变化情况

资料来源：上海、深圳历年统计年鉴。

图 11 -7 所示为 1985～2014 年宁波、大连、天津、青岛、厦门、广州等市的进出口总额变化情况，可以发现这几个港口城市的进出口总额较为接近，且对外贸易变化情况较为相似，经历了先缓慢增长（1985～2001 年）后快速增长（2002～2014 年）的发展历程。其中，广州市的进出口总额略高于其他几个港口城市，其对外贸易额在 2011 年后增速放缓，但在 2013 年后又有转向高速增长的趋势；天津市的对外贸易近年来得到了较好的发展，其进出口总额开始超过广州市，且近年来始终保持快速增长的趋势；宁波市的对外贸易发展较为平稳，2011 年后的对外贸易发展又呈现为缓慢增长的趋势；厦门和青岛的进出口总额十分接近，在 2009 年之前厦门的进出口总额略高于青岛，而近年来青岛开始略高于厦门，两者两近年来均呈缓慢上升的趋势；大连的进出口总额略低于其他

港口城市，其对外贸易近年来同样处于缓慢发展阶段，且略有下降的趋势。

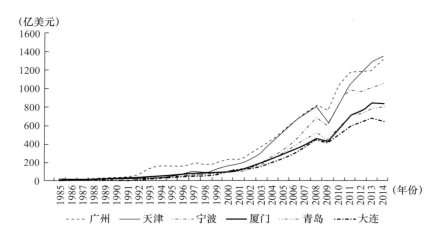

图 11 - 7　宁波、大连、天津、青岛、厦门、广州进出口总额变化情况
资料来源：各港口城市历年统计年鉴。

（二）港口城市的海关特殊监管区域

海关特殊监管区域是经国务院批准，设立在中华人民共和国关境内，被赋予承接国际产业转移、连接国内国际两个市场的特殊功能和政策，由海关为主实施封闭监管的特定经济功能区域。经过多年探索，我国海关特殊监管区域已形成较大的外贸进出口规模、较强的加工制造能力和较好的社会经济效益，逐步成为我国扩大开放的重要窗口、吸引境内外投资的重要载体、促进加工贸易健康发展的先行先试先导区。

我国自 1990 年设立了第一个海关特殊监管区域——上海外高桥保税区，又先后设立了出口加工区、保税物流园区、保税港区等多种海关特殊监管区域。经过多年的发展与整合，目前我国海关特殊监管区域主要有六种类型：保税区、出口加工区、保税物流园区、跨境工业园区、保税港区、综合保税区。海关特殊监管区域的发展经历了三个阶段，如图 11 - 8 所示。

这八个港口城市是我国海关特殊监管区域的集中分布区，在保税贸易方面发挥着重要的作用。全国目前共有 15 个保税区，其中八个港口城市拥有的保税区占到了 3/4，除了青岛之外，其他七个港口城市都有自己的保税区，其中深圳

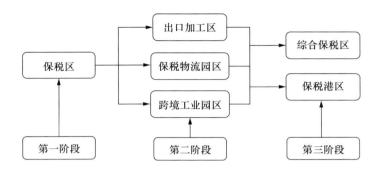

图 11 - 8　我国海关特殊监管区域发展阶段

共有三个保税区，分别是盐田保税区、福田保税区和沙头角保税区。全国目前共有 57 个出口加工区，八个港口城市中共有 18 个出口加工区，其中上海和青岛拥有的出口加工区最多，上海的出口加工区数量达到六个。其他港口城市至少拥有一个出口加工区，以配合港口城市港口的运作和发展。全国目前共有九个保税物流园区，除了张家港保税物流园区之外，其余八个在这八个港口城市。目前全国仅有两个跨境工业园区，分布在中国与哈萨克斯坦边境和珠海与澳门边境，分别是珠澳跨境工业区、中哈霍尔果斯国际边境合作中心。全国目前共有 14 个保税港区，九个在这八个港口城市，其中青岛有两个保税港区，分别是青岛前湾保税港区和烟台保税港区。全国目前共有 34 个综合保税区，分布在这八个港口城市的有四个，分别是天津滨海新区综合保税区、上海浦东机场综合保税区、广州白云机场综合保税区和舟山港综合保税区。

第二节　海岛经济

一、海岛与海岛经济特征

（一）中国海岛分布与海岛资源

1. 中国海岛分布

（1）中国海岛与海岛县。建设海岛、开发海洋是我国 21 世纪十分重要的战略任务。在我国海域中，面积在 500 平方米以上的海岛 6500 多个，14000 千米长的岛屿岸线，海岛面积 8×104 平方千米，常年有人居住的海岛 420 多个，人口已超过 3000 万。台湾和海南是省级海岛，香港、澳门的海岛组成两个特别行政区，一个海岛省辖市（舟山市），12 个县（区）级海岛，乡镇级海岛 113 个。我国众多的海岛盘踞在广阔的海域中，不仅是国土的重要组成部分，还是我国东部沿海经济、社会发展的前沿阵地。海岛县是把我国沿海的群岛、列岛或独立海岛，以有人岛群为主体，并包括了邻近分散的无人岛，按县级行政单元的要求组成的一个整体，与全国陆域众多的县（区）一样，在组织和发展经济方面起着重要作用。我国 12 个海岛县从北到南依次为辽宁长海县（长山群岛），山东长岛县（庙岛群岛），上海崇明区（崇明岛，2006 年把原属上海市宝山区的长兴岛、横沙岛并入），舟山群岛分属嵊泗县、岱山县、普陀区和定海区，浙江的玉环县（玉环岛和楚门半岛）、洞头县（洞头列岛），福建的平潭县（海坛岛等）、东山县（东山岛）和广东的南澳县（南澳岛）。

（2）中国海岛分布特征：①分布海域范围广。12 个海岛县从北而南分布在渤海、黄海、东海和南海海域中，以分布在东海海域居多。不同海域自然条件、资源与环境差异明显。如庙岛群岛处在渤海海峡，海域环境受渤海和黄海海水交替影响；崇明岛处于长江口，又具明显的河口特征；东山岛分布在台湾海峡南端，处在东海和南海的交界范围内，其资源与环境更具有自身特色。②岛屿分布离岸近，呈组团分布。多数海岛分布在离大陆数千米或数十千米范围内，距大陆小于 10 千米的约占 70%。以大陆基岩岛为主，多数海岛是由大陆向海的延伸，呈组团分布（群状或链状）。由于海岛基底相连，有利于连岛、连陆的跨海通道（桥梁、海底隧道等）的建设，解决陆岛间的连通问题。③海岛县之间横向经济联系少，受其所属行政单元宏观经济调控。12 个海岛县分属不同行政单元所管辖，它们多数为我国沿海开放城市、特区或开放地带，这些地区在我国沿海经济发展中具有重要地位，对所属海岛县经济发展有推动作用。

2. 海岛区位与海洋资源

（1）中国海岛区位。跨越南北 16 个纬度，处三大气候带。从长海县最北的石城岛北端（39°34′37″N）到南澳县的南澎列岛的南端（23°11′15″N）共跨 16 个纬度。从北到南跨温带、亚热带、热带三个气候带（南澳主岛正好是北回归线通过处），形成了自然环境、自然资源水平分布上的南北差异。

（2）中国海岛海洋资源。我国广阔的海域中蕴藏着丰富的海洋资源，尤其是近岛水域海洋资源的分布更为集中，有利于开发利用。作为海洋生态系统重要组成部分的海岛，拥有丰富的生物、旅游、港口、矿产和空间资源等，在国家经济建设中的作用是重要的，是国家现代化建设的重要组成部分。中国海岛是资源的宝库，主要拥有以下资源[①]：

一是水产资源。主要有：①鱼类资源。大体可分以下四种生态类型：a. 洄游性鱼类，是中国传统的高经济价值的种类，如大黄鱼、带鱼、鲥鱼、鳗鱼等。b. 近岸性鱼类，一生栖息于海岛近岸浅海水域，如鳗鱼、沙丁鱼等。c. 河口性鱼类，常年栖息于河口附近的浅海域，如鲈鱼、梭鱼、黄枯鱼等。d. 岩礁性和底栖性鱼类，栖息于岛礁周围或海底，如真鲷、石斑鱼、鳐类等。在中国近岛海域中，鱼的种类较多，组成复杂，资源相当丰富。②海珍品资源。中国众多海岛及其周围岩礁区，是诸多海珍品生物生长、繁殖的优良场所，近岛海域中的海珍品种类繁多，资源相当丰富，仅海参类就有 22 种，鲍类 5 种，龙虾类 5 种，还有马蹄螺、扇贝类等。③虾、蟹、贝类资源。虾类有对虾仁、毛虾等，蟹类以梭蟹为主，贝类有蛏、贻贝、牡蛎、蛤蜊、螺等。此外还有经济藻类和药用水产资源，如紫菜、海带、石花菜、鹿角菜和章鱼等。

二是生物资源。主要有：①植物资源。有药用植物、用材林、防护林、纤维植物、杀虫植物、可食用植物及绿化美化环境的植物等。如红树林是热带、亚热带海岸潮间带的常绿灌木和小乔木植物群落，耐盐、耐碱，分布于底质是淤泥或泥沙且风浪较小的海滩上，是防止海岸遭受海浪潮和风暴侵蚀的天然防护带，又有固定土壤、扩大陆地面积的造陆作用。红树林又能够提供给人类多种木材、食品、医药、造纸和制革等原材料，经济价值很高，多分布于海南省，其次是广西、广东、福建、浙江和台湾等省（区）。②动物资源。有珊瑚类、两栖类、爬行类、鸟类和兽类等。如珊瑚种类就有 400 多种，大部分是造礁石珊瑚。珊瑚非常美丽，人类利用珊瑚优美的造型做成供摆饰的工艺品，珊瑚还可分离提取有天然活性物质的药物。

三是森林资源。海岛森林有自然林和人工林，森林覆盖率 21%，活立木蓄积量约有 3.5×10^6 平方米。森林类型主要有黑松林、油松林、刺槐林、红树林、水杉林、榆树林、香樟林、马尾松林、相思树林、桉树林和椰林等。

---

① 王明舜. 中国海岛经济发展模式及其实现途径研究［D］. 中国海洋大学博士学位论文，2009.

四是矿产资源。海岛金属矿产资源较为贫乏，非金属矿产资源则相对丰富，尤其是建筑材料矿产分布广且储量大。据初步调查，海岛较有优势的矿产主要是石油、天然气、煤、钛铁矿、铁矿、标准砂、玻璃砂、花岗岩、黏土、建筑砂等。

五是海盐及海化资源。海岛面积500平方米以上，有着广阔的海涂，利于海盐生产。海岛周围海水一般盐度在30/1000左右，在季风气候影响下，风速大、蒸发量高，利于海盐生产。海水中还有大量镁盐、溴、钾盐、碘、铀、重氢、锂等90多种元素，可弥补陆地上有些元素的短缺，来满足国民经济建设的需要。

六是旅游资源。海水很少受到大陆沿海工业发达城市的三废污染，绿化覆盖率高，均在40%以上，是一片自然生态净土，成为各种陆生动植物、海洋生物的乐园，是旅游者休闲观赏、度假疗养的胜地，是科学考察、教学研究的实验室。海岛既有适宜旅游的气温，又有海市蜃楼的奇观、洁净的滨海沙滩、奇特的山石形胜和珍稀动植物的自然旅游资源，以及远古先民的文物、历代名人的踪迹、抵御外夷的故址、宗教文化的观庙阁建筑和佛像雕塑等人文旅游资源。海岛开发旅游业的潜力很大。

七是土地资源。海岛土地资源数量和面积密不可分。海岛土地资源实际上是人口—资源—经济—环境系统运行比较有限的空间区域。海洋是人类开发自然资源的最大潜力所在。海岛将构成未来综合性海洋产业主要物能库之一。海岛是开发海洋产业的主要基地，作为自然资源的有价值的土地资源，要管好用好，以达到土地资源持续利用的目的。

八是可再生能源资源。海岛及其周围有较多的太阳能、风能和海洋能［包括潮汐能、波浪能、海洋（潮流）能、温差能和盐差能］。例如东海沿岸海岛，潮差一般在3～5米，可充分利用，潜力很大。

九是港口资源和淡水资源。不少海岛具有建设海港的良好条件。多数港口终年不冻，深水水域广阔，岸线曲折漫长，山甲角和海湾相间形成许多避风条件良好的港湾，可供建港的深水岸线长。这些海岛又多分布在大陆附近，利于开发港口资源。例如山东省荣成市镇镙岛，距岸边3千米处水深已达10米以上，可建50000吨以上大型码头等。

中国海岛资源丰富，但开发利用不多。无人居住的海岛基本上没有开发利用。已开发的主要是有人居住的海岛，大部分是以海洋资源开发为基础发展起来的资源开发型经济，资源利用比较单一，多数海岛只是开发了鱼类资源，少量利用土地发展种植业，个别人口较多的海岛相应发展水产品加工、渔具、渔船修造等产业。自改革开放以来，资源丰富的海岛较好地利用各种资源发展了现代工业，部分海岛还发展了旅游业、商业、饮食业等产业，全面利用资源发展经济的潜力还很大。[①]

（二）海岛经济发展

1. 海岛经济的显著特征

中国海岛开发具有悠久的历史，在漫长的开发历程中，自然、经济和社会各种因素的交互作用，使中国海岛经济呈现如下特点[②]：

（1）总体水平低，局部较发达。改革开放以来，海岛经济发展虽然取得了较大的成绩，但由于海岛分散、面积小、基础设施落后等原因，致使海岛经济的总体水平落后于大陆沿海地区。据全国海岛资源综合调查，海岛区域经济发展水平一般为大陆沿海的 40% ~ 60%。如浙江省海岛人均工农业总产值低于全省平均水平 16%，福建省海岛人均社会总产值约为全省平均水平的 60% ~ 70%。又如，全国唯一的地级海岛市——舟山市，虽然其以渔业为主的经济在全国海岛经济中占有重要的地位，但在浙江省的地级市中，其社会经济综合发展水平只列第十位，仅高于丽水地区。

但从局部来看，一些面积较大、离大陆较近，特别是离大陆沿海港口城市较近、经济联系方便的海岛，如辽宁省长海县、山东省长岛县、上海崇明岛、浙江舟山群岛、福建东山岛等经济较为发达，部分海岛如山东省长岛县经济发展水平甚至高于沿海内陆地区。但绝大多数海岛，特别是一些面积较小，又远离大陆的海岛，经济发展水平仍很低，基本上处于尚未开发状态。

（2）地区差异大，岛间不平衡。海岛经济的地区差异主要表现在两方面：一是海岛经济在省（市）区间分布差异大。1990 年，全国海岛工农业总产值 222.4 亿元（不包括海南本岛和港澳台地区），浙江、山东、辽宁、上海、广东五省（市）的海岛占 60% 以上，其余六省市海岛占不足 40%。二是同类岛区之

① 陈可馨，陈家刚. 中国海岛资源的持续利用 [J]. 天津师范大学学报（自然科学版），2002，22（1）：60 - 63.

② 于庆东. 中国海岛经济的特点 [J]. 海洋信息，1999（9）：5 - 6.

间如县级海岛之间差异大。以部分海岛县 1996 年人均国内生产总值（GDP）的对比为例，人均国内生产总值较高的山东长岛县为 2.91 万元，是辽宁长海县（1.06 万元）的 2.74 倍，是浙江洞头县（4832 元）的 6.02 倍，是广东南澳县（5600 元）的 5.19 倍。

岛间不平衡主要表现在三个方面：一是海岛经济主要集中于有居民的海岛；二是在有居民岛中，海岛经济又集中于大岛，特别是离大陆较近的大岛；三是在近陆岛和远陆岛中，海岛经济集中于近陆岛。近陆岛因其离大陆较近，或已与大陆相连，通过陆岛一体化开发，已形成规模经济。如山东的黄岛、浙江的吞山岛因深水港的建设，其经济得到了迅速的发展；浙江大榭岛实施整岛开发，已发展成小城市规模；福建东山岛、海坛岛由于对台开放，发展速度也很快。相反，一些远离大陆的海岛，因其基础设施较差，生活质量低，导致人口内迁，产业萎缩。如浙江省 1980 年以来，有 20 余个海岛的居民内迁，在这些居民迁出的海岛中，经济发展明显萎缩。

（3）产业单调，结构失调。海岛经济是以海洋资源开发为基础发展起来的资源型经济。由于受自然资源、经济、技术等条件的限制，在长期的历史发展过程中，除了少数条件比较优越的大岛外，绝大多数中小型海岛经济是以渔业为主，辅以少量的种植业，只有少数面积较大、自然条件优越、人口在万人以上的海岛才有相应的海岛工业，主要是水产品加工业、渔具制造业、渔船修造业及服务业。改革开放以来，在一些资源比较丰富、区位条件优越的海岛，特别是一些县级以上的海岛，产业结构由以渔农为主向以工业为主转变，部分海岛旅游业得到了较快的发展，但从总体来说，第二、第三产业还比较落后，海岛产业结构水平远落后于陆地产业结构水平。如 1996 年，一些经济较发达的海岛县（市）的第一、第二、第三次产业结构，山东省长岛县为 62.58：10.94：26.48，福建省东山县为 32.86：39.85：27.26，辽宁省长海县为 58.06：10.99：30.95，浙江省舟山市为 26.52：36：37.48。这些数据表明，我国海岛经济基本上处于农业型的初级阶段。

（4）独立性差，天然外向。大多数海岛面积较小，资源种类单一，即使面积较大的海岛，岛上的资源也是不完全的。同时，海岛本身市场容量有限。因此，海岛经济的发展，一方面要靠从岛外输入大量的资源、人才及技术，另一方面海岛生产的产品又需要销往岛外，通过岛外市场纳入社会经济大循环中。

单纯依靠海岛自己的力量，只能像鲁滨孙一样在近似原始的落后的生活水平上生存，甚或是根本无法生存。所以，海岛经济具有天然的外向性，是典型的市场经济。经济发展程度高的海岛，其外向性和对外依赖程度也高；而经济发展程度低的海岛，其外向性和对外界的依赖程度也低。如海南岛经济之所以能在较短的时间内有较大的改观，除了海南岛具有自身的大岛优势以外，在很大程度上取决于其开放政策。

海岛独立性差、天然外向的特点，决定了其需要接受陆地对其辐射的影响。一些近陆大岛，如山东省黄岛、长山岛，浙江省舟山岛、大榭岛，福建省东山岛、海坛岛等受到陆地经济的强烈辐射，经济发展速度较快，水平也较高，已经初步形成规模经济。而部分远离大陆的海岛，则人口内迁，产业萎缩。

另外，一些靠近大岛的小岛，虽受陆地经济辐射的影响较小，却也得益于大岛经济辐射的影响。因而，一些靠近大岛的小岛，如南、北长山岛周围的一些小岛，经济也相对较发达。但一般来说，这些小岛的经济发展水平要低于大岛。而那些既远离大陆又远离大岛的小岛，经济发展水平较低，甚至处于待开发状态。

2. 海岛经济发展模式与类型

我国海岛地区发挥自身的优势，实现了经济的快速增长，在具体的发展模式上可以说各有千秋，但总的来说，可以归纳为以下三种基本模式（由于台湾岛和海南岛的情况比较复杂，因此对海岛经济发展模式的探讨不包括这两个区域）：

（1）可持续发展模式。由于我国海岛资源开发曾经历了一个无序阶段，因此，目前各个海岛均将可持续发展作为经济发展的前提条件。可持续发展模式强调，在海岛经济发展过程中，要处理好对自然资源的开发与保护的关系。既要合理地开发利用海岛资源，又不能破坏它的再生产能力和永续利用能力，要用发展生态经济学的观点，既要充分发挥海岛生态经济系统的经济生产力，又使海岛生态环境不至于发生破坏性逆转，维持其生产能力。要明确海岛经济发展与环境保护是相辅相成的对立统一关系。

（2）生态经济发展模式。海岛生态系统十分脆弱，极易受到伤害。如果过度开发和盲目建设，将会直接影响其生态平衡。例如，修筑海堤式的实体坝连岛工程、采集和挖掘珊瑚，垃圾倾倒、海岛工业开工、港口的货物资源装卸和船运等对海岛的污染，都会对海岛的生态环境造成不同程度的破坏。因此，我国部分海岛地区积极转变资源利用方式，积极发展以岛屿陆域绿色工程、环岛海域生态渔业、海岛森林公园、海岛生态保护区为代表的生态经济发展模式。生态经济发展模式强调，海岛地区人口增长的规模和经济建设的规模也不应超过生态环境的承载能力，经济活动中向生态环境排放的废物量也不能超过生态系统的自净能力，否则，生态环境就会遭到破坏，生态系统和经济系统就不能得到协调发展。①

（3）岛陆一体化发展模式。海岛的自然隔绝性决定了海岛经济发展的特殊性。水、电、交通等要素限制了海岛经济发展，尤其是产业发展的空间。我国近海海岛为了突破这种限制，积极探索，通过岛陆桥建设、临岸基地建设、区域产业布局等方式，实现岛陆区域一体化发展，为我国海岛经济发展提供了宝贵的经验。我们可以把这种模式称为"岛陆一体化发展模式"。可以说，岛陆一体化发展模式是我国海岛地区根据区域经济理论，实现海岛与沿海地区经济协调发展的经济发展模式，同时也是解决我国海岛地区经济发展制约因素的有效途径。其产业基础是海岛地区与沿海地区在产业上的互补性、依存性，具体措施是以区域政策为杠杆，通过技术、资源、区位的配置与规划，实现产业联动、区域经济协调发展。②

3. 海岛经济演化与县际差异

在我国对外开放的过程中，海岛经济也在日益发挥着重要的作用，尤其根据海岛的区位特点，参照国际上海岛经济的发展状况，我国已把一些大型企业向海岛集聚，如上海的造船工业搬迁到崇明岛、长兴岛；利用海岛深水岸线发展大型集装箱港，如上海洋山深水港；为了加强海岛与大陆的联系，建设了一定数量与大陆连接的大桥，如上海洋山深水港与芦潮港连接长 32.5 千米的东海大桥，舟山岛正在与宁波连接的四座大桥等③。

（1）海岛经济增长速度快，人均地区生产总值高。我国 12 个海岛县自改革开放以来，改变了曾是国防前哨经济发展受到局限的状况，经济有了快速的

---

① 聂华林. 发展生态经济学导论 ［M］. 北京：社会科学出版社，2006.

② 韩立民，卢宁. 关于海陆一体化的理论思考 ［J］. 太平洋学报，2007（8）：82－87.

③ 张耀光，宋欣茹，肇博. 我国桥文化与海岛海陆通道建设的经济意义分析 ［J］. 海洋开发与管理，2005，22（1）：11－17.

发展。

（2）人均 GDP 超越了现有经济发展阶段。我国海岛相关产业的产值有了较快增长，虽然岛屿经济规模小，但人均 GDP 已超越了现有的发展阶段。海岛的经济发展主要是依靠海洋生物资源、滨海旅游资源和港口资源等，是一种"资源依赖型"经济，依靠生产要素低成本发展。海岛县处于"大海洋，小海岛"的区位，海岛人口相对陆地少，呈现人均地区生产总值已达到高水平，而相应其他指标低的畸形经济发展。

（3）海岛三次产业结构变化与演进过程。随着全国 12 个海岛县经济的发展，国民经济三次产业构成也发生了变化。第一产业比重逐年下降，第二、第三产业比重逐年增长，尤其是第三产业比重提高较快，说明海岛经济也在逐渐向以服务业为主的第三产业高级化方向演进。在 20 世纪末期以前，各海岛产业结构的变化大体处于相对稳定阶段，一般稳定在 10 年以上[①]；但从 20 世纪末期到 21 世纪初期，由于国家经济发展也影响到海岛县，同时各海岛自身经济发展的惯性也在尽力加速经济发展和优化产业结构的调整步伐，产业结构调整已快于以前的时段，如南澳、洞头、玉环、平潭和东山县等。产业结构的调整已缩短到 4～5 年。但是长海县和长岛县的产业结构长期未发生大的变化。长岛县 1992～2004 年 13 年来未发生变化；而长海县 1990～2004 年 15 年来未发生改变，三次产业一直维持在第一产业＞第三产业＞第二产业的产业结构。

（三）国家海洋政策与海岛产业布局互动

1. 国家海洋战略演进

2001 年 5 月，联合国缔约国大会文件中首次提出"21 世纪是海洋世纪"。海洋是人类生存和可持续发展的战略性资源基地，是缓解当今世界面临的人口膨胀、资源短缺与环境恶化的重要场所。沿海国家普遍以新的目光关注海洋，许多国家都在调整国家政策，制定海洋发展战略和规划，加大海洋开发的力度，纷纷把本国的管辖海域作为"蓝色国土"加以开发利用和保护，同时积极参与国际海底和大洋资源的开发。所以，开发利用海洋已成为国际性大趋势，世界范围内的"海洋热"正在到来。

党中央对海洋工作越来越重视。国务院在 2004 年的《政府工作报告》中提

---

①　张耀光，陶文东．中国海岛县产业结构演进特点研究［J］．经济地理，2003，23（1）：47－50.

出了"应重视海洋资源开发与保护"的政策。胡锦涛指出:"开发海洋,是推动中国经济社会发展的一项战略任务。"中共十六大报告中明确提出"实施海洋开发"的战略部署。2006 年全国人大通过的《国民经济和社会发展第十一个五年规划纲要》中,将海洋列为专章,说明国家已经把开发海洋资源、发展海洋经济纳入了国民经济和社会发展的总目标中。

2009 年的《政府工作报告》强调了"合理开发利用海洋资源"的重要性。2010 年 10 月通过的《中共中央关于制定国民经济和社会发展第十二个五年规划的建议》指出,我国应"发展海洋经济"。以此为基础的"十二五"规划纲要(2011 年)在第十四章"推进海洋经济发展"中指出,我国要坚持陆海统筹,制定和实施海洋发展战略,提高海洋开发、控制、综合管理能力。2014 年的《政府工作报告》指出,海洋是我们宝贵的蓝色国土,要坚持陆海统筹,全面实施海洋战略,发展海洋经济,保护海洋环境,坚决维护国家海洋权益,大力建设海洋强国。2015 年的《政府工作报告》指出:"我国是海洋大国,要编制实施海洋战略规划,发展海洋经济,保护海洋生态环境,提高海洋科技水平,强化海洋综合管理,加强海上力量建设,坚决维护国家海洋权益,妥善处理海上纠纷,积极拓展双边和多边海洋合作,向海洋强国的目标迈进。"

2015 年,国务院印发《全国海洋主体功能区规划》,旨在进一步优化海洋空间开发格局,提高海洋资源开发能力,发展海洋经济,保护海洋生态环境,维护国家海洋权益,对于实施海洋强国战略、扩大对外开放、推进生态文明建设、促进经济持续健康发展起到重要作用。

这些报告和规划中的内容无疑为我国推进海洋事业发展特别是建设海洋强国提供了重要政治保障。从中也可见,建设海洋强国的目标是我国结合当前国际国内发展形势特别是海洋问题发展态势而提出的,是一项明显具有政治属性的重要任务,现已成为国家层面的重大战略。

2. 填海造地与海岛陆连

填海造地是指把原有的海域通过人工技术手段转变为陆地,或将海岛与大陆相连。对于山多地少的沿海城市,填海造地是一个为城市有限空间的发展起到重要作用的方法。不少沿海大城市,如东京、中国香港、中国澳门、深圳及天津,均采用该法制造平地。

海岛陆连是指通过连岛坝、桥梁等人工技术手段使海岛与大陆相连。如舟山大陆连岛工程是舟山市目前规模最大、最具社会影响力的交通基础设施项目，工程由岑港大桥、响礁门大桥、桃夭门大桥、西堠门大桥和金塘大桥五座跨海大桥及接线公路组成，起于舟山本岛，途经里钓岛、富翅岛、册子岛、金塘岛，于宁波镇海炼化厂西侧登陆，按高速公路标准建设，全长约 50 千米，总投资逾百亿元，是世界上规模最大的岛陆联络工程。杭州湾跨海大桥运营通车，苏通长江公路大桥、沈阳至海口的沿海高速公路跨越杭州湾和长江的两大通道也顺利开通。未来中国还将陆续兴建渤海湾跨海大桥、琼州海峡信道、台湾海峡信道和港珠澳大桥四大跨海通道。

3. 海岛产业布局

海洋资源可分为海洋空间资源、生物资源和非生物资源。空间资源的开发利用有海运、桥梁建设与海底隧道、海底电缆与旅游景点开发；非生物资源开发利用有滨海砂矿、海底石油、天然气、锰结核以及潮汐和波浪能的利用等；生物资源的开发利用主要是鱼类资源和其他海洋动植物、微生物资源。随着科学技术的进步，国家提出地区工业化的要求，目前沿海地方政府对海岛经济的发展与资源开发更为关注。资源开发利用已由海洋生物资源转向非生物资源、岛陆土地资源和空间资源等，这充分体现了海陆经济一体化发展的目标。一些大的产业部门如造船、石油等制造业项目的安排已向海岛延伸，一些适合海岛经济发展的产业部门也逐步在海岛上布局①，从而进一步改变了海岛县的产业布局。

（1）海岛空间资源利用有所加强。①桥（隧）通道建设。为了改变岛陆的通达性，目前海岛县已建、在建和将建的岛陆桥隧通道工程有：a. 洞头列岛半岛工程（已建成），目前正在进行与温州市连接的大桥工程；b. 舟山岛与宁波市之间修建五座岛间桥梁的东方大桥工程，目前已完成了三座桥梁；c. 长江口崇明岛北桥连接江苏，南部用桥、隧连接上海浦东，从浦东 5 号沟到长兴岛是隧道，长兴岛到崇明岛陈家镇则通过大桥相连；d. 上海芦潮港与浙江嵊泗大小洋山之间的东海大桥工程，桥长 32 千米；e. 作为渤海海峡北隧南桥工程的一部分，庙岛群岛的南、北长山岛连接工程，目前已开工建设的烟大铁路轮渡作为

---

① 张耀光，王国力，肇博，王圣云，宋欣茹. 中国海岛县际经济差异与今后产业布局分析［J］. 自然资源学报，2005（2）：222－230.

渤海桥（隧）通道的前期工程。②港口建设。港口码头对海岛经济发展至关重要，如玉环县的大麦屿港的吞吐量已突破 100 万吨，玉环县依托大麦屿港口与台湾累计贸易总额达 7200 万美元。东山港已成为国家一类开放港口，成为福建三大对台贸易港。嵊泗县马迹山码头是上海宝山钢铁厂矿石中转码头，设计年吞吐能力 2000 万吨矿石中转，接靠 30 万吨级散货轮。定海区的金塘岛有 14.5 千米深水岸线，水深 15 米，可建 33 个深水泊位，可供第五、第六代集装箱靠泊。首期在大浦建六个集装箱泊位，年设计集装箱吞吐能力达 250 万标准箱。目前在嵊泗县大、小洋山建设为上海国际航运中心服务的洋山深水港，规划到 2010 年，布置 3335 个集装箱泊位，集装箱吞吐能力 1500 万标准箱，其远景将形成 50 多个大型集装箱泊位，年吞吐能力 2500 万标准箱。大、小洋山港口建设是为了发展上海国际航运中心的第五、第六代集装箱深水港；舟山—宁波间的连接，使宁波港与舟山港互补；洞头与温州的连接则是为更好地发展温州港。

（2）造船工业布局向海岛延伸。我国目前是世界第三大造船国，而上海的造船工业又占国内造船量的 50% 以上。上海造船工业向崇明岛和长兴岛延伸，改变了过去造船工业在黄浦江沿岸的布局。目前，上海船厂崇明基地已完工 7 万吨级船台，并已开始建造四艘 57302 吨超大型灵便型散货船，并用长兴岛 8 千米的岸线建设大型船坞和码头，规划发展为世界级的大型船厂。计划 2015 年建成七个大坞，实现年产 800 万吨的造船能力。届时，上海的造船能力将由目前的 300 万吨提升到 1200 万吨。此外，浙江省的造船工业将在岱山县的秀山岛发展，目前日本七大修船企业已在秀山岛开发大型船坞，今后作为船修船业基地为上海、宁波、舟山等港口服务。

（3）海岛风能发电工业布局。我国海岛上风力资源丰富，大多数海岛平均风速为 5 米/秒，年平均有效风速时数 6000 小时以上，相当于每天可发电 16 小时，而积较大的岛屿有效风速时数占全年时数的 50%~60%。目前，我国的南澳、长岛、崇明、岱山等岛屿均有可利用的风能资源。尤其是南澳岛利用风能发电最为突出，1995 年风能发电量仅 91 万千瓦时，占全县电力生产的 5.3%。到 2003 年风力发电已达 11502 万千瓦时，占全县电力生产的 99.7%，年平均递增 63%。国家规划在南澳建设海上风电场，计划总装机容量 20 万千瓦，2007 年完成一期工程，预计完成装机容量 10 万千瓦，2009 年完成全部工程建设。届时南澳风电业可发电 8 亿千瓦时，可有效缓解缺电问题，成为亚洲海岛最大的风力发电场和我国第二大风电场。岱山县也要开发 10 万千瓦时的大型风力发电机组以解决海岛电力不足的问题。

（4）国家石油储备基地布局。我国目前进口原油已达 8000 万吨，考虑国家石油安全，需要在沿海建设国家石油储备基地，海岛成为我国石油储备基地建设的场所。舟山的岙山岛原是我国海岛石油储备基地之一，目前将在现有 158 万立方米储油罐区的东侧再建 50 座总罐容量为 500 万立方米的储油工程。铺设"岙山—册子岛—镇海"原油输送管道工程，管线总长 90 千米，其中海底部分 44.7 千米。此外，在洞头列岛建设了液化石油气中转储运基地，并建 15 万吨位石化转运码头，30 万吨沥青加工、20 万吨油库及 4 万立方米液体化工库。利用东海油气开发，在岱山县境内建立了原油中转站，铺设两条海底管线，其中天然气管线长约 388 千米，石油管线长 316 千米。

（5）旅游景点开发与旅游业发展。海岛旅游资源十分丰富，各类旅游资源众多，随着海岛与大陆间的交通条件改善，来海岛旅游人数逐年递增，旅游综合收入逐年增长。1995 年来海岛县旅游的人数约为 426 万人，到 2000 年已达到 800 万人，2002 年超过 1000 万人，其中舟山市两区两县旅游人数占全部海岛县旅游人数的 60% 左右（59.8%），且集中在普陀区（包括普陀山①）。普陀山原是我国四大佛教名山之一，尤其金庸武侠文化资源与普陀山的佛教文化以及朱家尖的"海滩风光"相组合，来此旅游人数更为集中。此外，福建东山岛的关帝庙是中国台湾、中国香港与新加坡等地 480 多座关帝庙的祖庙，有平潭岛龙王头景区、庙岛群岛的"海市蜃楼"等各类自然、人文景点。南澳新建成由国内外书法家完成的 1050 幅摩崖石刻，成为全国最大的摩崖石刻景区等，从而将促进海岛旅游业的发展。

（6）海洋渔业中的海水养殖将成为主要产业。由于中韩、中日、中越北部湾渔业协定的签订，海岛县海洋捕捞有下降趋势。但海岛县的海水养殖有了发展。海水养殖在海洋水产业中的比重由 1990 年占海洋水产业的 22.4%，上升到 2002 年的 26.1%，上升了 3.7 个百分点，海水养殖产量由 1992 年的 23 万吨，发展到 2002 年的 81 万吨，年平均递增率 11%。在长海县獐子岛建成全国最大的海洋底播养殖区。此外，海水淡化产业、海洋药物产业、海洋能利用等产业

---

①　普陀山位于普陀区，在行政上属舟山市的一个镇。

也将在海岛上发展。以上产业布局的实施，将使各海岛县际之间的经济进一步发展，同时，海岛县际经济将产生新的差异。

二、海南岛海洋经济发展

（一）区位与资源

海南省是中国的海岛省，是仅次于台湾的全国第二大岛，也是拥有海域最为广阔的省份；是我国跨纬度最大的省级行政区，在国内各省份中海洋面积最大，总面积为 35354 平方千米，拥有 1528 千米的海岸线。依照岛屿数量和分布特点，海南省大致可分为三个海区，即海南岛（本岛周围）海区，西沙群岛海区和中沙、南沙群岛海区。岛上金属矿物、非金属矿物和动植物资源极为丰富，有着充足的旅游资源和淡水资源，所孕育的热带雨林和红树林为中国少有的森林类型。

（二）海洋经济发展

海南近年经济取得快速发展，其积极转变发展方式，调整产业结构，注重经济增长的质量和效益，为今后的发展打下了坚实基础。背靠国内消费需求这个大市场，海南完全具备条件承接更多的消费，成为中国较大的消费承接地，这些都是海南以岛屿经济体进一步加快发展的有利因素。

1. 海洋经济增长

"十一五"时期，海南逐步摆脱了泡沫经济的影响，步入了新一轮增长周期，2006～2015 年海南年平均 GDP 实际增长 15%。2014 年、2015 年经济增速分别为 8.5% 和 7.8%，2011 年全省人均生产总值按现行汇率，首次登上了 4000 美元的新台阶，各项经济指标向好，经济社会发展成效显著，为完成"十二五"目标任务打下坚实基础。特别是在国际旅游岛建设上升为国家战略的推动下，海南近几年经济实现高速增长。以 2015 年各项经济数据为例，2015 年，实现地区生产总值 3702.8 亿元，同比增长 7.8%，继 2006 年超 1000 亿元、2010 年超 2000 亿元，2013 突破 3000 亿元台阶，三年实现千亿元跨越，标志着综合经济实力大幅提升，发展的动力与后劲显著增强；固定资产投资快速增长，全年固定资产投资 3355.4 亿元，比上年增长 10.4%。① 需要指出的是，这样的增速还具

---

① 对 2010～2013 年国民经济和社会发展公报数据进行整理；海南省统计局网站，http：//www. hi. stats. gov. cn。

备了一定的增长质量，体现出较大的经济效益。无论是从宏观经济效益还是从微观经济角度分析，都表明了其增长具有一定的含金量。海南 2010～2015 年经济连续保持着较高的增长率，如图 11－9 所示。

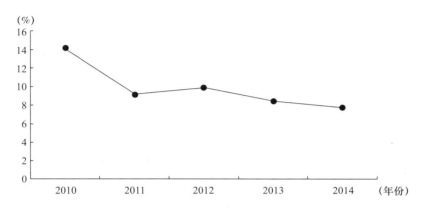

图 11－9　2010～2015 年海南 GDP 增长率

2. 海洋三次产业演变

（1）建省前（1987 年），海南产业结构层次较低，三次产业的结构为"一三二"。建省初期，海南经济结构仍然是以农业为主的传统产业结构，经济规模小，产业结构层次低，工业和服务业发展滞后，区域经济发展不平衡，产业发展不协调。1987 年，全省 GDP 总量仅为 57.3 亿元，其中第一产业增加值为 28.68 亿元，占 GDP 总量的比重高达 50.05%；第二产业增加值为 10.89 亿元，仅占总量的 19.01%；第三产业增加值为 17.73 亿元，占总量的 30.94%。这一时期的农业是全省经济的主导产业，三次产业的比例结构呈现"一三二"的模式，属于典型的农业经济省份。

（2）经济结构转型期（1987～1992 年），三次产业结构从"一三二"迅速调整为"三一二"。海南建省办经济特区后，省委省政府开始积极实行开放的经济政策，大力引进人才和省内外投资，设立经济技术开发区，建立市场经济体制，经济建设和社会事业加快发展，经济结构调整取得重大进展，全省经济总量迅速增大，经济实力明显增强。到 1992 年，全省 GDP 总量达到 181.71 亿元，其中第一产业增加值为 54.13 亿元，占总量的 29.79%；第二产业增加值为 38.34 亿元，占总量的 21.1%；第三产业增加值为 89.24 亿元，占总量的比重达

49.11%。经济结构发生根本性转变，三次产业比例结构由建省前1987年的50.05∶19.01∶30.94演变为1992年的29.79∶21.10∶49.11，产业结构由1987年的"一三二"演变为1992年的"三一二"。第三产业增加值总量和其占GDP的比重首次超过第一产业，产业结构实现历史性的转型。

这一时期的产业结构调整是以1992年的房地产热为主要标志，全省经济呈现跳跃式增长，第三产业中房地产业、交通运输业和商业饮食业迅速发展，成为这一时期全省经济发展的主要推动因素。1988～1992年，全省GDP年均增长15.8%，其中第三产业增加值年均增长23.2%（见表11－5）；五年间第三产业比重提高18.7个百分点，第二产业比重提高2.3个百分点，第一产业比重下降21个百分点。

表 11－5　1987～2014年海南岛三次产业增加值增长速度　　　　　单位:%

年份	GDP	第一产业	第二产业	其中工业	第三产业
1987	11.5	9.2	9.8	15.4	16.7
1988	9.7	3.8	19.6	23.2	12.5
1989	5.7	3.1	19.6	23.2	12.5
1990	10.6	9.2	10.5	10.0	12.7
1991	14.9	8.7	20.1	20.0	19.7
1992	41.5	10.0	37.5	31.8	79.4
1993	20.6	10.5	50.1	38.5	15.1
1994	11.3	12.9	17.1	14.0	6.9
1995	3.8	11.5	-5.7	-5.9	4.0
1996	4.7	5.4	2.2	6.1	5.5
1997	6.8	7.6	5.6	9.2	6.9
1998	8.5	8.3	9.0	9.6	8.3
1999	8.5	10.8	8.0	9.5	7.0
2000	9.0	10.2	7.7	10.0	8.8
2001	9.1	9.7	8.8	10.3	8.7
2002	9.6	9.1	12.9	15.9	8.5
2003	10.6	9.0	19.5	23.2	7.8
2004	10.7	8.0	15.9	16.7	10.3
2005	10.2	6.0	16.9	17.0	10.2

续表

年份	GDP	第一产业	第二产业	其中工业	第三产业
2006	12.5	9.1	19.8	34.7	11.0
2007	14.5	8.0	25.8	16.8	12.5
2008	9.8	7.7	7.0	11.0	13.3
2009	17.2	7.9	19.7	-2.7	18.9
2010	15.8	16.8	28.8	28.1	27.4
2011	14.2	6.8	17.4	23.3	14.7
2012	9.1	6.3	10.9	9.7	9.4
2013	9.9	6.3	-9.2	-9.4	12.1
2014	8.5	4.8	11.0	8.9	8.7

资料来源：《海南统计年鉴2015》。

（3）经济结构调整期（1993～1997年），经济增长回归理性区间，农业比重逐步提升，三次产业结构趋于稳定。海南建省后的经济结构调整最初的发展主要是依靠中央给予的特区优惠政策来推动，"房地产热"的兴起对推进海南的开发建设和经济结构调整起了重要作用。但产业结构比例不协调，农业和工业缺乏牢固的基础，海南尚未形成明确的产业发展战略。特别是在1993年底，受国家宏观调控的影响，海南的房地产泡沫在瞬间破灭，使整个经济发展受到一定的影响，自1994年起经济开始下滑。1993～1997年，全省经济进入低速增长时期，五年间GDP年均增长率仅为9.3%，大大低于经济结构转型期15.8%的速度。这一时期，产业结构调整面临着新的挑战。

海南是中国最具热带气候特色的地区，热带自然资源、海洋资源、矿产资源和旅游资源十分丰富，尤其是热带农业资源和旅游资源特色突出，是其他省份难以比拟的，区位条件十分有利。海南在充分认识省情的基础上，提出了产业结构调整的方向，即在巩固、发展农业生产的基础上，加强能源、交通、通信等基础设施建设，加速工业化进程，相应发展第三产业。经过结构调整，三次产业比例结构由1992年的29.79∶21.10∶49.11演变为1997年的36.91∶20.17∶42.92。农业的基础地位得到加强，比重提高7.12个百分点；第二产业比重继续维持在20%的水平；第三产业由于房地产投资减少比重回落6.19个百分点，但"三一二"的产业结构模式得到巩固，热带农业资源和海岛旅游资源优势初步显现，三次产业结构比重趋于协调，为产业结构的进一步调整优化打下了坚实的基础。

（4）经济结构调整优化期（1998～2005年），经济运行进入新的增长平台，产业结构逐步优化，工业比重明显提升，经济增长技术含量明显增强。产业结构调整的目标是选择和培育主导产业，扩大市场需求，使自然资源和区位优势得到充分发挥，带动相关产业持续增长。在前阶段产业结构调整的基础上，基于对海南产业发展比较优势的分析，1996年，省委省政府制定了"一省两地"的产业发展战略决策，提出了把海南建设成为中国沿海的新兴工业省、热带高效农业基地和旅游度假胜地的发展目标。此后，全省上下认真贯彻落实这一产业发展战略，在继续化解1993年以来的房地产"泡沫经济"影响、努力克服1997年亚洲金融危机冲击的同时，积极调整经济结构。至2002年，全省经济逐步呈现恢复性的持续增长，1998～2002年GDP年均增长8.9%，三次产业比例结构由1997年的36.91∶20.17∶42.92演变为2002年的34.7∶23.1∶42.2。这一阶段工业加快发展步伐，第二产业比重提高3.21个百分点，农业和第三产业比重有所回落，但仍在总量较高的平台上继续保持持续增长。

然而，仅仅依靠外部推动，没有自己的产业，海南的经济终究难有较大、较快的进步。面对愈加突出的"三低一小"（工业水平、城市化水平和城乡居民收入水平偏低，经济总量偏小）的矛盾，为了加快经济发展，自2003年起，海南采取"大公司进入、大项目带动"的产业结构调整战略，进一步调整和优化经济结构，一批支撑海南长远发展的支柱产业逐步形成，全省经济步入新一轮快速增长区间。2005年全省第一产业、第二产业、第三产业完成增加值分别为301亿元、228亿元和375亿元，2003～2005年，GDP连续三年保持两位数增长，其中第一产业和第三产业在内部结构调整中稳步增长，第二产业增长速度明显加快，其中工业增长表现强劲（见表11-5）。三次产业比例结构由2002年的34.7∶23.1∶42.2演变为2004年的34∶25.1∶40.9和2005年的33∶26∶41，第一产业和第三产业比重继续回落，第二产业比重继续提高。"一省两地"的产业发展战略得到很好的落实，工业初步形成了以油气化工、汽车制造、饮料食品、医药制造、浆纸制造为支柱的工业体系，热带农业生产基地基本形成，海岛旅游经济扩张效应显著，形成了三次产业齐头并进、协调发展的良好局面。

（5）经济优化加速期（2006～2015年），经济发展迅速，产业结构呈现出第三产业独大的趋势，科技注入量高，服务行业成为主要产业。海南省近几年来一直在大力发展第三产业，对于第三产业的投入较多。如建省以来海南旅游业经过多年的持续快速发展，逐渐形成富有特色的经济支柱产业。以建设海南国际旅游岛为契机，推动海南旅游业全面升级，为了适应国际旅游发展的趋势，政府充分发挥其主导作用，以企业为主体、以市场为调节有计划、按步骤、分层次地推进旅游产品的全面升级。另外，海南省的热带农业一直是海南省的基础产业，也是海南省的特色产业。海南省的工业基础较为薄弱，发展缓慢。

从三次产业结构变化看，2015 年三次产业构成比例（见图 11 – 10），第一产业增加值占 GDP 的 23.11%，第二产业增加值占 GDP 的比重提高到 23.63%，增速在加快；第三产业增加值比重 53.25%，继续保持良好发展势头。从三次产业构成比例进行分析，经济结构进一步优化，体现出"三二一"的序列。从三次产业各自情况分析，农业生产平稳较快发展，全年农业完成增加值 881.69 亿元，比上年增长 5.5%。工业生产保持增长，全年工业完成增加值 485.85 亿元，比上年增长 5.2%。[①] 在国际旅游岛建设上升为国家战略后，全省的旅游业、房地产业、批发零售业等行业受到政策刺激，消费品市场销售活跃，服务业持续保持着良好的发展势头，为经济快速发展注入强劲的动力。对外开放水平进一步提高，招商引资成效显著，组团赴长三角、珠三角、环渤海等地区开展系列招商活动，积极参与泛珠论坛、东盟博览会等经贸活动，引进一批实体项目，全年全省实际利用外资总额 24.7 亿美元，比上年增长 28.7%。其中，外商直接投资 20.06 亿美元，增长 6.2%；新签外商投资项目 71 宗，增长 18.3%；协议合同外商投资额 12.82 亿美元，增长 83.7%。

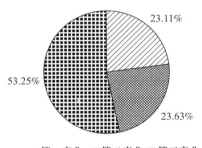

图 11 – 10 海南省 2015 年三次产业比例

① 海南省统计局网站，http://www.hainan.gov.cn/。

3. 主要海洋产业部门

通过海洋资源的开发，海南海洋经济有了较快的发展。海南 1995 年全省海洋经济产值为 30.08 亿元，占全国海洋经济的 1.2%。2013 年海南海洋生产总值达 883.5 亿，海洋经济总值占全省 GDP 的 28.1%。2001～2013 年，海南海洋经济总产值年均增长率为 15.2%。

（1）海洋三次产业结构变化。20 世纪 90 年代，海南海洋第一产业占全省海洋生产总值的 60% 以上，海洋第二、第三产业比重较低。到 2013 年，海南海洋第一产业占全省海洋生产总值的比重降为 23.9%，海洋第三产业比重为 56.7%，而海洋第二产业的比重为 19.4%，小于海洋第一产业。海洋三次产业结构变化如图 11 - 11 所示。

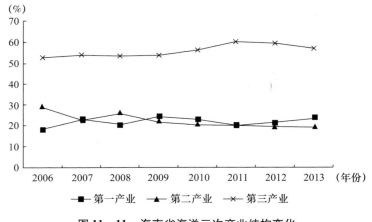

图 11 - 11　海南省海洋三次产业结构变化

（2）主要海洋产业部门。1995 年海南全省海洋经济产业结构中，以港口、渔业、盐业为主的传统产业已具有一定规模，在海洋油气开发、海洋运输、海洋旅游、滨海砂矿开采等方面已取得一定的进展。2012 年海南各海洋产业构成也发生了变化，虽然仍以渔业、港口和旅游为主，但其在海洋经济总产值构成中发生了较大的变化，原以渔业为主，现以旅游为首位（见表 11 - 6）。

表 11 - 6　2012 年海南省主要海洋产业部门构成

	渔业	矿产	海盐	化工	医药	电力	船舶	工程	运输	旅游	合计
产值（亿元）	294.60	7.52	1.14	1.49	2.13	8.01	8.52	8.74	120.06	379.12	831.33
构成（%）	35.4	0.9	0.1	0.2	0.3	1.0	1.0	1.1	14.4	45.6	100.0

4. 海洋产业发展特点

从海南省三次产业的演进特点看，产业结构的变动有点特殊。尽管第三产业占据主导产业地位是经济发达的特征，但海南并非如此。特别地，拉动经济增长的第一大因素是第一产业而不是第三产业就已经说明了一部分问题。但有利的一面是海南省产业结构从 21 世纪初开始有不断合理化的趋势。

长期以来，海南省对工业投入少，丰富的工业资源没有得到很好的利用和开发，工业基础十分弱小。虽然近年来，海南省发展战略明确，工业增长速度连续多年超过 20%，工业"短腿"逐步拉长，但仍然是经济发展的一根软肋。2015 年，工业增加值在海南省 GDP 中的比重仅为 23.6%，远远低于我国 40.5% 的平均水平，工业程度低。

第一产业增长缓慢，无法促进其他产业的增长。虽然建省以来农业比重下降明显，但仍占较大比重，这是与第二产业，特别是工业发展不理想密切相关的。而且从内部结构看，第一产业发展中热带农业的地位日渐提升，然而名优产品少，集约化、现代化、生态化、品牌化生产任重而道远。

第三产业发展速度不合理，缺乏第一、第二产业的有效支撑，并未切实有效地拉动第一、第二产业。第三产业比重较大，是建立在农业技术落后、工业基础薄弱这样的基本省情上的，是在第二产业未能取代第一产业的情况下跃居主导地位的，支撑第三产业发展的根基较为薄弱，发展乏力。从内部结构看，房地产业和旅游业都成为第三产业中的支柱产业，技术和知识密集程度逐渐增强。

（三）海洋经济发展过程中人岛关系优化

1. 淡水资源的有效调控和高效管理

海南省四周环海，淡水资源有限，海水入侵的事件在海南还未发生，但是并不意味着现在或者以后就不必担心海水入侵。海南省海口市虽然不是旅游特区，但是第一、第二产业较发达，所以生活用水需求也是比较大的，而且海口也作为一个旅游地区，旅游者对水的消费还是有一定的消费量的，即使现在交通方便，可以从外地运输水资源到海口，但是运输费也是会消耗经济的，从外地大量输入水资源不是一种理性的做法，但是海口水资源也是有限的，所以当地政府就必须严格调控当地水资源。我们不赞同西班牙政府对马略尔卡岛旅游业征收"环境生态税"的政策，但是我们也必须权衡不同产业的需水量和用水量，以实现水资源的可分配以及对水资源的有效管理。

2. 社区参与的规范化

旅游型地区的社区参与与其他的社区参与非常不同。其一，旅游型海岛区域面积有限，可容纳人数有限；其二，旅游型海岛有其特定的资源，不同的特色资源会给地区的社会质量和人为行为产生不同的影响；其三，旅游型海岛有特色的海洋文化和不同于内陆的风俗文化；其四，当地居民与旅游从业人士对于其本身所在地区的特色资源的认知不同。海口的社会参与调控可以根据这四点来进行。海口作为旅游地，旅游者来海口消费时有自己的权利，但是过多的人群会造成环境的破坏，国外有好多著名的旅游地区就会规定某个时间段的旅游人数，这样让这个地区的环境可以有一个自身调整的作用，不会使旅游地区环境被破坏。海口的特定资源也会给海岛造成影响，旅游者来旅游就是冲着特色文化而来的，所以特色资源的消费就比较高，如若不能有效地调控特色资源的供需要求，就会造成双方面的损害。根据旅游的频度调整特色资源的保有量是有效的做法。而风俗文化也是影响社区参与的一个重要因素，目前有很多旅游景点或者地区的特色文化遭到了破坏甚至消亡，海口少数民族较多，文化种类也多，不同文化之间的交流和抵抗可以缓解外来者对其的冲击，但还是要加强文化的底蕴。而海口作为旅游地，很多从事旅游业的人员都不是当地人，所以当地人与从事旅游业的人员之间必然会有一定的矛盾，增强两者之间的和谐性、减少矛盾与冲突是政府有必要做的事，适当的宣传和对当地居民和旅游业从业人员进行合理的教育是可取的。

3. 遵从海口人岛关系的整体发展

在全球化的今天，第三产业中的旅游业在经济发展方面的地位越来越高，而且，海岛发展旅游业具有独特的优势。相关资料表明，旅游业比重占 GDP 20% 的 31 个国家和地区中有 27 个为岛屿。在未来的区域发展中，海口注重产业结构的不断调整、职能建制的不断完善、人岛关系的有机结合、地域经济的可持续化发展、资源环境的合理利用与开发、不同民族之间的相互尊重和融合、新型产业技术的引入等都会带动海南区域经济的快速稳定发展[1]。

---

① 王晓云，范士陈. 区域开发人地关系时空演进研究——以近现代海南岛为例［J］. 生产力研究，2012（9）：108－111.

4. 国际旅游岛的生态环境管控

当前国家扩大内需、刺激消费的政策导向给海南服务业的发展带来了难得的机遇，特别是建设国际旅游岛以来，利用好海南的环境、资源和各项政策，积极承接消费需求，对推动以旅游业为龙头的现代服务业上规模、上水平尤为关键。国际化是旅游大发展的必由之路，海南旅游资源得天独厚，但国际化程度低、服务水平不高、配套设施不够完善，与国外游客的各类消费需求相比还有一定差距。今后要按照国际旅游休闲化、个性化的发展方向，推进旅游服务管理以及旅游营销的国际化。未来的旅游产品结构要以滨海度假旅游为主导，融合发展观光旅游和度假旅游，此外，还应把专项旅游作为重要补充，这样的结构才符合市场发展需求，遵循旅游结构，着力打造旅游业产业集群。根据市场需求，以热带海岛观光旅游为依托，着力培育旅游产品，特别是要打造滨海度假游、生态观光游、民族风情游等产品，精心设计精品旅游线路，整合周边市县旅游资源实现合作共赢，避免各市县各自为政，甚至不良竞争，注重塑造旅游品牌形象，逐步形成海南旅游的核心竞争力。

但是毫无疑问，海南旅游业的核心竞争力就是其得天独厚、良好的自然生态环境，所以海南继续发展的核心就是进行生态保护。依托良好的生态环境，深挖少数民族文化内涵，创新生产的组织形式，大力发展生态旅游以及现代农业。要加大政策和资金的扶持力度，特别是在财政的转移支付以及生态补偿机制上，应尽可能将发展的机会成本纳入其中，确保实现基本公共服务均等化，切实增强地区自我发展能力。

三、舟山群岛海洋经济发展

舟山作为中国首个以海洋经济为主题的国家级新区，拥有优越的区位条件和丰富的生物、港址、滩涂、滨海旅游等资源。舟山全市岛屿数量占据中国岛屿总数的1/5，其经济发展、产业结构演进对中国海岛县具有重要的示范意义。

目前，针对舟山市各县（区）产业结构演化的相关研究，采取的主要方法是描绘研究区域三次产业产值比重及其重心轨迹的变化，这对分析县域产业结构的演化历程和特点有较好的效果，但难以实现对县域产业结构更为深入的分析。

本部分将根据舟山市各县（区）产业结构演化实际情况，选取关键时间节点和代表性区域对舟山市三次产业及具体行业部门进行偏离—份额分析，详细分析舟山市产业结构演化特点。

（一）舟山市海岛县（区）发展概况

舟山市位于浙江省舟山群岛，地处东海，毗邻上海、杭州、宁波三大城市，共有 1390 个大小岛屿，总面积达 2.22 万平方千米，其中陆域面积为 0.14 万平方千米。舟山市岸线资源丰富，水深 10 米以上的深水岸线总长 279.4 千米，占全国的 14%。2014 年末，舟山市常住人口达到 114.6 万人。

舟山市下辖两区两县：定海区、普陀区、岱山县、嵊泗县。定海区位于舟山群岛中西部，是舟山市政府所在地，在四个县（区）中陆地面积最大，为 568.8 平方千米，海域面积最小；普陀区位于舟山群岛东南部，陆地面积 458.6 平方千米，仅次于定海区；岱山县位于舟山群岛中部，行政中心位于岱山县本岛；嵊泗县辖区陆地面积最小，仅为 86 平方千米。四个县（区）常住人口依次减小。

图 11 - 12 反映了 2000 ~ 2013 年舟山市四县（区）与浙江省人均 GDP 变化情况。总的来看，2000 ~ 2013 年舟山市与浙江省的人均 GDP 逐年增加，且舟山市的增长速度快于浙江省。

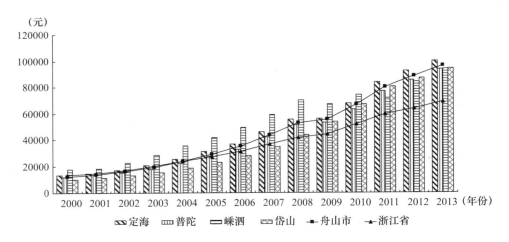

图 11 - 12　2000 ~ 2013 年舟山各县（区）与浙江省人均 GDP 比较

对四个县（区）进行比较可以发现：①2000 ~ 2013 年经济总量上，定海区、普陀区、岱山县、嵊泗县依次减小，且定海区、普陀区两区远大于岱山县、嵊泗县两县。②区域人均 GDP 排名于 2000 ~ 2008 年均保持不变，由大到小依次为嵊泗县、定海区、普陀区、岱山县，但四县（区）人均 GDP 增长速度不同，导致排名在 2009～2013 年发生变化。③2000～2013 年，定海区人均 GDP 大于舟山市平均水平，且近三年发展势头良好；普陀区人均 GDP 增速与舟山市基本一致，排名保持在第三位；岱山县在初始阶段排名较为落后，但其经济增长速度快，2009 年其人均 GDP 首次超过普陀区，仅次于定海区，2013 年其人均 GDP 为 93880 元；嵊泗县 2000～2010 年均为第一，其年均增长率低，2011～2013 年降为第四名。

（二）舟山市海岛县（区）产业结构演化

1. 舟山市海岛县（区）产业结构演化历程及趋势

选用吴碧英①的研究方法，对已有研究成果进行总结、补充得到 1993～2013 年舟山市四个县（区）的产业结构演化类型，如表 11 – 7 所示。

表 11 – 7 1993～2013 年舟山市各县（区）产业结构类型

三次产业结构演化过程	$X_3 < X_1 < X_2$	$X_1 < X_3 < X_2$	$X_1 < X_2 < X_3$	$X_2 < X_1 < X_3$	$X_2 < X_3 < X_1$
	2	3	4	5	6
1993～1995 年产业结构类型	普陀	定海			岱山、嵊泗
1996～1998 年产业结构类型		定海			岱山、嵊泗、普陀
1999 年产业结构类型		定海		嵊泗	岱山、普陀
2000 年产业结构类型			定海	普陀、嵊泗	岱山
2001 年产业结构类型			定海、普陀	嵊泗	岱山
2002～2003 年产业结构类型			定海、普陀、岱山	嵊泗	
2004 年产业结构类型		嵊泗	定海、普陀、岱山		
2005～2007 年产业结构类型		嵊泗、岱山	定海、普陀		
2008～2011 年产业结构类型		嵊泗、岱山、普陀	定海		
2012～2013 年产业结构类型		岱山	定海、普陀	嵊泗	

注：根据舟山市各县（区）历年统计年鉴或统计公报数据整理计算而得；X_1、X_2、X_3 分别表示第一、第二、第三产业的比重。

———————————

① 吴碧英. 产业结构的变化轨迹［J］. 中国软科学，1994（10）：29 – 31.

由表 11 - 7 可知，舟山市四个县（区）的产业结构演变如下：

总体而言，自 1993 ~ 2013 年以来，舟山市四个县（区）的产业结构中第一产业比重逐年下降，第二、第三产业比重逐年增长，第三产业比重已达 1/3 以上，舟山产业结构逐渐向以服务业为主的第三产业高级化方向演进。

普陀区产业结构整体呈现为左旋发展模式，2001 年首次进入高级阶段，但在 2008 ~ 2011 年出现过逆转现象。相较于普陀区，定海区在四个县（区）中经济发展较为稳健，其产业结构演化一直为右旋模式，并于 1996 年进入并保持在右旋模式的最高级阶段，即实现第三产业化。

岱山县产业结构在 1993 年处于以第一产业为主导的低级阶段，在此后 10 年内遵循左旋的发展模式逐渐向高级阶段演化，并于 2003 年呈现出从第一产业到第三产业占总产值比例依次升高的状态。2005 年，岱山产业结构演化出现拐点，转化为右旋模式。与岱山县发展路径相似，嵊泗县产业结构在 1993 ~ 2003 年呈现左旋模式，2004 ~ 2011 年转化为右旋模式，并在 2012 年再次出现逆转。与另外三个县（区）相比，嵊泗县产业结构发展模式频繁发生改变，并处于相对低级阶段，这与其陆域面积狭小、劳动力资源稀少、经济总量较小有关。

值得指出的是，定海区虽然已经进入产业结构高级化阶段，但与国际公认的英格尔斯现代化标准的差距较大，2013 年相关经济发展指标显示其经济尚未完全达到工业化后期的各项指标。因此，第二产业比重在总产业中持续增加，第三产业快速发展，将是舟山市产业结构在今后较长时期内的主要演化趋势。

2. 岱山县与定海区产业结构偏离—份额分析

为进一步分析舟山市各县（区）产业结构的发展特点以及具体产业发展现状，本书将采用偏离—份额分析法对舟山市县域产业结构进行具体分析。考虑到样本的典型性，本书将选择两个县（区）作为研究样本。由前文分析可知，岱山县与定海区在 2005 年以来其产业结构类型相对稳定，两者在地域上分布于不同的岛屿，且产业结构分属不同的类型。因此，本书将选择岱山县和定海区作为研究区域。

考虑到数据可获得性，本书主要利用地区各行业就业人数表示区域经济规模，以舟山市作为两个地区经济发展的参照物，对岱山县及定海区 2005 ~ 2013 年的产业结构进行分析。

（1）岱山县与定海区整体产业结构分析。

对岱山县和定海区整体产业结构进行偏离—份额分析，如表 11 - 8 所示。

表 11 - 8　岱山县与定海区经济产业结构总效果　　　　单位：万人

地区	G	N	P	D	PD	L	w	u
岱山县	0. 31	1. 33	1. 93	- 2. 94	- 1. 02	0. 79	0. 95	0. 83
定海区	9. 75	2. 95	4. 60	2. 20	6. 80	1. 07	1. 07	1. 00

由表 11 - 8 可知，岱山县产业结构有如下特点：①与 2005 年相比，2013 年岱山县就业总人数增加 0.31 万人，份额分量 N 为 1.33 万人，G < N，区域相对增长率 L < 1，即岱山县产业规模增长速度落后于舟山全市；②产业结构偏离分量 P 为 1.93，较定海区小，结构效果指数 w = 0.95 ≈ 1，说明岱山县总体产业结构一般，有待进一步优化；③竞争力偏离分量 D 为负值，且 u < 1，岱山县各产业部门的竞争能力较差，增长势头较弱。

定海区产业结构有如下特点：①与 2005 年相比，2013 年定海区就业总人数增加 9.75 万人，份额分量 N 为 2.95 万人，G > N，区域相对增长率 L > 1，即定海区产业规模增长速度快于舟山全市；②产业结构偏离分量 P 为 4.6，结构效果指数 w = 1.07 > 1，说明定海区增长较快的产业部门比重大，区域总体产业结构效果好；③竞争力偏离分量 D = 2.2，u = 1，定海区各产业部门的竞争能力较强，增长速度快。

两者比较可发现，岱山县的经济增长缓慢，产业结构与竞争力均不具备优势，为促进发展，岱山县需要进行产业结构优化，提高产业竞争力。定海区的经济增长快，其原有的产业基础好，具有一定的结构优势和竞争优势，但比较产业结构偏离分量与竞争力偏离分量对其经济增长的贡献率可知，定海区产业结构存在问题，有较大的调整空间。

（2）岱山县与定海区三次产业结构分析。

表 11 - 9 为岱山县与定海区 2005 ~ 2013 年三次产业偏离分析结果。

由表 11 - 9 可以发现，岱山县第一产业在舟山市的偏离份额分量 N 为 - 0.2 万人，第二产业为 0.72 万人，第三产业为 0.81 万人；增长率分别为 - 0.15、0.24、0，而舟山市平均分别为 - 0.22、0.52、0.44，即除第一产业外，岱山县第二产业、第三产业的增长速度小于舟山全市平均水平。岱山县三次产业的产

表 11 -9　岱山县与定海区三次产业偏离分析　　　　　单位：万人

指标		第一产业	第二产业	第三产业	指标		第一产业	第二产业	第三产业
$b_{ij, 0}$	岱山	3.77	3.82	4.79	G_{ij}	岱山	-0.58	0.90	-0.01
	定海	4.27	8.61	9.18		定海	-1.21	3.23	7.73
$b_{ij, t}$	岱山	3.19	4.72	4.78	N_{ij}	岱山	-0.20	0.72	0.81
	定海	3.06	11.84	16.91		定海	-0.23	1.62	1.56
r_{ij}	岱山	-0.15	0.24	0.00	P_{ij}	岱山	-0.62	1.25	1.29
	定海	-0.28	0.37	0.84		定海	-0.70	2.82	2.47
R_j		-0.22	0.52	0.44	D_{ij}	岱山	0.24	-1.07	-2.11
$r_{ij} - R_{ij}$	岱山	0.06	-0.28	-0.44		定海	-0.28	-1.22	3.70
	定海	-0.06	-0.14	0.40	PD_{ij}	岱山	-0.38	0.18	-0.82
						定海	-0.97	1.60	6.17

业结构偏离分量 P 分别为 -0.62 万人、1.25 万人、1.29 万人，说明岱山县第二产业和第三产业的产业结构较为合理，对全县经济发展具有贡献。岱山县三次产业的区域竞争力偏离分量 D 分别为 0.24、-1.07、-2.11，说明岱山县三次产业中只有第一产业在舟山市具有一定竞争力，第二产业与第三产业（尤其是第三产业）的竞争力薄弱。

　　由此可知，岱山县三次产业具有以下特点：第一产业虽然在舟山市有一定产业竞争力优势，但基础差，属于衰退型且无优势部门；第二产业基础相对较好，属于具有一定优势的增长部门，但发展速度慢，地位有所下降；岱山县第三产业基础好，发展速度慢，是无优势的增长部门；与定海区相比，岱山县三次产业无结构优势。

　　根据岱山县产业演化模式及所处阶段，结合表 11 -8 所得出的结论，岱山县为促进产业发展需要进行产业结构优化，提高产业竞争力，反映在全县的三次产业发展上的要求为：强化第二产业，着重提升第三产业结构优势和竞争力。

　　定海区第一产业在舟山市的偏离份额分量为 -0.23 万人，第二产业为 1.62 万人，第三产业为 1.56 万人；第一产业、第二产业增长率略小于舟山全市，第三产业增长速度远大于舟山全市。以舟山市平均水平为参照，定海区三次产业的产业结构偏离分量 P 分别为 -0.70 万人、2.82 万人、2.47 万人，说明定海区第二、第三产业结构合理，对全区产业发展具有贡献。定海区三次产业的区域竞争力偏离分量 D 分别为 −0.28、−1.22、3.7，说明定海区三次产业中第三产业在舟山全市竞争优势明显，第一产业与第二产业（尤其是第二产业）的竞争力薄弱。

定海区三次产业特点可总结如下：第一产业为衰退型且无优势部门；第二产业是具有一定优势的增长部门，在三次产业中，基础最好，但研究期间发展速度较慢，地位有所下降；相较于第一产业和第二产业，第三产业发展速度最快，是定海区最具竞争优势的增长型产业。

结合表 11 – 8 所得出的结论，定海区为促进产业发展需要进行产业结构优化，反映在全区的三次产业发展上的要求为：加强第一产业与第二产业的竞争优势和调整第一产业和第二产业结构。纵观定海区产业增长历程，主要是由于在三次产业中部门规模占较大比重的第二产业发展速度落后，未能在竞争力偏离分量上发挥应用有优势。因此，为实现定海区的产业结构优化和竞争力提升，关键在于进行地区第二产业内部结构调整，提升竞争力。

（3）岱山县与定海区具体行业产业结构分析。

按照新国家标准《国民经济行业分类》（GB/T4754 – 2011）选取农、林、牧、渔业，采掘业，制造业，国际组织等 20 个具体行业，但由于舟山市未将"国际组织"这一行业的数据纳入统计，因此分析中仅涉及 19 个行业。表 11 – 10 为岱山县与定海区具体行业偏离—份额分析结果。

表 11 – 10　2005 ~ 2013 年岱山县与定海区具体行业偏离—份额分析　单位：人

部门	G_{ij}		N_{ij}		P_{ij}		D_{ij}		PD_{ij}		r_{ij}		$r_{ij} - R_j$	
	岱山	定海	岱山	定海	岱山	定海	岱山	定海	岱山	定海	岱山	定海	岱山	定海
1	−5799	−12062	−2043	−2314	−6171	−6990	2415	−2758	−3756	−9748	−0.15	−0.28	0.06	−0.06
2	−600	−858	−34	−36	−1450	−1527	884	705	−566	−822	−0.32	−0.43	0.47	0.35
3	4600	12519	2238	4328	6368	12316	−4006	−4125	2362	8191	0.16	0.22	−0.14	−0.07
4	699	1607	3	12	445	1615	251	−20	696	1595	0.88	0.55	0.31	−0.01
5	4300	19000	834	3176	10370	39467	−6904	−23643	3466	15824	0.64	0.75	−1.03	−0.93
6	300	22800	−57	−96	−729	−1217	1086	24113	357	22896	0.03	1.37	0.11	1.44
7	100	24700	0	2	74	383	26	24315	100	24698	0.2	9.5	0.05	9.35
8	2601	−4301	914	1877	7788	16004	−6101	−22182	1687	−6178	0.24	−0.19	−0.56	−0.99
9	−1900	−5252	199	287	4923	7082	−7022	−12621	−2099	−5539	−0.33	−0.64	−1.23	−1.54

续表

部门	G_{ij}		N_{ij}		P_{ij}		D_{ij}		PD_{ij}		r_{ij}		$r_{ij}-R_j$	
	岱山	定海	岱山	定海	岱山	定海	岱山	定海	岱山	定海	岱山	定海	岱山	定海
10	-1	3949	4	17	450	1710	-455	2222	-5	3932	0	1.04	-0.45	0.58
11	800	4033	2	22	144	2019	654	1992	798	4011	4	1.44	3.27	0.71
12	1500	6600	6	19	298	1003	1196	5578	1494	6581	1.36	1.78	1.09	1.51
13	499	2576	0	6	60	964	439	1606	499	2570	5	1.61	4.39	1
14	0	2101	3	4	672	768	-675	1329	-3	2097	0	2.63	-0.96	1.66
15	-5601	-903	-5	-5	-157	-184	-5439	-714	-5596	-898	-0.66	-0.09	-0.64	-0.07
16	99	2382	3	9	110	347	-14	2026	96	2373	0.05	0.36	-0.01	0.31
17	0	2272	6	13	487	973	-493	1286	-6	2259	0	0.76	-0.33	0.43
18	0	3330	10	8	1426	1159	-1436	2163	-10	3322	0	2.56	-0.9	1.66
19	1500	13003	74	153	1807	3750	-381	9100	1426	12850	0.38	1.57	-0.1	1.1

注：行业关系为1—农、林、牧、渔业，2—采掘业，3—制造业，4—电力、燃气及水的生产和供应业，5—建筑业，6—交通运输、仓储及邮电通信业，7—信息传输、计算机服务和软件业，8—批发和零售业，9—住宿和餐饮业，10—金融业，11—房地产业，12—租赁和商务服务业，13—科学研究、技术服务和地质勘查业，14—水利、环境和公共设施管理业，15—居民服务和其他服务业，16—教育，17—卫生、社会保障和社会福利业，18—文化、体育和娱乐业，19—公共管理和社会组织。

从表11-10中可以得到以下结论：

在2005~2013年，舟山市产业部门发展最迅速的是建筑业，水利、环境和公共设施管理业，批发和零售业，住宿和餐饮业，其增长率分别为1.68%、0.97%、0.9%、0.9%；出现衰退的行业是居民服务和其他服务业，交通运输、仓储及邮电通信业，农、林、牧、渔业以及采掘业。

在2005~2013年，科学研究、技术服务和地质勘查业，房地产业，租赁和商务服务业，电力、燃气及水的生产和供应业这四个产业是岱山县发展最为迅速的行业，它们的增长率分别为5%、4%、1.36%、0.88%，这些行业的增长速度快于舟山全市，前三个产业甚至比舟山市相应行业的增长率高出4.39%、3.27%、1.09%。与此同时，岱山县产业中出现衰退的行业是农、林、牧、渔业，采掘业，住宿和餐饮业，居民服务和其他服务业。

根据表11-8、表11-9得出结论：强化第二产业、着重发展第三产业可以成为岱山县提高产业竞争力、实现经济快速发展的重要途径。下文将对岱山县第二产业和第三产业进行重点分析。2005~2013年，岱山县第二产业除采掘业产业就业人员有所减少外，制造业，电力、燃气及水的生产和供应业，建筑业的 G 值均为正，表明除采掘业外，其他产业吸纳劳动力的能力加大。采掘业产业结构偏离分量 P 为负值，竞争力偏离分量 D 为正值，且 P 在数值上远大于 D，两者之和为负数，表明岱山县采掘业在舟山全市范围内不具备产业优势。相关资料表明，岱山县开采的主要矿产为花岗岩石材，自 2006 年以来其主要分布地区除岱山本岛西部、衢山岛西南部外均被列入限采区，这是导致岱山县采掘业衰退的主要原因。岱山县电力、燃气及水的生产和供应 P、D 均为正值，说明此产业具有结构优势以及竞争力。此行业产值构成及相关资料表明，岱山县风力资源丰富，电力生产和供应产业发展优势明显。制造业和建筑业产业结构偏离分量 P 为正值，竞争力偏离分量 D 为负值，两者之和为正，说明作为岱山县第二产业最主要组成部分的制造业和建筑业具有一定的部门优势，但竞争力弱。因此，发展岱山县第二产业应从保持电力生产供应业优势、提升制造业和建筑业产业竞争力方面入手。

岱山县第三产业 14 个行业在 19 个行业产业规模发展（根据 G 大小排名）中位列前六的有：批发和零售业、房地产业、租赁和商务服务业、公共管理和社会组织。对这四个行业进行具体分析，可以发现：①房地产业、租赁和商业服务业的偏离份额分量以及产业结构偏离分量均较小，其产业发展主要依靠其行业竞争力（由竞争力偏离分量 D 体现）。与二者相同，交通运输、仓储及邮电通信业，科学研究、技术服务和地质勘查业这两个行业竞争力偏离分量在全县 19 个产业中排名前六，但它们在偏离份额分量以及产业结构偏离分量的排名上落后。结合前文，岱山第三产业进行产业结构优化可以从上述四个行业调整入手。②批发和零售业、公共管理和社会组织（以及住宿和餐饮业，文化、体育和娱乐业）的偏离份额分量以及产业结构偏离分量在 19 个行业中均位列前六。结合前文，说明岱山县第三产业产业结构效益良好主要体现在批发和零售业，住宿和餐饮业，文化、体育和娱乐业，公共管理和社会组织这四个产业上。然而，它们的竞争力偏离分量均较小，即它们的产业竞争力较弱。因此，着重发展批发和零售业，住宿和餐饮业，文化、体育和娱乐业，公共管理和社会组织，提升这四个产业的产业竞争力对促进岱山县产业整体发展具有重要意义。

定海区这段时期，信息传输、计算机服务和软件业，水利、环境和公共设施管理业，文化、体育和娱乐业，租赁和商务服务业四个行业迅速发展，其增长率分别为 9.5%、2.63%、2.56%、1.78%，远高于舟山市平均水平。批发和零售业，农、林、牧、渔业，采掘业，住宿和餐饮业衰退最为严重，其增长率分别是 -0.19%、-0.28%、-0.43%、-0.64%，与舟山市同行业增长率之差为 -0.99%、-0.06%、0.35%、-1.54%。定海在八年间规模有所扩大，但比舟山市的平均增长率低 0.93%。

根据表 11-8、表 11-9 得出结论：实现定海区的产业结构优化和竞争力提升，关键在于进行地区第二产业内部结构调整，提升竞争力。根据表 11-10，定海区第二产业所包含的四个具体行业，即采掘业，制造业，电力、燃气及水的生产和供应业，建筑业，将全区各行业增长率从大到小排列，它们的排名分别是第 18 位、第 14 位、第 12 位、第 11 位；对 $r_{ij}-R_j$（各行业增长率与全市相应行业增长率之差）从大到小进行排列，四个行业的排名分别是第 11 位、第 15 位、第 13 位、第 17 位。定海区第二产业中最重要的制造业和建筑业，它们的偏离份额分量 N 排名分别为第一位、第二位，且数值远大于位列第三的批发和零售业，说明定海区的第二产业基础雄厚。它们的产业结构偏离分量 P 排名分别为第三位、第一位，尤其是建筑业，其值是第二位批发和零售业的 2.5 倍，而它们的竞争力份额分量 D 排名分别为第 16 位、第 19 位。结合前文可知，造成定海区第二产业在舟山全市地位下降主要是其中的制造业和建筑业发展缓慢、竞争力不足所致。

（三）舟山市产业发展特点

（1）舟山市总体经济规模有所增大，区域间存在差异。由岱山县及定海区的总增长量及区域相对经济增长率可知，2005～2013 年舟山市总体经济规模有所增大，但是区域间极不平衡，定海区增量及增速远大于岱山县。

（2）舟山市三次产业结构相对合理，向高级化方向演进。舟山市四个县（区），自 2002 年以来三次产业产值比重中第二、第三产业均远超过第一产业，符合经济处于工业化中后期的实际情况。第一产业呈现衰退趋势，第二产业与第三产业为增长型部门，产业结构向高级化方向演进。岱山县与定海区结构效果指数接近或大于 1。定海区除第一产业外，其他产业份额偏离分量及总偏离分量在数值上有所差异，但均为正值，地区第一产业吸纳劳动力资源的能力弱，第二、第三产业结构合理，为优势部门。岱山县三次产业中，第二产业为最具优势的增长型部门，第三产业竞争力较差，但产业基础好，第一产业为不具备优势的衰退型部门。

（四）舟山群岛经济未来方向

从土地资源、水资源与产业结构的相关性分析中可知，在积极建设大陆引水、海水淡化、水库集水等水利工程，改变用水方式等举措下，可以基本改善自然资源对海岛产业发展的限制。结合海岛自身的自然资源特点，一些海岛可立足于港口资源条件围绕港口物流业以及海洋旅游业发展第三产业，重点扶持海洋运输企业发展，引进现代物流企业，针对性解决交通运输仓储业的基础薄弱问题。

渔业是海岛第一产业中的主导产业，对海岛第一产业发展意义非凡。以地方渔业为主的渔业产业发展对海岛渔业资源提出了更高的要求。就目前的分析，海岛渔业资源有减少趋势，前文的相关分析中也显示，远洋渔业、海水养殖业产值在渔业产业中的比重有所上升，但增幅较小。为了协调渔业资源开发与渔业产业发展间的关系，必须通过政策引导，主动改变渔业产业结构，具体包括：①发展绿色渔业，科学规划渔业设施养殖，在保障海洋生态环境安全的基础上，加大近海渔区的养殖力度。②加强科研投入，提升渔业产业效益，使科技成为渔业可持续发展的支撑力量。③结合海岛的港口资源优势，可采用实施"拓展远洋渔业海外基地建设"战略，培育境外水产养殖基地，打造国际化水产品贸易平台。④将渔业资源转化为旅游资源，发展休闲渔业。

要扬长避短，避开自然资源约束，发展海岛特色工业。多数海岛工业自然资源贫乏，尤其是可耗尽资源储量有限，可更新性资源再生能力不足，淡水资源短缺几乎是所有海岛发展的制约因素，所以海岛工业发展必须避开这一短处。①在结构目标上，尽可能选择不用或少用当地自然资源的工业门类；同时加大海岛和跨海基础设施建设力度，加强中心岛屿涵养水源和风能、潮汐能电站建设。②重点发展特色工业，如海水淡化工业等；积极利用海洋能源，把电力工业作为战略支点，海岛地区石化燃料等常规能源短缺，供电条件较差，发展电力工业是一个至关重要的战略问题。③海岛四面环海，海洋能资源得天独厚，利用海洋能发电大有可为。海洋能包括潮汐能、波浪能、温差能、盐差能等，此外，借用"风生海上"，也可以把风能纳入海洋能系统。发展海岛电力工业也是我国能源战略转型的重要步骤。

旅游产业发展对海岛经济发展具有重要的贡献作用，立足海岛旅游产品单

一、人文内涵对游客吸引力不足的现状，依据在诸产业中海岛旅游资源开发显著带动当地交通运输业、住宿餐饮业发展的事实，增强海岛旅游业的竞争力有如下建议：①完善交通系统，提升地区交通可达性，为海岛旅游业发展提供条件；②加强住宿业、餐饮业等相关产业的管理，协调园林、海关、文化等部门间的工作，为旅游业的健康发展提供保障；③开发更具吸引力的旅游产品，丰富海岛旅游产品的文化内涵，改变海岛游客的消费模式。

第十二章　交通基础设施与
区域经济发展

第一节　综合运输体系和交通枢纽建设

交通运输业是国民经济中重要的物质生产部门，主要任务是把社会生产、分配、交换与消费各个环节有机地联系起来，从而保证社会经济活动得以顺畅进行。因此，交通运输业是社会经济发展的基础和先决条件，交通运输业作为基础产业，对国民经济和社会发展至关重要。

20 世纪 80 年代以来，我国区域发展重点转移到东部地区，加大了对东部地区交通基础设施投资力度，重点建设和改造东部地区的海港码头、铁路和公路等交通基础设施，交通网络规模不断扩大，交通滞后局面得到有效扭转，交通基础设施在东部地区经济腾飞过程中起到关键作用。2000～2004 年，国家相继推进了西部大开发战略、东北地区等老工业基地振兴战略和中部崛起计划，加快中西部和东北地区交通基础设施建设步伐，同时增强这些地区与东部地区的经济社会联系。

2008 年后的"4 万亿计划"加大了东部地区交通基础设施投资力度，2014 年以来的"一带一路"倡议推动跨区域交通基础设施互联互通，2014 年《长江经济带综合立体交通走廊规划（2014－2020）》启动，2004 年、2008 年与 2016 年颁布了《中长期铁路网规划》，在各类发展战略与规划指引带动下，东部地区交通运输网络不断完善。从 2004 年起，运输业固定资产投资完成额大体呈现直线上升趋势，且增长速度极快，10 年间增长了 3.8 倍，平均每年增长达 19.8%。

综合交通网涵盖铁路、公路、水运、民航和管道五种运输方式，通过在地理空间上和功能上的有机组合、衔接，形成网络布局，构成了综合交通体系的基础。近年来，东部地区综合交通运输网络日趋完善，交通运输装备数量与日俱增，推动东部地区交通运输支撑能力不断增强，服务水平进一步提升。

一、综合运输体系建设历程

改革开放以来，我国交通基础设施结构与规模发生了巨大变化，综合交通网络总量已初具规模，网络布局和结构明显改善，技术水平日益提高，运输能力显著增强。

（一）交通运输结构特征

1. 公路运输在全国客货运输中占有举足轻重的地位，铁路运输在客货运输中的比重不断下降

20 世纪 50~80 年代，全国公路运输在客货运输中的比重不断提高，1952~1988 年客运量比重由 18.6% 上升到 80% （见图 12-1 和图 12-2）。目前，公路运输占客运量比重达到 90% 左右，根据公路客运平均运距，旅客出行仍以短距离为主。1952~1988 年公路运输占货运量比重则由 48.4% 上升到 74.6%。当前公路运输占货运量比重保持在 75% 左右，显然我国货运仍以短距离货物公路运输为主。

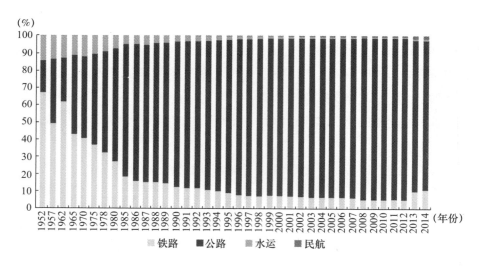

图 12-1　1952~2014 年全国交通客运量结构变化

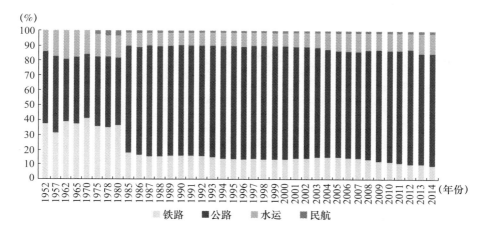

图 12 - 2　1952 ~ 2014 年全国交通货运量结构变化

20 世纪 50 ~ 80 年代，铁路运输占客运量比重不断下降，1952 ~ 1988 年由 66.7% 下降到 15.1%，2012 年达到 5%，2014 年提高到 10.7%。1952 ~ 2014 年 铁路运输占货运量比重整体不断下降，由 37.1% 下降到 8.7%。

2004 ~ 2014 年，交通固定资产投资一直主要发生在公路建设领域，但组成 结构发生了较大变化：铁路投资占比有大幅提高，从 2004 年的 10% 增加到 2014 年的 24%；管道及其他投资完成额占比亦有较大幅度的增长，从 2004 年的 10% 增长到 2014 年的 18%；而公路固定资产投资完成额占比则发生了大幅下降，从 2003 年的 68% 降到 2014 年的 48%；航空与水路投资完成额占比仅有略微降低。

2. 东部地区公路占旅客运输比重高，铁路客运近期迅猛增长

东部地区交通客运量结构分析显示，1998 ~ 2012 年铁路运输占客运量比重 保持在 5% 左右，公路运输则保持在 94% 左右（见图 12 - 3）。2013 ~ 2014 年比 重猛增到 13% 左右，公路运输客运量比重由 92.8% 下降到 84.4%，2013 ~ 2014 年铁路客流快速增长与动车、高铁的推广有关。

3. 水路运输占客运比重份额低，占货运比重较为稳定

20 世纪 50 年代到 1980 年，水路运输占客运量比重由 14.7% 下降到 7.7%，近 10 年比重保持在 1% 左右。而其占货运量比重则稳定在 10% 左右。东部地区 1998 ~ 2014 年水运则保持在 1.5% 左右（见图 12 - 4）。

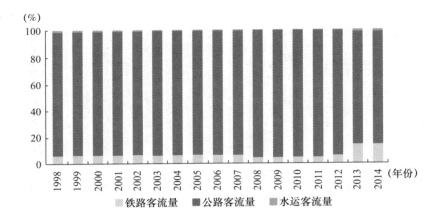

图 12 – 3　1988～2014 年东部地区交通客运量结构变化

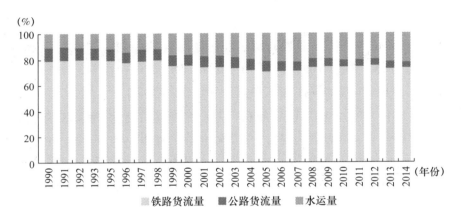

图 12 – 4　1990～2014 年东部地区交通货运量结构变化

4. 各种旅客出行方式的优势距离日趋明朗

旅客的铁路与公路出行平均运距增长快，民航与水运平均运距稳定。图 12 – 5 显示，1978～2014 年旅客的铁路平均运距由 134 千米增长到 492 千米，增长 3.7 倍；公路由 35 千米增长到 63 千米，增长 1.8 倍；民航平均运距保持在 1400 千米左右；而水运则由 44 千米下降 28 千米。

5. 货物运输方式优势距离日益稳定

图 12 – 6 说明，民航与公路货物出行平均运距增长快，铁路平均运距稳定。1978～2014 年公路由 32 千米增长到 183 千米，增长 5.7 倍；民航平均运距由 1516 千米增长到 3161 千米；而水运则先上涨到 2007 年的 2300 千米，然后一直

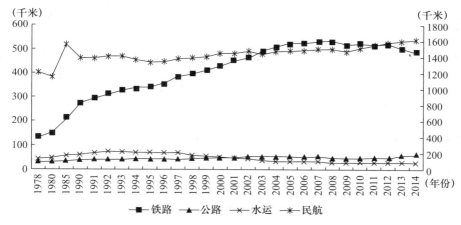

图 12 – 5　1978～2014 年全国旅客平均运距变化分析

下降到 2014 年的 1551 千米；铁路货物平均运距由 1985 年 485 千米增长到 1992 年 733 千米，随后一直保持在 730 千米左右。不同货运方式平均运距体现它们各自的优势出行距离与货运成本特点，公路由于运费成本相对高，200 千米以下是它的优势货运距离，而 200～700 千米是铁路的优势货运距离，700～1600 千米为水运的优势距离。这说明，在区域综合交通体系中，不同交通方式具有不同的经济技术特性，它决定了其适用性的差异，同时有效推动我国运输结构健康发展。

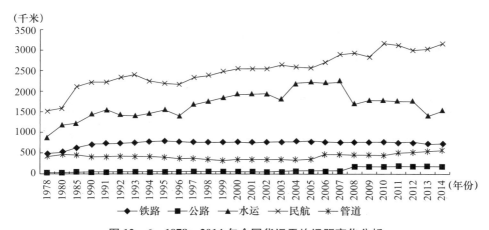

图 12 – 6　1978～2014 年全国货运平均运距变化分析

6. 东部客流缓慢增长，占全国客流比重总体趋稳

图 12 – 7 显示，1998～2005 年东部所有客流占全国比重稳定在 40% 左右，2006～2012 年占比增加到 46% 以上，2013～2014 年占比又回落到 35% 左右。

1998～2014 年东部铁路旅客出行客流占比由 33% 增长到 45%。东部公路客流占比趋势与东部所有客流占比趋势一致。1998～2014 年东部水运客流占比由 43.6% 增长到 55.7%。

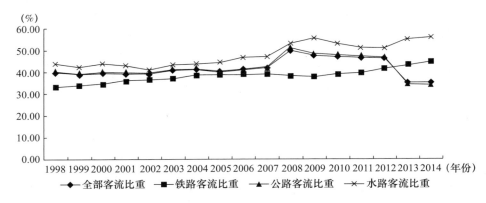

图 12-7 1998～2014 年东部旅客各类出行客流占全国比重变化分析

1998～2014 年，东部所有客流由 54.9 亿人次增长到 2014 年的 77 亿人次，年增长速度 1.4%，其中，公路客流由 50.9 亿人次增长到 65 亿人次。不过，2008～2012 年东部客流总量在 140 亿～175 亿人次，1998～2014 年铁路客流则由 3 亿人次增长到 10.5 亿人次（见图 12-8）。

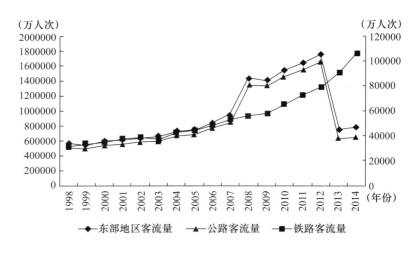

图 12-8 1998～2014 年东部地区客流量增长变化趋势

7. 东部货运量快速增长，占全国货运量比重总体下降

图 12 - 9 显示，在东部地区货运中，1990 ~ 2014 年货运量由 36.9 亿吨增长到 150.9 亿吨，年增长速度达到 6.04%，占全国比重基本保持在 40% 左右，2008 年以后，所占比重持续下降至 35%。其中，公路货运量由 29 亿吨增长到 109.7 亿吨，铁路货运量由 3.92 亿吨增长到 8.18 亿吨，水运量则由 3.89 亿吨增长到 33.75 亿吨。公路货运量比重较为稳定，保持在 70% ~ 80%，铁路货运量由 10.6% 下降到 5%，而水运量比重由 10.6% 增长到 22.4%（见图 12 - 4）。

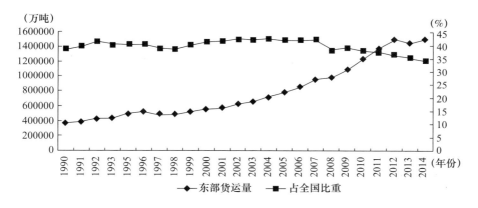

图 12 - 9　1990 ~ 2014 年东部地区货运量及其占全国比重变化分析

（二）铁路运输

1978 年以来，我国铁路建设重点东移，铁路建设转向东部地区，以能源基地对外通道的建设和东部繁忙干线的改造为重点。1997 ~ 2007 年，我国铁路经历了六次大规模提速，前五次大提速发展了高级普铁和快铁，2003 ~ 2008 年，中国高速铁路网络以既有线路改造为主，期间先后进行了第五次和第六次"铁路大提速"，第六次引进动车组，铁路的总体技术水平不断提升，扭转了我国铁路运输滞后的局面。

1. 东部地区铁路客货发送量占全国比重大，铁路运输效率高，铁路基础网络更趋完善

截至 2014 年底，我国铁路营业里程 11.7 万千米，全国铁路网密度 116.5 千米/平方千米，铁路客运发展较快。按省（区、市）行政单元分析运输网分布密度，2014 年东部地区整体铁路网密度较高，基本在 170 千米/平方千米，高于全

国平均水平，河北、北京、天津和上海总体最高，在 279 千米/平方千米，其次为山东、江苏、福建，两广较低。

全国铁路运输完成客运量达到 23.57 亿人，旅客周转量 11604.75 亿人千米。东部省份铁路客运量总体较高，北京、江苏、广东、浙江最高，均在 1 亿人次以上。

近年来铁路货物运输量持续下降，2014 年全国铁路完成货运量 38.13 亿吨，完成货运周转量 27530.19 亿吨千米，全国煤炭运量完成 16.41 亿吨，金属矿石完成 3.67 亿吨，钢铁及有色金属完成 1.97 亿吨，石油运量完成 1.28 亿吨，粮食运量 0.83 亿吨，化肥及农药运量 0.79 亿吨，集装箱运量完成 0.91 亿吨。

2014 年东部地区省份铁路营业里程达到 2.7 万千米，占全国 23%。铁路客流量 12.4 亿人，旅客周转量 4814 亿人千米，分别占全国的 58.9% 和 45.6%。货运量 39.67 亿吨，货运周转量 4101 亿吨千米，分别占全国的 32.9% 和 41%。东部地区以占全国 23% 的铁路营业里程完成了全国铁路客运量的 50% 左右、货运量的 40% 左右，铁路客货运输效率高。分省份看，东部地区货运量相对较少，仅河北、山东货运量在 1.45 亿吨。

2. 东部地区铁路营业里程占全国比重稳定，站点开行列车数量占比高

1985～2014 年东部地区铁路营运里程从 9756 千米增长到 2.65 万千米，占全国比重也由 1985 年的 18.7% 增长到 24%。1985～2000 年东部地区铁路里程年增长速度为 0.98%，高于全国增长速度的 0.79%。2000～2014 年，东部地区铁路里程年增长速度为 6.27%，高于 2000 年以前，并且也高于全国增长速度的 4.71%。

2005～2014 年东部地区铁路营业里程从 1.7 万千米增长到 2.7 万千米，占全国比重整体保持在 23% 左右（见图 12-10）。2016 年全国 2977 个火车站开行列车数量在 80 个以上的 235 个城市，仅东部地区城市就占到 76.6%。

（三）公路运输

1. 东部地区公路营业里程占全国比重低，但客货运量高，公路网络利用效率高

截至 2014 年底，全国公路通车总里程达 446 万千米，高速公路里程突破 11.19 万千米。公路旅客运输平稳增长，货物运输较快增长。2014 年公路客运量 190.82 亿人，客运周转量 12084.1 亿人千米。完成货运量 333.28 亿吨，货运周转量为 61016 亿吨千米。

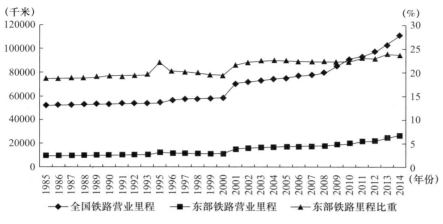

图 12 – 10　1985 ~ 2014 年东部地区铁路营业里程及其占全国的比重

2014 年东部地区公路通车总里程 110 万千米，高速公路里程 3.3 万千米，分别占全国的 24.7% 和 29.8%。客运量 82.15 亿人，旅客周转量 5371.9 亿人千米，分别占全国的 44.3% 和 47.7%。年货运量为 143 亿吨，货运周转量 26629 亿吨千米，分别占到全国的 46.4% 和 47.7%。路网密度决定着区域空间可达性的程度，目前东部地区高速公路网络密度明显高于中西部地区。

2. 东部地区公路营业里程与客货量逐年增长平缓，占全国比重持续下降

中西部与东北地区公路营业里程和客货运量增长幅度提速，图 12 – 11 显示：1985 ~ 2000 年，东部地区公路里程由 23.7 万千米增长到 39.8 万千米，年增长速度为 3.5%，高于全国增速的 2.7%，2000 ~ 2014 年东部公路里程由 39.8 万千米增长到 110.3 万千米，年增速达到 7%，低于全国增速 8%。1985 ~ 1996 年，东部地区公路里程占全国比重达到最高的 29.1%，此后比重一直下降到 2014 年的 24.7%。1997 ~ 2014 年，东部地区高速公路营业里程则由 2654 千米增长到 3.3 万千米，占全国比重则由 55.6% 下降到 29.8%（见图 12 – 12），这反映出中西部地区高速公路网络的建设步伐超过东部地区。

2005 ~ 2014 年东部地区旅客周转量由 6177 亿人千米上涨到 9089 亿人千米，占全国比重却由 40% 下降到 30%（见图 12 – 13）。

东部地区货运周转量由 48214.6 亿吨千米攀升到 85236.87 亿吨千米，货运周转量占全国比重则由 67.4% 下降到 45.9%（见图 12 – 14），显示出中西部地区货运周转量的快速增长态势。

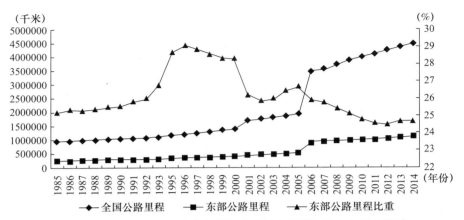

图 12 - 11　1985~2014 年东部地区公路营业里程及其占全国的比重

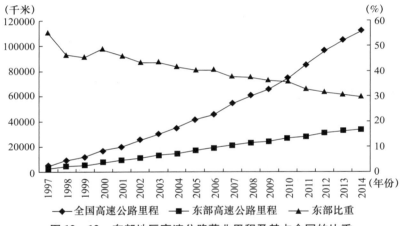

图 12 - 12　东部地区高速公路营业里程及其占全国的比重

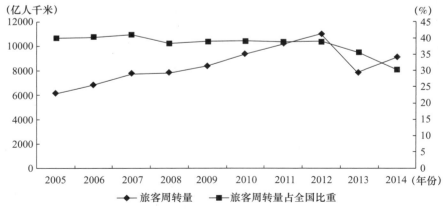

图 12 - 13　东部省份公路旅客周转量及其占全国比重

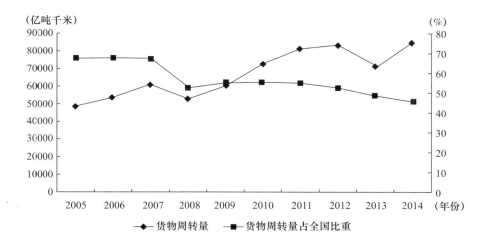

图 12 – 14　东部地区公路货物周转量及其占全国比重

3. 东部地区公路可达性水平总体较高，内部存在一定差异

运用 Gutiérrez（2001）的日常可达性公式测算显示：东部地区公路日常可达性水平总体高于中西部地区和东北地区，而在东部地区内部河北、山东、江苏、上海的公路可达性最好，4 小时内通过公路可达到的人口规模在 1 亿人以上，而福建省普遍在 3500 万人以下。

（四）水路运输

1. 东部地区水运客货运输量占全国半壁江山，在东部地区货运量比重持续攀升

2014 年全国水路客运量较快增长，完成客运量 2.63 亿人，旅客周转量 74.34 亿人千米。水路货运量持续较快增长，水路完成货运量 59.83 亿吨，完成货物周转量 92774.56 亿吨千米。内河运输完成货运量 33.43 亿吨，货物周转量 12784.9 亿吨千米；沿海运输完成货运量 18.92 亿吨，货物周转量 24054.59 亿吨千米；远洋运输完成货运量 7.47 亿吨，货物周转量 55935.06 亿吨千米。其中，东部地区水运货运量达 33.74 亿吨，占全国总水运货运量的 56.4%；客运量 1.47 亿人次，占全国 55.7%。旅客周转量 38.76 亿人千米，占全国的 52.1%，货运周转量达到 56205 亿吨千米，占全国 60.58%。

东部地区内河主要运输通道包括长江、大运河、海河、淮河和珠江，而全国内河航道长度排名前三的分别为江苏、广东、浙江，三省合计占到 44%，其

中江苏内河航道为 2.4 万千米,占 22%,内河港数量 140 个,约占全国的 1/4。2014 年东部地区内河规模以上万吨以上港口码头泊位 387 个,出港货物吞吐量 5.3 亿吨,进港货物吞吐量 8.4 亿吨,它们分别占全国 98%、37.6% 和 43.1%。1990~2014 年东部地区水运量由 3.8 亿吨增长到 33.74 亿吨,在东部地区货运量中的占比也由 10.6% 猛增到 22.3%(见图 12-15)。

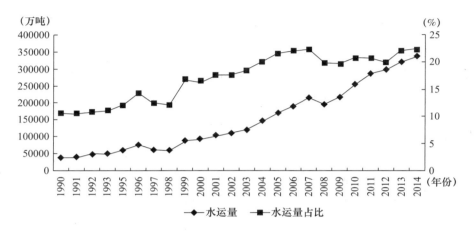

图 12-15 东部地区水运量规模及其占全国的比重变化

2. 东部地区内河运输进出港货物以矿建材料、煤炭和金属矿石为主

东部地区内河运输集中于长江、京杭运河、淮河与珠江。长江依然是我国内河航运的主体,2014 年东部地区长江港口码头泊位数 2855 个,其中万吨级的有 270 个。2014 年内河港口运输中,出港货物 14.17 亿吨。其中,矿建材料占比最高,达到 33%;其次分别为煤炭及制品(14%)、水泥(12.3%)、金属矿石(8.4%)、钢铁(7.4%)。进港货物 19.5 亿吨。其中,矿建材料占比最高,达到 32%;其次分别为煤炭及制品(24%)、金属矿石(15.7%)、钢铁(4.5%)。2014 年东部地区内河航道通航里程 5.9 万千米,占全国的 46.6%。等级航道 2.5 万千米,占全国的 38.3%。其中,江苏、广东、浙江的航道里程分别位居前三,占东部地区航道总里程和等级航道里程的 78.6% 和 72.6%。东部沿海省份内河货运量 14.4 亿吨,货物周转量 2890.1 亿吨千米,分别占全国内河货运量 44.5%,占货物周转量 25.1%。1985~2014 年东部地区内河航道里程由 5.4 万千米下降到 5.3 万千米,占全国比重由 49.5% 下降到 42.2%(见图 12-16)。

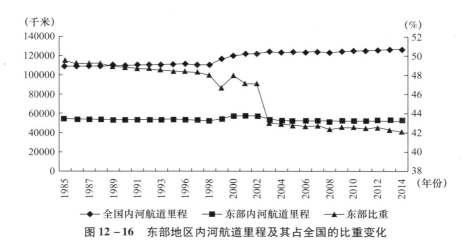

图 12 - 16　东部地区内河航道里程及其占全国的比重变化

3. 沿海港口货物吞吐量增长快，大港口货物吞吐量占比高，三省（市）集装箱吞吐量比重高

我国东部海岸线漫长，优良海港散布。1985～2014 年沿海规模以上港口货物吞吐量由 3.1 亿吨增长到 76.9 亿吨，2000～2014 年货物吞吐量年增长率达到 13.8%（见图 12 - 17）。2014 年我国万吨以上码头数排名靠前的城市包括上海（170 个）、宁波—舟山（150 个）、天津（106 个）、大连（98 个）、广州（71 个）、厦门（69 个）、青岛（68 个）、深圳（66 个）。货物吞吐量排名靠前的有宁波—舟山、上海、天津、广州、青岛、大连、营口，其中，大港口吞吐量占比高，排名前六的港口吞吐量占全部港口的 44.8%（见图 12 - 18）。

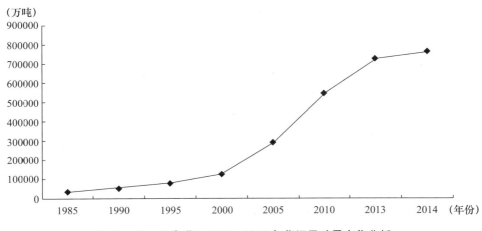

图 12 - 17　沿海港口 1985～2014 年货运吞吐量变化分析

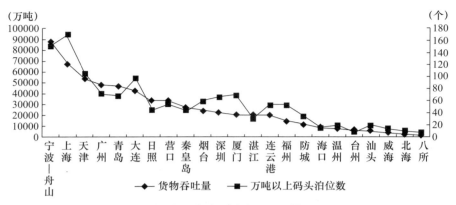

图 12 – 18　2014 年沿海主要城市码头规模和货物吞吐量

港口货物吞吐量平稳发展，外贸货物吞吐量持续增长，2014 年全国规模以上港口完成货物吞吐量 111. 88 亿吨；沿海港口完成 76. 96 亿吨，内河港口完成 34. 92 亿吨，集装箱吞吐量 2. 02 亿标准箱，沿海港口完成 1. 82 亿标准箱，内河港口 2066 万标准箱。从主要货品类型看，煤炭 21. 89 亿吨，石油、天然气 7. 86 亿吨，金属矿石 17. 97 亿吨，矿建材料 16. 53 亿吨。

2014 年东部沿海港口码头泊位数合计 5675 个，其中：万吨级以上码头 1607 个，排名前 4 的省份分别为广东（273 个）、山东（239 个）、浙江（196 个）、辽宁（194 个）。旅客吞吐量 7780 万人，货物吞吐量 756129 万吨，集装箱吞吐量 16968 万标准箱。排名前三的分别是广东（4420 万标准箱）、上海（3362 万标准箱）、山东（2076 万标准箱），三省市集装箱吞吐量占比达到 58%。

2014 年我国大陆地区有 9 个港口集装箱吞吐量跻身世界前 20 位，上海第 1 位，3529 万标准箱；深圳第 3 位，2404 万标准箱；香港第 4 位，2223 万标准箱；宁波—舟山第 5 位，1945 万标准箱；青岛第 7 位，1658 万标准箱；广州第 8 位，1639 万标准箱；天津第 10 位，1406 万标准箱；大连第 14 位，1013 万标准箱；厦门第 17 位，857 万标准箱。

4. 沿海港口货物以煤炭、金属矿石和矿建材料为主，港口职能分工明确

沿海港口出港货物吞吐量 31. 2 亿吨，其中煤炭及制品占 26%，其次分别为金属矿石（7. 5%）、矿建材料（6. 4%）、石油、天然气及制品（6. 2%）。沿海港口进港货物 41. 6 亿吨，其中金属矿石占 24%，其次分别为煤炭及制品（16. 6%）、石油、天然气及制品（10. 8%）、矿建材料（7. 93%）。

沿海港口职能分工如下：

（1）宁波—舟山、青岛、大连、天津是我国重要的原油、石油、天然气及制品的转运港口。它们的总量占沿海所有港口同类产品吞吐量的50%左右。

（2）上海、唐山、天津、广州是我国重要的钢铁转运港口。它们的总量占全部沿海港口吞吐量的56%。

（3）秦皇岛、唐山、黄骅、宁波—舟山是我国重要的煤炭转运港口。它们的总量占全部沿海港口吞吐量的47%，其中，秦皇岛和唐山分别占15%和12%。

（4）天津、宁波—舟山、大连、上海是我国重要的化工产品及制品转运港口，它们的总量占全部沿海港口吞吐量的52%。

（5）深圳、大连、广州和北部湾港口是我国粮食转运港口。宁波—舟山、唐山、日照与青岛是我国重要的金属矿石转运港口，总吞吐量占沿海港口的54%。

（6）上海、天津、广州和营口是我国主要的机械、设备和电器的转运港口。它们的总吞吐量占全部沿海港口的83%，其中，上海、天津、广州分别占到37%、23%和16.6%。

5. 沿海港口腹地分析

港口的腹地规模一般除了港口自身条件外，主要受到港口集疏运系统的制约。港口集疏运系统是与港口相互衔接，主要为集中与疏散港口吞吐货物服务的交通运输系统，由铁路、公路、内河运输、城市道路及相应的交接站场组成，是港口与广大腹地相互联系的通道，为港口赖以存在与发展的主要外部条件。任何现代化港口都必须具有完善与畅通的集疏运系统才能成为综合交通运输网中重要的水陆交通枢纽。

根据各种交通方式自有优势的运距与货物类型，200千米以下是公路的优势货运距离，而200~700千米是铁路的优势货运距离，700~1600千米为水运的优势距离。据此，可以分成公路腹地、铁路腹地与内河腹地。表12-1对比了同一等级港口（上海、大连、天津、深圳、青岛）腹地内的GDP规模差距，公路腹地统计200千米内所有市区县GDP，铁路腹地统计700千米内的普通铁路沿线5千米范围内城市GDP。事实上，大连、天津、青岛的铁路腹地存在叠加腹地。由于上海港位于长江入海口，显然它的内河腹地规模可以延伸到长江上游沿线城市。

表 12 - 1　主要港口的公路与铁路腹地规模　　　　单位：万元

港口名	公路腹地规模（GDP）	铁路腹地规模
大连港	135377271	1488829038
青岛港	244804262	2503888349
上海港	772708394	1551444859
深圳港	566146948	947991942
天津港	535707981	1837504076

（五）航空运输

1. 全国民航线路增长快，航空客流量增长迅猛

航线数量反映了机场在航空网络中与其他机场联系的广度，2014 年我国民航运输保持较快增长，民用航空航线条数由 1990 年的 437 条猛增到 2014 年的 3142 条，其中国内航线数量 2652 条，完成客运量由 1990 年的 1660 万人次增至 2014 年的 3.92 亿人，旅客周转量达到 6334.19 亿人千米，国内航线 3.6 亿人，国际航线 0.32 亿人，旅客周转量 5017.39 亿人千米，国际航线完成 1316.8 亿人。民航货物运输保持平稳增长，全年完成货运量 594.1 万吨，货物周转量 187.77 亿吨千米。

2. 东部地区城市旅客与货邮吞吐量占全国比重高

2014 年东部地区城市机场旅客吞吐量合计 4.03 亿人次，占全国旅客吞吐量 7.5 亿人次的 53.48%。货邮吞吐量 931.8 万吨，占全国货邮吞吐量 1258.5 万吨的 74%。东部机场 54 个，占全国 24.7%，线路占全国 46.2%。东部地区旅客吞吐量排名前 10 的城市机场分别是北京首都机场、广州白云机场、上海浦东机场、上海虹桥机场、深圳宝安机场、杭州萧山机场、厦门高崎机场、南京禄口机场、青岛流亭机场和大连周水子机场。

（六）多种运输方式联运

在综合交通网运输过程中，铁路、公路、水路、民航和管道传输的特点不尽相同，它们有自己的运输对象和优势运距。发挥各种交通运输方式的优势能够收获更好的经济效益和社会效果。联合运输包括铁水联运、水水联运、海铁联运、公铁海联运等。联合运输能够提高物流效率。随着我国区域经济一体化及经济社会转型升级进程不断加快与"一路一带"倡议的实施，集装箱运输需求仍将持续稳定发展。

国外发达的陆上铁路和公路集装箱集疏运系统，形成了海陆集装箱多式联运，大大提高了综合交通网运输效率，减少了货物装卸成本。20 世纪 50 年代，美国铁路针对公路运输的迅速发展相继采用了被称为 TOFC（Trailer – on – flatcar）和 COFC（Container – on – flatcar）的驮背运输（Piggyback Style）和箱驮运输（Boxback Style），即把集装箱半挂车或集装箱装到铁路平车上进行运输。这种运输方法的采用为开展铁路与公路之间的联合运输，实现以集装箱为媒介的"门到门"运输奠定了基础。我国东部地区交通运输方式多样化与市场化程度高，为多式联运奠定了良好基础，多式联运打通了综合交通运输"最后一千米"。

1. 铁水（海）联运

铁水联运能有效衔接多种运输方式、提高运输效率、降低物流成本乃至节能减排。美国、欧盟等发达国家和地区在多式联运方面积累了丰富的实践经验。我国集装箱铁水联运量的 2/3 集中在大连、天津、青岛、连云港，其中约 2/3 箱源来自东部地区。目前，全国集装箱铁水联运量约 200 万标准箱，仅占港口集装箱 1% 左右（孙相军等，2016）。2014 年国务院印发的《关于促进海运业健康发展的若干意见》明确提出大力发展"铁水联运"和"江海联运"作为我国海运业未来发展的重点任务之一。

2. 内陆港

内陆港也称为无水港，是指建立在内陆地区，依托信息对接和多式联运支持，具有包括报关、报检、签发提单等内容的口岸监管、港口服务综合功能的物流中心。在"无水港"内一般设有海关、出入境检验检疫等口岸，为客户通关提供服务；设置有货代、船代、船公司的分支结构，以便收货、还箱、签发当地为起运港或终点港的多式联运提单，内陆进出口商则可以在当地完成订舱、报关、检验等手续，将货物直接交给货代或船公司。集装箱铁水联运项目需要依托内陆港口支撑。

近年来，我国沿海港口纷纷在内地建立了陆运码头"内陆港"，深圳港至长沙和重庆，厦门港至南昌，宁波港至九江、武汉和襄阳，大连港至牡丹江等。我国正处于构建综合交通运输体系的关键时期，多式联运问题备受各界关注，应从制度保障、基础设施、标准规范、信息平台、运输市场等方面，完善制度设计，出台支持政策，推动我国综合交通联运健康、有序发展。

（七）综合运输体系与经济发展的关系

2014 年东部地区人口 5.2 亿人，占全国人口的 38.2%，GDP 总量 35 万亿元，占全国的 51.2%，人均 GDP 产值达到 6.7 万元，而铁路营业里程、公路营业里程和高速公路营业里程分别为 24806 千米、1076124 千米和 32079 千米，分别占全国的 24%、24.7% 和 30.7%。旅客和货物周转量 7790 亿人千米和 71014.5 亿吨千米，分别占全国的 35.5% 和 48.5%。通过对 2003～2014 年社会经济数据与交通运输数据的相关分析发现，总人口与铁路营业里程相关性达到 0.93，与高速公路的相关性达到 0.8；GDP 与公路和高速公路里程的相关性达到 0.847 和 0.996，与旅客周转量和货物周转量的相关性也达到 0.824 和 0.916。这表明，客货运输总量与经济发展存在较为紧密的关系。

二、综合交通枢纽分布及其客流量变化

1. 综合交通枢纽现状

运输枢纽在综合运输网络中占有十分重要的地位，它是多种运输方式干线的交叉与衔接之处。根据全国性综合交通枢纽的基本定位，规划确定了全国性综合交通枢纽（节点城市）42 个，具体是北京、天津、哈尔滨、长春、沈阳、大连、石家庄、秦皇岛、唐山、青岛、济南、上海、南京、连云港、徐州、合肥、杭州、宁波、福州、厦门、广州、深圳、湛江、海口、太原、大同、郑州、武汉、长沙、南昌、重庆、成都、昆明、贵阳、南宁、西安、兰州、乌鲁木齐、呼和浩特、银川、西宁、拉萨，其中东部地区综合交通枢纽 19 个。2014 年，东部地区火车站旅客发送量超过千万人的站点有 15 家（见图 12－19），其中北京西站 5082 万人、北京站 3469 万人、北京南站 3474 万人、广州站 2898 万人、天津站 2693 万人、苏州站 2090 万人、南京站 2076 万人、杭州站 1653 万人、济南 1704 万人。并且，东部地区主要的中心城市发出与到达车次数量高，包括北京、天津、上海、南京、广州、深圳，它们成为东部地区重要的交通枢纽城市（王海江等，2015）。

在公路客货运输中，东部省份中心城市成为公路运输的枢纽城市，发车频次高（陈伟等，2015），东部重要的物流中心包括：以北京、天津为中心的华北物流区域，以济南和青岛为中心的山东物流区域，以上海、南京、杭州、宁波为中心的长江三角洲物流区域，以厦门为中心的东南沿海物流区域，以广州、深圳为中心的珠江三角洲物流区域。19 个综合交通枢纽城市不仅作为铁路交通

枢纽，而且也是公路运输、航空运输和水路运输的枢纽。综合交通枢纽的各种交通方式间的协调性较好，衔接紧密，交通枢纽朝着无缝衔接和零距离换乘的综合化大型综合交通枢纽的方向发展。其中，北京、上海、天津、广州、深圳等城市处于交通枢纽系统化阶段，与其他周边城市共同构成了高—中—低的交通枢纽网络体系，高速铁路客流在空间上呈现出"轴—辐"结构形态。事实上，除了以这些枢纽城市为目的地外，还有一些旅客和客流需要通过枢纽进入到其他城市。

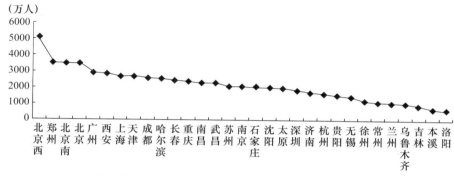

图12－19　2014年我国主要铁路站点旅客发送量比较分析

2. 铁路客运交通枢纽

图12－20显示，北京站在1988～2002年旅客发送量基本稳定在2000万人次以上，2003年由于重症急性呼吸综合征（"非典"）跌破2000万人次，在2003年以后持续增长达到2014年的3500万人次左右。1998～1996年北京南站基本稳定在700万人次，以后持续下降到2006年的110万人次左右。2008年改建后北京南站快速旅客发送量快速增长，由400万人次飙升到2014年的3500万人次。

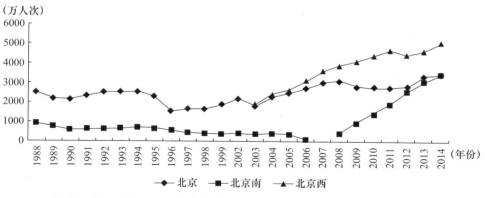

图12－20　1988～2014年东部主要城市火车站点的旅客发送量变化分析

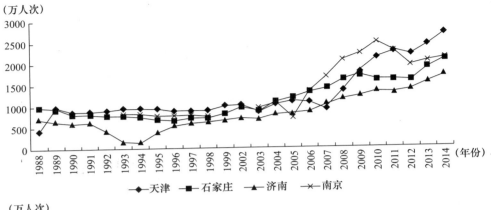

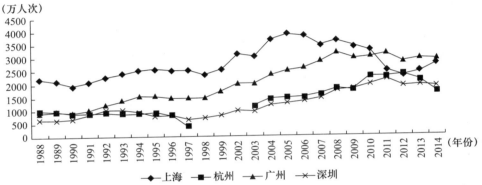

图 12 - 20　1988～2014 年东部主要城市火车站点的旅客发送量变化分析（续）

　　济南在 1993～1994 年旅客发送量有大幅下降，天津、石家庄、济南与南京站在 1988～2003 年旅客发送量较为平稳，2004 年以后，四个城市火车站均经历了不同幅度的快速增长，其中，南京由 1000 万人次达到 2500 万人次，天津由 1000 万人次增长到 2700 万人次，石家庄由 1000 万次达到 2000 万人次，而济南则由 700 万人次增长到 1700 万人次。

　　1988～2014 年上海、杭州、广州和深圳四个一线城市火车站旅客发送量变化趋势并不一致，上海在 1988～2000 年发送量较为平稳，稳定在 2500 万人次，而在 2000～2006 年则快速增至 3900 万人次，随后 2006～2014 年则跌至 2500 万人次，主要是由其他高铁动车站的分流导致上海站旅客发送量的减少。

　　广州站 1990～1995 年由 1000 万人次增至 1500 万人次，稳定到 1998 年后又持续快速增长到 2008 年的 3100 万人次，随后则一直稳定在 3000 万人次的规模。深圳站 1997～2011 年由 700 万人次增至 2000 万人次。1997～2012 年杭州站经历快速增长，由 1000 万人次增至 2300 万人次，随后由于杭州东站的开通，发送旅客下降至 2014 年的 1600 万人次。

综上所述，20 世纪 90 年代铁路枢纽旅客发送量较为稳定，2003 年以后东部大多数中心城市火车站旅客发送量经历了持续急剧增长过程，其中伴随着城市化步伐的不断加快，大量的乡村人口与中小城镇人口向城市或中心城市迁移，中心城市人口快速增长，导致 2000 年以后中心城市客流急速增长。

第二节　综合交通运输体系的时空演变

综合运输体系是在各种运输方式发展的基础上，按照技术经济特点，组成分工协作、有机结合、连接贯通、布局合理的交通运输综合系统。改革开放以来，大多数交通通道由过去一种单一运输方式干线向两种以上运输方式干线发展，在主要交流方向上为不同的运输需求提供多种选择，或运价低廉，或快速便捷。目前，物流公司已经组织多种交通方式的联合运输方式推动多种交通方式的一体化建设进程。

20 世纪 80 年代以来，我国进入了全国建设综合运输体系阶段，大力发展各种交通方式是交通发展战略的核心。运输通道是联结不同区域的一种或多种运输干线的组合，是交通运输网骨干，承担着区际客货交流的大部分或全部运输任务，在长期的运输网络布局中逐步构建了东部沿海、沿长江、京沪、京广客货运输大通道和南北能源运输大通道，形成了围绕环渤海、长江三角洲、东南沿海、珠江三角洲和西南沿海地区五大港口群体，以北京、上海、广州等枢纽机场为中心的机场体系，承担了我国客货运输的主要任务。

根据《综合交通网中长期发展规划（2007－2020）》，提出"五纵五横"综合运输大通道。"五纵"综合运输大通道，即南北沿海运输大通道、京沪运输大通道、满洲里至港澳台运输大通道、包头至广州运输大通道、临河至防城港运输大通道。"五横"综合运输大通道，即西北北部出海运输大通道、青岛至拉萨运输大通道、陆桥运输大通道、沿江运输大通道、上海至瑞丽运输大通道。

《国民经济和社会发展第十三个五年规划纲要（草案）》提出要坚持网络化布局、智能化管理、一体化服务、绿色化发展，建设国内国际通道连通、区域城乡覆盖广泛、枢纽节点功能完善、运输服务一体高效的综合交通运输体系。

一、东部地区客货运通道时空演变特征

（一）跨区域交通主干通道

跨区域交通主干道，由最初的国省道路、传统铁路、沿海与内陆港口构成，随着我国经济快速发展，高速公路和高速铁路逐渐成为该通道的主体框架的重要内容，并且推动交通通道运输效率不断提升。多种交通网络构成东部地区重要的交通通道，这些通道具有不同的类型和功能，包括商务通道、旅游通道、能源通道和其他货物通道。

1. 东部地区南北向运输通道

（1）沿海复合型交通运输通道，多种交通方式组合条件优越，各种运输方式衔接通畅，便于多式联运。

该通道北起黑河，经哈尔滨、长春、沈阳、大连、烟台、青岛、连云港、上海、宁波、温州、福州、厦门、汕头、广州、深圳、湛江、海口，南至三亚，此外，还包括北京至沈阳进出关通道。沿海大通道由贯穿南北的铁路、公路、民航航路、部分陆上油气管线和沿海主要港口间航线组成，形成沟通沿海南北的综合运输走廊。沿海大通道通过黑河口岸与俄罗斯铁路和公路网连接，通过大连、青岛、上海、宁波、厦门、广州、深圳、湛江等沿海港口与国际海上运输网络连接，并以上海、广州枢纽机场为节点，与国际航线网络相衔接。

沿海大通道主要交通设施中，沿海国道包括 102、205、204、206、104、320、329、324、325、223、225 等国道；G15 沈海高速公路，即沈阳—海口国家高速公路，简称"沈海高速"，全长 3710 千米。除渤海湾海底隧道、琼州海峡海底隧道尚未开工建设外，沈海高速公路于 2010 年 12 月全线通车，目前已经是沿海重要的客货快速运输通道，沟通沿线中心城市。

根据《2016 - 2020 年铁路中长期规划》，全国沿海将规划建设大连到北海的沿海通道，连接东部沿海地区，贯通京津冀、辽中南、山东半岛、东陇海、长三角、海峡西岸、珠三角、北部湾等城市群。

我国的重要港口基本分布于东部地区，上海、天津、广州、深圳的港口周边铁路、高速公路、水运、航空等交通基础设施条件完善，以海港和海港城市为中心的交通网络系统基本形成，构成了港口货物运输完整、高效的集疏运体

系。各种运输方式集聚于沿海通道，交通设施衔接通畅，便于实现客货的"零距离"换乘和"无缝"衔接，推进客货运输高效率运作。

在"一带一路"倡议的指引下，"21世纪海上丝绸之路"沿线的福州港、泉州港、湛江港、海口港、北海港等周边交通集疏运体系有望进一步完善。

（2）京沪运输大通道是我国东部重要的商务、旅游和货运通道。

北起北京，经天津、济南、徐州、蚌埠、南京，南至上海，由贯穿全线的铁路、公路、民航航路、部分水运和油气管线组成，形成沟通华北与华东、北京与上海两大国际都市直接相连的综合运输走廊。该通道主要由京沪铁路、京沪高铁、京沪高速公路以及沿线的京津和沪宁城际铁路等构成。其中，京沪铁路是我国东部地区火车客运班次强度最高的铁路干线，沿线城市之间的火车发车频次高（陈伟等，2015）。

京沪高铁开通后，京沪通道实现了客货分流，从根本上解决了京沪通道运输能力不足的状况，大幅提高了客运和货运的运输效率。京沪通道的运输能力是一年单向输送乘客8000余万人，单向货运能力1.3亿吨。2013年，京沪线铁路旅客发送量8218万人，旅客周转量582百万人千米。京沪高铁已经成为东部地区重要的商务和旅游通道，促进了沿线区域商务服务业和旅游业的快速发展。

京沪高速公路G2 1999年全线贯通，1261.99千米，起点在中国北京，途经河北、天津、山东、江苏，终点为上海。此外，京沪通道沿线有短程的京津城际、沪宁城际等城际铁路。

京沪通道以北京、上海航空枢纽为节点衔接国际航线网络，上海国际航运中心承担国际海上运输中转功能，沿线分布着天津、济南、南京、苏州、无锡等经济发达的城市，使京沪通道成为我国重要的旅游通道和商务通道。京沪通道沿线不仅集聚了东部地区丰富的旅游资源，而且沿线中心城市商务客流量相对较高。

2. 东部地区东西向运输通道

（1）沿江运输大通道（东部段）是长三角城市群的主要通道之一。长江被称为"黄金水道"，东起上海，沿长江经南京、芜湖、九江、岳阳、武汉、重庆，西至成都，它不仅是我国重要的大宗货物通道，而且也是我国重要的能源通道和能源生命线之一。该通道由长江航道和铁路、公路、民航航路和油气管线组成，形成了以长江航运干线为主、沟通东中西地区的运输走廊。

2014年发布的《长江经济带综合立体交通走廊规划》指出，要把长江黄金水道作为重要依托，抓好航道畅通、水陆联运、江河联运、枢纽互通、江海联运、关检直通，高起点、高水平建设综合立体交通走廊，实现畅通的长江航运、高效的铁路网络、便捷的公路网络、发达的航空网络。铁路网络包括沪昆和沿江铁路，公路网络包括沪蓉、沪渝、沪昆、杭瑞高速公路。

东部地区通道以上海港和南京港为枢纽，与国际海上运输网络连接，是长江通道与沿海通道的重要的过渡走廊。东部段从南京直到上海，该段以沿江高速公路、国省公路、高速铁路、城际铁路以及跨省市轨道交通组成该段交通基础设施网络。该通道由于贯穿了我国经济最发达的长三角城市群，因此增强了沿线城市之间的经济社会联系。

（2）上海至瑞丽运输大通道（东部段）。该通道东起上海和宁波，经杭州、南昌、长沙、贵阳、昆明，西至瑞丽口岸，由贯穿全线的铁路、公路、民航航路和部分油气管线组成运输走廊，以上海港和宁波港为枢纽与国际海上运输网络衔接，以瑞丽口岸与东南亚路网连接。东段以沪杭—浙赣线引入江西，是长三角城市群另一个主要交通通道。

（3）青岛至拉萨通道（胶济线）。胶济客运专线铁路旅客发送量 3113 万人，旅客周转量 118 百万人千米。2008 年胶济客运专线通车，实现了铁路运输的客货分离，提高了客货运输效率。

（4）北部出海运输通道是重要的能源通道。东部地区煤炭通道：山西和内蒙古作为我国重要的煤炭基地，每年向其他各省份输出大量的煤炭资源，主要依托铁路运输与水陆运输，这种供需状况形成了煤炭运输的"北煤南运、西煤东运"的格局。2013 年铁路行政区域煤炭交流数据显示，山西 5.9 亿吨煤中有 3.7 亿吨到了河北，0.76 亿吨到了山东。内蒙古 3.4 亿吨煤中有 0.94 亿吨到了河北。这种跨地区交流格局反映了我国重要的煤炭通道分布。山西煤炭能源通道主要包括：大同—秦皇岛铁路、神黄铁路、石太铁路和京原铁路。

大秦铁路是我国西煤东运的主干通道，2016 年大秦线累计完成货物运输量 3.5 亿吨。煤炭是水运主要商品。水运包括海运、江运（长江）和河运（大运河）。水运山西煤炭只是铁路运送晋煤的继续。山西煤炭水运的主要途径：一是海运，山西煤炭海运的沿海港口主要是秦皇岛港、天津港、青岛港、连云港港、日照石臼港和广东湛江港等；二是江运，江运的主要港口为南京蒲口港、芜湖港、武汉港和枝城港。因而，大秦铁路将晋煤运输到东部港口，然后经东部港口进入到南方各省份。

（5）陆桥运输大通道（东部段）。部段为东陇海线，由徐州至连云港，该段主要由陇海铁路东段、G30 高速公路及国省公路构成，沿线分布着连云港与徐州等中心城市，它是我国欧亚大陆桥的起始段，同时也是东部地区对接丝绸之路经济带重要的通道。随着我国丝绸之路经济带沿线城市日新月异的发展，东陇海线必将迸发无限的潜力。2013 年以来，运营的中欧班列东部多条线路从该通道中转向西经阿拉山口进入欧洲。

（二）重大交通工程建设增强城市群内部经济社会联系

近年来，我国快速工业化与城市化推动区域交通基础设施建设步伐加快，区域交通设施日趋大型化、高速化与公交化，并成为各地投资的热点工程。2000 年以后我国交通运输投资额急剧上升，高速公路网、铁路客运专线、航空干线体系快速形成，长大干线建设成就巨大，然而出现了交通网络过度扩张的现象（陆大道，2012）。

2000 年以来，伴随着我国交通工程技术的不断飞跃，苏通大桥、杭州湾跨海大桥通车，粤港跨海大桥、青岛跨海大桥开工，它们的建设减少了城市与区域之间的通达时间，增强了地区间的社会经济联系。杭州湾跨海大桥于 2003 年 11 月 4 日开工建设，2008 年 5 月建成通车，桥全长 36 千米。苏通长江大桥全长 34.2 千米，2008 年 6 月建成通车。青岛海湾大桥路线全长 28.047 千米，其中海上段长度 25.171 千米，2011 年 6 月正式通车。目前在建的交通工程包括港珠澳大桥工程与大连—烟台海底隧道工程，重大交通工程减少了城市之间的时间成本，增强了市群内部经济社会联系。

（三）铁路客货运输通道的空间格局

全国重要的铁路货运通道包括京广、新石、京沪、浙赣、陇海和黎湛线等，而单位里程发送量最多的则有京沪、京包、大秦、新石线、石太线，集中于北方地区，主要以煤炭等大宗物资运输为主。东部地区的北京、上海、广州、青岛、日照与连云港是这些铁路通道的主要起始点。

我国重要的铁路客运通道均经过东部地区，包括京广、京九、京沪、陇海、胶济以及沪杭—浙赣线，它们不仅发送旅客数量多，而且单位里程发送量也多，构成全国重要的铁路客运大动脉。相关研究表明，京沪、京广、徐兰、沪杭—浙赣线铁路沿线发车频次高，它们是较为繁忙的铁路干线（陈伟等，2015）。

二、东部地区铁路货运特征

1. 省（市）间货物交流规模大小总体遵循距离衰减规律，腹地对货物规模影响突出，具有一定的区域指向性

图 12 - 21 显示，按货物重量，海南 94% 和福建 72% 的货物在本省；北京 62% 的货物输向北京、河北、内蒙古、山西、辽宁、河南。天津则有 82% 的货物输送至天津、河北、内蒙古、山西。广西 79% 的货物输送到广西、云南、贵州、湖南、四川，主要方向是西北。广东 82% 的货物到湖南、广东、广西、贵州、云南、四川。山东 81% 的货物到山东、山西、河南、河北、陕西，主要方向是西部。浙江 77% 的货物在浙江、江西和福建，主要是向西部和南部。江苏 56% 在河南、山西、陕西和安徽，主要方向是西北。这反映出区域之间货物交流规模遵循距离衰减规律。本省货物占其交流比重较低的省份为上海（0.7%）、江苏（4.5%）、北京（5.6%）、天津（12.3%），说明这些省（市）货物以外省为主要市场，对省外市场依赖性强，尤其是对邻近省份的依赖性强。

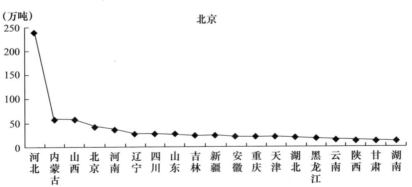

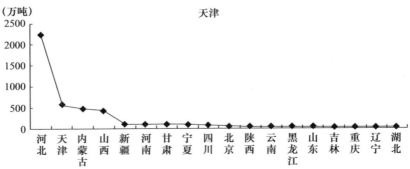

图 12 - 21   2014 年东部省（市）发送其他省份货运量分析

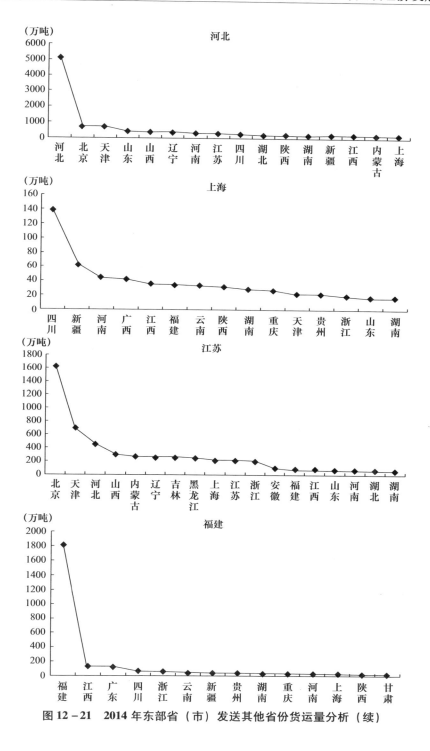

图 12-21 2014 年东部省（市）发送其他省份货运量分析（续）

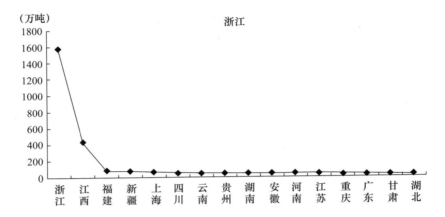

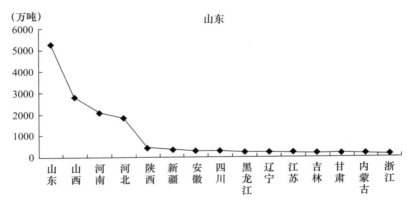

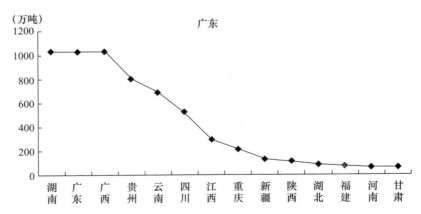

图 12-21　2014 年东部省（市）发送其他省份货运量分析（续）

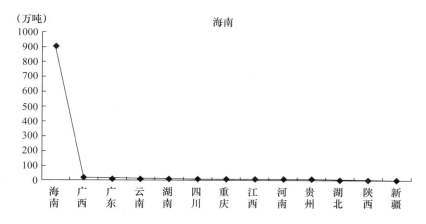

图 12 – 21　2014 年东部省（市）发送其他省份货运量分析（续）

注：不包括煤炭。

2. 少数省（市）货物交流存在着较明显的反距离衰减规律特征

上海交流货物最多的省份分别为四川、新疆、河南、广西，占 42%。对外货物比重越高，显示该省份对省际道路的依赖性也就越强。

三、东部地区高速公路客货流量特征

（一）客车流量

2016 年 10 月，高速公路客车流量 45561 万辆次。其中，东、中、西部地区分别为 21529 万辆次、11656 万辆次、12376 万辆次，东部地区占 47.2%。2016 年 1～10 月，高速公路客车流量 392676 万辆次，同比增长 15.9%。其中，东、中、西部地区分别为 183255 万辆次、99840 万辆次、109581 万辆次，分别增长 12.7%、15.5%、22.3%。七座及以下小客车流量 372052 万辆次，增长 17.1%。

（二）货车流量

2016 年 10 月，全国高速公路货车流量 14440 万辆次，同比增长 22.0%。其中，东、中、西部地区分别为 7415 万辆次、3894 万辆次、3131 万辆次，分别增长 21.9%、27.6%、16.1%。1～10 月，高速公路货车流量 120868 万辆次，同比增长 12.0%。其中，东、中、西部地区分别为 62015 万辆次、31180 万辆次、27673 万辆次，分别增长 11.2%、15.4%、10%。

（三）货车车流空间分布格局

根据高德地图与交通运输部综合交通运输大数据应用中心发布的《全国高速公路货运特征分析》整理计算结果（见图12-22）可知，2016年26个省份高速公路货车流量约为15亿辆次，年日均货车流量493万辆，广东、河北、浙江、江苏、山东排名前五位，它们合计占到50%，广东货车流量远高于河北，接近日均80万辆。

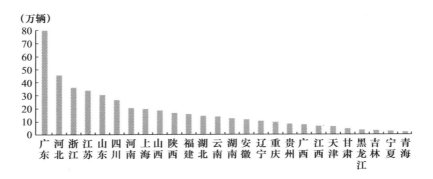

图 12-22　2016 年全国 26 个省份高速公路日均货运流量分析

四、东部地区客运通道的时空演变特征

在东部地区的铁路干线，旅客发送量与旅客周转量高的铁路主干线有京广线、京沪线、京九线、京广高速铁路、杭深线、胶济客运专线、京津城际。

（一）传统铁路线路客流变化差异较大

1. 京沪线客流量 2000 年以后呈波状变化

京沪铁路是东部地区最繁忙的铁路干线之一，它连接我国两大重要城市群，客流量1990~2003年一直维持在9000万人左右的规模，但从2004年起，客流量持续攀升，到2009年达到14000万人，然后开始下降，到2014年回落到8000万人的规模，后期客流由于京津城际、沪宁城际和京沪高铁的相继开通，传统铁路客流分流加速京沪铁路沿线客流大规模减少。以京沪高铁为例，京沪高铁开通之后，京沪普通铁路客运已经由2008年14527万人降至2014年8218万人（见图12-23），我国高铁开通后，中心城市间的普通铁路线路客流量大幅缩减。

图 12 – 23　1990 ~ 2014 年京沪铁路客运量分析

2. 陇海线 2000 年以后逐年递增

如图 12 – 24 所示，1990 ~ 1999 年旅客发送量基本保持在 4000 万人次，而自 2002 年以后，客流量逐年递增，由 2002 年的 4800 万人次上扬到 2014 年的 10000 多万人次。

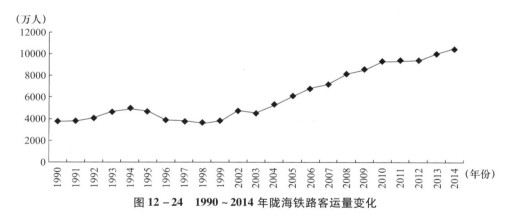

图 12 – 24　1990 ~ 2014 年陇海铁路客运量变化

（二）高铁客运专线客运量逐年递增

2008 年以来，快速发展的高铁客运专线客运量逐年递增，京津城际由 2009 年的 1641 万人次增至 2013 年的 2462 万人次，沪深客运专线则由 2010 年的 2089 万人次增至 2013 年的 5838 万人次，胶济客运专线由 2009 年的 2122 万人次增至 2013 年的 3113 万人次，京沪高铁则由 2011 年的 2445 万人次增至 2014 年的 10588 万人次。图 12 – 25 的数据表明，高铁客运专线目前依然为客流成长型铁路通道。

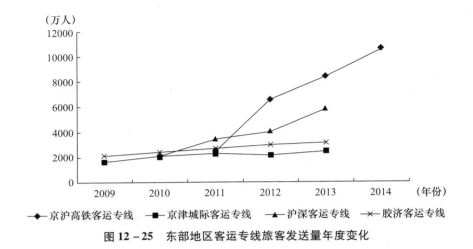

图 12 - 25 东部地区客运专线旅客发送量年度变化

第三节 高速铁路与城市发展

2008~2015 年我国高速铁路经历了快速建设发展阶段，高铁营业里程由 672 千米猛增到 1.98 万千米，高铁客运量从 734 万人次增长到 9.6 亿人次，2015 年高铁营业里程占全国铁路营业里程的 14.1%（见图 12 - 26），客流量占全国铁路客运量的 37.9%（见图 12 - 27）。2016 年 7 月国家发布了"八纵八横"高速铁路网的《中长期铁路网规划（2016 - 2030 年）》，未来高铁线路加密，覆盖城市数量仍将大幅增加。

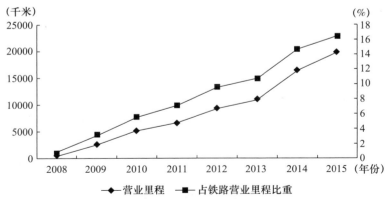

图 12 - 26 全国高速铁路营业里程及其占全国铁路里程变化分析

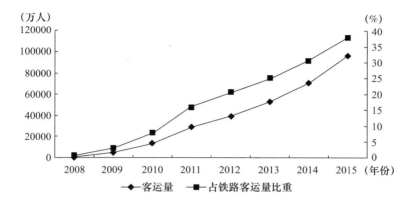

图 12 – 27 全国高速铁路客运量及其占铁路客运量比重变化分析

一、我国高速铁路发展现状

(一) 发展现状

高速铁路根据我国《高速铁路设计规范》被定义为："新建设计开行 250 千米/小时（含预留）及以上动车组列车，初期运营速度不小于 200 千米/小时的客运专线铁路。" 2008 年 "四纵四横"，2016 年国家发改委发布《中长期铁路网规划（2016 – 2030 年)》（以下简称《规划》）"八纵八横"，截至 2016 年 9 月，全国高铁 2 万千米，占世界 60% 以上，G 列车 1929 条，D 列车 1781 条。高铁网络逐渐加密，根据《规划》到 2020 年高速铁路将达到 3 万千米，覆盖 80% 以上的大城市，在高铁网络中的城市成为了名副其实的高速网络城市。

(二) 高速铁路建设意义与国外经验教训

1. 高速铁路建设意义

高速铁路显著提高了乘客在城际之间出行的机动性，并且发车频率与可靠性高，降低了社会成本。

（1）节省大量乘客的时间成本，并且诱发更多交通出行。

（2）缓解大城市之间的公路交通拥堵，减少公路通勤者时间。

（3）为释放货运能力创造有利条件，提高铁路货运和公路货运的运输效率。

（4）缓解传统铁路客货运输通道压力，实现客货分离。

（5）降低公路交通安全事件所产生的成本。

（6）降低飞机和汽车尾气带来的空气污染，降低碳排放，提高城市和乡村环境质量，有助于环境保护。

（7）降低航空和汽车使用频次，从而减少对石油的依赖性，负面影响则是产生对大量电能的依赖。

2. 其他国家及地区高速铁路研究经验

高速铁路的优势距离经常被认为是在200千米（100英里）以上、700千米（500英里）以下。200千米以下，汽车较有优势，而在700千米以上，航空优势更为突出，通过测算目前我国高铁平均运距为400千米左右。

日本、法国、德国、西班牙、韩国高铁发展经验显示，高铁运营不仅导致其他交通方式乘客转向高铁，而且会诱发更多新的客流。1975年日本Shinkansen三洋线55%的客流来自其他传统铁路，23%来自航空，16%来自公路交通，而且诱发6%的新客流。法国TGV的大多数转移客流来自航空。西班牙高铁在增加客流方面取得巨大成功，航空在AVE高铁运营两年以后，客流减少了60%，国内航空市场份额由25.1%下降到2.8%，传统铁路市场份额由14.2%下降到2.8%，在AVE转移客流中，32%来自航空，25%来自汽车，并诱发了26%的新客流。韩国KTX开通后，远距离汽车客运减少20%~30%，短距离交通增加20%。

中国台湾地区高铁经验显著，高铁的商务出行约占40%，旅游出行占30%，走亲访友占22%，诱发客流占8%。高铁开通后对中远程城际的航空客流运输冲击较大，开通前，台北到高雄的航空客流占比达到28.7%，开通后则下降到4%，大巴则由35%下降到22%，高铁客流占比达到49%。

二、东部地区高速铁路网络演变与分布特征

2014年东部地区开通高速铁路里程5556.4千米，占全国高速公路里程的50.3%，东部省（市）通车里程数普遍较高。东部地区经济发达，人均收入水平高，高铁客流量巨大。其中，河北、江苏、广东均在750千米以上。当前我国高速铁路主要包括高速铁路、动车组和城际列车三种类型。

（一）东部地区开通高铁的空间分布特点

1. 东部地区高铁站点的发车与到车频次高，反映线路客流量巨大

东部地区主要的高铁干线为京沪高铁和杭深高铁，几乎贯穿整个东部地区的重要城市，东部地区城市开通的高铁发车频次普遍较高，线路客流量巨大且

逐年递增。高铁的发车频次与到达车次数量总体能反映高铁客流情况，到 2016 年底，我国开通高铁站点 704 个，其中东部地区 280 个，占 39.7%。从发车频次看，发车频次在 200 以上的 14 个城市中，除武汉外，其余均为东部城市，东部地区高铁站点发车频次总数占全国的 54.4%。从到达车次看，在 200 以上的 19 个城市中，除郑州与武汉，其余均为东部城市，东部地区到达车次数量占全国的 54.3%。长三角与珠三角地区高铁沿线城市发车与到车频次普遍较高，并且高发车频次的站点密集。

2. 东部地区出行以商务出行为主，出行者以管理者、商人和技术人员为主

相关研究发现（龙茂乾、孟晓晨，2016；Wang et al.，2013），京沪高铁商务出行占 54%，其次为探亲客流，占 23%，旅游占 14%，其他占 9%。东部地区高铁的出行者以管理者、商人和技术人员为主，这表明商务出行是京沪高铁出行的主要目的。

3. 城际高铁带来的同城化现象已经普遍出现在东部地区城市群

高铁拉近了城市之间的时间距离，这促使城市群的核心城市与次要城市之间关系趋于紧密。高铁与高房价使北京、上海、深圳等一线城市周边出现更多的"卧城"，包括北京周边的廊坊，上海周边的昆山、嘉兴等，深圳周边的东莞等。

4. 高铁票价是制约其他交通方式转向高铁的重要瓶颈

"被高铁"现象存在，一些收入普通甚至较低的、对票价敏感的旅客或者对时间要求不高的旅客不得不乘坐高铁出行，承受比较高的高铁票价。这主要由于铁道部门停开了部分更经济的传统列车，迫使部分中低收入乘客选择票价更高的高铁出行。在北京到上海的铁路线中，只有两车次普通列车，其他 38 条均为高铁动车线路。

5. 中心城市高铁站点与机场、城市中心区的换乘愈加便捷

在北京、上海、南京、广州、深圳等中心城市，高铁站点与机场、市中心区通过城际或城市内部轨道交通相连接，它们之间的换乘变得日益便捷，延续了高铁带来的快捷效应，解决"最后一千米"问题。

6. 东部地区城市群内部高铁班次数量多，城市间联系强度高，班次数随着向城市群外缘逐渐减少

考虑城市间高铁客流统计难度，故采用高铁（包含城际和动车）班次数据

替代客流量,高铁城市间的班次数据是铁路部门对高铁客流统计分析做出的班次调整反馈结果,所以高铁班次数据能够体现客流量。表12-2分析表明,高铁城市之间的班车次数受制于城市之间的高铁时间距离与城市吸引力水平双重影响。

表12-2 中心城市与周边城市高铁班次分析

京津冀			长三角			珠三角		
起点	到达	班次	起点	到达	班次	起点	到达	班次
北京	天津	131	上海	南京	210	广州	深圳	190
北京	石家庄	87	上海	苏州	174	广州	东莞	82
北京	保定	51	上海	无锡	167	广州	中山	63
北京	徐州	47	上海	常州	144	广州	惠州	13
北京	沧州	30	上海	杭州	134	广州	江门	50
北京	唐山	27	上海	镇江	110	广州	肇庆	69
北京	秦皇岛	22	上海	昆山	103	—	—	—
—	—	—	上海	嘉兴	98			

东部城市群内部线路班次数量多,长三角与珠三角城市间的班次尤其密集(见表12-2)。其中,惠州与东莞内部站点之间的城际高铁次数达到500次以上,广州到深圳190次,北京到天津131次,上海到南京210次,发车次数基本达到10分钟一趟,实现了高铁公交化。利用空间相互作用模型测算部分高铁城市之间的相互作用值,并将其与城市间高铁城际与动车班车次数做相关分析,结果显示,两者之间相关性为0.58,为中高程度相关。北京、上海、广州等与周边城市高铁班次密集,其中,上海与长三角内的班次最为密集,班次数量说明高铁城市间的经济社会联系强度,南京与上海的联系程度远高于合肥、徐州等城市。

7. 高铁客流集中于城市群地区,客流量随着到中心城市距离增加而不断减少

高铁班次数据能反映高铁客流空间分布的基本格局。东部地区主要高铁线路班次表明,京津冀、长三角地区、珠三角地区、福建—厦门线,班次在100次以上,该地区是高铁客流量最高的区域。其次是京沪、京广北京至郑州段和长沙至广州段的高铁线客流量,班次在80次以上。其中,广州至长沙、北京至

济南等线路达到 110 次以上，跨地区则主要分布于京沪与京广线，并且具有方向性。

通过对上海、北京、天津、南京、杭州、广州、深圳等城市 4 小时内高铁班次统计分析发现（见表 12 – 3），1 小时内的大多数中心城市高铁班次占该城市所有班次的 30% 以上，2 小时在 50% 以上，3 小时在 70% 以上，4 小时在 80% 以上，说明高铁客流主要集中于中心城市的 4 小时高铁行程范围内的其他城市，大约出行距离在 1000 千米以内。

表 12 – 3　东部中心城市 4 小时内高铁发车与到达班次占比分析　　单位:%

城市	出发站点				到达站点			
	1 小时	2 小时	3 小时	4 小时	1 小时	2 小时	3 小时	4 小时
上海市	32.99	57.75	76.04	84.67	32.19	57.32	75.07	84.42
南京市	38.39	68.89	80.49	90	37.40	68.59	81.23	90.94
杭州市	39.05	68.96	80.31	88.17	37.91	67.46	79.41	87.96
广州市	48.71	62.59	77.97	87.18	48.85	62.8	77.42	87.17
天津市	33.83	52.02	70.94	86.37	32.16	51.01	69.98	85.64
北京市	15.94	36.41	59.25	75.8	16.61	34.04	56.92	74.68
深圳市	42.89	60.44	71.94	81.07	44.44	60.35	71.82	80.6
济南市	18.74	53.47	71.41	89.87	20.77	55.16	72.62	90.54
苏州市	49.95	67.31	80.75	86.83	45.37	63.33	77.54	85.53
厦门市	25.66	51.74	68.44	80.71	24.42	48.37	66.39	80.56
福州市	29.91	59.14	75.54	90.05	29.59	59.49	75.56	90.46

（二）东部地区高铁网络演变过程

1. 高铁实现由线到网络的发展过程

自 2008 年我国京津城际高铁通车运营以来，跨区域的京沪高铁、京广高铁、郑徐客运、京沪、胶济、杭深客运专线相继开通运营。这些高铁线路在最初的干线延伸发展，已经形成了高铁空间网络格局。多个高铁干线的互联互通形成了高铁网络叠加多个高铁干线的"时空收敛"效应。

2. 我国东部区域高铁网络空间演变

（1）初期，为分散廊道型（金凤君等，2015），高铁建设初期在少数中心城市间建立城际客运专线，京津城际、京沪高铁、沪宁城际、胶济城际等属于这种类型。2008 年 8 月京津城际铁路通车运营，2008 年 4 月合宁高铁通车，2008 年 12 月胶济高铁通车，2010 年 7 月与 10 月沪宁城际与沪杭城际相续通车，2010 年 12 月海南东环高铁通车，2011 年广珠城际通车，2011 年 6 月京沪高铁运营通车，2012 年 12 月宁杭城际通车，2013 年杭福深高铁通车运营，2013 年 5 月津秦高铁、10 月盘营客运专线通车，2015 年石济客运专线通车。

（2）中期，为星型或放射型，重要的中心城市，如北京、上海、广州等城市逐渐开通多条由此地首发的多条高铁客运专线，城际客运专线其他类型高铁客运专线构成了以这些城市为重要节点的星形或放射型的高铁线路。已经建成的京沪高铁、京广高铁、京秦高铁、沪深高铁、沪杭高铁、沪宁高铁等呈现出星型或放射型，表现出轴—辐的交通网络结构。

（3）后期，为网络型，随着我国"四纵四横"高铁网络逐渐成形，网络型的东部地区高铁线路格局将会出现，这些网络均为长途和远途高铁网络。这些网络将东部地区的重要城市群紧密联系起来，包括京津冀、长三角、珠三角、山东半岛等城市群。随着"八纵八横"高铁网络继续推进，未来高铁网络将愈加密集。

三、东部地区高速铁路建设与经济发展的关系

基于县级以上高铁可达性与经济社会数据，可以探究高铁可达性对东部地区经济社会指标的影响。此外，高铁可达性是指高铁带来的陆路时间可达性收益。

（一）数据来源与研究方法

选择全国 2318 个县级以上城市，交通包括公路、高铁与普通铁路出行，数据包括公路空间网络、铁路时刻表数据与社会经济数据。公路网络数据包括高速公路、一级道路、二级道路、三级道路及其他道路以及互通网络数据；铁路时刻表包括普通铁路、城际铁路、高速铁路与动车数据，并将时刻表数据空间化；提取 2318 个县级以上城市，并提取这些城市 2014 年与 2008 年的社会经济数据。

利用 GIS 空间分析平台，建立铁路时刻表数据与公路网络数据集成的综合交通可达性测算模型。根据《中华人民共和国公路工程技术标准》规定的道路

设计速度，结合区域实际情况，确定各类道路时速，铁路时速根据时刻表来确定，其中渡轮 20 千米/小时，高速公路 100 千米/小时，它的互通连接 50 千米/小时。一级道路 80 千米/小时，一级道路互通连接 40 千米/小时；二级道路 60 千米/小时，它的互通连接 30 千米/小时；三级道路 40 千米/小时，它的互通连接 20 千米/小时；其他公路 30 千米/小时。采用 ArcGIS 软件网络分析中的 O – D 矩阵计算 2318 个城市之间的时间距离。

（二）高铁可达性指标与分析模型

1. 高铁可达性指标

（1）可达性评价指标。①日常可达性，反映某地日常覆盖的潜在商品和服务市场、商务接触机会数量和旅游市场规模；②加权时间距离，说明城市相对区位条件，反映交通设施带来的长距离影响；③潜力可达性，通过特定的时间距离与成本，某区域可以到达的经济活动总量，或者是接收经济辐射的能力，反映交通设施带来的短时间距离的影响，具体指标介绍见文献（Gutiérrez，2001）。

（2）采用有无高铁可达性的变化值作为高铁可达性评价指标。分别用 ΔD_i、ΔA_i、ΔP_i 来表示这些指标，利用高铁可达性指标与经济变化指标做回归分析探究两者是否存在关联。

（3）有无高铁交通可达性评价指标。无高铁可达性值分别为 D_i_wgt、A_i_wgt、P_i_wgt，有高铁可达性值分别为 D_i_ygt、A_i_ygt、P_i_ygt。社会经济数据选择 GDP、Invest、Employ。采用皮尔森相关分析法探讨交通可达性与经济发展水平的关联性。

2. 增长回归模型

借鉴刘海隆等（2008）的增长回归模型，得到经济社会发展与高铁可达性的增长回归方程：

$$\Delta y_i = \alpha_1 + \beta_1 y_i + \gamma_1 \Delta A_i + \varepsilon \qquad (12 - 1)$$

$$\Delta y_i = \alpha_1 + \beta_1 y_i + \gamma_2 \Delta P_i + \varepsilon \qquad (12 - 2)$$

$$\Delta y_i = \alpha_1 + \beta_1 y_i + \gamma_3 \Delta D_i + \varepsilon \qquad (12 - 3)$$

经济发展指标选取地区生产总值（GDP）、第二产业增加值（GDP_ 2）、第三产业增加值（GDP_ 3）、固定资产投资总额（Invest）、城市就业人数（Employ）等指标。为了比较高铁可达性对不同等级与不同地区的经济作用程度，选择三个可达性指标和五个经济发展指标做增长回归模型，具体包括：

Δy_i，包括 ΔGDP_i，即 i 城市 2008~2014 年地区生产总值变化量；$\Delta GDP2_i$，即 i 城市第二产业增加值的变化量；$\Delta GDP3_i$，即 i 城市第三产业增加值的变化量；$\Delta Employ_i$，即 i 城市从业人数变化值；$\Delta Invest_i$，即 i 城市固定资产投资的变化值。

y_i，包括 GDP_i_08、$GDP2_i\_08$、$GDP3_i\_08$、$Employ_i\_08$、$Invest_i\_08$，分别指 i 城市 2008 年地区生产总值、第二产业增加值、第三产业增加值、城市从业人数与固定资产投资完成额。ΔA_i、ΔP_i、ΔD_i 分别指高铁开通带来的 i 城市加权时间可达性变化值、潜力可达性变化值及人口可达性变化值。文中的东部地区指东部 10 省（市），中部地区指中部 6 省（市），西部地区指西部 12 省（市），东北地区指东北三省，长三角地区指《长江三角洲地区区域规划》中的 26 个城市。

3. Cobb – Douglas 生产函数

借鉴刘海隆等（2008），Cobb – Douglas 生产函数表达为：

$$y_{it} = \exp(\beta_0 + \beta_1 Acc_{it})k_{it}^{\beta_2} \tag{12-4}$$

对式（12-4）两边取自然对数，原方程变形为：

$$\ln y_{it} = \beta_0 + \beta_1 Acc_{ijt} + \beta_2 \ln k_{it} + \varepsilon \tag{12-5}$$

文中交通可达性指标 Acc_{it} 选择 P_i，即潜力可达性指标，文中 Acc_{it} 分别选择有无高铁可达性的交通可达性值。

其中，Y_{it} 为县（市）i 在第 t 年的 GDP，L_{it} 为县（市）i 在第 t 年的劳动力投入，K_{it} 为县（市）i 在第 t 年的固定资产投资，$y_{it} = Y_{it}/L_{it}$，$k_{it} = K_{it}/L_{it}$，ε 为随机变量。文中从业人员（Employ）、固定资产投资总额和 GDP 分别选择 2008 年和 2014 年数据。

（三）分析结果

1. 高铁可达性空间格局分析

采用分位数法，得到高铁可达性空间格局分析图。

（1）加权时间可达性分析。高变化值地区分布于东北、西北与海南、珠三角，变化值在 300 分钟以上。高变化率地区包括东北地区、京津地区、长三角、珠三角、长株潭等地区，变化率在 25% 以上。从整体上看，全国外围地区与高铁网络干线和末端城市一般获得较高收益，兰新、京哈、京沪与京广高铁两端城市均有较高的可达性收益。

（2）潜力可达性分析。高变化值地区集中于主要的高铁线路地区。高变化值地区集中于京广高铁、京沪高铁、京哈高铁、郑西高铁和沪昆高铁长沙—杭

州段的值超过 90，这些高铁网络干线区域形成高潜力变化走廊。变化率在 25%
以上区域集中于东北、京津、珠三角地区，20% 以上区域则分布于西北、东北、
东南与几条重要的高铁网络末端高铁走廊。

（3）日常可达性分析。高变化地区集中于京沪高铁、高广高铁、郑西高铁
和沪昆高铁长沙—杭州段沿线，变化值在 1500 万人以上，并且随着到这四条线
路距离增加，变化值降低，反映出高铁的"隧道效应"。高变化率集中于东部主
要高铁线路，呈岛状分布，哈大、京沪和京广高铁沿线城市都是主要受益者。
北京、大连、南昌、齐齐哈尔、廊坊、渭南、徐州、滁州、武汉、长沙、怀化、
柳州、桂林、梧州、韶关、金华、张掖、哈密等城市，变化率高于 50%。

综合来看，全国外围地区（东北地区和西北地区）、高铁干线和末端城市为
高铁可达性获益最多地区。这种收益来自于全国高铁主干网络初步形成，带来
全国尺度上的"网络末端效应""隧道效应"和"网络叠加放大效应"。一方
面，向全国外围地区延伸带来高铁网络的"末端效应"与"隧道效应"；另一方
面，高铁网络枢纽城市又叠加放大了多条高铁线路带来的效应，新高铁线路与
旧高铁线路连接，势必进一步扩大旧高铁沿线城市可达性。

2. 城市发展与高铁可达性的回归分析

根据分析模型（12-1）至模型（12-3），在 SPSS 中采用逐步回归方式。
通过逐步回归分析，剔除不显著的指标与模型，得到表 12-4。模型结果显示，
不同地区城市从高铁可达性中得到的经济收益存在梯度，局部地区获益突出。

表 12-4　不同地区经济发展与高铁可达性的回归分析

东部地区				中部地区		西部地区	
模型 1		模型 2		模型 1		模型 1	
Constant	-211431.712 ***	Constant	-28230.588 ***	Constant	-32843.059	Constant	-38616.131 ***
t	-6.218	t	-0.241	t	-0.666	t	-3.693
Employ_08	0.473 ***	GDP3_08	1.179 ***	GDP3_08	1.472 ***	Employ_08	1.445 ***
t	20.343	t	106.975	t	56.897	t	24.212
ΔP_i	240.584 ***	ΔD_i	8.055 ***	ΔD_i	4.058 **	ΔP_i	-313.444 ***
t	5.838	t	2.557	t	2.146	t	-5.174
Ad-R²	0.495	Ad-R²	0.955	Ad-R²	0.854	Ad-R²	0.385
N	568			N	577	N	953

续表

长三角地区				西部地区			
模型 1		模型 2		模型 2		模型 3	
Constant	− 133237. 056	Constant	308909. 412	Constant	− 8538. 112	Constant	− 120530. 975 ***
t	− 0. 348	t	0. 375	t	− 0. 290	t	− 5. 725
GDP3_ 08	1. 123 ***	Invest_ 08	0. 648 ***	GDP3_ 08	2. 063 ***	Employ_ 08	1. 348 ***
t	49. 101	t	9. 39	t	70. 107	t	23. 765
ΔD_i	27. 831 **	ΔD_i	67. 083 **	ΔD_i	− 7. 756 **	ΔA_i	131. 797 **
t	1. 985	t	2. 197	t	− 2. 270	t	2. 260
$Ad - R^2$	0. 95	$Ad - R^2$	0. 445	$Ad - R^2$	0. 839	$Ad - R^2$	0. 372
N	136	N	136	N	953	N	953

注：***、** 分别表示在 1%、5% 的置信水平上显著。

通过对我国东部、中部、西部、东北和长三角地区的城市回归分析（见表 12 - 4），比较发现，东部地区就业模型 ΔP_i 的系数 240.5，为正值，西部地区模型 ΔP_i 的系数 − 313.44，为负值，西部地区就业模型的 ΔA_i 系数高于全国城市，这表明高铁可达性有利于东部多数城市增加就业机会，而导致西部多数城市就业人员减少，西部地区就业人口向西部的少数中心城市或中东部地区城市转移。同时，西部地区 GDP3 模型中 ΔD_i 系数值为 − 7.75，反映了高铁可达性给西部地区城市第三产业带来的负面影响，这都显示出高铁加剧西部地区经济发展中的"虹吸效应"。东、中部地区的 GDP3 模型中的 ΔD_i 系数值分别为 8 和 4，说明高铁可达性对东部第三产业带动力度高于中部。

高铁对经济发达地区的城市群影响更为显著，长三角地区的 GDP3 和 Invest 的 ΔD_i 系数分别为 27.8 和 67.1（见表 12 - 4），远高于东部城市系数 8 和县级以上城市的 11.8，说明该地区从高铁获得的收益远高于全国平均水平。

3. 交通可达性对区域经济发展的影响分析

利用 Cobb - Douglas 生产函数把交通可达性（P_i）、固定资产投资（Invest）、从业人员（Employ）与国民经济增长（GDP）联系起来。根据式（12 - 2）分别对 2008 年与 2014 年 2280 个县（市）的数据进行处理分析，并且分区域模拟，通过回归分析，得到表 12 - 5。

表 12 - 5　不同地区交通可达性、就业与投资对 GDP 的影响模拟结果

年份	2008	2014	年份	2008	2014
地区	全国		地区	东部地区	
P_i	$-4.2E-05^*$	$2.03E-04^{**}$	P_i	$-9.22E-5^*$	$3.2E-4^{***}$
lnk	0.705^{***}	0.617^{***}	lnk	0.638^{***}	0.537^{***}
$Ad-R^2$	0.662	0.505	$Ad-R^2$	0.618	0.459
N	2280		N	568	
Moran I（P_i）	0.795	0.729	Moran I（P_i）	0.715	0.707
地区	中部地区		地区	西部地区	
P_i	$-3.8E-4^{***}$	$4.3E-4^{***}$	P_i	$-9.34E-4^{***}$	$9.23E-6$
lnk	0.726^{***}	0.728^{***}	lnk	0.715^{***}	0.658
$Ad-R^2$	0.711	0.686	$Ad-R^2$	0.693	0.538
N	577		N	953	
Moran I（P_i）	0.848	0.846	Moran I（P_i）	0.616	0.771
地区	东北地区		地区	长三角地区	
P_i	$-8.77E-4^{***}$	$5.86E-4^*$	P_i	$7.71E-4^{***}$	$1.11E-3^{***}$
lnk	0.577^{***}	0.243^{***}	lnk	0.829^{***}	0.516^{***}
$Ad-R^2$	0.564	0.134	$Ad-R^2$	0.766	0.506
N	182		N	136	
Moran I（P_i）	0.863	0.719	Moran I（P_i）	0.705	0.646

注：***、**、*分别表示在1%、5%、10%的置信水平上显著。

模型结果显示：两个时期的交通可达性与投资对 GDP 影响不同，$\beta_1 < 0$ 表示可达性削弱经济的发展，$\beta_1 > 0$ 表示可达性促进经济增长，$\beta_2 < 0$ 表示人均投资对经济增长有正面作用。2008 年全国、东部、中部、西部和东北地区的$\beta_1 < 0$，说明交通可达性对全国与局部地区的整体经济增长发挥负面作用，显示交通可达性削弱全国大多数城市经济增长。根据赫希曼的极化—涓滴效应学说与 P_i 含义，结果表明，2008 年交通可达性加剧少数发达地区城市释放的极化效应大于它的涓滴效应，生产要素向少数中心城市集聚。而 2014 年全国、东中西部地区、东北地区和长三角地区的 $\beta_1 > 0$，反映 2014 年叠加了高铁效应的交通可达性对全国、东中西部地区与长三角地区整体经济增长起到了正面积极推动作用，并且长三角地区系数最高，它显示高铁可达性促进全国大多数城市经济增长，

表明交通可达性促进全国少数经济发达的中心城市的释放涓滴效应大于它的极化效应，生产要素向更多非中心城市扩散，推动区域经济均衡发展。

Moran I 指数被广泛应用于分析经济要素空间集聚与分散。通过对比各地 2008 年和 2014 年可达性 P_i 的 Moran I 指数可以发现（见表 12 – 5），除了西部地区，其他地区均出现下降，说明西部地区高可达性城市空间日趋集中，而其他地区则趋于分散。高可达性城市分散则为区域均衡发展提供了有利条件。

对比 2008 年各地区 β_1 系数，长三角地区 > 东部地区 > 中部地区 > 东北地区 > 西部地区，显示交通可达性对不同地区的城市增长存在作用差异，表明西部地区少数中心城市极化效应更为突出，东部较弱，长三角则表现为涓滴效应。2014 年全国与各地区可达性系数均为正值，并且东中部地区、东北地区和长三角地区高于全国水平，并且在 2014 年各地区 β_1 系数中，长三角地区 > 东北地区 > 中部地区 > 东部地区 > 西部地区，表明在交通可达性作用下，经济越发达的地区中心城市涓滴效应一般越高。同时，中部地区与东北地区的交通可达性的经济带动作用强于东部地区。

4. 主要结论

从短期来看，不同地区城市从高铁可达性中得到的经济收益存在梯度，城市等级越高、东部经济越发达地区一般利用高铁可达性获得的经济收益越高。同时，高铁可达性加剧西部地区多数城市就业人口与服务业市场减少趋势，显现它强化了区域城市劳动力要素的"虹吸效应"，加剧西部多数城市人力资源与服务业市场外流，叠加了高铁效应的交通可达性，对全国整体城市经济增长起到了正面积极推动作用，促进少数中心城市释放的涓滴效应大于它的极化效应，经济越发达的地区涓滴效应越高。

本章小结

我国东部地区交通基础设施建设保证该地区经济实现长期持续较快增长。在交通运输结构中，公路在客货运输中占比高，铁路运输占客货运输比重不断下降，铁路客运近期迅猛增长。东部地区客流缓慢增长，占全国客流比重总体趋稳；货运量快速增长，但占全国货运量比重总体下降。在铁路运输中，东部地区铁路客货发送量占全国比重大，铁路运输效率高，铁路基础网络日趋完善，2014年以全国23%的铁路运输里程完成58.9%的客流量。在公路运输中，东部地区公路营业里程占全国比重低，但客货运量高，公路网络利用效率高，2014年以占全国24%的公路运输里程完成44.3%的客运量和47.7%的货运量。并且，公路可达性水平总体较高。在水路运输中，东部地区水运客货运输量占全国半壁江山，在东部地区货运量比重持续攀升。而且，东部地区内河运输进出港货物以矿建材料、煤炭和金属矿石为主。沿海港口吞吐量逐年攀升，大港口吞吐量占比高，排名前六的港口吞吐量占全部港口的44.8%，沿海港口职能分工日益明晰。在航空运输中，全国民航线路增长快，客流量增长迅猛，东部地区城市旅客与货邮吞吐量占全国比重高，分别达到53.5%和74%。

东部省（市）中心城市成为公路运输的枢纽城市，发车频次高。而在铁路客运枢纽中，2003年以后，东部主要的中心城市旅客发送量均有较迅猛的增长，这得益于我国快速城市化步伐，大量的乡村人口与中小城镇人口向城市或中心城市迁移。另外，在综合交通运输体系中，东部地区已经形成了京沪、沿江和沿海等多条复合型交通运输通道，各种运输方式衔接通畅，便于多式联运；京沪运输大通道成为东部地区重要的商务、旅游和货运通道。铁路货运通道包括京沪、京包、大秦、新石线、石太线，铁路客运通道包括京广、京九、京沪、陇海、胶济以及沪杭—浙赣线，东部地区高铁客运专线客运量逐年递增。并且，省（市）间铁路货物交流规模大小总体遵循距离衰减规律，腹地对货物规模影响突出，具有一定的区域指向性。

2008～2016年我国高速铁路网络实现了由线到网的过程，东部地区高铁站点的发车与到车频次高，高铁客流量巨大并且逐年递增，出行以商务出行为主，出行者以管理者、商人和技术人员为主；城际高铁带来的同城化现象已经普遍出现在东部地区城市群，高铁客流集中于城市群。城市群内部高铁班次数量多，城市间联系强度高，班次数向城市群外缘逐渐减少。分析表明，叠加了高铁效应的交通可达性对全国整体城市经济增长起到了一定程度的正面积极推动作用，中心城市和发达地区城市从高铁中的受益远高于中小城市。

第十三章　公共服务与区域经济发展

第一节　公共服务（设施）的区域差异

一、公共服务（设施）的内涵、分类及统计

（一）内涵

学界对基本公共服务的概念争论不休，尚未形成共识。基本公共服务概念源起于亚当·斯密提出的公共物品，随后莱昂·狄骥（1999）从公法角度定义公共服务为"任何因其与社会团结的实现与促进不可分割，而必须由政府来加以规范和控制的活动就是一项公共服务，只要它具有除非通过政府干预，否则不能得到保障的特征"。艾利诺·奥斯特罗姆（2012）认为，公共服务具有不排他性与共用性、不可分性、不可衡量性。中国学界和官方常从公共物品与公共服务的特性、样态有形还是无形、供给主体、公法四种视角对公共服务进行界定和类型划分，每种界定视角都存在缺憾。如从公共物品的基本特性来界定公共服务的方式，并不能很好地界定公共服务的外延；从样态来理解公共服务，从而区分出公共产品和公共服务的外延界限的方式，没有指出公共服务的本质特征，没能涉及公共服务的本质；从公共服务供给主体论，市场化进程强调其应该是多元化，才能共同分担公共服务的供给成本、提高供给效率；公法视角界定考虑了公共服务的公共特性、种类，但是将公共服务理解为供给主体的责任仍显不妥。显然，基本公共服务是满足全体公民最低需求的公共服务，核心强调满足非竞争性和非排他性公共产品的政府供给。

（二）分类体系

公共服务分类，既可为公共政策制定者提供参照，使各类公共服务在全社会服务结构的分布得到优化，提升公共服务的部门设置、有效供给与自身绩效评价，又可建立健全公平公正、惠及全民、水平适度、可持续发展的公共服务体系，提升居民基本生活质量。中国《国家基本公共服务体系"十二五"规划》突出"学有所教、劳有所得、病有所医、老有所养、住有所居"的要求，将基本公共服务范围分类确定为公共教育、劳动就业服务、社会保障、基本社会服务、医疗卫生、人口计生、住房保障、公共文化等。我国现行公共服务分类主要有七种标准，即公共支出领域、政府职能体系、公共服务性质、专业知识领域、公共需要内容、资本和劳动力投入比例以及消费空间范围，如表 13 – 1 所示。我国现行的公共服务分类存在如下问题：①缺乏统一的分类标准。虽然公共服务内容在研究过程中大体相同，但在界定公共服务的范围和内容时我国学界存在较大分歧，使我国目前存在的部分公共服务无法进行适当的归类。②分类缺乏系统性。已有分类难以体现和适应我国公共服务的现状和发展趋势，如养老、托儿新兴基本保障未能得到体现。③分类对公共服务标准化作用较小。现有分类一般采用"静态"方式，没有进一步思考我国公共服务和社会经济发展、不同地域的具体特点，缺乏可操作性以及存在竞争强度（王海龙，2008）。

表 13 – 1　现行公共服务分类

标准	类型	主要内容
公共支出领域	维持性公共服务	国防、外交、公共行政服务等
	经济性公共服务	投资经营国有企业与公共事业、投资公共基础设施建设、对企业经营活动进行补贴等
	社会性公共服务	教育、社会保障、公共医疗卫生、科技补贴、环境保护等
政府职能体系	主权服务	行政、司法、国家安全、财政等
	社会和文化服务	社会教育、医疗卫生、社会保障及救济等
	经济服务	电力、燃气、公共运输、公共邮政等
公共服务性质	基本公共服务	法律法规构建、公共权利维护、财政调控和金融税收、社会保险和公共福利、外交活动、行政执法、环保、公费义务教育、公费医疗保健体系等

标准	类型	主要内容
公共服务性质	混合公共服务	市政活动、电话通信、电视广播、国家邮政服务体系等
	政府管理私人部门所生产管制性公共服务	政府强制要求此类企业或组织的产品符合统一的相关标准，包括质量、卫生、环境、安全等影响公众安全的强制性标准
公共需要内容	政权性公共服务	法律修订、司法活动、行政执法、国家安全等服务
	社会性公共服务	公众就业、社会保障福利、公共教育、医疗卫生、文体活动等
	经营性公共服务	邮电、电、气、自来水与公共交通等
专业知识领域	公共工程建设	社会垃圾回收和处理、公共设施的维护和管理、供水与排污系统的建设管理等
	公共交通服务	公共道路维修和清洁、绿化树木种植、公共交通系统车站和修理站的运营及维护、机场及辅助交通的运营和维护等
	公共安全服务	警务救助、救急消防、医疗救护、拖运和存储违法车辆服务等
	人类健康和社会服务	公共疾病普查、动物疾病控制、动物救济机构的运营、儿童福利机构的运营、老年福利院运营、医疗机构的运营、特殊人群（精神病）救济站的经营等
	文化和休闲服务	公共娱乐设施的建设和维护、会展中心与会议机构的运营和维护、文艺计划的执行、图书馆和博物馆的经营维护等
	支持服务	法律咨询专业服务、路面的维护、建筑安全认证、国家税收、各类人员服务、提供各类公共信息服务等
	公共设施	电、气、水等公共设施的建设、运营及管理等服务活动
资本和劳动力投入比例	劳动密集型公共服务	该类公共服务总成本的85%以上为劳动成本
	资本密集型公共服务	该类公共服务总成本的85%以上为资本量
消费空间范围	全国性公共服务	国家安全、外交活动、中央政府行政活动、邮政通信设施、公共交通设施、全国性环保活动等
	地方性公共服务	地方政府行政活动、地方性环保活动、市政设施建设与运营等

　　结合公共服务领域并按照现有阶段"公民对公共服务的基本需求""政府供给公共服务的最小范围"的标准，构建一个"二维一体"的公共服务分类框架（见表13－2）。该框架纵向通过分析公共服务专业特性将公共服务分成了10类，框架横向以社会公众的基本需求作为起点将公共服务分为两类：基本公共服务和非基本公共服务。基本公共服务是指一定时空、社会经济发展及一定社会共识条件下，政府为了满足全社会公众直接的、具体的和基本的需求而使用公共

资源或公共权力的社会生产过程；注重社会公众基本权利的保障，如生存权和发展权，是特定社会经济发展条件下社会公众理应享受的公共服务的"最小界限"，也是部分学者所提出的"最低纲领"，有着很强烈的"均等化"，根本在于基本公共服务具有公共性、普遍性和公正公平性。非基本公共服务是指一定时空、社会经济发展和一定社会共识条件下，政府为了满足全社会公众或某一特定群体直接的、具体的和更高层次的需求而使用公共资源或公共权力的社会生产过程。非基本公共服务具有如下特点：一是此类公共服务的消费所形成的社会公益性体现得不如基本公共服务明显；二是非基本公共服务的需求人数没有基本公共服务的人数多；三是非基本公共服务对政府直接作用的需求程度一般低于基本公共服务。

表 13 - 2　现阶段中国公共服务二维动态分类框架

领域	基本公共服务	非基本公共服务
公共安全	警察服务、消防服务、自然灾害救助	涉及公众、社会安全、财务安全的法律咨询等服务，企业和社区保全服务等
公共教育	九年基础义务教育、高中教育、农民工技术培训、国防科技教育	小学学前教育、高等特殊教育、高等教育、终身制教育
医疗卫生	疾病防控服务、公共卫生保健、基本医疗服务、公共卫生突发处理	高级医疗和卫生服务、高层次保健服务
社会保障	社会救济服务、优抚工作、特定人群保障、公共就业服务、低保服务、基本社保制度、公共保障性住房服务	特定人群高层次服务
基础设施	生活能源设施、邮政和通信、公共交通设施	能源设施建设、电子网络
公共交通	市内公交车、城市间交通	出租车运营、航运服务、市内轨道交通、飞机运营
环境保护	生活垃圾的处理、污水处理、大气污染预防和治理	公共活动空间运营和维护、其他污染的防治
公共信息	政务信息供给、政务活动信息查询或咨询服务、天气气象信息、旅游服务信息、社会公众就业信息、政府对外开放服务	公众参与决策制定、构建各类公共信息获取渠道、中小企业发展信息服务
文体休闲	大众传播媒介、历史文化遗产维护、体育知识普及、公共体育设施、公共体育活动、基础公共文化设施	公共文化设施、公共文化衍生产业、竞技体育服务、公共体育衍生产业
科学技术	科技知识普及、青少年科技培训、普通性科学技术推广	基础性科学研究、前沿性科学技术推广

资料来源：李上．公共服务标准化体系及评价模型研究［D］．中国矿业大学博士学位论文，2010．

（三）统计指标与数据源

1. 统计指标

2004 年 2 月，温家宝总理在中央党校省部级主要领导干部研究班结业讲话中明确提出，公共服务就是"提供公共产品和服务，包括加强城乡公共设施建设，发展社会就业、社会保障服务和教育、科技、文化、卫生、体育等公共事业，发布信息等，为公众生活和参与经济、政治、文化等活动提供保障和创造条件"。结合我国现行公共服务分类，可将政府公共服务量化为文化教育、医疗卫生、就业和社会保障、公共安全、基础设施、环境保护、科技信息、社会管理八个要素。根据全面性与代表性相结合、系统性原则、科学有效性原则、可比性原则等指标选择原则，遴选出表 13 - 3 所示的指标作为公共服务评价指标。

表 13 - 3　公共服务统计指标

分类	统计指标	数据来源
文化教育	预算内教育经费占财政支出比重	教育部
	学校学生人均预算内公用经费	教育部
	义务教育升学率	《中国教育年鉴》
	高等教育每十万人口平均在校学生数	《中国教育年鉴》
	公共教育满意度	抽样调查数据
	文化体育与传媒支出占财政支出比重	《中国统计年鉴》
	文化产业增加值占国内生产总值比重	小康监测指标体系
	广播节目人口覆盖率	各地统计公报
	电视节目人口覆盖率	各地统计公报
医疗卫生	医疗卫生支出占财政支出比重	《中国统计年鉴》
	每千人口医生数	《中国卫生统计年鉴》
	每 10 万人口甲乙类法定报告传染病发病率	《中国卫生统计年鉴》
	病理检查与临床诊断符合率	《中国卫生统计年鉴》
	农村自来水普及率	《中国卫生统计年鉴》
	农村卫生厕所普及率	《中国卫生统计年鉴》
就业和社会保障	就业和社会保障支出占财政支出比重	《中国统计年鉴》
	职业介绍机构指导率	《中国统计年鉴》
	基本社会保险覆盖率	小康监测指标体系
	城市人均低保支出水平	《中国民政统计年鉴》
	农村人均低保支出水平	《中国民政统计年鉴》

续表

分类	统计指标	数据来源
公共安全	社会安全指数	小康监测指标体系
基础设施	城市燃气普及率	《中国统计年鉴》
	城市每万人口公共交通车辆数	《中国统计年鉴》
	每千人口交通运输线路密度	《中国统计年鉴》
	邮路及农村投递路线密度	《中国统计年鉴》
	乡镇和行政村公路通达率	国家交通部
环境保护	环境保护支出占财政支出比重	《中国统计年鉴》
	环境污染治理投资占 GDP 比重	《中国统计年鉴》
	环境质量指数	小康监测指标体系
	"三废"处理达标率	小康监测指标体系
	单位 GDP 能耗	《中国统计年鉴》
	城市生活垃圾无害化处理率	《中国统计年鉴》
科技信息	科学技术支出占财政支出比重	《中国统计年鉴》
	技术市场成交额	《中国统计年鉴》
社会管理	万人社会组织数	《中国统计年鉴》
	万人城镇社区服务设施数	《中国统计年鉴》

资料来源：赵晏．我国政府公共服务质量评价指标体系的构建与应用研究〔D〕．山东大学硕士学位论文，2012．

2. 数据来源

基础教育数据源于《中国统计年鉴》《中国教育统计年鉴》《中国教育经费统计年鉴》；公共卫生与基础医疗、公共安全、社会保障与就业、科学技术、基础设施的资料可寻于《中国统计年鉴》并根据人口数进行处理；环境保护数据可寻于《中国环境统计年鉴》，并结合《中国统计年鉴》中各地区人口、产业数据进行预处理；各地 GDP 数据可寻于《中国统计年鉴》。除以上数据来源外，还可在各省统计公报及国家统计局统计科学研究所《全面建设小康社会统计监测指标体系》的监测结果等中进行数据挖掘。

二、东部地区城市公共服务（设施）区域差异计量方法

（一）城市公共服务（设施）综合评价方法

城市公共服差异研究，学界常用研究方法是基于指标遴选的主客观赋权求

和法进行比较，如综合评价法、层次分析法和 DEA 研究法。综合评价法指运用多个指标对多个参评单位进行评价的方法，基本思想是将多个指标转化为一个能够反映综合情况的指标来进行评价。实施要点为评价指标遴选及体系化、无量纲化方法选择、权重系数计算（刘成奎、王朝才，2011）——主观构权法（专家评判法、层次分析法等）和客观构权法（如主成分分析法、因子分析法、相关法、回归法等）、合成。层次分析法（AHP）是主观赋权法的一种，主观因素表现在对各指标权重的确定，实证往往采用问卷调查的形式来确定每一级指标的权重。DEA 方法从公共服务绩效评估角度采用经典 DEA 方法对基础教育、公共卫生、社会保障、基础设施、科学技术、公共卫生、环境保护和一般公共服务八类基本公共服务，分别按投入、产出与效果设计了总系统指标，并根据这些指标及事先确定的标准分别为不同地区各类公共服务进行绩效评分。

（二）城市公共服务（设施）均等化趋势测量方法

鉴于综合评价的指标体系复杂性和数据来源的受限性，学界尝试利用较少的主要指标及其状态变化的区际比较刻画城市公共服务（设施）均等化趋势，如泰尔指数法、基尼系数法、变异系数法、熵值法等。

（1）泰尔指数是从信息量与熵的概念出发考察不平等性和差异性，它把总体差异性分解为各部分间差异性和各部分内部的差异性，在分析各部分差异性、不公平性方面有广泛的应用，最常用的是在评价收入差距方面。泰尔指数的基本计算公式为：$T = \sum_{P=1}^{N} \frac{Y_P}{Y} \ln\left(\frac{Y_P/Y}{1/N}\right)$。假设计算地区间收入的差距，则其中，N 和 Y 分别为总人口和总收入，Y_p 为第 p 人的收入。其中，Y_P/Y 是第 P 人的收入占总收入的比重，1/N 是该人占总人口的比重。泰尔指数衡量基本公共服务不平等的一个最大优点是，可以将一个地区总差距分解为组内差距和组间差距，或者人群组内的差距和人群组之间的差距，从而可以衡量组内差距和组间差距对总收入差距的贡献度。

（2）变异系数，在测度区际基本公共服务均等化程度时可采用，计算公式为：差异系数（Coefficient of Variation，CV）$CV = \frac{S}{\overline{X}}$ 和均等化指数 $e = \frac{S}{\overline{X}}$。其中，$S^2 = \frac{1}{n} \sum_{i=1}^{n} (X_i - \overline{X})^2$，$S = \sqrt{S^2} = \sqrt{\frac{1}{n} \sum_{i=1}^{n} (X_i - \overline{X})^2}$。其中，$X_i$ 表示随机变量，$\overline{X}$ 表示样本平均值，S 表示某年度各省域某项指标数据的标准差，$\overline{X}$ 表

示某年度各省域该项指标数据的平均值，e 代表某年度各区域该项指标的差异程度，即均等化的实现程度，值越大，表示区域间差距越大，发展水平越不平均，值越小，表示区域间差距越小，发展越平均。

（3）基尼系数的测算建立在洛伦兹曲线基础上，洛伦兹曲线广泛应用于比较和分析一个国家在不同时代或者不同国家在同一时代的财富不平等。当然，可以用基尼系数来衡量公共服务的地区差异状况。基尼系数的计算公式为：$G = \dfrac{1}{2N(N-1)\,\overline{X}} \sum_{j=1}^{N} \sum_{i=1}^{N} |X_j - X_i|$。其中，G 表示基本公共服务指标的基尼系数，N 表示所考察样本的分地区数，$\overline{X}$ 表示分地区平均基本公共服务水平，X_j、X_i 分别表示 j、i 地区的基本公共服务水平。

（4）熵值法可用于测度各个城市基本公共服务水平。采用熵值法计算指标权重，可避免主观赋值的偏差。主要步骤为：首先对初始数据做标准化，其次计算出指标权重，最后根据熵值法所得权重来计算总得分。指标值越大对系统发展越有利时采用正向指标计算方法，指标值越小对系统发展越好时采用负向指标计算方法处理。

正向和负向指标计算方法分别为：

$$X'_{ij} = \frac{X_{ij} - \min X_{ij}}{\max X_{ij} - \min X_{ij}}; \quad X'_{ij} = \frac{\max X_{ij} - X_{ij}}{\max X_{ij} - \min X_{ij}}。$$

指标权重 w_j 计算公式为：$e_j = -k \sum_{i=1}^{m} (Y_{ij} \times \ln Y_{ij}) \left(Y_{ij} = X'_{ij} \middle/ \sum_{i=1}^{m} X'_{ij}; k = \dfrac{1}{\ln m}; 0 \leqslant e_j \leqslant 1 \right)$ 和 $w_j = (1 - e_j) \middle/ \sum_{j=1}^{n} (1 - e_j)$。

综合实力得分 $S_i = \sum_{j=1}^{n} W_{ij} \times X'_{ij}$。

其中，$\max X_{ij}$ 和 $\min X_{ij}$ 表示指标的最大值和最小值，m 是研究区数量，n 为指标数。

三、东部地区城市公共服务（设施）区域差异测算

（一）指标遴选、研究区域和数据源

1. 指标选取

本书选取教育、文化、医疗卫生三方面七个指标来衡量一个城市的公共服

务水平，如表 13 - 4 所示。教育方面选取普通高等院校个数指标的内在逻辑是，如果一个地区对大学生和专业人才的培养比较重视，就说明当地公共服务的供给方式是有效的，否则本地和外地面临高考的高中生不会前来就读，如果公共就业环境和就业政策对专业人才没有吸引力，不仅外地专业人才不会来，本地的专业人才也会流失。文化方面选取公共图书馆个数及其藏书量原因在于，图书馆扮演着精神文化传承的角色，记录着城市发展的历史，支撑着城市文化的发展，反映了一个城市的文化特征和社会价值，承担着"城市文化名片"之功，而且目前图书馆功能不局限于图书的借阅。体育场个数、影院和剧院个数则体现了一个城市对工作之余休闲娱乐活动品质的要求，卫生机构个数与卫生机构床位数是衡量医疗卫生公共服务水平的典型指标。

表 13 - 4　公共服务测度指标

分类	统计指标
教育	普通高等院校个数（个）
文化	公共图书馆个数（个）
	图书馆藏书量（万册）
	体育场个数（个）
	影院和剧院个数（个）
医疗卫生	卫生机构个数（个）
	卫生机构床位数（张）

2. 研究区域及数据

本书以东部沿海北京市、天津市、上海市及山东省、江苏省、浙江省、福建省、广东省、海南省地级市作为研究区域，由于行政区划存在调整，以每年城市统计年鉴中行政区划划分为标准，数据来源于《中国城市统计年鉴》、各城市的地方统计年鉴及《国民经济和社会发展统计公报》。

（二）泰尔指数法测度东部沿海城市各公共服务指标区际差异

通过公式运算，分别对 2015 年、2013 年、1995 年、1985 年四个年份城市间的普通高等院校个数、公共图书馆个数、图书馆藏书量、体育场个数、影院和剧院个数、卫生机构个数、卫生机构床位数差异进行测度，得出结果如表

13-5所示：①通过所得指数可以直白地反映出城市间差距程度，整体来看，各个指标所得指数间差异较小，说明东部沿海城市间文化、教育、医疗及体育相关公共服务水平区域差异程度相当；②体育场个数四年所得指数始终较小，说明城市间体育相关公共服务水平差异最小，而卫生机构个数及卫生机构床位数指数排名均始终处于前列，说明东部沿海城市间医疗卫生公共服务非均等化情况最为严重。

表 13-5　东部沿海城市公共服务泰尔指数

指标	泰尔指数			
	1985 年	1995 年	2013 年	2015 年
普通高等院校个数（个）	0.0222	0.0439	0.0434	0.0421
公共图书馆个数（个）	0.0513	0.0482	0.0314	0.0311
图书馆藏书量（万册）	0.0436	0.0402	0.0361	0.0357
体育场个数（个）	0.0225	0.0203	0.0201	0.0133
影院和剧院个数（个）	0.0516	0.0398	0.0456	0.0443
卫生机构个数（个）	0.0517	0.0462	0.0453	0.0483
卫生机构床位数（张）	0.0492	0.0471	0.0482	0.0478

东部沿海城市文化体育公共服务泰尔指数变化趋势如图13-1所示，从中可以看出，除图书馆藏书量没有较大变动之外，其他指标泰尔指数总体呈下降趋势，即东部沿海城市间文化体育公共服务差距逐步缩小。体育公共服务泰尔指数明显小于文化公共服务泰尔指数且不断下降，说明东部沿海城市间体育公共服务水平差距明显小于文化公共服务水平差距且不断缩小。文化公共服务中公图书馆个数及影院和剧院个数泰尔指数变化幅度相对较大，三项指标泰尔指数排名不断发生变化，但2013年及2015年指数显示这三项指标在地区间的差距水平逐渐拉大。

东部沿海城市教育公共服务泰尔指数变化趋势如图13-2所示，可以看出，普通高等院校个数泰尔指数呈现明显上升后小幅下降的变化态势，整体来看，2015年东部沿海城市间普通高等院校个数差距与1985年差距相比明显扩大。但

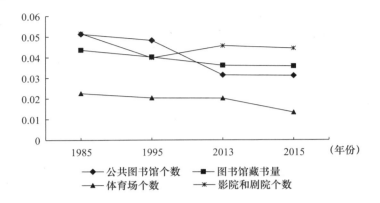

图 13-1 东部沿海地区文化体育公共服务泰尔指数

1995~2015 年普通高等院校个数的泰尔指数小幅下降，原因或为社会对人才要求越来越高，高等学历成为现在就业的必备条件之一，大学生的绝对数量不断上升，建设优秀高等院校、不断提升教学水平、扩大招生数量成为一个地区提升教育、就业水平的必经之路。

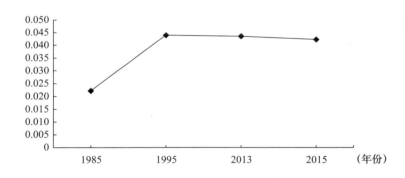

图 13-2 东部沿海地区教育公共服务泰尔指数

东部沿海城市医疗卫生公共服务泰尔指数变化趋势如图 13-3 所示，可以看出，医疗卫生泰尔指数波动较为明显但整体来看呈现下降趋势，其中 20 世纪末泰尔指数下降幅度最大。此外，两项指标 2015 年的泰尔指数较 1985 年更为接近，说明总体上东部沿海城市间医疗卫生差距不断缩小且两项指标的城市间差距水平逐渐趋同。

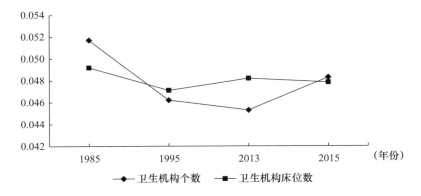

图 13 – 3　东部沿海地区医疗卫生公共服务泰尔指数

（三）熵值法测度东部沿海城市公共服务水平总体差异

1. 东部沿海城市公共服务水平得分计算

运用熵值法计算 2015 年、2013 年、1995 年、1985 年四个年份东部沿海城市数据得出七个指标所占权重如表 13 – 6 所示，可知：①1985 年以来文化、教育、卫生水平对公共服务总体水平贡献差距逐渐缩小，其中体育建设对公共服务整体水平贡献度变化最大。②根据所得权重进行得分计算如表 13 – 7 至表 13 – 10 所示，发现城市公共服务水平存在较大差距，三个直辖市及省会城市四年均名列前茅。从变化趋势来看，前五名城市与后五名城市得分之差逐渐减小，即区域差异 1985～2015 年整体呈现下降趋势，说明东部沿海城市间公共服务均等化水平逐步提升。③就城市群区域看，长三角、环渤海地区城市基本公共服务总体水平高于珠三角地区。

表 13 – 6　公共服务指标所占权重

指标	权重			
	1985 年	1995 年	2013 年	2015 年
普通高等院校个数（个）	0.1544	0.1405	0.1397	0.1929
公共图书馆个数（个）	0.1430	0.2274	0.1499	0.1134
图书馆藏书量（万册）	0.1407	0.1298	0.1428	0.1119
体育场个数（个）	0.0829	0.0820	0.1463	0.2236

续表

指标	权重			
	1985 年	1995 年	2013 年	2015 年
影院和剧院个数（个）	0.2695	0.0837	0.1442	0.0840
卫生机构个数（个）	0.1168	0.1679	0.1373	0.1542
卫生机构床位数（张）	0.0927	0.1688	0.1397	0.1199

表 13 - 7　东部沿海各城市 1985 年公共服务水平得分

城市	得分	排名	城市	得分	排名	城市	得分	排名
北京市	0.6573	2	临沂市	0.0488	50	广州市	0.2071	14
天津市	0.3630	5	南京市	0.3987	4	深圳市	0.0276	55
上海市	0.6765	1	无锡市	0.1404	23	珠海市	0.0118	69
保定市	0.0515	48	徐州市	0.1353	26	汕头市	0.1530	20
唐山市	0.1790	16	常州市	0.1367	25	佛山市	0.0712	41
承德市	0.0259	57	滨州市	0.0183	64	衢州市	0.1340	27
廊坊市	0.0069	72	德州市	0.0172	66	椒江市	0.0117	70
泊头市	0.0149	67	聊城市	0.0287	54	福州市	0.3299	6
衡水市	0.0125	68	菏泽市	0.0503	49	泉州市	0.0234	58
邢台市	0.0199	63	莱芜市	0.0180	65	莆田市	0.0896	37
邯郸市	0.0655	42	苏州市	0.2516	8	漳州市	0.0216	61
秦皇岛市	0.0608	43	南通市	0.2416	10	南平市	0.0216	60
张家口市	0.0545	45	连云港市	0.0768	40	三明市	0.1336	28
石家庄市	0.1006	36	淮安市	0.2401	11	龙岩市	0.0335	52
济南市	0.1323	29	盐城市	0.2264	13	厦门市	0.0566	44
青岛市	0.1820	15	扬州市	0.2430	9	韶关市	0.1439	22
淄博市	0.0808	38	镇江市	0.1524	21	湛江市	0.1368	24
枣庄市	0.1147	32	泰州市	0.0062	73	肇庆市	0.0522	47
东营市	0.0276	56	杭州市	0.4144	3	江门市	0.1162	31
烟台市	0.2389	12	宁波市	0.1032	35	茂名市	0.0802	39
潍坊市	0.1681	17	温州市	0.3155	7	梅州市	0.0523	46
济宁市	0.0437	51	绍兴市	0.1222	30	东莞市	0.0291	62
泰安市	0.1126	33	湖州市	0.1113	34	中山市	0.0199	62
威海市	0.0033	75	嘉兴市	0.1672	19	潮州市	0.0231	59
日照市	0.0041	74	金华市	0.1680	18	惠州市	0.0113	71

资料来源：笔者计算。

表 13 - 8　东部沿海各城市 1995 年公共服务水平得分

城市	得分	排名	城市	得分	排名	城市	得分	排名
北京市	0.8448	1	临沂市	0.1401	25	南平市	0.0944	40
天津市	0.5135	3	南京市	0.3400	5	三明市	0.1030	36
上海市	0.7511	2	无锡市	0.1260	28	龙岩市	0.0124	82
保定市	0.1885	13	徐州市	0.1339	27	厦门市	0.0614	59
唐山市	0.2033	10	莱芜市	0.0120	83	漳州市	0.0956	38
承德市	0.1233	30	常州市	0.0870	44	宁德市	0.0006	87
廊坊市	0.0654	58	苏州市	0.1633	20	广州市	0.3471	4
沧州市	0.1199	31	南通市	0.1576	21	深圳市	0.0666	56
衡水市	0.0322	75	连云港市	0.0710	53	珠海市	0.0205	78
邢台市	0.1668	19	淮安市	0.0771	51	汕头市	0.0762	52
邯郸市	0.1896	12	盐城市	0.1243	29	佛山市	0.0944	39
秦皇岛市	0.0805	48	扬州市	0.1879	14	韶关市	0.1056	34
张家口市	0.1417	24	镇江市	0.0872	43	湛江市	0.1814	15
石家庄市	0.2793	6	泰州市	0.0031	85	肇庆市	0.0789	49
济南市	0.1992	11	宿迁市	0.0019	86	江门市	0.0842	46
青岛市	0.2073	9	杭州市	0.2638	7	茂名市	0.0668	55
淄博市	0.1361	26	宁波市	0.1487	22	梅州市	0.0923	41
枣庄市	0.0888	42	温州市	0.1469	23	汕尾市	0.0201	79
东营市	0.0449	65	绍兴市	0.0831	47	河源市	0.0467	64
烟台市	0.1704	17	湖州市	0.0611	60	阳江市	0.0346	72
潍坊市	0.1785	16	嘉兴市	0.0853	45	清远市	0.0698	54
济宁市	0.1676	18	金华市	0.1084	32	东莞市	0.1029	37
泰安市	0.1075	33	衢州市	0.0658	57	中山市	0.0219	77
威海市	0.0603	61	台州市	0.1043	35	潮州市	0.0190	80
日照市	0.0419	67	丽水市	0.0338	74	揭阳市	0.0376	71
滨州市	0.0404	70	舟山市	0.0443	66	云浮市	0.0342	73
德州市	0.0414	69	福州市	0.2135	8	惠州市	0.0553	62
聊城市	0.0471	63	泉州市	0.0781	50	海口市	0.0189	81
菏泽市	0.0419	68	莆田市	0.0234	76	三亚市	0.0046	84

资料来源：笔者计算。

表 13 - 9 东部沿海各城市 2013 年公共服务水平得分

城市	得分	排名	城市	得分	排名	城市	得分	排名
北京市	0.6195	1	临沂市	0.1554	21	南平市	0.0381	70
天津市	0.3064	6	南京市	0.2067	12	三明市	0.0431	64
上海市	0.5441	2	无锡市	0.0979	35	龙岩市	0.0355	73
保定市	0.2607	7	徐州市	0.1262	26	厦门市	0.0752	46
唐山市	0.1885	14	常州市	0.0627	52	广州市	0.3372	5
承德市	0.0876	43	苏州市	0.1576	20	深圳市	0.3483	3
廊坊市	0.1235	27	南通市	0.0986	34	珠海市	0.0422	65
沧州市	0.1879	15	连云港市	0.0631	50	汕头市	0.0353	75
衡水市	0.1158	30	淮安市	0.0778	44	佛山市	0.0894	41
邢台市	0.1807	16	盐城市	0.0896	40	韶关市	0.0368	71
邯郸市	0.1655	17	扬州市	0.0578	56	湛江市	0.0597	53
秦皇岛市	0.0948	36	镇江市	0.0417	66	肇庆市	0.0433	63
张家口市	0.1147	31	泰州市	0.0579	55	江门市	0.0334	77
石家庄市	0.2429	9	宿迁市	0.0522	59	茂名市	0.0340	76
济南市	0.2481	8	杭州市	0.3446	4	梅州市	0.0407	68
青岛市	0.2376	10	宁波市	0.1650	18	汕尾市	0.0150	87
淄博市	0.1167	28	温州市	0.1451	24	河源市	0.0200	82
枣庄市	0.0594	54	绍兴市	0.0945	37	阳江市	0.0167	84
东营市	0.0470	61	湖州市	0.0396	69	清远市	0.0451	62
烟台市	0.1475	23	嘉兴市	0.1379	25	东莞市	0.2271	11
潍坊市	0.1983	13	金华市	0.0654	49	中山市	0.0277	78
济宁市	0.1579	19	衢州市	0.0354	74	潮州市	0.0191	83
泰安市	0.1065	32	台州市	0.0893	42	揭阳市	0.0222	81
威海市	0.0715	47	丽水市	0.0476	60	云浮市	0.0155	86
日照市	0.0545	57	舟山市	0.0253	80	惠州市	0.0415	67
滨州市	0.0629	51	福州市	0.1479	22	海口市	0.0668	48
德州市	0.0997	33	泉州市	0.0936	39	三亚市	0.0165	85
聊城市	0.1166	29	莆田市	0.0762	45	三沙市	0.0004	88
菏泽市	0.0937	38	漳州市	0.0527	58			
莱芜市	0.0276	79	宁德市	0.0359	72			

资料来源：笔者计算。

表 13 – 10　东部沿海各城市 2015 年公共服务水平得分

城市	得分	排名	城市	得分	排名	城市	得分	排名
北京市	0.7963	1	临沂市	0.1583	29	南平市	0.0854	62
天津市	0.4977	4	南京市	0.3154	8	三明市	0.1029	50
上海市	0.6013	2	无锡市	0.1726	22	龙岩市	0.0934	56
保定市	0.2459	15	徐州市	0.1593	27	厦门市	0.1158	43
唐山市	0.1492	31	常州市	0.0852	63	广州市	0.4306	5
承德市	0.0980	54	苏州市	0.2218	16	深圳市	0.3517	7
廊坊市	0.1241	39	南通市	0.1583	28	珠海市	0.1348	34
沧州市	0.1333	35	连云港市	0.0887	58	汕头市	0.0721	71
衡水市	0.0800	66	淮安市	0.1012	51	佛山市	0.1240	41
邢台市	0.1194	42	盐城市	0.1257	36	韶关市	0.0990	53
邯郸市	0.1643	26	扬州市	0.0742	70	湛江市	0.1088	46
秦皇岛市	0.0900	57	镇江市	0.0523	79	肇庆市	0.1722	23
张家口市	0.1152	44	泰州市	0.0806	65	江门市	0.0413	83
石家庄市	0.2852	10	宿迁市	0.0874	60	茂名市	0.0703	73
济南市	0.2939	9	杭州市	0.5728	3	梅州市	0.1120	45
青岛市	0.2522	13	宁波市	0.3963	6	汕尾市	0.0395	85
淄博市	0.1075	48	温州市	0.2729	12	河源市	0.0522	80
枣庄市	0.0622	76	绍兴市	0.2175	17	阳江市	0.0404	84
东营市	0.0713	72	湖州市	0.1250	38	清远市	0.0833	64
烟台市	0.1660	25	嘉兴市	0.2073	19	东莞市	0.1908	20
潍坊市	0.1665	24	金华市	0.2827	11	中山市	0.0551	77
济宁市	0.1382	33	衢州市	0.0881	59	潮州市	0.0336	87
泰安市	0.1052	49	台州市	0.2518	14	揭阳市	0.0530	78
威海市	0.1522	30	丽水市	0.1256	37	云浮市	0.0359	86
日照市	0.0485	81	舟山市	0.0626	75	惠州市	0.0967	55
滨州市	0.0794	67	福州市	0.2173	18	海口市	0.0791	68
德州市	0.0999	52	泉州市	0.1833	21	三亚市	0.0241	88
聊城市	0.1241	40	莆田市	0.0654	74	三沙市	0.0000	89
菏泽市	0.1397	32	漳州市	0.0874	61	儋州市	0.1078	47
莱芜市	0.0450	82	宁德市	0.0773	69			

资料来源：笔者计算。

2. 东部沿海城市公共服务水平分级

为可以更明确各城市公共服务水平在东部沿海中的相对地位，可通过计算标准分数，对所有城市公共服务水平进行分级。标准分数为原始分数与平均数之差除以标准差所得的商数，是以标准差为单位表示一个原始分数在团体中所处的相对位置量数，即表示某原始分数在平均数以上或以下几个标准差的位置。分析运用标准分数进行分级，主要为探讨各个城市公共服务水平在整个东部沿海的位置，所以存在某些等级城市数量为零的结果，但此结果不影响分析。

运用表 13 - 7 中 1985 年公共服务水平得分数据进行标准分数运算，以 0.5 个标准差为单位对东部沿海城市进行分级，最终结果包括六级，从高至低分别为：一级城市 22 个，二级城市 7 个，三级城市 0 个，四级城市 3 个，五级城市 2 个，六级城市 41 个。通过计算可以得出，一、二级城市比例仅为 38.67%，五、六级城市比例则高达 57.33%，说明东部沿海城市公共服务水平整体偏低。从一级城市到六级城市平均得分分别为 0.2781、0.1356、0、0.1177、0.112、0.0385，可见平均以下水平城市数量较多且一级城市平均得分为六级城市 7 倍多，说明东部沿海城市公共服务水平整体差异明显且个体城市间差异较大。按东部沿海三大城市群对不同级别的城市分别进行统计（见表 13 - 11），可以看出，一、二级城市集中分布在长三角地区，六级城市以环渤海、珠三角地区城市为主。按三大城市群各级城市所占比重来看，长三角地区比重最高的为一级城市，占 57.14%，环渤海地区、珠三角地区均以六级城市为主，比重分别为 70% 和 70.83%。综上所述，1985 年东部沿海公共服务水平长三角地区高于环渤海地区高于珠三角地区，其中长三角内部差异小于环渤海、珠三角地区内部差异。

表 13 - 11　东部沿海城市 1985 年公共服务得分分级分区域统计

区域	一级	二级	三级	四级	五级	六级
环渤海地区	6	1	0	1	1	21
长三角地区	12	4	0	1	1	3
珠三角地区	4	2	0	1	0	17
合计	22	7	0	3	2	41

运用表 13-8 中 1995 年公共服务水平得分数据进行标准分数运算，以 0.5 个标准差为单位，最终结果包括六级：一级城市 25 个，二级城市 2 个，三级城市 3 个，四级城市 1 个，五级城市 6 个，六级城市 50 个。通过计算可以得出，一、二级城市比例仅为 31.03%，五、六级城市比例则高达 65.52%。从一级城市到六级城市平均得分分别为 0.2597、0.1350、0.1245、0.1199、0.1053、0.0521，一级城市平均得分为六级城市 5 倍，说明东部沿海城市公共服务水平整体差异明显，但与 1985 年相比差异已逐渐缩小。按东部沿海三大城市群对不同级别的城市分别进行统计（见表 13-12），可以看出，一、二级城市集中分布在环渤海地区和长三角地区，六级城市以珠三角地区城市为主，珠三角地区六级城市占比甚至大于环渤海地区与长三角地区占比之和。按三大城市群各级城市所占比重来看，环渤海地区比重最高的为一级城市，占 46.67%，长三角地区一级城市与六级城市比重相当，但六级城市占比略高于一级城市，珠三角地区均以六级城市为主，比重为 81.25%。综上所述，1995 年东部沿海公共服务水平环渤海地区高于长三角地区高于珠三角地区，较 1985 年环渤海地区城市公共服务水平提升明显且内部差异变小。

表 13-12 东部沿海城市 1995 年公共服务得分分级分区域统计

区域	一级	二级	三级	四级	五级	六级
环渤海地区	14	1	1	1	1	12
长三角地区	8	1	2	0	2	12
珠三角地区	3	0	0	0	3	26
合计	25	2	3	1	6	50

运用表 13-9 中 2013 年公共服务水平得分数据进行标准分数运算，以 0.5 个标准差为单位对东部沿海城市进行分级，最终结果包括六级：一级城市 27 个，二级城市 0 个，三级城市 4 个，四级城市 1 个，五级城市 0 个，六级城市 56 个。通过计算可以得出，一、二级城市比例仅为 30.68%，五、六级城市比例则高达 63.64%，从一级城市到六级城市平均得分分别为 0.2336、0、0.1159、0.1065、0、0.053，一级城市平均得分为六级城市 4 倍多，说明东部沿海城市公共服务水平整体差异仍十分明显，但与 1995 年相比个体城市之间分异程度减

小。按东部沿海三大城市群对不同级别的城市分别进行统计（见表13－13），可以看出，一、二级城市集中分布在环渤海地区和长三角地区，而六级城市仍以珠三角地区城市为主。按三大城市群各级城市所占比重来看，环渤海地区比重最高的为一级城市，占50%，长三角地区、珠三角地区均以六级城市为主，比重分别为68%和87.88%。综上所述，2013年东部沿海公共服务水平环渤海地区高于长三角地区高于珠三角地区。

表 13－13　东部沿海城市 2013 年公共服务得分分级分区域统计

区域	一级	二级	三级	四级	五级	六级
环渤海地区	15	0	4	1	0	10
长三角地区	8	0	0	0	0	17
珠三角地区	4	0	0	0	0	29
合计	27	0	4	1	0	56

运用表13－10中2015年公共服务水平得分数据进行标准分数运算，以0.5个标准差为单位，最终结果包括六级：一级城市23个，二级城市3个，三级城市3个，四级城市2个，五级城市2个，六级城市56个。通过计算可以得出，一、二级城市比例为29.21%，五、六级城市比例则高达62.92%。从一级城市到六级城市平均得分分别为0.323、0.1656、0.1586、0.1507、0.1389、0.0837，一级城市平均得分为六级城市3.8倍，说明东部沿海城市公共服务水平整体分异明显，但整体水平较前十年明显上升。按东部沿海三大城市群对不同级别的城市分别进行统计（见表13－14），可以看出，一、二级城市集中分布在长三角地区和环渤海地区，六级城市以珠三角地区城市为主。按三大城市群各级城市所占比重来看，环渤海地区比重最高的为六级城市，占53.33%，但与三个年份相比，其他等级均有城市分布，说明环渤海地区内部差异逐渐减小。长三角地区一级城市与六级城市比重相当，分别为44%和48%，珠三角地区均以六级城市为主，比重为81.25%。综上所述，2015年东部沿海公共服务水平长三角地区高于环渤海地区高于珠三角地区。

表13 – 14 东部沿海城市2015年公共服务得分分级分区域统计

区域	一级	二级	三级	四级	五级	六级
环渤海地区	6	3	1	2	2	16
长三角地区	11	0	2	0	0	12
珠三角地区	6	0	0	0	0	28
合计	23	3	3	2	2	56

　　1985~2015年，东部沿海公共服务水平一级城市与六级城市平均得分差距由7倍降至3.8倍，高水平城市与低水平城市差距明显缩小。30年间一、二级城市占比由38.67%减小至29.21%，五、六级城市由1985年的57.33%突升至1995年的65.52%后又逐渐降为62.92%。标准分数是以城市得分距平均得分距离为原理判断城市在整个区域的位置，一、二级城市与五、六级城市占比均呈现下降趋势，故可知大多数城市公共服务水平距平均水平偏离程度越来越小，即东部沿海城市公共服务分异逐渐缩小。珠三角地区基本公共服务水平及其发展与空间均等化速度始终落后于长三角地区和环渤海地区；珠三角1995年出现峰值现象或许与广东省设立惠州市、肇庆市等7个地级市和1988年分设海南省有关，行政区划调整使珠三角地区城市基数增加，使原本相对薄弱的城市公共服务设施更加薄弱，再次拉大其与长三角和环渤海地区的差距。

（四）东部沿海城市公共服务区域差异的基本特征

　　以教育服务、文化体育服务、医疗卫生服务三个一级指标、七个二级指标构建基本公共服务水平测度指标体系，运用泰尔指数和熵值法对1985年、1995年、2013年、2015年我国东部沿海地区地级市间总体水平差异及不同指标的差异程度进行系统分析。结果表明：①城市之间基本公共服务差距明显，基本公共服务质量总体不高，空间差异明显，长三角、珠三角地区公共服务总体水平高于环渤海地区；②东部沿海地区城市间文化体育、教育、医疗卫生公共服务水平区域差异程度相当；③从变化趋势来看，各个指标的差异程度整体呈现下降趋势，且东部沿海地区城市公共服务分异逐渐缩小，高水平城市与低水平城市差距明显减小。

第二节 基础设施和公共服务对城市和区域发展的作用

一、理论解析

（一）城市与区域公共服务（设施）差距产生的理论分析

我国区域公共服务的差距主要取决于经济发展差距，收入分享、转移支付在内的财政管理体制差距，公共事业发展成本等其他方面的差距（见图 13 - 4）。其中，收入分享、转移支付等财政体制对缩小公共服务差距的作用在国内外研究中已经得到共识，即以中央政府为主体直接调节地区间的可支配财政收入，满足实现公共服务均等化的财政支出需要，属于"外部调节"过程；通过提高各地区经济水平来提升各地财政自给率，进而增强落后地区的公共服务供给能力，则属于地区"自我发展"过程。在我国实施经济非均衡发展战略初期，就形成了区域经济发展的"二元格局"，从而也导致区域公共服务差距。理论上可以判断，区域间公共服务差距和经济发展差距相伴随，而包括收入分享、转移支付等在内的财政调节仅是短期内控制差距扩大的再分配手段。因此，我国区域经济非均衡发展的深化阶段，更需要从区域协调发展角度来缩小公共服务差距（缪小林等，2013）。

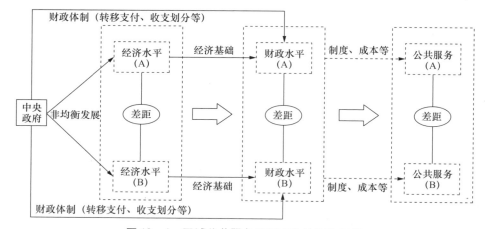

图 13 - 4　区域公共服务差距产生的理论路径

资料来源：缪小林，师玉朋，郭晓明. 非均衡发展模式下的省域公共服务差距及解释 [J]. 财经科学，2013（2）：72 - 80.

（1）经济发展差距与财政制度实施差异导致各地区的基本公共服务水平严重不均等。我国各地的财政收入与该地区的经济发展水平相关性很大，在财政能力水平与经济发展水平相关性很大的政府间财政关系制度下，地区间经济发展水平的差距在很大程度上决定了地区间财政能力水平的差距，而政府财政能力的状况很大程度上决定了其提供基本公共服务的能力，这进一步锁定了基本公共服务水平的地区差距，也就导致各地区基本公共服务水平的严重不均等。财政体制漏洞及改革不到位也是产生经济水平及财政水平不均的主要原因，财政分税制改革进程不一，以及在省以下财政主体主要采用"下管一级"的做法，并没有对省以下政府之间的收支做出明确的划分，导致基层缺乏主体税种，县乡级财政收支严重失衡，而县乡财政是地方公共服务的主要提供者。显然，省以下财政体制改革不到位，进一步加剧了地方政府作为主体供给基本公共服务的均等化。

（2）财政转移支付制度不规范导致各地区制度实施程度产生基本公共服务差异。我国财政转移支付制度缺乏法律的保障、监督，制约机制也不健全（熊波，2009）。第一，财政转移支付结构不合理，当前采用按基数法进行税收返还，这种方式倾斜于收入能力强的地区，固化并且延续了不合理的利益分配格局，与地区间的财力均等化目标背道而驰。这样，中央财政收入再分配能力受影响，基本公共服务比较落后的地方得不到充分的财政支持，基本公共服务的均等化就难以实现。第二，目前，仍然坚持"存量不动、增量调节"的原则，在此基础上采取"基数法"计算财政转移支付的资金数额，并形成各主管部门垂直管理的专项转移支付结构。专项转移支付不仅存在重复交叉的项目设置问题，而且分配制度不完善，资金投向分散，削弱了县级政府综合调控地方基本公共服务投入的决策权限。第三，省对省以下政府的转移支付制度比较滞后，制约了财政均衡效率的提高，又进一步导致了基本公共服务的非均等化。

（3）城市化水平不均衡导致城市基本公共服务的城乡二元结构加重。我国长期推行以工业为主导的非均衡发展模式，户籍制度造成了农村居民和城镇居民的不同身份，导致了城乡分割的二元经济结构和二元公共服务体系。改革开放后到农村税费改革前，我国城乡之间公共服务供给制度的差异依然很大。农村税费改革后至今，政府对城镇地区传统公共服务体制进行了较大改革，对部分公共服务采取了市场供给方式，其中包括医疗与部分教育事业等领域。但总体上看，城镇公共服务供给主体仍然是政府公共财政，改革后的城镇公共服务供给体系得到了进一步的完善。由于县乡一级财政困难，农村公共服务的供给普遍缺乏，不仅表现为有形的公共服务供给不足，而且表现为无形的公共服务缺乏相应的制度来保障（刘宇，2014）。

（4）供给主体单一进一步挤压了社会资本向基层提供公共服务的发展空间。我国省以下财政体制实施财权层层上收、事权逐级下移，地方缺乏主体税种，财力和提供公共服务的责任不相匹配。地方尤其是县乡财政是基本公共服务的主要提供者，他们的收入和支出严重不对称，总是期待提高财政资金的使用效率，把有限的财政资金用来做大税收基数而非提供基本公共服务。当前县级政府通过政府服务、政府出售和政府间协议三类行为方式包揽了基本公共服务的提供和生产，既造成了那些基本公共服务比较匮乏的乡镇政府积极主动地与市场和社会公益机构合作来提高基本公共服务的供给积极性，又抑制了那些公共服务匮乏地区的基本公共服务数量与质量短期内投入增加。显然，政府单一主体主导公共服务提供方式，进一步导致了我国基本公共服务的非均等化（高雪利，2011）。

（二）城市经济学框架的 QOL 理论

生活质量（Quality of Life，QOL）与生活水平不同，生活水平侧重反映人们的经济状况和物质需求，而生活质量涉及人们的各方面需求和状况。可以说，生活质量涵盖了城市公共服务的内涵。生活质量从 20 世纪 60 年代开始就一直是一个存在争议的概念，不同的时期、不同的学者对其有不同的认识。生活质量研究发展到今天，人们对其内涵的认识也不断丰富，从单一的客观生活质量和主观生活质量，再到主客观相结合。综合客观和主观方面进行理解，把生活质量的"成因"归结为客观物质条件，而生活质量的"结果"则是主观幸福感和生活满意度，我国国内大部分学者都采用这一定义，如周长城（2001）从环境提供给人们生活条件的充分程度和人们生活需求的满足程度这两个方面来认识生活质量的内涵。也就是说，生活质量是客观生活质量（即人们所处的外在的环境和条件）与主观生活质量（即人们对客观生活环境和条件的主观感受、情感认知和评价）的统一体。生活质量可以由居民的经济状况、消费结构、休闲状况和生活感受这四个方面的状况反映出来，而生活感受主要表现为居民的幸福感、生活满意度和对生活水平变化的感知。显然，生活质量提升需要充分而且高质量的公共服务。对于城市公共服务如何促进居民生活质量提升，首先，应重点分层次、有序地推进基本公共服务均等化，缩小城乡之间居民生活质量的差距，尤其是基础教育、医疗保健和交通通信等。其次，公共财政要由"建设型"财政向关注民生、注重公平的服务型财政转变，应加速财政支出结构退出"与民争利"状态的竞争性项目，加大对目前比较薄弱的基本公共服务领域的投入。最后，努力构建多元化基本公共服务供给体制，鼓励政府、社会组织、企业通过多种形式组织不同层次的公共服务提供。

（三）基础设施和公共服务作用城市与区域发展

对于基本公共服务与经济发展水平关系的研究，学术界普遍认为，基本公共服务水平受制于区域经济发展水平，经济发达才能提供高水平的公共服务；较高的基本公共服务水平同样也会促进区域经济发展，形成良性循环（见图13－5）。学界相关实证有：段艳平（2011）通过对我国31个省份的1997～2008年的政府基本公共服务的面板数据进行实证分析得出，我国东部地区无论是在

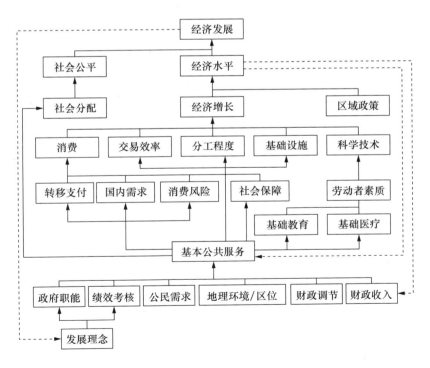

图 13－5　基本公共服务作用区域经济发展解释结构模型

长期还是短期均衡中，政府提供的基本公共服务对经济增长始终都存在积极的相关关系。但是在中部和西部地区，无论是短期均衡还是长期均衡，政府提供的基本公共服务对经济增长均呈现负相关的影响（滕堂伟、林利剑，2012）。方茜（2014）采用解释结构模型（ISM）分析方法，并将基本公共服务分为九个层次，分别研究了不同层次的政府基本公共服务对经济发展的影响。研究表明，基本公共服务对经济发展的影响具有时滞性，其中教育、就业等基本公共服务对经济发展的影响更加显著，而社会保障和医疗等对经济发展的影响较为迟缓。

显然，作为经济增长所需要的要素之一，政府公共服务一个要素并不能促进经济增长，经济的增长还需要利用其他的生产要素，只有这些要素结合在一起，同时达到经济模型的一定的临界条件，政府公共服务才能对经济增长起到促进作用。此外，张序（2015）讨论公共服务与经济增长的关系发现，公共服务通过增加人力资本积累、扩大内需、深化分工、公共服务支出等对市场经济的发展做出了直接贡献，同时指出，发展公共服务型政府比经济建设型政府更能长期促进经济发展。李敏纳（2009）通过实证研究表明，经济发展水平决定了公共服务水平，经济水平每提高1%，政府公共服务将会提高0.67%；经济发展和公共服务水平之间是相互促进的关系，社会公共服务通过对由其决定的知识和人力资本积累所造成的技术进步对经济发展水平起到重大的影响。范亚舟、王立勇（2012）等选取就业、文化、交通、医疗、国防等19项公共服务指标，通过实证分析得出，政府基本公共服务对经济增长起到积极的促进作用，基本公共服务水平每增加1%，经济增长将提高0.16%。

二、计量分析

（一）基础设施、公共服务与地区经济差距的因果关系

1. 因果关系检验方法

（1）格兰杰检验。

格兰杰提出一个判断因果关系的检验，即格兰杰因果检验（Granger Causality Tests）。一个变量如果受到其他变量的滞后影响，则称它们具有格兰杰因果关系。格兰杰因果关系检验对于滞后期的选择非常敏感，在实际研究中，比较常用的方法是通过AIC（Akaike Information Criterion）信息准则来确定最佳的滞后期。AIC的计算方法如下：

$$AIC = -\frac{2l}{T} + \frac{2n}{T}$$

在 VAR 模型中，$n = k(d + pk)$ 是被估计的参数的总和，k 是内生变量个数，T 是样本长度，d 是外生变量的个数，p 是滞后阶数，l 是由下式确定的：

$$l = -\frac{Tk}{2}(1 + \ln 2\pi) - \frac{T}{2}\ln\left|\hat{\sum}\right|$$

（2）Wiener – Granger 因果。

Wiener – Granger 因果或称 WAGS 因果，是一种建立在时间序列之间可预测性的度量的因果，其核心概念是一个时间序列处于过去的"原因"信息能够提高针对另一个时间序列目前状态"结果"的预测精度。Norbert Wiener 最早给出这种因果的一个数学形式，但 WAGS 因果的定义中存在的一些困难使其难以应用到数据分析中。WAGS 因果是基于严格平稳的随机过程，需要计算直到无穷高阶的矩，并且忽略了更多其他的时间序列所能产生的潜在因果的影响，另外 WAGS 因果的定义采用的是一种泛函形式而非随机形式。虽然如此，WAGS 因果仍然存在着一些优势，如它是基于更一般的移动平均表征（Moving Average Representation）而不仅限于回归模型，并且能够推广到连续的时间域上。事实上，Wiener 本人曾经前瞻性地指出过，这种因果可以应用于神经科学中，通过分析不同脑电活动来确定脑区之间的因果关系（张健，2016）。

2. 基础设施与地区经济发展因果关系分析

（1）平稳性检验。

有时数据的高度相关仅仅是因为两者同时随时间有向上或向下的变动趋势，并没有真正联系，这样数据中的趋势项、季节项等无法消除，从而在残差分析中无法准确进行分析，这时会产生伪回归。为了确定没有随机趋势或确定趋势，可以进行平稳性检验，而模型也只有通过平稳性检验才有统计分析的意义。一个平稳的序列在图形上往往表现出一种围绕其均值不断波动的过程，而非平稳序列则往往表现出在不同的时间段具有不同的均值（如持续上升或持续下降）。如果一个序列是非平稳的，它常常可以通过取差分的方法而形成平稳序列。本书选用 ADF（单位根检验）作为平稳性检验方法，即若检验统计量值大于临界值，则该变量是非平稳的；若检验统计量值小于临界值，则该变量是平稳的。

因果关系检验延用区域差异指标及数据计算。首先对进行因果分析的指标进行序列号设置（见表 13 – 15），其次利用 EViews 数据分析软件，对东部沿海所有城市的 Y、X_1、X_2、X_3、X_4、X_5、X_6、X_7 指标进行平稳性检验，结果如表 13 – 16 所示。检验结果表明，所有指标变量检验值均小于 1% 临界值，即至少在 99% 置信水平下是平稳的，可以判定指标变量平稳性满足格兰杰检验前提。

表 13 – 15　因果关系分析指标序列设置

指标	序列号
人均地区生产总值（元）	Y
普通高等院校个数（个）	X_1
公共图书馆个数（个）	X_2
图书馆藏书量（万册）	X_3
体育场个数（个）	X_4
影院和剧院个数（个）	X_5
卫生机构个数（个）	X_6
卫生机构床位数（张）	X_7

表 13 – 16　指标平稳性检验结果

指标序列	ADF 检验值	1% 临界值	5% 临界值	10% 临界值	结论
Y	– 6.563456	– 3.507394	– 2.895109	– 2.584738	平稳
X_1	– 6.570691	– 3.507394	– 2.895109	– 2.584738	平稳
X_2	– 9.504105	– 3.507394	– 2.895109	– 2.584738	平稳
X_3	– 3.872435	– 3.508326	– 2.895512	– 2.584952	平稳
X_4	– 47.54316	– 3.507394	– 2.895109	– 2.584738	平稳
X_5	– 7.480997	– 3.507394	– 2.895109	– 2.584738	平稳
X_6	– 3.719753	– 3.512290	– 2.897223	– 2.585861	平稳
X_7	– 6.056630	– 3.507394	– 2.895109	– 2.584738	平稳

注：1% 临界值表示 1% 显著水平下的临界值。

（2）格兰杰因果关系分析。

由单位根检验结果可知，研究变量变化平稳，对于基础设施与人均地区生产总值间是否构成因果关系及因果关系的方向如何，可用格兰杰检验法，根据 AIC 准则确定各变量的滞后阶数为 2，因果关系检验结果如表 13 – 17 所示。

表 13-17　Granger 因果关系检验结果

研究变量	原假设	F 统计量	p 值
X₁	X₁ does not Granger Cause Y	3.55087	0.0332
	Y does not Granger Cause X₁	0.43136	0.6511
X₂	X₂ does not Granger Cause Y	3.39020	0.0386
	Y does not Granger Cause X₂	0.35645	0.7012
X₃	X₃ does not Granger Cause Y	1.95043	0.1488
	Y does not Granger Cause X₃	0.39858	0.6726
X₄	X₄ does not Granger Cause Y	1.13234	0.3273
	Y does not Granger Cause X₄	1.31776	0.2734
X₅	X₅ does not Granger Cause Y	0.48254	0.6190
	Y does not Granger Cause X₅	2.00671	0.1411
X₆	X₆ does not Granger Cause Y	1.35214	0.2645
	Y does not Granger Cause X₆	0.71881	0.4904
X₇	X₇ does not Granger Cause Y	2.02575	0.1385
	Y does not Granger Cause X₇	0.26512	0.7678

格兰杰因果检验表明，基础设施与人均地区生产总值有较为密切的关系，普遍来看前者对后者有显著带动作用，而后者对前者的带动作用不确定，说明基础设施水平的提高对人均地区生产总值有促进作用，而人均地区生产总值的增长对所有指标中体育场个数及影院和剧院个数增加的带动作用最显著。下面对各基础设施指标与人均地区生产总值间因果结果进行分析：

1）普通高等院校个数不是人均地区生产总值的格兰杰原因的概率为0.0332，在5%显著性水平下拒绝原假设，表明普通高等院校数量是人均地区生产总值的格兰杰原因，即前者对后者有明显带动作用。相反，人均地区生产总值不是普通高等院校个数格兰杰原因这一假设可能性较大，说明因果检验基本接受了原假设，即人均地区生产总值的增长对普通高等院校个数增加没有促进作用。

2）与上一分析结果相同，公共图书馆个数在5%的置信度下单方向为人均生产总值的格兰杰原因。图书馆藏书量不是人均地区生产总值的格兰杰原因这一原假设大于10%置信度，基本接受了原假设，但比反方向原假设发生的可能性小得多。说明图书馆藏书量虽不是人均地区生产总值的格兰杰原因但其带动作用可能性大于反向带动作用。

3）体育场个数及影院和剧院个数与人均地区生产总值间双向不存在格兰杰原因，但后者的增长对前两者增加的促进作用相对反向作用较显著，说明体育场个数及影院和剧院个数在人均地区生产总值的带动下而增加的可能性较大。

4）卫生机构个数及其床位数与人均地区生产总值间双向不存在格兰杰原因，但医疗卫生水平的提高对人均地区生产总值的增长的促进作用明显大于反向作用。

总体来看，反映教育、医疗卫生的指标项基本为人均地区生产总值格兰杰原因的可能性大于反向原因可能性，说明教育及医疗卫生相关基础设施配置水平提高对人均地区生产总值的增加有促进作用。而教育基础设施水平提高带动人均生产总值的可能性普遍大于医疗卫生相关基础设施水平带动人均生产总值可能性，说明教育相关公共服务水平的提高对经济发展贡献大于医疗卫生，但作为保障居民基本生活必需的公共服务，医疗卫生始终是公共服务关注的重点。文化相关基础设施与人均地区生产总值因果关系在不同指标呈现不同结果，公共图书馆相关公共服务对人均地区生产总值的增长有显著促进作用，而体现休闲活动相关公共服务的体育场个数及影院和剧院个数会在人均地区生产总值的带动下增加，说明一个地区经济水平越高，对休闲活动的重视程度、相关基础设施数量和质量要求也越高。从区域经济发展差异与区域基础设施差异角度分析，在所选三方面指标中，教育、医疗卫生基础设施水平差距导致区域经济发展差距可能性较大，经济发展差距导致文化相关基础设施差距可能性较大。

（二）基础设施、公共服务与地区经济发展的相关性分析

城市基础设施对经济增长的影响具有直接和间接的作用。基础设施建设对经济增长的直接作用体现为两方面：一方面，按照经典经济增长理论，基础设施投资形成资本积累，可以直接拉动经济增长；另一方面，基础设施作为一种中间投入，基础设施投资具有外部溢出效应，可以改善招商引资环境，增强对外部投资的吸引力，间接推动城市经济增长。基础设施建设对经济增长的间接作用主要体现在基础设施水平作为企业区位选择及人口区位选择重要因素上。工业区位论认为，交通和运输成本是决定工业区位的主要因素，并强调市场规模对工业区位选择的影响，高水平的交通基础设施建设可以降低交易成本，所以为了降低企业的运输成本，企业会倾向于向交通等基础设施较好的城市集聚，这种集聚势必会对城市经济发展起到带动作用。此外，除工资收入和生活成本外，高质量生活是影响人口转移的第三大因素，高水平的生活服务设施能够增强城市的舒适度，因此城市基础设施水平的提升能够显著促进人口流动，人们对高质量生活的追求逐渐成为影响人口区位选择的重要因素（石敏俊等，2017）。很明显，人口倾向于从基础设施水平较低的地区向基础设施水平较高的区域转移，且高素质人才往往对生活质量有高要求，更倾向于高水平的公共服务，所以这种人口转移为城市经济发展提供了劳动力和高素质人才。为更科学地研究城市基础设施建设与经济发展的关系，运用 Pearson 与 Spearman 秩相关性分析对两者关系进行定量分析。

1. 相关性分析方法

Pearson 相关系数是用协方差除以两个变量的标准差得到的，虽然协方差能反映两个随机变量的相关程度（协方差大于 0 表示两者正相关，小于 0 表示两者负相关），但是协方差值的大小并不能很好地度量两个随机变量的关联程度。为了更好地度量两个随机变量的相关程度，引入了 Pearson 相关系数，其在协方差的基础上除以了两个随机变量的标准差。容易得出，Pearson 是一个介于 -1 和 1 之间的值，当两个变量的线性关系增强时，相关系数趋于 1 或 -1；当一个变量增大，另一个变量也增大时，表明它们之间是正相关的，相关系数大于 0；如果一个变量增大，另一个变量却减小，表明它们之间是负相关的，相关系数小于 0；如果相关系数等于 0，表明它们之间不存在线性相关关系。

使用 Pearson 线性相关系数有两个局限：①必须假设两个向量服从正态分布；②取值是等距的。对于更一般的情况有其他的一些解决方案，Spearman 秩相关系数就是其中之一。Spearman 秩相关系数是一种无参数（与分布无关）的检验方法，用于度量变量之间联系的强弱。在没有重复数据的情况下，如果一个变量是另一个变量的严格单调函数，则 Spearman 秩相关系数就是 +1 或者 -1，称变量完全 Spearman 秩相关。为了能得到更准确的分析结果，本书结合两种相关性系数进行数据处理。

2. 相关性分析

通过格兰杰因果分析，判断了基础设施与地区经济发展之间作用程度及方向，除此之外，可以通过相关性分析对两者关系进行进一步定量研究。本书的相关性分析继续使用第一节中区域差异分析所用指标和 2013 年相关数据，利用

SPSS 软件，选取 Pearson 相关系数、Spearman 秩相关系数进行选定指标与经济增长关系的定量研究，所得结果如表 13 – 18 所示。

表 13 – 18　人均地区生产总值与公共服务 2013 年相关系数

相关性系数	普通高等院校个数	公共图书馆个数	图书馆藏书量	体育场个数	影院和剧院个数	卫生机构个数	卫生机构床位数
Pearson 相关系数	0.398 **	0.211 *	0.384 **	0.147	0.323 **	- 0.104	0.246 *
Spearman 秩相关系数	0.548 **	0.097	0.638 **	0.481 **	0.161	- 0.056	0.307 **

注：** 、* 分别表示在 5% 、10% 的置信水平上显著。

　　两种相关系数显示，基本公共服务水平除卫生机构个数外均与经济增长呈正相关关系，并且在 10% 与 5% 显著性水平下通过了检验，表明基本公共服务水平与当地的经济发展水平密切相关且存在相互促进的关系。其中，卫生机构个数与人均地区生产总值虽呈现负相关，但其负相关程度较小，与实际现象不相符，判断可能与选取序列为空间序列或选取人均经济指标有关，若选用时间序列或经济发展总产值结果则呈现正相关。分析结果得出：①无论从 Pearson 相关系数还是 Spearman 秩相关系数来看，普通高等院校个数与人均地区生产总值相关性均最高，此结果与格兰杰因果检验结果相同，高等教育基础设施配置水平的提高促进了教育事业水平提升，为经济发展提供了高素质人才，促使城市产业可向微笑曲线两端靠拢，使城市生产总值增长具备了优质的前提条件。②反映文化公共服务水平的四项指标中，图书馆藏书量与人均地区生产总值相关性最高，说明人均生产总值越高，当地居民精神追求越高，对图书藏量、种类要求越高。人均地区生产总值与体育场、影院和剧院休闲活动场馆数量相关性高于公共图书馆与其相关性，说明随着经济发展水平的提高，人们对于休闲娱乐场所的需求高于对图书馆的需求。

三、中国东部沿海城市公共服务与区域经济增长的关系

　　在构建指标体系中验证公共服务与区域经济增长关系如下：①反映教育、医疗卫生的指标项基本为人均地区生产总值格兰杰原因的可能性大于反向原因

可能性，说明教育及医疗卫生相关基础设施配置水平提高对人均地区生产总值的增加有促进作用。②教育基础设施水平提高带动人均生产总值的可能性普遍大于医疗卫生相关基础设施水平带动人均生产总值可能性，说明教育相关公共服务水平的提高对经济发展贡献大于医疗卫生，但作为保障居民基本生活必需的公共服务，医疗卫生始终是公共服务关注的重点。③文化相关基础设施与人均地区生产总值因果关系在不同指标呈现不同结果，公共图书馆相关公共服务对人均地区生产总值的增长有显著促进作用，而体现休闲活动相关公共服务的体育场个数及影院和剧院个数会在人均地区生产总值的带动下增加，说明一个地区经济水平越高，对休闲活动的重视程度、相关基础设施数量和质量要求也越高。

无论从 Pearson 相关系数还是 Spearman 秩相关系数来看，普通高等院校个数与人均地区生产总值相关性均最高，此结果与格兰杰因果检验结果相同，高等教育基础设施配置水平的提高促进了教育事业水平提升，为经济发展提供了高素质人才，促使城市产业可向微笑曲线两端靠拢，使城市生产总值增长具备了优质的前提条件；反映文化公共服务水平的四项指标中，图书馆藏书量与人均地区生产总值相关性最高，说明人均生产总值越高，当地居民精神追求越高，对图书藏量、种类要求越高。人均地区生产总值与体育场、影院和剧院休闲活动场馆数量相关性高于公共图书馆与其相关性，说明随着经济发展水平的提高人们对于休闲娱乐场所的需求高于对图书馆的需求。

总体而言，中国东部沿海城市公共服务设施与区域经济增长存在教育、医疗卫生基础设施水平差距导致区域经济发展差距可能性较大，经济发展差距导致文化相关基础设施差距可能性较大。

第三节　公共服务均等化的挑战

一、财政体制、土地资产化、基础设施和公共服务

（一）财政体制安排不健全

财政体制作为推进区域公共服务均等化的核心制度保障，若其安排不合理，会引发区域公共服务供给失衡。而现行财政体制运行导致纵向不均衡（上下级

政府间财政收支不匹配）和横向不均衡（区域间财政能力差异），不利于缩小区域基本公共服务差距。我国基本公共服务非均等化的现状与现行的公共财政体制失效有很大关系，财政制度安排不健全导致公共服务非均等，主要表现为公共财力和公共事务的非对称性，造成基层政府和农村社区对公共服务的投入不足，由此引致公共服务供给不足。具体表现在：①政府对基本公共服务财政投入依然不足，占财政支出比重较低；②中央政府和地方政府在基本公共服务均等化上的事权与财权不相匹配；③基层政府承担过多的基本公共服务职能；④转移支付制度的均等化作用尚未充分发挥等。从基本公共服务财政投入来看，尽管政府不断加大财政投入，但与公众日益增长的基本公共服务需求相比，政府现有的财政投入与基本公共服务供给数量远远不能满足公众的需求，我国基本公共服务的水平依然处于世界中低等收入国家行列。

我国自1994年实施财政管理体制改革以来，在一定程度上缓解了中央财政的困难，却造成了基层财政困难和区域间财力不均，各级政府特别是基层政府财权与事权不匹配，弱化了基层政府的公共服务供给能力（郭小聪、代凯，2013）。制度经济学理论表明，政府也是"经济人"，中央政府和省级政府倾向于自我利益选择，即把事权下放、财权上移，结果造成基层政府"事多财乏"，难以有效提供充足的公共服务。国务院发展研究中心的调查数据显示，义务教育经费78%由乡镇承担，9%左右由县级财政承担，省级财政承担11%，而中央财政只承担2%。对于财源稀缺的农村来说，承担近80%的义务教育投资是不可能的，结果就是公共服务非均等（供给不足或质量低下）。公共服务均等化的有效实现既需要供给体制和机制的创新，更需要财政制度安排的有效调整（张开云、张兴杰，2011）。值得注意的是，无论是全国还是地方，都存在由于配套决策导致的转移支付不公平的问题。

（二）土地资产化

土地资产是指土地作为财产具有了经济和法律意义。土地资产是指土地财产，即作为财产的土地。土地资产是从土地的经济属性方面对土地内涵的一种界定，是指某一主体所拥有的作为生产要素或者生产资料参与生产经营活动，能为拥有者带来收益的土地实物及土地权利。土地资源经开发利用后，成为一种特殊的劳动产品，使其具备了价值和使用价值。当这些土地使用权依照法律规定进入流通领域流转，便成为一种商品，体现其商品属性。于是，土地资源的资产价值随之得到体现。因此，这种依照法律规定可以流转的土地便成为土地资产（薛红霞，2011）。改革开放后，我国土地使用制度发生了深刻变革，城市建设用地开始从无偿、无期限、无流动向有偿、有期限、有流动转变，土地作为一种生产要素开始参与社会财富的分配。20世纪90年代后，随着分税制、住房制度改革的推进，在以GDP为目标的政绩考核机制的压力下，地方政府积极开发并经营土地，随着房地产和土地价格的不断上涨，土地开始从传统的资源属性向资本属性转变，并且成为地方政府所能控制的最大资产，地方政府凭借对土地的垄断地位在土地开发和出让过程中获得了大量的土地收入（石敏俊等，2017）。根据土地收入的不同来源，可将土地收入分为土地出让收入和土地融资收入。其中，地方政府土地融资收入包括土地抵押贷款收入和以土地为担保所发行的城投债。地方政府土地出让纯收入的大部分被用于城市公共服务设施投资（Fan et al.，2016）。同样，地方政府以"土地财政"为支撑所搭建的各类融资平台所获得的土地融资收入也主要用于由当地政府安排的公共基础设施项目建设（陶然，2013）。如刘守英通过对东部沿海地区某市的调研发现，该市1999~2003年的基础设施投资的12.8%来自财政收入，其余全部来自土地收入，其中土地出让收入占比为14.3%，土地融资收入占比高达72.88%（刘守英、蒋省三，2005）。显然，土地出让收入和土地融资收入均积极、显著地影响城市公共服务设施。我国多地已形成了这种"吃饭靠财政，建设靠土地"的格局，地方政府"以小财政撬动大城建"的城镇化融资模式极大地推动了城市公共服务设施水平，"土地开发—土地收入—城市公共服务设施"模式形成。

（三）供给决策机制不健全

长期以来，我国政府实践的是"精英治理"模式下公共服务供给"自上而下"而非"自下而上"的决策机制，公共服务供给决策基本上是"精英决策"或"上级决策"，强制供给，忽视大众服务需求偏好和决策参与，造成供需结构失衡。现实中，"自上而下的精英决策式"公共服务供给模式往往将许多公共服务供给职责下沉到地方基层政府，上级政府也给予一定的公共服务拨款，却不等于公共服务供给成本的全部，而是要求基层政府进行资金配套以换取上级政府的"转移支付"。调查发现，许多基层政府往往由于财力不足而无法获取"转移支付"，导致公共服务供给不足，加重了城乡之间或不同地区之间的公共服务非均等化（张开云、张兴杰，2011）。

当前，政府是公共服务供给的主导性主体，社会组织、市场力量参与供给的多中心治理格局尚不完善。可以说，公共服务的效率和质量有较大改善空间，公共服务供给的社会参与制度构建有待完善。主要表现在：一是公共服务投资的准入还存在很多限制，尤其是一些"有利可图"的公共服务；二是监管不力、信息公开不足和公民参与途径缺乏等，公共服务市场化在提高供给效率的同时，也导致了质量下降和一定程度的供给垄断；三是在多元化、多样化供给体系构建中，忽视了对公共服务"社区供给"和"自我供给"的培育和发展。

二、公共服务均等化的基本理念

《国家基本公共服务体系"十二五"规划》提出，基本公共服务均等化指全体公民都能公平可及地获得大致均等的基本公共服务，其核心是机会均等，而不是简单的平均化和无差异化。1994年我国正式在全国范围内实施国际通行的分税分级财政体制，不久就有学者明确提出也要将公共服务均等化作为我国财政体制改革的目标。

有关基本公共服务的均等化问题，贾康（2007）提出最低标准说，政府首先要托一个底，政府提供最低限度的公共供给，包括基础义务教育、基本社会保障与就业、基础设施等。因此，基本公共服务的均等化是一种基本生存底线上的平等，同时也是能满足民众最基本需求的平等，是人们生存和发展最基本的条件的均等，也是符合起点和机会平等的要求。而常修泽（2007）认为，现阶段我国公共服务均等化包括四个方面的内容：一是基本民生方面的均等，包括就业服务和基本社会保障等；二是公共事业方面的均等，包含义务教育、公共卫生和基本医疗、公共文化等；三是公益性基础服务的均等，包括公益性基础设施和生态环境保护等；四是公共安全方面的均等，包括生产安全、消费安全、社会安全、国防安全等。

基本公共服务均等化要求每个社会成员都有自由选择的权利，其前提是全体公民所享有的机会（结果）大致均等，当然并不能追求完全的相同，也允许一定范围的差异存在，因此对困难民众和群体要格外关注，将这个差距控制在一个可承受的范围内即可。

三、公共服务均等化的模式选择

（一）公共服务均等化模式

因为财政经济状况、公共治理能力和历史文化传统等因素各不相同，所以不同国家会侧重强调公共服务均等化不同层面的内涵，并将其贯彻到均等化财政制度的设计中去，从而形成不同的制度模式。在政府有效率的前提下，人均财政支出和人均财政收入可以分别用来近似地代表社会成员从公共产品的提供中所获得的利益和付出的成本。正因为如此，仅从受益层面来考察的公共服务均等化常外化为财政支出需求均等化，而财政支出在很大程度上又取决于取得财政收入的能力，于是从受益层面考察公共服务均等化也可外化为财政收入能力的均等化。综合受益和成本分担两个方面来把握公共服务均等化，则外化为财政收支的均等化。所以，目前公共服务均等化主要有四种模式：财政支出需求均等化模式、财政收入能力均等化模式、财政收支均等化模式及公共服务人均消费均等化模式（见表 13 – 19）。

表 13 – 19　公共服务均等化模式

模式	目的	均等化方式	实施难度
财政支出需求均等化模式	力求实现人均财政支出的大体相同以最终达到不同社会成员享有均等化公共服务	财政支出需求均等化要求准确地测算出各级政府履行职能所需的标准人均财政支出。不同财政支出项目应分别采用不同的计算公式，公式中的参数应尽可能地体现出不同地区社会经济状况的差别。各地区所需的转移支付根据其实际人均财政支出与标准人均财政支出间的差额来确定	难度居中
财政收入能力均等化模式	力图通过使不同地区具有大体相同的财政收入能力来实现不同社会成员享有公共服务的均等化	财政收入能力均等化模式通过比较各地区的标准财政收入和实际财政收入来确定其所需的转移支付，从而使人均财政收入水平落后的地区提高到全国平均水平	难度较小
财政收支均等化模式	要求同时实现人均财政支出和人均财政收入的均等化	采用这一模式的国家一般会构建起将地方性公共服务也包括在内的计量模型，并在模型中充分考虑各种因素对公共服务需求和公共服务提供成本的影响。在通过模型确定政府间转移支付资金的分配时，要测算出各地区标准财政收入能力和经过差异系数调整的标准财政支出需求，然后以人均标准财政收支间的缺口作为确定拨款数额的依据	难度最大

续表

模式	目的	均等化方式	实施难度
公共服务人均消费均等化模式	基于公共消费需求并最终使之获得满足，以保障社会成员的基本生存权和发展权	公共服务人均消费均等化模式旨在使各区域社会成员对于各项基本公共服务的人均占有量或人均使用效用趋于相同而实现均等化	难度最小

资料来源：王建丰. 区域间基本公共服务均等化的内涵、特征及目标模式选择［J］. 内蒙古大学学报（哲学社会科学版），2012，44（4）：71 - 75；孙佳琪. 湖南省基本公共服务的区域差异及其均等化路径研究［D］. 湖南师范大学硕士学位论文，2016.

（二）我国公共服务均等化模式的选择

四种公共服务均等化模式都存在各自的优缺点，如表 13 - 20 所示，适用范围也不尽相同。实践中，一个国家公共服务均等化制度模式的选择往往取决于其根据本国的具体国情在均等化不同维度的属性间进行权衡和取舍。

表 13 - 20　公共服务均等化模式优缺点

模式	优点	缺点
财政支出需求均等化模式	①对数据要求相对较低，因人口是均衡的主要因素，对其他数据要求相对较低；②使制度相对简化，因主要考虑支出因素，使制度相对简化	①比较适合收入高度集中的体制；②考虑因素较少，欠公平；③人口因素不能代表所有的支出需求差距，某些地区性差异不能体现在均衡目标中，目标尚欠公平
财政收入能力均等化模式	①目标相对合理；②目标相对单一；③制度相对简化，与制度的均衡目标相比，人均财政收入目标使制度相对简单	①目标尚欠公平，仅均衡人均收入而不考虑支出需求和成本差异，对需求多而成本高的地区不公平；②在制度设计时如果以历史数据为依据，则不适用动态的要求；③如果以预测数据为依据，则对数据的要求较高
财政收支均等化模式	考虑的因素更加全面，其规范性和客观性要更强一些，均等化效果最好	①制度复杂，因影响收支的因素较多，容易导致制度设计复杂化；②因设计因素多，而且以预测数据为主，因此实现该目标对数据的要求较高，数据体系不完善的发展中国家受到制约

续表

模式	优点	缺点
公共服务人均消费均等化模式	①目标科学合理，各项公共服务的人均消费数量指标能够客观、准确地反映出各地区居民享受基本公共服务的数量差异； ②制度基础客观，因要准确衡量出各项基本公共服务的人均消费量，使制度基础非常客观	①度量较为复杂，因基本公共服务内容广泛，而且包含有众多指标，要对每项基本公共服务的人均消费量进行准确度量； ②存在制度缺陷，有些基本公共服务在人均消费量上无法量化且主观性较大，难以度量，使制度设计不完整

资料来源：王玮. 公共服务均等化：基本理念与模式选择［J］. 中南财经政法大学学报，2009（1）：55－59.

从我国现阶段的情况看，尽管差距较大的收入分配格局要求在我国实行均等化效应最好的财政收支均等化模式，但由于我国原有的公共服务提供机制和财政体制与财政收支均等化模式有效实施的要求相差太大，在短时间内很难完成体制的大幅调整，再加上中央政府实际支配的财力也有限、财政管理水平也不高，所以我国在相当长一段时间内应当选择实施财政收入能力均等化模式，当然这并不排除在部分公共服务项目上采用财政支出需求均等化模式抑或财政收支均等化模式的可能。

第十四章 生态文明建设与人地关系可持续发展

第一节 区域发展的资源环境负荷

一、资源消耗

(一) 经济增长与能源消耗

经济增长需要能源的支撑，经济快速增加也会带来能源消费的增加。东部地区经济增长与能源消费的关系呈现出以下几个特征：

第一，东部地区经济总量规模大，能源消费占全国的比重也大。2014年，东部地区10省（市）GDP合计占全国54.4%，能源消费合计占全国43.2%（见表14-1）。

表14-1 2005年与2014年东部沿海地区经济和能源消费状况

区域	GDP（万亿元）		能源消费（亿吨）		人均GDP（万元）		能源强度（吨/万元）		人均能源消费（吨）	
	2005年	2014年	2005年	2014年	2005年	2014年	2005年	2014年	2005年	2014年
北京	0.93	2.13	0.55	0.68	6.06	10.00	0.60	0.32	3.62	3.20
天津	0.45	1.57	0.41	0.81	4.39	10.52	0.91	0.52	3.98	5.45
河北	1.20	2.94	1.97	2.93	1.76	4.00	1.64	1.00	2.88	3.98
上海	1.03	2.36	0.81	1.11	5.43	9.74	0.78	0.47	4.24	4.58

续表

区域	GDP（万亿元）		能源消费（亿吨）		人均GDP（万元）		能源强度（吨/万元）		人均能源消费（吨）	
	2005年	2014年	2005年	2014年	2005年	2014年	2005年	2014年	2005年	2014年
江苏	2.37	6.51	1.69	2.99	3.14	8.19	0.71	0.46	2.24	3.76
浙江	1.67	4.02	1.20	1.88	3.38	7.30	0.72	0.47	2.43	3.42
福建	0.82	2.41	0.62	1.21	2.32	6.35	0.75	0.50	1.73	3.20
山东	2.22	5.94	2.36	3.65	2.40	6.09	1.06	0.61	2.56	3.74
广东	2.72	6.78	1.78	2.96	2.92	6.35	0.65	0.44	1.91	2.77
海南	0.13	0.35	0.08	0.18	1.58	3.89	0.64	0.52	1.01	2.02
东部地区	13.55	35.01	11.47	18.41	2.90	6.73	0.85	0.53	2.46	3.54
全国	27.58	64.40	26.14	42.58	2.12	4.72	0.95	0.66	2.00	3.12

注：GDP均为2014年价格；能源消费量均为标煤单位。

资料来源：《中国统计年鉴2015》《中国能源统计年鉴2015》。

第二，东部地区经济发展水平高，人均能源消费量高于全国平均水平。2014年，按一次能源消费量统计，东部地区人均能源消费量为3.54吨标准煤，高于全国平均水平3.12吨标准煤。除广东、海南之外，其余东部八省（市）的人均能源消费均高于全国水平。其中，天津的人均能源消费量最高，达5.45吨标准煤，比全国平均水平高出2.33吨标准煤。

第三，东部地区的能源利用效率高于全国平均水平。2014年，除河北外，其余九省（市）每万元GDP能耗均低于全国平均水平。能耗强度最低的北京每万元GDP能耗仅为0.32吨标准煤，约为全国平均水平的一半。河北能耗强度较高，每万元GDP能耗高达1吨标准煤，约为北京的3倍。

第四，与中西部地区相比，东部地区经济增长对能源消费的依赖相对较轻，且经济增长对能源消费的依赖程度趋于减轻。2005~2014年，东部地区能源消费弹性系数均趋于降低，2014年均降至1以下，这意味着每增长1个百分点GDP带来的能源消费呈降低的态势，反映出产业结构的转型升级（见表14-2）。其中，江苏省降幅最大，能源消费弹性系数从2005年的1.64降低至2014年的0.26。2014年，上海、河北由于能源消费量出现负增长，能源消费弹性系数为负值，这与当地的产业结构调整有较大的关联。

表 14 - 2　2005 年与 2014 年东部沿海各省能源消费弹性系数

区域	能源消费弹性系数		区域	能源消费弹性系数	
	2005 年	2014 年		2005 年	2014 年
北京	0.61	0.22	浙江	0.87	0.13
天津	0.77	0.33	福建	1.12	0.83
河北	1.03	-0.18	山东	1.32	0.38
上海	0.81	-0.33	广东	1.22	0.50
江苏	1.64	0.26	海南	1.02	0.68
全国	1.19	0.29			

注：能源消费弹性系数 = 能源消费量增长率/GDP 增长率。

资料来源：《中国统计年鉴 2015》、2015 年各省统计年鉴。

（二）经济增长与水资源消耗

水资源消耗分为两个部分：一是看得见的水，主要是水资源的直接消耗，也就是通常所说的用水量；二是看不见的水，是隐含在产品中的水资源消耗，属于水资源的间接消耗，也称为虚拟水。一个区域对水资源的完全消耗，可以用水足迹来反映。

1. 水资源直接消耗

东部地区的水资源直接消耗呈现出以下几个特征：

第一，东部地区用水总量占全国比重最高，但和其人口占比与 GDP 占比相比，相对并不高。2014 年，东部地区承载着全国 38.27% 的人口，创造全国 54.36% 的 GDP，用水总量却仅占全国的 33.67%（见表 14 - 3）。

表 14 - 3　2014 年各地区用水总量、人均用水量与用水效率

区域	用水总量（亿立方米）	人均用水量（立方米）	用水效率（立方米/万元）	区域	用水总量（亿立方米）	人均用水量（立方米）	用水效率（立方米/万元）
北京	37.5	175.7	17.6	浙江	192.9	350.2	48.0
天津	24.1	161.2	15.3	福建	205.6	542.6	85.5
河北	192.8	262.0	65.5	山东	214.5	219.8	36.1
上海	105.9	437.6	44.9	广东	442.5	414.2	65.3
江苏	591.3	743.8	90.8	海南	45.0	500.7	128.5
东部地区	2052.1	394.7	58.6	中部地区	1432.8	396.1	103.3

续表

区域	用水总量 （亿立方米）	人均用水量 （立方米）	用水效率 （立方米/万元）	区域	用水总量 （亿立方米）	人均用水量 （立方米）	用水效率 （立方米/万元）
西部地区	1971.0	536.5	142.7	东北地区	638.9	582.0	111.2
全国	6094.9	446.7	94.6				

资料来源：《中国统计年鉴2015》。

第二，东部地区人均用水量在四大板块中最低，在世界范围内也属于较低水平。2014年东部地区人均用水394.7立方米，比全国人均用水量低52立方米，比世界平均水平低约154立方米（见表14－4）。和美国、加拿大、日本等发达国家相比，中国整体人均用水量都处于较低水平。

表14－4　2014年部分国家（地区）人均用水量

国家或地区	用水总量（亿立方米）	人口（亿人）	人均用水量（立方米）
美国	4856	3.19	1524.34
加拿大	388	0.36	1091.59
澳大利亚	198	0.23	841.83
日本	815	1.27	639.95
印度	7610	12.94	588.16
欧盟	2476	5.08	487.25
中国	6078	13.64	445.51
印度尼西亚	1133	2.55	444.09
俄罗斯	610	1.44	424.14
巴西	748	2.04	366.43
世界	39857	72.69	548.31

注：由于统计来源、方法不同，本表中2014年人均用水量与表14－3的国家统计局数据相比有细微出入。

资料来源：World Development Indicators（World Bank）。

第三，东部地区用水效率远高于全国水平。2014年，东部地区每万元GDP消耗58.6立方米水，约为全国万元GDP消耗水资源量的60%，比西部地区的一半还低。东部省市用水效率整体较高，除海南外，其余省市万元GDP消耗的水资源均低于全国水平。

在省区尺度上，东部地区各省（市）的水资源消耗存在差异。2014 年用水量较多的省份有江苏（591.3 亿立方米）和广东（442.5 亿立方米），两省经济总量大，用水量在全国分别排第一和第三。用水量较少的省份有海南、北京和天津，均低于 50 亿立方米。海南用水量少与经济份额小有关，京津用水量少主要是受到水资源短缺的影响。在人均用水量方面，东部省份除江苏、福建和海南外，其他省（市）人均用水量均低于全国水平。京津人均用水量尤其低，不及全国人均用水量的一半。

东部地区经济发展水平高，人均能源消费高，人均用水量却低，这在一定程度上反映出东部地区水资源紧张问题。2012 年，由 3 万多名海洋科技工作者历时八年多完成的"我国近海海洋综合调查与评价"专项显示，近 90% 的沿海城市存在不同程度的缺水问题。在包含辽宁在内的 11 个沿海省份所辖的 52 个沿海城市中，极度缺水的有 18 个、重度缺水 10 个、中度缺水 9 个、轻度缺水 9 个（张东阳，2012）。沿海地区缺水严重程度可见一斑。

2. 水资源完全消耗

（1）虚拟水与水足迹的概念。虚拟水（Virtual Water）是指生产产品和服务的过程中所消耗的水资源量，也称隐含在产品和服务中的水资源量（Embodied Water），反映了看不见的水资源消耗。水足迹（Water Footprint）是指一个国家、地区或个人在一定时间内消费的所有商品和服务所需要的水资源量，也称生命周期的水资源消耗量（Life Cycle Water Consumption）。水足迹强调以人为本，从满足人的需求的角度，反映生产和生活等人类活动所需要的水资源量。

在区域尺度上，水足迹被定义为满足该区域最终需求的完全需水量，可以用来反映一个区域内生产、生活等人类活动对水资源的真实需求。一个区域的水足迹既包括看得见的水资源消耗，也包括看不见的虚拟水。看得见的水资源一般在当地消耗，而看不见的虚拟水则可以通过商品和服务贸易发生转移，形成虚拟水流动。虚拟水还可以通过产业投入产出关联，从一个产业转移到另一个产业。有的学者把这种虚拟水在部门之间的转移称为虚拟水流动。虚拟水和水足迹的计算方法可以采用自下而上（Bottom-up）的追踪法，也可以采用自上而下（Top-down）的投入产出分析法。前者是追踪计算产品生产过程的各项投入所消耗的水资源，自下而上追溯到源头，得到某一产品全生命周期的水资源消耗量。后者则是以投入产出模型为基础，计算最终需求诱发的水资源完全消耗量。对于区域水足迹分析来说，后者为主流的计算方法。本文采用投入产出分析方法计算水足迹，具体计算参见 Zhang 等（2011）。

（2）东部地区的水足迹。整体来看，东部地区用水需求高，水足迹总量大，且扩张趋势明显。2007 年，东部地区水足迹总量为 2049 亿立方米，占全国水足迹总量的 44.04%，高于其 36.93% 的人口占比。2002～2007 年，东部地区水足迹总量增加了 26.33%，增幅约为全国增幅的 3 倍，占全国水足迹比重也由37.76% 上升到 44.04%，显示出用水需求逐渐扩大的趋势（见表 14－5）。

表 14－5　2002 年与 2007 年各地区水资源量与水足迹对比

单位：亿立方米

区域	2002 年			2007 年		
	水资源量 WR	水足迹 WF	水资源缺口 WR－WF	水资源量 WR	水足迹 WF	水资源缺口 WR－WF
北京	17	40	－24	24	55	－31
天津	4	15	－12	11	29	－17
河北	86	123	－37	120	131	－12
上海	46	122	－76	35	212	－178
江苏	268	397	－129	496	510	－15
浙江	1230	172	1059	892	218	674
福建	1201	139	1062	1073	170	903
山东	98	173	－75	387	206	181
广东	1885	419	1465	1581	476	1105
海南	333	22	311	284	42	242
东部地区	5168	1622	3544	4903	2049	2852
中部地区	6923	907	6015	4835	958	3877
西部地区	10771	1389	9381	10098	1338	8758
东北地区	1150	375	774	1100	308	792
全国	24011	4295	19716	20934	4654	16280

注：水资源量是指天然水资源量，不是可利用水资源量，在一定程度上低估了水资源供需矛盾的严重程度。

资料来源：石敏俊等．中国经济绿色转型的轨迹——2005～2010 年经济增长的资源环境成本［M］．北京：科学出版社，2015.

在省区尺度上，江苏和广东的经济总量大，用水需求高，是全国水足迹最高的两个省份，2007 年两者合计水足迹总量占全国的 21.19%。2002~2007 年，东部省份水足迹增幅明显，除河北外，其余省（市）水足迹增幅均高于全国，天津、海南、上海增幅更是超过 70%，远高于 8% 的全国平均增幅。

从空间分布看，东部沿海地区缺水问题较严重的省份主要分布在北方。2002 年，水资源供需存在缺口的省份有六个，包括江苏、上海、山东、河北、北京、天津。2007 年，这六个省份除山东以外，依然存在不同程度的水资源缺口。其中，江苏和河北的水资源缺口呈减小的趋势，而上海、北京和天津的水资源缺口则有不同幅度的增加。

对比用水量和水足迹可知，东部地区直接用水量相对其人口规模而言虽不高，但水足迹总量却处于较高水平，水足迹占全国比重（2007 年，44.04%）高于用水量占全国的比重（2014 年，33.67%）。由此可见，东部地区为虚拟水的净流入区域，虚拟水流动对东部地区缓解水资源短缺危机发挥了重要作用。

3. 虚拟水的作用：以北京为例

2007 年，北京市的水资源量为 24 亿立方米，现实的用水量约 35 亿立方米，而反映实际用水需求的水足迹达到 55 亿立方米，水资源量和真实用水需求之间的缺口约 31 亿立方米，反映出北京市水资源供需的深刻危机。现实的用水量和真实用水需求之间的差异也达到 20 亿立方米，从外部流入的虚拟水量与北京市现有的水资源量相当，足见虚拟水流动对缓解北京水危机起到了重要的作用。

本节应用中国省区间投入产出模型（China – IRIO 2002），分析我国省区间的虚拟水流动格局。中国省区间投入产出模型是中国科学院虚拟经济与数据科学研究中心基于 2002 年各省区投入产出表构建的包含 30 个省份、60 个部门的区域间投入产出模型。计算方法参见 Zhang 等（2011）。

表 14 – 6 显示了北京通过省际产品贸易从各个省份获取的虚拟水供给量。需要指出的是，这一计算结果并不等于各个省份实际向北京提供的虚拟水量，因为虚拟水的计算是基于北京的用水效率进行的。鉴于其他省份的用水效率可能低于北京，各个省份向北京实际提供的虚拟水量可能比表 14 – 6 的数据更大。

表 14-6　2002 年北京市外部水足迹构成　　　单位：百万立方米

省份	流入北京的虚拟水	省份	流入北京的虚拟水
天津	49	湖北	82
河北	392	湖南	26
山西	89	广东	147
内蒙古	116	广西	27
辽宁	107	海南	5
吉林	268	重庆	14
黑龙江	84	四川	42
上海	120	贵州	6
江苏	84	云南	7
浙江	76	陕西	22
安徽	82	甘肃	22
福建	76	青海	23
江西	16	宁夏	7
山东	143	新疆	39
河南	214		

资料来源：石敏俊. 现代区域经济学［M］. 北京：科学出版社，2013.

从空间上看，北京从河北获取的虚拟水供给最多。2002 年，北京从河北获得的虚拟水量为 3.92 亿立方米，占北京外部水足迹总量的 16%。河北向北京提供的虚拟水供给与水资源调入有力地缓解了北京的水资源压力，但恶化了河北本来就严峻的水资源供需状况。除河北外，北京从山东、河南、吉林、广东等地获取的虚拟水供给量也较多，河南和山东等地也都面临着不同程度的水资源供需缺口。从长远看，长期依赖来自这些省份的虚拟水供给，不能成为解决北京水资源危机的可持续渠道。

二、环境污染物排放

环境污染物排放主要有大气环境污染物排放、水环境污染物排放、土壤环境污染物排放和固体废弃物排放等，这里主要讨论大气环境污染物排放和水环境污染物排放。大气环境污染物主要有二氧化硫（SO_2）、氮氧化物（NO_x）、烟粉尘、挥发性有机污染物（VOCs）和臭氧等，水环境污染物主要有化学耗氧量

（COD）、氨氮、总氮、总磷等，这里主要讨论纳入国家五年发展计划约束性指标的二氧化硫、氮氧化物、COD 和氨氮等。

（一）大气环境污染物排放

近年来，随着经济发展、工业化和城市化进程的推进，中国的大气环境呈现出不断恶化的趋势。中国大气污染从过去的单一污染向多元化复合污染发展，呈现出阶段性、复合性和区域性的特征。大气污染问题将严重制约我国未来经济社会发展，大气污染治理迫在眉睫。

东部地区大气污染物排放量大，排放密度高于全国水平。2014 年，东部地区排放的二氧化硫 585.4 万吨，氮氧化物 742.1 万吨，分别占全国排放总量的29.6% 和 35.7%，相较于不到 10% 的国土面积，大气污染负荷较重（见表 14 −7）。从单位面积的大气污染物排放密度看，东部地区二氧化硫排放密度约为全国平均水平的 3 倍，氮氧化物排放密度约为全国的 4 倍，东部地区大气污染负荷远高于中西部地区。

表 14 − 7　2014 年各地区大气污染物质排放情况

区域	二氧化硫		氮氧化物	
	排放量（万吨）	排放密度（吨/平方千米）	排放量（万吨）	排放密度（吨/平方千米）
北京	7.9	4.8	15.1	9.2
天津	20.9	17.6	28.2	23.7
河北	119.0	6.3	151.3	8.0
上海	18.8	29.9	33.3	52.8
江苏	90.5	8.8	123.3	12.0
浙江	57.4	5.6	68.8	6.8
福建	35.6	2.9	41.2	3.3
山东	159.0	10.1	159.3	10.1
广东	73.0	4.1	112.2	6.2
海南	3.3	0.9	9.5	2.7
东部地区	585.4	6.3	742.1	8.0
中部地区	464.1	4.5	497.2	4.8
西部地区	741.0	1.1	620.5	0.9
东北地区	183.9	2.3	218.2	2.7
全国	1974.4	2.0	2078.0	2.2

资料来源：《中国环境统计年鉴 2015》。

从省区尺度看，东部地区大气污染严重的省（市）多集中在北部，且出现污染相互扩散的效应。2014 年，全国二氧化硫排放密度最高的四个省（市）为上海、天津、山东、江苏，全国氮氧化物排放密度最高的五个省（市）为上海、天津、江苏、山东和北京，多数省份地处沿海地区北部。大气污染物排放密度高的这些省份地理位置邻近，会出现污染相互扩散的效应，使污染效果在短期内增强，并且消散过程更加缓慢，致使这些省（市）的大气环境恶化情况更加严重。大气污染物的集中和超标排放，是造成我国城市群灰霾污染的根本原因。

（二）水环境污染物排放

水环境是指自然界中水的形成、分布和转化所处空间的环境。在我国，由于水污染集中处理设施严重缺乏，大量污水未经处理直接进入水体，造成大范围的水体污染，进一步加剧了水资源紧缺局面，对区域可持续发展构成了严重的威胁。

2005 ~ 2014 年，东部地区废水排放量持续增加，但废水中的污染物排放量近年来呈现出一定程度的下降趋势。2005 ~ 2014 年，东部地区废水排放总量从256.9 亿吨增加到350.7 亿吨。与此同时，随着环境治理力度加大，污水收集率、达标排放率不断提高，废水中的污染物排放量呈现出一定程度的下降趋势，COD排放总量从 2005 年的 510.5 万吨下降到 2014 年的 416.5 万吨（见表 14 - 8）。

表 14 - 8　2005 ~ 2014 年东部地区水环境污染物排放情况

年份	废水排放总量（亿吨）		COD 排放量（万吨）		氨氮排放量（万吨）	
	全国	东部地区	全国	东部地区	全国	东部地区
2005	524.5	256.9	1414.2	510.5	149.8	52.6
2010	617.3	310.0	1238.1	420.9	120.3	42.9
2011	658.8	329.8	1293.6	470.3	175.8	69.8
2012	684.3	337.6	1251.3	451.8	171.0	67.3
2013	695.0	342.6	1209.3	433.5	165.9	65.1
2014	715.6	350.7	1175.7	416.5	161.3	63.0

资料来源：2006 ~ 2015 年中国环境年鉴。

2005 ~ 2014 年，东部地区废水排放总量占全国的比重始终保持在 49% 左右，COD 排放量占全国比重略有下降（36.1% →35.4%），氨氮排放量占全国比重有所上升（35.1% →39.1%）。

沿海大都市区由于人口和经济密度过大，环境污染物排放总量持续增长，水环境质量恶化明显，表现尤为突出的是长三角、珠三角和京津冀三大城市群。2012 年，三大城市群 COD 与氨氮排放密度均显著高于全国水平（见表 14 - 9）。其中，珠三角水环境污染的矛盾最为尖锐，COD 和氨氮的排放密度均为全国水平的 3 倍。长三角城市群的水环境状况同样不容乐观。长三角城市群地处长江下游，河网水系密集，污染物质容易汇集河湖，水环境质量严重恶化，长三角地区 16 个核心城市均已成为"水质型缺水"城市，河口及近海污染日趋严重，水环境负荷已接近环境承载力的极限。

表 14 - 9　2012 年东部地区主要城市群水环境污染物排放密度

城市群	人口密度 （人/平方千米）	经济密度 （万元/平方千米）	COD 排放密度 （吨/平方千米）	氨氮排放密度 （吨/平方千米）
长三角	930	8691	2.82	0.18
珠三角	821	6612	4.50	0.38
京津冀	470	2845	1.67	0.16
山东半岛	600	4289	1.10	0.10
15 个城市群合计	450	2655	1.69	0.13
其他城市	81	248	0.86	0.09
全国	136	623	1.37	0.117

资料来源：石敏俊．现代区域经济学［M］．北京：科学出版社，2013．

三、碳排放和碳足迹

（一）碳排放的概念和计算方法

碳排放的计算方法有自下而上和自上而下两种。前者分部门统计不同行业、不同类型的能源消费，计算碳排放量；后者基于能源表观消费量，依靠能源消费的宏观统计数据计算能源消费碳排放量。目前，国内外能源消费碳排放研究大部分以后者为主（刘竹等，2011；Shan Y.，et al.，2016）。本节报告了基于能量表观消费量数据计算的各省碳排放量。

整体来看，东部地区碳排放量最高，但增长幅度受到控制。2014 年，东部地区碳排放总量为 38.49 亿吨，和 2005 年相比增加 58.31%，增幅低于中西部地区，高于东北地区（见表 14 - 10）。2005 ~ 2014 年，东部地区占全国总碳排放量的比重由 41.86% 降低到 32.42%，下降了 9.44 个百分点，而中、西部地区碳排放占全国比重则分别上升了 5.55 个和 7.87 个百分点。

在省区尺度，2014 年东部省份中碳排放量较高的省份有山东（9.98 亿吨）、河北（6.25 亿吨）、江苏（6.21 亿吨）和广东（5.42 亿吨），排名全国前 10。海南碳排放量最低，仅为 0.59 亿吨，与山东相差近 16 倍。2005 ~ 2014 年，除北京外，东部其余九省（市）二氧化碳排放量均增加，但增长幅度在全国范围内普遍不高，除海南、福建外，其余七省（市）增幅均低于全国水平。北京、上海经济发展水平高，第三产业发展快，碳排放增幅受到控制。2005 ~ 2014 年，上海碳排放量由 1.42 亿吨增长到 1.57 亿吨，仅增加 10%；北京碳排放量由 0.95 亿吨降低到 0.89 亿吨，下降 6.7%。

表 14 - 10　2005 年与 2014 年东部地区二氧化碳排放量　单位：亿吨,%

区域	2005 年	2014 年	增幅	区域	2005 年	2014 年	增幅
北京	0.95	0.89	- 6.70	浙江	2.67	3.81	42.43
天津	0.9	1.5	67.36	福建	0.99	2.29	130.60
河北	4.09	6.25	52.74	山东	6.62	9.98	50.77
上海	1.42	1.57	10.00	广东	2.72	5.42	99.00
江苏	3.87	6.21	60.60	海南	0.08	0.59	643.67
东部地区	24.32	38.49	58.31	中部地区	12.37	31.86	157.63
西部地区	13.68	37.30	172.70	东北地区	7.73	11.06	43.14
全国	58.09	118.72	104.37				

资料来源：中国碳核算数据库（CEADs）。

（二）东部地区的碳足迹

碳足迹（Carbon Footprint）是在生态足迹的概念基础上提出的、用来衡量碳排放水平的一个概念，指人类日常活动过程中所排放的二氧化碳总量（Wang et al.，2010）。在区域尺度，区域碳足迹着眼于一个国家、区域或城市为满足最终需求的完全碳排放，包括区域的直接和间接碳排放、区域间调入调出和进出口活动的碳排放。

碳足迹的计算方法有自下而上和自上而下两种。前者利用碳足迹计算器，以日常生活中的实际消费、交通形态为估算依据，通过生命周期清单分析得到研究对象生命周期的碳排放，主要应用于产品碳足迹的分析。后者以生命周期评价方法和投入产出分析为基础，测算最终需求诱发的生命周期碳排放，是当前区域碳足迹的主流分析方法。本节采用投入产出分析方法计算各省碳足迹，具体计算参见石敏俊等（2012）的研究。

东部地区的碳足迹具有以下特点：

第一，东部地区碳足迹总量最高，但增长幅度受到控制，这一点与碳排放类似。2007 年，东部地区碳足迹为 22.77 亿吨，和 2002 年相比增加 72.5%，增幅低于中西部地区，高于东北地区（见表 14 - 11）。2002 ~ 2007 年，东部地区占全国总碳足迹的比重由 39.76% 降低到 37.88%，下降 1.88 个百分点，而中、西部地区碳足迹占全国比重则分别上升了 2.37 个和 1.04 个百分点。

表 14 - 11　2002 年与 2007 年东部地区的碳足迹及人均碳足迹

区域	碳足迹（亿吨）			人均碳足迹（吨）		
	2002 年	2007 年	增幅（%）	2002 年	2007 年	增幅（%）
北京	1.21	1.69	39.67	8.52	10.38	21.83
天津	0.65	0.91	40.00	6.41	8.18	27.61
河北	2.20	4.58	108.18	3.27	6.60	101.83
上海	1.13	1.43	26.55	6.95	7.69	10.65
江苏	1.87	3.30	76.47	2.53	4.33	71.15
浙江	1.10	2.49	126.36	2.37	4.92	107.59
福建	0.49	1.04	112.24	1.41	2.90	105.67
山东	2.71	4.45	64.21	2.98	4.75	59.40
广东	1.49	2.69	80.54	1.90	2.85	50.00
海南	0.35	0.19	-45.71	4.40	2.25	-48.86
东部地区	13.20	22.77	72.50	2.92	4.73	62.12
中部地区	7.14	14.35	100.98	2.01	4.07	102.58
西部地区	8.48	15.98	88.44	2.37	4.43	86.77
东北地区	4.37	7.01	60.41	4.08	6.46	58.39
全国	33.20	60.11	81.05	2.58	4.55	76.36

资料来源：石敏俊，王妍，张卓颖，周新. 中国各省区碳足迹与碳排放空间转移［J］. 地理学报，2012，67（10）：1327 - 1338.

第二，东部人均碳足迹高于全国平均，但增幅低于全国水平。2007 年东部人均碳足迹为 4.73 吨，高于全国人均碳足迹 0.18 吨，在四大板块中仅次于东北地区。2002～2007 年，东部地区人均碳足迹增幅 62.12%，增幅低于中西部地区，高于东北地区。

在省区尺度，碳足迹总量大的省份多为经济总量大、能源消费多的省份。2007 年东部省份中碳足迹较高的省份有河北（4.58 亿吨）、山东（4.45 亿吨）、江苏（3.3 亿吨）和广东（2.69 亿吨），占据全国前五名中的四名。海南碳足迹最低，仅为 0.19 亿吨，与河北相差近 23 倍。2002～2007 年，除海南外，东部其余九省（市）碳足迹均增加。其中，浙江、福建和河北增幅高于全国水平，三大直辖市与江苏、山东、广东碳足迹增幅低于全国水平。天津、上海、北京经济发展水平高，碳足迹增幅受到控制，不及全国增幅的一半。

省区尺度的人均碳足迹的区域差异也十分显著。2007 年，东部省份中北京、天津、上海人均碳足迹较高，分别为 10.38 吨、8.18 吨和 7.69 吨。北京、天津、上海是全国性中心城市，经济发展水平较高，导致人均碳足迹高。海南、广东、福建人均碳足迹均在 3 吨以下，也是全国人均碳排放最低的三个省份。此三省人均碳足迹低，与南方缺煤、产业结构偏轻有关。2002～2007 年，除海南外，其余东部省份人均碳足迹均增加。其中，河北、浙江、福建在此期间人均碳足迹增加一倍以上。人均碳足迹高的北京、上海、天津增加幅度受到控制，人均碳足迹增幅在 30% 以下。

对比东部地区碳排放和碳足迹可知，东部地区直接碳排放量占全国的比重（2014 年，32.42%）低于碳足迹总量占全国的比重（2007 年，37.88%），东部地区还消耗了很多中间商品隐含的间接碳排放。此外，东部地区碳排放的增幅（2005～2014 年增长 58.31%）低于碳足迹的增幅（2002～2007 年增长 72.5%），完全碳排放增长速度更快。

（三）隐含碳排放的空间转移

本节应用中国省区间投入产出模型（China – IRIO 2002）计算省区之间的碳排放转移，具体计算参见石敏俊等（2012）的研究。我国碳排放空间转移的基本构图是从能源富集区域和重化工基地分布区域向经济发达区域和产业结构不完整的欠发达区域转移。

东部地区隐含碳排放调入量和调出量均较高，整体为隐含碳排放调入地区。

2002 年，东部地区碳排放调出量占中国省区间碳排放流动总量的 35.8%，碳排放调入量占中国省区间碳排放流动总量的 45.6%，调入调出占比均高于其他地区。2002 年东部地区净调入 6389.2 万吨隐含碳排放，是隐含碳排放净调入最多的地区（见表 14 – 12）。

表 14 – 12　2002 年东部沿海省份隐含碳排放的调入与调出　　单位：万吨

区域	调出省外	省外调入	净调出	区域	调出省外	省外调入	净调出
北京	1397.8	5856.9	– 4459.1	浙江	2250.7	2588.4	– 337.6
天津	1052.6	1699.7	– 647.1	福建	736.2	711.3	24.9
河北	5678.2	5508.8	169.4	山东	4020.2	3077.5	942.7
上海	1904.9	2803.0	– 898.1	广东	2169.3	4340.6	– 2171.3
江苏	3936.6	2847.7	1088.9	海南	299.7	401.5	– 101.8
东部地区	23446.2	29835.3	– 6389.2	中部地区	15901.14	11119.16	4781.98
西部地区	16982.8	15283.3	1699.6	东北地区	9104.91	9197.3	– 92.39
全国	65435.1	65435.1	0.0				

资料来源：石敏俊，王妍，张卓颖，周新．中国各省区碳足迹与碳排放空间转移［J］．地理学报，2012，67（10）：1327 – 1338.

东部省份中，隐含碳排放为净调出的省份有江苏、山东、河北、福建。这些省份经济规模较大，产业发展基础较好，产品调出比例较大。隐含碳排放为净调入的省份有北京、广东、上海、天津、浙江、海南。东部三大直辖市与广东、浙江人均 GDP 高，经济发达，电力、钢铁、水泥等高碳产品对调入的依赖较大。海南由于产业结构不完整，许多投资品和消费品不得不依赖调入来满足最终需求。

从隐含碳排放调出看，隐含碳排放调出省外数量较大的省份有河北、山东、江苏、浙江、广东。其中，河北是资源富集型省份，调出煤炭、电力等初级产品比较多。山东、江苏、浙江、广东制造业基础较好，调出加工制造品较多。从调出比例看，河北调出比例较高，制造业省份由于产品服务于本地市场比例较高，尽管隐含碳排放调出数量大，但调出比例不高。

从隐含碳排放调入角度看，北京、天津、上海等中心城市对隐含碳排放调入的依赖较大；广东、山东、江苏等制造业规模较大的省份尽管隐含碳排放调入数量较大，但调入比例不高；河北隐含碳排放调入数量和比例均较大，这是由于河北产业体系不完善，对外依赖较深。

除了省区间隐含碳排放的调入调出，东部地区进出口贸易隐含的碳排放数量也十分巨大（见表14-13）。2002年，东部10省份合计的出口隐含碳排放达到3.8亿吨，进口隐含碳排放达到2.72亿吨，净出口隐含碳排放为1.09亿吨，分别占全国的67.11%、60.65%和91.45%。浙江、天津、广东、福建、海南五省（市）净出口隐含碳排放占本地碳排放的比例均超过10%，其中浙江超过20%。国际贸易对东部地区的影响表现为碳泄漏，我国作为世界工厂付出了巨大的资源环境代价。

表14-13　2002年隐含碳排放的跨国转移　　　　　单位：亿吨

区域	出口隐含碳排放	进口隐含碳排放	净出口隐含碳排放
北京	0.2034	0.1477	0.0557
天津	0.3038	0.2065	0.0973
河北	0.1802	0.1461	0.0341
上海	0.6755	0.5796	0.0959
江苏	0.4881	0.4134	0.0747
浙江	0.4950	0.1812	0.3138
福建	0.1835	0.1074	0.0760
山东	0.4132	0.3149	0.0983
广东	0.8277	0.6037	0.2239
海南	0.0337	0.0175	0.0162
全国	5.6687	4.4813	1.1874

资料来源：石敏俊. 现代区域经济学［M］. 北京：科学出版社，2013.

四、区域发展的资源环境成本

（一）资源环境成本的概念

资源环境成本主要是指资源消耗、环境污染、生态退化所造成的经济损失。资源消耗损失可分为矿产资源等耗竭性资源的损耗、耕地等可更新资源的损耗。环境污染损失主要包括水体污染、大气污染、土壤污染、固体废弃物污染等造成的损失，也有部分研究把环境污染治理成本纳入环境污染损失。生态退化损失主要有水土流失、沙漠化、盐碱化、生物多样性减少等生态系统服务功能退化所带来的损失。

资源环境成本的货币化评价并非易事，国内外许多学者进行了多种尝试。本节主要基于石敏俊等（2011）的方法对区域发展的资源环境成本进行核算。

（二）2005~2010 年资源环境成本

2010 年，东部地区资源环境成本共计 11917.4 亿元，占全国的 24.1%。东部地区资源环境成本占 GDP 的比例为 5.14%，低于全国平均水平的 12.32%（见表 14-14）。从东部地区资源环境成本的构成来看，资源消耗损失为 6330.2 亿元，约占资源环境成本的 53.12%；环境污染损失 4948.7 亿元，约占资源环境成本的 41.53%；生态退化损失较低，仅为 638.5 亿元，约占资源环境总成本的 5.36%。

表 14-14　2005 年与 2010 年东部沿海地区资源环境成本　　单位：亿元

区域	资源环境成本		资源消耗损失		环境污染损失		生态退化损失	
	2005 年	2010 年	2005 年	2010 年	2005 年	2010 年	2005 年	2010 年
北京	230.4	282.1	67.7	91.0	158.8	189.8	3.9	1.3
天津	306.0	383.7	132.3	175.4	173.7	208.1	0.0	0.1
河北	1165.0	3099.5	861.0	2761.2	165.2	261.4	138.8	76.9
上海	579.8	527.6	19.1	0.0	560.7	527.6	0.0	0.0
江苏	1212.2	1398.1	307.7	263.9	876.6	1108.2	27.9	25.9
浙江	798.5	689.1	231.0	30.6	386.6	515.6	180.9	142.9
福建	481.7	687.2	188.5	426.1	166.6	156.1	126.5	105.0
山东	2021.8	3175.1	1448.8	2377.1	382.3	619.6	190.7	178.4
广东	1244.5	1604.8	396.4	156.6	716.0	1347.2	132.1	101.1
海南	38.8	70.3	25.7	48.3	5.2	15.2	7.9	6.9
东部地区	8078.7	11917.4	3678.4	6330.2	3591.6	4948.7	808.7	638.5
全国	32664.6	49471.3	20638.7	36348.5	6172.2	8397.3	5853.7	4725.5
东部占比	24.73%	24.09%	17.82%	17.42%	58.19%	58.93%	13.82%	13.51%

资料来源：石敏俊等 . 中国经济绿色转型的轨迹——2005~2010 年经济增长的资源环境成本 [M]. 北京：科学出版社，2015.

环境污染成本较高是东部地区资源环境成本最突出的特点。2010 年，全国环境污染损失排名前五的省份为广东（占全国的 16.04%）、江苏（13.2%）、山东（7.38%）、上海（6.28%）和浙江（6.14%），这些省（市）全部位于东部地区。东部 10 省份国土面积占全国的比重不到 10%，环境污染损失占全国的比重却近 60%，这也反映出东部地区环境污染负荷密度之高。

2005～2010 年，东部地区资源环境成本增幅为 47.52%。资源消耗和环境污染损失的增加是推动东部地区资源环境成本增长的主要原因。2005～2010 年，东部沿海地区资源消耗损失增长了 72.09%（低于全国 76.12% 的平均水平）；环境污染损失增长幅度为 37.79%，略高于全国水平（36.05%）；生态退化损失则降低 21.05 个百分点。

分省区来看，2010 年，东部沿海省份中山东、河北资源环境成本最高，分别为 3175.1 亿元和 3099.5 亿元，占全国比重为 6.42% 和 6.27%。海南资源环境成本最低，仅为 70.3 亿元，占全国 0.14%。2005 年的资源环境成本格局与 2010 年基本相同。

2005～2010 年，除浙江、上海外其余东部省份资源环境成本均提高。其中，河北增幅最高，为 166.05%，资源环境成本占全国比重也由 3.57% 增长到 6.27%。河北资源环境成本上升，主要原因在于资源消耗损失的大幅增加（220.7%）。除河北外，海南、山东资源环境成本增幅也较高，均超过全国水平（51.45%）。浙江、上海资源环境成本分别下降 13.71% 和 9%，主要原因在于两省（市）资源消耗损失的大幅下降，浙江降幅为 86.8%，上海因 2010 年无资源开采，未统计到直接的资源消耗损失。

五、区域发展的资源环境效应

东部地区经济总量规模大，能源、水资源等消耗量也大，碳排放量较高。对能源和水资源的消耗不仅直接消耗较大，而且还通过虚拟资源流动，把资源消耗负担间接地转嫁给其他地区。大都市区的水足迹远高于当地的可利用水资源量，除了看得见的跨区域调水，看不见的虚拟水流动对大都市区的水资源保障作用更加突出。与间接的能源消耗相关，东部地区还有隐含的碳排放，因此碳足迹比直接碳排放更大。

东部地区经济密度高，总量规模大，导致单位面积环境污染物排放量高，环境负荷大，局部区域环境负荷接近其至超越环境承载力，导致环境质量明显退化。

总体而言，东部地区经济发展带来的资源环境负荷较大，资源环境成本高，尤其是环境污染成本占全国的58.9%，环境污染成本最高的省份均分布在东部地区。尽管直接的资源消耗成本占全国的比重只有17%，但如果把通过隐含能源消耗和虚拟水流动转嫁给中西部地区的资源消耗损失考虑在内，东部地区资源消耗成本占全国的比例将会大幅度升高。因此，东部地区的可持续发展必须坚持人地关系和谐发展的理念，加快经济发展的绿色转型。

第二节　经济发展与资源环境可持续性的相互作用

一、经济增长与资源环境的脱钩分析

（一）能源消费的脱钩分析

2000年以来，东部地区的能源消费总量呈稳定增长的趋势，从2000年的6.5亿吨稳步增长到2015年的19.7亿吨，工业消费总量增长了将近2倍。2010年是一个重要的转折点，2010年后东部地区的能源消费总量增速放慢。2010年前，东部地区能源消费量占全国的比例不断攀升，2010年达到峰值58.6%，此后呈现下降趋势。这表明，2010年前东部地区能源消费量的增长速度高于全国，2010年后全国能源消费总量继续快速增加，而东部地区则放慢了能源消费增速，这与东部地区率先推进产业结构转型具有直接的因果关系。如图14-1所示。

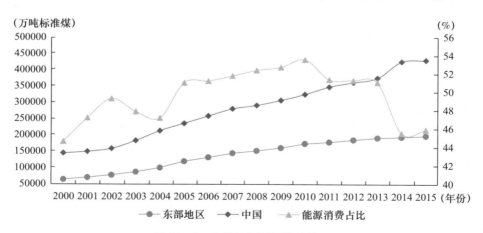

图14-1　东部地区能源消费情况

资料来源：2001~2016年《中国统计年鉴》和各省统计年鉴。

东部地区能源消费总量的持续增长态势，与当地经济增长密切相关。脱钩指数分析可以更好地理解能源消费与经济增长的关系（Climent and Pardo，2007；Enevoldsen et al.，2007；赵一平等，2006；王崇梅，2010）。脱钩指数（Decoupling Index，DI）用于描述经济发展与资源环境压力之间的关系所处的状态。这里采用经济合作与发展组织构建的脱钩指数计算方法：DI = EI/GI。其中，DI 表示脱钩指数，EI 表示资源环境压力指数，GI 表示经济增长指数。EI 一般用资源环境负荷变化率表示，GI 一般用 GDP 的变化率表示。DI > 1 时，经济发展与资源环境的压力关系为复钩关系；DI = 1 时为复钩与相对脱钩的转折点；当 0 < DI < 1 时，经济发展与环境压力的关系转为相对脱钩关系；DI = 0 为相对脱钩与绝对脱钩的转折点，即经济增长与环境压力无关；当 DI < 0 时，经济发展与资源环境压力呈现绝对脱钩关系（OECD，2000，2002）。

2001 ~ 2015 年，东部地区的能源消费与经济增长之间的关系以 2005 年为转折点，呈现出不同的趋势和特点。2005 年前，东部地区能源消费与经济增长的关系表现为大部分地区具有复钩关系，其中福建、浙江、江苏、山东、河北等省份表现尤为显著。2005 年后，东部地区各省（市）的能源消费与经济增长转为相对脱钩关系。北京、广东和海南的能源消费 DI 指数 2013 年后趋于下降，其余省份 2014 年后趋于下降，此后东部地区各省市的 DI 指数又表现为温和上升。如表 14 - 15 所示。

表 14 - 15　2001 ~ 2015 年东部地区各省（市）能源消费与经济增长之间脱钩关系

年份	北京	天津	河北	山东	江苏	上海	浙江	福建	广东	海南
2001	0.17	0.33	0.92	2.08	0.29	0.76	0.85	0.78	0.76	0.88
2002	0.43	0.31	1.14	1.45	0.68	0.53	0.71	1.33	0.83	1.67
2003	0.45	0.27	1.21	0.95	1.10	0.73	0.54	1.21	0.89	1.32
2004	0.78	0.82	1.01	0.52	1.54	0.63	1.59	0.83	0.95	0.84
2005	0.58	0.27	1.04	1.51	1.79	0.79	2.03	2.63	1.15	1.05
2006	0.54	0.75	0.75	0.74	0.74	0.63	0.65	0.70	0.70	0.91
2007	0.41	0.52	0.63	0.63	0.67	0.59	0.82	0.72	0.74	0.95
2008	0.11	0.48	0.30	0.33	0.47	0.62	0.59	0.69	0.48	0.68
2009	0.39	0.55	0.50	0.49	0.56	0.24	0.79	0.65	0.72	0.77
2010	0.58	0.92	0.25	0.57	0.71	0.58	0.76	0.72	0.81	0.44

续表

年份	北京	天津	河北	山东	江苏	上海	浙江	福建	广东	海南
2011	0.12	0.67	0.62	−0.83	0.64	0.24	0.33	0.73	0.50	1.50
2012	0.39	0.58	0.21	0.51	0.50	0.13	0.63	0.44	0.24	0.55
2013	−0.78	0.64	0.37	0.52	0.52	0.39	0.61	0.64	−0.24	0.51
2014	0.27	0.30	−0.15	0.34	−0.11	−0.29	0.26	0.10	0.51	0.71
2015	0	0.11	0	0.50	0.12	0.43	0.13	0.11	0.25	0.77

资料来源：2001~2016 年《中国统计年鉴》和各省统计年鉴。

2010 年后，北京、上海、江苏、广东、山东、河北等部分东部省份在部分年份曾经出现 DI 指数小于 0 或等于 0 的情形，这意味着能源消费与经济增长的绝对脱钩关系。部分省份进入绝对脱钩状态对于东部地区的能源消费增速下降起到了一定的推动作用。但是从整体上看，东部地区尚未进入能源消费与经济增长的绝对脱钩阶段，能源消费量仍处于增加趋势。

东部地区的三个直辖市 2001~2015 年能源消费与经济增长之间一直保持着相对脱钩的关系，总体而言 DI 指数低于东部地区的其他省份。2000~2005 年，DI 指数缓慢上升，2005 年后 DI 指数呈下降趋势，只有天津在 2006~2010 年 DI 指数曾出现上升势头。如图 14-2 所示。

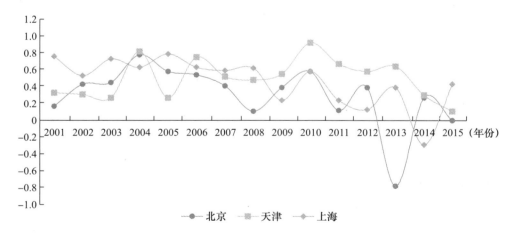

图 14-2 2001~2015 年北京、天津、上海三市能源消费与
经济增长之间的脱钩关系

资料来源：2001~2016 年《中国统计年鉴》和各省统计年鉴。

（二）环境污染物排放的脱钩分析

1. 工业废水排放量

东部地区工业废水排放量呈现出先升后降的变化趋势。2000～2007年，东部地区的工业废水排放量大幅增加，从2000年的83.07亿吨增长到2007年的122.7亿吨，增加了47.77%。2007年后，工业废水排放量开始呈下降趋势，尤其是2011年后下降幅度更加明显，虽然2014年有小幅的波动，2015年又趋于下降，2015年的废水排放量为96.83亿吨，相对于2007年下降了21.08%。由于先升后降，整体上看，2000～2015年东部地区工业废水排放量只有微弱的增长。东部地区工业废水排放量的变化趋势与全国基本相似。2011年前，东部地区的工业废水排放量增速超过全国平均水平，东部地区工业废水排放量占全国的比例也不断升高，2011年达到顶峰51%，2011年后东部地区工业废水排放量整体上呈减少趋势，占全国的比例也趋于下降，表明近年来东部地区对工业废水排放的控制优于全国平均水平。如图14-3所示。

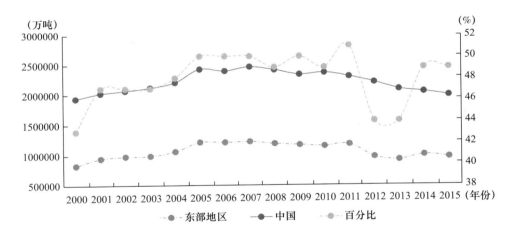

图14-3 2000～2015年东部地区工业废水排放量情况

资料来源：2001～2016年《中国环境统计年鉴》和各省统计年鉴。

东部地区工业废水排放总量的DI指数表现出较大的波动，部分年份呈较强的复钩关系，部分年份呈现相对脱钩关系，也有些年份表现出绝对脱钩关系，从整体上看表现为从复钩到相对脱钩的变化趋势（见表14-16）。2005年，部分省份工业废水排放量DI指数大幅上升，复钩关系显著增强。2006～2010年，东部地区工业废水排放量与经济增长表现为相对脱钩关系，广东、北京、上海等地多次出现绝对脱钩关系（见图14-4）。2011年，上海、福建、海南、北京等地工业废水排放量DI指数再次出现上升，此后大部分省份工业废水排放量DI指数呈下降趋势，2012年后东部地区大部分省份表现为绝对脱钩的关系。北京和上海两地的工业废水排放量DI指数一直低于其他省份，2000~2015年工业废水排放总量与经济增长之间呈相对脱钩关系，部分年份甚至是绝对脱钩关系。

表14-16　2001~2015年东部地区各省（市）工业废水排放量与经济增长之间脱钩关系

年份	北京	天津	河北	山东	江苏	上海	浙江	福建	广东	海南
2001	-0.74	1.73	1.72	0.44	3.35	-0.59	1.50	2.33	-0.11	-0.10
2002	-1.28	0.26	0.38	-0.64	-0.26	-0.41	0.50	1.20	2.00	0.25
2003	-2.45	-0.11	0.13	0.63	-0.43	-0.47	0.00	2.18	0.15	0.02
2004	-0.27	0.30	1.36	0.72	0.43	-0.54	-0.12	1.41	0.63	-0.80
2005	0.13	2.21	-0.17	0.53	0.86	-0.82	1.28	1.00	2.59	0.90
2006	-1.59	-1.60	0.35	0.26	-0.21	-0.43	0.27	-0.16	0.08	0.17
2007	-0.70	-0.43	-0.41	1.08	-0.43	-0.10	0.06	0.46	0.33	-1.20
2008	-0.92	-0.28	-0.19	0.52	-0.26	-0.76	-0.03	0.20	-1.29	0.05
2009	0.40	-0.30	-0.92	0.26	0.23	-0.80	0.16	0.16	-1.18	1.48
2010	-0.57	0.07	0.31	1.14	-0.11	-1.06	-0.78	-0.93	-0.08	-1.11
2011	0.66	0.04	0.33	-0.93	-0.60	2.63	-0.13	3.47	0.04	1.50
2012	0.84	-0.25	0.36	-0.20	-0.41	0.92	-0.48	-3.51	-0.11	1.04
2013	0.42	-0.18	-1.27	-0.14	-0.68	-0.63	-0.82	-0.14	-0.99	0.05
2014	-0.45	0.17	-0.18	-0.07	-0.82	-0.46	-1.15	-0.25	0.53	0.72
2015	-0.31	-0.02	-1.96	0.45	0.09	0.99	-0.17	-1.23	-1.13	-1.74

资料来源：2001~2016年《中国环境统计年鉴》和各省统计年鉴。

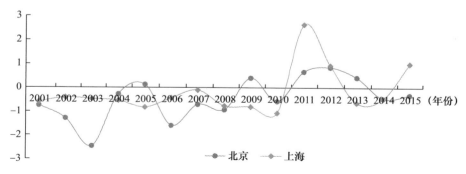

图14-4　2001~2015年北京和上海工业废水排放量与经济增长之间的脱钩关系

资料来源：2001~2016年《中国环境统计年鉴》和各省统计年鉴。

工业废水排放量与经济增长的关系反映出东部地区大部分省份比较重视工业废水排放的控制，在 2012 年后进入绝对脱钩状态的省份，经济增长已不再依赖工业废水排放的增加。

2. 二氧化硫排放量

东部地区的二氧化硫排放量呈先升后降的趋势。2000～2005 年，东部地区的二氧化硫从 677.35 万吨增加到 847.86 万吨，此后持续下降，2015 年降至 538.34 万吨。与 2000 年相比，2015 年东部地区二氧化硫排放量整体上是减少的。东部地区二氧化硫排放量的变化趋势与全国基本同步，东部地区二氧化硫排放量占全国的比重呈不断下降的趋势，2001 年的 35% 为峰值，此后持续下降，2015 年降至 29%。由此可见，东部地区对二氧化硫排放量的控制明显优于全国平均水平。如图 14-5 所示。

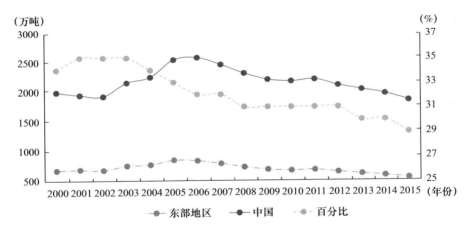

图 14-5　2000～2015 年东部地区二氧化硫排放情况

资料来源：2001～2016 年《中国环境统计年鉴》和各省统计年鉴。

脱钩分析结果表明，东部地区二氧化硫排放量的 DI 指数整体上波动不大，各省（市）二氧化硫排放量与经济增长之间的关系整体上表现为相对脱钩或绝对脱钩关系。其中，部分省份部分年份的二氧化硫排放量 DI 指数出现过波动。譬如，2011 年，其他省份处于脱钩关系，有些省市是绝对脱钩关系，但河北、山东和海南出现了复钩关系。福建在 2003 年和 2006 年出现了显著的波动，导致其在绝对脱钩、复钩以及相对脱钩之间不断转换。整体上看，东部地区二氧化硫排放量与经济增长之间呈显著的脱钩关系，表明东部地区已摆脱经济增长对二氧化硫排放的依赖。如表 14 – 17 所示。

表 14 – 17　2001 ~ 2015 年东部地区各省（市）二氧化硫排放量与经济增长之间脱钩关系

年份	北京	天津	河北	山东	江苏	上海	浙江	福建	广东	海南
2001	− 0.88	− 1.57	− 0.28	− 0.43	2.83	0.16	− 0.02	− 1.23	0.71	0.00
2002	− 0.39	− 0.97	− 0.08	− 0.16	− 0.21	− 0.49	0.43	− 0.33	0.01	1.04
2003	− 0.42	0.69	0.97	0.65	0.79	0.06	1.20	4.96	0.61	0.42
2004	0.31	− 0.76	0.03	− 0.06	− 0.01	0.36	0.75	0.60	0.40	0.00
2005	0.00	1.09	0.36	0.66	0.74	0.75	0.45	3.03	0.81	− 0.41
2006	− 0.61	− 0.26	0.25	− 0.14	− 0.34	− 0.08	− 0.01	0.11	− 0.13	0.69
2007	− 0.94	− 0.25	− 0.27	− 0.50	− 0.44	− 0.13	− 0.49	− 0.32	− 0.34	0.53
2008	− 2.10	− 0.12	− 0.98	− 0.59	− 0.57	− 1.07	− 0.69	− 0.29	− 0.54	− 1.50
2009	− 0.32	− 0.08	− 0.68	− 0.49	− 0.40	− 1.83	− 0.61	− 0.17	− 0.60	0.00
2010	− 0.33	− 0.05	− 0.12	− 0.26	− 0.17	− 0.53	− 0.28	− 0.19	− 0.11	1.99
2011	− 1.84	− 0.10	1.27	1.72	0.03	− 4.01	− 0.27	− 0.40	− 1.96	1.03
2012	− 0.53	− 0.20	− 0.52	− 0.45	− 0.58	− 0.65	− 0.69	− 0.40	− 0.71	0.53
2013	− 0.95	− 0.27	− 0.51	− 0.63	− 0.53	− 0.70	− 0.63	− 0.25	− 0.55	− 0.51
2014	− 1.27	− 0.35	− 1.14	− 0.38	− 0.45	− 1.83	− 0.43	− 0.14	− 0.54	0.05
2015	− 1.42	− 1.19	− 1.01	− 0.51	− 0.91	− 1.33	− 0.79	− 0.57	− 0.89	− 0.10

资料来源：2001 ~ 2016 年《中国环境统计年鉴》和各省统计年鉴。

3. 固体废弃物产生量

2000 ~ 2015 年，东部地区工业固体废弃物产生量整体上也呈先升后降的趋势。2000 年，东部地区工业固体废弃物产生量只有 2.38 亿吨，2012 年达到 9.78 亿吨，增加了 3.1 倍。2012 年后，东部地区工业固体废弃物产生量快速增加的趋势不但得到了遏制，而且出现了下降的趋势。2004 年后，东部地区工业固体废弃物产生量占全国的比例整体上呈下降的趋势，但期间出现过较大的波动状态，2003 年和 2011 年出现了较大幅度的下降。其原因在于，全国工业固体废弃物产生量迅速增加，而东部地区工业废弃物产生量虽然没有大幅减少，但增幅明显小于全国平均水平。如图 14 – 6 所示。

1Fll

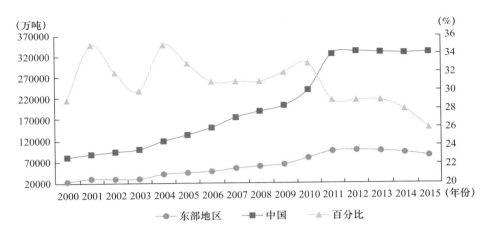

图 14-6　2000~2015 年东部地区工业固体废弃物产生量情况

资料来源：2001~2016 年《中国环境统计年鉴》和各省统计年鉴。

　　东部地区各省（市）的工业固体废弃物产生量的 DI 指数波动较大，几乎呈现正负交替变化的情况。与工业废水 DI 指数和二氧化硫 DI 指数相比，固体废弃物 DI 指数无论是变动幅度还是符号稳定性都呈现出较大的变动，整体上没有明显的稳定脱钩关系。只有北京市的工业固体废弃物产生量趋于下降，大多数年份表现为绝对脱钩关系。如表 14-18 所示。

表 14-18　2001~2015 年东部地区各省（市）固体废弃物生产量与经济增长之间脱钩关系

年份	北京	天津	河北	山东	江苏	上海	浙江	福建	广东	海南
2001	-0.03	1.86	2.98	1.48	1.66	1.76	1.48	—	1.67	-2.32
2002	-0.63	0.93	-0.4	0.47	0.58	-0.05	0.87	-1.86	0.19	2.64
2003	1.13	0.01	0.48	0.26	0.19	0.33	0.76	-2.40	0.58	-0.30
2004	0.70	1.07	6.73	1.08	1.34	0.64	1.19	1.06	0.96	2.16
2005	-0.41	3.30	-0.22	1.04	1.60	0.74	0.66	0.90	0.70	1.28
2006	0.73	1.02	-0.94	1.35	1.68	0.40	1.67	0.78	0.33	1.19
2007	-0.41	0.54	2.45	0.59	0.15	0.33	1.14	0.89	1.74	0.47
2008	-1.02	0.35	0.57	0.73	0.53	0.87	0.48	0.88	2.45	3.81
2009	0.73	0.15	1.12	0.73	0.19	-0.48	0.37	1.48	-0.20	-0.74
2010	0.20	1.31	3.62	1.09	1.02	0.83	0.77	1.29	1.22	0.34
2011	-1.40	-0.36	3.75	2.00	1.42	-0.04	0.47	-3.33	0.72	8.21

续表

年份	北京	天津	河北	山东	江苏	上海	浙江	福建	广东	海南
2012	-0.26	0.28	0.10	-0.62	-0.24	-1.33	0.04	6.57	0.24	-0.91
2013	-0.70	-1.00	-0.61	-0.09	0.65	-0.86	-0.44	0.96	-0.11	0.76
2014	-0.30	0.90	-0.48	0.66	0.07	-0.90	0.74	-4.38	-0.54	2.84
2015	-4.42	-1.17	-2.29	0.39	-0.25	-0.43	-0.15	0.28	-0.13	-2.32

资料来源：2001~2016年《中国环境统计年鉴》和各省统计年鉴。

二、经济增长与资源环境可持续性的环境库兹涅茨曲线分析

库兹涅茨等的研究发现，一个国家和地区在经济发展初期阶段，环境污染程度较轻，随着人均收入的增加，环境污染由低趋高，环境恶化程度随经济增长而加剧；当经济发展达到一定水平，到达某个临界点后，环境污染又会由高趋低，随着人均收入增加，环境污染程度逐渐减缓，环境质量逐渐得到改善（Grossman and Krueger，1991，1995；Panayotou，1993；Shafik，1994；Selden and Song，1994）。这种现象被称为环境库兹涅茨曲线（Environmental Kuznets Curve，EKC）。

东部地区经济总量规模大，拥有我国经济发达的区域，但各个省份的经济发展水平仍存在一定的差异。因此，需要考虑区域差异，区分地域类型，对经济增长与资源环境可持续性的环境库兹涅茨曲线进行分析。

（一）京津冀、长三角和珠三角地区

京津冀、长三角和珠三角地区是我国经济最为发达的三大城市群。京津冀地区包括北京、天津和河北，长三角地区包括上海、江苏和浙江，珠三角地区主要位于广东省内。沿海三大城市群的经济增长与资源环境可持续性的关系对于东部地区乃至全国都具有重要的战略意义。本节的环境库兹涅茨曲线分析，人均GDP均采用2000年价格。

京津冀、长三角和珠三角地区的工业废水排放量与人均GDP的关系呈倒"U"形，基本符合EKC假说（见图14-7）。京津冀和长三角地区工业废水排放量的峰值出现在2005年，珠三角地区的峰值出现在2007年，峰值年份之后工业废水排放量呈逐渐下降趋势。

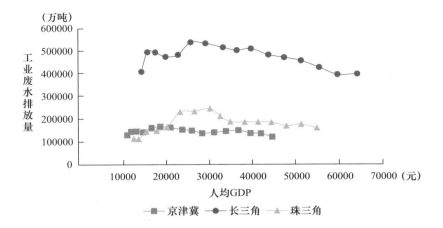

图 14-7 京津冀、长三角和珠三角工业废水排放量与人均 GDP 的关系

资料来源：2001～2016 年《中国环境统计年鉴》和各省统计年鉴。

　　尽管三大城市群工业废水排放量与人均 GDP 之间呈现出倒"U"形关系，但三者的峰值所对应的人均 GDP 并不相同，京津冀地区工业废水排放量的峰值出现在人均 GDP 1.89 万元，长三角地区的峰值出现在人均 GDP 2.59 万元，珠三角地区的峰值出现在人均 GDP 3.02 万元。由此可见，工业废水排放量与人均 GDP 的关系虽然符合 EKC 假说，但不同地区所对应的人均 GDP 不同。三大城市群的工业废水排放量峰值都出现在 2005 年前后，表明工业废水排放量的控制受到了共同的环境政策的影响。依据 EKC 假说，沿海三大城市群伴随经济增长的工业废水排放的压力已经趋于减轻。

　　京津冀、长三角和珠三角地区的二氧化硫排放量与人均 GDP 的关系与前述的工业废水排放量相似，二氧化硫排放量与人均 GDP 之间均呈现出明显的倒"U"形曲线，2005 年左右达到二氧化硫排放量的峰值（见图 14-8）。京津冀地区的二氧化硫排放量峰值出现在 2006 年，长三角和珠三角地区的峰值出现在 2005 年，峰值年份之后二氧化硫排放量呈逐渐下降趋势。

　　与工业废水排放量的情况相同，三大城市群二氧化硫排放量峰值所对应的人均 GDP 也不相同。京津冀地区二氧化硫排放量的峰值出现在人均 GDP 2.12 万元，长三角地区的峰值出现在人均 GDP 2.59 万元，珠三角地区的峰值出现在人均 GDP 2.34 万元。与此同时，三地的二氧化硫排放量峰值均出现在 2005 年前后，表明三地的二氧化硫排放量也受到共同的环境政策的影响。当前，三大城市群伴随经济增长的二氧化硫排放量的压力已经趋于减轻。

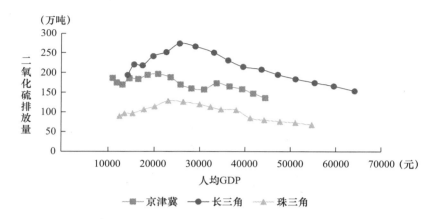

图 14 - 8　京津冀、长三角和珠三角二氧化硫排放量与人均 GDP 的关系

资料来源：2001～2016 年《中国环境统计年鉴》和各省统计年鉴。

　　需要注意的是，在相同的人均 GDP 水平上，长三角地区的工业废水排放量和二氧化硫排放量均远高于京津冀和珠三角地区，这主要是受到长三角地区经济总量规模的影响。江浙沪三省（市）合计的地域面积与京津冀三省（市）相当，长三角的工业废水排放量和二氧化硫排放量均高于京津冀，二氧化硫排放量经过十年的下降才达到与京津冀相近的水平。因此，长三角地区面临更大的环境负荷压力，也不可忽视经济总量规模对环境负荷的影响。

　　京津冀、长三角和珠三角城市群的工业固体废弃物产生量与人均 GDP 之间的关系同工业废水排放量及二氧化硫排放量有所不同。三大城市群的工业固体废弃物产生量总体上呈增加趋势，如果以 EKC 曲线的视角看，大部分年份处于峰值左边的上升阶段（见图 14 - 9）。近年来，京津冀城市群的工业固体废弃物产生量趋于减少，但尚未表现出稳定下降的趋势，是否可以判断已经达到峰值，或者处于峰值附近的波动期，仍有待观察。长三角城市群和珠三角城市群的工业固体废弃物产生量的变化趋势相对较平稳，表现出微弱的下降趋势，但下降趋势尚不显著，可以说处于峰值后的平台期。

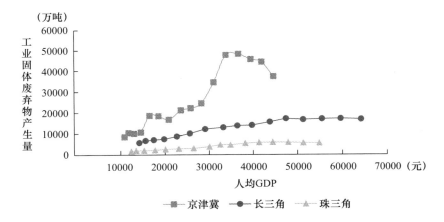

图 14-9　京津冀、长三角和珠三角工业固体废弃物产生量与人均 GDP 的关系

资料来源：2001~2016 年《中国环境统计年鉴》和各省统计年鉴。

　　如果以三大城市群的工业固体废弃物产生量达到峰值的年份来判断，基本上都在 2011~2012 年，表明三地可能受到共同的环境政策的影响。从这个意义上讲，也可以认为京津冀城市群的工业固体废弃物产生量已经达到了峰值。沿海三大城市群工业固体废弃物产生量峰值所对应的人均 GDP 仍然是不同的。京津冀城市群的工业固体废弃物产生量峰值出现在人均 GDP 3.68 万元，珠三角城市群的峰值出现在人均 GDP 4.44 万元，长三角城市群的峰值出现在人均 GDP 4.73 万元。虽然还不能完全判断沿海三大城市群工业固体废弃物产生量确实已经达到峰值，但即使没有进入下降阶段，也可以认为处于峰值附近的平台期，工业固体废弃物产生量持续增加的阶段已经结束。

（二）北京、天津和上海

　　北京、天津和上海三个直辖市是东部地区的特殊类型，经济发展水平高，是全国经济发展的龙头。因此，有必要把三个直辖市单独进行分析。

　　三个直辖市的工业废水排放量、二氧化硫排放量均呈明显的下降趋势（见图 14-10）。可以认为，三市的工业废水排放量和二氧化硫排放量已经过了峰值，处于倒"U"形 EKC 曲线的下降区间。尽管工业废水排放量和二氧化硫排放量曾经出现跳跃性的升高，但整体上下降的趋势仍然是显著的。与 2000 年相比，2015 年三市的工业废水排放量减少了 33.9%，二氧化硫排放量下降了 58%。这表明，三个直辖市已经进入经济增长与环境污染物排放之间绝对脱钩的阶段，在东部地区乃至全国均处于领先地位。

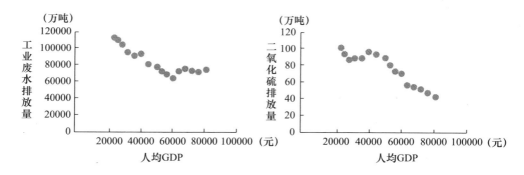

图 14 - 10　三个直辖市工业废水和二氧化硫排放量与人均 GDP 的关系

资料来源：2001 ~ 2016 年《中国环境统计年鉴》和各省统计年鉴。

从三市工业废水和二氧化硫排放量峰值所对应的人均 GDP 来看，与京津冀地区比较接近，与长三角和珠三角地区相比，峰值出现在人均 GDP 相对较低的阶段。这也说明，三个直辖市在工业废水和二氧化硫排放控制方面走在东部地区的前列，在人均 GDP 相对较低的水平上就进入了环境污染物排放量下降的阶段。

（三）河北和山东

河北和山东是东部地区经济总量规模大，但人均 GDP 相对较低的省份，与京津、长三角和珠三角相比，具有不同的经济发展特征和产业结构，经济增长对资源环境可持续性的压力也有所不同。

河北和山东的工业废水排放量与人均 GDP 之间的关系基本上符合 EKC 假说，从图 14 - 11 可以看出呈倒 "U" 形曲线，但两者的工业废水排放量峰值所对应的人均 GDP 却有较大的差异。河北在 2006 年达到峰值，人均 GDP 为 1.43 万元；山东在 2010 年达到峰值，人均 GDP 为 3.1 万元。与三个直辖市相比，河北的工业废水排放量峰值所对应的人均 GDP 更低，山东则相反。与三个直辖市不同，两地在峰值之后均进入了一个平台期，工业废水排放量并没有显著下降，河北直到 2013 年后才表现出明显的下降趋势，山东尚未表现出明显的下降趋势。

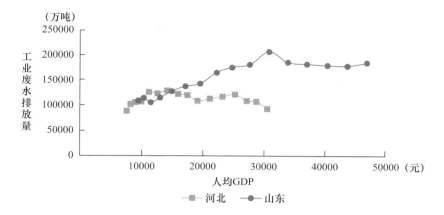

图 14 - 11 河北、山东工业废水排放量与人均 GDP 的关系

资料来源：2001~2016 年《中国环境统计年鉴》和各省统计年鉴。

　　河北和山东的二氧化硫排放量与人均 GDP 之间的关系呈现出波动的倒 "U" 形关系，峰值之后呈波动中缓慢下降的趋势（见图 14 - 12）。与三个直辖市相比，二氧化硫排放量的变化趋势存在显著的差异。从二氧化硫排放量峰值所对应的人均 GDP 来看，河北的峰值出现在人均 GDP 1.43 万元，山东的峰值出现在人均 GDP 1.73 万元，与三个直辖市相比，均在人均 GDP 相对较低的水平上达到了二氧化硫排放量峰值。河北和山东的二氧化硫排放量均在 2006 年前后达到峰值，据此判断，河北和山东的二氧化硫排放量峰值更多的是受到环境政策的影响。

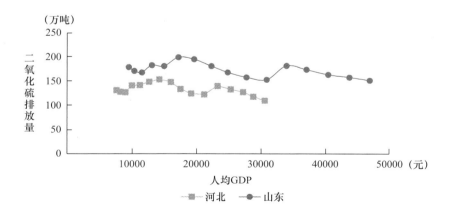

图 14 - 12 河北和山东二氧化硫排放量与人均 GDP 的关系

资料来源：2001~2016 年《中国环境统计年鉴》和各省统计年鉴。

由于河北和山东的产业结构偏重，经济增长的资源环境压力较大，尤其是空气环境质量状况堪忧，环境保护的政策力度也较大。河北和山东的二氧化硫排放量在2010~2011年出现了反弹，这表明，环境保护政策稍有松动，污染物排放就有可能出现反弹。另外，山东的地域面积比河北更小，但二氧化硫和工业废水排放量更大，在环境污染物排放控制方面，山东比河北面临着更大的压力。

河北和山东的工业固体废弃物产生量与人均GDP之间关系存在较大差异。河北的工业固体废弃物产生量与人均GDP之间呈现倒"U"形关系，经过多年的上升之后在2012年达到峰值，2012年后趋于下降。山东的工业固体废弃物产生量仍然处于随着人均GDP增长而增加的阶段。河北的工业固体废弃物产生量远高于山东，也高于京津、长三角、珠三角的水平，反映出河北的工业固体废弃物排放量较大。总体来说，河北和山东在控制工业固体废弃物产生量上仍面临巨大的压力。如图14-13所示。

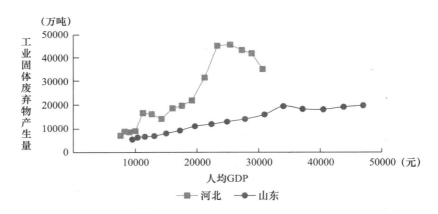

图14-13　河北和山东工业固体废弃物产生量与人均GDP的关系

资料来源：2001~2016年《中国环境统计年鉴》和各省统计年鉴。

三、经济增长与资源环境负荷的关系

东部地区经济增长与资源环境负荷的脱钩分析结果表明，东部地区经济增长对资源环境负荷的依赖经历了先升后降的变化，与国内其他地区相比，经济增长带来的资源环境负荷占比呈下降趋势，较早地进入了相对脱钩或绝对脱钩的阶段。其中，东部地区能源消费 DI 指数呈先升后降的趋势，能源消费与经济增长之间整体上处于相对脱钩的状态。东部地区环境污染物排放与经济增长之间的脱钩关系表现出不同的特征。工业废水排放量 DI 指数先升后降，虽然波动比较大，但整体上表现为相对脱钩的趋势；二氧化硫排放量 DI 指数的波动较小，整体上处于相对脱钩和绝对脱钩的区间，近年来已进入绝对脱钩的阶段；工业固体废弃物产生量 DI 指数的波动幅度大，变化趋势不明显，整体上尚未表现为明显的稳定脱钩关系。

从环境库兹涅茨曲线分析看，东部地区内部的区域差异仍然较为显著。就工业废水排放量和二氧化硫排放量而言，经济发达的长三角、珠三角和京津冀地区已经跨越环境库兹涅茨曲线的拐点，北京、天津、上海三个直辖市更是稳定进入了环境库兹涅茨曲线拐点右端的下降区间，但河北和山东仍呈峰值之后波动中缓慢下降的趋势。工业固体废弃物产生量的控制则仍然面临较大的压力，长三角、珠三角和京津冀地区处于峰值后的平台期，山东则仍未呈现出下降趋势，河北虽然近年来表现出下降趋势，但仍处于高位水平。

尽管东部地区人与自然的关系整体上呈稳中向好的态势，但局部地区环境负荷超载、环境恶化的现象仍不容轻视，尤其是行政区划交界之处环境污染跨界转移尚未根绝，仍需保持警惕。

第三节 环境规制与产业发展

一、环境规制对技术创新和企业竞争力的影响：波特假说的再检验

环境经济学理论的波特假说（Porter Hypothesis）认为，适当的环境规制将刺激技术革新。适当的环境规制可以促使企业进行更多的创新活动，技术创新将提高企业的生产力，抵消由环境规制带来的成本上升，提高产品质量，增强企业竞争力，从而有可能使企业在国内国际市场上获得竞争优势（Porter，1991；Porter and Linde，1995）。大量实证分析证明，现实中确实可以观察到波特假说的现象，表明适当的环境规制有可能促进经济增长及提升企业竞争力

（李强、聂锐，2010；侯伟丽、方浪，2012；王兵、刘光天，2015），但也有的研究发现波特假说不能得到验证（许士春，2007）。

针对波特假说的认识分歧，许多学者从环境规制的类型和强度、区域异质性、行业异质性等角度切入，开展了进一步的研究。原毅军和谢荣辉（2016）认为，波特假说成立与否，不仅与环境规制的强度密切相关，也取决于环境规制的类型。排污收费的费用型环境规制与工业绿色生产率之间呈"U"形关系，排污费水平只有跨过特定的拐点，才能发挥创新补偿效应；污染治理投资的投资型环境规制与工业绿色生产率之间具有负向线性关系，投资型环境规制未能支持波特假说。费用型规制与投资型规制在促进工业绿色生产率提升方面存在互补关系。张平等（2016）则认为，排污收费的费用型环境规制对企业技术创新产生了显著的"挤出效应"，排污费的征收增加了企业的生产成本，但是并不能促进企业进行技术创新；污染治理投资的投资型环境规制总体上对企业技术创新产生了"激励效应"，支持了波特假说。投资型环境规制通过降低企业技术创新的风险，增强企业的信心和预期水平，提升了企业的竞争力。沈能（2012）认为，环境规制强度和技术创新之间呈现"U"形关系，只有环境规制强度跨越特定门槛值时，波特假说才能实现。黄志基等（2015）发现，波特假说还受到企业异质性的影响，环境规制对生产效率高的企业具有显著促进作用，但对生产效率低的企业影响不明显。

还有一些研究考虑了空间异质性对波特假说的影响，认为环境规制对技术创新的促进作用存在区域差异。王国印和王动（2011）发现，波特假说在较落后的中部地区得不到支持，而在较发达的东部地区则得到了很好的支持。沈能和刘凤朝（2012）以及沈能（2012）也认为波特假说在较落后的中西部地区难以得到支持，在较发达的东部地区则得到了很好的支持。波特假说还存在经济发展水平的门槛效应，人均 GDP 越高的地区，环境规制对技术创新的促进作用越显著。当人均 GDP 低于第一门槛值（11505 元）时，环境规制对技术创新的弹性技术为 - 0. 005；当人均 GDP 处于 11505 ~ 17979 元时，环境规制对技术创新的弹性系数提升到 0. 018；而人均 GDP 跨越第二门槛值（17979 元）时，环境规制对技术创新的弹性系数可以上升到 0. 025。童伟伟和张建民（2012）也验证了环境规制对企业研发投入的促进效应主要存在于东部地区，在中西部地区环境规制对企业研发投入并无显著作用。黄志基等（2015）发现，不同的地理区位，环境规制对企业生产率的影响不同，相对于中西部地区，东部地区环境规制促进企业生产率增长的作用更为显著。

二、环境规制对污染型行业转移的影响：污染避难所假说的再检验

环境规制的地区差异会影响污染型行业的转移。污染避难所假说认为，污染企业往往转移到环境规制较为宽松的国家，将这些国家变成污染"天堂"。污染避难所假说的理论起源于 H－O 模型，在 H－O 模型的基础上，Copeland 和 Taylor（1994）构建了南—北一般均衡模型阐明国际贸易和污染之间的关系。其中，北方是一个高度发达的国家，收入较高；南方是一个欠发达的国家，收入较低。两个国家通过实施污染税作为环境监管的政策工具。Copeland 和 Taylor（1994）的研究表明，在自由贸易的情况下，发达的北方会收取较高的污染税，这会迫使污染企业转移到污染税较低的南方国家。随后的研究对 Copeland 和 Taylor 的模型框架进行了更深入和详尽的拓展（Copeland and Taylor，2004；Zeng and Zhao，2009；Tang，2015），为污染避难所假说提供了有力的理论支持。然而，从实证研究来看，对污染避难所假说的各种检验结果存在分歧。Jeppesen 等（2002）经过对早期研究的综述，发现多数实证研究微弱地证实了污染避难所效应的存在（Levinson，1996；List and Co，2000；Levinson and Keller，2002）。随着估计技术的发展和数据质量的改进，最近的实证研究认为污染避难所假说成立（Ederington et al.，2005；Morgan and Condliffe，2009）。

过去十几年来，中国的污染型行业的空间分布发生了重要变化（Ruan and Zhang，2014；Zhu and Ruth，2015；Lian et al.，2016；Wu et al.，2016），污染型行业已经开始从东部地区向中西部地区转移。根据郑丹和石敏俊（2017）的研究，从 2004～2008 年到 2009～2013 年，东部地区污染型行业的区位商从 0.944 下降到 0.888，同期中部地区污染型行业的区位商从 1.218 上升到 1.384。其中，水污染行业的空间分布变化尤为显著，东部地区的区位商从 1.027 下降到 0.949，中部地区则从 1.034 上升到 1.302（见表 14－19）。污染型行业从东部地区向中西部地区的空间转移，也表现为东部地区产业结构中污染型行业的占比下降。2004～2013 年，东部地区污染型行业产值占比从 70.6% 降至 50.8%。

表 14 – 19　2004 ~ 2013 年污染型行业的区位商变化

行业区位商	污染型行业			水污染型行业			空气污染型行业		
	2004 ~ 2008 年	2009 ~ 2013 年	变化	2004 ~ 2008 年	2009 ~ 2013 年	变化	2004 ~ 2008 年	2009 ~ 2013 年	变化
东部地区	0.944	0.888	– 0.059	1.027	0.949	– 0.076	0.872	0.835	– 0.042
中部地区	1.218	1.384	0.137	1.034	1.302	0.259	1.378	1.456	0.057
西部地区	1.035	1.046	0.010	0.779	0.821	0.054	1.254	1.241	– 0.01
全国	1.066	1.106	—	0.946	1.024	—	1.168	1.177	—

郑丹和石敏俊（2017）的研究证实了污染避难所假说在发展中国家内部也是成立的，发现不同类型的环境规制政策工具对污染型行业转移具有不同的效果。环境经济政策（如排污收费）和公众参与对污染型行业转移存在显著影响，而环境法规的实施效果则相反。此外，不同的环境规制政策工具对不同的污染型行业的影响也是不同的。

可以认为，环境规制强度的区域差异，驱动了污染型产业从东部地区向中西部地区的空间转移，也带动了东部地区污染型产业占比的下降，对于东部地区环境污染治理和环境质量改善发挥了积极的作用。

三、环境规制对产业结构转型的影响

环境规制对产业发展的影响，不仅表现为企业技术创新和生产率提高，也表现在产业结构转型升级上。实际上，环境规制对产业结构转型的影响，也是波特假说和污染避难所假说两大效应综合作用的结果。在环境规制的倒逼机制作用下，部分企业通过技术创新，实现了生产率和竞争力的提高，适应了严格的环境规制；部分企业向环境规制相对较弱的地区转移，通过区位选择改变了生产区位，因而在当地表现为产业结构的转型升级。

浙江省绍兴市上虞区杭州湾精细化工产业园区环境保护压力较大，近年来，当地政府以环境保护为抓手，推动产业结构调整和绿色转型，取得了良好的效果。广东省佛山市拥有发达的陶瓷产业，陶瓷产业也曾经遭遇环境污染治理的瓶颈，当地政府通过环境保护，倒逼产业转型，取得了明显的效果。

【案例】

环境规制促进产业转型升级：

绍兴市上虞区杭州湾精细化工产业园区的经验

（一）杭州湾精细化工园区的产业发展

杭州湾精细化工产业园区位于绍兴市上虞区，地处杭州湾南岸，上海、杭州、宁波三大城市圈的中心位置，紧邻嘉绍跨江大桥，毗邻绍兴滨海新城，是浙江省14个产业集聚区之一，2013年11月获批国家级经济技术开发区，改名为杭州湾上虞经济技术开发区。

杭州湾上虞经济技术开发区始建于1998年，设立的初衷是迎合国际产业转移的背景，承接化工产业转移。开发区规划面积133平方千米，已完成开发建设40余平方千米。开发区的产业结构以精细化工、新材料、汽车及零部件，装备制造产业为主导，累计落户企业200余家，2016年实现工业产值1016亿元，税收22.9亿元，工业性投入144.3亿元，实到外资投资额8153万美元。当前，开发区已成为上虞区经济的增长极。2015年，上虞经济技术开发区工业总产值占上虞区的比重近50%。开发区在当地经济中的重要性可见一斑。

精细化工产业是开发区最重要的主导产业。已投产的200余家企业中，有111家是化工企业。2016年，化工行业产值达600亿元，占开发区总产值的60%，其中，染（颜）料及其中间体企业有36家，2016年产值300亿元，占开发区总产值的30%；医药及中间体生产企业有26家，2016年产值近150亿元，占开发区总产值的15%；纺织、印染生产企业有12家，2016年产值近60亿元，占开发区总产值的6%；农药及中间体企业有10家，2016年产值近41亿元，占开发区总产值的4%；日用化工生产企业有7家，2016年产值28亿元，占开发区总产值的3%。

（二）产业转型升级的演化过程

杭州湾上虞经济技术开发区的产业转型升级经历了三个阶段：

一是块状经济聚集阶段（1998~2004年）。1998年开发区设立以来，在交通区位的带动下，园区产业发展迅速，成为上虞经济增长的关键区域。园区实施"九通一平"，为企业入驻园区提供相关的基础设施配套。块状经济的规模扩大，产生了显著的产业集聚效应，使企业实现了原料、产品与市场之间的"零距离"对接，为降低生产和经营成本、提高资源综合利用水平创造了有利条件。

2004 年，开发区基本形成了以医药及其中间体、高档染料颜料为主，日用化工、涂装化工、基础化工、无机化工、农用化工、生物化工及各类专用化学品为辅的产业结构。开发区医药及中间体产业初具规模，拥有各类生产企业 50 余家，其中五家企业通过 GMP 认证。实现工业总产值 75 亿元，总销售收入达 70 亿元，利税总额 10.5 亿元。

二是化工企业绿色转型阶段（2005～2010 年）。随着化工企业入驻数量的不断增加，上虞地区大气污染和水污染问题日益凸显，开发区把生态环境保护列入园区工作的重中之重，通过不断加大环保基础设施建设、持续安全环境整治、环保投入持续加大等措施，激发企业环境保护意识，使其由被动转向主动，同时大力发展循环经济。

环境规制会导致工业企业成本上升。部分化工企业的生产环节逐步从浙江省内向安徽、江苏、山东等省份转移，以降低企业的环境成本。例如，新和成 2009 年开始重点建设山东生产基地，实现二氢茉莉酮酸甲酯、叶醇及酯化产品、覆盆子酮等香精香料产品的投产，将其建为公司的香精香料生产基地。

三是精细化工结构调整阶段（2011 年至今）。"十二五"期间，开发区试图推进产业结构调整，加快化工产业以外的产业发展步伐。扩展东一区、东二区，重点发展汽车及零部件、装备制造、新能源新材料、绿色电子电器等新兴产业。扩展东三区，重点发展现代仓储物流及高端制造产业；中区重点发展科技研发、金融贸易、教育培训、休闲旅游、现代文化和城市服务六大产业。但目前来看，以精细化工为主导的产业结构近期仍难以改变。对于化工产业，开发区按照"集聚提升一批、兼并重组一批、关停淘汰一批"的原则，推进化工行业转型。2016 年底，已有 10 家化工企业关停淘汰，13 家企业完成兼并重组，80 家企业开展了第一轮整改提升，完成整改项目 1061 项。

产业转型升级的具体做法可归纳为 10 个字：拉长、做高、调优、循环、融合。一是拉长。医药产业、新材料行业是园区的新兴产业，原有的制药产业向成品药、生物医药延伸，未来形成生物医药的集群效应。原有的基础材料产业向新材料方向延伸，未来形成新材料产业的集聚。二是做高。创新是产业升级的重要驱动因素。在已有行业龙头企业的带动下，创建创新平台，加速人才、产业、资本、科技等创新要素的集聚。三是调优。坚持把医药化工、涂料、日用化工等新领域的精细化工业作为园区发展的产业导向，将以往的"招商引资"转变为"招商选资"，对产业关联度低、环境污染重、安全隐患大、产出贡献低的项目进行严格的入园控制。四是循环。形成以企业为核心的微观层面、以产业共生体为核心的中观层面和开发区整体层面三位一体的循环经济体系。五是融合。新开发的现代服务业区块，为高端技术的产业化提供服务性支撑，形成以产兴城、以城促产、产城融合的发展格局。

（三）环境规制对产业转型升级的作用

杭州湾上虞经济技术开发区的产业转型升级过程中，环境规制起到了至关重要的作用。地方政府利用环境规制，倒逼企业落实整改工作，进行资源的重新配置，促进化工产业转型升级。杭州湾上虞经济技术开发区利用环境规制，促进产业转型升级的经验主要有三个方面：

一是严格环境执法，加大环境违法查处力度，铁腕治污。地方政府要有环境治理的决心，以环境友好型社会建设为抓手，严格能源消费总量和强度"双控"指标，认真落实污染物减排计划，引导和倒逼企业认真抓环保治污和绿色发展。同时，切实加大落后产能淘汰和"低小散"企业整治力度，压缩重污染企业生存空间。在地方政府的环境规制下，企业需要采用新技术，购买新设备，进行新一轮资源配置，才能达到环境规制的要求。2014年，29家化工企业累计投入资金350万元，建设企业清下水（雨水收集）智能系统，在清下水排放口配套建设智能监控设施，无雨天关闭阀门，在降雨量较大时快速打开阀门，并自动同步启动采样装置，监控清下水口外排水质，监控企业在夜间及其他特殊时段利用清下水偷排、漏排污水行为，实现人工监管向智能化监管转变，降低了开发区主要河道COD浓度。经过努力，上虞区圆满完成了单位GDP能耗、单位工业增加值用水量、化学需氧量、二氧化硫及氨氮排放量等节能减排指标，改善了环境质量，也实现了产业层次提升，成为浙江省"腾笼换鸟"的先进城市。

二是抓科技监管，采用现代科技手段。开发区迄今已建成82家重点企业的污染源在线监测监控系统，实现省控以上企业全覆盖，24小时全过程监测，关注重点污染隐患。已完成70家重点企业刷卡排污系统建设，一旦排污量超过规定量，企业排放口阀门将自动关闭。实行严格的雨水、污水分流，安装企业重点区域清下水（雨水）排放口智能化监控系统34家39套，重点企业外排水质情况都在环保部门24小时实时监控中。

三是渐进式加大环境规制强度。环境规制对化工企业的影响主要表现为治污成本增加，如果突然采取严格的环境规制，势必导致化工企业成本大幅度上升，如果企业措手不及，就会给企业经营造成极大的困难。杭州湾上虞经济技术开发区采取了渐进式加大环境规制强度的做法，与国内其他园区相比，上虞在较早时期就开始对化工企业实施环境规制，之后逐步加大环境规制强度，目前上虞对化工企业的环境规制已经达到国内最严格的水平。由于采取渐进式加大环境规制强度的做法，化工企业对环境规制的响应启动较早，经过多年的努力，已经能够适应国内最严的环境规制强度。

四、本节小结

环境规制的波特假说在东部地区得到了验证，促进了企业技术创新和生产率提高，污染避难所假说驱动了污染型产业的空间转移，同时环境规制也推动了东部地区的产业结构转型。环境规制的积极作用，对于东部地区率先实现经济增长与资源环境负荷的相对脱钩甚至是绝对脱钩、部分省（市）率先跨越环境库兹涅茨曲线的拐点，具有至关重要的意义。

尽管东部地区整体上人与自然的关系稳中趋好，由于东部地区经济总量规模大，环境负荷水平高，部分地区资源环境负荷超载的现象仍然存在，局部区域环境恶化仍未根绝，生态环境保护的形势仍不容乐观。

本章小结

东部地区经济发达，但自然资源并不丰裕，能源和矿产资源主要依赖外部的输入，包括来自国内中西部地区的调入和来自海外的进口。一次能源大部分依赖外部的输入，许多省份二次能源的电力供需也存在较大缺口。由于人口稠密，农产品的供需平衡也已经转向依赖外部输入，在虚拟水的区际流动上表现得十分清楚。东部地区的资源利用和环境效率较高，但由于产业规模大，经济发展带来的环境负荷过大，人地关系矛盾较为尖锐。

近年来，东部地区经济增长带来的资源环境负荷占比呈下降趋势，较早地进入了相对脱钩或绝对脱钩的阶段。就工业废水排放和二氧化硫排放而言，经济发达的长三角、珠三角和京津冀区域已经跨越环境库兹涅茨曲线的拐点，但河北和山东仍处于波动中缓慢下降的趋势。工业固体废弃物产生量的控制面临较大的压力。环境规制通过波特假说和污染避难所假说两大效应，对于东部地区率先实现经济增长与资源环境负荷的相对脱钩甚至是绝对脱钩、部分省（市）率先跨越环境库兹涅茨曲线的拐点、推动产业结构转型，发挥了积极的作用。

　　整体上看，东部地区人与自然的关系呈现出稳中向好的态势，但局部地区环境负荷超载、环境恶化的现象仍不容轻视。

第十五章　经济发展新动向与经济地理演化趋势

　　东部地区未来经济发展走向的影响因素主要有以下几个方面：第一，集聚经济效应与资源环境承载力的相互作用将影响企业区位选择和产业集聚规模。东部地区大部分区域处于工业化中后期，制造业和依托制造业的服务经济将是产业发展的主导力量，贸易成本与生产成本的动态演化、资源环境承载力约束仍将对制造业企业的区位选择、结构转型和空间集聚产生决定性影响。第二，创新驱动发展将对区域发展转型发挥决定性作用。在新经济时代，创新要素在经济地理演化中的作用无论如何强调也不过分，互联网和"互联网＋"的迅速发展催生了新产业、新业态、新模式，使之成为经济增长新动能，创新驱动和新经济的作用将加速经济增长转型的空间分化和经济地理演化。第三，"一带一路"倡议将对东部地区融入全球经济、参与全球竞争带来新的契机。在全球化时代，地缘政治战略必将对国际贸易和投资的走向产生重要的影响，"一带一路"倡议超越了传统的地缘政治，也将给东部地区企业"引进来"和"走出去"带来新的商机，进而对东部地区经济地理演化产生重要的影响。

　　本章重点就经济增长动能转换、资源环境承载力约束、"一带一路"倡议对东部地区经济增长动向和经济地理演化趋势的影响展开分析。

第一节 经济增长动力分化与经济地理演化

一、经济增长动力的空间分化

(一) 区域经济增长动能转换: 从投资拉动到创新驱动

1. 随着经济发展水平提高, 经济增长动能发生转换, 创新驱动逐步替代投资拉动

随着人均GDP提高, 投资拉动贡献率逐渐下降 (见图 15 – 1)。2014 年省区横截面数据显示, 当人均GDP达到 4 万元后, 资本形成总额增量占GDP增量的比例趋向 0.6 以下, 且下降趋势明显。与此相反, 随着人均GDP提高, R&D投入占GDP的比例逐步增加, 创新驱动的作用逐渐增大。这说明, 在经济发展水平较低时, 经济增长主要依靠投资拉动, 创新驱动贡献率很低; 随着经济发展水平不断提高, 经济发展动力发生转变, 创新驱动发挥越来越大的作用, 逐步过渡到以创新驱动为主。投资贡献率会逐步降低, 但会保持在一个最低水平, 不会完全被创新驱动所替代。

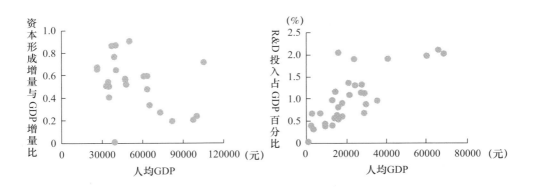

图 15 – 1 人均 GDP 与投资拉动和创新驱动的关系

注: 左图中剔除了资本形成增量与GDP增量比值大于 1 的七个省份, 包括内蒙古、云南、西藏、青海、宁夏、新疆和江西。大部分省份是由于货物和服务净流出为负值, 或负增长过大, 使投资贡献率计算结果出现异常。

根据经验判断，人均 GDP 达到 4 万元时，资本形成总额增量占 GDP 增量的比例下降到 0.6 以下，R&D 投入占 GDP 的比例约为 2%，经济增长动能开始发生转换，创新驱动将取代投资拉动，成为经济增长的主要引擎。

2. 东部地区是创新驱动的领跑者

当前，转型发展的区域与依赖投资拉动的区域同时并存。东部地区的部分城市与区域经济增长动能开始从投资拉动转向创新驱动，更多的城市和区域仍然依赖投资拉动和内需诱发的发展。R&D 投入占 GDP 的比例较高的省份主要分布在东部地区。R&D 投入占 GDP 的比例较高的地区 2010 年为天津、山东、江苏、浙江、辽宁、湖北和广东，2014 年变为天津、山东、江苏、浙江、安徽、湖北和广东。2014 年，江苏、浙江和广州等东部省份的 R&D 投入占 GDP 的比例基本上在 2% 左右，资本形成总额占 GDP 的比例均小于 0.5，已开始向创新驱动发展转型。云南、青海和宁夏等中西部省份的 R&D 投入占 GDP 的比例约为0.4%，只有发达省份的 1/5，主要依靠投资拉动。

（二）内源性发展能力的空间差异

经济增长动能转换的驱动因素主要有两个方面：一是内源性发展能力的增强，减轻了经济增长对投资拉动的依赖，创新驱动发挥越来越大的作用；二是要素成本上升的成本驱动效应，促进产业转型和高端化发展。

一般来说，城市与区域到一定的发展阶段时，集聚经济效应将促进创新要素的聚集，提升企业生产率，推动新经济、新产业、新业态的发展，此时城市和区域拥有的内源性发展能力将替代固定资产投资，成为经济增长的主导力量，对投资拉动的依赖得以减轻。因此，内源性发展能力是在集聚经济效应和创新驱动的共同作用下得到培育和增强。集聚经济效应首先体现在经济密度上。我国经济密度高的省份和城市绝大部分集中分布在东部地区。全国创新能力 1000强企业的分布，可以反映企业创新能力的区域差异。全国创新能力 1000 强企业，东部地区占 77.2%，中部地区占 11.9%，西部地区占 8.4%，东北地区占2.5%。每个省份平均拥有的创新能力 1000 强企业，东部地区有 77.2 个，中部地区有 19.8 个，西部地区和东北地区分别只有 7 个和 8.3 个。东部地区经济密度大，研发投入占比高，企业创新能力强，产业转型起步早，内源性发展能力较强，减轻了对投资的依赖，经济增长动能率先转向创新驱动。

另外，要素成本上涨和资源环境负荷增大带来的拥挤效应也会迫使城市和区域发展走向"腾笼换鸟"，发展附加价值更高的产业，替代盈利能力低、环境污染大的传统制造业，实现产业转移和产业结构转型升级。东部地区的土地价格高于中西部地区，劳动力成本也高于中西部地区，要素成本的区域差异已经成为传统制造业空间转移的重要驱动因素。如前所述，环境规制对产业升级转型产生了积极的作用，环境规制强度的区域差异也通过污染避难所效应对污染型行业的空间转移具有重要的影响。

二、区域经济发展新动向与经济地理演化展望

从中长期的视角来看，东部地区率先转型发展、产业转移和产业转型继续推进、城市群和湾区经济成为主要增长极、国土开发格局的空间多极化将是中国区域经济发展的主旋律。东部地区经济发展的新动向和经济地理演化趋势，可以归纳为以下几个方面：

1. 东部地区率先走向转型发展，继续引领中国区域经济增长

2010 年以来，各地经济增长速度逐年下滑。2013～2016 年，几乎所有省份的 GDP 增长率均呈下降趋势，区域经济增长进入了沉闷的低迷时期。2017 年第一季度，东部地区率先走出低迷，除了天津、江苏和河北，其余省份 GDP 增长率环比呈上升趋势。与此同时，中西部地区仍然难以摆脱对投资拉动的依赖。西部地区部分省份固定资产投资增幅较大，拉动了经济增长，但投资效益下滑明显。中部地区积极承接产业转移，促进了经济增长，但产业转移对于转入地投资和就业的拉动效果不足，经济增长的后劲不足，仍然主要依赖投资拉动。当前，在固定资产投资增速下降的背景下，大部分中部省份仍处于经济增速的下行通道如表 15 - 1 所示。

表 15 - 1　2013～2017 年第一季度东部地区 GDP 增长率的推移　　单位:%

年份 区域	2013	2014	2015	2016	2017Q1
北京	7.7	7.3	6.9	6.7	6.9
天津	12.5	10	9.3	9	8
河北	8.2	6.5	6.8	6.8	6.5
上海	7.7	7	6.9	6.8	6.8
江苏	9.6	8.7	8.5	7.8	7.1

续表

年份 区域	2013	2014	2015	2016	2017Q1
浙江	8.2	7.6	8	7.5	8
福建	11	9.9	9	8.4	8.6
山东	9.6	8.7	8	7.6	7.7
广东	8.5	7.8	8	7.5	7.8
海南	9.9	8.5	7.8	7.5	8.9
东部平均	9.29	8.2	7.92	7.56	7.63
中部平均	9.77	8.65	7.78	7.72	7.75
西部平均	10.97	9.27	8.85	8.42	8.44
东北平均	8.33	5.97	5.07	3.5	4.8

依托集聚经济和创新驱动,内源性发展能力不断增强,是东部地区率先推进产业转型、经济增长走出低迷的关键所在。我们可以用产业转型指数和内源性增长绩效指数分别表征产业转型进展和内源性发展能力。产业转型升级一方面表现为产业结构变化,另一方面体现在产业结构内部,产业链的延伸和产品的升级改造,提高附加价值和企业盈利能力。因此,产业转型指数采用2013年的第三产业占比、高新技术产业占比和规模以上工业企业利润率三个指标的加权平均数。内源性发展能力主要是集聚经济效应和创新驱动的共同作用,创新驱动贡献率与人均GDP具有高度正向相关性,集聚经济与经济密度密切相关。因此,内源性增长绩效指数采用2013年的人均GDP、人均储蓄余额和建成区经济密度三个指标的加权平均数。表15-2所示为东部地区47个城市的产业转型指数与内源性经济增长绩效指数,其中的位次为该城市的产业转型指数在全国120个城市的排名。可以看到,东部地区几乎囊括了前20名的城市,前30名的城市里东部地区有24个,占80%。从内源性经济增长绩效指数看,位居全国前30名的24个东部地区城市里,只有2个城市的内源性经济增长绩效指数低于全国平均水平;位居全国前20名的19个东部地区城市里,绝大部分城市的内源性经济增长绩效指数高于75分,可见内源性发展能力与产业转型之间高度相关。发挥集聚经济效应和创新驱动的作用,不断增强内源性发展能力,是实现产业转型的根本之策,也是东部地区经济率先复苏的重要支撑。鉴于东部地区依靠

集聚经济和创新驱动，内源性发展能力独领风骚，率先推进产业转型，在可以预见的未来，东部地区仍将在区域经济发展中继续发挥"领跑羊"的作用。

表 15-2　东部地区城市产业转型与内源性发展能力

位次	城市	产业转型指数	内源性经济增长绩效指数	位次	城市	产业转型指数	内源性经济增长绩效指数
1	上海	96.67	85.20	33	韶关	86.47	39.67
2	北京	95.40	86.14	35	汕头	85.72	41.32
3	广州	95.08	87.57	36	嘉兴	85.47	72.35
4	深圳	94.97	89.10	43	潍坊	83.75	55.39
5	珠海	94.43	83.91	46	廊坊	82.43	59.72
6	南京	92.41	79.10	47	茂名	80.51	38.64
7	佛山	91.01	89.52	48	江门	80.19	58.42
8	杭州	90.91	81.12	50	绍兴	79.79	76.45
10	苏州	90.28	83.27	53	湖州	77.81	71.22
11	中山	89.55	80.84	55	济宁	76.68	51.45
12	无锡	89.50	83.25	59	衢州	73.80	56.07
13	济南	89.42	74.27	65	枣庄	71.17	44.60
14	厦门	89.31	75.91	68	滨州	69.01	46.51
15	温州	89.15	60.49	71	邢台	68.16	21.38
16	青岛	88.98	76.14	80	三明	63.93	60.13
17	天津	88.96	79.82	82	湛江	62.89	41.90
18	宁波	88.51	79.32	83	秦皇岛	62.75	53.47
19	威海	88.45	61.87	87	日照	60.90	61.50
20	常州	88.35	80.02	95	舟山	57.07	75.43
23	汕尾	88.28	32.42	96	邯郸	56.70	38.10
25	淮安	87.77	50.52	97	保定	56.70	33.03
26	金华	87.71	67.49	104	唐山	52.15	74.82
27	石家庄	87.67	62.41	110	莱芜	46.58	50.64
29	东莞	87.54	83.68				

资料来源：石敏俊等．拓展区域发展新空间，中国宏观经济分析与预测（2017 年中期）［R］．中国人民大学．

2. 产业转移和产业转型继续推进，国土开发格局从沿海倾斜向空间均衡转换

由于东部地区的土地、劳动力成本与中西部地区的差异将长期存在，并有

可能继续扩大，传统产业从东部地区向中西部地区的空间转移仍将持续进行。东部地区的资源环境承载力约束，也将推动污染型产业继续向中西部地区转移。东部地区将进一步推动产业转型升级，制造业将转向先进制造、高端制造、智能制造、绿色制造，新产业、新模式、新业态的发展将推动服务经济的比重进一步提升。

广东佛山市是以制造业主导经济发展的城市，现已形成机械装备、家用电器、陶瓷建材、金属材料加工及制品、纺织服装、电子信息、食品饮料、精细化工及医药、家居用品制造等优势行业，拥有美的、碧桂园、海天、格兰仕、东鹏陶瓷、佛山照明等著名企业。近年来，佛山大力推进产业转型升级。首先，推进"腾笼换鸟"，实施"三个一批"战略，即扶持壮大一批、改造提升一批、淘汰转移一批；其次，加快建设创新载体和平台，发展智能制造，强化创新驱动发展。经过努力，淘汰了一批落后产能，部分陶瓷、家电的生产基地转移到粤北及国内其他区域；智能制造取得进展，智能装备及工业机器人产业快速发展，2016年共有125家规模以上工业企业开展智能装备及机器人应用（"机器换人"）。佛山模式将会在东部地区越来越多的城市得到推广。南京市江北新区拥有扬子石化、南京钢铁等大型企业，近年来加快推进产业转型，大力发展智能制造、生命健康、新材料、高端装备制造等先进制造业以及现代物流、科技服务等生产性服务业，全力培育壮大集成电路、生物医药、新能源汽车等千亿级产业集群，在这样的背景下，扬子石化、南京钢铁等大型企业已不再符合江北新区的战略定位，面临搬迁或转型的挑战。

可以预见，东部地区的经济总量份额将趋于下降，经济结构将不断优化，我国国土开发的空间格局将从沿海倾斜向空间均衡转换。

3. 都市圈、城市群与湾区经济联袂成为东部地区的主要增长极

城市发展到一定规模时，城市经济的空间溢出效应将带动周边区域发展，形成都市圈经济。空间相邻的多个城市发展到一定程度时会形成城市群。都市圈和城市群将成为中国区域经济的主要增长极。

东部地区的都市圈经济正在蓬勃发展。在长三角地区，上海周边的昆山、平湖等地虽然行政上隶属苏州，但已经融入上海都市圈经济，近年来，嘉兴市也提出了将融入上海都市圈作为未来的发展方向。在珠三角地区，广佛都市圈把广州和佛山的城市发展紧密联系在一起，形成了连绵的都市区。在京津冀地

区，北京周边的北三县（香河、大厂、三河）虽然行政上隶属河北省廊坊市，以燕郊为代表的北三县早已融合首都圈经济，首都圈的范围还将继续扩大，雄安新区将纳入首都圈经济，张家口也将有可能成为首都圈的组成部分。也有人把天津和保定、廊坊等河北的地市都纳入广义的首都圈。

近年来，城市群发展已成为我国区域发展战略的重要组成部分。东部地区首当其冲的是长三角城市群、珠三角城市群和京津冀城市群。就长三角城市群而言，上海、杭州、南京以及苏州、无锡、常州等城市形成了长三角城市群的核心圈层，近年来越来越多的城市加入了长三角城市群，其中包括皖江城市带，推动了长三角城市群的空间扩展。在珠三角地区，广州、佛山、东莞、深圳、珠海、中山等城市形成了珠三角城市群。东部地区形成规模的城市群还有山东半岛城市群、海峡西岸城市群。这五大城市群，产业规模大，经济密度高，经济增速快，将继续担当起东部地区主要增长极的重任。

近年来，香港、澳门正在加强与珠三角城市群的经济融合，试图合力打造粤港澳大湾区经济，中国区域发展将开启湾区经济时代。湾区经济是以自然地理的海湾为基础，以发达的港口物流运输为依托，逐步发展形成的一种滨海型区域经济形态，具有经济结构开放、产业链条完善、港口运输便捷、集聚辐射功能强大等特征。当今世界，最具竞争力的城市群大都聚集在沿海湾区，如纽约湾区、旧金山湾区、东京湾区。粤港澳大湾区由广东珠三角地区的广州、深圳、珠海、佛山、东莞、中山、江门、惠州、肇庆九个城市及香港和澳门组成，经济规模大，产业基础好，对外开放度高。更为重要的是，粤港澳大湾区拥有强大的企业创新能力，深圳是位居世界前列的创新中心，广州、香港也集聚了相当可观的创新资源，充分利用粤港澳大湾区的产业制造能力、创新文化、金融要素和交通区位优势，加强资源整合，有望将其建成全国创新驱动发展的核心增长极。在粤港澳大湾区之外，杭州湾区经济、胶州湾区经济也值得高度关注。杭州湾区与长三角城市群高度重合，杭州湾区的城市处于长三角城市群的核心圈层，宁波、绍兴等地通过杭州湾跨海大桥、嘉绍大桥，改善了与上海的空间邻近性，与长三角城市群的融合程度越来越高，地处长三角城市群核心圈层的这些城市正在朝着湾区经济的方向迈进。

值得指出的是，沿海地区内部的欠发达区域经济增长将会提速，成为区域发展的新亮点，并有可能成为新增长极。长三角、珠三角、京津冀等大都市的空间溢出效应将会越来越强，对周边区域的带动作用也将越来越突出。沿海地区内部的欠发达区域通过承接来自长三角、珠三角、京津冀核心区的产业转移，逐渐形成了良好的产业基础。这些区域具有良好的区位条件，离沿海大都市的通达性好，有利于接受沿海大都市的经济辐射，推动产业转型升级，与此同时，这些区域通常生态环境较好，可以与沿海大都市错位发展，深化区域合作，推进区域融合发展。近年来，浙西、粤北的特色小镇建设，已经成为东部地区的一道亮丽的风景线。

4. 增长极趋向空间多极化和网络化

首先，增长极的空间分布将走向多极化。我国已逐步形成 15 个不同空间尺度、不同规模的主要城市群，按照现有经济规模和经济增长态势可以分为三个方阵：第一方阵，即长三角、珠三角、京津冀；第二方阵，即成渝城市群、长江中游城市群、山东半岛城市群；第三方阵，即中原城市群、关中平原城市群、海峡西岸城市群、北部湾城市群等。

在未来的中国经济地理版图中，东部地区的长三角城市群、珠三角城市群和京津冀城市群按照世界级城市群的目标，主要任务将是转型发展和提质增效，而第二方阵的城市群在经济增长中将发挥越来越重要的作用，并和第三方阵的城市群一起，形成梯级增长的态势。第二方阵和第三方阵的城市群，除了山东半岛城市群、海峡西岸城市群以外，均分布在中西部地区。中西部地区增长极的崛起，将驱动增长极的空间分布在全国范围内走向多极化。

其次，增长极的空间布局将趋向网络化结构。"四纵四横"的高速铁路网、航空网络等快速交通网的发展等使全国范围内增长极之间的经济联系变得更加便利、更加密切，高速公路也使中心城市和周边区域之间的经济联系更加紧密，互联网工程和"互联网＋"的发展更是使偏远地区也能够进入经济联系网络。增长极的网络化是未来空间经济一体化的重要特征。

第二节 资源环境约束与经济地理演化

资源环境承载力是指一定的生产力水平下，某一区域的资源环境要素所能承载的符合可持续发展需要的社会经济活动的能力。根据空间流动性的差异，可以把资源环境承载力要素分为三类：可以流动的资源环境承载力要素，如能源；空间流动受到局限的资源环境承载力要素，如水资源；空间上不能流动的资源环境承载力要素，如环境容量。本节将分别探讨能源供需平衡、水资源约束及环境承载力约束对区域可持续发展的影响。

一、能源供需空间平衡与区域经济增长

我国制造业主要集中于东部地区，能源资源主要分布在中西部地区，形成了能源生产和消费的空间错位格局。东部沿海地区的能源供给对省外调入依赖严重。2014 年，东部地区煤炭生产量占全国 6.74%，却消费了全国 35.91% 的煤炭，煤炭缺口高达 12.17 亿吨，是本地煤炭生产量的 4.6 倍（见表 15－3）。区分省区来看，东部地区 10 省（市）均存在不同程度的煤炭缺口。2014 年，江苏、山东、河北、广东、浙江的煤炭缺口均超过 1 亿吨。东部省份的煤炭缺口主要通过外地调入或进口来满足。

表 15－3　2014 年东部沿海地区煤炭、电力供需缺口情况

区域	煤炭（万吨）			电力（亿千瓦时）		
	生产	消费	缺口	发电	用电	缺口
北京	457	1737	－1279	364	933	－569
天津	0	5027	－5027	626	824	－198
河北	7345	29636	－22290	2500	3314	－814
上海	0	4896	－4896	792	1369	－577
江苏	2019	26913	－24893	4348	5013	－665
浙江	0	13824	－13824	2885	3506	－621
福建	1590	8198	－6609	1873	1859	14
山东	14684	39562	－24877	3691	4223	－532
广东	0	17014	－17014	3948	5235	－1287
海南	0	1018	－1018	245	252	－7
东部合计	26096	147824	－121728	21272	26529	－5257
全国	387392	411613	－24222	56496	56384	112
东部占比（%）	6.74	35.91	502.56	37.65	47.05	－4689.76

资料来源：《中国能源统计年鉴 2015》。

东部地区的电力供给同样存在缺口。2014年，东部地区发电量21272亿千瓦时，占全国37.65%，用电量26529亿千瓦时，占全国的47.05%，电力缺口达5257亿千瓦时。除福建外，其余九省（市）均存在电力缺口。其中，广东、河北、江苏、浙江四省的电力输入量较大，电力缺口均超过600亿千瓦时，广东省电力输入高达1287亿千瓦时。

近年来，东部地区加快了发展火电的步伐，全国火力发电空间格局呈现出新的动向（见表15-4）。随着2013年和2014年一般性火电项目核准权由中央政府下放到省级政府，各省份火电装机迅猛增加，就连缺乏煤炭资源的东部地区也加快了火电发展的步伐，2015年，东部地区新增火电装机容量增速达到25.2%，接近煤炭资源丰富的西部地区的增速。从省区尺度看，2014~2015年，新增火电装机容量多、增速快的省份主要有安徽、河南、新疆、浙江、江苏、广东、陕西等，其中有能源富集的中西部省份，也有电力紧缺的东部省（市）。由此可见，缓解电力短缺和煤炭转化是火电发展加速的主要驱动因素。一方面，能源富集省份为了能源转化，加快发展火电，输出电源；另一方面，电力供给短缺的东部省份为了减轻电力对外依赖程度，也在加快发展火电。

表15-4　2012~2015年各省份新增火电装机容量

区域	新增火电装机容量（万千瓦）				新增火电装机容量增速（%）		
	2012年	2013年	2014年	2015年	2013年	2014年	2015年
北京	—	84	379	95	—	351.2	-74.9
天津	27	—	156	2	—	—	-98.7
河北	175	191	79	168	9.1	-58.6	112.7
上海	42	12	7	124	-71.4	-41.7	1671.4
江苏	540	722	221	490	33.7	-69.4	121.7
浙江	131	231	795	524	76.3	244.2	-34.1
福建	127	—	2	211	—	—	10450.0
山东	381	333	178	274	-12.6	-46.5	53.9
广东	496	196	78	415	-60.5	-60.2	432.1
海南	70	—	—	70	—	—	—
东部地区	1989	1769	1895	2373	-11.1	7.1	25.2
山西	318	187	356	320	-41.2	90.4	-10.1

续表

区域	新增火电装机容量（万千瓦）				新增火电装机容量增速（%）		
	2012 年	2013 年	2014 年	2015 年	2013 年	2014 年	2015 年
安徽	269	439	317	732	63.2	−27.8	130.9
江西	130	—	9	252	—	—	2700.0
河南	615	153	104	659	−75.1	−32.0	533.7
湖北	239	127	247	81	−46.9	94.5	−67.2
湖南	72	17	79	156	−76.4	364.7	97.5
中部地区	1643	923	1112	2200	−43.8	20.5	97.8
内蒙古	71	241	127	114	239.4	−47.3	−10.2
广西	266	3	12	37	−98.9	300.0	208.3
重庆	—	69	229	284	—	231.9	24.0
四川	67	105	12	78	56.7	−88.6	550.0
贵州	126	282	159	198	123.8	−43.6	24.5
云南	180	1	—	—	−99.3	—	—
西藏	—	—	—	—	—	—	—
陕西	66	66	93	385	0.0	40.9	314.0
甘肃	12	16	251	75	33.3	1468.8	−70.1
青海	—	4	7	101	—	75.0	1342.9
宁夏	—	72	56	178	—	−22.2	217.9
新疆	433	455	595	549	5.1	30.8	−7.7
西部地区	1221	1314	1541	1999	7.6	17.3	29.7
辽宁	257	26	72	1	−89.9	176.9	−98.6
吉林	111	17	85	14	−84.7	400.0	−83.5
黑龙江	16	126	88	91	687.5	−30.2	3.4
东北地区	384	169	245	106	−56.0	45.0	−56.7
全国	5236	4175	4791	6678	−20.3	14.8	39.4

资料来源：2013~2016 年《中国电力年鉴》。

表 15−5　2012~2016 年各省份 6000 千瓦及以上电厂火电设备平均利用小时

区域	火电设备平均利用小时					火电设备平均利用小时增速（%）			
	2012 年	2013 年	2014 年	2015 年	2016 年	2013 年	2014 年	2015 年	2016 年
北京	4627	4926	4564	4158	4320	6.5	−7.3	−8.9	3.9
天津	5331	5286	5138	4519	4314	−0.8	−2.8	−12.0	−4.5

续表

区域	火电设备平均利用小时					火电设备平均利用小时增速（%）			
	2012 年	2013 年	2014 年	2015 年	2016 年	2013 年	2014 年	2015 年	2016 年
河北	5621	5526	5229	4846	4974	-1.7	-5.4	-7.3	2.6
上海	4574	4533	3753	3716	3610	-0.9	-17.2	-1.0	-2.9
江苏	5734	5690	5240	5125	5093	-0.8	-7.9	-2.2	-0.6
浙江	5268	5296	4521	3950	3921	0.5	-14.6	-12.6	-0.7
福建	4341	4852	4825	3872	3161	11.8	-0.6	-19.8	-18.4
山东	4962	5065	5136	5303	5187	2.1	1.4	3.3	-2.2
广东	4977	4737	4578	3966	3698	-4.8	-3.4	-13.4	-6.8
海南	5325	5376	5682	5586	4241	1.0	5.7	-1.7	-24.1
东部地区	5076	5129	4867	4504	4252	1.0	-5.1	-7.5	-5.6
山西	5046	5018	4813	4100	3800	-0.6	-4.1	-14.8	-7.3
安徽	5571	5608	4981	4541	4487	0.7	-11.2	-8.8	-1.2
江西	4521	4818	4835	4927	4560	6.6	0.4	1.9	-7.4
河南	4847	4940	4502	4025	3855	1.9	-8.9	-10.6	-4.2
湖北	4364	4683	4165	4024	3985	7.3	-11.1	-3.4	-1.0
湖南	4176	4462	3901	3452	3270	6.8	-12.6	-11.5	-5.3
中部地区	4754	4922	4533	4178	3993	3.5	-7.9	-7.8	-4.4
内蒙古	5074	5099	5118	4979	4532	0.5	0.4	-2.7	-9.0
广西	4698	4777	4114	3184	3008	1.7	-13.9	-22.6	-5.5
重庆	4671	5132	5693	3658	3259	9.9	10.9	-35.7	-10.9
四川	4048	3928	3552	2682	2121	-3.0	-9.6	-24.5	-20.9
贵州	5073	5672	4485	4304	3980	11.8	-20.9	-4.0	-7.5
云南	3852	3462	2879	1973	1922	-10.1	-16.8	-31.5	-2.6
西藏	1257	1726	704	74	82	37.3	-59.2	-89.5	10.8
陕西	5166	5266	5308	4690	4491	1.9	0.8	-11.6	-4.2
甘肃	4337	4497	4231	3778	3612	3.7	-5.9	-10.7	-4.4
青海	5187	5795	5402	4958	3989	11.7	-6.8	-8.2	-19.5
宁夏	5808	6173	6101	5422	4904	6.3	-1.2	-11.1	-9.6
新疆	5767	5774	5248	4730	4206	0.1	-9.1	-9.9	-11.1
西部地区	4578	4775	4403	3703	3342	4.3	-7.8	-15.9	-9.7
辽宁	4558	4353	4417	4343	4331	-4.5	1.5	-1.7	-0.3
吉林	3854	3443	3680	3326	3286	-10.7	6.9	-9.6	-1.2

续表

区域	火电设备平均利用小时					火电设备平均利用小时增速（%）			
	2012 年	2013 年	2014 年	2015 年	2016 年	2013 年	2014 年	2015 年	2016 年
黑龙江	4436	4134	4146	4081	3922	-6.8	0.3	-1.6	-3.9
东北地区	4283	3977	4081	3917	3846	-7.1	2.6	-4.0	-1.8
全国	4982	5021	4739	4364	4165	0.8	-5.6	-7.9	-4.6

资料来源：国家能源局官网，http://www.nea.gov.cn/2017-01-26/c_136014619.htm；2014~2016年《中国能源统计年鉴》。

由于火电装机暴增以及经济增速放缓使电力需求增速放慢，全国范围的电力产能过剩已现端倪。电力产能过剩带来了诸多问题和挑战。首先，火电设备平均发电小时降低。2013 年，多数省份 6000 千瓦及以上电厂火电设备平均利用小时仍呈增加态势，2014 年开始，火电设备平均利用小时出现全国范围的下降（见表 15-5）。中国电力企业联合会公布的数据显示，2016 年底，全国火电设备平均利用小时仅 4165 小时，已降至 1964 年以来的最低水平。东部地区虽然靠近电力负荷中心，火电设备平均利用小时 2014 年以来也出现了较大的降幅。值得注意的是，东部地区的火电设备平均利用小时总体上高于煤炭资源丰富的中西部地区，反映出东部地区对省内火电企业的保护更强。

其次，由于电力市场产能过剩，形成了火电与风电及光伏发电争夺发电计划的市场竞争格局，弃风弃光现象频频出现。2016 年，全国并网风力发电设备平均利用小时为 1742 小时，甘肃、新疆和吉林等风力资源丰富的省份风电装机平均利用小时分别仅有 1088 小时、1290 小时和 1333 小时，均不到 1500 小时。2015 年，内蒙古的弃风率为 18%，甘肃的弃风率为 39%，新疆和吉林的弃风率均为 32%。

再次，跨区域电力输送受阻，基于比较优势的"全国一盘棋"的能源产业布局难以实现，制约着资源配置效率的提高。东部地区的发电成本远高于能源富集的中西部地区，浙江和广东的发电成本分别为 0.35 元和 0.24 元，高于全国平均的 0.19 元，更高于内蒙古的 0.13 元（见表 15-6）。但由于地方政府对于区域内电力调度拥有绝对的话语权，各省份为了保护省内的发电企业，限制省外电力输入，导致能源富集省份发电成本虽低，但无法送入需要低价电力的东部省份。

表 15 – 6　个别省份火电发电成本测算

区域	测算基于机组类别	发电成本（元/MW·h）	备注
浙江	—	353.54	2001 年 30min 历史运行数据
广东	600MW 超临界机组（带 FGD、SNCR 装置）	243.59	2005 年及以前数据
	600MW 超临界机组（带 FGD、SNCR 装置）	217.26	
内蒙古	330MW 机组（50% 负荷时）	203.15	2006 年 1 月数据
	330MW 机组（100% 负荷时）	125.65	
全国平均	600MW 超临界机组（带 FGD、SNCR 装置）	187.93	2005 年及以前数据

资料来源：熊祥鸿，周浩. 电力市场中发电成本对上网电价的影响［J］. 江南大学学报（自然科学版），2008（3）：322 – 326；路宏艳. 火电厂发电成本分析及竞价上网策略研究［D］. 华北电力大学（北京）硕士学位论文，2008；刘殿海，杨勇平，杨昆，李岱青，杨志平. 基于马尔科夫链的能源结构与污染物排放预测模型及其应用［J］. 中国电力，2006（3）；陈衬兰. 基于工程造价及发电成本的核电与火电比较研究［J］. 科技与管理，2005（4）：5 – 9.

　　最后，能源生产和消费的空间错位格局虽然在一定程度上得以缓解，但东部地区依赖能源输入的局面仍难得到根本上的扭转。能源运输对于东部地区经济持续稳定增长仍然具有至关重要的作用。然而，地方保护主义使跨区域能源运输通道建设受阻，有可能对东部地区未来的经济增长产生影响。

　　根据黄文（2016）的研究，跨区域能源运输将受到运输能力和运输成本的约束，跨区域能源运输能力不足将制约东部地区的经济增长。2015 ～ 2020 年，受跨区域煤炭运输及电力输送约束的影响，东部地区 GDP 年均增长率将下降 0.3 个百分点，全国 GDP 年均增长率也将下降 0.17 个百分点（见表 15 – 7）。区分省份来看，上海、江苏、浙江、广东、河北、山东等能源短缺的工业化省份受能源运输约束的影响较大，经济增长将趋于放缓；北京、天津、福建、海南等省（市）对能源消费依赖较轻，反而会因能源短缺的工业化省份的经济增长受损而获得更多机会。可见，现有的跨区域能源运输能力仍将难以满足东部地区快速增长的能源消费需求，跨区域能源运输瓶颈将对未来东部地区的经济增长形成制约。因此，在当前电力产能过剩的背景下，仍有必要推进能源运输通道建设。加快能源运输通道建设，可以缓解东部地区的能源供给约束，有效减缓能源运输约束对区域经济增长带来的制约。

表 15 - 7　能源通道约束对 2015 ~ 2020 年 GDP 年均增长率的影响　　单位:%

区域	基准情景	约束情景	变化	区域	基准情景	约束情景	变化
北京	6.21	6.29	0.09	浙江	5.86	5.36	- 0.5
天津	8.61	8.68	0.07	福建	8.55	8.65	0.1
河北	5.07	4.42	- 0.66	山东	6.58	6.24	- 0.34
上海	5.72	5.59	- 0.13	广东	6.71	6.52	- 0.19
江苏	7.15	6.6	- 0.55	海南	7.49	7.54	0.05
沿海地区	6.66	6.36	- 0.30	中部地区	7.08	7.04	- 0.05
西部地区	7.19	7.16	- 0.03	东北地区	4.81	4.87	0.06

资料来源:黄文.能源运输与区域经济增长〔A〕.石敏俊等.区域发展政策模拟〔M〕.北京:中国人民大学出版社,2016.

二、水资源承载力与京津大都市区可持续发展

近年来,京津大都市区经济社会发展较快,用水需求急剧增加,水资源供给矛盾日益突出,水资源紧缺已成为制约京津大都市区经济社会可持续发展的关键限制因素,同时也是关系到京津冀协同发展全局的资源约束。京津冀地区承载着全国7%的人口,创造了全国近9%的国民生产总值,水资源量仅占全国总量的1%。本节基于人均水足迹对水资源承载力进行测算,通过水资源承载力与人口规模的对比,可以对京津冀地区水资源问题的严峻程度有更深刻的认识。

在核算各地区人口规模时,既考虑了常住人口,也考虑了暂住的流动人口。我们假设暂住人口的平均停留时间为一个月,将暂住人口乘以 1/12 进行折算。现实的水资源承载力由实际用水量除以人均水足迹得到,而合理的水资源承载力由当地可利用水资源量除以人均水足迹得到。

北京的现有人口规模已严重超过当地水资源所能支撑的合理人口规模,也超过现实供水量所支撑的水资源承载力。2007 年,当地合理水资源承载力667万人,相当于已有人口规模的40%;现实供水量的水资源承载力1000 万人左右,相当于已有人口规模的60%(见表 15 - 8)。2011 年,北京市常住人口2019 万人,当地水资源和现实供水量的承载力相当于已有人口规模的33% ~40%。北京的当地水资源量难以支撑现有人口规模和经济社会发展的用水需求,现有人口规模和经济社会发展的用水需求是依靠虚拟水输入、跨区域调水和超

采地下水来弥补缺口的。水资源短缺是危及北京存亡的危机，也是北京城市发展的最大制约因素。

表 15 – 8　2002 年与 2007 年京津冀水资源承载力计算结果

年份	地区	常住人口（万人）	暂住人口（万人）	人口规模（万人）	人均水足迹（立方米）	现实水资源承载力（万人）	合理水资源承载力（万人）	合理与现实水资源承载力差距（万人）
2002	北京	1423	387	1455	303	1002	528	– 474
	天津	1007	100	1015	183	1093	657	– 436
	河北	6735	93	6743	208	10142	4133	– 6009
	总计	9165	580	9213	220	12061	5176	– 6885
2007	北京	1633	420	1668	345	1008	667	– 341
	天津	1115	200	1132	279	839	431	– 408
	河北	6943	140	6955	266	7627	4512	– 3115
	总计	9691	760	9755	281	9292	5553	– 3739

資料来源：石敏俊等. 中国经济绿色转型的轨迹——2005 ~ 2010 年经济增长的资源环境成本［M］. 北京：科学出版社，2015.

天津水资源短缺情况同样不容乐观。按正常年景下天津市多年平均水资源量 12 亿立方米进行计算，2007 年，当地合理水资源承载力 431 万人，约为已有人口规模的 38%；现实供水量的水资源承载力约 839 万人，相当于已有人口规模的 74%。天津的人均水足迹尚低于北京的水平，但在 2002 ~ 2007 年增长了约 96 立方米，增长速度较快，值得高度关注。天津主要通过跨流域调水弥补水资源缺口，现实供水量可支撑的水资源承载力以引滦入津工程和引黄济津工程的跨区域调水为基础。

河北的人口规模虽未达到现实水资源承载力，但剩余空间已不大。承德和张家口人口规模尚未达到合理水资源承载力，其余地区均超过合理水资源承载力，其中廊坊和沧州超过合理人口规模的一倍；石家庄、承德、唐山、保定的人口规模尚未超过现实水资源承载力，张家口、廊坊和沧州已超过现实水资源承载力。

由此可见，水资源承载力不仅是京津大都市区发展的关键限制因素，通过京津向周边区域疏散功能的做法也同样会面临水资源承载力的约束，水资源承载力已经成为京津冀协同发展的全局性约束因素。京、津、冀三地 2007 年人口规模 9755 万人，已超过现实供水量下可支撑的人口规模 9292 万人，建设京津冀世界级城市群，水资源的支撑有待商榷。

三、大气环境承载力与京津冀地区可持续发展

东部地区随着工业化和城市化进程的推进，高耗能产业不断发展，能源消费量快速增加，环境污染物排放量持续增长，导致区域环境质量明显恶化。河北的钢铁产能居全国之首，京津冀地区的单位面积焦炭消耗量远高于长三角和珠三角地区（见表 15 - 9）。高耗能产业发展使京津冀地区的环境负荷超载尤为严重。

表 15 - 9　东部地区高耗能产业发展与能源消费

区域	钢铁产量份额（%）			火力发电量份额（%）			单位面积煤炭消费（吨/平方千米）			单位面积焦炭消费（吨/平方千米）		
	2006 年	2011 年	2014 年	2006 年	2011 年	2014 年	2006 年	2011 年	2014 年	2006 年	2011 年	2014 年
北京	2.0	0.1	0.1	0.9	0.7	0.8	1862.28	1441.80	1058.22	212.44	20.28	0.39
天津	3.5	4.3	4.4	1.5	1.6	1.5	3188.51	4404.82	4208.34	452.95	593.91	798.92
河北	19.9	23.1	23.0	6.1	5.8	5.4	1131.36	1630.93	1569.68	289.22	444.91	430.47
京津冀	**25.4**	**27.6**	**27.4**	**8.5**	**8.1**	**7.7**	**1299.76**	**1769.24**	**1676.18**	**292.43**	**421.02**	**418.24**
上海	4.4	3.0	2.3	3.0	2.5	1.9	8110.41	9687.70	7722.05	1033.85	1126.42	1032.87
江苏	10.3	10.0	10.8	10.6	9.3	9.6	1743.66	2552.61	2510.50	181.39	293.98	317.97
浙江	1.5	2.5	2.5	5.9	6.1	5.5	1074.31	1400.57	1310.37	30.12	44.55	44.08
长三角	**16.2**	**15.5**	**15.5**	**19.6**	**17.8**	**16.9**	**1605.55**	**2204.25**	**2083.31**	**133.20**	**197.94**	**206.74**
广东	2.5	2.4	2.3	8.0	7.9	7.0	609.24	1026.10	946.78	22.86	30.73	31.05
全国	**100.0**	**100.0**	**100.0**	**100.0**	**100.0**	**100.0**	**311.56**	**446.44**	**449.73**	**28.01**	**41.12**	**43.05**

资料来源：钢铁产量数据来源于历年《中国区域经济统计年鉴》，火力发电、煤炭消耗、焦炭消耗数据来源于历年《中国能源统计年鉴》。

京津冀地区是中国空气污染最严重的区域，也是大气污染治理的重点区域。2005 ~ 2010 年，京津冀环境污染损失增加了 32.5%，其中空气污染损失增加了 95.89%。京津冀的环境恶化主要是空气污染加剧所致（石敏俊等，2015）。

2013 年和 2014 年，年均 PM2.5 浓度最高的 10 座城市中，有七个位于河北省。京津冀地区的大气污染物负荷已经超过了环境承载力，大多数城市的空气质量越来越依赖气象条件，甚至只能靠老天的帮忙才能见到蓝天白云。

空气污染给人民身体健康和经济发展带来严重危害，雾霾污染治理刻不容缓。2013 年 9 月，国务院发布的《大气污染防治行动计划》（简称"国十条"）要求京津冀在 2017 年 PM2.5 浓度比 2012 年下降 25%，其中北京市的年均浓度要控制在 60 微克/立方米左右。

大气"国十条"实施以来，2013～2016 年京津冀地区的 PM2.5 浓度总体有显著降低，2015 年的降幅尤为显著。13 个城市的年平均浓度从 2013 年的 96.32 微克/立方米下降到 2016 年的 70.04 微克/立方米，降幅超过 27%（见表 15-10）。其中，廊坊降幅最大，累计降幅约为 37%。北京累计降幅最低，仅为 15%。石家庄虽然累计降幅为 30% 左右，但其 2013 年和 2016 年的 PM2.5 浓度仍居 13 市之首。

表 15-10　2013～2016 年京津冀地区
PM2.5 年均浓度的变化　　　　　　　　单位：微克/立方米

	2013 年	2014 年	2015 年	2016 年
北京	85.48	84.54	80.07	72.63
天津	92.34	86.52	69.77	68.57
保定	120.19	126.59	106.32	92.06
廊坊	104.51	98.24	84.58	65.48
张家口	41.54	34.82	33.44	31.54
唐山	110.42	100.23	84.17	73.83
承德	52.50	53.50	41.78	39.52
石家庄	142.43	122.98	88.07	98.51
秦皇岛	63.80	59.30	46.99	45.97
沧州	92.12	87.71	69.85	68.11
衡水	112.68	106.67	98.71	87.02
邢台	107.50	130.46	100.59	86.46
邯郸	126.59	112.84	90.81	80.78
平均值	96.32	92.64	76.55	70.04

资料来源：石敏俊等. 京津冀雾霾治理政策评估报告 [R]. 中国人民大学，2017.

尽管京津冀地区的PM2.5浓度有所降低，但和大气"国十条"规定的标准仍有一定差距，和联合国世界卫生组织（WHO）的标准相比，更是远远超标。2016年北京PM2.5年均浓度为72.63微克/立方米，距离大气"国十条"设立的2017年PM2.5年均浓度60微克/立方米的目标还有一段距离。

如果要达到大气"国十条"要求的PM2.5浓度目标，京津冀地区大气污染物允许排放量仅相当于2013年大气污染物排放量的50%左右（见表15－11）。也就是说，大气污染物排放量已经超过环境承载力的一倍，大气污染物排放量需要削减一半左右，才能达到大气"国十条"要求的浓度目标。

表15－11　京津冀地区既定政策目标下大气污染物允许排放量

区域	二氧化硫（吨）	氮氧化物（吨）	烟粉尘（吨）	综合减排率（%）
北京	16239	45510	10264	77.68
天津	94087	220213	37263	44.67
保定	55958	63007	44391	44.68
廊坊	29343	41140	24599	47.47
张家口	15583	21470	12141	80.75
唐山	168320	220190	310643	37.93
承德	35157	28447	13384	56.49
石家庄	132441	132441	61024	37.40
秦皇岛	11036	17777	9891	84.50
沧州	33231	51041	41573	46.89
衡水	24985	26526	20576	30.85
邢台	67450	77169	75618	35.60
邯郸	164590	199647	219738	32.63
合计	848419	1144579	881103	
平均减排率（%）	50.06	51.21	44.98	49.04

资料来源：石敏俊等．京津冀雾霾治理政策评估报告［R］．中国人民大学，2017．

雾霾治理政策的实施必将给京津冀地区经济增长带来一定的损失。据中国人民大学《京津冀雾霾治理政策评估报告》分析，大气"国十条"和京津冀大气污染防治强化措施的实施将导致京津冀地区GDP损失，GDP损失率2017年为8.45%，2020年为16.05%。如果考虑雾霾污染导致的健康损失，也许雾霾污染治理的真实经济成本并没有那么大。

京津冀的空气污染负荷严重超越环境承载力，给人民身体健康和经济发展带来严重危害。区域环境质量恶化，不仅严重威胁到国民生活质量和健康状况，对改善投资环境和经济发展质量也构成了严峻的挑战。地方政府必须正视雾霾治理给区域经济增长和民生保障带来的短期冲击，多管齐下，降低资源环境负荷，尽量减轻雾霾治理给区域经济增长和民生保障带来的负面影响。

环境承载力约束已经成为制约中国经济增长，特别是京津冀等沿海大都市区可持续发展的重要限制因素。需要深入研究资源环境负荷与区域环境承载力之间的相互作用，开展环境承载力预警研究，逐步减轻资源环境负荷，降低经济增长对资源消耗和环境负荷的依赖，确保经济增长不再超越环境承载力的红线。

第三节 "一带一路"倡议与经济地理演化

一、"一带一路"倡议的由来

2013年9月和10月，国家主席习近平在出访中亚和东南亚国家期间，先后提出共建"丝绸之路经济带"和"21世纪海上丝绸之路"的重大倡议，得到国际社会高度关注。"一带一路"倡议旨在借用古代丝绸之路的历史符号，积极发展与沿线国家的经济合作伙伴关系，共同打造政治互信、经济融合、文化包容的利益共同体、命运共同体和责任共同体。

"一带一路"倡议顺应世界多极化、经济全球化、文化多样化、社会信息化的潮流，秉持共商、共建、共享原则，携手应对世界经济面临的挑战，开创发展新机遇，谋求发展新动力，拓展发展新空间，实现优势互补、互利共赢，符合国际社会的根本利益，也有利于中国经济更好地融入全球经济，推动对外开放和全面深化改革。

"一带一路"沿线国家的范围不是固定的，而是动态变化的。有的研究认为，"一带一路"沿线国家主要涉及65个国家和地区。它们是：东亚的蒙古；东盟的新加坡、马来西亚、印度尼西亚、缅甸、泰国、老挝、柬埔寨、越南、文莱和菲律宾；西亚的伊朗、伊拉克、土耳其、叙利亚、约旦、黎巴嫩、以色列、巴勒斯坦、沙特阿拉伯、也门、阿曼、阿联酋、卡塔尔、科威特、巴林、希腊、塞浦路斯和埃及的西奈半岛；南亚的印度、巴基斯坦、孟加拉、阿富汗、斯里兰卡、马尔代夫、尼泊尔和不丹；中亚的哈萨克斯坦、乌兹别克斯坦、土库曼斯坦、塔吉克斯坦和吉尔吉斯斯坦；独联体国家的俄罗斯、乌克兰、白俄罗斯、格鲁吉亚、阿塞拜疆、亚美尼亚和摩尔多瓦；中东欧的波兰、立陶宛、爱沙尼亚、拉脱维亚、捷克、斯洛伐克、匈牙利、斯洛文尼亚、克罗地亚、波黑、黑山、塞尔维亚、阿尔巴尼亚、罗马尼亚、保加利亚和马其顿。也有的研究把非洲也纳入"一带一路"沿线国家的范围，已经有部分非洲国家公开支持并表示愿意加入"一带一路"倡议。

"一带一路"国内沿线区域的范围也有不同的认识。有的研究认为，"一带一路"国内沿线区域主要涉及 18 个省份。其中，丝绸之路经济带沿线区域有新疆、重庆、陕西、甘肃、宁夏、青海、内蒙古、黑龙江、吉林、辽宁、广西、云南、西藏 13 省份；"21 世纪海上丝绸之路经济带"沿线区域有上海、福建、广东、浙江、海南 5 省份。"21 世纪海上丝绸之路经济带"沿线区域均位于东部地区。有的研究认为"一带一路"国内沿线区域应该包括更多的省份，甚至有的观点认为"一带一路"倡议是新时代我国对外开放的国家倡议，所有省份都应该积极响应并参与"一带一路"倡议。

二、"一带一路"倡议与东部地区的对外开放

"一带一路"倡议的实质是打造一个开放性区域合作平台。"一带一路"倡议促进了中国与沿线国家之间的经济合作，表现为贸易和投资的扩大。贸易和投资的扩大，加快了"一带一路"沿线国家的基础设施建设，促进了沿线国家的经济增长，同时也加快了中国企业"走出去"的进程，增强了中国企业与全球经济尤其是沿线国家经济的融合度。

中国与"一带一路"沿线国家的贸易增长速度高于中国与其他欧洲和亚洲国家之间贸易的平均增长速度。如果以前述 65 个国家作为"一带一路"沿线国家，2006~2010 年，中国与"一带一路"沿线国家之间的贸易年均增速为 18.1%，同期中国与其他亚洲和欧洲国家之间的贸易年均增速为 11.0%；2010~2015 年，全球经济和全球贸易疲软导致贸易增速下滑，中国与"一带一

路"沿线国家之间的贸易年均增速为7.7%，同期中国与其他亚洲和欧洲国家之间的贸易年均增速为4.4%（见表15-12）。2015年，东部地区进出口贸易总额占全国的83.5%，可见东部地区对于中国与"一带一路"沿线国家之间的贸易增长做出了重要的贡献。

表15-12 "一带一路"沿线国家
进出口贸易总额及增长率 单位：亿美元,%

	2006年	2010年	2015年	2006~2010年增长率	2010~2015年增长率
欧亚国家	13113	21400	27907	13.0	5.5
"一带一路"沿线国家	3532	6873	9934	18.1	7.7
其他国家	9581	14527	17973	11.0	4.4

资料来源：《中国统计年鉴2016》。

近年来，中国企业"走出去"的进程加快，对外直接投资的规模逐年扩大。2012年，中国对外直接投资的规模达到777.3亿美元。其中，对"一带一路"沿线国家的直接投资规模不断扩大。截至2016年底，中国企业已在"一带一路"沿线20多个国家建设了56个经贸合作区，累计投资超过185亿美元，为东道国创造了近11亿美元税收和18万个就业岗位。

在中国企业"走出去"的进程中，东部地区企业也做出了重要的贡献。过去我国对外直接投资主要依靠中央机构，近年来东部地区的对外直接投资增速加快，占全国的份额不断上升。2009~2012年，东部地区对外直接投资的年均增速达到56.1%，远高于同期全国平均水平的17.6%，使东部地区对外直接投资占全国的份额从2009年的11.9%迅速上升到2012年的27.9%。

中国与"一带一路"沿线国家的贸易和投资的快速增长，为"一带一路"倡议奠定了良好基础，其中东部地区发挥了重要的作用，贸易占据绝大部分的份额，对外直接投资的份额不断上升（见表15-13）。与此同时，"一带一路"倡议也为东部地区深化改革开放、加快经济转型提供了发展机遇。

表 15 - 13　中国对外直接投资的增长

	对外直接投资（亿美元）			增速（%）	
	2004 年	2009 年	2012 年	2004~2012 年	2009~2012 年
全国	55.0	478.0	777.3	39.3	17.6
中央机构	45.3	381.9	435.3	32.7	4.5
东部地区	7.5	57.0	216.7	52.2	56.1
中央机构占比（%）	82.3	79.9	56.0	—	—
东部地区占比（%）	13.7	11.9	27.9	—	—

资料来源：2012 年《中国对外直接投资统计公报》。

三、"一带一路"倡议与经济地理演化

　　鉴于东部地区占全国进出口贸易的份额达到 80% 以上，占全国对外直接投资的份额不断上升，与其他地区相比，东部地区可以通过参与"一带一路"倡议获得更多的发展机遇。

　　东部地区交通区位条件好，产业发展基础雄厚，对外开放度高，与全球经济的融合度也高。根据第六章第二节的分析，2012 年，华南沿海和江浙沪出口贸易对国内生产的诱发贡献率分别是 32% 和 26%；区别省份来看，广东、上海、浙江、江苏、北京、福建等沿海省份出口贸易对国内生产的诱发贡献率超过 20%。在区域价值链中，东部地区获得工业增加值份额最高。可以预见，在"一带一路"倡议中，东部地区将比国内其他地区发挥更加重要的作用，也将获得更多的发展机遇。从经济地理演化的视角看，在现有的产业地域分工格局下，"一带一路"倡议对东部地区的经济发展更有利，将进一步加快东部地区的经济发展。

参考文献

[1] 埃莉诺·奥斯特罗姆. 公共事务的治理之道 [M]. 上海: 上海译文出版社, 2012.

[2] 安虎森. 产业转移、空间聚集与区域协调 [M]. 天津: 南开大学出版社, 2014.

[3] 常修泽. 中国现阶段基本公共服务均等化研究 [J]. 中共天津市委党校学报, 2007 (2): 66-71.

[4] 陈衬兰. 基于工程造价及发电成本的核电与火电比较研究 [J]. 科技与管理, 2005 (4): 5-9.

[5] 陈航. 中国交通地理 [M]. 北京: 科学出版社, 2000.

[6] 陈皓. 试论环境约束下的江苏省重工业发展之路 [J]. 学术探索, 2012 (2): 81-83.

[7] 陈建军, 袁凯, 陈国亮. 基于企业异质性的产业空间分布演化新动力 [J]. 财贸研究, 2013, 24 (4): 11-20.

[8] 陈可馨, 陈家刚. 中国海岛资源的持续利用 [J]. 天津师范大学学报 (自然科学版), 2002, 22 (1): 60-63.

[9] 陈鹏, 马仁锋, 杨晓平等. 浙江沿海县域经济增长分异的空间统计 [J]. 世界科技研究与发展, 2016, 38 (3): 712-717.

[10] 陈世斌. 长江三角洲内部极化效应及浙江第三产业结构调整战略 [J]. 地域研究与开发, 2005 (4): 26-29.

[11] 陈为毅. 海南岛: 应实现从经济特区到生态经济特区的跨越 [J]. 海南师范学院学报 (人文社会科学版), 2001 (5): 77-81.

[12] 陈伟, 修春亮, 柯文前, 俞肇远等. 多元交通流视角下的中国城市网

络层级特征［J］.地理研究，2015，34（11）：2073-2083.

［13］陈锡康，杨翠红等.投入产出技术［M］.北京：科学出版社，2011.

［14］陈曦，席强敏，李国平.城镇化水平与制造业空间分布——基于中国省级面板数据的实证研究［J］.地理科学，2015，35（3）：259-267.

［15］大连市统计局.大连统计年鉴（2016）［M］.北京：中国统计出版社，2017.

［16］邓琦，王硕，赵实等.北京：今年前两月拆违590万平米，为去年同期68倍［N］.新京报，2017-03-17（A06）.

［17］邓亚萍.二十世纪二三十年代中国"农工立国"之争的现代意义探讨［D］.中南大学硕士学位论文，2011.

［18］丁寒雪.中国工业领域产能过剩发展现状分析［J］.中国管理信息化，2014（4）：88-90.

［19］丁菡.中国沿海经济发达地区土地利用变化及其驱动机制与预测模型研究——以浙江省沿海地区为例［D］.浙江大学博士学位论文，2006.

［20］段学军.中国高新技术产业发展水平格局演变及影响因素分析［J］.长江流域资源与环境，2014（12）：1649-1658.

［21］段艳平，庞娟.基本公共服务供给水平与区域经济发展的实证研究［J］.生产力研究，2011（3）：69-71.

［22］樊福卓.中国工业的结构变化与升级：1985-2005［J］.统计研究，2008（7）：19-25.

［23］范亚舟，王立勇.收入差距与经济增长研究新动态［J］.经济理论与经济管理，2012（8）：65-70.

［24］［法］莱昂·狄骥.公法的变迁：法律与国家［M］.沈阳：辽海出版社，1999.

［25］方创琳，鲍超，马海涛.2016中国城市群发展报告［M］.北京：科学出版社，2016.

［26］方创琳，姚士谋，刘盛和.2010中国城市群发展报告［M］.北京：科学出版社，2011：45-52.

［27］方创琳.中国城市发展方针的演变调整与城市规模新格局［J］.地理研究，2014，33（4）：674-686.

［28］方茜．基于 ISM 的基本公共服务与区域经济发展关系研究［J］．经济体制改革，2014（1）：49 – 52.

［29］高雪利．基本公共服务均等化问题研究［D］．首都经济贸易大学硕士学位论文，2011.

［30］高莹．论建国初期计划经济体制的确立及其历史作用［D］．武汉理工大学硕士学位论文，2007.

［31］广州市统计局．广州统计年鉴（2016）［M］．北京：中国统计出版社，2017.

［32］郭连成，刘坤．后金融危机时期转轨国家经济发展态势分析［J］．财经问题研究，2010（12）：97 – 105.

［33］郭庆海．我国商品粮基地建设面临的问题与对策［J］．当代经济研究，2015（10）：52 – 55.

［34］郭腾云．近 50 年来我国区域经济空间极化的变化趋势研究［J］．经济地理，2004（6）：743 – 747.

［35］郭小聪，代凯．国内近五年基本公共服务均等化研究：综述与评估［J］．中国人民大学学报，2013（1）：145 – 154.

［36］郭璇．基于 PVAR 模型的我国城镇化与城乡收入差距关系研究［D］．东北财经大学硕士学位论文，2013.

［37］国土资源部地籍管理司．全国土地利用变更调查报告［M］．北京：中国大地出版社，1998 – 2007.

［38］韩立民，卢宁．关于海陆一体化的理论思考［J］．太平洋学报，2007（8）：82 – 87.

［39］侯伟丽，方浪．环境管制对中国污染密集型行业企业竞争力影响的实证研究［J］．中国人口·资源与环境，2012，22（7）：67 – 72.

［40］胡平．"土地换保障"征地模式下失地农民社会支持的现状及思考——以嘉兴市为个案［J］．乡镇经济，2009（11）：16 – 21.

［41］胡王玉，尹昌霞，施志晓等．海岛旅游开发对地方文化影响——以舟山普陀山与三亚槟榔谷为例［J］．云南地理环境研究，2014，26（3）：14 – 18.

［42］黄大伟．城乡统筹发展下的农村劳动力转移研究［D］．北京林业大学博士学位论文，2013.

［43］黄河，赵仁康．低碳经济与国际贸易规则的重塑［J］．外交评论（外交学院学报），2010，27（5）：123－133.

［44］黄群慧．中国的工业化进程：阶段、特征与前景［J］．经济与管理，2013，27（7）：5－11.

［45］黄文．能源管理政策与区域发展［A］．石敏俊等．区域发展政策模拟［M］．北京：中国人民大学出版社，2016：292－342.

［46］黄小虎．解析土地财政［J］．红旗文稿，2010（20）：13－16.

［47］黄志基，贺灿飞，杨帆，周沂．中国环境规制、地理区位与企业生产率增长［J］．地理学报，2015，70（10）：1581－1591.

［48］贾康．公共服务的均等化应积极推进，但不能急于求成［J］．审计与理财，2007（8）：5－6.

［49］"交通运输业发展状况研究"课题组．我国交通运输业发展状况及延伸影响［EB/OL］．http：//www.stats.gov.cn/tjzs/tjsj/tjcb/dysj/201608/t20160808_1385881.html.

［50］鉴学伟，刘传刚．关于广东走新型重型化工业发展道路的探讨［J］．地方经济，2005（11）：85－87.

［51］姜法芹．农村土地流转中的几种典型模式［J］．经济研究导刊，2009（21）：33－34.

［52］蒋海兵，张文忠，祁毅等．高速铁路与出行成本影响下的全国陆路可达性分析［J］．地理研究，2015（6）：1015－1028.

［53］蒋省三，刘守英，李青．中国土地政策改革：政策演进与地方实施［M］．上海：上海三联书店，2010：190－217.

［54］金成晓，任妍．重化工业化是中国经济发展的必经阶段——基于产业结构调整角度的分析［J］．经济纵横，2006（7）：34－36.

［55］金聪．广东省工业结构调整及动因分析［D］．广东外语外贸大学硕士学位论文，2007：1－56.

［56］金凤君，焦敬娟，齐元静．东亚高速铁路网络的发展演化与地理效应评价［J］．地理研究，2016，71（4）：576－590.

［57］靖学青．长江三角洲与珠江三角洲地区产业结构比较［J］．上海经济研究，2003（1）：46－51.

东部经济地理

［58］李伯重．理论、方法、发展趋势：中国经济史研究新探［M］．北京：清华大学出版社，2002.

［59］李成刚．多种模式探索农村集体建设用地集约利用［EB/OL］．http：//www.cet.com.cn/ycpd/sdyd/1474482.shtml.

［60］李凡．跨国公司投资与长三角地区高新技术产业发展研究［D］．南京理工大学硕士学位论文，2006：1-62.

［61］李国平等．产业转移与中国区域空间结构优化［M］．北京：科学出版社，2016.

［62］李红梅，卢慧明．海南岛人口分布与区域经济协调发展研究［J］．海南师范学院学报（自然科学版），2006（1）：79-83+92.

［63］李晶．基于产业分类的临港产业范围探讨［J］．中国水运，2013，13（2）：49-50.

［64］李君华，彭玉兰．中国制造业空间分布影响因素的实证研究［J］．南方经济，2010，28（7）：28-40.

［65］李廉水，杨浩昌，刘军．我国区域制造业综合发展能力评价研究——基于东、中、西部制造业的实证分析［J］．中国软科学，2014（2）：121-129.

［66］李敏纳．中国社会公共服务与经济增长关系的实证检验［J］．统计与决策，2009（8）：72-74.

［67］李强，聂锐．环境规制与中国大中型企业工业生产率［J］．中国地质大学学报（社会科学版），2010，10（4）：55-59.

［68］李仙娥．工业化演进中的路径依赖与政策选择［D］．西北大学博士学位论文，2005.

［69］林田海．连云港市发展重化工产业研究［D］．东北师范大学硕士学位论文，2010：1-38.

［70］林小昭.35个大中城市房价收入排名：深圳买房最难［N］．第一财经日报，2016-04-14.

［71］林毅夫，蔡昉，李周．中国的奇迹：发展战略与经济改革［M］．上海：上海人民出版社，2002.

［72］刘成奎，王朝才．城乡基本公共服务均等化指标体系研究［J］．财政研究，2011（8）：25-29.

［73］刘炽光．正确处理农业、轻工业、重工业的关系［J］．武汉大学学报（哲学社会科学版），1975（5）：63－66＋78.

［74］刘殿海，杨勇平，杨昆，李岱青，杨志平．基于马尔科夫链的能源结构与污染物排放预测模型及其应用［J］．中国电力，2006（3）.

［75］刘海隆，包安明，陈曦等．新疆交通可达性对区域经济的影响分析［J］．地理学报，2008，63（4）：428－436.

［76］刘清春．经济增长中地理要素作用的空间计量经济学分析［D］．华东师范大学博士学位论文，2007.

［77］刘诗平，顾顼珍，王敏．触目惊心水危机：300多个城市缺水十大水系一半污染［J］．人民文摘，2015（1）：56－57.

［78］刘守英，蒋省三．土地融资与财政和金融风险——来自东部一个发达地区的个案［J］．中国土地科学，2005，19（5）：3－9.

［79］刘彦随．新型城镇化待解土地难题［N］．光明日报，2013－10－17（014）.

［80］刘宇．我国基本公共服务区域及城乡效率差异研究［D］．中国农业大学博士学位论文，2014.

［81］刘玉．基于三产互动与城乡统筹的区域经济空间分析［J］．城市发展研究，2011，18（4）：48－53.

［82］刘志彪．全球价值链中我国外向型经济战略的提升——以长三角地区为例［J］．中国经济问题，2007（1）：9－17.

［83］刘竹，耿涌，薛冰，郗凤明，焦江波．城市能源消费碳排放核算方法［J］．资源科学，2011，33（7）：1325－1330.

［84］龙波．中国居民消费变动与产业结构演变的实证分析——兼评"重化工业化问题"争论［D］．四川大学硕士学位论文，2007：1－111.

［85］龙茂乾，孟晓晨．高速铁路城市联系职能研究［J］．人文地理，2015（3）：89－96.

［86］卢雪珠，姜文达，马仁锋．舟山市海岛县（区）产业结构演化研究［J］．宁波大学学报（理工版），2016，29（1）：92－97.

［87］陆大道，姚士谋，刘慧等．中国区域发展报告［M］．北京：商务印书馆，2007.

［88］陆大道．关于避免中国交通建设过度超前的建议［J］．地理科学，2012，32（1）：2-10.

［89］陆大道等．2006中国区域发展报告——城镇化进程与空间扩张［M］．北京：商务印书馆，2007.

［90］陆大道等．中国区域发展理论与实践［M］．北京：科学出版社，2000.

［91］陆铭，陈钊．城市化、城市倾向的经济政策与城乡收入差距［J］．经济研究，2004（6）：50-58.

［92］路宏艳．火电厂发电成本分析及竞价上网策略研究［D］．华北电力大学硕士学位论文，2008.

［93］吕拉昌．极化效应、新极化效应与珠江三角洲的经济持续发展［J］．地理科学，2000（4）：355-361.

［94］马仁锋，候勃，窦思敏．中国海洋经济演变及其区域比较［M］．北京：经济科学出版社，2017：1-3.

［95］马仁锋，李冬玲，李加林等．浙江省无居民海岛综合开发保护研究［J］．世界地理研究，2012，21（4）：67-76.

［96］马仁锋，李加林，杨晓平．浙江省海洋经济发展报告：经济地理学视角［M］．杭州：浙江大学出版社，2017：1-3.

［97］马仁锋，李加林，杨晓平．浙江沿海市域海洋资源环境评价及对海洋产业优化启示［J］．浙江海洋学院学报（自然科学版），2012，31（6）：536-541.

［98］马仁锋，李加林，赵建吉等．中国海洋产业的结构与布局研究展望［J］．地理研究，2013，32（5）：902-914.

［99］马仁锋，李加林，庄佩君等．长江三角洲地区海洋产业竞争力评价［J］．长江流域资源与环境，2012，21（8）：918-926.

［100］马仁锋，李伟芳，李加林等．浙江省海洋产业结构差异与优化研究——与沿海10省份及省内市域双尺度分析视角［J］．资源开发与市场，2013，29（2）：187-191.

［101］马仁锋，梁贤军，李加林等．演化经济地理学视角海岛县经济发展路径研究——以浙江省为例［J］．宁波大学学报（理工版），2013，26（3）：

111 – 117.

　　[102] 马仁锋，梁贤军，任丽燕．中国区域海洋经济发展的"理性"与"异化"[J]．华东经济管理，2012，26（11）：27 – 31.

　　[103] 马仁锋，倪欣欣，张文忠等．浙江旅游经济时空差异的多尺度研究[J]．经济地理，2015，35（7）：176 – 182.

　　[104] 马仁锋，倪欣欣，周国强．中国海洋科技研究动态与前瞻[J]．世界科技研究与发展，2015，37（4）：461 – 467.

　　[105] 马仁锋，任丽燕，庄佩君等．基于文化资源的沿海港口地区创意产业发展研究[J]．世界地理研究，2013，22（4）：100 – 108.

　　[106] 马仁锋，王腾飞，吴丹丹．海洋资源—科教—经济的城际差异与协同提升——以长江三角洲滨海城市为例[M]．北京：经济科学出版社，2017：1 – 3.

　　[107] 马仁锋，吴杨，张旭亮等．浙、台海洋旅游研究动态及两岸旅游合作新思维[J]．资源开发与市场，2015，31（2）：239 – 244.

　　[108] 马仁锋，徐本安，唐娇等．中国沿海省份船舶工业差异演化研究[J]．经济问题探索，2015（2）：46 – 49.

　　[109] 马仁锋，许继琴，庄佩君．浙江海洋科技能力省际比较及提升路径[J]．宁波大学学报（理工版），2014，27（3）：108 – 112.

　　[110] 毛广雄．区域产业转移与产业集群耦合发展[M]．北京：科学出版社，2015.

　　[111] 缪小林，师玉朋，郭晓明．非均衡发展模式下的省域公共服务差距及解释——以义务教育为例[J]．财经科学，2013（2）：72 – 80.

　　[112] 穆敏，杨明清．中国计划经济体制的选择与历史评价[J]．工会论坛（山东省工会管理干部学院学报），2001（1）：57 – 61.

　　[113] 聂华林．发展生态经济学导论[M]．北京：社会科学出版社，2006.

　　[114] 宁波市统计局．宁波统计年鉴（2016）[M]．北京：中国统计出版社，2017.

　　[115] 青岛市统计局．青岛统计年鉴（2016）[M]．北京：中国统计出版社，2017.

［116］汕头市统计局．汕头统计年鉴（2016）［M］．北京：中国统计出版社，2017.

［117］上海市统计局．上海统计年鉴（2016）［M］．北京：中国统计出版社，2017.

［118］尚国强．互联网产业与浙江经济社会的转型升级［J］．浙江经济，2014（23）：31－33.

［119］尚勇敏．中国区域经济发展模式的演化［D］．华东师范大学博士学位论文，2015.

［120］深圳市统计局．深圳统计年鉴（2016）［M］．北京：中国统计出版社，2017.

［121］沈玲．新常态下区域经济发展的动力转换问题探讨［J］．商业经济研究，2016（5）：196－198.

［122］沈能，刘凤朝．高强度的环境规制真能促进技术创新吗？——基于"波特假说"的再检验［J］．中国软科学，2012（4）：49－59.

［123］沈能．环境规制对区域技术创新影响的门槛效应［J］．中国人口·资源与环境，2012，22（6）：12－16.

［124］石敏俊，范宪伟，郑丹．土地开发对城市经济增长的作用机制和传导路径［J］．中国人口·资源与环境，2017，27（1）：1－9.

［125］石敏俊，李元杰，张晓玲，相楠．基于环境承载力的京津冀雾霾治理政策效果评估［J］．中国人口·资源与环境．2017，27（9）：66－75.

［126］石敏俊，王妍，张卓颖，周新．中国各省区碳足迹与碳排放空间转移［J］．地理学报，2012，67（10）：1327－1338.

［127］石敏俊，张卓颖等．中国省区间投入产出模型与区际经济联系［M］．北京：科学出版社，2012.

［128］石敏俊．现代区域经济学［M］．北京：科学出版社，2013.

［129］石敏俊等．京津冀雾霾治理政策评估报告［R］．北京：中国人民大学，2017.

［130］石敏俊等．拓展区域发展新空间中国宏观经济分析与预测——2017年中期［R］．北京：中国人民大学，2017.

［131］石敏俊等．中国经济绿色转型的轨迹——2005～2010年经济增长的

资源环境成本［M］．北京：科学出版社，2015.

　　［132］史宇鹏，周黎安．地区放权与经济效率：以计划单列为例［J］．经济研究，2007（1）：17－28.

　　［133］宋伟．"互联网＋"促进中部地区产业转型升级的思考［J］．中州学刊，2016（11）：35－38.

　　［134］宋弋．中国城镇化过程中土地利用问题研究［D］．东北农业大学博士学位论文，2004.

　　［135］孙东波，王先鹏，王益澄等．宁波—舟山海洋经济整合发展研究［J］．宁波大学学报（理工版），2014，27（1）：91－97.

　　［136］孙东琪，张京祥，胡毅等．基于产业空间联系的"大都市阴影区"形成机制解析——长三角城市群与京津冀城市群的比较研究［J］．地理科学，2013，33（9）：1043－1150.

　　［137］孙铁山．中国三大城市群集聚空间结构演化与地区经济增长［J］．经济地理，2016，36（5）：63－70.

　　［138］孙相军，孙颖，刘晓彤等．我国集装箱铁水联运发展思路探讨［J］．综合运输，2016（6）：28－31.

　　［139］唐少霞，赵志忠，罗艳菊，毕华．滨海旅游开发与社会经济及环境的关系分析——以海南岛东部六市县为例［J］．海南师范大学学报（自然科学版），2014，27（2）：203－209.

　　［140］陶然．土地融资模式的现状与风险［J］．国土资源导刊，2013，10（8）：26－30.

　　［141］陶一桃，袁易明．中国经济特区发展报告（2016）［M］．北京：社会科学文献出版社，2017.

　　［142］滕堂伟，林利剑．基本公共服务水平与区域经济发展水平的相关性分析——基于江苏省13个市的实证研究［J］．当代经济管理，2012（3）：61－66.

　　［143］田光进．基于遥感与GIS的90年代中国城乡居民点用地时空特征研究［D］．中国科学院遥感应用研究所博士学位论文，2002.

　　［144］天津市统计局．天津统计年鉴（2016）［M］．北京：中国统计出版社，2017.

［145］童伟伟，张建民．环境规制能促进技术创新吗——基于中国制造业企业数据的再检验［J］．财经科学，2012（11）：66－74．

［146］王保畲，孙学光．社会转型期的计划单列市：功能、困境与出路［J］．社会主义研究，1992（4）：47－51．

［147］王兵，刘光天．节能减排与中国绿色经济增长——基于全要素生产率的视角［J］．中国工业经济，2015（5）：57－69．

［148］王崇梅．中国经济增长与能源消耗脱钩分析［J］．中国人口·资源与环境，2010，20（3）：35－37．

［149］王国印，王动．波特假说、环境规制与企业技术创新——对中东部地区的比较分析［J］．中国软科学，2011（1）：100－112．

［150］王海江．中国中心城市铁路客运的空间联系及其结构图谱［J］．地理研究，2015，34（1）：157－168．

［151］王海龙．公共服务的分类框架：反思与重构［J］．东南学术，2008（6）：48－58．

［152］王姣娥，焦敬娟．中国高速铁路网络的发展过程、格局及空间效应评价［J］．热带地理，2014，34（3）：275－282．

［153］王凯．50年来我国城镇空间结构的四次转变［J］．城市规划，2006，30（12）：9－14．

［154］王明舜．中国海岛经济发展模式及其实现途径研究［D］．中国海洋大学博士学位论文，2009．

［155］王晓慧．地方财政50％以上来自卖地 依赖土地财政的时期已经过去［N］．华夏时报，2016－10－19．

［156］王晓云，范士陈．区域开发人地关系时空演进研究——以近现代海南岛为例［J］．生产力研究，2012（9）．

［157］王益澄，马仁锋，孙东波．宁波—舟山都市区结构的多维测度［J］．宁波大学学报（理工版），2015，28（2）：63－68．

［158］王泽强．改革开放以来我国区域发展战略回顾及展望——基于效率与公平的分析视角［J］．中共宁波市委党校学报，2009，31（2）：117－122．

［159］魏博通，周杰文．经济一体化、地区专业化与中国制造业的空间分布［J］．经济管理，2008（z1）：120－125．

［160］魏后凯，陈雪原．中国特大城市农转居成本测算及推进策略——以北京为例［J］．区域经济评论，2014（4）：114－121．

［161］邬珊华，杨忠振，董夏丹．重要临港产业的空间分布特征及其临港偏好程度的差异性比较［J］．热带地理，2014，34（2）：199－208．

［162］吴传均．中国经济地理［M］．北京：科学出版社，2000．

［163］吴丹丹，马仁锋，王腾飞等．中国沿海城市经济增长与环境污染脱钩研究［J］．世界科技研究与发展，2016，38（2）：415－418．

［164］吴三忙，李善同．中国制造业空间分布分析［J］．中国软科学，2010（6）：123－131．

［165］伍磊，董朝阳，马仁锋等．景区游憩价值评估的 ZTCIA 模型及其普陀山实证研究［J］．宁波大学学报（理工版），2016，29（3）：107－111．

［166］武力．1949－2006 年城乡关系演变的历史分析［J］．中国经济史研究，2007（1）：23－31＋76．

［167］席广亮，甄峰．中国网络信息消费的空间格局与影响机制研究［C］．中国地理学会 2012 年学术年会，2012．

［168］厦门市统计局．厦门统计年鉴（2016）［M］．北京：中国统计出版社，2017．

［169］辛宝英．农业转移人口市民化程度测评指标体系研究［J］．经济社会体制比较，2016（4）：156－165．

［170］熊波．公共服务均等化视角下的财政转移支付：理论、现实与出路［J］．经济体制改革，2009（2）：37－41．

［171］熊祥鸿，周浩．电力市场中发电成本对上网电价的影响［J］．江南大学学报（自然科学版），2008，（3）：322－326．

［172］徐谅慧，李加林，马仁锋等．浙江省海洋主导产业选择研究——基于国家海洋经济示范区建设视角［J］．华东经济管理，2014，28（3）：12－15．

［173］徐溯，郁俊莉．经济社会发展中的区域增长极效应研究——以深圳特区为例［J］．中国地质大学学报（社会科学版），2013，13（3）：109－114．

［174］徐燕．制度变迁与技术进步视角下的中国近代工业化［J］．黑龙江生态工程职业学院学报，2016，29（4）：137－138．

［175］许冰镄．珠三角与京津冀产业结构比较研究［D］．河北师范大学硕

士学位论文，2008.

　　[176] 许士春．环境管制与企业竞争力——基于"波特假说"的质疑 [J]．国际贸易问题，2007（5）：78-83.

　　[177] 宣晓伟．新常态下我国区域政策的调整 [J]．区域经济评论，2016（2）：5-10.

　　[178] 薛红霞．中国农村土地资产化机制研究 [D]．武汉理工大学博士学位论文，2011.

　　[179] 闫小培，林彰平．20世纪90年代中国城市发展空间差异变动分析 [J]．地理学报，2004（3）：437-445.

　　[180] 严立贤．中国和日本的早期工业化与国内市场 [M]．北京：北京大学出版社，1999.

　　[181] 羊大方，李伟芳，马仁锋等．基于滩涂围垦的海岛城市时空扩张特征研究——以舟山本岛为例 [J]．海洋学研究，2017，35（2）：61-73.

　　[182] 杨飞．人力资本异质性与区域产业升级：劳动力市场分割与新经济地理学视角 [D]．浙江大学博士学位论文，2014.

　　[183] 杨洋，黄庆旭，章立玲．基于 DMSP/OLS 夜间灯光数据的土地城镇化水平时空测度研究——以环渤海地区为例 [J]．经济地理，2015，35（2）：141-150.

　　[184] 杨洋，马学广，王晨．基于夜间灯光数据的中国土地城镇化水平时空动态 [J]．人文地理，2015（5）：91-98.

　　[185] 杨园争．结构性收入视角下中国农村居民收入流动性研究 [D]．中国农业大学博士学位论文，2017.

　　[186] 姚士谋，李广宇，燕月等．我国特大城市协调性发展的创新模式探讨 [J]．人文地理，2012（5）：48-53.

　　[187] 于庆东．中国海岛经济的特点 [J]．海洋信息，1999（9）：5-6.

　　[188] 玉明，王沛雯．促进珠三角城市群一体化：经验总结与发展建议 [J]．中共珠海市委党校珠海市行政学院学报，2015（1）：72-75.

　　[189] 原毅军，谢荣辉．环境规制与工业绿色生产率增长——对"强波特假说"的再检验 [J]．中国软科学，2016（7）：144-154.

　　[190] 岳德亮．浙江：外来人口逐步回流导致常住人口增速趋缓 [EB/OL]．

http: //www. zj. xinhuanet. com/newscenter/headlines/2013 - 01/27/c_ 114514788. htm.

［191］张东阳. "近90%沿海城市缺水"值得警醒［N］. 中华工商时报, 2012 - 11 - 05 （007）.

［192］张红宇等. 城镇化进程中农村劳动力转移: 战略抉择和政策思路 ［J］. 中国农村经济, 2011 （6）: 4 - 14 + 25.

［193］张健. 关于 Granger 因果分析的方法学研究［D］. 浙江大学博士学位论文, 2016.

［194］张开云, 张兴杰. 公共服务均等化: 制度障碍与发展理路［J］. 浙江社会科学, 2011 （6）: 26 - 32.

［195］张蕾, 王桂新. 中国东部三大都市圈经济发展对比研究［J］. 城市发展研究, 2012, 19 （3）: 1 - 6.

［196］张培刚. 农业与工业化 （上卷）——农业国工业化问题初探［M］. 武汉: 华中科技大学出版社, 2002.

［197］张平, 张鹏鹏, 蔡国庆. 不同类型环境规制对企业技术创新影响比较研究［J］. 中国人口·资源与环境, 2016, 26 （4）: 8 - 13.

［198］张序. 公共服务供给的理论基础: 体系梳理与框架构建［J］. 四川大学学报 （哲学社会科学版）, 2015 （4）: 135 - 140.

［199］张耀光, 宋欣茹, 肇博. 我国桥文化与海岛海陆通道建设的经济意义分析［J］. 海洋开发与管理, 2005, 22 （1）: 11 - 17.

［200］张耀光, 陶文东. 中国海岛县产业结构演进特点研究［J］. 经济地理, 2003, 23 （1）: 47 - 50.

［201］张耀光, 王国力, 肇博, 王圣云, 宋欣茹. 中国海岛县际经济差异与今后产业布局分析［J］. 自然资源学报, 2005 （2）: 222 - 230.

［202］张银银, 陶振华. 试论我国城乡二元土地制度的弊端与对策［J］. 制度建设, 2010 （29）: 96 - 102.

［203］张塱. 互联网背景下广东省制造业转型升级路径研究［D］. 广东财经大学硕士学位论文, 2015: 1 - 51.

［204］赵立昌. 互联网经济与我国产业转型升级［J］. 当代经济管理: 2015 （12）: 54 - 59.

［205］赵曙东. 南京民营企业外向型经济现状和发展探讨［J］. 南京社会科学，2005（9）：123－128.

［206］赵一平，孙启宏，段宁. 中国经济发展与能源消费响应关系研究——基于相对"脱钩"与"复钩"理论的实证研究［J］. 科研管理，2006，27（3）：128－134.

［207］赵展慧. 中国 10 万人口以上特大镇有 238 个镇改市，究竟难在哪儿［J］. 农村·农业·农民（B 版），2016（9）：11－12.

［208］赵曌，石敏俊，杨晶. 市场邻近、供给邻近与中国制造业空间分布——基于中国省区间投入产出模型的分析［J］. 经济学（季刊），2012，11（3）：1059－1078.

［209］郑伟元. 对当前城市土地利用及规划问题的几点初步认识［J］. 中国房地信息，2004（11）：4－6.

［210］郑宇，刘彦随，王玉华. 沿海发达地区土地利用研究新进展与方向［J］. 长江流域资源与环境，2003（6）：509－514.

［211］中国（福建）自由贸易试验区总体方案［EB/OL］. http：//wzs. mofcom. gov. cn/article/zt_ zymysyq/column02/zhl/201704/20170402551529. shtml.

［212］中国（广东）自由贸易试验区总体方案［EB/OL］. http：//wzs. mofcom. gov. cn/article/zt_ zymysyq/column02/zhl/201704/20170402551504. shtml.

［213］中国（河南）自由贸易试验区总体方案［EB/OL］. http：//wzs. mofcom. gov. cn/article/zt_ zymysyq/column02/zhl/201704/20170402551623. shtml.

［214］中国（湖北）自由贸易试验区总体方案［EB/OL］. http：//wzs. mofcom. gov. cn/article/zt_ zymysyq/column02/zhl/201704/20170402551631. shtml.

［215］中国（辽宁）自由贸易试验区总体方案［EB/OL］. http：//wzs. mofcom. gov. cn/article/zt_ zymysyq/column02/zhl/201704/20170402551573. shtml.

［216］中国（陕西）自由贸易试验区总体方案［EB/OL］. http：//wzs. mofcom. gov. cn/article/zt_ zymysyq/column02/zhl/201704/20170402551641. shtml.

［217］中国（上海）自由贸易试验区总体方案［EB/OL］. http：//wzs. mofcom. gov. cn/article/zt_ zymysyq/column02/zhl/201704/20170402551646. shtml.

［218］中国（四川）自由贸易试验区总体方案［EB/OL］. http：//wzs. mofcom. gov. cn/article/zt_ zymysyq/column02/zhl/201704/20170402551636. shtml.

［219］中国（天津）自由贸易试验区总体方案［EB/OL］. http：//wzs. mofcom. gov. cn/article/zt_ zymysyq/column02/zhl/201704/20170402551525. shtml.

［220］中国（浙江）自由贸易试验区总体方案［EB/OL］. http：//wzs. mofcom. gov. cn/article/zt_ zymysyq/column02/zhl/201704/20170402551583. shtml.

［221］中国（重庆）自由贸易试验区总体方案［EB/OL］. http：//wzs. mofcom. gov. cn/article/zt_ zymysyq/column02/zhl/201704/20170402551633. shtml.

［222］中国城市发展报告编委会. 中国城市发展报告2012［M］. 北京：中国城市出版社，2013.

［223］中国港口年鉴编辑部. 中国港口年鉴（2016）［M］. 上海：港口出版社，2017.

［224］中国交通运输统计. 2016年10月高速公路车流量运行情况［EB/OL］. http：//www. chinahighway. com/news/2016/1075557. php.

［225］周长城. 社会发展与生活质量［M］. 北京：社会科学文献出版社，2001.

［226］周景彤，梁婧. 一带一路战略背景下的国内产业布局［J］. 化工管理，2016（1）：13 – 16.

［227］周明. 中国产业集聚的地区差异性分析：兼论中部地区制造业发展［M］. 北京：经济科学出版社，2011.

［228］周荣荣. 长三角产业结构优化调整与经济转型升级［J］. 江苏社会科学，2012（6）：78 – 83.

［229］周一星，陈彦光等. 城市与城市地理［M］. 北京：人民教育出版社，2003：84.

［230］朱菲菲，李伟芳，马仁锋等. 海岛县土地资源视角下的产业发展研究进展［J］. 世界科技研究与发展，2016，38（3）：492 – 499.

［231］朱群丽，毛星星，姜娜. 外商直接投资形成产业集聚的现象研究——来自通信设备、计算机及其他电子设备制造业的数据［J］. 北方经济，2012（18）：39 – 41.

［232］朱悦. 中国外向型经济增长方式对中国产业结构优化的影响研究［D］. 上海外国语大学硕士学位论文，2010：1 – 70.

［233］朱忠贵. 粮食主产区北移面临的风险及对策［J］. 农业经济，2015

（3）：10 – 11.

［234］珠海市统计局. 珠海统计年鉴（2016）［M］. 北京：中国统计出版社，2017.

［235］庄佩君，马仁锋，赵群. 欧洲港口海运产业集群发展模式［J］. 中国航海，2013，36（2）：129 – 134.

［236］左锋. 基于制度变迁和技术进步视角的近代中国工业化研究［J］. 北京工商大学学报（社会科学版），2010，25（1）：115 – 121.

［237］Chen Y. Q. Discussion on Land Use Mode in Rural – urban Fringe［J］. China Land Science, 1997, 11（4）: 32 – 36.

［238］Climent F. , Pardo A. Decoupling Factors on the Energy – output Linkage: The Spanish Case［J］. Energy Policy, 2007, 35（1）: 522 – 528.

［239］Copeland B. R. , Taylor M. S. North – South Trade and the Environment ［J］. Quarterly Journal of Economics , 1994, 109（3）: 755 – 787.

［240］Copeland B. R. , Taylor M. S. Trade, Growth and the Environment［J］. Journal of economic literature, 2004, 42（1）: 7 – 71.

［241］Ederington J. , Levinson A. and Minier J. Footloose and Pollution – free ［J］. Review of Economics and Statistics, 2005, 87（1）: 92 – 99.

［242］Enevoldsen M. K. , Ryelund A. V. , Andersen M. S. Decoupling of Industrial Energy Consumption and CO_2 – emissions in Energy Intensive Industries in Scandinavia［J］. Energy Economics, 2007, 29（4）: 665 – 692.

［243］Faber B. Trade Integration, Market Size, and Industrialization: Evidence from China's National Trunk Highway System［J］. Review of Economic Studies, 2014, 81（3）: 1046 – 1070.

［244］Fan X. , Zheng D. , Shi M. How does Land Development Promote China's Urban Economic Growth? The Mediating Effect of Public Infrastructure［J］. Sustainability, 2016, 8（3）: 279.

［245］Grossman G. M. , Krueger A. B. Economic Growth and the Environment ［J］. Quarterly Journal of Economics, 1995, 110（2）: 353 – 377.

［246］Grossman G. M. , Krueger A. B. Environmental Impacts of a North American Free Trade Agreement: NBER Working Paper, No. 3914［R］. Cambridge

(Mass), 1991.

[247] Gutiérrez J. Location, Economic Potential and Daily Accessibility: An Analysis of the Accessibility Impact of the High – speed Line Madrid – Bardelona – French Border [J]. Journal of Transport Geography, 2001, 9 (4): 229 – 242.

[248] Jeppsen T., List J. A. and Folmer H. Environmental Regulations and New Plant Location Decisions: Evidence from a Meta – analysis [J]. Journal of Regional Science, 2002, 42 (1): 19 – 49.

[249] Krugman P. Geography and Trade [M]. Cambridge: The MIT Press, 1993.

[250] Levinson A. Environmental Regulations and Manufacturers' Location Choices: Evidence from the Census of Manufactures [J]. Journal of Public Economics, 1996, 62 (1 – 2): 5 – 29.

[251] Levinson A., Keller W. Pollution Abatement Costs and Foreign Direct Investment Inflows to U. S. States [J]. Review of Economics and Statistics, 2002, 84 (4): 691 – 703.

[252] Lian T., Ma T., Gao J., and Wu Y. The Effects of Environmental Regulation on the Industrial Location of China's Manufacturing [J]. Natural Hazards, 2016, 80 (2): 1381 – 1403.

[253] List J. A., Co C. Y. The Effects of Environmental Regulations on Foreign Direct Investment [J]. Journal of Environmental Economics and Management, 2000, 40 (1): 1 – 20.

[254] Morgan O. A., Condliffe S. Spatial Heterogeneity in Environmental Regulation Enforcement and the firm Location Decision Among U. S. Counties [J]. The Review of Regional Studies, 2009, 39 (3): 239 – 252.

[255] OECD. Decoupling: A Conceptual Overview [R]. Paris: OECD, 2000: 5.

[256] OECD. Indicators to Measure Decoupling of Environmental Pressure and Economic Growth [R]. Paris: OECD, 2002.

[257] Panayotou T. Empirical Tests and Policy Analysis of Environmental Degradation at Different Stages of Economic Development: Working Paper WP238 [R].

International Labour Office, Technology and Employment Programme, Geneva, 1993.

[258] Porter M. E. , Linde C. Toward a New Conception of the Environment – competitiveness Relationship [J] . Journal of Economic Perspectives, 1995, 9 (4): 97 – 118.

[259] Porter M. E. America's Green Strategy [J] . Scientific American, 1991 (4) : 168.

[260] Ruan J. , Zhang X. "Flying geese" in China: The Textile and Apparel Industry's Pattern of Migration [J] . Journal of Asian Economics, 2014 (34): 79 – 91.

[261] Selden, T. M. , Song D. Environmental Quality and Development: Is There A Kuznets Curve for Air Pollution Emissions? [J] . Journal of Environmental Economics and Management, 1994 (27): 147 – 162.

[262] Shafik N. Economic Development and Environmental Quality: An Econometric Analysis [J] . Oxford Economic Papers, 1994 (46): 757 – 773.

[263] Shan Y. , J. Liu, Z. Liu, et al. New provincial CO_2 Emission Inventories in China Based on Apparent Energy Consumption Data and Updated Emission Factors [J] . Applied Energy, 2016 (184): 742 – 750.

[264] Shi M. , G. Ma and Y. Shi. How Much Real Cost Has China Paid for Its Economic Growth? [J] . Sustainability Science, 2011 (6): 135 – 149.

[265] Tang J. Testing the Pollution Haven Effect: Does the Type of FDI Matter? [J] . Environmental Resource Economics, 2015, 60 (4): 549 – 578.

[266] U. S. Department of Agriculture. Soil Conservation Service, Potential Croplands Study [M] . Washington, D. C. , 1975.

[267] Wang J. J. , Xu J, He J. Spatial Impacts of High – speed Railways in China: A Total – Travel – Time Approach [J] . Environment and Planning A, 2013, 45 (9): 2261 – 2280.

[268] Wang W. , J. Lin, S. Cui. An Overview of Carbon Footprint Analysis [J] . Environmental Science & Technology, 2010, 33 (7): 71 – 78.

[269] World Bank. World Development Indicators [EB/OL] . https: // data. worldbank. org/products/wdi.

[270] Wu H. , Guo H. , Zhang B. and Bu M. Westward Movement of New Polluting Firms in China: Pollution Reduction Mandates and Location Choice [J] . Journal of Comparative Economics, Epub ahead of print, 2016, Doi: 10. 1016/j. jce. 2016. 01. 001.

[271] Zeng D. and Zhao L. Pollution Havens and Industrial Agglomeration [J] . Journal of Environmental Economics and Management, 2009, 58 (2): 141 – 153.

[272] Zhang. Z. , H. Yang and M. Shi. Analyses of Water Footprint of Beijing in an Interregional Input – output Framework [J] . Ecological Economics 2011 (70): 2494 – 2502.

[273] Zheng D. , M. Shi. Multiple Environmental Policies and Pollution Haven Hypothesis: Evidence from China's Polluting Industries [J] . Journal of Cleaner Production, 2017 (141): 295 – 304.

[274] Zhu J. , Ruth M. Relocation or Reallocation: Impacts of Differentiated Energy Saving Regulation on Manufacturing Industries in China [J] . Ecological Economics, 2015 (110): 119 – 133.